Miriam Lewin

Psychologische Forschung im Umriß

Übersetzt und bearbeitet von F. Khan
unter Mitarbeit von N. W. Sepeur

Mit 76 Abbildungen

Springer-Verlag
Berlin Heidelberg New York Tokyo

Miriam Lewin
Manhattanville College
Department of Psychology
10577 New York

Fatima Khan
Mozartstraße 14
7080 Aalen

Titel der amerikanischen Originalausgabe:

Miriam Lewin
Understanding Psychological Research

ISBN 3-540-16193-7 Springer-Verlag Berlin Heidelberg New York Tokyo
ISBN 0-387-16193-7 Springer-Verlag New York Heidelberg Berlin Tokyo

CIP-Kurztitelaufnahme der Deutschen Bibliothek
Lewin, Miriam: Psychologische Forschung im Umriß
Miriam Lewin. Übers. u. bearb. von F. Khan unter Mitarb. von N. W. Sepeur.
Berlin; Heidelberg; New York; Tokyo: Springer, 1986.
ISBN 3-540-16193-7 (Berlin...)
ISBN 0-387-16193-7 (New York...)
NE: Khan, Fatima Bearb.

Die Wiedergabe von Gebrauchsnamen, Handelsnamen, Warenbezeichnungen usw. in diesem Buch berechtigt auch ohne besondere Kennzeichnung nicht zu der Annahme, daß solche Namen im Sinne der Warenzeichen- und Markenschutz-Gesetzgebung als frei zu betrachten wären und daher von jedermann benutzt werden dürften.

Produkthaftung: Für Angaben über Dosierungsanweisungen und Applikationsformen kann vom Verlag keine Gewähr übernommen werden. Derartige Angaben müssen vom jeweiligen Anwender im Einzelfall anhand anderer Literaturstellen auf ihre Richtigkeit überprüft werden.

Satz: Brühlsche Universitätsdruckerei, Gießen
Druck: Saladruck, Steinkopf & Sohn, Berlin
Bindearbeiten: Lüderitz & Bauer, Berlin
2126/3020-543210

Vorwort

Viele Studenten wählen das Studienfach Psychologie vor allem wegen ihres Interesses an den „weichen" Bereichen dieser Wissenschaft, wie beispielsweise Sozial- oder Entwicklungspsychologie. Im Gegensatz dazu behandeln die entsprechenden Lehrbücher primär die „harten" Bereiche, wie etwa Lernexperimente mit Tieren. *Psychologische Forschung im Umriß* schließt nun diese Lücke, indem alle wesentlichen Aspekte der psychologischen Forschung unter Einbeziehung von Beispielen aus der Forschungstätigkeit im Bereich der Entwicklungs-, Sozial- und Persönlichkeitspsychologie vorgestellt, erläutert und umfassend integriert werden.

Zweitens soll dieses Buch Anfängern, die ihr erstes eigenes Forschungsprojekt durchführen, entsprechende Richtlinien bieten. Jeder Schritt des Forschungsprozesses wird genau und präzise erklärt. In diesem Sinn ist dieses Buch ein Handbuch, welches, angefangen von der ersten Formulierung eines zu erforschenden und in Frage stehenden Themengebiets über Datensammlung und -analyse bis hin zum Erstellen eines präzisen und informativen Forschungsberichts, dementsprechend angemessene Anregungen, Vorgehensweisen und Erklärungen enthält.

Drittens werden die Aspekte des Forschungsvorgehens und der Forschungsmethoden vorgestellt, die eine immer größere Bedeutung erlangen, wie beispielsweise Ursachenanalyse, Feldstudien, Prozeß-, Effekt- und Evaluationsforschung.

Insgesamt ist der Aufbau dieses Buches so flexibel, daß es für verschiedene Belange verwendet werden kann:

- Zum Vermitteln der allgemeinen Grundlagen von Forschungsmethoden, beispielsweise im Rahmen von Seminaren und Übungen im Fachbereich der Experimentellen Psychologie.
- Als Text für Seminare wie etwa „Methoden in der Sozialpsychologie", „Methoden der Persönlichkeitsforschung" oder „Methoden der Entwicklungspsychologie".
- Als Handbuch für Studenten, die ein eigenes Forschungsprojekt durchführen, beispielsweise eine Diplomarbeit anfertigen.

Sowohl klassische als auch jüngere Forschungsarbeiten werden in hinreichendem Detail vorgestellt, so daß die Logik des Forschungsvorgehens und die Anwendung der verschiedenen Methoden transparent und einsichtig werden. Beispielsweise wird die Methode der Inhaltsanalyse durch eine Darstellung von Forschungsarbeiten über folgende unterschiedliche Themenbereiche illustriert: Abschiedsbriefe von Selbstmördern, protestantische Predigten, Geschlechtsrollen in den Lesebüchern von Grundschulkindern, antike römische Grabsteininschriften, moralische Entwicklung, Leistungsmotiv, Machtmotiv und das Motiv „Angst vor Erfolg". Die Kodierungs- bzw. Aufzeichnungssysteme, die hierfür von Kohlberg, McClelland, Winter und Horner entwickelt worden sind, werden vollständig oder zumindest zum Teil vorgestellt, so daß erstens der Aufbau dieser Systeme und Schemata klar wird und zweitens, daß diese Systeme eventuell von Studenten übernommen oder als Grundlage für die Entwicklung neuer Aufzeichnungssysteme verwendet werden können. Ebenso werden einige einfachere Systeme, die von Studenten entworfen und ausgearbeitet worden sind, vorgestellt. Weiter wird erläutert, wie beispielsweise im Bereich der Persönlichkeitsforschung Inhaltsanalysen eingesetzt werden, um Reaktionen auf projektive Tests zu analysieren, oder wie in der Sozialpsychologie Archivdaten zum Testen von Hypothesen über beispielsweise die politische Stabilität von Nationen verwendet werden. Ähnlich wird das Vorgehen bei Labor- und Feldexperimenten, bei der Erhebung von Interviewdaten, bei der strukturierten und bei der naturalistischen Beobachtungsmethode und bei den sogenannten „Papier-und-Bleistift"-Tests genau beschrieben.

Bei der Auswahl der einzelnen Themengebiete habe ich zwei weitere Belange berücksichtigt. Erstens sollte das Buch auch für Anfänger verständlich und anregend sein. Jeder Abschnitt wurde aus diesem Grund bei der Planung wiederholt Studenten in Einführungsseminaren vorgelegt und solange revidiert, bis das Vokabular auch Studenten mit einem relativ geringen psychologischen Hintergrundwissen klar war. Das zweite Anliegen – welches eventuell bezüglich des ersten kontradiktorisch erscheinen mag – bestand darin, ein relativ sophistiziertes und elaboriertes Buch zu schreiben, das in einige der komplexeren Forschungsbereiche und -probleme, wie beispielsweise die Konzepte „Regressionseffekt" oder „Aristotelischer versus Galileischer Wissenschaftsansatz" einführt. Diese beiden Anliegen wurden realisiert durch die Darstellung differenzierter und komplexer Konzepte und theoretischer Modelle in einer präzisen, aber einfach verständlichen Terminologie und durch Gruppieren der einzelnen Themengebiete der Schwierigkeit nach.

In den ersten drei Kapiteln werden Wissenschaftsphilosophie, die von der *American Psychological Association (APA)* ausgearbeiteten „Zehn Gebote" einer ethischen Forschung und allgemeines Forschungsvorgehen diskutiert. Zusätzlich zu den traditionellen Bereichen findet sich an dieser Stelle eine Diskussion über quasi-experimentelle Forschungsdesigns, Einzelfalldesigns, induktive Forschung, Kohorteneffekt, Sequenzdesigns, Regressionseffekt, Cross-lag-Analysen und Blalocks Kausalitätsanalyse. An Beispielen studentischer Arbeiten wird gezeigt, wie aus einer vagen Idee eine erforschbare Fragestellung, eine prüfbare Hypothese entsteht. Kapitel 4 führt zusätzliche Forschungskonzepte durch eine detaillierte Darstellung von vier Experimenten vor. Die eingeschränkten Interpretationsmöglichkeiten von zweiwertigen Versuchsplänen werden graphisch dargestellt. Schließlich werden die Grenzen von Generalisierungen der Forschungsergebnisse, wenn die „falschen" Variablen konstant gehalten worden sind oder aber eine wichtige abhängige Variable nicht erhoben worden ist, erläutert.

Kapitel 5 gibt einen Überblick und eine Einführung in alle wesentlichen Schritte der Konstruktion und Anwendung von Fragebögen: Formulierung der Einleitung, Auswahl und Darstellung von effektiven Fragen, Erlangung der Mitarbeit der befragten Personen und Vorlage eines Fragebogens. In Kapitel 6 werden neun Einstellungsskalen mit externalem Verhaltensbezug sowie fünf repräsentative Einstellungs-Schätzskalen beschrieben. Rotters „Skala der internalen versus externalen Kontrolle", die Androgynie-Skala von Bem und, in Kapitel 8, die Autoritarismus-Skala sind vollständig mit den entsprechenden Auswertungsanweisungen wiedergegeben. In Kapitel 7 wird erklärt, wann eine repräsentative Stichprobenauswahl notwendig ist bzw. unter welchen Bedingungen und für welche Fragestellungen sie weniger bedeutungsvoll ist. In diesem Zusammenhang werden die Konzepte „Konfidenzintervall" und „Konfidenzniveau" sorgfältig abgeleitet und erläutert. In drei Tabellen wird dabei die Beziehung zwischen Konfidenzintervallen und der Größe der für eine Untersuchung erforderlichen Stichprobe dargestellt. Wie man eine Wahrscheinlichkeitsstichprobe aus einer Population zieht, wird ebenfalls erläutert. Forschungsarbeiten über soziale Variablen und epidemiologische Untersuchungen über psychische Störungen in der Kindheit illustrieren die effektive Anwendung sowohl der Stichprobenauswahl als auch der Konzepte „Prävalenz", „Inzidenz" und „Konkordanzrate". Die Forschung im Bereich der Persönlichkeitspsychologie wird in Kapitel 8 unter Anführung von fünf kritischen Gesichtspunkten vorgestellt. Dabei werden empirisch abgeleitete, theoriebegründete und projektive Tests miteinander verglichen, und es wird erklärt, warum ein Test, der für einen Zweck oder einen Bereich (beispielsweise die Forschung) valide ist, nicht unbedingt auch hinsichtlich eines anderen Gebiets (etwa die Personalauslese) Validität besitzt. In Kapitel 9 wird ausgeführt, wie man sowohl hochstrukturierte als auch weniger strukturierte Interviewschemata entwirft und formuliert, wie man die Kooperation der interviewten Personen erlangt, wie Interviews durchgeführt und Interviewdaten aufgezeichnet werden. Die Anwendungsbeispiele sind u.a. Arbeiten über Temperamentsunterschiede (Thomas, Chess u. Birch), die kognitive Entwicklung von Studenten (Perry) und die phänomenologische Analyse des Lernens (Giorgio). Nichtreaktive Methoden und die Methode der Inhaltsanalyse werden in Kapitel 10 vorgestellt. Zwei Bereiche von wachsender methodologischer Bedeutung werden in Kapitel 11 behandelt: Prozeßforschung und ergebnisorientierte Wirkungs- oder Effektforschung werden voneinander abgegrenzt und verglichen, ebenso die Forschung, die Theorien generiert und theorienprüfende Studien. Die Forschungsmethode der strukturierten Beobachtung wird durch die Untersuchungen von Piaget und die Studien zur motorischen Entwicklung von Bayley dargestellt. Die teilnehmende oder naturalistische Beobachtungsmethode wird ausführlich diskutiert, wobei unter anderen folgende Problembereiche und Methoden angesprochen werden: das Eintreten in die Beobachtungssituation, die Zeit-Stichproben-Technik, die Ereignis-Stichproben-Technik und die Validität der erhobenen Daten. Diese werden anhand von Arbeiten über psychiatrische Kliniken, Kindererziehungspraktiken und Großstadtschulen veranschaulicht.

Das vorliegende Buch enthält als erstes Einführungswerk ein Kapitel über die Evaluationsforschung, von der angenommen wird, daß sie zukünftig eine bedeutende Rolle einnehmen wird. In Kapitel 12 werden die Prinzipien der Aktionsforschung vorgestellt und Prozeß- und Effektforschung im Bereich der Evaluation erläutert.

In Kapitel 13 werden die grundlegenden Schritte der Datenauswertung behandelt; veranschaulicht durch Beispiele, Tabellen und Abbildungen. Dabei wird erläutert, wie man mit Rohdaten umgeht, Häufigkeitsverteilungen erstellt, wie Kategorien kombiniert und Tabellen angelegt werden und wie man Prozentwerte, das arithmetische Mittel, den Median und den Modalwert errechnet. Kapitel 14 führt den Leser dann zur Abgrenzung von drei verschiedenen Arten von statistischen Fragestellungen und drei Datentypen. Bei der Planung jeder Forschungsarbeit muß die Entscheidung fallen, welche Arten von Daten erhoben werden und welche statistische Frage beantwortet werden muß. Nachdem diese Entscheidung gefallen ist, kann der Student, der eine Arbeit durchführt, die „Richtlinien zur Auswahl eines statistischen Tests" heranziehen und damit auf einen Blick erkennen, welche der verschiedenen allgemein gebräuchlichen parametrischen oder nichtparametrischen Statistiken für das in Frage stehende Problem angemessen sind. Kurze Illustrationen von Problemstellungen, für die die verschiedenen statistischen Tests zur Anwendung kommen, werden im Anschluß vorgestellt. Studenten, die gerade ein Projekt durchführen, können ihr in Frage stehendes Problem mit diesen Beispielen vergleichen, um damit die Richtigkeit ihrer Wahl bezüglich der statistischen Verfahren nachzuprüfen. Danach muß die entsprechende Statistik berechnet werden, indem die Instruktionen ausgewählt werden, die den Rechengang, ein bearbeitetes Beispiel und ausgewählte kritische Werte zur Bestimmung der Signifikanz des berechneten Wertes enthalten. Kapitel 14 enthält außerdem noch zwei Abbildungen zur Erleichterung der statistischen Arbeit: eine Tabelle mit Konfidenzintervallen für Prozentwerte und das Lawshe-Baker-Nomogramm, aus dem die Signifikanz des Unterschieds zweier Prozentangaben direkt abgelesen werden kann.

Kapitel 15 stellt eine Innovation in methodologischen Texten dar. Denn es werden sechs kontroverse Aspekte im Bereich der Dateninterpretation genau erläutert. In diesem Rahmen werden folgende Arbeiten besprochen: Milgrams Experimente über den menschlichen Gehorsam, der Coleman-Bericht, die Arbeit von Campbell und Ross über die Verringerung der Zahl tödlicher Verkehrsunfälle in Connecticut, Ergebnisse und Interpretationsprobleme der Intelligenzforschung, die Arbeit von Brim über den Erwerb der Geschlechtsrollen und „Das große Rätsel um den S.A.T.". Diese und eine Reihe anderer Arbeiten veranschaulichen die Bedeutung und die Relevanz von Konzepten wie „erklärte Varianz", „relative Rangordnung", „Korrelation heißt nicht Kausalität", „Erblichkeit" und „Unterschiede innerhalb einer Gruppe versus Unterschiede zwischen Gruppen". Außerdem werden sowohl die Diskrepanz, die häufig zwischen operationalen Definitionen und deren impliziten konzeptuellen Definitionen besteht, als auch potentiell ernsthafte Konsequenzen des Meßfehlers demonstriert und erläutert. Der Gebrauch von Forschungskonzepten zur Bestätigung oder Verteidigung bestimmter Schlußfolgerungen und Interpretationen von Forschungsresultaten wird dargestellt. In diesem Rahmen wird auch gezeigt, daß Resultate selten eindeutig und klar zu interpretieren sind und daß deshalb sogar kompetente Forscher sich oft nicht über die Implikationen und Schlußfolgerungen von Resultaten einig sind.

Im letzten Kapitel schließlich wird besprochen, wie ein Forschungsbericht im korrekten APA-Stil erstellt wird; Kapitel 16 bezieht sich darauf, was solch ein

Bericht enthalten sollte, wie sowohl induktive als auch deduktive Resultate, Fragebogenergebnisse, negative Resultate oder sekundäre Befunde dargestellt werden und wie man informative Tabellen erstellt.

Folgenden Personen danke ich für ihre wertvollen Ratschläge bei der Planung und Ausarbeitung dieses Buches: John Broughton, Jack Burton, Donna Cayot, Sr. Mary Clark, Richard Christie, Phoebe C. Ellsworth, William Kessen, Frank Kohout, Daniel J. Levinson, Brenden Maher, Thomas Pettigrew, Herbert Robbins, Leonard Sayles, Jerome Singer, Henry Solomon, Eric Valentine, Ladd Wheeler und Robert Zajonc.

Miriam Lewin

Zur Auswahl der Kapitel

1. Die zentralen Kapitel für Seminare über psychologische Forschungsmethoden im allgemeinen und für experimentalpsychologische Praktika, in denen die Studenten keine eigenen Forschungsprojekte durchführen, sind Kapitel 2 und 3 (Versuchsplanung), Kapitel 4 (Experiment), Kapitel 7 (Stichprobenauswahl), Kapitel 11 (Prozeß- und Effektforschung, theoriengenerierende Forschung) und Kapitel 15 (Interpretation von Resultaten). Kapitel 1 (wissenschaftliche und ethische Grundlagen) ist für diesen Zweck ebenfalls angebracht. Es können zusätzliche Kapitel über spezifische Methoden (Kapitel 5, 6, 8, 9, 10) bearbeitet werden, sofern das zeitlich möglich ist.

2. Für Studenten, die eine eigene Studie durchführen, sind die relevanten Kapitel: Kapitel 1 (nur die Zusammenfassung der ethischen Prinzipien); Kapitel 2 und 3 (Versuchsplanung); die Kapitel über spezifische Methoden (Kapitel 4 bis 11), die interessieren; Kapitel 7 (Stichprobenauswahl); Kapitel 13 und 14 (Datenauswertung) und Kapitel 16 (Erstellung des Forschungsberichts). Kapitel 14 muß nicht unbedingt vollständig bearbeitet werden. Es genügt nach der Festlegung der zu verwendenden Statistiken die entsprechenden Abschnitte zu lesen.

3. Für Seminare über Forschungsmethoden in der Sozial-, Persönlichkeits- oder Entwicklungspsychologie kommen Kapitel 1 bis 3, einzelne Kapitel über spezifische Methoden (aus Kapitel 4 bis 11), Kapitel 12 (Evaluationsforschung) und Kapitel 15 (Interpretation von Resultaten) in Frage. Haben die Studenten bereits ein Seminar über allgemeine Forschungsmethoden belegt, können die ersten drei Kapitel teilweise oder vollständig weggelassen werden.

4. Für kurze Seminare oder für Studenten mit einem geringeren Hintergrundwissen können folgende Kapitel kombiniert werden: Kapitel 1 (nur die Zusammenfassung der ethischen Prinzipien), Kapitel 2 (die ersten sechs Abschnitte), Kapitel 3 (ohne den Abschnitt über Validitätsarten und kausale Inferenz) und Kapitel 5 (Fragebogen). Auch für diesen Zweck können aus den Methoden-Kapiteln (Kapitel 4 bis 11) einzelne ausgewählt werden. Liegen den Studenten Daten zur Analyse vor, dann sollten Kapitel 13 (Datenauswertung) und Kapitel 16 (Erstellung des Berichts) zusätzlich bearbeitet werden.

M. L.

Inhaltsverzeichnis

Teil I
Die Logik der Forschung

Kapitel 1

Wissenschaftliche und ethische Grundlagen der Forschung

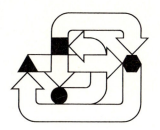

1. Der Orangensaft war dünn wie immer. Nun zurück in den Tagesraum. Noch vier Stunden und 17 Minuten bis zum Mittagessen. Während Kate Garfinkel sich dem Tagesraum näherte, vernahm sie das Gelächter aus der Fernsehsendung, das über den Flur hallte. Im Hintergrund erkannte sie Dr. Heldman, der schnellen Schrittes über den Gang eilte. Jetzt wäre eine gute Gelegenheit, mit ihm zu sprechen.
„Entschuldigen Sie, Dr. Heldman, können Sie mir vielleicht sagen, wann ich aus der Klinik entlassen werde?"
„Hallo Kate, wie geht's? Es sieht so aus, als gäbe es heute noch Schnee, nicht wahr!?"
Mit unvermindertem Tempo setzt Dr. Heldman seinen Weg fort. Kate stößt einen tiefen Seufzer aus: Das Los eines teilnehmenden Beobachters ist nicht immer leicht zu ertragen. Sie nimmt ihren Notizblock und vermerkt Uhrzeit, Datum, Ort und Inhalt ihres „Gesprächs" mit Dr. Heldman.

2. An der Hand ihres Lehrers betritt das kleine Mädchen den Untersuchungsraum. Ihre Aufmerksamkeit richtet sich ganz auf einen Miniatursee zum Spielen. Der See hat einen Strand, und auf dem Wasser schwimmen Spielzeugfische und -enten. Während sie auf den See zugeht, sagt der Versuchsleiter: „Komm, schau Dir doch mal das Spielzeug an." Im Nebenraum, hinter dem großen Einwegspiegel, sind vier Mitarbeiter eifrig damit beschäftigt, das Kind zu beobachten. In der nächsten halben Stunde werden sie das Verhalten des kleinen Mädchens protokollieren. Zwei der Beobachter haben jeweils die gleiche Version eines Beobachtungsbogens vor sich liegen, die sich in verschiedenen Punkten von den Bögen der beiden anderen Beobachter unterscheiden.

3. Zwei Männer sitzen in den komfortablen Sesseln eines kleinen, aber gemütlichen, mit Büchern vollgestopften Dienstzimmers, an dessen Tür „Studienberatung" steht. Der ältere der beiden sagt: „Sie meinen also, daß der Kursus nicht Ihren Erwartungen entsprochen hat?" „Nein, ganz und gar nicht", antwortet der Jüngere. „Das ergibt keinen Sinn! Warum gehen die so mit uns um? Professor Scott erzählt dorch nur Unsinn – wunderschönen und eleganten Stuß. Es ist zwar angenehm, ihm zuzuhören; aber es ist alles nur Stuß oder irgendwie Brei. Du kannst es durchkneten und ausquetschen, aber es bleibt nie etwas Handfestes übrig. Und die Worth, seine Assistentin, ist genauso schlimm. Meinem Zimmergenossen hat sie eine ‚Eins-Minus' für seine schriftliche Arbeit gegeben – die hat er wirklich erst in der Nacht zum Donnerstag frei aus den Fingern gesogen, nachdem er den Text nur ganz kurz überflogen hatte; dabei hab ich doch alle Fakten genau nachgelesen, und jeden Satz meiner Arbeit kann ich durch einen Autor belegen. Ich sehe einfach nicht ein, daß ich eine ‚Vier' haben soll, eine verdammte ‚Vier'. Die Arbeit war zweimal soviel wert wie seine

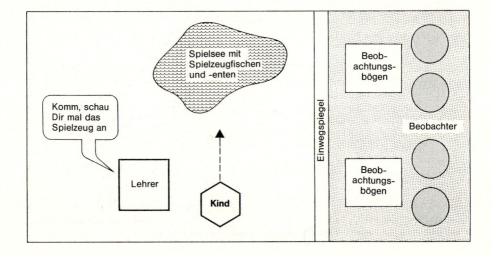

– nicht daß ich viel um diese verdammten Noten gäbe; aber es ergibt keinen Sinn, verstehen Sie? Ich werde nicht schlau daraus, sonst würde es mir ja nichts ausmachen …"

4. Sechs Personen sitzen um einen Konferenztisch. Vom Fenster aus hat man einen herrlichen Blick auf die Stadt, aber die sechs sind vollauf damit beschäftigt, erregt einen Haufen Blätter durchzuwühlen und miteinander zu diskutieren.
Dr. William Brady: „Also gut, wir müssen sparen. Wo sollen wir also kürzen?"
Dr. Marion Delaney: „Wir bauen die frühzeitige Einschulung ab und fördern die berufliche Wiedereingliederung; wir haben jetzt 13 Untersuchungen, die zeigen, daß dieser Frühbeginn nicht funktioniert."
Dr. Leroy Jones: „Das zeigen sie nicht, Marion! Es zeigt sich eine Zunahme des IQ um neun Punkte, um sieben Punkte und in der Untersuchung von Smith sogar um 14 Punkte."
Dr. Delaney: „Ich weiß, Leroy, aber das hält auf die Dauer nicht an. Im zweiten Jahr fallen die Kinder wieder zurück, und nach sechs Jahren ist der Unterschied vollkommen verschwunden."
Dr. Ralph Cohen: „Aber Marion, warum sollen wir denn überhaupt über den IQ sprechen? Wir wissen doch, daß sich der IQ nicht verändert. Die vorzeitig eingeschulten Kinder lernen aber, anderen Personen zu vertrauen, miteinander umzugehen und wie man sich im Unterricht verhält. Und genau das ist es doch, was wichtig ist."
Dr. Delaney: „Woher wissen wir denn, daß sie gerade das lernen und daß ausgerechnet das wichtig ist?"

Sie haben soeben einen kurzen Blick auf drei Forschungsansätze und auf eine Gruppe von Personen werfen können, die diese Forschung anwenden. Im Rahmen einer Untersuchung zum Verhalten des Klinikpersonals gegenüber den Patienten in einer psychiatrischen Klinik führt Kate Garfinkel eine teilnehmende Beobachtung durch (die Untersuchung ist ausführlich in Kap. 11 dargestellt). Die zweite Skizze beschreibt den Beginn eines Laborexperiments zur Auswirkung von Frustration auf die Kreativität von Kindern beim Spiel (das Experiment wird in Kap. 4 diskutiert). Der unglückliche Studienanfänger nimmt an einer Untersuchung über Phasen der intellektuellen Entwicklung von Studenten teil (im Rahmen dieser Untersuchung wird die Methode des Interviews angewandt; sie wird in Kap. 9 beschrieben). Die letzte Episode schildert die praktische Anwendung psychologischer Forschungsergebnisse. Es handelt sich dabei um leitende Mitarbeiter des "United State Department of Health, Education and Welfare", die sich darum bemühen, auf der Basis von Forschungsergebnissen bestimmte Entscheidungen zu treffen (die Evaluation, d. h. die Bewertung und Beurteilung von Programmen, wie z. B. das der vorzeitigen Einschulung, wird in Kap. 11 erläutert).
Nehmen wir an, daß Sie sich selbst einige Fragen zu diesen Episoden gestellt haben. Was wird mit den Notizen der teilnehmenden Beobachterin geschehen? Was geschieht mit den Aufzeichnungen des Interviews, das mit dem Studenten geführt wurde? Wie kann man die Kreativität eines Kindes beim Spiel messen? In welchem Ausmaß kann der Psychologe das kleine Kind frustrieren, ohne gegen ethische Prinzipien zu verstoßen? Wie können wir beurteilen, ob Forschungsergebnisse reliabel (konsistent und wiederholbar, also zuverlässig) und valide (von einer bestimmten Gültigkeit für einen bestimmten Gegenstandsbereich) sind? Inwieweit können bestimmte Forschungsergebnisse auch auf andere Personen verallgemeinert werden, die nicht (z. B. als Versuchspersonen) direkt an der entsprechenden Untersuchung teilgenommen haben? Welche Hilfe kann die psychologische Forschung bei sozialpolitischen Entscheidungen anbieten?

Im Rahmen des vorliegenden Buches werden wir uns damit beschäftigen, wie Psychologen Untersuchungen über bestimmte Fragestellungen planen, warum sie ein bestimmtes Forschungsvorgehen gegenüber einem anderen bevorzugen, wie sie bestimmte Methoden auswählen, Pläne zur Beobachtung, Messung und Auswertung finden oder entwerfen und wie sie zu bestimmten Schlußfolgerungen gelangen.

Das Hauptanliegen des vorliegenden Buches ist es, eine gründliche Einführung in die Prinzipien wissenschaftlicher Forschungsmethoden und Forschungsdesigns anzubieten, wie sie i. allg. in den Bereichen der Entwicklungs-, Persönlichkeits- und Sozialpsychologie vorzufinden sind.

Ein weiteres Anliegen ist es, Studenten höherer Semester, insbesondere denjenigen, die gerade eine eigene Forschungsarbeit durchführen, eine gewisse Unterstützung zu bieten. Gerade im Verlauf eigener Forschungstätigkeit ist relativ rasch ein Stadium erreicht, in dem sich zeigt, daß zwischen dem Literaturstudium über Forschungsmethoden und der tatsächlichen Konfrontation mit den damit verbundenen Problemen ein erheblicher Unterschied besteht. Aus diesem Grund wird im vorliegenden Buch die theoretische Diskussion darüber, „warum etwas so getan wird, wie es getan wird", mit konkreten Anleitungen dazu kombiniert, „wie es zu tun ist".

Ein weiteres Anliegen dieses Buches ist es, dem Leser Kenntnisse über die Bewertung von Forschungsergebnissen und über die praktische Anwendung psychologischer Befunde zu vermitteln, so daß er die Rolle eines „informierten Psychologie-Konsumenten" einnehmen kann. Als mündiger Bürger sollten Sie Ihre legitimen Interessen begründet vertreten können, falls diese durch Entscheidungen mitbedingt werden, die auf psychologischen Forschungsergebnissen beruhen. Beispielsweise könnten Sie im Berufsleben dazu angehalten sein, einen psychologischen Test anzuwenden oder als Versuchsperson zu fungieren. Der Bildungsweg Ihres Kindes könnte z. T. durch psychologische Untersuchungsmethoden festgelegt werden. Schließlich könnten Sie als Staatsbürger vor der Frage stehen, ob Sie eine bestimmte Sozialpolitik unterstützen oder ablehnen sollten, die teilweise auf begründeten (oder vielleicht nur vermeintlichen) Tatsachen psychologischer Forschung beruht. Im allgemeinen erfordert dies aber, daß Sie in der Lage sind, den Wert derartiger Forschungsarbeiten zu beurteilen.

Kapitel 1 beinhaltet folgende Themen:

1. Warum hat es die Psychologie auf ihrem Weg zu einer eigenständigen Wissenschaft so schwer gehabt?
2. Einige Grundelemente wissenschaftlichen Denkens sowie der aristotelische und der galileische Wissenschaftsbegriff.
3. Die Situation des Forschers oder des Studenten, der sich anschickt, ein Forschungsvorhaben zu realisieren.
4. Ethische Prinzipien psychologischer Forschung.

1.1 Der Weg der Psychologie zu einer Wissenschaft

Die wissenschaftliche Methode ist eine der höchsten Leistungen der modernen säkularen westlichen Zivilisation. Trotzdem kann das ganze Gewicht der Wissenschaft zum Guten wie zum Schlechten verwendet werden. Wissen, das durch wissenschaftliche Erkenntnisse erworben wird, ist schlechthin faszinierend; unabhängig davon, ob es im Alltag Anwendung findet oder nicht. Angesichts der Fortschritte in den „reinen" Naturwissenschaften stellte sich die unausweichliche Frage, ob ein derartiger Erkenntniszuwachs auch in den Human- und Sozialwissenschaften erreicht werden kann. Können Themen wie Liebe, Haß und Krieg wissenschaftlich untersucht werden? Warum wachsen einige Kleinkinder mit festen Standards von Gut und Böse, andere dagegen ohne jegliche Gewissensbisse auf? Warum sind Menschen verschiedener Länder oder Rassen, verschiedenen Alters oder verschiedener Biographie an derart unterschiedliche, ja sogar gegensätzliche Glaubenssätze und Wertvorstellungen gebunden? Warum weisen Kinder gleicher Eltern, die unter ähnlichen Bedingungen aufwachsen, voneinander derart verschiedene Persönlichkeitsmerkmale auf? Zweifellos kennen Sie, was das menschliche Verhalten angeht, noch eine Reihe anderer Rätsel.

Vor Jahrhunderten galt als gesichert, daß Fragen zur Aggression, Persönlichkeit oder Moralentwicklung eine Domäne der Schriftstellerei und der Philosophie sind, nicht aber der Wissenschaft. Manche Zeitgenossen denken auch heute noch so. Vor einigen Jahren machte ein amerikanischer Senator dadurch Schlagzeilen, daß er sich abfällig über die staatliche Förderung eines Forschungsprojektes über das Thema „Liebe" äußerte: „Ich glaube, 200 Millionen Amerikaner wollen, daß einige Dinge in ihrem Leben ein Mysterium bleiben; und an oberster Stelle derjenigen Dinge, die wir nicht wissen wollen, steht die Frage, warum sich ein Mann in eine Frau verliebt und umgekehrt" (zitiert nach Byrne, 1976, S. 3).

Selbst die Psychologen untereinander waren sich uneinig darüber, was legitimerweise wissenschaftlich untersucht werden könnte. Seit Beginn dieses Jahrhunderts haben führende Psychologen wiederholt die Ansicht vertreten, daß *Denken, Bewußtsein, Einsicht* oder *Wille* keinesfalls wissenschaftlich untersucht werden könnten und daß das auch kein redlicher Forscher versuchen würde. Noch bis in die dreißiger Jahre verwarfen einige angesehene Psychologen den gesamten Bereich der Sozialpsychologie: „Gruppen" seien eine Illusion – real existent seien lediglich Individuen. Andere Psychologen bezweifelten wiederum, daß die Persönlichkeit wissenschaftlich erforscht werden könnte.

Einige „Stolpersteine" sog. „weicher" Bereiche der Psychologie (wie Teile der Persönlichkeits-, Sozial- und Entwicklungspsychologie), die ihrer Anerkennung erschwerend im Wege standen, waren folgende:

1. Der offensichtliche Widerspruch zwischen den wissenschaftlichen Konzepten des Determinismus und Mechanismus einerseits und Charakteristika des menschlichen Verhaltens wie Entscheidung, Verantwortungsbewußtsein oder freier Wille andererseits.
2. Die anscheinend vage, kurzlebige und nicht meßbare Natur von manchen Gegenstandsbereichen der Psychologie.
3. Die Gefahr, daß persönliche Vorlieben und Voreingenommenheiten des Forschers Ergebnisse verfälschen können; ein besonders ernstes Problem, das sich aufgrund von Problem 2 ergibt.

Mechanismus und Determinismus

Während der industriellen Revolution wurden die Gesetze der Naturwissenschaften mit großem Erfolg zur Konstruktion von Maschinen angewandt. Die damaligen Konzeptionen von Wissenschaft waren eng verbunden mit Vorstellungen über Getriebe, Schalter und Zahnräder. Man vertrat – salopp formuliert – eine „mechanistische" Wissenschaftsauffassung. Eine der wichtigsten Charakteristika des mechanistischen Ansatzes ist sein rigider Determinismus: Wann auch immer Schalter A betätigt wird, die Folge ist stets dieselbe – ein nahezu hundertprozentig vorhersagbares Ereignis. Dieses mechanistische Bild von der Wissenschaft wurde auch auf die sich entfaltende Disziplin der Psychologie übertragen, wo es dann mit einem Alltagsverständnis des menschlichen Handelns als einer Angelegenheit von Entscheidung, Wahl und Dilemma – aber kaum einer Angelegenheit im Sinne von: betätige Schalter A und erhalte B – konfligierte. Mit unterschiedlichem Ausmaß an Zustimmung oder Ablehnung vertraten manche Psychologen die Ansicht, die wissenschaftliche Psychologie müsse den Menschen in Analogie zum Roboter und Computer betrachten, als passives Objekt. Auch wenn wir aus heutiger Sicht über mechanistische Konzepte lächeln mögen: mit der fortschreitenden Computerisierung und der Fortschritte der sog. „künstlichen Intelligenz"-Forschung werden derzeit mechanistische Konstrukte wiederbelebt, die in Widerspruch zur Psychologie des „intentionalen Handlungssubjekts" (vgl. dazu Herrmann, 1982) stehen. Das Wiederaufleben alter Kontroversen bzw. die Persistenz bestimmter Konstrukte – in und außerhalb der Psychologie –läßt es geboten erscheinen, daß wir verstärkt über unser Theoretisieren und Forschen nachdenken.

„Revolutionen" – auch wissenschaftliche – sind „schmerzlich". Sie zwingen uns, von lang akzeptierten und vertrauten Lebens- und Denkweisen Abschied zu nehmen. Man kann sagen, daß die erste schmerzliche wissenschaftliche Revolution stattfand, als der Astronom Kopernikus (1473–1543) seinen Zeitgenossen zu erkennen gab, daß die Erde nicht der Mittelpunkt des Universums ist, sondern lediglich ein untergeordneter Planet. In einer zweiten wissenschaftlichen Revolution verletzte Darwin (1809–1882) einige Hochgefühle, indem er aufzeigte, daß der Mensch in das Tierreich einzuordnen ist. Freud (1856–1939) war davon überzeugt, daß unbewußte Kräfte (die sich uns selbstverständlich verbergen) in starkem Maße unser Verhalten beeinflussen. Freuds Werken ist zu entnehmen, daß wir nicht einmal der „Herr im eigenen Haus" sind, geschweige denn „Lenker unseres Geschickes". In unserer Zeit macht der Psychologe B. F. Skinner geltend, wir sollten unseren Glauben an eine Realität und an die Bedeutsamkeit menschlicher Freiheit und Würde aufgeben, um die Psychologie zu verwissenschaftlichen. In seinem mit Absicht provokant betitelten Buch "Beyond Freedom and Dignity" (1971; dt.: „Jenseits von Freiheit und Würde", 1973) bezeichnet er Freiheit und Würde als Illusionen, die mit Wissenschaft nicht zu vereinbaren seien. Dies, sagt Skinner, sei die vierte wissenschaftliche Revolution. Trotzdem stimmen keineswegs alle Psychologen der Ansicht zu, daß eine wissenschaftliche Sicht des Menschen der Akzeptanz der älteren Modelle des Determinismus und Mechanismus bedürfe. Sie sind vielmehr der Ansicht, daß lebende Systeme wissenschaftlich erforscht werden können, ohne daß sie zwangsläufig mechanistisch betrachtet werden müssen.

Wie der folgende Aphorismus illustriert, scheint sich mit dem Determinismus ein Graben aufzutun zwischen Überzeugungen, die dem Alltagsleben und solchen, die der wissenschaftlichen Arbeit zugrundeliegen:

> Ein Professor debattiert mit einem Studenten darüber, ob die Entscheidungsfreiheit des Menschen eine Illusion sei. „Jede unserer Handlungen ist vollständig determiniert durch unser Erbgut, unsere früheren Erfahrungen und die externe Umwelt", sagt der Professor. „Oh ..." (sehr langgezogen) ruft der Student. Zutiefst erschüttert fordert der empörte Professor eine sofortige Begründung. „Verzeihen Sie", sagt der Student, „aber ich habe nur demonstrieren wollen, wie Sie im Grunde genommen selbst nicht daran glauben, daß die Menschen keine Möglichkeiten haben, über ihr Verhalten zu entscheiden."

Vielleicht entwickeln Psychologen künftig ein Wissenschaftsmodell, das dem Gegenstand unseres Interesses – dem Menschen – völlig angemessen ist; vielleicht aber auch nicht. Auf jeden Fall beschäftigt uns immer noch das Problem, eine Wissenschaftstheorie zu finden, die unserem Gegenstand angemessen ist (Lewin, 1977).

Messen, was noch nicht gemessen werden konnte

Das zu messen, was noch nicht gemessen wurde, ist Hauptanliegen der Wissenschaft. Wir sind es gewohnt, allgemeine Maßeinheiten als selbstverständlich vorauszusetzen, anzunehmen, daß ein Gewicht automatisch in Kilogramm- oder Pfundeinheiten auftritt und Temperatur naturgemäß in Gestalt von Fahrenheit- oder Celsius-Graden erscheint; wir vergessen aber dabei nur zu leicht, daß irgendjemand diese Maßeinheiten mit großer Sorgfalt erdacht und ausgearbeitet hat. Irgendjemand mußte aufzeigen, daß eine steigende Quecksilbersäule tatsächlich in einem reliablen und validen Zusammenhang mit zunehmender Hitze steht. Entsprechend müssen auch Verhaltensmaße von Psychologen entwickelt werden. Im Verlauf der Lektüre dieses Buches werden Sie auf viele Beispiele psychologischer Maße treffen und auf Diskussionen darüber, wie diese Maße zu erstellen sind.

Da Meßmethoden von großer Bedeutung für die Wissenschaft sind, zeigt sich bei den Wissenschaftlern eine starke Tendenz, vor allem das zu untersuchen, was mit bereits vorhandenen Methoden gemessen werden kann. Innerhalb der Psychologie besteht ein gewisser Konflikt zwischen dem Wunsch, etwas zu untersuchen, was möglicherweise kaum von Bedeutung oder wenig interessant ist, vielleicht sogar trivial, dafür aber genau und auf elegante Weise gemessen werden kann und andererseits dem Wunsch, Themen zu untersuchen, die zwar wichtig erscheinen, aber wissenschaftlich schwer zugänglich sind. Ein Kritiker eines allzu starken Meßmethodenmonismus sagt dazu: „Psychologen tendieren dazu, ihre Konzepte auf das zu beschränken, was meßbar ist. Wenn aber in einer Gemeinschaft von Fischern alle über Fangnetze mit Öffnungen von sieben Zentimetern im Durchmesser verfügen, dann laufen sie große Gefahr, alle fünf Zentimeter großen Fische zu übersehen oder sogar deren Existenz zu leugnen" (Ornstein, 1973, S. XII).

Der beste Weg, zu demonstrieren, daß es möglich ist, etwas wissenschaftlich zu untersuchen, ist wohl der, genau dies zu tun. Anstatt sich in Argumentationen darüber zu verstricken, ob „soziales Klima" oder „Gruppenatmosphäre" hoffnungslos vage Begriffe sind, machte sich Kurt Lewin in den vierziger Jahren daran, das soziale Klima in Jugendgruppen zu beeinflussen, indem er spezifische Führungsstile variierte, um dann das Verhalten von Gruppenleitern und Gruppenmitgliedern sorgfältig zu beobachten und zu registrieren. Zu einer Zeit, zu der es noch als unmöglich galt, Vorurteile wissenschaftlich zu untersuchen, konnten Musafer und Carolyn Sherif bei Kindern eines Ferienlagers Vorurteile gegenüber "out-groups" hervorrufen und wieder beseitigen. Kinsey et al. (1948) und Masters und Johnson (1966) demonstrierten, daß menschliches Sexualverhalten wissenschaftlich untersucht werden kann. Der eigentliche Gegenstand der Psychologie ist also nicht ein für allemal festgelegt; er ist offen für fortwährende Neubestimmung.

Triangulation: Die Anwendung vieler Methoden

Es gibt keine allseligmachende, universelle Methode der Entwicklungs-, Sozial- oder Persönlichkeitspsychologie. In der Vergangenheit haben Psychologen versucht, eine Antwort auf Fragen zu finden wie etwa „Sind Interviews besser geeignet als Fragebogen?", „Sind Experimente besser als Interviews?" usw. Bisweilen erwuchs aus einer derartigen Kontroverse die Überzeugung, daß ausschließlich ein ganz bestimmter Weg zum Fortschritt führe. Heute allerdings legt man großen Wert auf die Verwendung einer Vielfalt verschiedener Methoden. Wie der Leser sehen wird, ergänzen sich Labor- und Felduntersuchung, Beobachtung, Interview und Fragebogen, „objektive" und „subjektive" Techniken gegenseitig. Die Lücken, die eine Technik läßt, schließt eine andere. Verschiedene Methoden werden auf einen Problembereich angewandt; Verzerrungen und Grenzen einer Methode können durch eine andere korrigiert werden. Diesen Ansatz der Anwendung vielfältiger Methoden bezeichnet man als *Triangulation* (Denzin, 1970). Der Begriff stammt aus der Navigation und der Geodäsie (Wissenschaft von der Erdvermessung) und deutet darauf hin, daß verschiedene Datenquellen kombiniert und dem Untersuchungsgegenstand angepaßt und auf ihn zugeschnitten werden können.

Das Bias-Problem

Das Problem der systematischen Verzerrung von Meßergebnissen oder „Bias-Problem" kann aus der wissenschaftlichen Arbeit nicht völlig eliminiert werden. Die Geschichte der Wissenschaft – auch der Psychologie – weist viele Arbeiten auf, in denen sich krasse Verzerrungen und Scheinargumente zur Unterstützung der Voreingenommenheit des Autors offenbaren (Shields, 1975). Das Ideal einer wertfreien Wissenschaft ist dann weder geeignet noch wünschenswert, wenn es dazu führt, daß sozusagen „leidenschaftslos" geforscht wird. Meisterstücke vollbringen häufig diejenigen, die leidenschaftlich an der Natur der Sache und den Ergebnissen ihrer Bemühungen Anteil nehmen. Der Neurologe Herrick drückt dies so aus:

Bias, der durch verborgene persönliche Einstellungen, Interessen und Befangenheit entsteht, ist der heimtückischste aller subversiven Feinde gesicherten wissenschaftlichen Fortschritts; doch gerade diese Einstellungen und Interessen sind die Schlüsselfiguren aller wahrhaft originellen wissenschaftlichen Forschung. Dieser Angelegenheit kann man nur mutig und aufrichtig gegenübertreten. Ein bequemer Ausweg dagegen ist der, das lästige personengebundene Beiwerk des Bias-Problems zu ignorieren und zu verkünden, dies sei nicht die Sache der Wissenschaft … Wo dies geschieht, wird das Pflänzchen des ungehinderten einfallsreichen Denkens achtlos niedergetreten, und nur allzu oft scheinen wir mit einer vertrockneten Schale recht zufrieden zu sein, die so mühelos gewogen, gemessen, klassifiziert und dann ins Regal abgelegt werden kann (Herrick, 1949, S. 180).

Nun, da wir einen kurzen historischen Ausflug hinter uns und einige „Stolpersteine" auf dem Weg der Psychologie zu einer „echten" Wissenschaft gestreift haben, wollen wir einen Blick auf diejenigen Elemente werfen, aus denen sich eine wissenschaftliche Grundhaltung zusammensetzt.

1.2 Elemente der wissenschaftlichen Einstellung nach Whitehead

Welches sind die Elemente der wissenschaftlichen Grundhaltung? Der Wissenschaftsphilosoph Albert North Whitehead näherte sich diesem Problem über den Unterschied zwischen modernen (wissenschaftlich orientierten) und traditionellen (am „gesunden Menschenverstand" orientierten) Menschen an:

Auf der ganzen Welt und zu allen Zeiten gab es Praktiker, die von „nicht reduzierbaren harten Fakten" fasziniert waren; auf der ganzen Welt und zu allen Zeiten gab es philosophische Köpfe, die im Bann allgemeiner Prinzipien standen … Der neue Hauch des modernen Geistes ist ein vehementes und leidenschaftliches Interesse an der Beziehung zwischen diesen allgemeinen Prinzipien einerseits und den unbestreitbaren, harten Fakten andererseits … Diese Balance des Denkens ist nun Tradition geworden, die das kultivierte Denken befällt. Sie ist das Salz, das das Leben versüßt. Die erste Pflicht von Universitäten ist es, diese Tradition als weitläufiges Erbe von einer Generation zu anderen zu übertragen (Whitehead, 1967, S. 3).

Wissenschaft setzt Ordnung und Gesetzmäßigkeit voraus

Wissenschaft unterstellt Ordnung und Gesetzmäßigkeit in ihrem Gegenstandsbereich. Sie sucht nach unbestreitbaren Fakten, die diese Geordnetheit rekonstruieren lassen. Whitehead fährt fort:

Der Fortschritt der Wissenschaft hat einen Wendepunkt erreicht. Die alten Grundlagen wissenschaftlichen Denkens werden zunehmend unverständlicher. Raum, Zeit, Materie, Element, Äther, Elektrizität, Mechanismus, Organismus, Konfiguration, Struktur, Muster, Funktion; alle bedürfen einer Neuinterpretation. Welchen Sinn soll es haben, über mechanische Erklärungen zu diskutieren, wenn man nicht weiß, was unter Mechanik zu verstehen ist? ... Der Fortschritt der Biologie und Psychologie wurde vermutlich durch die unkritische Übernahme von Halbwahrheiten aufgehalten ... (1967, S. 16.). Wir stehen erst am Anfang einer Auseinandersetzung mit Problemen, die durch das Studium lebender Organismen in der Biologie, Physiologie und Psychologie für die Wissenschaftstheorie entstanden sind, fügt Whitehead hinzu. Die Debatte über den Determinismus wird durch den „instinktiven Glauben" an eine „Ordnung der Dinge" angeheizt, die anscheinend in Konflikt mit dem leidenschaftlichen Glauben an den freien Willen und die Selbstbestimmung des Menschen steht (Skinners „Freiheit und Würde").

Wissenschaft sammelt empirische Daten

Das Engagement für „nicht reduzierbare harte Fakten" wird oft als die *empirische* Natur von Wissenschaft bezeichnet. Geh hinaus und sammle Daten.

Wissenschaft strebt nach Theorien

Fakten sind bedeutungslos ohne eine Theorie, „ein Geflecht aus allgemeinen Prinzipien", das diese Fakten miteinander verbindet. Wissenschaftliche Theorien müssen *widerlegbar* sein. Wenn nicht spezifiziert werden kann, welcher Befund eine Hypothese widerlegt, d. h. zu ihrer Preisgabe führen könnte, dann ist keine wissenschaftliche Hypothese oder Theorie aufgestellt worden.

Wissenschaft ist Versuch und Irrtum unterworfen

Da Irrtümer jederzeit möglich sind, muß Wissenschaft vorläufig sein. Whitehead meint dazu: „Der Ruf Oliver Cromwells hallt durch die Ewigkeit: ‚Lieber Bruder, ich flehe Dich an beim Leibe Christi: bedenke, daß Du fehlbar bist!'" (1967, S. 16).

Wissenschaft ist allgemeinzugänglich

Wissenschaftliche Schlußfolgerungen stehen immer der Überprüfung offen. Die politische Freiheit, wissenschaftliche Meinungen kundzutun, ist für den Fortschritt der Wissenschaft von entscheidender Bedeutung. Der Irrtum einer Person hinsichtlich Fakten, Theorie oder Wissenschaftsphilosophie (Erkenntnistheorie) kann nur dann korrigiert werden, wenn andere Personen dies öffentlich tun können.

Wissenschaft verwendet Modelle oder Paradigmen

Wissenschaftliche Disziplinen benötigen Modelle oder Paradigmen. Ein *Paradigma* ist eine weithin akzeptierte Sichtweise über die entscheidenden Variablen oder die grundlegende Natur einer Disziplin. Ein Wissenschaftsbereich, so sagt T. Kuhn, habe ein Paradigma, wenn es „weithin anerkannte wissenschaftliche Leistungen gibt, die einer Gemeinschaft von Fachleuten eine Zeitlang ein Modell für Probleme und Lösungen bieten" (1970, S. VIII). Im frühen oder vorparadigmatischen Stadium einer Wissenschaft konkurrieren eine Anzahl von Denkrichtungen innerhalb einer Disziplin. Irgendwann jedoch gewinnt eine Richtung nahezu uni-

Elemente der wissenschaftlichen Einstellung

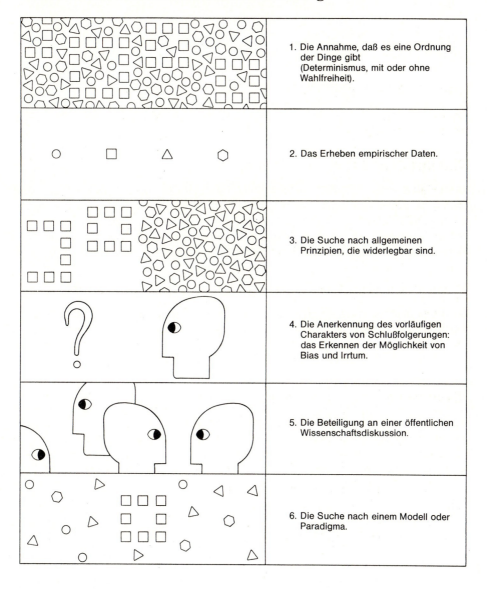

1. Die Annahme, daß es eine Ordnung der Dinge gibt (Determinismus, mit oder ohne Wahlfreiheit).

2. Das Erheben empirischer Daten.

3. Die Suche nach allgemeinen Prinzipien, die widerlegbar sind.

4. Die Anerkennung des vorläufigen Charakters von Schlußfolgerungen: das Erkennen der Möglichkeit von Bias und Irrtum.

5. Die Beteiligung an einer öffentlichen Wissenschaftsdiskussion.

6. Die Suche nach einem Modell oder Paradigma.

verselle Anerkennung. Die Wissenschaftler wenden sich nun dem sog. „puzzle-solving", dem Lösen von Rätseln zu, um den Geltungsbereich der Theorie oder des Modells auszuweiten. Nach und nach fällt es den Wissenschaftlern aber häufig immer schwerer, neue Erkenntnisse mit dem vorhandenen Paradigma zu vereinbaren; es gerät in eine Krise. Nach langem Hin und Her verdrängt schließlich ein neues Paradigma das vorherige Modell, und der Zyklus beginnt von neuem.

Zusammenfassend benötigt also Forschung die Integration der Suche nach empirischen Daten mit der Formulierung von Prinzipien oder theoretischen Gesetzmäßigkeiten. Derartige Theorien beruhen auf dem Glauben, daß psychische Ereignisse geordnet und gesetzmäßig sind. Zu einem bestimmten Zeitpunkt in der Wissenschaftsentwicklung werden Theorien und Daten in einem Paradigma integriert. Wissenschaftler erkennen, daß Voreingenommenheit und Irrtümer niemals gänzlich ausgeschlossen werden können. Einen guten Schutz vor derartigen Voreingenommenheiten bietet die öffentliche Diskussion von Wissenschaft, die den Bias der Korrektur zugänglich macht. Wissenschaftler akzeptieren den vorläufigen Charakter von Schlußfolgerungen.

1.3 Unterschiedliche Perspektiven wissenschaftlicher Forschung: aristotelische versus galileische Konzepte

Die Ideen des Astronomen Galilei (1564–1642) bedeuteten eine revolutionäre Wende in der Konzeption wissenschaftlicher Forschung. Welcher Unterschied bestand aber zwischen seiner Wissenschaftstheorie und der des Aristoteles (384–422 v. Chr.), dessen Ideen viele Jahrhunderte vor Galilei die Wissenschaft maßgeblich beeinflußt hatten?

Kurt Lewin (1931) führte folgende Unterschiede zwischen der aristotelischen und der galileischen Wissenschaftsauffassung an:

Die aristotelische Sicht

1. Eine wissenschaftliche Gesetzmäßigkeit ist abhängig von der Häufigkeit, mit der ein Ereignis auftritt. Das häufigere Ereignis ist auch das gesetzmäßigere. Seltene Ausnahmen können ignoriert werden.

2. Phänomene werden dichotomisiert, d. h. in zwei separate Klassen aufgeteilt. Die Anzahl der Kategorien kann größer als zwei sein, immer jedoch werden sie als separate, fest umgrenzte „Schubladen" aufgefaßt. Die alten Griechen beispielsweise sprachen von den vier Elementen Feuer, Wasser,

Die galileische Sicht

1. Ein wahres Gesetz bleibt für alle Zeiten wahr. Der individuelle Einzelfall beinhaltet eine gesetzmäßige Beziehung. Eine einzige echte Ausnahme widerlegt ein Gesetz.

2. Klassifikation auf einem Kontinuum; es wird angenommen, daß Variablen auf einer abgestuften Skala von „mehr" bis „weniger" hinsichtlich einer bestimmten Dimension variieren. Gemäß dieser Ansicht geht „Normalität" graduell, in kleinen Schritten, in „Abnormität" über. „Kriminalität" wird

Luft und Erde; Psychologen sprechen von „normalen" versus „abnormen" oder von „kriminellen" versus „nicht-kriminellen" Verhaltensweisen.

3. Die Dichotomien besitzen Wertcharakter nach dem Prinzip „gut – schlecht". Aristoteles sprach z. B. von „minderwertigen" versus „höherwertigen" Bewegungen von Objekten; Psychologen sprechen von „liebevollen" versus „abweisenden" Müttern oder auch von einem „gesunden" versus „neurotischen" Ich.

4. Klassifikationen werden anhand von äußerlichen Ähnlichkeiten und gemeinsam auftretenden Merkmalen vorgenommen. Dies entspricht dem Begriff des *Phänotyps* in der Biologie. Derartige Klassifikationen nach äußerlichen Merkmalen oder gemäß dem Phänotyp sind in der Psychologie beispielsweise Symptomlisten von Hysterikern oder Zusammenstellungen von Merkmalen guter bzw. schlechter Gruppenleiter.

5. Zirkuläre Erklärungen aufgrund der Zugehörigkeit zu Klassen; z. B.: Zweijährige haben Wutanfälle, weil sie zwei Jahre alt sind; „er hat Wahrnehmungstäuschungen, weil er psychisch krank ist".

als Extrempol einer, aus vielen kleinen Abstufungen bestehenden, Dimension aufgefaßt, die auf dem entgegengesetzten Extrempol bis hin zur absoluten „Gesetzestreue" reicht.

3. Variablen sind relativ wertneutral – Bewertungen sind abhängig von der Interaktion zwischen einer Variablen und einer Situation. „Angst" kann beispielsweise positiv oder negativ sein, abhängig von der jeweiligen Situation und dem Ausmaß der „Angst".

4. Klassifikationen aufgrund funktional zusammenhängender Merkmale oder anhand von Ursache-Wirkungs-Beziehungen; dies entspricht dem Begriff des *Genotyps* in der Biologie. In der Persönlichkeitsforschung beispielsweise bedeutet dies, daß Persönlichkeitsvariablen Genotype darstellen, die in Abhängigkeit von der jeweiligen Situation (Umwelt) als unterschiedliche äußere Verhaltsweisen (Phänotyp) zutage treten. Aus diesem Grund sollten Persönlichkeitsforscher nicht erwarten, daß Personen mit denselben Persönlichkeitsmerkmalen sich immer in gleicher Weise verhalten; es sei denn, in Situationen, die psychologisch äquivalent sind. Beispielsweise kann die Verteidigung des Selbstwertgefühls bei psychischer Belastung sich in einer Vielfalt verschiedener Verhaltensweisen äußern.

5. Erklärungen anhand der Interaktion oder Wechselwirkung einer Reihe von Variablen, die zu einem bestimmten Zeitpunkt vorhanden sind; ein Kind zeigt etwa einen Wutanfall, wenn eine Frustration vorliegt, z. B. wenn es mit Hilfe seiner kognitiven Kapazität nicht verstehen kann, warum es daran gehindert wird, ein begehrtes Ziel zu erreichen.

6. Veränderung (Dynamik) ist ausschließlich in der „Natur" eines Objektes begründet; es liegt eine „naturgemäße" Bewegung in Richtung auf ein immanentes Ende vor.

6. Veränderung (Dynamik) basiert auf der *Interaktion* zwischen Persönlichkeits- und Umweltfaktoren.

Aristotelische und galileische Wissenschaftsauffassung

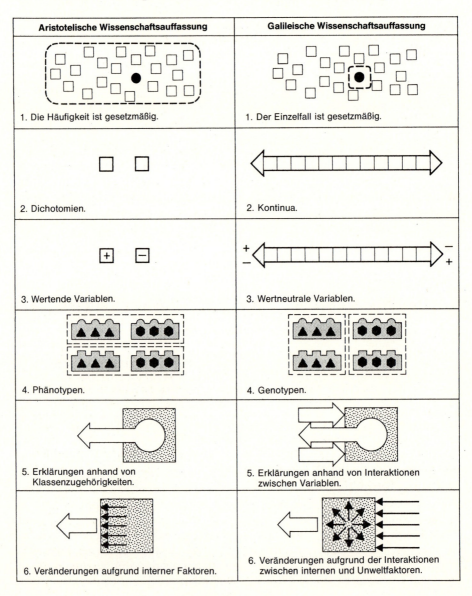

Aristotelische Wissenschaftsauffassung	Galileische Wissenschaftsauffassung
1. Die Häufigkeit ist gesetzmäßig.	1. Der Einzelfall ist gesetzmäßig.
2. Dichotomien.	2. Kontinua.
3. Wertende Variablen.	3. Wertneutrale Variablen.
4. Phänotypen.	4. Genotypen.
5. Erklärungen anhand von Klassenzugehörigkeiten.	5. Erklärungen anhand von Interaktionen zwischen Variablen.
6. Veränderungen aufgrund interner Faktoren.	6. Veränderungen aufgrund der Interaktionen zwischen internen und Umweltfaktoren.

Lewin (1935) folgert aus dieser Gegenüberstellung, daß das menschliche Verhalten und Erleben nur dann verstanden werden könne, wenn der spezifische Aufbau und Status einer Person und gleichermaßen ihre Umwelt adäquat gemessen und diagnostiziert werden. Mit anderen Worten, das Verhalten (B; engl.: behavior) ist eine Funktion sowohl der Person (P) als auch der Umwelt (E; engl. environment): $B = f(P, E)$. Verhalten kann weder direkt lediglich aufgrund von Persönlichkeitscharakteristika noch allein anhand bestimmter Umweltbedingungen vorhergesagt werden, sondern nur dadurch, daß man beide berücksichtigt.

Zusammenfassend plädiert Lewin für folgende Wissenschaftsauffassung:

1. Die relative Häufigkeit an sich ist nicht entscheidend.
2. Kontinuierliche Variablen sind fruchtbarer als Dichotomien.
3. Wertfreie Variablen sind fruchtbarer als wertende Dichotomien.
4. Forscher sollten nach funktionalen Beziehungen Ausschau halten anstatt nach Äußerlichkeiten.
5. Die Zugehörigkeit zu einer bestimmten Klasse ist noch keine Erklärung für ein bestimmtes Verhalten.
6. Verhalten ist immer das Ergebnis der *Interaktion* zwischen Persönlichkeit und Umwelt.

Diese sechs Maximen werden keineswegs allgemein akzeptiert; nicht alle Psychologen stimmen mit Lewins Präferenzen überein. Während des Psychologiestudiums können jedoch Überlegungen darüber nützlich sein, ob ein Forscher Konzepte als potentiell kontinuierliche Variablen oder als „gut – schlecht"-Dichotomien auffaßt, ob die Zuweisung zu einer bestimmten Klasse als Erklärung des Verhaltens angesehen wird, usw.

Die wissenschaftliche Methode

Die folgende Glosse mag die Grundlagen experimenteller Arbeit illustrieren (Del Tredici, 1973, S. 24). Sie wurde in der *New York Times* unter der Überschrift „Neue Watergate Affäre aufgeblüht" nachgedruckt.

Die politische Lage des Sommers 1973 eröffnete mir und meinen Kollegen am Harvard Forest College in Petersham, Mass., die einzigartige Gelegenheit, die Auswirkungen des amerikanischen politischen Systems auf das Pflanzenwachstum zu studieren. In einer Reihe sorgfältig kontrollierter Experimente konnten wir recht überzeugend zeigen, daß Pflanzen es vorziehen, politisch uninformiert zu sein.
Eine Erbsenpflanze (Pisum Sativum var. Kleines Wunder) wurde intensiv den Radioübertragungen des Watergate Hearings im Senat ausgesetzt … Jedesmal, wenn das Hearing stattfand, schaltete sich das Radio automatisch ein.
Die Erbsen der Kontrollgruppe wuchsen in einem anderen Gewächshaus ohne Radio auf. Die Experimentalgruppe hörte insgesamt 600 000 Sekunden lang die Zeugenaussagen, d. h. durchschnittlich 16½ erschütternde Enthüllungen pro Tag über eine Wachstumsperiode von 46 Tagen.

Ergebnis: Im Vergleich zur Kontrollgruppe keimten die Erbsen der Experimentalgruppe langsamer, zeigten ein verkümmertes Wurzelwerk, waren recht anfällig gegenüber einer Reihe von Parasiten und verwelkten insgesamt schneller.

Schlußfolgerung: Die Ergebnisse dieses Experiments zeigen, daß die weitere öffentliche Ausstrahlung der Kontroversen um die Regierung eine große Bedrohung für das Leben der Pflanzen im ganzen Land darstellen kann.

Dieser Beitrag enthält eine klare Darstellung der Hypothese („Pflanzen ziehen es vor, politisch uninformiert zu sein"), der Versuchsteilnehmer (Experimental- und Kontrollgruppe), der unabhängigen Variablen für die Experimentalgruppe (16½ erschütternde Enthüllungen pro Tag) und einige Messungen der abhängigen Variablen (Ergebnisse, langsames Aufkeimen, Verwelken, usw.). Die spezifischen Ergebnisse werden auf einen größeren Horizont verallgemeinert, nämlich auf die Beziehung zwischen politischen Kontroversen und dem Pflanzenwachstum. Soweit scheint alles in Ordnung zu sein. Unglücklicherweise ist aber in unserem gegenwärtigen biologischen Paradigma kein Platz für unsere Entdeckungen, und somit müssen wir sie – wenn auch zähneknirschend – verwerfen.

1.4 Studentische Forschungsprojekte

Der folgende Abschnitt ist der Diskussion spezifischer Themen im Rahmen studentischer Forschungsaktivitäten gewidmet. Zuvor jedoch einige allgemeine Beobachtungen.

Das Ausmaß studentischer Beteiligung an Forschung reicht von relativ kurzzeitigen experimentellen Übungen, in denen eine bestimmte klassische Untersuchung wiederholt repliziert wird, bis hin zur Teilnahme an einem aktuellen Forschungsprojekt, für das der Student ein ganzes Semester oder länger verwendet, um ein geeignetes Thema auszusuchen, ein Design zu entwickeln und es von Anfang bis Ende durchzuführen. An vielen Institutionen ist eine kleinere Forschungsarbeit Pflicht, während andere Institute die Studenten lediglich dazu ermuntern und ihnen entsprechende Möglichkeiten anbieten.

Die Tatsache, daß Forschung von Studenten während der Ausbildung durchgeführt werden kann und wird, ist für Psychologiestudenten sehr nützlich. Für den Anfänger sind die Schwierigkeiten noch recht gering, da die Disziplin noch jung und relativ unerforscht ist, das Vokabular noch ziemlich nahe an der Alltagssprache liegt und die mathematischen Anforderungen oft nur niedrig sind. Zugegeben, einige komplexe Bereiche, wie beispielsweise die psychologische Diagnostik, sind für den Anfänger eher wenig geeignet, und im Verlauf eines einzigen Semesters kann nur ein relativ einfaches Forschungsprojekt realisiert werden. Dennoch zeigen sich den Betreuern von Kursen der Experimentellen Psychologie bisweilen erfreulich gute und originelle studentische Forschungsarbeiten.

Vorteile von Kursen über Forschungsmethoden

Ziel jedes derartigen Kurses, wie auch des vorliegenden Textes ist es, die Kenntnisse über Forschungsmethoden zu erweitern. Um jedoch Psychologie anzuwenden oder mit Gewinn etwas darüber lesen zu können, muß man ihre Methodologie verstehen. Somit lassen sich folgende, weniger offensichtliche Vorteile aktiver Forschungsaktivitäten nennen:

Wie nur allzu gut bekannt, werden Studenten des dauernden Lesens und Schreibens überdrüssig. Hier bietet sich die Gelegenheit, vom Schreibtisch weg- und mit anderen zusammenzukommen, die – je nach Neugier und Anstrengungsbereitschaft – ähnliche oder abweichende Vorstellungen haben. Betrachten wir beispielsweise als eine der Forschungsmethoden das Interview. Studenten berichten häufig über eine beträchtliche Horizonterweiterung und umfassendere Weltsicht, die sie im Gespräch mit anderen erwerben. Die Themen, die dabei diskutiert werden, sind sicher weniger trivial als das Wetter. Zudem verwenden wir unsere Energie nur selten darauf, ein tieferes Verständnis der Überzeugungen unserer Mitmenschen zu erlangen, insbesondere, wenn diese herausfordernd, halsstarrig oder anstößig erscheinen. Für gewöhnlich hebt man seine Augenbrauen, verzieht das Gesicht, runzelt die Stirn und bringt dann seine eigene Meinung ein. Unser Gegenüber äußert dann Argumente, die uns widersprechen, anstatt seine eigenen Gedankengänge konsequent weiter zu verfolgen. In der Forschungsarbeit versucht man dagegen die Sichtweisen anderer aufrichtig zu verstehen – und dies in der Realität und nicht in der „Bücherwelt".

Die Durchführung eines Forschungsprojekts kann einem ein Gefühl von Kreativität, Macht und Stolz geben; es sind die eigenen Ideen und die eigenen Daten; es gibt keine Antwort, die man im Anhang eines Buches nachschlagen könnte; niemand weiß im voraus, wie das Ergebnis aussehen wird.

Als Psychologen wissen wir jedoch, daß *Ungewohntes* Angst hervorruft. Psychologieanfänger mögen zwar bereits wissen, wie man ein Referat schreibt, aber sie wissen nicht, wie man ein Forschungsprojekt durchführt. Die Unerfahrenheit in der Rolle eines Forschers und die Unsicherheit hinsichtlich entsprechender Normen können eine erhebliche Belastung darstellen. Von dieser Art der Angst kann man jedoch erwarten, daß sie mit zunehmender Erfahrung verschwindet.

Die Angst vor der Statistik

Viele Psychologiestudenten haben den wohlbegründeten Verdacht, daß Kurse über Forschungsmethoden früher oder später mit Statistik zu tun haben, einem viel gefürchteten Gebiet. Wie können wir als Psychologen dieser Angst vor der sog. „Sadistik" begegnen?

1. Statistisches Denken stellt für die meisten Studenten eine völlig neue Art zu denken dar. Es ist nicht nur eine an der Schule selten weiterentwickelte Art von Arithmetik; es überrascht dadurch, daß man einem völlig neuen Themenbereich gegenübersteht. Während der etwa 13jährigen Schulausbildung konnte man sich mit vielen Themenbereichen mehr oder weniger vertraut machen. Seien Sie also nicht gleich enttäuscht, wenn Ihnen die Statistik zu Anfang Schwierigkeiten bereitet. Beim ersten Kontakt neigen wir dazu, nur relativ wenig von einem neuen Thema zu behalten. Auch beim zweiten oder dritten Kontakt können wir uns nur relativ wenig von dem einprägen, was wir gehört oder gelesen haben. Es ist durchaus normal, daß man ein statistisches Konzept, wie z. B. die Bedeutung der Standardabweichung, des z-Werts oder der Varianzanalyse zwar versteht, einige Stunden später oder am nächsten Tag jedoch feststellt, daß sich alles wieder in Wohlgefallen aufgelöst hat und man alles wieder von vorne lernen muß, ohne sich dabei viel Zeit oder Mühe gegenüber dem ersten Lernen zu ersparen. Geben Sie nicht auf! Die meisten Psychologen haben sich auf diese Weise ihre Statistikkenntnisse erworben.
2. Der zweite Grund, warum Statistik so gefürchtet und abgelehnt wird, ist wohl auch der, daß viele Studenten irgendwann während ihrer Schulausbildung davon überzeugt worden sind, daß sie mathematisch unbegabt seien (dies gilt insbesondere für Mädchen, die bisweilen durch das Vorurteil indoktriniert werden, das weibliche Geschlecht sei ungeeignet für Mathematik). Jeder einigermaßen intelligente Mensch kann Mathematik betreiben! Jede andere Überzeugung ist unsinnig und oft nur eine Einbildung.

Wenn auch das vorliegende Buch keine Abhandlung über Statistik ist, enthält es dennoch einen Überblick über einige nützliche statistische Techniken, eine Anleitung für die Auswahl geeigneter statistischer Methoden für bestimmte Forschungsvorhaben sowie eine Reihe von Veranschaulichungen zur Berechnung einiger häufig benötigter Statistiken.

Forschung mit menschlichen Versuchspersonen

Die Forschung erfordert es, daß man Erwachsene, Kinder und manchmal auch Tiere für die Forschungsarbeit heranzieht. Einige Studenten sind schüchtern und verlegen, wenn es darum geht, Personen zur Mitarbeit zu gewinnen. Andere wiederum beginnen zuversichtlich; sie werden dann aber entmutigt oder zornig, wenn sie auf Ablehnung, Reserviertheit oder Nichteinhaltung von Zusagen oder Versprechen stoßen. Der Wunsch, Fähigkeiten im Umgang mit anderen Personen zu erwerben, ist nicht selten einer der Beweggründe, sich für das Studium der Psychologie zu entscheiden. Die damit verbundenen Probleme sollten „hautnah" erfahren werden, wobei Details ihrer Bewältigung mit dem Veranstaltungsleiter oder dem Tutor diskutiert werden können.

Organisation der notwendigen Tätigkeiten

Forschungsprojekte verlaufen meist nach „Murphys Gesetz": wenn irgendetwas schiefgehen kann, dann tut es das auch. Man kann davon ausgehen, daß jeder Untersuchungsschritt doppelt so lange dauert, wie man sich das vorgestellt hat; die Datenerhebung und -auswertung wird wahrscheinlich dreimal so lange dauern.

Dennoch ist es unbedingt notwendig, sich an einem Plan zu orientieren. Im Unterschied zu einigen anderen Veranstaltungen ist es im Rahmen der Forschungstätigkeit nahezu unmöglich, die anstehende Arbeit in die letzte noch verbleibende Woche zu pferchen – auch wenn man nächtelang durcharbeitet. Der größte Fehler, den Studenten bei einer Forschungsarbeit begehen können, ist der, daß sie es versäumen, genügend Zeit für die Realisierung der notwendigen Einzelschritte einzuplanen: sich auf ein spezifisches Forschungsdesign und spezifische Meßverfahren festzulegen, Versuchspersonen zur Mitarbeit zu gewinnen, unbedingt die erforderlichen Daten von jeder Versuchsperson bis zum gesetzten Termin zu erheben, die Datenanalyse früh genug zu beginnen – um noch hinreichend Zeit bei Auftreten unerwarteter Schwierigkeiten zu haben – und schließlich, sich ausreichend Zeit für die Abfassung, Korrektur, Neufassung und das Tippen des Forschungsberichts zu nehmen. Wer sich an einen Plan hält, wird auch den Kursus meistern. (Nebenbei bemerkt: Falls es sich zeigt, daß die Hypothesen durch die erhobenen Daten nicht belegt werden können, so ist das völlig in Ordnung und manchmal sogar noch interessanter, als wenn sie bestätigt worden wären.)

Zeitplan

Es ist meist hilfreich, sich für ein Forschungsprojekt einen Zeitplan auszuarbeiten. Es folgt ein Beispiel für einen solchen Plan

Hypothetischer Forschungsplan

Woche	Datum	Zu erledigen
1	13. 9.	Erster Entwurf des Forschungsplans. Lies relevante Literatur über das Thema
2	20. 9.	Überarbeitung des Designs; Zusammenstellung von Methoden und Verfahren; Entwurf von Ergebnistabellen
3	27. 9.	Vervollständigung des experimentellen Designs; weitere Ausarbeitung der Verfahren (z. B. Fragebogen- oder Interviewitems)
4	4. 10.	Vervollständigung der Methoden; Voruntersuchung mit einigen Versuchspersonen
5	11. 10.	Überprüfung der Methoden anhand der Ergebnisse der Voruntersuchung; Vervollständigung aller Arrangements; Zusammenstellung der Stichprobe
6	18. 10.	Beginn der Untersuchung
7	25. 10.	Fortsetzung der Datenerhebung; Beginn der Datenanalyse (z. B. tabellarische Auflistung der Daten)
8	1. 11.	Abschluß der Datenerhebung bis 5. 11.!
9	8. 11.	Datenanalyse; Vervollständigung der Rohdatenlisten, Kodierung, Häufigkeitsverteilungen, Ergebnistabellen
10	15. 11.	Datenanalyse; Inferenzstatistik; Abschluß der Datenanalyse bis zum 17. 11.!
11	22. 11.	Erstfassung des Forschungsberichts
12	29. 11.	Vervollständigung der Erstfassung; Zusammenfassung
13	6. 12.	Überarbeitung und Korrektur der Erstfassung; Reinschrift des Berichts; Abgabetermin: 9. 12.!

1.5 Die Ethik der Forschung

Hohes ethisches Verantwortungsbewußtsein ist insbesondere bei solchen Forschungstätigkeiten unabdingbar, bei denen es um Menschen geht. Leider sind „im Namen der Forschung" selbst minimale Regeln des Anstandes mißbraucht worden. Unlängst wurde beispielsweise bekannt, daß Angestellte des "Central Intelligence Agency" den Getränken argloser Amerikaner heimlich LSD beigaben, um anschließend das Verhalten ihrer „Opfer" durch Einwegspiegel zu beobachten. Unter dem Einfluß der Droge verübte eine der Versuchspersonen Selbstmord (Wise, 1976).

Die Standards der akademischen Psychologie sind zwar nie auf ein derartiges Niveau gesunken, aber auch in der experimentellen Forschung sind die Möglichkeiten, in destruktive Praktiken abzuleiten, leider recht zahlreich. Wir alle wollen wichtige Aspekte des Menschen studieren: Gewalt, Aggression, Sexualität, Liebe, Leistungsfähigkeit, Frustration, Depersonalisation, Gehorsam, Konformität, Wettbewerb, Entfremdung usw. Haben wir aber das Recht, andere Menschen in Situationen zu bringen, in denen sie sich wahrscheinlich ängstlich, minderwertig oder gedemütigt fühlen? Trotz konstruktiver und gut gemeinter Intention geben wir, um ein möglichst realistisches Experiment durchzuführen, unseren Versuchspersonen bisweilen vor, daß bestimmte Dinge anders als in Wirklichkeit sind. Sollte die Täuschung ein Teil unseres professionellen Handwerkzeugs werden?

Glücklicherweise berührt der Großteil der Forschung ethische Probleme nur wenig und erfordert lediglich normalen Takt, Höflichkeit und Besonnenheit. Als Ebbinghaus z. B. seine Untersuchungen über Lernen und Gedächtnis durchführte, teilte er seinen Versuchspersonen etwa folgendes mit: „Ich führe ein Experiment über das Gedächtnis durch und werde Ihnen nach und nach eine Reihe von Wörtern zeigen. Ich bitte Sie, diese Wörter zu lernen und dann zu wiederholen." Als Piaget ein Kind aufforderte, „Sag' mir bitte, ob mehr Wasser in einem der beiden Gläser ist oder ob in beiden gleichviel ist", wollte er genau das und nichts anderes erfahren. Das tatsächliche Vorgehen war nicht als Deckmantel für die Untersuchung eines ganz anderen Gegenstandes gedacht.

Die Tatsache, daß heutzutage dennoch einige wenige Psychologen nicht auf einem solchen ethischen Niveau arbeiten, könnte in einem allgemeinen Klima der Manipulation und somit auch der Dehumanisierung in unserer Gesellschaft begründet sein, von dem auch diese Psychologen infiziert sind (Argyris, 1976). Allerdings können, auch ohne daß ein solches Klima vorliegt, viele wichtige und legitime psychologische Themen – andere als diejenigen, mit denen sich Ebbinghaus und Piaget befaßten – ethische Fragen tangieren. Während der letzten Jahre, als die ethischen Probleme in der psychologischen Forschung zunahmen, haben die Berufsverbände viel Energie darauf verwandt, ethische Standards auszuarbeiten. Die Zahl der Bücher und der Artikel in Fachzeitschriften, die der Diskussion derartiger ethischer Probleme gewidmet sind, hat sprunghaft zugenommen.

Die „American Psychological Association" (APA) veröffentlicht beispielsweise in periodischen Abständen revidierte Fassungen ihrer „ethischen Prinzipien" [z. B. *Ethical Principles in the Conduct of Research with Human Participants,* 1973 sowie *Casebook on Ethical Standards of Psychologists,* 1967; im deutschen Sprachraum hat der „Berufsverband Deutscher Psychologen" (BDP) ähnliche Richtlinien veröffentlicht.]

Es ist wohl nicht uninteressant, wie derartige ethische Prinzipien von der APA formuliert und revidiert werden: Ein Psychologenkomitee erbittet von Psychologen und anderen in der Forschung tätigen Personen die Darstellung von Beispielen ethisch relevanter Ereignisse (5000 derartiger Beispiele aus der Forschung wurden für die revidierte Ausgabe des Jahres 1973 untersucht). Die ethischen Prinzipien stehen dadurch in enger Beziehung zu empirischen Daten aus der realen Forschungstätigkeit. Den Mitgliedern der APA werden schließlich Richtlinienvorschläge ausgehändigt mit der Bitte um eine Diskussion und einem schriftlichen Kommentar; darauf aufbauend werden die Vorschläge anschließend revidiert. Dieses Vorgehen hat insbesondere den Vorteil, daß die Mehrzahl von Psychologen für Prinzipien, die in dem Katalog zu Papier gebracht sind, sensibilisiert wird.

Der APA-Katalog umfaßt zehn ethische Prinzipien und deren ausführliche Diskussion. Diese Prinzipien und eine Zusammenfassung der Diskussion werden im folgenden dargestellt.

1.6 Ethische Prinzipien für die Forschungstätigkeit mit menschlichen Teilnehmern
(American Psychological Association, 1973)

Der Entschluß zur Durchführung der Forschung sollte auf der reiflichen Überlegung jedes einzelnen Psychologen basieren, wie er am besten zur psychologischen Wissenschaft und zum Wohl des Menschen beitragen kann. Der verantwortungsvolle Psychologe wägt Alternativen ab, in die persönliche Energien und Resourcen investiert werden sollen. Hat er sich für die Forschung entschieden, muß der Psychologe die Untersuchungen mit Respekt vor den teilnehmenden Personen und unter Achtung ihrer Würde und ihres Wohlergehens durchführen. Die fol-

Die „Zehn Gebote" der psychologischen Forschungsethik

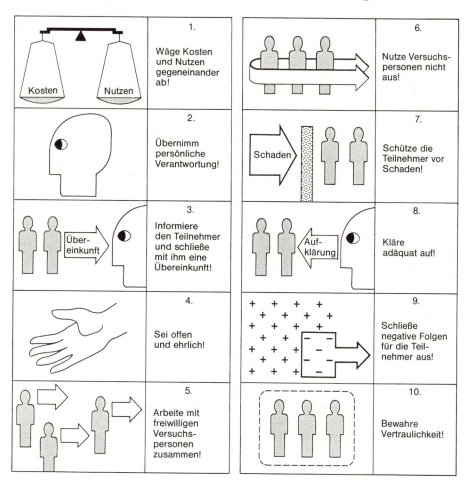

1. Wäge Kosten und Nutzen gegeneinander ab!

2. Übernimm persönliche Verantwortung!

3. Informiere den Teilnehmer und schließe mit ihm eine Übereinkunft!

4. Sei offen und ehrlich!

5. Arbeite mit freiwilligen Versuchspersonen zusammen!

6. Nutze Versuchspersonen nicht aus!

7. Schütze die Teilnehmer vor Schaden!

8. Kläre adäquat auf!

9. Schließe negative Folgen für die Teilnehmer aus!

10. Bewahre Vertraulichkeit!

genden ethischen Prinzipien verdeutlichen die ethische Verantwortung des Forschers gegenüber den Teilnehmern im Verlauf der gesamten Forschungstätigkeit, von der anfänglichen Entscheidung, eine Studie durchzuführen, bis hin zu den Schritten, die zum Schutz der Vertraulichkeit der Forschungsdaten erforderlich sind. Diese Prinzipien sollten in dem Kontext interpretiert werden, wie er im Anhang zu diesen Prinzipien dargestellt ist.

1. Im Rahmen der geplanten Untersuchung trägt der Forscher die persönliche Verantwortung dafür, daß er die ethische Vertretbarkeit seiner Maßnahmen überprüft, indem er die Prinzipien für die Forschung mit menschlichen Teilnehmern berücksichtigt. In dem Ausmaß, in dem diese Bewertung, d. h. das Abwägen wissenschaftlicher und humanitärer Werte, von diesen Prinzipien abweicht, übernimmt der Forscher die zunehmend schwerwiegende Verpflichtung, um Rat in ethischen Fragen nachzusuchen und stringentere Vorsichtsmaßnahmen zum Schutz der Rechte der Teilnehmer zu beachten.

2. Die Verantwortung für die Erstellung und Bewahrung akzeptabler ethischer Praktiken während der Forschungsarbeit obliegt immer dem einzelnen Forscher. Gleichfalls ist der Forscher für die ethisch vertretbare Behandlung der Teilnehmer durch Mitarbeiter, Assistenten, Studenten und Angestellten verantwortlich, die jedoch auch ihrerseits gleiche Verpflichtungen übernehmen.

3. Die ethisch vertretbare Praxis erfordert vom Forscher, daß er die Teilnehmer über alle Aspekte des Forschungsprojekts informiert, von denen zu erwarten ist, daß sie die Bereitschaft zur Teilnahme beeinflussen, und daß er alle diejenigen Aspekte des Forschungsprojekts erläutert, um die der Teilnehmer nachfragt. Ist eine vollständige Aufklärung nicht möglich, so ist damit die zusätzliche Verantwortung für den Forscher verbunden, Wohl und Würde der Teilnehmer vermehrt zu schützen.

4. Offenheit und Ehrlichkeit sind grundlegende Charakteristika der Beziehung zwischen Forscher und Teilnehmern. Sollten die methodischen Bedingungen der Untersuchung Verschleierung und Täuschung erforderlich machen, muß der Forscher sich vergewissern, daß die Teilnehmer die Gründe dafür verstehen, und er muß die Offenheit der Beziehung nach Abschluß des Forschungsprojekts wiederherstellen.

5. Eine ethisch vertretbare Forschungspraxis erfordert vom Forscher die Respektierung der individuellen Freiheit der Teilnehmer, im Laufe des Projekts weniger motiviert zu sein oder ihre Teilnahme zu jedem beliebigen Zeitpunkt abbrechen zu können. Die Verpflichtung, diese Freiheit zu schützen, erfordert insbesondere dann eine erhöhte Aufmerksamkeit, wenn der Forscher eine Machtposition gegenüber dem Teilnehmer einnimmt. Eine Beschränkung dieser Freiheit erhöht die Verantwortung des Forschers dafür, Würde und Wohlergehen der Teilnehmer vermehrt zu schützen.

6. Ethisch vertretbare Forschung beginnt mit einer unmißverständlichen und fairen Übereinkunft zwischen dem Forscher und dem Teilnehmer, die die Verantwortlichkeiten und Zuständigkeiten beider klärt. Der Forscher ist dazu verpflichtet, alle Versprechen und Zusagen aus dieser Übereinkunft einzuhalten.

7. Der Forscher hat die Teilnehmer vor physischen und psychischen Beeinträchtigungen wie Unwohlsein, Schaden oder Gefährdung zu schützen. Falls das Risiko derartiger Konsequenzen besteht, erfordert dies von ihm, daß er die Teilnehmer darüber informiert, daß er sich über das Einverständnis der Teilnehmer vor einer Fortsetzung der Untersuchung vergewissert und alle möglichen Maßnahmen ergreift, um unangenehmen Streß zu minimieren.

8. Nach Abschluß der Datenerhebung erfordert es eine ethisch vertretbare Praxis von dem Forscher, daß er die Teilnehmer vollständig über die Natur der Untersuchung aufklärt und alle eventuellen Fehlinformationen revidiert. Wo wissenschaftliche oder humanitäre Werte den Aufschub oder das Zurückhalten von Informationen rechtfertigen, kommt dem Forscher die besondere Verantwortung zu, sich zu vergewissern, daß für die Teilnehmer keine negativen oder schädlichen Konsequenzen entstehen.

9. Falls bestimmte Verfahren für die Teilnehmer unerwünschte Konsequenzen nach sich ziehen, trägt der Forscher die Verantwortung dafür, daß diese Konsequenzen aufgedeckt und korrigiert oder beseitigt werden, einschließlich eventuell möglicher Langzeitfolgen.

10. Informationen, die während der Forschungstätigkeit über die Teilnehmer gewonnen werden, sind vertraulich zu behandeln. Falls die Möglichkeit besteht, daß andere Personen Zugang zu derartigen Informationen erlangen, erfordert es die ethisch vertretbare Forschungspraxis, daß den Teilnehmern diese Möglichkeit und die damit verbundenen Maßnahmen zum Schutz der Vertraulichkeit erklärt werden.

(Aus: "Ethical Principles in the Conduct of Research with Human Participants". Copyright © 1973 by the American Psychological Association.)

1.7 Diskussion der ethischen Prinzipien

Prinzip 1: Abwägung des ethischen Dilemmas: Sollte man die Studie durchführen?

Der Normenkatalog enthält die Position, daß man in der Forschung häufig konfligierenden ethischen Verpflichtungen gegenübersteht, so daß rezeptartige Regeln nicht automatisch zur Anwendung kommen können. Jede Studie erfordert die individuelle Abwägung der relativen *Kosten* und *Nutzen*.
Bei der Planung einer Studie sind die möglichen ethischen Kosten (eine Erläuterung erfolgt weiter unten) zu beachten. Falls Sie zu dem Schluß kommen, daß für die Teilnehmer negative Konsequenzen auftreten können, sollten Sie in erster Linie einen neuen Untersuchungsplan entwerfen, um derartige Risiken auszuschalten. Was aber, wenn dies nicht möglich ist? Sie müssen sich dann fragen, ob Sie die geplante Untersuchung nicht aufgeben sollten. Die einzige Rechtfertigung für eine Fortsetzung des Forschungsprojekts wäre Ihr Urteil, daß ein tatsächlicher und bedeutsamer Nutzen erwachsen könnte, der diese negativen Konsequenzen rechtfertigt (Vorteile für die Karriere des Forschers rechtfertigen noch nicht eine

andere Personen belastende Forschung). Da Sie als Interessent agieren, könnte Ihr Urteil dementsprechend voreingenommen sein. Sie sollten deshalb auch immer den Rat neutraler Personen suchen.

Prinzip 2: Individuelle Verantwortung: Das geht Dich an!

Nicht nur der „eigentliche Forscher" (d. h. derjenige, der die Forschungsmittel erhalten hat), sondern auch alle Mitarbeiter tragen *persönliche Verantwortung* für die Aufrechterhaltung der ethischen Standards. Ein Student, der einem Institutsangehörigen hilft („Hilfskraft"), kann sich, falls irgend etwas schiefgeht, nicht hinter der Schutzbehauptung zurückziehen, er oder sie habe doch nur die Anordnungen befolgt. Andererseits kann es durchaus vorkommen, daß ein Student negative Effekte für die Teilnehmer feststellt, die dem Institutsmitglied verborgen bleiben. Es kann jedoch auch vorkommen, daß Studenten ohne Wissen des Institutsmitglieds ethische Prinzipien verletzen. Beispielsweise könnten sie – vorsätzlich oder unabsichtlich – andere Studenten dazu nötigen, an einem bestimmten Experiment teilzunehmen. Ein offenes Gespräch zwischen der „genötigten" Versuchsperson und dem Institutsmitglied ist in einem solchen Fall sicherlich der kürzeste Weg, eine derartige Praxis zu beenden.

Drittpersonen ohne Beaufsichtigung sollten keine Forschungstätigkeiten ausführen. Wenn z. B. Lehrer an einer Schule Forschungsfragebogen verteilen, dann sollte der Forscher ebenfalls zugegen sein, und zwar sowohl aus forschungsethischen als auch methodischen Gründen. Beispielsweise könnte ein Politiker, der die psychologische Forschung unterstützt, sich selbst ein Bild über die Antworten in einem Fragebogen verschaffen, den er zuvor an verschiedene Sitzungsteilnehmer ausgeteilt hat. Er könnte dann seinen Mitarbeitern die Leviten lesen, weil er über deren Ansichten enttäuscht ist. Dies stellt natürlich ein Eindringen in die Privatsphäre und eine Verletzung des Prinzips der Vertraulichkeit dar, die der Forscher hätte verhindern müssen.

Prinzip 3: Informierter Konsens

Der Forscher muß die Teilnehmer über alle Besonderheiten der Forschung informieren, die erfahrungsgemäß die Bereitschaft zur Teilnahme beeinflussen können. Beim Eintritt in die Forschung hat die Versuchsperson einen Anspruch darauf, zu wissen, was sie erwartet. Ihr kann zwar mitgeteilt werden, daß ihr die zugrundeliegende Theorie oder Hypothese des Forschungsvorhabens nicht im Detail erläutert werden wird; sie hat aber ein Recht darauf, über das anstehende Risiko und Unbehagen informiert zu werden.

Das Prinzip des informierten Konsens wirft insbesondere für solche Studien ernsthafte Probleme auf, die sich mit an sich unangenehmen Prozessen befassen: Schmerz, Vereitelung, Wut, Verunglimpfung, Aggression, antisoziales Verhalten etc. Wenn die Teilnehmer umfassend gewarnt werden, daß ein derartig belastendes Ereignis auftreten kann, oder wenn zum Zwecke der Aufklärung ihre Aufmerksamkeit direkt auf die zugrundeliegende Hypothese gelenkt wird, so könnte dies zu Lasten der Validität der Ergebnisse gehen: will doch der Forscher erfahren, wie der Teilnehmer auf die Stimulussituation reagiert, und nicht, wie er zu seinen Hypothesen steht. Welcher Ausweg könnte aus diesem ethischen Dilemma herausführen?

Das Komitee für ethische Prinzipien ist *nicht* der Ansicht, daß Psychologen die Erforschung unangenehmer Prozesse stoppen sollten, da Erkenntnisse über derartige Prozesse von großer Bedeutung für das menschliche Wohlergehen sind. Oft besteht die Möglichkeit, die Versuchspersonen warnend darauf aufmerksam zu machen, daß gewisse (undefinierte) Belastungen auftreten können, deren Schwere man verdeutlicht, und daß ihnen dann Gelegenheit gegeben wird, über Teilnahme oder Nichtteilnahme zu entscheiden. „Unterlassungssünden" (wie das Zurückhalten von Informationen) können in ethischer Sicht bisweilen eher begründet sein als „Begehungssünden" (wie vorsätzliche Falschinformationen).

Nach Abschluß der Voruntersuchung sollten Sie zusammen mit den Versuchspersonen das tatsächliche Vorhaben Ihrer Studie diskutieren. Erheben die Versuchspersonen Einwände gegen die Teilnahme an der Untersuchung? Sie stehen mit Ihrem Vorhaben dann auf festem ethischen Grund, wenn die Versuchspersonen der Voruntersuchung ihre Teilnahme als akzeptabel beurteilen. Zeigt sich jedoch, daß Versuchspersonen die Teilnahme bedauern, nachdem sie ihre Erläuterung kennen, sollten Sie ernsthaft erwägen, die Untersuchung zu modifizieren oder sogar ihre Fortsetzung zu unterlassen.

Das Prinzip des informierten Konsens besitzt einen Stellenwert besonders dann, wenn Experimente durchgeführt werden sollen, da hier ja die direkte Möglichkeit besteht, mit dem Teilnehmer einen informierten Konsensus herzustellen. Im Rahmen von sog. Feldstudien, d. h. Erhebungen im alltäglichen „Lebensraum" (Schulen, Betriebe, öffentliche Plätze etc.) ist es nicht immer möglich, den Konsens aller Beteiligten einzuholen. Der teilnehmende, sich sonst anonym verhaltende Beobachter an einem öffentlichen Platz, der Daten erhebt, richtet auf den ersten Blick wohl kaum Unheil an; einen informierten Konsens kann er sowieso kaum erreichen. Recht besehen, verletzt er durch systematische Beobachtung die Intimsphäre nicht informierter, „unschuldiger" Passanten. Der Beobachter einer nicht öffentlichen Szenerie allerdings (z. B. in einem Klassenzimmer oder Gerichtssaal) wird für gewöhnlich eine Genehmigung für seine Aktivitäten einholen und sein Vorgehen erläutern müssen.

Viele Forscher erachten auch *verdeckte* Aufzeichnungen (z. B. mit Hilfe eines Tonbandgeräts im Rahmen einer Feldstudie) als unethisch. Hier zeigt sich gewissermaßen ein forschungsinternes ethisches Problem: Ist es „unanständiger", einen Teilnehmer zunächst nicht völlig über die Ziele eines experimentellen Vorgehens zu informieren, um ihn am Ende vollständig aufzuklären, und ist es wirklich „anständiger", ihn – ungefragt – zu beobachten und niemals zu informieren? Ist ein sozialwissenschaftlicher „Voyeurismus" wie bei der Feldforschung schon deshalb „gerechtfertigt", nur weil der Versuchsperson nichts „passiert"? Die ethische Problematik der Bevorzugung (scheinbar?) unverfänglicher Forschungspraktiken (wie der „versteckten Kamera") beim Feldexperiment gegenüber dem vielbescholtenen „klassischen" Experiment sollte unter dem Titel verdeckter Manipulation erst richtig diskutiert werden (vgl. Stapf, 1985).

Prinzip 4: Offenheit versus Aufklärung

Die Formulierung des vierten Prinzip beginnt mit den Worten: „Offenheit und Ehrlichkeit sind grundlegende Charakteristika der Beziehung zwischen dem Forscher und den Teilnehmern an der Forschung". Unvollständige, allgemeine oder vage Informationen zu geben, kann u. U. akzeptabel sein; wie aber steht es um Falschinformationen? Wie der APA-Katalog hervorhebt, wirft Täuschung, etwa wenn man den Teilnehmern aus wissenschaftlichen Gründen die Unwahrheit sagt, schwerwiegende ethische Probleme auf.

Wenn wir von Aufklärung oder „Entschleierung" (engl.: "deception") sprechen, dann denken wir dabei an das Vorgehen im Anschluß an bestimmte Praktiken, wie z. B. die, daß man den Teilnehmern falsche Testresultate mitteilt, insbesondere solche, die auf negative Persönlichkeitsmerkmale, geringe Intelligenz, mangelnde Fähigkeiten oder extreme soziale Ablehnung durch andere Personen hinweisen. Aufklärung ist auch dann erforderlich, wenn ein „Komplize" oder „Strohmann" (engl.: "stooge") des Experimentators vorgibt, eine Versuchsperson wie jeder andere Teilnehmer zu sein oder wenn unhaltbare Versprechungen, wie z. B. von Geld oder Arbeitsstelle, gemacht werden.

Unter den Verantwortlichen für den APA-Katalog bestehen erhebliche Meinungsverschiedenheiten hinsichtlich der Verwendung von Täuschungspraktiken. Einige Psychologen halten Täuschung generell für akzeptabel. Andere wiederum halten Täuschung dann für gerechtfertigt, wenn das Forschungsproblem von besonderer Wichtigkeit ist oder wenn nichtverschleiernde Methoden dem Thema nicht gerecht werden und andere ethische Prinzipien, wie etwa die Möglichkeit, die Teilnahme jederzeit abzubrechen, aufrechterhalten bleiben.

Täuschung sollte niemals routinemäßig angewandt werden; sie ist dann unakzeptabel, wenn alternative Vorgehensweisen in Betracht kommen, auch wenn dies eine größere Anstrengungsbereitschaft und mehr Einfallsreichtum erfordert.

Das folgende Beispiel soll das Gesagte verdeutlichen. Ein Forscher wollte die Auswirkungen von Schuldgefühlen bei Schülern des 10. Schuljahres untersuchen. Er benötigte dazu ein Vorgehen, das Schuldgefühle hervorruft. Im Rahmen einer Voruntersuchung versuchte er es damit, daß er einen Intelligenztest applizierte. Um ihre Motivation zu erhöhen, teilte er den Schülern mit, daß die Ergebnisse den Zeugnisunterlagen beigelegt würden, was natürlich nicht den Tatsachen entsprach. Nach dem Motto „corrigez la fortune" nahmen die meisten Schüler die Gelegenheit wahr, zu mogeln, was ihnen dadurch sehr erleichtert wurde, daß der Psychologe während der Testdurchführung den Raum verließ. Problematisch sind mehrere Aspekte dieses Vorgehens: die Unwahrheit zu sagen, was die Zeugnisunterlagen angeht; Aversion und Groll zu verursachen, wenn im Rahmen der Entschleierung seine Lüge enttarnt würde, und schließlich die Tatsache, Jugendliche zu Täuschungen zu ermutigen.

Nach weiteren Überlegungen entschied sich der Psychologe für ein anderes Vorgehen. Die Schüler wurden nun gebeten, schriftlich eine Situation zu schildern, in der sie jemandem Schaden zugefügt hatten. Durch dieses Vorgehen wurden ebenfalls Schuldgefühle geweckt, und es war somit ein gewisser Streß vorhanden (siehe Prinzip 7). Das Vorgehen erschien jedoch ethisch in mehrfacher Hinsicht besser vertretbar: 1) die Versuchspersonen wurden durch die Forschung nicht zu (neuen) Unkorrektheiten ermuntert; 2) der Forscher sagte den Teilnehmern nicht die Unwahrheit; 3) die Versuchspersonen konnten selbst entscheiden, ob sie eine Situation einer eher geringfügigen oder einer eher schwerwiegenden Schädigung wählten; 4) der Forscher hatte zum Ende der Untersuchung die Möglichkeit, ein Gespräch mit den Teilnehmern zu führen, in dem er versuchen konnte, die wahrscheinlich hervorgerufenen Schuldgefühle zu mildern. Das zweite Design war also zur Überprüfung der Hypothese genauso nützlich wie das erste und zudem in ethischer Hinsicht eher zu vertreten.

Als eine Alternative zur Verschleierung wurde das *Rollenspiel* vorgeschlagen. Hierbei sind die Versuchspersonen darüber informiert, daß andere Personen eine bestimmte Rolle spielen. Obwohl dies eine nicht täuschende Methode ist, wirft sie dann ethische Probleme auf, wenn sehr wirksame Variablen untersucht werden sollen. Zimbardo (1973) verwandte die Methode des Rollenspiels, um das Verhalten von „Wärtern" und „Gefangenen" in einer „Gefängnissituation" zu untersuchen. Die Teilnehmer waren sorgfältig ausgesuchte Versuchspersonen, die sich darüber völlig im klaren waren, daß das improvisierte Gefängnis in den Kellerräumen der Stanford-Universität simuliert war und daß die Teilnehmer entweder freiwillige Studienkollegen oder Forscher (letztere in der Rolle von Beobachtern) waren. Dennoch legten die „Wärter" den „gefangenen" Versuchspersonen gegenüber ein brutales und herabwürdigendes Verhalten an den Tag, was vielleicht darauf zurückgeführt werden kann, daß die Versuchsleiter zu herabwürdigenden Handlungen anspornten, um eine möglichst realistische Gefängnisatmosphäre herzustellen. Ist derartige Forschung vertretbar? Psychologen vertreten hierzu unterschiedliche Auffassungen.

Prinzip 5: Freiwillige Teilnahme und Möglichkeit zum Abbruch

Die Versuchspersonen sollten die Möglichkeit haben, jederzeit die Teilnahme an einer Untersuchung abzubrechen. Dieses Prinzip steht in deutlichem Konflikt mit dem Ziel des Forschers, eine Zufallsstichprobe aus der Bevölkerung zu untersuchen und einen Ausfall von Versuchspersonen zu vermeiden, die ihn bereits Zeit und Mühe gekostet haben. Wenn bei einer Untersuchung, die für die Teilnehmer prinzipiell akzeptabel ist, einige wenige Versuchspersonen ausfallen, die aus irgendeinem Grunde nicht mehr daran teilnehmen wollen, so tut dies dem wissenschaftlichen Wert einer Untersuchung kaum einen Abbruch. Meist ist es im Rahmen psychologischer Untersuchungen nicht entscheidend, ob nun 38% oder nur 37% der Stichprobe eine bestimmte Einstellung haben.

Wie würden Sie sich verhalten, wenn sich im Verlauf Ihrer Untersuchung ein solcher Ausfall von Versuchspersonen anbahnte, der die Repräsentativität Ihrer Stichprobe ernsthaft gefährdete? Sie könnten dann beispielsweise die Vorteile einer Teilnahme an der Untersuchung nochmals herausstellen und die Versuchspersonen von dem Wert, den ihre Teilnahme an der Untersuchung hat, zu überzeugen versuchen. Was Sie jedoch aus ethischer Sicht *nicht* können, ist, unhaltbare Versprechungen zu machen oder irgendeine Bestrafung für den Fall der Nichtteilnahme anzudrohen.

Ist es ethisch vertretbar, Studenten die Mitwirkung bei der Forschung zur Bedingung für die Teilnahme an einem Psychologie-Kursus zu machen? Wenn die Forschung vorrangig oder ausschließlich zum Zwecke der *Schulung* der Studenten durchgeführt wird, dann bestehen keinerlei ethische Bedenken. Wie steht es aber bei dem Fall, daß die Mitarbeit – obwohl damit auch ein gewisser Ausbildungsgewinn verbunden ist – in erster Linie aus dem Grund gefordert wird, weil der Forscher Versuchspersonen benötigt? Einige Psychologen vertreten nachdrücklich die Meinung, daß von Psychologiestudenten ein gewisser Obolus an ihr Fachgebiet erwartet werden kann. Andererseits profitieren Studenten nicht unerheblich von der Arbeit früherer Semester, und sie sollten somit auch bereit sein, einen gewissen Beitrag zu leisten, der dann wieder Folgesemestern zugute kommt. Eine psychologische Fakultät hat die berufliche Verpflichtung zu Forschungsarbeiten. Für einige Forscher, insbesondere wenn alternative Möglichkeiten, Versuchspersonen zu erreichen, nicht existieren, ist dieser Fundus an Versuchspersonen ein so wesentlicher Teil der Ausbildung wie die Bibliothek. Auf der anderen Seite sind einige Psychologen der Ansicht, daß Psychologiestudenten nicht mehr und nicht weniger die Verpflichtung haben, sich als Versuchspersonen zur Verfügung zu stellen als andere gesellschaftliche Gruppen auch. Hinzu kommt, daß Teilnehmer, die sich gezwungenermaßen als Versuchspersonen „zur Verfügung stellen", verfälschte Daten liefern können, und daß derartige obligatorische Auflagen zudem dem Klima zwischen Lehrkräften und Studenten schaden können.

Folgende Richtlinien können hilfreich sein:

1) Psychologiestudenten sollten sich im klaren darüber sein, wie wichtig ihre Mitarbeit ist; die Fakultät ist auf ihren Beitrag angewiesen, der somit auch nicht leichtfertig vernachlässigt werden sollte; 2) Forscher sollten die Teilnahme an der Forschung möglichst sinnvoll in die Ausbildung integrieren; 3) alternative Möglichkeiten eines gewissen Ausgleichs für die Mitarbeit bei der Forschung sollten verfügbar gemacht werden (beispielsweise die Publikation des Forschers); 4) ein Verfahren zur Reflexion über einzelne Untersuchungen sollte erstellt werden, d. h. daß etwa ein Ethikkomitee für die Studenten zur Verfügung steht, wo sie über ein bestimmtes Forschungsprojekt diskutieren können. Dort könnte man beispielsweise verschiedene Forschungsprojekte darauf überprüfen, ob sie als Voraussetzung für die Zulassung zu einem bestimmten Kursus geeignet sind.

Prinzip 6: Fairneß und Vermeidung von Ausnutzung

Teilnehmer an der Forschung haben Anspruch auf eine unmißverständliche und faire Übereinkunft, die die Verantwortlichkeiten jeder der beteiligten Parteien regelt. Auch Versuchspersonen haben ethische Verpflichtungen, wie z. B. die, Vereinbarungen einzuhalten oder dem Forscher gegenüber aufrichtig zu sein. Jedoch wollen wir uns hier insbesondere mit den Pflichten des Forschers befassen. Die Anforderungen, die an die Versuchspersonen gestellt werden, sollten in einem vernünftigen Verhältnis zu dem zu erwartenden Nutzen stehen. Als derartige Vorteile könnten beispielsweise die Zufriedenheit darüber, einen Beitrag zur Wissenschaft geleistet zu haben, dem Forscher einen Gefallen getan zu haben oder etwas gelernt zu haben, in Frage kommen. Hierunter könnten auch bestimmte Arten von Gefälligkeiten fallen, wie beispielsweise eine therapeutische Intervention oder eine angemessene Vergütung. Forschungen, die mit hohen oder unangenehmen Anforderungen verbunden sind, sollten den Teilnehmern größere Vorteile einbringen als solche, die relativ wenig Aufwand erfordern.

Prinzip 7: Risiko, Schaden und Streß

Wir kommen nun zu dem schwierigsten ethischen Problem der psychologischen Forschung. Das 7. Prinzip fordert, daß die Teilnehmer vor Unbehagen, Schaden oder Gefahr in physischer und psychischer Hinsicht geschützt werden sollen. Derartige Risiken setzen den informierten Konsens der Teilnehmer voraus. Verfahrensweisen, die wahrscheinlich ernsthaften und langanhaltenden Schaden zufügen, sollten auf keinen Fall angewandt werden.

Im Verlauf eines Forschungsprojekts können verschiedene Arten von psychischer Belastung auftreten. Eine dieser Arten könnte man als *vermeidbaren* Streß bezeichnen. Darunter sind unangenehme Belastungen zu verstehen, die aus Unhöflichkeit, Taktlosigkeit oder anderen, für die Forschung *unspezifischen* Verhaltensweisen resultieren. Solche Belastungen können durch Sorgfalt und Aufmerksamkeit aus dem Weg geräumt werden.

Eine andere Art der Belastung könnte man als *zufälligen* oder unvorhergesehenen Streß bezeichnen. Zufälliger Streß kann auftreten, wenn bestimmte Vorgehensweisen, die die meisten Teilnehmer nicht unangenehm belasten, sich dennoch für die eine oder andere Versuchsperson als belastend herausstellen. So könnte beispielsweise die Vorstellung, an einem Persönlichkeitstest teilzunehmen, bei einigen Versuchspersonen erhebliche Angstgefühle hervorrufen. In Fragebögen sind häufig „offensive" Items enthalten, obwohl entsprechende Informationen eigentlich nicht benötigt werden oder zumindest taktvoller erhoben werden könnten. Ratschläge von erfahrenen Personen (z. B. Lehrer, Supervisor etc.) können für den Forscher von großem Nutzen sein, um unnötig belastende Komponenten in seinem Forschungsdesign zu vermeiden.

Wenn Forscher ihre Arbeit mit Teilnehmerhilfe verrichten, sollten sie gegenüber Hinweisen auf zufällige Stressoren eine erhöhte Wachsamkeit zeigen, die Ursachen hierfür zu ergründen versuchen und geeignete Schritte unternehmen, um alles ins Lot zu bringen. Gegebenenfalls sollten Sie zufällig belasteten Versuchspersonen Verständnis und Anteilnahme entgegenbringen.

Eine dritte Art unangenehmer Belastung könnte man als *unumgänglichen* Streß bezeichnen. Hierunter fallen alle Belastungen, die den Ausgangspunkt für bestimmte Forschungsthemen darstellen. Die psychologische Forschung über Furcht, Angst, Minderwertigkeitsgefühle, Schuld, Scham, Frustration oder Wut könnte es erforderlich machen, daß gewisse belastende Zustände hervorgerufen werden. Wie können wir ethisch vertretbar wichtige Themenbereiche untersuchen, die schlechthin belastend sind?

Ein Forschungsansatz ist der, daß man Personen untersucht, die sich *bereits* in einer belastenden Situation befinden. Angst z. B. kann bei Personen untersucht werden, denen ein Zahnarztbesuch oder eine Operation bevorsteht – oder auch bei Studenten, die kurz vor einer Prüfung stehen.

Ein zweites sinnvolles Vorgehen besteht darin, daß man nur eine *geringe Intensität* negativer Belastung untersucht, insbesondere dann, wenn die zu überprüfende Theorie oder Hypothese nicht notwendigerweise ein hohes Streßniveau erfordert. Der Forscher hat die Beweislast, warum ein *mäßiger* Mißerfolg, ein nur *schwaches* Sinken der Selbstsicherheit oder ein *geringes* Ausmaß an Frustration für die Validität des Experiments nicht ausreichen. Ein Psychologe sollte nicht deshalb ein größeres Ausmaß an Streß induzieren, weil es leicht hervorzurufen ist oder weil es zu dramatischen Resultaten führt.

Bisweilen kann ein Forscher Streß dadurch ausschalten oder reduzieren, daß er sich zu einer Umkehrung des Designs entschließt. Anstatt normale mit geringer Selbstsicherheit zu vergleichen, könnte man auch einen Vergleich zwischen normaler und hoher Selbstsicherheit in Betracht ziehen. Anstelle von „hoher Angst" könnte man auch „geringe Angst" mit „normaler Angst" vergleichen.

Prinzip 8: Aufklärung: Verantwortlichkeiten nach der Datenerhebung

Nachdem die Daten erhoben sind, sollte der Forscher den Teilnehmern seine Untersuchung erläutern und eventuelle Mißverständnisse ausräumen.

Diese Forderung leitet sich aus der anfänglichen Übereinkunft mit den Teilnehmern ab: „Ich kann Ihnen zu Beginn dieser Untersuchung nicht alles mitteilen, aber ich werde sie Ihnen später so gut wie möglich erläutern." Versuchspersonen sollten Antworten auf Fragen erhalten. Sie sollten nicht mit Sorgen über ihre Leistungsfähigkeit oder ihre psychologische „Normalität" zurückgelassen werden; Sorgen, die sie vielleicht aus Schüchternheit nicht ansprechen. Den Teilnehmern sollte insbesondere versichert werden, daß sie „normal" sind (bzw. daß mit dem Test keine Abnormitäten gemessen werden) und daß sie die gestellten Anforderungen wie andere Teilnehmer auch erfüllt haben.

Ein weiterer wichtiger Aspekt der Aufklärung ist der, daß die Versuchspersonen nicht gerade durch die Aufklärung neuen Belastungen ausgesetzt werden. Der betreffenden Versuchsperson negative Erkenntnisse mitzuteilen ist ethisch nicht unbedingt vertretbarer als sie ihr vorzuenthalten. Letztendlich ist es ein Entgegenkommen der Versuchsperson, wenn sie an einem Forschungsprojekt teilnimmt. Warum sollte man ihr dann Informationen aufzwingen, die sie vielleicht gar nicht erhalten möchte? Baumrind (1975) nennt dies „verordnete Einsicht".

Ein Design, das Kelman (1967, 1972) als vollkommen unakzeptabel bezeichnete, besteht darin, daß die Versuchspersonen unwahre Aufklärungen erhalten (z. B. eine nicht den Tatsachen entsprechende Erläuterung des Experiments), denen sich dann eine weitere experimentelle Phase anschließt; erst danach erfolgt schließlich die wahrheitsgetreue Aufklärung. Was kann dabei in einer Versuchsperson vorgehen, außer, daß sie vermutlich keinem Psychologen mehr trauen wird?

Eine andere Aufklärungsfalle: Forscher geben oft das Versprechen ab, den Versuchspersonen die Resultate der Untersuchung zuzusenden. Versuchspersonen nehmen oft an, daß Untersuchungen in relativ kurzer Zeit durchgeführt werden. Aber Forschung benötigt Zeit. Hinzu kommt, daß sich bei anfangs enthusiastischen Forschern eine gewisse Erschöpfung einstellt, wenn sie ihr Projekt endgültig abgeschlossen haben – gleichgültig, ob nun mit oder ohne Überschreitung des Zeitplans. Die Addressenliste der Versuchspersonen, die eine Übersicht über die Resultate erhalten sollten, ist irgendwo in einem Stapel unter vielen anderen Papieren vergraben. Häufig hatte ein Forscher zunächst durchaus den guten Vorsatz, eine Kurzzusammenfassung zu schreiben und zu versenden, kommt dann aber nicht mehr dazu. Die Versuchspersonen sind folglich verärgert. Nun treten Sie auf den Plan: schwungvoll, frohgemut und eifrig bitten Sie dieselben Versuchspersonen darum, an Ihrer Forschung teilzunehmen; diese jedoch decken Sie mit grimmigen Blicken ein und geben Ihnen einen Korb. Um derartige Vorkommnisse zu vermeiden, sollten Sie, insbesondere was die erforderliche Zeit anbelangt, sehr realistisch bleiben. Sie könnten auch mit den Versuchspersonen einen geeigneten Ort vereinbaren, an dem die Berichte ausgehändigt werden sollen, zumal dies schneller und mit geringerem Aufwand zu bewerkstelligen ist als ein postalischer Versand.

Prinzip 9: Vermeide und korrigiere kurz- und langfristige negative Konsequenzen!

In Abhängigkeit von dem jeweiligen Forschungsthema könnte nach einem längeren Zeitintervall ein erneuter Kontakt mit den Teilnehmern erforderlich sein, um sicherzustellen, daß keine Langzeitfolgen aus der Untersuchung resultieren und daß die Entschleierung tatsächlich den Effekt gehabt hat, Streß auszuräumen.

Was soll jedoch mit einer nicht behandelten Kontrollgruppe im Rahmen der Evaluation einer neuen therapeutischen Methode geschehen? Eine Möglichkeit des Vorgehens ist die, die Kontrollgruppe einer anderen, bereits bekannten Therapie zu unterziehen, anstatt ihr keinerlei Behandlung zukommen zu lassen. Es besteht jedoch auch die Möglichkeit, die Personen der Kontrollgruppe der neuen Behandlung zu unterziehen, falls sie sich im Rahmen der Studie als erfolgreich erweisen sollte.

Falls Resultate publiziert oder in größerem Umfang verbreitet werden sollen, ist der Forscher dazu verpflichtet, mögliche negative Folgen für die Gesellschaft wie für die individuellen Teilnehmer im voraus zu erwägen und zu berücksichtigen. Der Forscher muß ein gewisses Gespür für mögliche Fehlinterpretationen der Resultate haben, die zu – evtl. unverdienter – zweifelhafter Berühmtheit führen könnten. Eine Studie beispielsweise über Sexualität, Alkoholismus und Mogelei an einer bestimmten Universität, die Eltern, Förderern und altehrwürdigen Stiftern suggeriert, daß die Verhältnisse an dieser Universität im Vergleich zu anderen miserabel sind, ist gegenüber der betroffenen Institution unfair. Ähnlich unfair ist es, Ergebnisse von Tests bei Schulkindern zu veröffentlichen, die – ohne wirklichen Nachweis – den Eltern suggerieren, daß die Ausbildung an der betreffenden Schule schlechter ist als an vergleichbaren anderen.

Auf der anderen Seite muß der Forscher bisweilen dem unethischen Druck bestimmter Organisationen widerstehen, negative Informationen unter den Tisch fallen zu lassen. So könnte es z. B. sein, daß Forschung den Nachweis für bestimmte schlechte Bedingungen liefert, die den legitimen Interessen der Gesellschaft entgegenkommen. Der Forscher sollte sich weder auf die Seite der Schwarzmaler noch auf die der Weißwäscher schlagen.

Prinzip 10: Anonymität und Vertraulichkeit

Die *Anonymität* der Versuchspersonen sollte strikt *gewahrt* werden. Erhaltene Informationen sind vertraulich. Daten dürfen nicht achtlos in einem Studentenwohnheim, Klassenzimmer oder Forschungslabor deponiert werden, so daß dadurch unberechtigte Personen eine Möglichkeit erhalten, Einblick darin zu gewinnen. Informationen sollten Drittpersonen nicht zugänglich sein.

Nicht alle Psychologen sind mit der derzeitigen Form des APA-Kataloges zufrieden (Baumrind, 1975, 1976). Einige sind z. B. der Ansicht, daß eindeutigere Verbote für verschiedene Praktiken darin enthalten sein sollten.

Kapitel 2

Versuchsplanung: Variablen und Versuchspersonengruppen

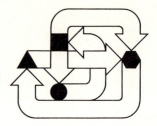

Werden heutzutage in Kinderbüchern kontroverse Themen, wie z. B. Vorurteile, geistige Retardierung oder Familienzerrüttung häufiger behandelt, als das früher der Fall war?

Sind Frauen, die sich vor ihren Vätern fürchten, eher für Frauenhäuser als diejenigen, die in einer freundlichen und positiven Beziehung zu ihren Vätern leben?

Haben Frauen, die vor der Ehe mit einem Freund zusammengelebt haben, ein höheres oder ein geringeres Selbstwertgefühl als andere Frauen?

Was halten Studenten davon, daß sie (in den USA) demnächst jedes Jahr einen Bericht über ihre akademischen Arbeiten verfassen sollen?

Welches Einkommen erwarten Studenten für die Jahre ihrer besten Verdienstmöglichkeiten?

Wie verbreitet sind sog. Grenzerfahrungen? Wie unterscheiden sich Personen, die sie erleben von denen, die sie nicht erleben?

Kann man den Effekt des Flirtens messen?

Gibt es Personen, die die Liebe absichtlich vermeiden? Wenn ja, warum?

Diese und ähnliche Fragen sind von Psychologiestudenten im Rahmen von Forschungsprojekten mit Erfolg untersucht worden.
Psychologische Forschung läßt sich durch folgende fünf grundsätzliche Schritte kennzeichnen:

1. Man muß ein Problem, eine Fragestellung formulieren. Dazu muß man von einem allgemeinen Thema zu speziellen Aspekten gelangen, die untersucht werden können. Was genau will man herausfinden? Soll eine *Hypothese* getestet werden?

2. Wie kann man die erforderlichen Daten erheben, um ein gegebenes Problem zu lösen? Empirische Daten liefern faktische Evidenz, das heißt auch, daß man sich weniger auf die Meinung von Freunden oder von Autoritäten verläßt. Einen Plan zur Erhebung von Daten bezeichnet man als *Versuchsplan* oder Versuchsdesign.

3. Um empirische Daten zu erhalten, muß man die Phänomene, die man untersuchen will, beobachten und aufzeichnen – und dies in einer unvoreingenommenen Art und Weise. Dieses Vorgehen erfordert Messungen (eine simple, aber grundlegende Art des Messens ist das Auszählen: das Registrieren der Häufigkeit, mit der etwas geschieht oder nicht geschieht). Man wählt besondere Instrumente, Skalen, Fragebögen, Prozeduren und überprüfunen möglicher Voreingenommenheiten als Verfahren zur Datensammlung aus. Auch diese sind Teil des Versuchsplans. Man bezeichnet sie als *Methoden*.

4. Nach der Registrierung und Messung steht die *Datenanalyse* an. Man benötigt dazu summarische Kennwerte wie z. B. den Mittelwert. Die Daten werden eine vorläufige, tentative Antwort auf eine Fragestellung nahelegen. Wie wahrscheinlich ist es, daß Resultate tatsächlich zutreffen? Könnten die Daten durch Zufall oder unsystematische Faktoren beeinflußt sein? Man verwendet statistische Verfahren, um derartige Möglichkeiten zu überprüfen. Tabellen und Graphiken können zur klaren Darstellung von Daten sehr hilfreich sein.

5. Zurück zur Hypothese. Wird sie durch die Daten gestützt oder widerlegt? Welche Antworten hat man auf die ursprüngliche Frage erhalten? Welche alternativen Erklärungsmöglichkeiten könnte es für die Ergebnisse geben? Welche Folgerungen ergeben sich aus der Untersuchung? Diese Antworten und Implikationen bezeichnet man als *Resultate und Schlußfolgerungen*.

Die ersten beiden Schritte werden in diesem Kapitel diskutiert, die übrigen in Kapitel 3.

2.1 Variablen und Hypothesen

Im Rahmen von Forschungsprojekten werden *Variablen* untersucht. Was sind Variablen? Eine Variable ist alles, was sich quantitativ oder qualitativ verändert. „Frustration" ist ein Beispiel für eine psychologische Variable; in Abhängigkeit von der Situation und der Person schwankt oder variiert sie von „gering" bis „hoch". Andere psychologische Variablen sind beispielsweise „Angst", „Intelligenz", „Kreativität", „Lernen" usw.

Psychologen sind auch an Variablen interessiert, die selbst keine psychischen Ereignisse sind. Beispiele hierfür sind Variablen wie „externe Verstärker" oder „sozio-ökonomischer Status" (meist als eine Kombination aus den drei Variablen Einkommen, Bildung und Beruf aufgefaßt).

Eine *Hypothese* stellt die Beziehung zwischen zwei oder mehr Variablen dar. Sie sagt etwas darüber aus, wie eine Variable mit einer oder mehreren anderen Variablen zusammenhängt, wobei sie in Worte gefaßt in eine Form gebracht werden könnte wie z. B.: „Wenn Variable A hoch ist, dann wird (unter bestimmten Bedingungen) Variable B niedrig sein." (Gelegentlich hat eine Hypothese lediglich eine Variable zum Gegenstand; man spricht dann von einem „univariaten" Versuchsplan – siehe dazu weiter unten den Abschnitt „Einzelgruppenversuchsplan".)

Wenn Psychologen sich mit mehreren zusammenhängenden Variablen beschäftigen, wenn sie Hypothesen getestet haben, die auf der Basis ihrer jeweils gemeinsamen Variablen in einer Beziehung zueinander stehen und wenn sie dann versuchen, sich einen Reim darauf zu machen, dann neigen sie dazu, von einer *Theorie* oder einer „Minitheorie" zu sprechen. Gemäß der psychoanalytischen „Identifikationstheorie" beispielsweise geht man von der Existenz einer bestimmten Variablen aus, nämlich der „Identifikation", die in ihrer Intensität von „schwach" bis „stark" variieren kann. Eine Theorie beinhaltet eine Vielzahl von Hypothesen, z. B. über die Beziehungen zwischen der Identifikation eines Kindes mit anderen Personen, die für das Kind von Bedeutung sind (z. B. seinen Eltern) und der Persönlichkeit des Kindes (z. B. sein Selbstbewußtsein).

Die „soziale Lerntheorie" ist gewissermaßen ein Konkurrent der „Identifikationstheorie", da sie zur Erklärung desselben Sachverhalts andere Variablen vorschlägt. Sie geht von der Existenz anderer Variablen aus, wie z. B. der Nachahmung, der sozialen Modellwirkung oder der Verstärkung (insbesondere durch soziale Zuwendung). Beide Theorien (oder Teil- oder Minitheorien) bieten alternative Erklärungsmöglichkeiten für bestimmte psychische Phänomene an (z. B. für moralisches Verhalten). Einige gegenwärtige psychologische Theorien sind eher lose Konglomerate von miteinander verbundenen Ideen als in sich konsistente, durchdachte oder logisch schlüssige Theorien.

2.2 Induktive und deduktive Forschung

Es lassen sich zwei Zugangsweisen zur Forschung unterscheiden. Forscher, die dem *induktiven* Ansatz folgen, bewegen sich gewissermaßen in ihrem Interessengebiet wie in einem Meer und lassen durch die Daten wichtige Variablen und Hy-

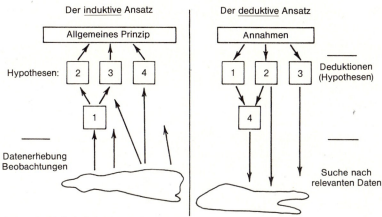

Abb. 2.1. Induktiver und deduktiver Ansatz

pothesen auf sich zutreiben. Zu Beginn der Forschung sind sie nach allen Seiten offen und vermeiden möglichst jede Art einengender Vorannahmen. Im weiteren Verlauf der Forschung bilden sie ihre Hypothesen sukzessiv und kumulativ durch die Überprüfung der Daten.

Deduktive Forschung (auch „hypothetiko-deduktive Methode" genannt) verläuft in entgegengesetzter Richtung. Der Psychologe beginnt mit spezifischen Annahmen, aus denen er seine Hypothesen ableitet; erst dann geht er dazu über, gezielt Daten zu erheben. Im Vordergrund dieses Vorgehens steht die Anwendung der Logik bei der Ableitung von Hypothesen aus Annahmen, die *a priori* (also vor der Datenerhebung) bestehen.

Wie die Abbildung 2.1 illustriert, kann man entweder „von unten" (durch Induktion) oder „von oben" (durch Deduktion) zu spezifischen Hypothesen gelangen.

Die induktive Methode erfordert systematische Beobachtung und Beschreibung. Wenn ein Bereich noch relativ unerforscht ist, oder wenn dem Psychologen nur wenig oder nichts über den Forschungsgegenstand bekannt ist, dann kann die systematische Beobachtung ein exzellentes Mittel sein, um wichtige Variablen zu lokalisieren. Allerdings ist es mit großen Schwierigkeiten verbunden, bedeutsame Hypothesen zu entwickeln, wenn die entscheidenden Variablen nicht bekannt sind.

Die Arbeit von Charles Darwin stellt ein markantes Beispiel induktiver Forschung und deskriptiver Beobachtung dar. Auf seinen Reisen um die Welt, die er meist mit Zählen, Messen und Registrieren verbrachte, erstellte er sorgfältige Dokumentationen seiner Beobachtungen an Pflanzen und Tieren. Diese Dokumentationen bildeten dann das Fundament der Evolutionstheorie. Ein jüngeres Beispiel naturalistischer induktiver Forschung stellt die Arbeit von Jane Van Lawick Goodall dar. Sie beobachtete über Jahre hinweg Schimpansen in ihrer natürlichen Umwelt in Afrika und notierte Verhaltensweisen wie z.B. Eltern-Kind-Interaktionen, Wettbewerb, Kooperation, Nahrungsgewohnheiten, Werkzeuggebrauch usw. (Goodall, 1972).

Roger Barker und dessen Mitarbeiter untersuchten alltägliche Aktivitäten von Einwohnern einer kleinen Stadt in Kansas, indem sie beobachteten, wieviele Ereignisse in einer „natürlichen Einheit" (engl.: behavioral setting) stattfanden und verglichen so das Leben in einer kleinen mit dem in einer größeren Oberschule (Barker, 1955). Burton White und seine Mitarbeiter beobachteten Mütter und ihre kleinen Kinder; sie folgten den Babys von Zimmer zu Zimmer und diktierten alles, was Kinder und Eltern taten, auf ein tragbares Tonbandgerät (White, 1975, 1977).

Induktive Forschung basiert auf der Annahme, daß dem untersuchten Bereich eine interne Struktur, ein System oder eine gewisse Ordnung zugrundeliegt und innewohnt, die durch Beobachtung deutlicher zutage tritt. Einige bedeutsame Fortschritte verdankt die Psychologie (wie andere Wissenschaften auch) denjenigen, die dort Ordnung und System vermuten, wo andere Wissenschaftler lediglich ein hoffnungsloses Chaos erkannten. Freud z. B. suchte nach Ordnung in der weitschweifigen Sprache emotional gestörter Patienten und in den seltsamen Launen der Träume. Piaget erkannte systematische Zusammenhänge in den, vom Erwachsenenstandpunkt „drolligen" oder „dummen" „Denkfehlern" von Kindern. Die Arbeiten dieser beiden Männer verhalfen der Psychologie zu großen Fortschritten.

Induktiv vorgehende Forscher erheben nicht nur deshalb Daten, weil sie Gefallen an der Datensammlung finden. Vielmehr versuchen sie, in den Daten bedeutsame Variablen zu finden, die sie dann zu Hypothesen verknüpfen. Darwin z. B. entwickelte Hypothesen, indem er bestimmte Variablen – beispielsweise die Farbe eines Insekts – mit anderen Variablen in Beziehung setzte – z. B. mit der Wahrnehmungsfähigkeit der „Räuber", die diese Insekten fraßen. Freud entwickelte Hypothesen, indem er mehrere bestimmte Variablen (die Symptome seiner Patienten) mit mehreren anderen Variablen (aufregende emotionale Erfahrungen, die seine Patienten zwar erlebt hatten, an die sie sich aber nur schwer erinnern konnten) in Verbindung brachte (zur weiteren Diskussion induktiver Methoden siehe Kap. 11).

Im Gegensatz zum induktiv vorgehenden Forscher beginnt der deduktive Forscher mit einer spezifischen Hypothese, die einer Überprüfung unterzogen werden kann. Woher stammt aber diese Hypothese? Sie hat ihren Ursprung in verschiedenen Quellen: z. B. in bekannten Theorien oder in früheren informativen Beobachtungen. Hypothesen gehen oft über vorhergehende Arbeiten hinaus, indem sie entweder neuartige Variablen oder neuartige Bedingungen für bekannte Zusammenhänge in sich aufnehmen. Viele Hypothesen stellen den Versuch dar, die Tauglichkeit alltagspsychologischer Annahmen zu überprüfen. Andere wiederum können schlichtweg plausible Mutmaßungen eines Forschers sein, der sich um das Verständnis einer ihn verwirrenden Situation bemüht. Latane und Darley (1970) wurden beispielsweise durch die Umstände eines Mordfalls in ihrer dicht bewohnten Nachbarschaft beunruhigt. Dutzende von Personen hatten die Hilfeschreie des Opfers gehört, aber niemand hatte die Polizei informiert. Latane und Darley schien es, als ob ein Einzelner mit größerer Wahrscheinlichkeit einer Bitte um Hilfe nachkommt, als wenn gleichzeitig viele andere Personen anwesend sind, die ebenfalls helfen könnten. Um diese Hypothese zu testen, führten sie eine Reihe von Untersuchungen durch, in denen die Variable „Anzahl der anwesenden Personen" mit den Variablen „Anzahl der helfenden Personen" und „Zeit bis zum Beginn der Hilfe" in Beziehung gesetzt wurden. Die Hypothese konnte bestätigt werden: Je größer die Anzahl der anwesenden Personen, desto später setzt die Hilfe ein und desto geringer ist die Anzahl der tatsächlich helfenden Personen.

Die in Amerika vorherrschende Tradition der Psychologie hat den deduktiven Ansatz favorisiert und den induktiven eher vernachlässigt. In den letzten Jahren jedoch wurde auch dem induktiven Vorgehen eine größere Aufmerksamkeit zuteil. Letztendlich jedoch ist es häufig sehr von Vorteil, beide Methoden zu kombinieren und die Vorteile jeder einzelnen zu nutzen. So könnten in einer anfänglichen induktiven Phase Daten erhoben werden, die die Formulierung von Hypothesen und (wie man hofft) von allgemeinen Prinzipien ermöglichen. Diese wiederum können als Ausgangshypothesen weiterer Deduktionen dienen. Die so abgeleiteten Hypothesen werden dann in anschließenden Forschungsphasen getestet usw. (Zur weiteren Diskussion deduktiver Versuchspläne siehe Kap. 4.)

2.3 Labor- und Feldforschung

Die vielen Bereiche, in denen Untersuchungen durchgeführt werden, lassen sich grob in zwei allgemeine Kategorien einteilen: die Feldforschung und die Laborforschung. Induktive Methoden werden eher „im Feld", deduktive eher „im Labor" angewandt (obwohl auch häufig sog. „Feldexperimente" durchgeführt werden).

Der Begriff „Feld" stammt aus der Anthropologie, einer Wissenschaft, die insbesondere Auswirkungen verschiedener kultureller Variablen untersucht. Unter Anthropologen wurde der Begriff früher zur Bezeichnung weniger hoch entwickelter Kulturvölker verwendet. Heutzutage bezeichnet man damit auch eine Industriestadt oder eine bestimmte Art von Gemeinwesen, wie z. B. eine Schule, ein Gefängnis, ein Krankenhaus, eine Firma, eine Fakultät, eine Gemeinde usw. Der allgemeinste Begriff dürfte der des „behavioral setting", des (repräsentativen) Ausschnitts aus dem „Lebensraum" sein.

Unter einem Labor versteht man nicht unbedingt einen Raum, in dem sich eine Vielzahl von Chemikalien oder elektronische oder medizinische Geräte befinden und wo die Anwesenden weiße Kittel tragen. Vielmehr bezeichnet man als Labor jede Art von Einrichtung, die zum Zwecke psychologischer Forschungstätigkeit hergestellt worden ist. Das Labor unterscheidet sich hinsichtlich seiner primären Funktion nicht vom Feld. Teilnehmer an Laboruntersuchungen sind sich meist im Klaren darüber, daß sie an einem Forschungsprojekt beteiligt sind; auch wenn sie das Vorhaben des Experimentators nicht im Detail kennen, kann dieses Wissen das Verhalten der Teilnehmer beeinflussen. Kritik an der Laborforschung bezieht sich oft auf diesen eher ungünstigen Umstand; Laborforschung hat jedoch andererseits – wie wir noch sehen werden – auch immense Vorteile. Zu bedenken ist hierbei auch die Tatsache, daß auch die Teilnehmer an einer Feldstudie von ihrem „normalen" Verhalten abweichen können, wenn ihnen bewußt wird, daß sie untersucht werden. Diese Tendenz bezeichnet man als „Hawthorne-Effekt". Der Begriff wurde in Anlehnung an eine berühmte betriebspsychologische Untersuchung in den Hawthorne-Werken der Western Electric Company (USA) geprägt, wo sich zeigte, daß die Tatsache, daß sie untersucht wurden, auf die Arbeiter einen größeren Einfluß ausübte als die Variablen, die für die Forscher eigentlich von Interesse waren (Arbeitszeit, Beleuchtung usw., Mayo, 1946).

2.4 Korrelations- und experimentelle Forschung

Forschung wird durchgeführt, um Ursachen oder Anlässe dafür zu ergründen, warum bestimmte Ereignisse auftreten. Kausalität erweist sich jedoch als ein erheblich komplizierteres Konzept, als es auf den ersten Blick erscheinen mag, so daß einige Psychologen konsequent sind und prinzipiell diesen Begriff nicht verwenden. Woher wissen wir, daß bestimmte Ereignisse bestimmte andere Ereignisse *verursachen?* Auf der einen Seite scheint es oft „völlig klar" zu sein, daß „Ursache" und „Wirkung" miteinander in Beziehung stehen. Wenn beispielsweise das Thermometer 28 °C anzeigt, empfindet man das meist als unangenehm heiß, nicht aber, wenn es 22 °C anzeigt; die Temperatur verursacht also das Unbehagen. Könnte es aber nicht auch so sein, daß es nicht an der Temperatur, sondern vielmehr an der Luftfeuchtigkeit liegt?

Psychologische Forschung läßt sich in zwei größere Klassen einteilen, die sich insbesondere dadurch unterscheiden, daß sie verschiedene Arten von Evidenz hinsichtlich der Kausalität liefern: *experimentelle Forschung* und *Korrelationsforschung.* Korrelationsforschung überprüft den Zusammenhang zwischen Variablen: Welcher Zusammenhang besteht zwischen den Veränderungen in einer Variablen A und denen in einer Variablen B? Steht die Höhe des Einkommens in einem Zusammenhang mit der Ausprägung von Persönlichkeitsvariablen, mit bestimmten Erziehungspraktiken oder mit der Auftretenshäufigkeit bestimmter psychischer Störungen? Steht das Bildungsniveau in Beziehung zum Kunstverständnis, zum Autoritarismus oder zu Vorurteilen? Sind junge Menschen politisch eher liberal und alte Menschen eher konservativ eingestellt? Untersuchungen zu derartigen Fragen sind i. allg. *Korrelationsstudien:* Sie untersuchen die Frage, ob *naturgemäß auftretende Veränderungen* einer Variablen, d. h. Veränderungen, die nicht durch den Forscher herbeigeführt sind, in Zusammenhang stehen mit Veränderungen einer oder mehrerer anderer Variablen (man verwendet hierfür auch den Begriff der „Interdependenzanalyse").

Wenn die Forschung zeigt, daß zwei bestimmte Variablen meist gemeinsam auftreten, ist damit auch der Beweis erbracht, daß eine die andere verursacht? Keinesfalls, und wenn es auch noch so naheliegt! Aus Korrelationsstudien können wir nicht den Schluß ziehen, daß beispielsweise ein höheres Bildungsniveau ein Abnehmen von Vorurteilen oder daß zunehmendes Alter politischen Konservatismus verursacht. Merke: *Korrelation bedeutet niemals Kausalität,* sondern Bedingungszusammenhang, Wirkungsgefüge (bzw. – statistisch ausgedrückt – ein Kovarianzverhältnis, bei dem korrelierende Variablen gleich- oder gegensinnig „kovariieren"). Wenn im folgenden im Zusammenhang mit Korrelation der Begriff der „Kausalität" gebraucht wird, sollen die Anführungszeichen signalisieren, daß mit dem Begriff nicht impliziert werden soll, daß ein Kausalitätsverhältnis im Sinne von „A ist Ursache von B" vorliegt. Einer der Gründe dafür, daß Korrelation nicht gleich Kausalität ist, ist beispielsweise der, daß Veränderungen zweier

Variablen mit Veränderungen einer *gemeinsamen dritten Variablen* zusammenhängen, die die eigentliche „kausale" Variable sein könnte. Psychologen bemühen sich seit eh und je um bessere Möglichkeiten, um aus Korrelationsstudien Informationen über das „was verursacht was" zu extrahieren (m. a. W. um aus Interdependenzen Informationen über möglicherweise darin enthaltene Ursache-Wirkungs-Beziehungen, d. h. Dependenzen, zu gewinnen; einige dieser Methoden werden am Ende dieses Kapitels beschrieben).

Experimentelle Forschung auf der anderen Seite ermöglicht die Feststellung, ob (unter bestimmten experimentellen Bedingungen) eine Veränderung einer Variablen die Veränderung einer anderen verursacht (d. h. durch das experimentelle Vorgehen werden Aussagen über Dependenzen möglich). Das Experiment zeichnet sich durch folgende vier kritische Merkmale aus:

1. Anstatt an das natürliche, nicht evozierte, „spontane" Auftreten verschiedener Variablenausprägungen gebunden zu sein, hat der Forscher die Möglichkeit, die Ausprägung einer bestimmten Variablen hervorzurufen oder zu verändern. Diejenige Variable, die der Psychologe willkürlich manipuliert oder variiert, nennt man die *unabhängige Variable* (abgekürzt: UV). Die Manipulation der UV bezeichnet man auch als „Treatment" (also als die – mehr oder weniger künstliche – systematische Herstellung von Bedingungen; kurz: *systematische Bedingungsvariation;* im vorliegenden Fall des „Treatment" sollte dieser Begriff nicht mit der „Behandlung" im Sinne einer therapeutischen Intervention verwechselt werden).

   Der Forscher ist auch an einer zweiten Variablen, der *abhängigen Variablen,* interessiert. Die abhängige Variable (abgekürzt: AV) wird als „abhängig" bezeichnet, da der Psychologe annimmt, daß der Zustand der AV von der Ausprägung der UV *abhängig* ist. Das Forschungsziel besteht darin, herauszufinden, ob sich die postulierte abhängige Variable verändert, wenn sich die unabhängige Variable in ihrer Ausprägung verändert hat bzw. vom Forscher verändert worden ist. Das heißt, der Forscher untersucht, ob die abhängige Variable eine *Funktion* der unabhängigen Variablen darstellt.

2. Im Rahmen des Experiments wird diejenige Gruppe von Versuchspersonen, bei der eine systematische Bedingungsvariation erfolgt ist (die sog. „Versuchs"- oder „Experimentalgruppe", abgekürzt: VG bzw. EG), einer anderen vergleichbaren Gruppe (der sog. *Kontrollgruppe,* abgekürzt: KG) gegenübergestellt, bei der kein Treatment und keine Bedingungsvariation erfolgt ist; und die Ausprägung der abhängigen Variablen beider Gruppen werden miteinander verglichen.

3. Dem Forscher muß es möglich sein, die Versuchspersonen (abgekürzt: Vp, im Plural: Vpn) aus der Ausgangsmenge aller Teilnehmer *nach Zufall* (d. h. durch Losen oder „Gerade-ungerade"-Zuteilung) der Experimental- oder der Kontrollgruppe zuzuweisen. Die Zusammensetzung der jeweiligen Gruppe könnte sich z. B. aufgrund einer Losentscheidung, durch Verwendung sog. „Zufallszahlentabellen" usw. ergeben. Durch Zufallsaufteilung der Versuchspersonen auf die VG und KG ist zu erwarten, daß die zwischen den Personen möglicherweise bestehenden unkontrollierten Unterschiede sich gegenseitig aufheben und die beiden Gruppen somit hinsichtlich der zu untersuchenden Variablen annähernd gleich sind. Die Wahrscheinlichkeit, daß sich die erhaltenen Resultate auf Unterschiede zwischen den Versuchspersonen zurückführen lassen, die schon vor der Durchführung des Experiments vorhanden waren, ist dadurch erheblich niedriger als die, daß der Effekt durch die Variation der UV hervorgerufen wird.

4. Der Forscher stellt nach Möglichkeit sicher, daß sich – außer hinsichtlich der unabhängigen Variablen – die beiden Gruppen ansonsten hinsichtlich anderer Bedingungen nicht systematisch voneinander unterscheiden. Die beiden Gruppen sollten also möglichst *äquivalent* sein, um sicherzugehen, daß nicht irgendeine unberücksichtigte Drittvariable maßgeblich für die Resultate verantwortlich ist, sondern lediglich die systematisch variierte unabhängige Variable.

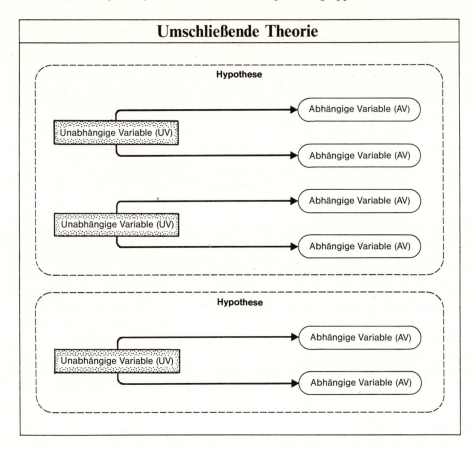

In der Praxis ist es nahezu unmöglich, alles, außer genau diejenigen Variablen, die experimentell untersucht werden sollen, konstant zu halten. Zwei Situationen sind niemals vollkommen identisch. Dennoch muß der Forscher sein möglichstes tun, um sicherzustellen, daß im Verlauf des Experiments nicht irgendetwas eine der beiden Gruppen anders als die andere beeinflußt (abgesehen natürlich von en unabhängigen Variablen).

Um das Prinzip experimenteller Kontrolle noch einmal zusammenzufassen: Man teilt die Versuchspersonen *nach Zufall* auf die Experimental- und die Kontrollgruppe auf. Man stellt dann eine bestimmte Situation her und *verändert* dann *willkürlich* einen bestimmten Aspekt dieser Situation. Dieser Aspekt ist die unabhängige Variable. Während man andere Aspekte *konstanthält,* vergleicht man, was unter den zwei verschiedenen Bedingungen – der *Experimentalbedingung* (Treatment) und der *Kontrollbedingung* – geschieht.

Kann die Ausprägung der unabhängigen Variablen nicht „willkürlich" kontrolliert werden, so ist ein Korrelationsdesign zu verwenden. Im Rahmen von Korrelationsstudien untersucht man die Beziehung zwischen Variablen, die natürlich, d. h. ohne Dazutun des Forschers in unterschiedlicher Ausprägung auftreten („Interdependenzanalysen").

Man könnte z. B. die Variable „Hilfsbereitschaft" in ländlichen und städtischen Gegenden miteinander vergleichen wollen. „Wohngegend" ist dann die unabhängige und „Hilfsbereitschaft" die abhängige Variable. Man vergleicht zwei Gruppen miteinander, nämlich die Landbewohner mit den Stadtbewohnern. Der Versuchsleiter (abgekürzt: Vl) kann dabei jedoch die Versuchsteilnehmer nicht nach Zufall auf die ländlichen und städtischen Wohnungen aufteilen; folglich kann man auch die unabhängige Variable nicht willkürlich kontrollieren. Anstelle eines experimentellen Designs wird hier eine Korrelationsuntersuchung benötigt.

Als Ergebnis einer derartigen Korrelationsstudie ergab sich z. B., daß Bewohner ländlicher Gegenden eher als Bewohner städtischer Gegenden dazu bereit sind, ein hilfreiches Telephonat für einen Fremden zu führen, der zuvor mit seinem letzten Kleingeld eine falsche Nummer gewählt hatte. Auf der einen Seite entspricht dies unserem Vorurteil vom nachlässigen, unbedachten Städter. Andererseits ist es jedoch schwierig, dementsprechend auch das zusätzliche Ergebnis dieser Studie zu erklären, daß man gegenüber einem möglicherweise kranken Fremden in der New Yorker U-Bahn hilfreicher ist als gegenüber der gleichen Person auf dem New Yorker Flughafen (Milgram, 1970).

Ähnliche Situationen treten immer dann auf, wenn man an bestimmten Charakteristika interessiert ist, die man nicht kontrollieren kann: Alter, Geschlecht, Rasse, Persönlichkeitsstruktur, Links- oder Rechtshändigkeit, Temperament, Ängstlichkeit als Persönlichkeitsmerkmal usw. In derartigen Fällen ist meist ein Korrelationsdesign angebracht.

Korrelative Versuchspläne sind allgemein durch zwei wichtige Vorteile einerseits und einen großen Nachteil andererseits gekennzeichnet. Die beiden Vorteile sind folgende:

1. Wenn man eine Variable nicht kontrollieren kann, kann die einzige Möglichkeit, ein bestimmtes Phänomen zu untersuchen, ein Korrelationsdesign sein.
2. Es könnte auch die Möglichkeit bestehen, daß man viele unterschiedliche Ausprägungen der unabhängigen Variablen beobachten kann. Müßte man diese Variationen selbst herstellen, dann könnte es sein, daß man sich auf einige wenige Ausprägungen beschränken müßte und daß einem dadurch einige wichtige Merkmale der betreffenden Variablen verlorengingen.

Beispielsweise könnte ein komplexer Zusammenhang zwischen dem sozio-ökonomischen Status (SOS) und einer bestimmten politischen Einstellung, dem „Vertrauen in die Regierung (VR)" bestehen. Es könnte sein, daß das Vertrauen mit steigendem SOS zunächst erst ansteigt und dann aber wieder abfällt. Eine Korrelationsstudie, die die gesamte Ausprägung des sozio-ökonomischen Status – von sehr arm bis sehr reich – erfaßt, könnte ein zutreffenderes Bild ergeben als ein Vergleich zwischen lediglich zwei voneinander abgegrenzten sozio-ökonomischen Klassen. Wie dem auch sei, auf jeden Fall liegt hier ein Korrelationsdesign vor, da man hier weder den sozio-ökonomischen Status noch die politische Einstellung willkürlich hergestellt hat.

Der Nachteil der Korrelationsforschung ist der, daß eine *Kausalitätsrichtung*, falls überhaupt eine „kausale" Beziehung angenommen werden kann, kaum zu erkennen ist: Ist A die Ursache von B oder verursacht B den Effekt von A oder ist vielleicht C die Ursache von beiden? Da man z. B. den sozio-ökonomischen

Status ja nicht willkürlich variieren kann, kann man sich auch nicht hinreichend sicher sein, ob nicht vielleicht der Bildungsstand, das Einkommen, der ethnische Hintergrund, die Höhe der Investitionen in Wertpapieren, der bevorzugte Filmschauspieler, der Charakter der Eltern, die Häufigkeit von Bekanntenbesuchen, das schlechte Wetter oder sonst irgendeine Variable die politische Einstellung der Untersuchungsteilnehmer beeinflußt hat. Fazit: Korrelation ist nicht gleich Kausalität.

2.5 Auswahl der unabhängigen Variablen

Es ist Sache des Forschers, zu entscheiden, welches die unabhängige und welches die abhängige Variable seiner Untersuchung sein soll. Man könnte beispielsweise versuchen, bei Versuchspersonen eine „hohe" und eine „geringe" Leistungsmotivation zu induzieren, um dann zu beobachten, ob hoch motivierte Personen eher durch Mißerfolg frustriert werden als Personen mit niedriger Leistungsmotivation (siehe Abb. 2.2). Leistungsmotivation wäre in diesem Fall die unabhängige Variable und das Verhalten bei Frustration die abhängige Variable.
Auf der anderen Seite könnte man den Versuchsplan jedoch auch umkehren. Man könnte dann versuchen, ein experimentelles Vorgehen zu entwickeln, das unterschiedliche Ausmaße an Frustration hervorruft, um anschließend die Aus-

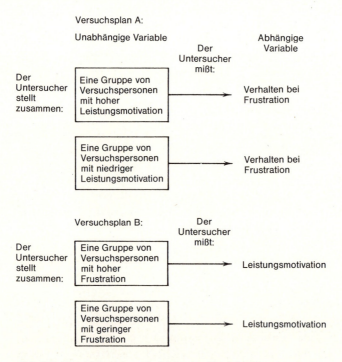

Abb. 2.2. Unabhängige und abhängige Variablen

prägungen der Leistungsmotivation bei beiden Gruppen zu messen. In diesem Experiment wäre die Leistungsmotivation die abhängige Variable und die Frustration die unabhängige Variable.

Horner (1969) untersuchte eine Variable, die sie „Furcht vor Erfolg" nannte. Der Begriff „Furcht vor Erfolg" läßt sich umschreiben als die Tendenz sehr fähiger, intelligenter Personen, bewußt oder unbewußt zu befürchten, daß beruflicher oder akademischer Erfolg mit sozialer Zurückweisung oder anderen negativen Konsequenzen verbunden ist. Dies ist – wie wir aus der sog. „Höchstbegabungsforschung" wissen – ein bedeutsames Forschungsthema: Hochbegabte Kinder mit extrem überdurchschnittlich hohen Intelligenzquotienten fallen lieber durch und nehmen lieber schlechte Noten in Kauf, als bei den „normalbegabten" Mitschülern als „Streber" zu gelten. Angenommen, Horner findet eine Gruppe fähiger Frauen und Männer und sie erhebt bestimmte Maße für deren „Furcht vor Erfolg". Nehmen wir weiterhin an, daß sie folgende Hypothese testen möchte:

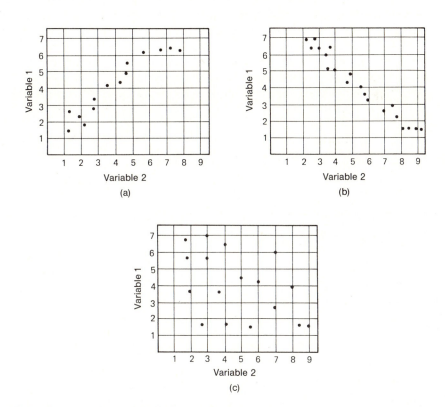

Abb. 2.3. Positive, negative und Null-Korrelationen.
a Positive Korrelation: Hohe Ausprägungen der Variablen 1 gehen mit hohen Ausprägungen der Variablen 2 einher. **b** Negative Korelation: Hohe Ausprägungen der Variablen 1 korrespondieren mit niedrigen Ausprägungen der Variablen 2. **c** Null-Korrelation: Korrelation um den Wert Null liegen dann vor, wenn beispielsweise hohe Ausprägungen der Variablen 1 zusammen mit beliebigen (hohen, mittleren oder niedrigen) Ausprägungen der Variablen 2 auftreten

Überintelligente Frauen zeigen mit größerer Wahrscheinlichkeit ein hohes Ausmaß an „Furcht vor Erfolg" als vergleichbare Männer.

Welches ist nun die unabhängige und welches die abhängige Variable? Ist dies ein Experiment oder eine Korrelationsstudie? Da Horner weder das Ausmaß der „Furcht vor Erfolg" noch das Geschlecht der Versuchspersonen willkürlich variieren kann, liegt hier ein Korrelationsdesign vor. Das Geschlecht der Versuchspersonen ist vermutlich die „unabhängige Variable" und Horner überprüft, ob „Furcht vor Erfolg" in einem systematischen Zusammenhang mit dem Geschlecht steht.

Positive und negative Korrelationen

Korrelationen können entweder positiv, negativ oder Null sein (siehe Abb. 2.3). Der rechnerische Betrag von Korrelationen reicht von -1 bis $+1$.

Wenn eine Korrelation positiv ist, tritt eine hohe Ausprägung der ersten Variablen meist zusammen mit einer hohen Ausprägung der zweiten Variablen auf. Eine positive Korrelation liegt auch dann vor, wenn geringe Ausprägungen einer Variablen mit geringen Ausprägungen einer anderen Variablen korrespondieren.

Eine positive Korrelation zwischen Alter und konservativer politischer Einstellung sagt beispielsweise aus, daß ältere Personen eher zu einer politisch konservativen und jüngere zu einer weniger konservativen Einstellung tendieren. Eine positive Korrelation zwischen mütterlichen Ernährungsgewohnheiten während der Schwangerschaft und geringer kindlicher Intelligenz bedeutet, daß Mütter mit Mangelernährung während der Schwangerschaft mit größerer Wahrscheinlichkeit Kinder mit eher geringen intellektuellen Fähigkeiten gebären werden als Mütter, die während der Schwangerschaft ausreichende Ernährung hatten.

Eine negative Korrelation weist darauf hin, daß hohe Ausprägungen einer Variablen mit niedrigen Ausprägungen einer anderen Variablen in Zusammenhang stehen, während geringe Ausprägungen der ersten Variablen mit hohen Ausprägungen der zweiten korrespondieren. Eine negative Korrelation beispielsweise zwischen Bildung und Vorurteil sagt aus, daß Personen mit einem höheren Bildungsgrad eher selten zu Vorurteilen neigen. Durchschnittlich neigen Personen mit einem eher geringen Bildungsgrad zu mehr Vorurteilen (Allport, 1954). Eine negative Korrelation zwischen zunehmendem Alter und politischem Liberalismus deutet darauf hin, daß ältere Personen mit geringerer Wahrscheinlichkeit eine politisch liberale Einstellung haben als jüngere Personen.

Diese Beispiele illustrieren auch den Sachverhalt, daß es eine Sache der Konvention und Benennung ist, ob man einen Zusammenhang als positiv oder als negativ bezeichnet. Ob man nun von einer positiven Korrelation zwischen Alter und Konservatismus oder von einer negativen Korrelation zwischen Alter und Liberalismus spricht; der Zusammenhang und die Daten sind jeweils die gleichen.

Korrelationen, die um den Wert Null liegen (oder, was selten vorkommt, exakt gleich Null sind), nennt man „Null-Korrelationen". Sie weisen darauf hin, daß kein systematischer Zusammenhang zwischen den Ausprägungen zweier Variablen besteht. Eine hohe Ausprägung einer Variablen kann mit einer hohen, mittleren oder geringen Ausprägung der anderen korrespondieren, ebenso, wie eine niedrige Ausprägung der ersten Variablen mit einer hohen, mittleren oder geringen Ausprägung der zweiten zusammenhängen kann. Wenn beispielsweise Persönlichkeit und Einkommen zu Null korrelieren, so heißt das, daß alle Arten von Persönlichkeit mit gleicher Häufigkeit in allen Einkommensklassen zu erwarten sind.

Nehmen wir statt dessen an, daß Horner bei Schülern einer Ganztagsschule bestimmte Maße für „Furcht vor Erfolg" erhebt und daß sie ihre Versuchspersonen entsprechend diesen Testwerten auf die zwei Gruppen mit hoher und niedriger „Furcht vor Erfolg" aufteilt. Anschließend stellt sie fest, wieviele Jungen und wieviele Mädchen jeweils in einer der beiden Gruppen sind. Sie verwendet bei diesem Vorgehen wiederum ein Korrelationsdesign, wobei jedoch, im Unterschied zum vorherigen Vorgehen, hier „Furcht vor Erfolg" die unabhängige und Geschlecht die abhängige Variable ist. Bei beiden Vorgehensweisen untersucht Horner natürlich auftretende Phänomene, bei denen sie die Ausprägung der unabhängigen Variablen nicht variieren kann.

Ein weiteres Beispiel aus der Forschung soll das bisher über korrelationistische und experimentelle Versuchspläne Gesagte illustrieren. Deutsch und Collins (1951) führten in den vierziger Jahren im Rahmen eines gemischtrassigen Wohnprojekts in den USA eine Untersuchung durch, die mittlerweile als klassisch zu bezeichnen ist. In den vierziger Jahren wurden im Rahmen einiger Wohnprojekte wohnungssuchenden weißen und farbigen Familien Wohnungen zugeteilt, die sich jeweils in benachbarten Gebäuden befanden. Diese Aufteilung auf die Gebäude wurde so gewählt, daß letztlich weiße und farbige Familien zwar in einem schachbrettartigen Muster in Nachbarschaft miteinander wohnten, sie effektiv aber getrennt voneinander lebten. Im Rahmen eines anderen Projekts wurde versucht, weiße und farbige Familien dadurch zu integrieren, daß man ihnen Wohnungen in einem gemeinsamen Gebäude zuteilte. Deutsch und Collins fanden nun heraus, daß die weißen Frauen des zuletzt genannten „Integrationsprojekts" eine positivere Einstellung gegenüber ihren farbigen Nachbarn hatten als die Frauen des „Segregationsprojekts" (die Studie war auf die Untersuchung der weißen Frauen beschränkt, weil die finanziellen Mittel es nicht zuließen, alle Gruppen zu untersuchen).

Was hatte Deutsch und Collins zu dieser Studie veranlaßt? Man könnte annehmen, sie hätten einfach erkannt, daß zwei verschiedene Arten von Wohnprojekten durchgeführt wurden, wodurch ihnen eine natürliche Situation zur Untersuchung von Einstellungen unterschiedlicher ethnischer Gruppen zur Verfügung stand, woraufhin sie kurzerhand einen Fragebogen entwickelten und die Daten analysierten. Tatsächlich war es aber nicht so einfach (Selltiz, Jahoda, Deutsch und Collins, 1959, S. 9–23). Nachdem die Autoren schon früher über soziale Gruppenbeziehungen tätig gewesen waren, hatten sie sich entschlossen, eine Untersuchung über gemischtrassiges Wohnen durchzuführen. Sie verbrachten dann ein halbes Jahr damit, verschiedene Projekte in verschiedenen Teilen des Landes in Augenschein zu nehmen, befragten eine Vielzahl von Personen und wählten schließlich ein spezifisches Problem aus. Dabei hatten sie zwei Ziele vor Augen: Sie wollten ein Thema finden, das für die Sozialpolitik von *praktischer* Bedeutung war und gleichzeitig wollten sie ein Forschungsprojekt durchführen, das auch *theoretisch* bedeutsam war. Am Anfang ihrer Forschung standen bestimmte Hypothesen, wie z. B. die, daß Einstellungen dadurch beeinflußt werden, wie Autoritäten soziale Normen definieren. Schließlich entschlossen sich die Autoren zu einer Untersuchung, mit der sie das Ausmaß von Vorurteilen zwischen integrierten und getrennten Wohneinheiten vergleichen wollten, da dieser Problembereich ihren beiden Zielsetzungen recht nahekam: 1) die Wohnungsbehörde hätte für die

Zukunft dazu übergehen können, die beiden ethnischen Gruppen zu integrieren; 2) die Theorie über die Folgen einer Normsetzung durch Autoritäten konnte überprüft werden.

Ein weiteres Jahr verbrachten die Autoren mit der eigentlichen Durchführung der Untersuchung, wobei die folgenden Tätigkeiten anfielen:

– Es mußte die amtliche Genehmigung eingeholt werden, die Studie im Rahmen von zwei Wohnprojekten durchzuführen, die einerseits hinsichtlich der, für die Fragestellung irrelevanten Variablen (z. B. des prozentualen Anteils der untersuchten Personen in jeder der beiden ethnischen Gruppen) möglichst äquivalent sein sollten, sich andererseits aber hinsichtlich der Variablen „Trennung der Wohneinheiten" deutlich unterscheiden sollten.
– Entwicklung und Revision eines Befragungsbogens.
– Zusammenstellung der Stichproben nach Zufall.
– Schulung der Interviewer.
– Durchführung einer Voruntersuchung („Pilotstudie").
– Durchführung von 500 Interviews innerhalb eines Monats, von denen jedes länger als eine Stunde dauerte.
– Analyse und Interpretation der erhobenen Daten.
– Schriftliche Abfassung des Berichts.

Die genannten Ergebnisse der Untersuchung entsprachen den Erwartungen der Autoren: Die Frauen des Integrationsprojekts hatten tatsächlich weniger Vorurteile. Läßt sich der Befund nun zwingend auf das Schema der Wohnungsverteilung zurückführen oder lassen sich andere Ursachen anführen, die den gefundenen Ergebnissen zugrundeliegen? Die Mehrzahl der alternativen Erklärungsmöglichkeiten läßt sich wohl der allgemeinen Vermutung zuordnen, daß zwischen den beiden Projekten Unterschiede bestanden, die durch den Versuchsplan nicht erfaßt worden sind. Die allgemein mit Korrelationsstudien verbundenen Probleme treten also auch bei dieser Untersuchung von Deutsch und Collins auf. Eine der alternativen Erklärungsmöglichkeiten wäre beispielsweise die „Hypothese des selektiven Wohnungswechsels": Möglicherweise schließen sich gerade diejenigen Personen dem „Integrationsprojekt" an, die an sich schon weniger Vorurteile haben. Dies würde dem sog. „Selbstselektionseffekt" entsprechen, mit dem wir bei sozialwissenschaftlichen Untersuchungen zu rechnen haben: Es stellt sich z. B. häufig heraus, daß Versuchspersonen, die sich freiwillig zu einer (unbezahlten) Untersuchung melden, sich darin unterscheiden, daß sie „aufgeschlossener", „motivierter" oder in anderer Hinsicht irrepräsentativ sind. Wir kommen auf diesen Punkt in Kap. 7 bei der Frage des Repräsentationsproblems zurück. Vielleicht liegen dem reduzierten Ausmaß an Vorurteilen aber auch irgendwelche „Drittvariablen" zugrunde, wie beispielsweise Religionszugehörigkeit, politische Einstellung, Beruf des Familienvaters oder sonstige Variablen, denen es zuzuschreiben ist, daß Weiße und Farbige des „Integrationsprojekts" freundlicher werden und mehr gegenseitigen Respekt entwickeln als die Personen des Segregationsprojekts.

Was könnten Collins und Deutsch tun, um herauszufinden, ob irgendwelche „Drittvariablen" für die Unterschiede in den Einstellungen der weißen Frauen verantwortlich sind? Aus experimenteller Sicht wäre es ideal, wenn sie ein Zusatzexperiment durchführen könnten: Aus einer gemeinsamen Grundmenge von Versuchsteilnehmern werden die einzelnen Familien nach dem Zufallsprinzip auf die beiden unterschiedlichen Wohnbedingungen aufgeteilt, während alle anderen situativen Aspekte konstantgehalten werden. Integriertes (versus getrenntes) Wohnen wäre dann immer noch die unabhängige Variable und das Ausmaß an Vorurteilen die abhängige Variable. Nunmehr allerdings hätten die Forscher die unabhängige Variable willkürlich beeinflußt, d. h. sie hätten ein Experiment durchgeführt. Angenommen, nach zwei Jahren hätten die Vorurteile der Personen in der Experimentalgruppe („integriertes Wohnen") im Vergleich zu denen der Kontrollgruppe in signifikantem Umfang abgenommen, dann könnten die Forscher berechtigterweise davon ausgehen, daß das Schema der Wohnungsverteilung der entscheidende kausale Faktor ist. Ein derartiges Experiment wäre aber sowohl unpraktikabel als auch ethisch nicht vertretbar und nach geltendem Recht sogar illegal.

Falls ein Experiment nicht durchgeführt werden kann, dann verbleiben dem Forscher i. allg. zwei Strategien, um plausible Alternativhypothesen weitestgehend auszuschalten. Die eine Möglichkeit ist die, alternative Hypothesen direkt dahingehend zu überprüfen, ob es positive Befunde zu ihrer Bestätigung gibt. Gab es hinsichtlich der Religionszugehörigkeit, des Berufs usw. Unterschiede zwischen den Teilnehmern am Segregationsprojekt und denen am Integrationsprojekt? Deutsch und Collins fanden keine derartigen Unterschiede.

Die zweite Möglichkeit ist die, weitere Unterstützung für die bevorzugte Hypothese zu suchen. Beispielsweise könnte im Rahmen einer zweiten Studie untersucht werden, auf welche Weise die Bewohner in das jeweilige Projekt gelangen und wie sich ihre Einstellungen verändern. Die seit 1951 durchgeführte Forschung über die Ursachen von Vorurteilen unterstützt die Schlußfolgerungen von Deutsch und Collins. Wir haben allen Grund zu der Annahme, daß integriertes Wohnen zu verbesserten Einstellungen gegenüber den Nachbarn führt.

Die Tatsache, daß Korrelationen zwar nachdrücklich auf das Vorliegen einer „Kausalbeziehung" hinweisen können, aber diese nicht nachweisen bzw. „beweisen", hat sowohl für die Sozialpolitik als auch für die Theoriebildung wichtige Konsequenzen. So setzten sich beispielsweise Forscher jahrzehntelang damit auseinander, ob Zigarettenrauchen ein auslösender Faktor für Krebs ist oder ob Krebs mit anderen Variablen korreliert ist, die ihn ursächlich auslösen, bevor sie sich dazu entschlossen, das Rauchen als eine auslösende Variable zu betrachten. Erst dann folgten gesetzliche Einschränkungen der Zigarettenwerbung.

Angenommen, Forscher finden eine Korrelation zwischen geringem Einkommen und Lernschwierigkeiten in der Schule. Andere Variablen könnten ebenfalls mit Armut korreliert sein: schlechte Wohnverhältnisse, eine geringe Anzahl im Haushalt verfügbarer Bücher, schlechte Ernährung, unterschiedliches Sprachverhalten, schlechte medizinische Versorgung, eine schlechtere Moral der Lehrer, höhere Erwartungen der Lehrer, daß die Schüler in der Schule versagen, häufige physische Bestrafung usw. Es lassen sich eine Vielzahl von Unterschieden zwischen ärmeren und reicheren Gegenden finden.

Was verursacht nun den größeren Anteil von Schulproblemen in ärmeren Gegenden? Wenn Sie glauben, daß schlechte Wohnverhältnisse der Kausalfaktor sind, könnten Sie fordern, daß finanzielle Mittel zum Bau besserer Wohnungen zur Verfügung gestellt werden. Könnten Sie durch ein Forschungsprojekt demonstrieren, daß die geringeren Erwartungen der Lehrer an die Schüler eine „kausale" Variable sind, würden Sie vielleicht einen Schulungskursus für Lehrer fordern, um deren positive Erwartungen zu erhöhen. Möglicherweise muß aber auch ein ganzes Bündel von vier oder fünf Variablen verändert werden, damit eine signifikante Veränderung eintritt. Solange keine klare kausale Evidenz vorliegt, bleibt uns allen lediglich die Möglichkeit, unsere bevorzugte Theorie mehr oder weniger öffentlich zu vertreten. Es steht zur Debatte, in welchem Ausmaß die psychologische Forschung zur Lösung großer sozialer Probleme beitragen kann. Forscher haben nach wie vor große Hoffnungen für die Zukunft.

2.6 Quasi-experimentelle Forschung

Quasi-experimentelle Designs befinden sich auf halbem Weg zwischen dem eigentlichen Experiment und der Korrelationsstudie [„quasi" bedeutet soviel wie „semi" (halb) oder „fast"). Ein Experiment erfordert sowohl eine Zufallsauswahl der Versuchspersonen für die Experimental- und die Kontrollgruppe wie auch die Manipulation (Variation, Veränderung) der unabhängigen Variablen. Das quasi-experimentelle Design ermöglicht dem Forscher zwar die Veränderung der unabhängigen Variablen, bietet ihm jedoch nicht die Möglichkeit, die Versuchspersonen nach Zufall den beiden Gruppen zuzuweisen.

Nehmen wir an, im Rahmen einer Feldstudie unterliegt eine Schulklasse der experimentellen Bedingung, während eine andere als Kontrollgruppe dient. Die Schüler sind bereits nach Gesichtspunkten auf zwei Klassen aufgeteilt, die einerseits nicht als zufällig bezeichnet werden können und andererseits mit der untersuchten Variablen bereits in einer wechselseitigen Beziehung stehen können (d. h. mit der Variablen „interagieren"). Da man die Versuchspersonen hier nicht nach Zufall aufteilen kann, kann man auch kein Experiment im eigentlichen Sinne durchführen. Dennoch ist es auf jeden Fall günstiger, ein quasi-experimentelles Design mit einer Kontrollgruppe zu verwenden, als überhaupt keine Kontrollgruppe zur Verfügung zu haben. Immerhin kann man die Experimentalgruppe mit der anderen Klasse vergleichen, sofern man sich darüber im Klaren bleibt, daß die Schüler – da sie ja nicht nach Zufall auf die beiden Klassen aufgeteilt sind – sich hinsichtlich bestimmter Gesichtspunkte unterscheiden können, die mit der experimentellen Variablen interagieren.

Falls man nicht die Möglichkeit hat, die Teilnehmer nach Zufall aufzuteilen, kann immer noch ein sog. *"matching"* (Parallelisieren) das Design verbessern. Parallelisieren bedeutet die (paarweise) Zuordnung von Versuchspersonen – die hinsichtlich einer oder mehrerer Variablen möglichst äquivalent sind – zur Experimental- und Kontrollgruppe; derartige Variablen können beispielsweise Testwerte, Geschlecht, Alter oder sonstige möglicherweise relevante Faktoren sein. So könnte man folglich auch parallelisierte Versuchspersonengruppen untersuchen, die man aus den zwei Schulklassen ausgewählt hat. Selbstverständlich kann man die Versuchspersonen nicht hinsichtlich jeder erdenklichen Variablen parallelisieren. Parallelisieren liefert zwar niemals die Gewißheit, daß zwei Versuchspersonengruppen äquivalent sind; es ist dadurch jedoch möglich, einige Alternativhypothesen auszuschließen. Letztlich könnte es immer noch sein, daß die Ergebnisse nicht auf Unterschieden zwischen den Versuchspersonen in denjenigen Variablen beruhen, die man zur Parallelisierung verwendet hat. (Zur weiteren Diskussion von Versuchsplänen mit Parallelstichproben siehe Kap. 12.)

2.7 Verwendung von Versuchspersonengruppen

Bisher wurde bereits mehrfach erwähnt, daß häufig eine Experimentalgruppe mit einer Kontrollgruppe verglichen wird. Im folgenden werden wir systematisch betrachten, wieviele Gruppen in einer Studie zu verwenden sind. Die Anzahl der Gruppen, die man untersuchen will und die Anzahl der Zeitpunkte, zu denen man Messungen an jeder Gruppe vornehmen kann, können von eins bis hin zu einer nach Ehrgeiz und Wunsch entsprechenden Anzahl variieren. Das spezifische Versuchsdesign, das man dazu benötigt, ist von den jeweiligen Hypothesen abhängig. Glücklicherweise sind die meisten Versuchspläne modifizierte Ausführungen einiger weniger Grundtypen, wie sie im folgenden vorgestellt werden.

Einzelgruppen-Versuchspläne

Eine Versuchspersonengruppe zu einem Meßzeitpunkt. Das Ziel einer „Statusquo"-Untersuchung ist es, die Ausprägung einer bestimmten Variablen in einer bestimmten Population zu einem bestimmten Zeitpunkt zu untersuchen. Eine einzelne Messung an einer Gruppe liefert gewisse Informationen über einen bestimmten Zustand, ermöglicht aber keine Angaben über zwischenzeitlich stattgefundene Veränderungen. Sie liefert ein statisches Bild einer bestimmten Situation zum Zeitpunkt der Messung.

Ein derartiges Design kann jedoch interessante Informationen liefern. Wieviele Studenten konsumieren Marihuana? Wieviele amerikanische Bürger unterstützen während einer politischen Krise, z. B. Watergate, den Präsidenten? Wieviele Personen sind nach Ausschreitungen bereit, einem Interviewer anonym mitzuteilen, daß sie bestimmte Übertretungen begangen haben wie beispielsweise das Einwerfen von Scheiben oder das Plündern von Warenhäusern?

Eine Gruppe zu mehr als zu einem Meßzeitpunkt. Dieser Versuchsplan beinhaltet zwei oder mehrere Messungen zu verschiedenen Zeitpunkten an einer Stichprobe oder einer Population. Man kann durch dieses Vorgehen weit mehr erfahren als durch eine „einfache Beobachtung einer einzelnen Gruppe".

Ein Einzelgruppenversuchsplan mit Vor- und Nachtest (Pre- und Posttest) ermöglicht es, Veränderungen von bestimmten Variablen zu untersuchen. An der Gruppe werden zu Beginn eine oder mehrere Variablen erhoben, beispielsweise

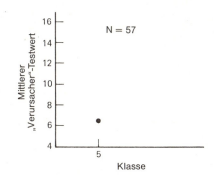

Abb. 2.4. Eine „Status-quo"-Messung: Eine Gruppe zu einem Meßzeitpunkt (Aus: DeCharms, 1972)

Abnehmendes Vertrauen in die Regierung

Öffentliche Meinungsumfragen verwenden häufig das Design „Wiederholte Messungen an äquivalenten Gruppen". Nachdem die Befragten darum gebeten worden waren, das Ausmaß ihrer Zustimmung zu der Aussage „Man kann darauf vertrauen, daß die Regierung das Richtige tut" abzugeben, wurde aufgrund der nationalen Befragung folgender Trend berichtet. Der Prozentsatz der Stichprobe, der die Antworten „Fast immer" oder „Manchmal" (die beiden positivsten aller Antwortmöglichkeiten) wählte, ist in dem Zeitraum von 1964 bis 1977 erheblich gesunken (*New York Times,* 29. April 1977):

Jahr	Prozentanteil derjenigen, die antworteten: „Fast immer" oder „Manchmal"
1964	76
1966	65
1968	61
1970	53
1972	52
1974	37
1977	35

Dies ist kein experimentelles Design, weil die Forscher keine Bedingungsvariation durchgeführt haben. Vermutlich ist „zeitlicher Wandel", d. h. ein globaler, externer „Kohorteneffekt" (s. Abschn. 2.8) die abhängige Variable. In der fraglichen Zeit muß nur ein politisches Ereignis aufgetreten sein wie etwa die gescheiterte Geiselbefreiung aus dem Iran z. Z. der Carter-Administration, um das Ergebnis in analoger Weise zu beeinflussen.

„Französischkenntnisse" oder „Anzahl und Schwere von Phobien" (eine Phobie ist eine unrealistische Furcht, die den Aktivitäten einer Person im Wege steht).

Nach dieser anfänglichen Messung wird die Ausprägung der unabhängigen Variablen verändert, d. h. man führt eine systematische Bedingungsvariation (ein Treatment) durch. Diese experimentelle Bedingung könnte eine neuartige Unterrichtsmethode im Fach Französisch oder ein therapeutisches Interventionsprogramm zum Abbau von Phobien sein.

Betrachten wir in diesem Zusammenhang einige Daten, wie sie von DeCharms und Plimpton erhoben worden sind (DeCharms, 1968, 1976). Die beiden Autoren waren an dem Gefühl der „persönlichen Verursachung" (engl.: personal causation) interessiert: Erlebt sich eine Person als „Verursacher" oder als das „Opfer"? „Verursacher" sind der Überzeugung, ihr eigenes Verhalten intentional zu beeinflussen, „Opfer" dagegen sehen ihr eigenes Verhalten eher als von äußeren Kräften getrieben, eher reagierend statt agierend. Schülern aus unteren Schulklassen, die niedrige Testwerte in Leistungstests hatten, wurde nun ein „Verursacher"-Fragebogen vorgegeben. Die Ergebnisse sind in Abb. 2.4 dargestellt. Anschließend führten die Lehrer ein Training der „persönlichen Verursachung" der Schüler durch, um bei ihnen das Gefühl zu steigern, eher „Verursacher" anstatt „Opfer" zu sein.

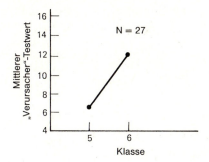

Abb. 2.5. Eine Untersuchung von Veränderung: vorher und nachher; eine Gruppe zu zwei Meßzeitpunkten (Aus: DeCharms, 1972)

Danach wurde die Gruppe erneut mit dem Fragebogen untersucht. Dies ist also die Messung „nach" (der Intervention), der „Post"-Test. Die Ergebnisse beider Fragebogenerhebungen zeigt Abb. 2.5 (aus DeCharms, 1972). Nachdem sie also das Training hinter sich hatten, fühlen die Schüler sich in höherem Ausmaß als „Verursacher".

Vielleicht haben Sie bereits eine wichtige Beschränkung des „vor-und-nach"-Einzelgruppenversuchsplans erkannt. Das neuartige Verhalten der Lehrer stellte die experimentelle Bedingung (Treatment, Veränderung der unabhängigen Variablen) dar. DeCharms hoffte also, daß dieses Treatment in einem Zusammenhang mit der abhängigen Variablen stand. Die Selbstwahrnehmung der Schüler als „Verursacher" nahm zu. Aber ist das Treatment wirklich der Grund für diese Veränderung? Es lassen sich auch andere mögliche Ursachen nennen: Ereignisse außerhalb des Trainings, die die Schüler in dem Zeitraum zwischen dem Prä- und dem Posttest beeinflußt haben; der Effekt des Testens an sich oder Effekte von Wachstum und Reifung. Ein angemessener Weg, die Faktoren auszuschließen, ist die Verwendung eines Zweigruppendesigns.

Versuchspläne mit zwei oder mehreren Versuchspersonengruppen

Das Experimentalgruppen-Kontrollgruppen-Design. Wie schon zu Beginn dieses Kapitels gesagt, ist die Kontrollgruppe eine Gruppe, die mit der Experimentalgruppe in jeder Hinsicht möglichst identisch ist, außer in einer: Sie unterliegt nicht – wie die Experimentalgruppe – der Experimentalbedingung (dem Treatment). Mit den Versuchspersonen der Kontrollgruppe (auch „Vergleichsgruppe" genannt) wird der Vor- und der Nachtest durchgeführt. Es wird angenommen, daß äußere (sog. „externe") Faktoren, d. h. diejenigen Faktoren, die nicht vom Versuchsleiter kontrolliert werden können, sowohl die Kontrollgruppe als auch die Versuchsgruppe beeinflussen. So finden beispielsweise Wachstum und Reifung in beiden Gruppen statt. Die Veränderungen, die in dem Zeitraum zwischen „vor" und „nach" dem Treatment innerhalb der Experimentalgruppe eingetreten sind, werden mit Veränderungen zwischen der ersten und zweiten Testung innerhalb der Kontrollgruppe verglichen. Falls sich für die Versuchspersonen der Experimentalgruppe signifikant größere (oder geringere) Veränderungen ergeben als für diejenigen der Kontrollgruppe, dann kann man mit großer Wahrscheinlichkeit

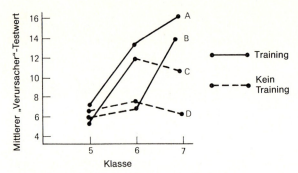

Abb. 2.6. Persönliche Verursachung. Der Effekt von Training auf das „Verursacher"-Gefühl (Aus: DeCharms, 1972)

annehmen, daß das Treatment tatsächlich die Ursache dieser Veränderung ist.

Wie Abb. 2.6 zeigt, untersuchte DeCharms vier Gruppen. Gruppe A erhielt für die Dauer von zwei Jahren ein Training zur „persönlichen Verursachung". Gruppe B erhielt dieses Training erst ab dem siebten Schuljahr. Gruppe C erhielt das Training ausschließlich während des sechsten Schuljahres. Mit der Gruppe D schließlich, der Kontrollgruppe, wurde zu keinem Zeitpunkt ein Training durchgeführt. Gruppe B und C sind partielle Kontroll- und Experimentalgruppen. Wie Abb. 2.6 zeigt, sind die „Verursacher"-Testwerte im fünften Schuljahr, also vor dem Training, für alle Gruppen relativ niedrig. Die trainierten Gruppen A und C haben im sechsten Schuljahr höhere Testwerte. Die Durchschnittswerte der Gruppe A, bei der das Training fortgesetzt wurde, steigen im siebten Schuljahr nochmals an, wohingegen die Testwerte der Gruppe C, die kein weiteres Training erhielt, auch keinen weiteren Anstieg zeigen. Zu dem Zeitpunkt, als die Schüler der Gruppe B mit dem Training beginnen, steigen auch deren Testwerte an.

Die Daten der Abb. 2.6 geben uns vermehrt Anlaß zu der Annahme, daß der Anstieg der „Verursacher"-Testwerte tatsächlich mit dem Training der „persönlichen Verursachung" in Zusammenhang steht. Die Testwerte der jeweiligen Gruppen steigen, wenn sie das Training erhalten; in den untrainierten Gruppen steigen sie nicht. DeCharms war nicht nur daran interessiert, den Kindern ein „Verursacher"-Gefühl in dem Sinne zu vermitteln, daß sie ihr Leben als kontrollierbarer erleben und sich weniger als Personen wahrnehmen, die durch äußere Kräfte angetrieben werden (obwohl dies an sich schon ein wünschenswertes Ziel wäre). Er wollte darüber hinaus auch noch untersuchen, ob Schüler, die sich eher als „Verursacher" wahrnehmen, mehr akademische Fertigkeiten erwerben als diejenigen, die sich als „Opfer" wahrnehmen. Sehen wir also nach, ob die trainierten Schüler auch gute Leistungen in Tests zu ihren akademischen Fähigkeiten zeigen. Die entsprechenden Daten sind in Abb. 2.7 dargestellt, in der alle Schüler der Versuchsgruppen A, B und C zusammengefaßt sind und mit der Kontrollgruppe D verglichen werden.

Abbildung 2.7 zeigt, daß Schüler, die ein Training erhalten haben, in diesem Test vom fünften bis siebten Schuljahr etwa fünf bis sechs „Monate" unterhalb nationaler Normen bleiben. Die Kontrollgruppe dagegen fällt weiter ab: Jedes Jahr

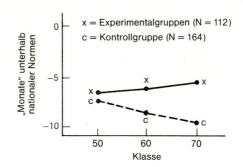

Abb. 2.7. Anzahl von Monaten unterhalb nationaler Normen im „Iowa Basic Skills Test" (Aus: DeCharms, 1972)

sinkt sie weiter unter die nationalen Normen. Diese Daten demonstrieren die wissenschaftliche Bedeutung einer Kontrollgruppe; ohne Kontrollgruppe hätte man vermutlich den Schluß gezogen, daß das Training keinen systematischen Effekt hat, da ja die Testwerte der trainierten Schüler nicht entscheidend ansteigen.

Betrachten wir einige andere Daten, die illustrieren, warum eine Kontrollgruppe so nützlich und sinnvoll ist. Angenommen, wir sind daran interessiert, die Effektivität der Behandlung in einer Klinik für Phobien zu untersuchen. Wir haben eine behandelte und eine Kontrollgruppe. Die Behandlungsgruppe wird wöchentlich therapiert. Die Patienten der Kontrollgruppe – nach Zufall zusammengestellt – werden für sechs Monate auf eine Warteliste gesetzt, bis die Klinik genügend Personal zur Verfügung hat, um sie zu behandeln. Im Rahmen einer „Dringlichkeitsuntersuchung" wird ihnen mitgeteilt, daß, falls sie dies für erforderlich hielten, erneute Dringlichkeitssitzungen stattfinden können, bevor die Therapie beginne. Nach sechs Monaten werden beide Gruppen miteinander verglichen.

Die Daten sind in Abb. 2.8 a dargestellt. Die Patienten der Kontrollgruppe erhalten durchschnittlich zwei therapeutische Sitzungen. Was soll der Forscher aus diesen Daten schließen? Anscheinend sind zwei therapeutische Sitzungen und die Tatsache, daß die Patienten auf einer Warteliste stehen, ebenso effektiv wie die regelmäßige wöchentliche Therapie. Vielleicht gehen Phobien in einem Zeitraum von sechs Monaten ohne jegliche Behandlung allmählich zurück.

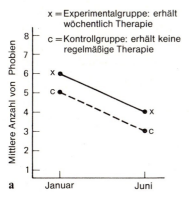

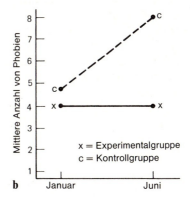

Abb. 2.8 a, b. Phobieklinik (hypothetische Daten)

Andererseits könnte man aber auch herausgefunden haben, daß in der Kontrollgruppe doppelt soviele Phobien auftreten wie in der Experimentalgruppe; dies zeigt Abb. 2.8 b. Anscheinend ist die Behandlung hilfreich und das Mißgeschick, zu wenig Personal zur Verfügung zu haben, um die Wartezeit zu verkürzen, ist für die Patienten nachteilig.

Möglicherweise hat sich der Forscher darüber geärgert, daß den Patienten der Kontrollgruppe der Phobieklinik eine therapeutische Behandlung vorenthalten wurde. Ist dieses Vorgehen im Licht der Diskussion der ethischen Standards in Kap. 1 zu rechtfertigen? Wir haben zwei verschiedene Verpflichtungen: die eine ist die, der Kontrollgruppe hilfreiche Dienste anzubieten (wie beispielsweise „Dringlichkeitssitzungen"); die andere ist die, daß wir feststellen müssen, ob die klinische Behandlung tatsächlich hilfreich ist (andernfalls würden wir Zeit und Geld der Betroffenen mit unwirksamen „Heilmitteln" vergeuden). Wenn wir die Wirksamkeit eines neuen therapeutischen Interventionsverfahrens belegen können, dann haben wir die ethische Verpflichtung, alles, was in unserer Macht steht, zu unternehmen, um das Verfahren denjenigen Personen der Kontrollgruppe verfügbar zu machen, die weitere Hilfe wünschen.

Einzelfall-Designs

Wie wir gesehen haben, können Versuchspläne eine oder mehrere Gruppen erfordern. Andererseits ist es aber auch möglich, eine einzelne Versuchsperson zu einem bestimmten Zeitpunkt zu untersuchen. Als Synonyme für den Begriff *Einzelfallstudie* finden sich in der Literatur auch häufig die angloamerikanischen Bezeichnungen "single N", "small N", "single case design" oder "within subjects design" (letzteres weist darauf hin, daß der Forscher an Veränderungen „innerhalb" einer einzelnen Versuchsperson interessiert ist). Angenommen, man arbeitet mit einer oder zwei Versuchspersonen in einer Klinik und wendet therapeutische Verfahren an. Man kann nicht nach signifikanten Unterschieden zwischen Versuchspersonengruppen suchen, da einem keine Gruppen zur Verfügung stehen. Jeder Klient hat andere Probleme. Die Frage ist also: Gibt es einen Weg, über den man feststellen kann, daß eine bestimmte unabhängige Variable (Behandlungsform) einen bestimmten Effekt hat? Die Antwort darauf ist: Es gibt ihn, sofern die Variable einen hinreichend anhaltenden Effekt zeigt, während sie angewandt wird und sofern der Effekt verschwindet, sobald die Behandlung (die unabhängige Variable) abgesetzt wird.

Beim Einzelfalldesign werden die Verhaltensweisen einer Versuchsperson in einer Zeitreihe, d. h. zu verschiedenen Zeitpunkten miteinander verglichen. Das Design besteht aus drei grundlegenden Komponenten:

1. Die unabhängige(n) Variable(n) wird (werden) während einer anfänglichen Phase A mehrere Male gemessen, um so ein Grundniveau *(Baseline)* für diese Variable(n) zu erheben. Die unabhängige Variable – beispielsweise eine therapeutische Technik oder eine andere Intervention – ist während dieser Phase A nicht wirksam.

2. In der zweiten Phase (B) setzt das Treatment (die experimentelle Variation der unabhängigen Variablen oder die therapeutische Behandlung) ein. In diesem Zeitabschnitt wird die abhängige Variable weiterhin in regelmäßigen Zeitabständen gemessen.

3. In der dritten Phase wird die unabhängige Variable wieder außer Kraft gesetzt. Die abhängige Variable wird weiterhin regelmäßig gemessen.

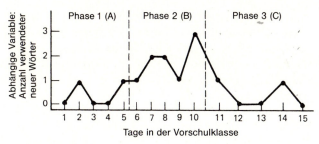

Abb. 2.9. Ein Einzelfall- (oder ABA-) Design

Nehmen wir an, wir versuchen ein Vorschulkind zu unterrichten, das sehr wenig Gebrauch von neuen Wörtern macht. Die Ergebnisse einer Einzelfall-Studie könnten graphisch so dargestellt werden, wie dies Abb. 2.9 illustriert. In einer ersten Phase erheben wir zunächst die Grundhäufigkeit (Baseline) des Auftretens der unabhängigen Variablen: die Häufigkeit der Verwendung neuer Wörter. Wie Abb. 2.9 zeigt, verwendet das Kind pro Tag normalerweise *ein* oder *kein* neues Wort.

Am sechsten Tag setzt das Treatment (die unabhängige Variable) ein, d. h. das Kind erhält „Zuwendung und Lob", wenn es neue Wörter gebraucht. Wir fahren mit diesem Treatment fort bis zum zehnten Tag. Die Anzahl neuer Wörter, die das Kind pro Tag verwendet, schwankt nun um *zwei*. Das Kind dient als seine eigene „Kontrollgruppe": Die Grundrate (Baseline) ist in ihrer Funktion äquivalent mit der Kontrollgruppe. Die derzeitige zweite Phase ist die Experimentalphase.

Woher wollen wir jedoch wissen, ob nicht irgendein anderes, gleichzeitig vorliegendes Ereignis für die Veränderung in der Anzahl der von dem Kind verwandten neuen Wörter verantwortlich ist? Sagen wir, daß das Kind nun einen neuen Freund hat und sehr vernarrt in den neuen Lehrassistenten ist. Um den Effekt dieser anderen Variablen zu kontrollieren, beseitigen wir wieder vorübergehend die experimentelle Variable „Zuwendung und Lob bei Verwendung neuer Wörter".

Wir kehren also wieder zurück zu der Grundkurvenbedingung (Baseline): keine Zuwendung und kein Lob bei Verwendung neuer Wörter. Vom 11. bis 15. Tag beobachten wir, daß die Ausprägung der abhängigen Variablen prompt abfällt. Die Häufigkeit, mit der das Kind neue Wörter verwendet, sinkt wieder auf das Ausgangsniveau ab. Wir können daraus schließen, daß der neue Freund oder der neue Lehrassistent nicht für den Gebrauch der neuen Wörter verantwortlich sind – zumindest nicht für sich genommen. Ein noch überzeugenderes Ergebnis würden wir erhalten, wenn wir die experimentelle Bedingung erneut einführten und fänden, daß die Ausprägung der abhängigen Variablen nun erneut ansteigt.

Die soeben dargestellte Methode wird auch als „ABA-Design" bezeichnet, da hierbei die Grundlinien- (Baseline-) und Experimental- (Treatment-)bedingungen alternieren (es ähnelt auch dem Zeitreihendesign, das weiter unten besprochen wird). Eine derartige systematische Einzelfallvorgehensweise ist ein gangbarer Weg, um wissenschaftliche Forschung im klinischen Bereich durchzuführen. Sie ist natürlich nicht auf die Untersuchung verhaltenstherapeutischer Techniken beschränkt, sondern kann ebenso auf jede andere Behandlungsform angewandt werden. Die hier beschriebene systematische Einzelfallstudie ist deutlich zu unterscheiden von der eher kasuistischen (Einzel-) Fallstudie, durch die – u. U. episodenhaft und unsystematisch – eine exemplarische Darstellung eines typischen Falls dargeboten werden soll.

Die Methode der Untersuchung eines Einzelfalls oder einer geringen Anzahl von Fällen wird häufig verwendet im Bereich der Persönlichkeitsforschung, bei der Untersuchung der Sprachentwicklung und in Forschungsbereichen, wo der „Einzelfall" ein soziales System darstellt, wie z. B. ein Krankenhaus, eine Schule, eine Gemeinde oder auch eine Kultur. Soziologen, Anthropologen und Ökonomen wenden häufig das Einzelfall-Design an.

2.8 Querschnitt- und Längsschnitt-Designs

Im Rahmen von *Querschnittuntersuchungen* werden Personen miteinander verglichen, die sich hinsichtlich bestimmter Charakteristika (z. B. Alter) voneinander unterscheiden, wobei die Daten *zu einem einzigen, festgesetzten Zeitpunkt* erhoben werden. Die Bezeichnung „Querschnitt" bezieht sich auf die Tatsache, daß die Daten in einem definierten Moment sozusagen einen Schnitt durch die Zeit vollziehen. Im Gegensatz dazu werden in einer *Längsschnittstudie* identische Personen *zu zwei oder mehreren Zeitpunkten* miteinander verglichen.

Von besonderer Bedeutung ist sowohl das Querschnitt- als auch das Längsschnitt-Design im Rahmen der Entwicklungsforschung. Baltes, Reese und Nesselroade umschrieben dies so: „Eine zentrale deskriptive Aufgabe der Entwicklungspsychologie ist die, herauszufinden, wie sich das Verhalten von Individuen mit dem Älterwerden verändert und wie sich Individuen hinsichtlich ihrer Veränderungen voneinander unterscheiden" (1977, S. 131). Häufig werden Querschnitt- und Längsschnittstudien dazu verwendet, diese Schlüsselaufgabe zu erfüllen. Wenn man beispielsweise im Mai 1980 vier Gruppen untersucht, von denen die erste 5, die zweite 10, die dritte 20 und die vierte 30 Jahre alt ist, dann verwendet man ein Querschnitt-Design. Wenn man aber eine Gruppe von Fünfjährigen im Jahre 1960, dieselbe Gruppe 1965 im Alter von 10 Jahren, 1975 im Alter von 20 Jahren und 1985 im Alter von 30 Jahren untersucht, dann verwendet man ein Längsschnitt-Design.

Was sind nun die Vor- und Nachteile des Querschnitt- im Vergleich zum Längsschnitt-Designs? Auf der einen Seite sind Längsschnittuntersuchungen – wie z. B. die oben genannte – von erheblich längerer Dauer und dementsprechend mit größeren Schwierigkeiten verbunden. Um jedoch die Eigenarten beider Designs besser verstehen zu können, sollte hier noch ein weiteres Konzept eingeführt werden: der *Kohorteneffekt*. Eine Kohorte ist eine Gruppe von Personen, die bestimmte Merkmale gemeinsam haben. In der Entwicklungspsychologie ist man gewöhnlich an einer *Alterskohorte* interessiert: eine Gruppe von Personen, die alle in einem Jahr geboren sind und die somit auch alle gleich alt sind.

Sowohl im Rahmen des Längsschnitt- als auch des Querschnitt-Designs ist es wichtig, Veränderungen, die damit zusammenhängen, daß die Personen älter wer-

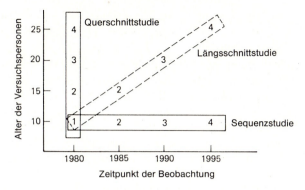

Abb. 2.10. Querschnitt-, Längsschnitt- und Sequenzmodell: die Ziffern 1 bis 4 stellen Gruppen von Versuchspersonen dar (Aus: Baltes, Reese und Nesselroade, 1977)

den (Alterseffekte), möglichst von solchen Veränderungen zu unterscheiden, die damit zusammenhängen, daß die Personen unterschiedlichen Kohorten angehören. Wie aber kann man dies erreichen? Angenommen, wir untersuchen 25-, 40- und 65-jährige Personen und finden heraus, daß die älteren Personen eine pessimistischere Ansicht über die Natur des Menschen haben als die Jüngeren. Steht dieser Effekt in Zusammenhang mit dem Älterwerden? Haben ältere Personen eine pessimistischere Einstellung als jüngere Personen? Oder liegt hier ein Kohorteneffekt vor? Vielleicht sind die 65-jährigen deshalb pessimistischer, weil sie zur Kohorte derjenigen Personen gehören, die im Jahre 1913, also kurz vor Ausbruch des Ersten Weltkriegs, geboren wurden, die die großen Weltwirtschaftskrisen im Alter von 16 und den Zweiten Weltkrieg im Alter von 30 Jahren erlebten usw. Vielleicht haben die 25-jährigen Personen, wenn wir sie im Alter von 65 Jahren untersuchen, dann immer noch eine recht optimistische Ansicht über die Natur des Menschen, weil ihre Kohorte eine andere Weltsicht hat.

Studien, in denen mehrere Gruppen von gleichaltrigen Personen zu verschiedenen Zeitpunkten untersucht werden, bezeichnet man als *Zeitintervall- oder Sequenzstudien* (engl.: time lag studies). Abbildung 2.10 illustriert das Vorgehen im Rahmen der drei genannten Modelle: Querschnitt-, Längsschnitt- und Sequenz-Design.

Bei der Querschnittstudie werden vier Gruppen von Personen in vier Altersstufen (10, 15, 20 und 25 Jahre) zu einem Zeitpunkt (1980) untersucht. Bei der Längsschnittstudie wird eine Alterskohorte (Personen, die 1970 geboren sind) zu vier verschiedenen Alterszeitpunkten (1980 im Alter von 10 Jahren, 1985 im Alter von 15 Jahren usw.) untersucht. Im Rahmen der Sequenzstudie werden vier Gruppen von Personen zu vier verschiedenen Zeitpunkten (1980 bis 1995) untersucht, wobei jedoch alle Personen zu allen Untersuchungszeitpunkten jeweils 10 Jahre alt sind. Die Versuchspersonen der Querschnitt- wie auch der Sequenzstudie gehören jeweils vier unterschiedlichen Kohorten an. Die Daten der Querschnittstudie für sich genommen ermöglichen uns keine Trennung von Alters- und Kohorteneffekten. Die Daten der Längsschnittstudie zeigen uns mit dem Alter zusammenhängende Veränderungen in einer einzelnen Kohorte. Die Daten der Sequenzstudie wiederum zeigen uns zwar kohortenbezogene Veränderungen, diese jedoch nur auf einer Altersstufe. Die stichhaltigsten Ergebnisse erhalten wir somit, wenn wir die Daten aus allen drei Modellen miteinander kombinieren.

Die Verwendung von mehr als einem Design hat zu einigen interessanten Neuinterpretationen von Daten geführt – beispielsweise im Bereich der Forschung über die intellektuelle Entwicklung. Für die ersten Untersuchungen in diesem Bereich verwendeten Psychologen das Querschnittmodell; sie taten dies insbesondere aus praktischen Gründen, da es viele Jahre dauert, um Längsschnittdaten zu erheben. Diese Querschnittdaten zeigten für gewöhnlich, daß bei den über 30-jährigen die Intelligenz abnimmt: die Intelligenzwerte der 50-jährigen waren durchschnittlich niedriger als die der 40-jährigen; die Werte der 60-jährigen lagen unter denen der 50-jährigen usw. Bedeutet dies also, daß der IQ allmählich absinkt, wenn wir das Alter von 30 Jahren überschreiten? Es scheint zwar so, aber aus den Daten der Querschnittuntersuchungen allein können wir keine gesicherten Schlüsse ziehen. Jeder Teilnehmer an einer derartigen Untersuchung führt einmal einen Test durch, folglich bildet jede Altersgruppe auch eine eigene Kohorte.

Im Lauf der Zeit tauchten dann die ersten Daten aus Längsschnittstudien auf, die sich deutlich von denen der Querschnittstudien unterschieden. Im Verlauf des Älterwerdens der Personen einzelner Alterskohorten zeigt sich kein Abfall der Intelligenzwerte. Es hat also den Anschein, als ob Querschnittstudien vor allem Kohortendifferenzen zutage fördern und weniger Altersdifferenzen. Personen, die zum Zeitpunkt der Testung 50 Jahre alt waren, hatten somit zwar geringere Testwerte als diejenigen, die zum Testzeitpunkt 30 Jahre alt waren; dies aber nicht aus dem Grund, weil ihre Intelligenztestwerte unter das Niveau gesunken waren, auf dem sie sich 20 Jahre zuvor befunden hatten. Vielmehr können wir nun vermuten, daß die Kohorte der 50-jährigen wahrscheinlich insgesamt einen niedrigeren Testwert aufweist; die Gründe hierfür sind unbekannt und müßten getrennt erhoben werden.

Das Problem des Versuchspersonenausfalls im Laufe der Zeit

Ein weiteres wichtiges Problem für Psychologen, die Personen über längere Zeit hinweg untersuchen, ist der „Stichprobenschwund": der Verlust von Versuchspersonen zum Zeitpunkt der erneuten Testung aus den verschiedensten Gründen; beispielsweise weil diese sich weigern, daran teilzunehmen, weil ehemalige Versuchspersonen nicht mehr ausfindig gemacht werden können oder sogar weil sie in der Zwischenzeit verstorben sind. Insbesondere diejenigen Psychologen, die über einen längeren Zeitraum hinweg Nachuntersuchungen durchführen wollen, sind mit dieser Crux konfrontiert.

Betrachten wir hierzu die ziemlich verwirrenden Entdeckungen im Rahmen eines Projekts zur Prävention von Delinquenz, der sog. "Sommerville-Cambridge Youth Study". In den späten dreißiger Jahren wurde Jugendlichen, die in Schwierigkeiten waren, die Hilfe von Sozialarbeitern und Jugendberatern angeboten. Die Hälfte der betroffenen Jungen wurde streng nach Zufall einer Kontrollgruppe ("no treatment", KG) zugeteilt. Im Jahre 1978 führte Joan McCord die Nachuntersuchung durch (die ehemaligen Jungen waren mittlerweile Männer im mittleren Alter). Sie fand die zwar geringe, aber konsistente Tendenz, daß in der „Experimentalgruppe" *mehr* Personen waren, bei denen negative Effekte aufgetreten waren: Konflike mit dem Gesetz, Krankheiten, die mit Streß zusammenhängen usw.

Wir würden uns wohl heftig gegen den Gedanken sträuben, das Treatment könnte diese Männer nachteilig beeinflußt haben. Besteht nicht auch die Möglichkeit, daß die Ergebnisse von McCord auf den Einfluß eines Stichprobenschwunds zurückzuführen sind? In Teilen trifft dies vielleicht zu. McCord berichtet, daß 40% der Männer der Experimentalgruppe und 46% derjenigen der Kontrollgruppe die Fragebogen nicht zurückschickten. Betrachten wir die Männer, bei denen negative Folgen aufgetreten sind, etwas genauer. Vielleicht haben mehr Männer der Experimentalgruppe, die in Schwierigkeiten geraten sind, den Fragebogen zurückgesandt als diejenigen der Experimentalgruppe, bei denen keine Schwierigkeiten aufgetreten sind. Es könnte sogar sein, daß die in Schwierigkeiten geratenen Männer der Experimentalgruppe eine engere Beziehung zu der Untersuchung hatten als die ebenfalls in Schwierigkeiten geratenen Männer der Kontrollgruppe. (Viele Personen der Experimentalgruppe schrieben Dankbriefe für die Hilfe, die sie erhalten hatten.) Dieser Bias der Rücklaufrate der Fragebögen könnte die Ergebnisse von McCord erklären. Der Bias des Stichprobenschwunds kann allerdings *nicht* die Unterschiede erklären, die McCord in den Gerichtsprotokollen fand, so daß wir letztendlich ihre Schlußfolgerungen nicht ganz von der Hand weisen können.

Das Problem der Meßwiederholung

Im Rahmen von Längsschnittstudien könnte ein Bias dadurch auftreten, daß die wiederholte Untersuchung, Messung oder Testung einen systematischen Effekt bewirkt. So fanden Nesselroade und Baltes (1974) im Rahmen einer Untersuchung der intellektuellen Fähigkeiten von Jugendlichen, die sie einmal jährlich einer Testung unterzogen, „erstaunlicherweise" signifikante Effekte der wiederholten Testung. Beispielsweise zeigten sich für das „Erfassen räumlicher Beziehungen" im dritten Jahr der Untersuchung beträchtliche Unterschiede zwischen den Testwerten der Längsschnittstichprobe und denen der Kontrollgruppe, die zu diesem Zeitpunkt zum ersten Mal den Test durchführte. [Weitere Informationen zu Versuchsplänen in der Entwicklungspsychologie sind in dem Buch von Baltes, Reese und Nesselroade (1977) zu finden; für den deutschsprachigen Bereich kann hier auf das Lehrbuch von Trautner (1978), Kap. V verwiesen werden.]

2.9 Fortgeschrittene Forschungsdesigns

Untersuchung der Interaktion mehrerer unabhängiger Variablen

Viele Jahre hindurch haben Psychologen versucht, einen komplexen Forschungsgegenstand dadurch zu vereinfachen, daß sie sich auf die Untersuchung einer einzelnen unabhängigen Variablen zu einem bestimmten Zeitpunkt konzentrierten.

Oft unternahmen sie aufwendige Anstrengungen, andere Bedingungen konstant zu halten, während sie die Experimental- mit der Kontrollgruppe verglichen, um den Einfluß einer unabhängigen Variablen zu bestimmen. Sie taten dies sicher nicht, weil sie glaubten, psychologische Variablen träten „einzeln verpackt" auf. Die Gründe hierfür liegen vielmehr darin, daß Untersuchungen, die gleichzeitig mehrere Variablen betreffen und sehr hohe forschungspraktische Anforderungen stellen und einen hohen Datenanalyse- und Interpretationsaufwand mit sich bringen, Konfundierungen der Effekte verschiedener Variablen bedingen können. Zudem stehen für den Umgang mit mehreren, gleichzeitig vorliegenden Interaktionen zwischen verschiedenen Variablen kaum in hinreichendem Ausmaß wissenschaftstheoretische, methodische und statistische Prinzipien als Durchführungs- und Interpretationskanon zur Verfügung. Gegenwärtig besteht ein verstärktes Interesse daran, derartige Richtlinien aufzustellen und zu entwickeln.

Wenn *mehr als zwei Ausprägungen zweier oder mehrerer unabhängiger Variablen gleichzeitig* im Rahmen eines einzelnen Experiments untersucht werden, dann bezeichnet man dies als einen *faktoriellen* Versuchsplan. Faktorielle Versuchspläne gestatten es, Interdependenzen und Wechselwirkungen zwischen Variablen zu überprüfen und beispielsweise der Frage nachzugehen, was geschieht, wenn zwei unabhängige Variablen gleichzeitig eine hohe oder gleichzeitig eine niedrige Ausprägung haben, oder wenn eine der beiden hoch und die andere niedrig ausgeprägt ist.

Den Einfluß einer unabhängigen Variablen bezeichnet man als *Haupteffekt.* Eine *Interaktion* oder *Wechselwirkung* liegt dann vor, wenn der Einfluß einer Variablen sich in Abhängigkeit von der Ausprägung einer zweiten Variablen verändert. Es kann vorkommen, daß Experimente den Effekt der Interaktion von Variablen überlagern oder verdecken. Eine derartige „Maskierung" kann z. B. dann auftreten, wenn man eine unabhängige Variable untersucht und gleichzeitig andere Variablen konstanthält, die – was man natürlich nicht wissen kann – von entscheidender Bedeutung für die Interaktion sind. Da man die anderen Variablen aber konstanthält, kann man den Interaktionseffekt niemals entdecken. Eine korrelative Feldstudie könnte hier vielleicht weiterhelfen.

Die Bedeutsamkeit von Interaktionen zwischen verschiedenen Variablen wird von den Psychologen allgemein respektiert. Bronfenbrenner beispielsweise bemerkt hierzu:

> Die klassische wissenschaftliche Methode in der psychologischen Forschung besteht darin, den unabhängigen Effekt, den jede Variable zu einem bestimmten Zeitpunkt ausübt, d. h. während alle anderen Variablen konstantgehalten werden, zu isolieren ... Variablen werden als separierbar und als additiv in ihrer Wirkung angesehen (der Effekt einer Variablen kann einfach mit dem Effekt einer anderen addiert werden). Im Gegensatz dazu richtet das ökopsychologische Forschungsmodell die Aufmerksamkeit auf den simultanen, nicht additiven Einfluß mehrerer, miteinander interagierender unabhängiger Variablen ... als ein integriertes System ... Der der wissenschaftlichen Forschung angemessene Standpunkt ist ... der differentielle Effekt kontrastierender Systeme (1974, S. 6).

Betrachten wir eine Illustration der Wechselwirkung und Haupteffekte eines faktoriellen Designs.

Janis et al. (1975) waren am Thema der sozialen Beeinflussung interessiert. In einer Klinik führten sie eine Untersuchung zur Gewichtsreduktion durch, um herauszufinden, ob die Beratung des Klinikpersonals die Übergewichts-Patienten erfolgreich darin beeinflußte, ihre Diät einzuhalten. Eine der Variablen, die sie untersuchten, war die sog. „Selbstenthüllung"; sie war definiert als das Gespräch mit dem Berater über relativ persönliche Angelegenheiten und das Eingeständnis unvorteilhafter oder negativer Aspekte der Persönlichkeit. Wenn der Berater zur Selbstenthüllung anregte, konnte der Klient den Berater testen: „Kann ich ihm dann auch noch darin vertrauen, daß er sich um mein Wohlergehen sorgt, wenn er weiß, was eigentlich in mir verborgen ist?" Die Forscher waren zudem noch an einer zweiten Variablen interessiert, nämlich an der Reaktion des Beraters auf die Selbstenthüllung des Klienten. Gibt der Berater *positive* und akzeptierende oder *neutrale und unverbindliche Rückmeldungen?*

Es gibt verschiedene Möglichkeiten, wie Janis et al. diese beiden Variablen hätten untersuchen können. Sie hätten z. B. eine Variable systematisch variieren und die andere konstanthalten können (für beide Gruppen gleich). Dieser Versuchsplan hätte es ermöglicht, den Effekt einer Variablen zu untersuchen; sie hätten damit aber nicht feststellen können, ob eine Interaktion zwischen der ersten und der zweiten Variablen vorliegt.

Janis et al. führten zunächst eine Untersuchung durch, in der beide Gruppen in hohem Ausmaß zu Selbstenthüllungen angehalten wurden, wobei jedoch eine Gruppe positives Feedback und die Vergleichsgruppe ein neutrales Feedback erhielt. Positives Feedback führte hierbei zu größerer Gewichtsabnahme. Die Forscher konnten hieraus keine Schlüsse über die Bedeutung der Selbstenthüllung ziehen, da bei beiden Gruppen ein hohes Ausmaß an Selbstenthüllungen vorlag.

Angenommen, Janis et al. hätten vier Gruppen untersucht, und sie hätten die Ergebnisse erhalten, wie sie in Abb. 2.11 a dargestellt sind. Diese Ergebnisse würden auf zwei *Haupteffekte* hinweisen. Die Graphik zeigt, daß positives Feedback sowohl bei hohem als auch bei niedrigem Ausmaß an Selbstenthüllung mit größerem Gewichtsverlust verbunden ist als neutrales Feedback. Dies ist der erste Haupteffekt. Abbildung 2.11 a zeigt außerdem, daß ein hohes Ausmaß an Selbstenthüllung sowohl bei positivem als auch bei neutralem Feedback mit größerem Gewichtsverlust verbunden ist als ein niedriges Ausmaß an Selbstenthüllung. Dies ist der zweite Haupteffekt.

Nehmen wir nun an, Janis et al. hätten vier Gruppen untersucht und die Ergebnisse erhalten, wie sie in Abb. 2.11 b dargestellt sind. Abbildung 2.11 b illustriert einen *Interaktionseffekt.* Wenn ein positives Feedback vorliegt, dann ist ein hohes Ausmaß an Selbstenthüllung mit hohem Gewichtsverlust verbunden; unter der Bedingung eines neutralen Feedbacks jedoch ist ein geringes Ausmaß an Selbstenthüllung mit hohem Gewichtsverlust verbunden. Da die Effekte der zweiten Variablen (Selbstenthüllung) sich in Abhängigkeit von der Ausprägung der ersten Variablen (Feedback) unterscheiden, können wir sagen, daß die beiden Variablen interagieren. (Es macht keinen Unterschied, ob wir nun Feedback oder Selbstenthüllung als die erste Variable bezeichnen).

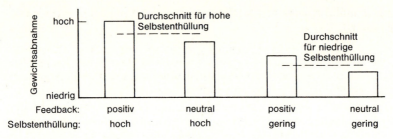

Abb. 2.11 a. Die Beziehung zwischen Feedback, Selbstenthüllung und Gewichtsabnahme: zwei Haupteffekte (hypothetische Daten)

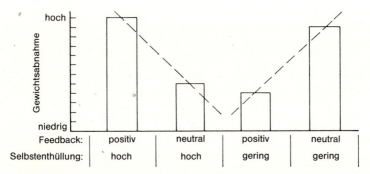

Abb. 2.11 b. Die Beziehung zwischen Feedback, Selbstenthüllung und Gewichtsabnahme: ein Interaktionseffekt (hypothetische Daten)

Faktorielle Versuchspläne zur Untersuchung der Interaktion zwischen verschiedenen gleichzeitig vorliegenden Variablen sind natürlich nicht auf zwei Variablen beschränkt. Das folgende Beispiel illustriert einen faktoriellen Versuchsplan mit drei Variablen.

Schachter und Singer (1962) bedrängte folgende Frage: Wie kommen wir zu einem Urteil darüber, welche Emotion wir empfinden? Welche Variablen üben einen Einfluß darauf aus, ob wir einen Gefühlszustand als Freude oder Wut, als „nervtötend" oder als „Bombenstimmung" interpretieren? Die Autoren vermuteten, daß hierbei verschiedene Variablen miteinander interagieren: Variablen, die unseren körperlichen Zustand betreffen sowie unsere Erwartungen darüber, welche Gefühle bei uns in bestimmten Situationen auftreten und schließlich, wie gleichzeitig anwesende Personen in der betreffenden Situation reagieren.

Sie stellten die Hypothese auf, daß ein emotionaler Zustand der Wut oder der Freude dann auftritt, wenn eine Person einen unspezifischen Zustand physiologischer Erregung erlebt (der für Wut und Freude identisch ist) und sie zudem einen kognitiven oder informativen Reiz aufnimmt, der als kognitive Interpretation des unspezifischen physiologischen Erregungszustandes die spezielle Emotion „Freude" oder „Wut" nahelegt. Auf den ersten Blick erscheint diese Hypothese recht unplausibel. Eigentlich müßten Wut und Freude auch in physiologischer Hinsicht voneinander verschieden sein. Die Hypothese erregte dennoch einiges Aufsehen, so daß Schachter und Singer sich entschlossen, sie zu überprüfen, indem sie drei unabhängige Variablen einsetzten:

1. Die erste Variable war der physiologische Erregungszustand. Es wurden zwei Ausprägungen dieser Variablen verwendet: eine *Plazebo*gruppe, bei der kein ungewöhnliches Erregungsniveau vorlag und eine *Adrenalininjektions*gruppe, deren Erregungsniveau durch eine Adrenalininjektion künstlich angehoben war.

2. Die zweite Variable – die kognitive Variable – war die Erwartung der Versuchsperson darüber, was geschehen würde. Es wurden drei Ausprägungen dieser unabhängigen Variablen verwendet: eine Gruppe der Teilnehmer wurde *korrekt* über die Wirkung der Injektion auf die physiologische Erregung *informiert;* die zweite Gruppe wurde *nicht informiert,* d. h. ihr wurde nahegelegt, bei der Injektion handle es sich um ein Plazebo; die dritte Gruppe wurde *falsch informiert,* d. h. es wurde ihnen suggeriert, daß Injektionswirkungen einträten, die tatsächlich jedoch nicht durch Adrenalin hervorgerufen werden können.

3. Die dritte Variable betraf *das Verhalten einer zweiten, gleichzeitig anwesenden Person* nach der Injektion. Vielleicht ist das Verhalten anderer Personen „ansteckend"; wir erleben eine gewisse Tendenz, uns fröhlich zu fühlen, wenn wir unter fröhlichen Menschen sind, und reizbar, wenn wir uns unter Sauertöpfen aufhalten. Diese dritte Variable, das sog. „Gefährtenverhalten" oder „Partnerverhalten" hatte zwei Ausprägungen. Ein „Verbündeter" des Versuchsleiters („stooge"), der vorgab, ebenfalls ein Versuchsteilnehmer zu sein, verhielt sich entweder fröhlich und euphorisch oder wütend und ärgerlich. Unter der „Euphoriebedingung" ließ der Verbündete Papierflugzeuge fliegen, spielte Basketball mit Papierknäueln und Hoola-Hoop mit einem handgroßen Ring. Unter der „Ärgerbedingung" nahm der Verbündete Anstoß an einem langen, übertrieben intimen Fragebogen, den er schließlich in Stücke riß und auf den Boden warf; dann stampfte er wütend aus dem Zimmer.

Zu beachten ist, daß dieser Versuchsplan aus insgesamt 12 Zellen $(2 \times 3 \times 2)$ besteht, d. h. 12 Bedingungen herstellt, die jeweils eine bestimmte Anzahl von Versuchspersonen erfordern:

1. Adrenalin, informiert, euphorischer Partner.
2. Adrenalin, nicht informiert, euphorischer Partner.
3. Adrenalin, falsch informiert, euphorischer Partner.
4. Adrenalin, informiert, wütender Partner.
5. Adrenalin, nicht informiert, wütender Partner.
6. Adrenalin, falsch informiert, wütender Partner.
7. Plazebo, „informiert", euphorischer Partner.
8. Plazebo, „nicht informiert" (d. h. keine Nebenwirkungen oder die Wahrheit für die Plazebogruppe), euphorischer Partner.
9. Plazebo, falsch informiert, euphorischer Partner.
10. Plazebo, „informiert", wütender Partner.
11. Plazebo, „nicht informiert", wütender Partner.
12. Plazebo, falsch informiert, wütender Partner.

Man kann an dieser Auflistung sehen, wie schnell der Versuch, mehrere Ausprägungen von mehreren Variablen zu untersuchen, Versuchspersonen „verschlingt" und das experimentelle Design kompliziert. Es verwundert somit nicht, daß komplexe faktorielle Versuchspläne eher selten verwendet werden. Außerdem ist es vollkommen korrekt, ein faktorielles Design zu verwenden und daraus diejenigen Zellen (Gruppen) für eine Untersuchung auszuwählen, die vermutlich die meisten Informationen liefern. Zu einem späteren Zeitpunkt kann man eine zweite Untersuchung durchführen und damit die noch leeren Zellen füllen. Schachter und Sin-

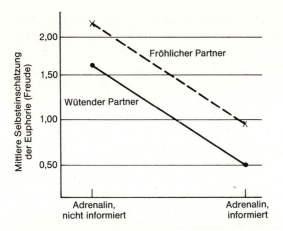

Abb. 2.12 a. Die Beziehung zwischen Information, Verhalten des Partners und erlebter Stimmung: ein Haupteffekt (hypothetische Daten)

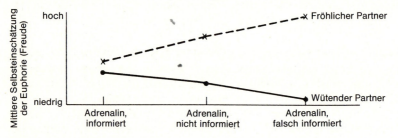

Abb. 2.12 b. Die Beziehung zwischen Information, Verhalten des Partners und erlebter Stimmung: ein Interaktionseffekt

ger beispielsweise untersuchten die Gruppen 1 bis 6 sowie die Plazebogruppen 8 und 11.

Betrachten wir nun einige Darstellungen von Versuchspersonen unter der „Euphoriebedingung". Ein hoher Euphoriewert weist darauf hin, daß die betreffende Versuchsperson extrem gut gelaunt war. Die Ergebnisse in Abb. 2.12 a illustrieren einen Haupteffekt. Hätten wir diese Ergebnisse erhalten, so könnten wir daraus schließen, daß korrekt informierte Versuchspersonen (die eine Adrenalininjektion erhalten haben) weniger Freude empfinden als nicht informierte Versuchspersonen, die Veränderungen ihres physiologischen Erregungsniveaus somit anscheinend ihrer guten Laune zuschreiben. Hier liegt ein Haupteffekt vor, da dieser Effekt sowohl unter der Bedingung „euphorischer Partner" als auch unter der Bedingung „wütender Partner" auftritt: die nicht informierten Versuchspersonen fühlen sich jeweils besser als die korrekt informierten. Tatsächlich aber konnte dieses Ergebnis nicht gefunden werden; die konkreten Ergebnisse entsprachen vielmehr denen in Abb. 2.12 b.

Wie Abb. 2.12 b zeigt, ist in Gegenwart eines euphorischen Partners die Stimmung der Versuchspersonen um so freudiger, je weniger sie über die tatsächliche

Wirkung des Adrenalins wissen. Kommen die Versuchspersonen jedoch mit einem wütenden Partner zusammen, dann ist ihre Stimmung um so schlechter, je weniger sie über die tatsächlichen Wirkungen des Adrenalins wissen. Mit anderen Worten; Schachter und Singer fanden eine Interaktion zwischen dem Verhalten des Partners und der Information. (Abbildung 2.12 b wurde gegenüber den tatsächlichen Ergebnissen vereinfacht, um diesen Punkt deutlicher herauszustellen.)

Das Ableiten von Kausalität aus Korrelationen

Im Verlauf des Kapitels wurde wiederholt festgestellt, daß es im Rahmen von Korrelationsdesigns kaum möglich ist, Wechselwirkungen aufzudecken oder zu entscheiden, welche Variablen eine Ursache und welche eine Wirkung darstellen. Es gibt jedoch einige Forschungsbereiche, für die sich nur ein korrelationistisches Vorgehen eignet. Glücklicherweise wurden jedoch in jüngster Zeit einige recht interessante Ansätze entwickelt, die es ermöglichen sollen, auf der Basis von Korrelationsdaten das Vorliegen von „Kausalbeziehungen" abzuleiten.

Einige dieser Ansätze sind aus der Ökonomie entliehen. Ökonomen befaßten sich eine Zeitlang mit Zyklen von wechselseitig interagierenden Variablen. Wenn z. B. die wirtschaftliche Nachfrage sinkt (es wird weniger gekauft), dann sinken die Gewinne und die Arbeitslosigkeit steigt (Arbeitnehmer werden häufiger entlassen); das wiederum hat erneut ein Sinken der Nachfrage zur Folge (es wird noch weniger gekauft, weil zunehmend mehr Menschen ohne Arbeit sind). Gleichzeitig bewegen sich andere Variablen in die entgegengesetzte Richtung. Durch die Arbeitslosenversicherung bleibt eine gewisse Nachfrage erhalten. Die vorhandenen Vorräte und Rücklagen werden nach und nach aufgebraucht und müssen aufgefrischt werden. Um ökonomische Vorhersagen machen zu können, müssen alle diese wechselseitig interagierenden Variablen gemessen und miteinander in Einklang gebracht werden. Ökonomen erheben dazu meist Korrelationsdaten im Rahmen von nichtexperimentellen Feldstudien. Es stellt sich also die Frage, ob Psychologen diese Methoden der Datenanalyse, wie sie in der Ökonomie angewandt werden, auch im Bereich der psychologischen Forschung verwenden können. Wir werden im folgenden hierzu zwei Möglichkeiten näher betrachten.

Cross-Lag-Analyse

Ein Weg, um Ursachen- und Wirkungszusammenhänge zu lokalisieren, wenn die vorhandenen Daten aus Korrelationen bestehen, besteht in der „Über-Kreuz-Verschiebung" (engl.: cross-lagging; Rozelle und Campbell, 1969; Campbell, 1970). Diese Methode wird auf Messungen angewandt, die zu zwei (oder mehreren) Zeitpunkten durchgeführt wurden. Zu jedem der Meßzeitpunkte liegt eine Korrelation zwischen zwei Variablen (A und B) vor. Weiterhin liegen die Korrelationen zwischen A zum Zeitpunkt 1 und B zum Zeitpunkt 2 sowie zwischen A zum Zeitpunkt 2 und B zum Zeitpunkt 1 vor (siehe hierzu die Abb. 2.13). Angenommen, wir wollten die „Kausalbeziehung" zwischen den Variablen „Sehen von aggressiven Fernsehsendungen" und „Aggressivität" untersuchen. Werden Kinder durch Fernsehsendungen mit gewalttätigen Inhalten aggressiver oder

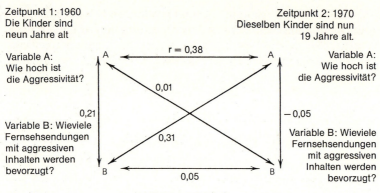

N = 211 Jungen

Abb. 2.13. Korrelationen zwischen zwei über kreuz verschobene Variablen nach Eron, Huesman, Lefkowitz und Walder, 1972. Die Korrelation zwischen Aggressivität im Alter von neun Jahren und Vorliebe für Fernsehsendungen mit aggressiven Inhalten im Alter von neun Jahren beträgt 0.21. Die Korrelation zwischen Aggressivität im Alter von neun Jahren und im Alter von 19 Jahren beträgt 0.38. Die „zeitverschobenen Kreuzkorrelationen" (cross-lagged correlations) betragen 0.31 (bevorzugt aggressive Fernsehsendungen im Alter von neun Jahren und zeigt aggressives Verhalten im Alter von 19 Jahren) sowie 0.01 (zeigt aggressives Verhalten im Alter von neun Jahren und bevorzugt aggressive Fernsehsendungen im Alter von 19 Jahren)

sehen Kinder, die an sich schon sehr aggressiv sind, häufiger aggressive Fernsehprogramme? (Zusätzlich könnte die Frage lauten, ob entweder beides gemeinsam oder keines der Phänomene auftritt.) Nehmen wir an, wir hätten an einer Gruppe von 211 neunjährigen Jungen und an der gleichen Stichprobe zehn Jahre später nochmals gemessen, wie groß die Vorliebe für aggressive Fernsehprogramme und wie ausgeprägt die Aggressivität ist (mit Hilfe von Einschätzungen durch Gleichaltrige und durch Lehrer). Die Daten in der Abb. 2.13 enthalten sechs unterschiedliche Korrelationen zwischen der Variablen A (Aggressivität) und der Variablen B (Vorliebe für aggressive Fernsehprogramme). Die Korrelationen, die im Augenblick von Interesse sind, befinden sich in den sich überkreuzenden Diagonalen; von ihnen leitet sich auch der Name dieser Methode her: über Kreuz verschobene Analyse zur Überprüfung von Wirkungszusammenhängen (wobei die Bezeichnung „verschoben" sich auf die Zeitverschiebung vom ersten zum zweiten Meßzeitpunkt bezieht; die beiden Korrelationen in den Diagonalen bezeichnet man auch als „zeitverschobene Kreuzkorrelationen"). Die zeitverschobenen Kreuzkorrelationen betragen r=0.01 zwischen den Variablen Aggressivität im Alter von neun Jahren und Vorliebe für aggressive Fernsehsendungen im Alter von 19 Jahren sowie r=0.31 zwischen der Vorliebe für aggressive Fernsehsendungen im Alter von neun Jahren und der Aggressivität im Alter von 19 Jahren.
Es ist hier für uns von großem Nutzen, daß Wirkungszusammenhänge zeitlich immer vorwärts gerichtet sind. Wir vergleichen also die Höhe der beiden Kreuzkorrelationen in der Zeitdimension. Daraus, daß der numerische Wert der einen Kreuzkorrelation mit 0.31 größer ist als der andere mit 0.01 schließen wir, daß

Variable B (Vorliebe für aggressive Fernsehsendungen) die Variable A (Aggressivität) in stärkerem Ausmaß beeinflußt als umgekehrt Variable A die Variable B. Mit anderen Worten, es ist wahrscheinlich, daß Jungen (zumindest teilweise) aggressiver werden, wenn sie aggressive Fernsehsendungen sehen (Eron, Huesman, Lefkowitz und Walder, 1972).

Die Unterscheidung zwischen kausalen und trügerischen Korrelationen nach Blalock

Blalock (1972) hat ebenfalls eine Methode entwickelt, die uns die Entscheidung erleichtern soll, wo kausale Variablen innerhalb von Korrelationsdaten vorliegen könnten. Seine Methode erfordert jedoch keine Längsschnittdaten, d. h. die Daten brauchen nicht zu zwei oder mehreren verschiedenen Zeitpunkten erhoben worden zu sein. Blalock unterscheidet zwischen zwei Arten von Korrelationen: kausalen Korrelationen und „trügerischen" oder Scheinkorrelationen. Beide sehen äußerlich gleich aus (z. B. r = 0.75 oder r = − 0.43). Wie können wir also eine „kausale" von einer Scheinkorrelation unterscheiden? Blalock liefert hierzu eine mathematische Argumentation, deren Darstellung den Rahmen des vorliegenden Buches sicherlich sprengen würde. Diese Argumentation soll deshalb nur „der Spur nach" vermittelt werden.

Wenn eine Variable A sowohl die Ursache von B als auch die Ursache von C ist, andererseits aber weder B noch C sich gegenseitig bedingen, dann ist die Korrelation BC gleich dem Produkt aus den Korrelationen AB und AC.

Wenn wir also in eine Situation kommen, in der AB multipliziert mit AC gleich BC ist, dann ist BC wahrscheinlich eine Scheinkorrelation, während die anderen beiden kausale Relationen sind.

Das folgende Beispiel mag dies verdeutlichen. Angenommen, wir untersuchen die folgenden drei Variablen: Variable A – eine Managementposition (niedrig bis

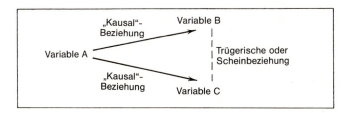

Abb. 2.14 a. Kausale und trügerische Variablen

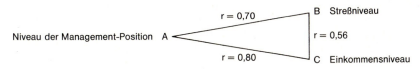

Abb. 2.14 b. Die Korrelationen zwischen Position, Stress und Einkommen (hypothetische Daten)

hoch); Variable B – Streßniveau; Variable C – Einkommensniveau. Vorweg noch eine kurze Anmerkung zur Schreibweise: „r" ist die gebräuchliche Abkürzung für „Korrelation". „r_{AB}" bedeutet also „Korrelation zwischen der Variablen A und der Variablen B"; wenn $r_{Position, Stress} = 0.70$ ist, dann bedeutet dies, daß die Korrelation zwischen der Höhe der Managementposition, die eine Person einnimmt und dem Ausmaß an Streß, den sie erlebt, 0.70 beträgt. Diese Korrelation besagt, daß Personen in niedrigen Managementpositionen weniger Streß erleben, während Personen in höheren Positionen mehr Streß erleben. Nehmen wir an, wir fänden in einer Stichprobe von 200 „Managern" folgende (hypothetische) Korrelationen:

$$r_{AB} = r_{Position, Stress} = 0.70$$
(d.h. Personen in höheren Positionen erleben mehr Streß);

$$r_{AC} = r_{Position, Einkommen} = 0.80$$
(d.h. höhere Positionen sind auch mit höheren Einkommen verbunden);

$$r_{BC} = r_{Stress, Einkommen} = 0.56$$
(d.h. höherer Streß ist mit höheren Einkommen verbunden).

Diese Beziehungen sind in Abb. 2.14b illustriert.
Betrachten wir diese Korrelationen und fragen wir uns, was eigentlich was „verursacht". In diesem Beispiel scheinen einige Korrelationen „offensichtlich" eine größere Wahrscheinlichkeit zu haben als andere. So ist es wahrscheinlicher, daß eine verantwortungsvollere Position zu mehr Streß führt, als daß ein höheres Streßniveau zu einem höheren Einkommen führt. Oft jedoch sind die Verhältnisse nicht so plausibel. Setzen wir nun die Korrelationskoeffizienten in die Gleichung ein:

$$r_{AB} \times r_{AC} = r_{BC}$$

oder

$$r_{Position, Stress} \times r_{Position, Einkommen} = r_{Einkommen, Stress}$$

oder

$$0.70 \times 0.80 = 0.56$$

Dies stimmt also. Versuchen wir jedoch folgendes:

$$r_{BC} \times r_{AC} = r_{AB}$$

oder

$$r_{Einkommen, Stress} \times r_{Position, Einkommen} = r_{Position, Stress}$$

oder

$$0.56 \times 0.80 = 0.70$$

Diese Beziehung stimmt nicht mehr (denn $0.56 \times 0.80 = 0.45$).

Wir können somit aus den uns vorliegenden Erkenntnissen schließen, daß das Bekleiden einer Managementposition mehr Streß und ein höheres Einkommen zu verursachen scheint, während jedoch die Beziehung zwischen Streß und Einkommen nicht „kausal" ist. Diese Korrelation ist also als trügerisch oder artifiziell zu bezeichnen; wie jede andere Scheinkorrelation ist sie vor allem auf die „kausalen" Korrelationen zwischen den beiden anderen Variablen zurückzuführen (weitere Beispiele sind in der Monographie von Blalock, 1972, dargestellt).

Der Regressionseffekt

Im Rahmen der Forschungsplanung ist es oft von entscheidender Bedeutung, daß Regressionseffekte vermieden werden. Als *statistischen Regressionseffekt* bezeichnet man die Tendenz, daß die Meßwerte von Gruppen, die ursprünglich aufgrund extremer Ausprägungen (z. B. sehr hohe und sehr niedrige Testwerte) ausgewählt worden sind, sich bei erneuter Testung in Richtung auf den Mittelwert bewegen, unabhängig davon, ob die betreffenden Versuchspersonen einer experimentellen Bedingung unterliegen oder nicht.

Betrachten wir hierzu ein einfaches Beispiel. Wir versuchen die Größe von 100 Personen zu schätzen. Bei denjenigen 15 Personen, die wir als die größten beurteilen, werden wir, legt man deren tatsächliche Körpergröße zugrunde, häufiger den Fehler begehen, daß wir sie als zu groß einschätzen, als den Fehler, daß wir sie als zu klein einschätzen. Bei denjenigen 15 Personen, die wir als die kleinsten beurteilen, werden wir mit größerer Wahrscheinlichkeit dem Irrtum in Richtung auf eine Unterschätzung als in Richtung auf eine Überschätzung ihrer Körpergröße unterliegen. Eine Woche später wiederholen wir dann die ganze Prozedur. Wenn wir nun die erneute Einschätzung der 15 Personen, die wir im ersten Durchgang als die größten beurteilt haben, betrachten, dann werden wir wahrscheinlich feststellen, daß der Durchschnitt dieser Einschätzungen deutlich unter dem früheren Durchschnittswert liegt. Mit gleicher Wahrscheinlichkeit werden wir finden, daß der Durchschnitt der Einschätzungen der zuvor 15 kleinsten Personen über dem früheren Durchschnittswert liegt. Insgesamt ist dies ein einfacher Regressionseffekt, der durch fehlerhafte Einschätzungen, mit anderen Worten durch „Meßfehler", verursacht wurde. Er kommt dadurch zustande, daß die Meßfehler in den Extrembereichen sich nicht gegenseitig aufheben, sondern sich in einer Richtung anhäufen.

Betrachten wir ein zweites Beispiel. Angenommen, wir untersuchen eine Gruppe von Kindern einer Grundschule und führen mit ihnen einen Lesetest durch. Dann wählen wir das obere und untere Drittel der Verteilung aus, d. h. die Kinder mit den besten und den schlechtesten Leistungen in dem Lesetest. Beide Gruppen unterrichten wir nach unserer neuen Methode für die Dauer von vier Wochen im Lesen und führen anschließend mit ihnen erneut einen Lesetest durch. Es zeigt sich nun, daß die Gruppe mit den ehemals besten Leseleistungen nur einen geringen Fortschritt gemacht hat: der Durchschnitt ihrer Testwerte liegt fast auf dem gleichen Niveau wie zuvor. Die Gruppe mit den ehemals schlechtesten Leseleistungen jedoch hat sich verbessert: der Durchschnitt ihrer Testwerte ist erheblich besser als zuvor. Können wir daraus schließen, daß unsere neue Methode den Kindern mit eher schwächeren Lesefähigkeiten hilft, während sie nichts zur Unterstützung der „guten Leser" beiträgt? Wir können das natürlich nicht folgern, denn die Ergebnisse können möglicherweise auf einen statistischen Regressionseffekt zurückzuführen sein.

Betrachten wir die Bestengruppe. Einige dieser Kinder sind tatsächlich überdurchschnittlich gute Leser, während andere lediglich einen guten Tag hatten und somit gewissermaßen „falsch positiv" eingestuft wurden. Es könnte sein, daß sie gerade die im Test verwendeten Wörter kannten, daß sie die korrekte Antwort durch Zufall gewählt haben, oder sie haben aus irgendeinem anderen Grund einen Testwert erreicht, der höher liegt als ihre tatsächliche Lesefähigkeit. Entsprechend können einige Kinder des unteren Drittels tatsächlich schwächere Leser sein, während andere nur einen schlechten Tag erwischt haben und dadurch „falsch negativ" eingestuft wurden. Vielleicht hatten sie Schwierigkeiten mit den im Test verwendeten Wörtern, während sie andere Texte i. allg. recht gut lesen können, vielleicht hat auch ihre Aufmerksamkeit geschwankt, oder sie haben eine hohe Anzahl von Zufallsfehlern begangen.

Angenommen, wir führen mit beiden Gruppen lediglich eine Testwiederholung durch, ohne daß zwischenzeitlich irgendein zusätzlicher Unterricht stattfindet. Bei dieser Testwiederholung werden derartige Meßfehler nicht auftreten. Per definitionem unterliegt ihr Auftreten dem Zufall. Die ursprüngliche obere Gruppe wird daher im Durchschnitt abfallen, weil die „falsch positiv" eingestuften Kinder schlechtere Testwerte haben werden. Der Mittelwert der unteren Gruppe dagegen wird steigen, weil die „falsch negativ" eingestuften Kinder sich verbessern.

Wir können nun auch den Wert unserer neuen Unterrichtsmethode reinterpretieren. Vielleicht hilft diese Methode beiden Gruppen, aber der Effekt in der oberen Gruppe wurde vom Absinken der Werte aufgrund der statistischen Regression maskiert, während der Effekt in der unteren Gruppe durch artifizielles Hochschnellen vom Regressionseffekt überhöht wurde.

Wie können wir eine Konfundierung von Regressions- und Treatmenteffekten vermeiden? Eine Möglichkeit ist schlichtweg die, daß wir keine Extremgruppen auswählen. Wir könnten also das Treatment (die neue Unterrichtungsmethode im Lesen) bei allen Schülern anwenden oder bei einer repräsentativen Stichprobe der Schüler, in der alle Lesefähigkeitsstufen vertreten sind. Nehmen wir an, daß es jedoch für das Forschungsvorhaben von großer Wichtigkeit ist, Extremgruppen zu verwenden. In diesem Fall sollte aus beiden Extremgruppen sowohl eine Experimental- als auch eine Kontrollgruppe zusammengestellt werden. Im Rahmen einer Untersuchung über ein neues Förderprogramm zum Lesenlernen beispielsweise könnten die schwächeren Schüler, die an diesem Programm teilgenommen haben, mit ebenso schwächeren Schülern verglichen werden, die gleichzeitig an einem anderen Förderprogramm teilgenommen haben. Die Schüler müssen dabei natürlich nach Zufall auf die beiden Gruppen aufgeteilt werden. Der Unterschied zwischen den beiden schwächeren Gruppen bei der erneuten Testung wird dann kaum der statistischen Regression zum Mittelwert zuzuschreiben sein. (Die Diskussion über den Regressionseffekt wird in Kap. 12 noch einmal aufgegriffen werden.)

Kapitel 3

Versuchsplanung:
Operationale Definitionen
und Validität

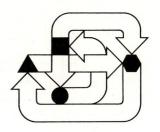

Im vorangehenden Kapitel wurden fünf grundlegende Schritte der psychologischen Forschung aufgeführt, von denen die ersten beiden bereits diskutiert wurden: die Entwicklung einer Hypothese und die Ausarbeitung eines Versuchsplans. Wir werden uns nun der Diskussion der übrigen drei Schritte der psychologischen Forschung zuwenden: der Erhebung empirischer Daten, der Datenanalyse sowie der Darstellung der Ergebnisse und der darauf aufbauenden Schlußfolgerungen.

3.1 Methoden zur Erhebung empirischer Daten

Die wissenschaftliche Methode macht es erforderlich, daß Folgerungen auf empirischen Daten basieren. Angenommen, man hat sich zur Überprüfung einer Hypothese entschlossen und die Gruppen, die man untersuchen will, ausgewählt. Wie lassen sich nun geeignete Daten erheben, die für die Überprüfung der Hypothese relevant sind? Zunächst einmal sollte der Unterschied zwischen einer *konzeptuellen* und einer *operationalen Definition* einsichtig sein.

Konzeptuelle Definitionen

Sozusagen die Basis konzeptueller Definitionen bilden "Common-sense" – oder Wörterbuchbedeutungen von Konzepten. Man könnte „Frustration" beispielsweise definieren als „ein unangenehmes Gefühl, das man bekommt, wenn man intensiv bemüht ist, etwas zu erreichen und dabei scheitert". In einem Wörterbuch könnte der Begriff definiert sein als „ein Zustand der Enttäuschung oder Versagung". Psychologen jedoch präzisieren die Alltagsdefinition und machen ein Konzept dadurch für die wissenschaftliche Arbeit verwertbar. Wenn Psychologen *konzeptuelle Definitionen* vornehmen, dann definieren sie Konzepte anhand anderer Konzepte, die selbst Teil eines theoretischen Systems sind.
Eine konzeptuelle Definition von „Frustration" in Begriffen einer psychologischen Theorie könnte z. B. folgendermaßen lauten: „Frustration ist der Zustand einer Person, der dann vorliegt, wenn die Erreichung eines Ziels durch eine Barriere blockiert wird". Diese konzeptuelle Definition mag einer Alltags- oder Wörterbuchdefinition recht nahekommen. Dennoch hat sie für den Psychologen eine spezifische Bedeutung, da er den Begriff anhand anderer Konzepte innerhalb eines theoretischen Systems definiert – in diesem sind es die Konzepte „Ziel", „Barriere" und „blockieren", die innerhalb des theoretischen Systems wiederum konzeptuell definiert sind.
Sollten Sie jemals dazu aufgefordert werden, den Begriff „Gewohnheit" zu erklären, so könnten Sie beispielsweise definieren: „Eine Gewohnheit ist eine Tendenz, in derselben Situation immer dieselben Dinge zu tun. Ich habe z. B. die Gewohnheit, eine Kleinigkeit zu essen, bevor ich zu Bett gehe." Ein Psychologe könnte – gewohnheitsmäßig – den Begriff definieren als „die aktuelle Tendenz eines Organismus, eine Reaktion in Anwesenheit eines bestimmten Stimulus auszuführen, nachdem er in der Vergangenheit für die Ausführung dieser Reaktion verstärkt worden ist". Hier sind „Reaktion", „Stimulus" und „Verstärkung" Konzepte, die innerhalb eines anderen theoretischen Systems wiederum konzeptuell definiert sind.

Ein psychodynamisch orientierter Psychologe könnte „Verdrängung" definieren als „ein durch das Über-Ich eingeleiteter Prozeß, durch den Triebimpulse nicht bewußt werden". Diejenigen Begriffe, die Konzepte des theoretischen Systems des Psychologen sind und die somit auch konzeptuell definiert sein werden, sind auch in dieser Definition wohl unschwer auszumachen.

Wie gelangt man nun zu einer konzeptuellen Definition eines Konzeptes, das man im Rahmen der eigenen Forschung verwenden möchte? Wörterbücher werden da wahrscheinlich nicht weiterhelfen; „Frustration", so könnte man daraus möglicherweise lernen, „ist ein Zustand oder eine Qualität des Frustriert-Seins". Vermutlich hat jeder einige zumindest vage Vorstellungen von einigen allgemeinen Konzepten wie „Frustration", „Kreativität", „Hoffnung", „Konformität" usw., womit er beginnen kann.

Weitere Hinweise können in einer Vielzahl von Quellen gefunden werden – auch fortgesetzte und tiefergehende Überlegung kann weiterführen. Hinweise kommen natürlich auch aus der Arbeit anderer Personen, von Psychologen und Nicht-Psychologen. In der Literatur beispielsweise finden sich viele exzellente Beschreibungen psychischer Phänomene – so u.a. Dostojewskis meisterhaftes Portrait der „Schuld" oder Kafkas Beschreibung der „entfremdeten Persönlichkeit" in einer bürokratisierten Gesellschaft. Die Schriften des italienischen Politikers Macchiavelli aus dem 16. Jahrhundert inspirierten zwei Sozialpsychologen sogar dazu, eine Skala zur Messung der „macchiavellistischen Einstellung" zu entwickeln (Christie und Geis, 1970).

Auf jeden Fall ist es wichtig, daß man seine Konzepte so explizit wie möglich definiert – und zwar in Schriftform, so daß man gezwungen ist, sich so klar wie möglich zu äußern. Ohne eine klare konzeptuelle Definition ist es schwierig, allgemeine Prinzipien aufzustellen und korrekte Folgerungen aus Untersuchungen zu ziehen. Im allgemeinen können Psychologen eine voll zufriedenstellende konzeptuelle Definition erst dann geben, wenn bereits ein beträchtliches Ausmaß an Forschung durchgeführt worden ist. Wenn ein Bereich zum ersten Mal erforscht wird, müssen die Definitionen der Konzepte dagegen eher vorläufigen, heuristischen Charakter haben.

Operationale Definitionen

Eine konzeptuelle Definition sagt noch nichts darüber aus, welche Daten zu erheben sind. Wie können wir wissen, wann „ein Schritt in Richtung auf ein Ziel durch eine Barriere blockiert wird"? Woran können wir eine „Reaktion", einen „Stimulus" oder eine „Verstärkung" erkennen, wenn sie uns begegnen? Wie können wir „Verdrängung" oder „vom Über-Ich eingeleitete Prozesse" erkennen? Wann können wir sagen, daß „Triebimpulse" „gehemmt" sind?

Um Untersuchungen zu derartigen Themen durchführen zu können, muß eine konzeptuelle Definition immer mit einer operationalen Definition verbunden werden. Eine *operationale Definition* spezifiziert die Operationen und Messungen, die erforderlich sind, um einen Begriff in einem spezifischen Forschungsprojekt zu definieren. Sie erläutert im Detail Prozeduren und Vorgänge, die andere Wissenschaftler ebenfalls durchführen können, um die Untersuchung zu replizieren.

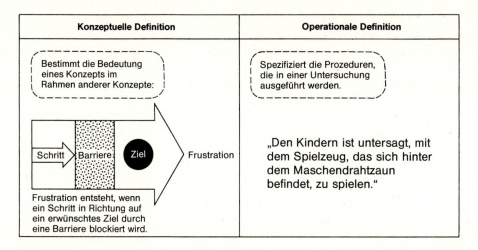

Konzeptuelle Definition	Operationale Definition
Bestimmt die Bedeutung eines Konzepts im Rahmen anderer Konzepte:	Spezifiziert die Prozeduren, die in einer Untersuchung ausgeführt werden.

Schritt | Barriere | Ziel → Frustration

Frustration entsteht, wenn ein Schritt in Richtung auf ein erwünschtes Ziel durch eine Barriere blockiert wird.

„Den Kindern ist untersagt, mit dem Spielzeug, das sich hinter dem Maschendrahtzaun befindet, zu spielen."

(Eine Untersuchung zu *replizieren* bedeutet, sie erneut durchzuführen. Replikationen werden durchgeführt, um herauszufinden, ob Ergebnisse stabil, also beim zweiten Mal noch dieselben sind. Falls Ergebnisse nicht replizierbar sind, müssen sie einigen speziellen Umständen zugeschrieben und können nicht durch die untersuchten Variablen erklärt werden.)

Ein Konzept kann auch anhand eines speziellen Testverfahrens operational definiert werden. Beispielsweise könnte „Angst" definiert werden als der Testwert von Personen auf der „Manifest Anxiety Scale" von Taylor.

Eine operationale Definition kann auch eine bestimmte Prozedur in einem Experiment sein. Eine operationale Definition von „Frustration" in einer Untersuchung mit 5-jährigen Kindern könnte z. B. so lauten: erlaube den Kindern kurzzeitig mit einem interessanten neuen Spielzeug zu spielen und verbiete oder verhindere dann, weiterzuspielen. Hier ist die operationale Definition eine „Prozedur", von der der Forscher erwartet, daß sie den erwünschten Zustand hervorruft.

Als operationale Definitionen kommen auch Fragebogen, eine Einstellungsskala, physiologische Maße (z. B. Herzschlagfrequenz) oder ein projektives Testverfahren in Frage. Für ein einzelnes Konzept sind i. allg. eine Vielzahl operationaler Definitionen möglich. Es gibt eine Fülle von Skalen oder Fragebögen, um „Angst", „Ich-Entwicklung", „Intelligenz", „Neurotizismus" oder andere bekannte psychische Prozesse zu messen. Welche ist aber *die* korrekte operationale Definition? Ebensogut könnte man fragen, welche ist *die* korrekte konzeptuelle Definition?

Eine einzige wahrhaftige operationale oder konzeptuelle Definition gibt es nicht. Es steht jedem frei, Konzepte so zu definieren, wie er es für richtig hält; eine konzeptuelle Definition allerdings, die einer allgemein üblichen Verwendung eines Begriffes widerspricht, wird wahrscheinlich einige Verwirrung auslösen. Wenn andere Fachkollegen eine Definition für unakzeptabel halten, dann wird sie auch schnell in Vergessenheit geraten. Wenn andererseits das Konzept in der Form, in der es definiert wurde, für interessant genug gehalten wird, um weitere Untersuchungen dazu durchzuführen, so kann es geschehen, daß sich die operationale Definition eines Begriffes nach und nach weiterhin durchsetzt.

Falls man sich für eine konzeptuelle Definition entschieden hat, dann muß man dieser auch eine operationale Definition beifügen. Man erwartet einen Nachweis, daß bestimmte, vorher spezifizierte Operationen tatsächlich das Konzept erfassen – d. h. daß die operationale Definition valide ist.

3.2 Validität und Reliabilität

Wir kommen nun zu den Konzepten der *Validität* und der damit verbundenen *Reliabilität* (die zusammen mit der Objektivität die drei Hauptgütekriterien von Messungen oder Tests darstellen; als Nebengütekriterien sind in Anlehnung an Lienert, 1969, zu nennen: Normierung, Vergleichbarkeit – mit ähnlichen Tests oder Meßverfahren –, Ökonomie und Nützlichkeit). Reliabilität bezeichnet die Zuverlässigkeit eines Meßvorgangs oder eines Meßinstruments. Eine Meßmethode ist *reliabel,* wenn sie unter vergleichbaren Bedingungen gleiche Resultate liefert. Im Alltag ist es relativ einfach, Meßinstrumente herzustellen, die für den alltäglichen Gebrauch vollkommen zufriedenstellend (reliabel) sind. Wenn man beispielsweise nicht über einen Zollstock verfügt, könnte man sich einen Faden zurechtschneiden, um damit die Höhe eines Fensters zu messen. Man würde mit einiger Berechtigung auf die Reliabilität des Fadens als Meßinstrument für die Höhe des Fensters vertrauen. Jedesmal, wenn man ihn verwendet, wird er mit der Höhe des Fensters übereinstimmen; so könnte man ihn also auch mit ins Geschäft nehmen und Gardinen oder Vorhänge für dieses Fenster kaufen. Allerdings wird man wohl tunlichst darauf achten, daß mein kein Gummiband verwendet, falls man je die Abmessungen des Fensters auf eine solche Art bestimmen wollte.

Ungleich schwieriger ist es jedoch, reliable Meßverfahren für diejenigen Phänomene zu entwickeln, die den Sozialwissenschaftler interessieren. Dies zu tun gleicht einem kreativen Akt. Dennoch können wir durch verschiedene Methoden herausfinden, inwieweit ein Maß für ein Selbstwertgefühl, einen Persönlichkeitstyp oder eine Einstellung reliabel ist. Eine Möglichkeit z. B. ist die *Meßwiederholung:* eine Messung wird zweimal unter möglichst ähnlichen Bedingungen durchgeführt. Wenn die Meßergebnisse der zweiten Messung mit denen der ersten Messung nahezu übereinstimmen, dann ist das Meßverfahren vermutlich reliabel. Vollkommene Übereinstimmung, d. h. absolute Zuverlässigkeit ist nicht erforderlich (und wohl auch kaum zu erreichen). Im allgemeinen bemüht man sich um „hinreichende" Reliabilitäten und versucht den mit jeder Messung verbundenen „Meßfehler" möglichst gering zu halten. (Die Höhe der Meßgenauigkeit wird in Form eines Korrelationskoeffizienten angegeben, den man als „Reliabilitätskoeffizienten" bezeichnet; über Einzelheiten zur Reliabilitätsbestimmung informiert insbesondere die Literatur zur Testtheorie und Testkonstruktion, z. B. Kranz, 1979; Lienert, 1969.) Anzumerken ist noch, daß das Reliabilitätskonzept voraussetzt, daß der gemessene Gegenstand relativ invariant ist und daß die verwendete Meßmethode nicht ihrerseits Veränderungen des Meßobjekts verursacht.

Falls die Meßwerte der Meßwiederholung deutlich von denen bei der ersten Messung abweichen, so müssen wir u. U. daraus schließen, daß wir ein gummiartig dehnbares Meßinstrument erstellt haben. Das Meßverfahren muß dann so lange revidiert und erneut überprüft werden, bis es hinreichend reliabel ist.

Auch wenn wir oder andere Benutzer des Meßinstrumentes demonstriert haben, daß die damit durchgeführten Messungen reliabel sind, ist unsere Arbeit damit noch nicht abgeschlossen. Beim Übergang von der konzeptuellen zur operationalen Definition eines Konzeptes müssen wir nämlich auch die Validität einer Messung beachten. Ein Meßverfahren ist dann *valide*, wenn es tatsächlich das mißt, was es zu messen vorgibt (oder was es eigentlich messen soll). Ein Meßinstrument kann hoch reliabel sein und dennoch etwas völlig anderes messen, als wir vermuten.

Ein Forscher könnte z. B. der Ansicht sein, daß ein Intelligenztest ein Meßinstrument zur Erfassung genetischer, angeborener intellektueller Fähigkeiten einer Person ist. Es gibt derzeit jedoch noch keine hinreichenden Beweise dafür, daß der Intelligenzquotient (IQ) ein valides Maß für angeborene Fähigkeit ist. Wir könnten es hier auch mit einem reliablen Meßinstrument für andere stabile Eigenschaften zu tun haben, von dem wir jedoch wissen, daß es in einem Bereich von 10 oder 15 Punkten unter gleichartigen Testbedingungen die gleichen Ergebnisse liefert. Auch heute noch wird heiß darüber debattiert, was genau ein Intelligenztest eigentlich mißt: das Wissen einer spezifischen kulturellen Gemeinschaft, angeborene oder erlernte Fähigkeiten, um gute Schulnoten zu erreichen oder irgendetwas anderes?

Reliable und gleichzeitig valide Messungen muten bisweilen etwas „exotisch" an. Wie würden Sie beispielsweise „Interesse" messen? Das Interesse von Personen für das entgegengesetzte Geschlecht wurde z. B. anhand der Pupillenerweiterung gemessen (Hess). Es stellte sich heraus, daß die Erweiterung der Pupillen eine valide und reliable operationale Definition von „Interesse" ist. „Unabhängigkeit" z. B. wurde anhand der Fähigkeit gemessen, bestimmte einfache geometrische Figuren in eigens dafür entworfenen komplexeren Mustern zu finden (Witkin et al., 1962). Die Fähigkeit, „versteckte" Figuren zu finden, ist hier also die operationale Definition von (Feld-) „Unabhängigkeit" (es sei hier darauf verwiesen, daß bereits Gottschaldt, 1926, dieses Prinzip, sog. „eingebettete Figuren" aus einem Kontext herauszulösen, in seinen Experimenten angewandt hat).

Validitätsarten

Es gibt verschiedene Arten der Validität, die eine Entscheidung darüber ermöglichen, ob ein Meßverfahren tatsächlich das mißt, was es mutmaßlich messen soll.

Augenscheinvalidität. Der Begriff „Augenscheinvalidität" (face validity) bezieht sich auf den relativ einfachen Sachverhalt, daß die Messung *selbstevident* ist: die Messung ist per definitionem valide. Wollen Sie beispielsweise untersuchen, ob eine Person in der Lage ist, eine Strecke von 1 000 m schwimmend zurückzulegen, so hat die Messung, die genau dies von der Person verlangt, eine hohe Augenscheinvalidität.

Kriteriumsvalidität. Ein *Kriterium* ist ein Verhalten bzw. ein Ereignis, das bereits als ein valides Maß für eine Variable bekannt oder anerkannt ist. Anhand der Kriteriumsvalidität läßt sich zeigen, welche anderen Verhaltensweisen oder Ereignisse mit denjenigen in enger Verbindung stehen, die aktuell untersucht werden. Die Validierung durch ein Kriterium liefert somit den Nachweis, daß zwischen einem in Frage stehenden Maß und einem Kriteriumsmaß ein enger Zusammenhang besteht.

Ein Kriterium im Rahmen der psychologischen Forschung könnte beispielsweise eine bestimmte Leistung sein. Ein Kriterium für eine zufriedenstellende stationäre Behandlung emotional gestörter Patienten in einer Klinik könnte z. B. lauten: „Der Patient ist in der Lage, nach seiner Entlassung ein Jahr lang außerhalb der Klinik zu verbringen"; oder auch: „Der Patient gibt an, er fühle sich wohl und käme außerhalb der Klinik zurecht". Ein anderes Kriterium könnte lauten: „Zwei Verwandte, Freunde oder Kollegen geben an (mit Erlaubnis des Patienten), daß er nunmehr gut zurechtkommt". In einer Untersuchung könnten dann alle drei Kriterien verwendet werden und die relative Ausprägung zufriedenstellender Behandlungsformen könnte durch die Anwendung von drei verschiedenen Kriterien miteinander verglichen werden.

Ein verbreitetes Vorgehen bei der Kriteriumsvalidierung ist die *Verwendung bereits bekannter Gruppen.* Man wählt dazu zwei Gruppen aus, von denen man schon weiß, daß sie sich hinsichtlich der interessierenden Variablen unterscheiden. Das neue Meßverfahren oder der neue Test wird dann bei beiden Gruppen durchgeführt, d. h. sowohl bei der Gruppe (I), die vermutlich hohe, als auch bei der zweiten Gruppe (II), die vermutlich niedrige Ausprägungen in der zu untersuchenden Variablen haben wird. Wenn sich nun entsprechend den bereits bekannten Ausprägungen zeigt, daß die Gruppe I in dem neuen Verfahren hohe Werte und die Gruppe II niedrige Werte hat, dann hat man damit das neue Verfahren validiert.

Dieses Vorgehen ist jedoch mit einer gewissen Schwierigkeit verbunden. Wenn man bereits mit einiger Gewißheit angeben kann, welche Ausprägungen die Personen in einer Variablen haben werden, dann verfügt man ja eigentlich schon über ein recht gutes Verfahren. Warum sich dann noch mit einem neuen abgeben? Wenn man andererseits tatsächlich ein neues Meßverfahren benötigt, weil gegenwärtig kein anderes gutes Verfahren vorliegt, woher will man dann die „bereits bekannten Gruppen" nehmen? In gewissem Sinne zieht man sich bei diesem Vorgehen am eigenen Schopfe hoch. Wissenschaftstheoretisch gesehen handelt es sich hier um eine Kette zirkulärer Schlüsse: Man verwendet ein Meßverfahren, dessen Validität man *voraussetzt,* um die Validität eines anderen Meßinstruments zu bestimmen, von dem man wiederum voraussetzt, daß es das gleiche Merkmal erfaßt wie das „Eichwerkzeug". Bezweifelt man aber die Validität des schon verfügbaren Instruments, die ihrerseits wieder „validiert" sein könnte, gerät man in einen infiniten Regreß wechselseitiger Validierungsversuche. In Anlehnung an den Wissenschaftstheoretiker Hans Albert (1968) könnte man hier von einem „Münchhausen-Trilemma" sprechen.

Eine pragmatische Lösung dieses Problems liegt in einem schrittweisen Vorgehen. Man wählt zwei Gruppen aus, von denen man berechtigterweise annehmen kann, daß sie hohe oder niedrige Ausprägungen in den Charakteristika haben, die man messen will. Wenn dann die „obere" Gruppe einen hohen Wert in dem neuen Meßverfahren erzielt und die „untere" Gruppe einen niedrigen, so ist dies eine Bestätigung, wenn nicht gar ein Nachweis der Validität. Es scheint z. B. einleuchtend zu sein, daß hoch-„macchiavellistische" Personen eher in die Politik als in die Kunst gehen. Wenn man diese Hypothese nun überprüft, indem man die Macchiavellismus-Werte einer Stichprobe von Politikern mit denen einer Stichprobe von Künstlern vergleicht und die Hypothese bestätigt findet, dann kann man die Validität der Macchiavellismus-Skala annehmen.

Die Kriteriumsvalidität läßt sich weiterhin unterteilen in „Übereinstimmungs-" und „Vorhersagevalidität". *Übereinstimmungsvalidität* (konkurrente Validität) ist ein Maß dafür, wie gut von einer gemessenen Variablen auf eine andere Variable geschlossen werden kann, wenn beide Variablen *zum gleichen Zeitpunkt* vorliegen. Angenommen, wir verwenden einen Test zur sensumotorischen Entwicklung, um festzustellen, wie zum Zeitpunkt dieser Testung bei Kindergartenkindern die Fähigkeit zum Lesenlernen ausgeprägt ist. Wir könnten dazu den „Bender-Gestalt-Test" verwenden. Dieses Meßverfahren zur sensumotorischen Entwicklung enthält verschiedene Aufgaben, wie z. B. das Abzeichnen einer Figur. Das Kind muß also Muster und Details erkennen und diese unter Verwendung von Papier und Bleistift reproduzieren. Wie können wir nun feststellen, ob der „Bender-Gestalt-Test" ein valides Maß für die Fähigkeit zum Lesenlernen ist? Wir könnten beispielsweise an einer Stichprobe der Kinder den Zusammenhang zwischen Testwerten im „Bender-Gestalt-Test" und bestimmten Leseleistungen untersuchen.

Es ist von großer Bedeutung, daß man ein geeignetes Kriteriumsmaß auswählt, das in enger Beziehung zu der eigentlich interessierenden Variablen steht. Würden wir beispielsweise vage Einschätzungen von Erzieherinnen über das allgemeine Verhalten des Kindes im Kindergarten verwenden, um damit die Übereinstimmungsvalidität des „Bender-Gestalt-Tests" zu untersuchen, dann wäre unser Kriterium wahrscheinlich ungeeignet. Möglicherweise beurteilen die Erzieherinnen die Kinder nach eigenen Maßstäben und insbesondere danach, ob Disziplinschwierigkeiten vorliegen oder nicht; dies hat aber mit der „Fähigkeit zum Lesenlernen", die uns ja eigentlich interessiert, wohl nicht mehr viel zu tun.

Die *Vorhersagevalidität* (prädikative Validität) gibt den Grad der Sicherheit an, mit dem aus der aktuellen Ausprägung einer Variablen auf die Ausprägung einer *in Zukunft* liegenden Kriteriumsvariablen geschlossen werden kann. Nehmen wir an, wir wollten auf der Basis des sensumotorischen Entwicklungsniveaus, das wir im Vorschulkindergarten mit Hilfe des „Bender-Gestalt-Tests" erhoben haben, die Ausprägung der Lesefähigkeit im ersten und zweiten Grundschuljahr vorhersagen. Sollte sich herausstellen, daß der „Bender-Gestalt-Test" eine hohe prädikative Validität hinsichtlich der Lesefähigkeit nach zwei Jahren hat, dann könnten wir mit den potentiell schwachen Lesern bereits im Vorschulkindergarten einen Förderkurs durchführen, um ihnen so die Belastungen späterer schulischer Fehlschläge weitgehend zu ersparen. Demgegenüber könnte sich aber auch herausstellen, daß der „Bender-Gestalt-Test" ein schlechter Prädiktor der Lesefähigkeiten im zweiten Grundschuljahr ist. Ein Kind in diesem Falle als potentiell schwachen Leser zu etikettieren, könnte dann zu einer „selbsterfüllenden Prophezeiung" werden, und das Kind könnte sich dadurch tatsächlich zu einem schwachen Leser entwickeln. An solchen Beispielen wird besonders deutlich, wie wichtig es ist, die Vorhersagevalidität eines Tests zu bestimmen (und sie keinesfalls mit Übereinstimmungsvalidität zu verwechseln; Anm. d. Übers.).

Inhaltsvalidität. Bei der Diskussion der Kriteriumsvalidität ging es vor allem um die Frage: „Welches *andere* Verhalten steht mit dieser Messung in Zusammenhang?". Nun wollen wir uns mit einem anderen Aspekt des Validitätsproblems befassen, nämlich mit der Frage: „Wie vollständig und wie gut mißt unser Test das, was wir messen wollen?" Ist das Meßverfahren umfassend? Erfaßt es alle wichtigen Aspekte des Bereichs? Wenn ja, dann sagt man, der Test habe eine gute *Inhaltsvalidität*. Ein Intelligenztest, der inhaltsvalide ist, umfaßt alle wichtigen Aspekte der Intelligenz. Wenn ein Test zur Musikalität eine gute Inhaltsvalidität hat, erfaßt er alle wichtigen Komponenten der musikalischen Begabung.
Wie man sich gut vorstellen kann, ist es oft recht schwierig, eine angemessene Inhaltsvalidität zu erreichen. Beispielsweise sind einige Aspekte des psychologischen Fachwissens kaum dazu geeignet, im Rahmen von Vordiplom- oder Diplomprüfungen anhand von Routinetestverfahren mit Mehrfachwahlaufgaben (multiple choice) überprüft zu werden. Multiple-choice-Tests auszuschließen würde aber bedeuten, die Inhaltsvalidität deutlich einzuschränken.

Konstruktvalidität. Die Konstruktvalidität ist die komplexeste, umfassendste und am schwierigsten darzustellende Validitätsart. Jede Art von Dimension oder Konzept innerhalb der Psychologie ist ein Konstrukt: „Angst", „Löschung", „Fähigkeit zum Lesenlernen" usw. *Konstruktvalidität* ist die Gewißheit darüber,

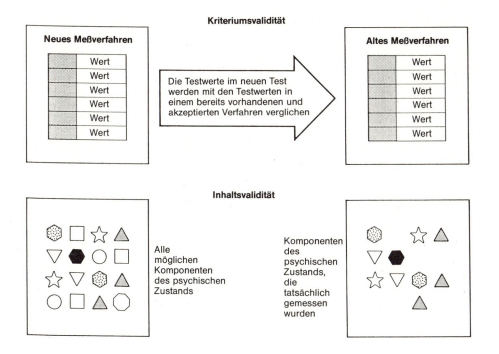

daß ein Konstrukt oder Konzept für die wissenschaftliche Psychologie von Nutzen ist. Konstruktvalidität kann jedoch nicht durch eine einzelne Untersuchung gesichert werden (APA, 1974, S. 30). Konzepte sind auf der einen Seite durch eine Theorie aufeinander bezogen, auf der anderen Seite sind sie durch operationale Definitionen der Beobachtung zugänglich. Alles hängt irgendwie miteinander zusammen – oder auch nicht. So kann ein Konstrukt auch dadurch modifiziert werden, daß durch eine wachsende Anzahl von Untersuchungen unsere Erkenntnisse über einen Themenbereich zunehmen. In der Wissenschaftstheorie spricht man von „proliferativem Erkenntnisfortschritt": Die empirirsche Bewährung einer Theorie oder eines aus ihr abgeleiteten Meßinstruments kann kumulativ zunehmen, je mehr „Tests" es ausgesetzt wird (bzw. je mehr solcher Tests es besteht).

Die Arbeiten von Witkin zur Feldabhängigkeit sind ein gutes Beispiel für das Entstehen von Konstruktvalidität. Witkin et al. (1962) stellten ihren Versuchspersonen verschiedene Aufgaben, wie z. B. das Auffinden von, in komplexen Mustern eingebetteten Figuren oder die Stab-Rahmen-Aufgabe (rod-and-frame-test), die von den Versuchspersonen forderte, einen Lichtbalken innerhalb eines gekippten Rahmens bei verdunkeltem Raum in eine aufrechte, vertikale Stellung zu bringen. Witkin betrachtete dies ursprünglich als Aufgaben zur *Wahrnehmung*. Später aber modifizierte er seine Ansicht über sein Konstrukt: dieselben Aufgaben wurden nun als Verfahren zur Messung einer *Persönlichkeitsvariablen* betrachtet, die er „Feldabhängigkeit" nannte, und die man umschreiben könnte als die Tendenz, sich eher an externen Hinweisreizen oder an der Meinung anderer Personen zu orientieren.

Der Nachweis von *Konstruktvalidität* kommt der Validierung einer wissenschaftlichen Miniaturtheorie recht nahe. Man postuliert die Existenz eines Phänomens (Konstrukt), versucht dann dieses Phänomen zu messen und untersucht schließlich dessen Beziehung zu anderen Variablen.

Die Untersuchung des Tagträumens ist eine gute Illustration des Prozesses der Gewinnung von Konstruktvalidität. Wie würden Sie „Tagträumen" definieren, um dieses Konstrukt innerhalb einer psychologischen Theorie verwenden zu können? Zweifellos werden Sie den Begriff in seiner allgemeinen Form verstehen, und Sie werden wohl auch der Meinung sein, daß so etwas wie „Tagträumerei" existiert. Wie soll es aber nun weitergehen?

Singer (1975) und dessen Mitarbeiter beispielsweise begannen ihre Untersuchung des Tagträumens damit, daß sie im Rahmen von *Interviews* Personen über Häufigkeit und Inhalt ihrer Tagträume befragten. Sie entwickelten dann einen „Vorstellungs-Prozeß-Katalog" (Imaginal Process Inventory), bestehend aus über 20 Skalen mit je 12 Items. Dieser *Fragebogen* sollte folgendes messen: die Häufigkeit von Tagträumen, Akzeptanz gegenüber eigenen Tagträumen, positive Inhalte, Inhalte von „Furcht vor Mißerfolg", sexuelle Inhalte, Tagträume mit Schuldgefühlen, feindselig-aggressive Inhalte, visuelle Vorstellungsbilder etc. Mit Hilfe statistischer Verfahren erhielten sie drei Hauptthemen oder *Faktoren*, die Unterschiede zwischen den Individuen hinsichtlich ihrer typischen Tagträum-Stile repräsentierten. Der erste Typ der Tagträumer („Defizit-Traum") ergibt sich demnach in negativ getönte Phantasien über nicht vollbrachte heroische Leistungen oder in Torturen von Selbstprüfungen. Der zweite Tagträumertyp („Minderwer-

Tagträumertypen

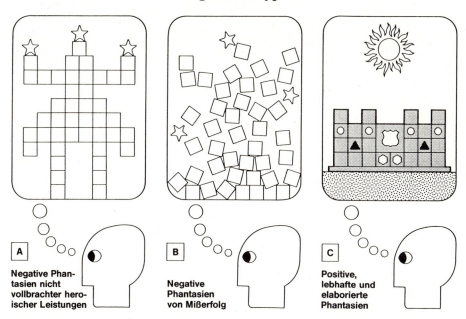

A Negative Phantasien nicht vollbrachter heroischer Leistungen

B Negative Phantasien von Mißerfolg

C Positive, lebhafte und elaborierte Phantasien

tigkeits-Traum") ist ebenfalls negativ, wobei die Tagträume jedoch charakterisiert sind durch Angst, Selbstzweifel, Mißerfolg oder Phantasie-Belohnungen; Tagträume, die in ihrem Stil desorganisiert und wenig ausgestaltet sind. Der dritte Personentyp („Belohnungs-Traum") hat allgemein positive Tagträume, ist an seinen Tagträumen interessiert, akzeptiert sie und hat lebhafte und ausgebaute Phantasien.

Die nächste Frage, die auf eine derartige statistische Analyse folgt, ist die: Können diese Ergebnisse *repliziert* werden – d. h. werden andere Forscher oder dieselben Psychologen bei anderen Versuchspersonengruppen dieselben drei Stile finden? Singer (1975) nennt fünf weitere Studien verschiedener Psychologen, die dieselben drei Faktoren fanden.

Wenn wir dies als überzeugenden Beleg dafür akzeptieren, daß der „Vorstellungs-Prozeß-Katalog" ein reliables Maß für die drei Tagtraum-Stile ist, so stehen wir als nächstes vor dem schwierigen Problem der Konstruktvalidität: Messen wir tatsächlich bedeutsame Unterschiede zwischen Tagträumen? Es könnte ja sein, daß Personen lediglich zu unterschiedlichen Antworten auf Fragen des Fragebogens tendieren. Stehen ihre Antworten mit anderen Verhaltensweisen in Zusammenhang? Falls nicht, dann ist die ganze Angelegenheit relativ trivial. Singer setzte das Tagträumen, gemessen mit dem „Vorstellungs-Prozeß-Katalog" in Beziehung zu verschiedenen anderen Verhaltensweisen:

1. Den Versuchspersonen wurden sog. Vigilanzaufgaben gestellt. Dabei mußten die Versuchspersonen immer dann einen Schalter betätigen, wenn sie ein nur schwer wahrnehmbares Signal, z. B. ein schwaches Lichtsignal oder einen leisen Ton, erkannt hatten.

Diejenigen Personen, die allgemein mehr Tagträume hatten, berichteten ein häufigeres Abschweifen ihrer Gedanken und führten ihre Aufgabe weniger gut durch.

2. Die Versuchspersonen wurden aufgefordert, sich auf dem einförmigen Hintergrund einer Projektionsleinwand ein lebhaftes Bild vorzustellen. Diejenigen, die im „Vorstellungs-Prozeß-Katalog" mehr positiv-lebhafte Tagträume berichteten, erkannten seltener ein schwaches Bild, das ohne ihr Wissen tatsächlich auf diesen Hintergrund projiziert wurde.

3. Positiv-lebhafte Tagträumer tendierten mehr dazu, nach links zu blicken, wenn sie über irgendetwas nachdachten. Dieses Ergebnis steht in Einklang mit den Forschungsergebnissen zu den unterschiedlichen Funktionen der linken und rechten Gehirnhälfte und zum „nach links Blicken" als einem Maß der Denktätigkeit.

4. Die drei Typen der Tagträume korrespondierten mit den Typen von nächtlichen Träumen, wie sie in für die Dauer von zwei Wochen geführten Tagebüchern berichtet wurden.

5. Mit Hilfe eines Computers wurde eine Inhaltsanalyse durchgeführt, um festzustellen, welche Wörter von Personen mit unterschiedlichen Testwerten im „Katalog" verwendet werden. Diese Analyse ergab Unterschiede im Wortgebrauch: positiv-lebhafte Tagträumer verwenden in ihren Berichten häufiger Metaphern (also bildhafte Ausdrücke).

6. Inhaftierte, die längere Haftstrafen zu verbüßen hatten, berichteten mehr selbstzerstörerische, sadistische und von Fluchtthemen bestimmte Tagträume als Inhaftierte mit kürzeren Haftstrafen. (Beachte die neue Population!)

7. Frauen, die häufig tagträumten, berichteten, daß sie auch während des sexuellen Kontakts mit ihren Ehegatten tagträumten. (Diese Tagträume standen aber in keinem Zusammenhang mit der Zufriedenheit mit dem Gatten oder der Sexualität.)

8. Während einer Signal-Entdeckungs-Aufgabe wurde den Versuchspersonen ein bestürzender Kriegsfilm oder -bericht gezeigt. Diese Stimuli führten zu einer Zunahme der im „Katalog" berichteten negativen Phantasien. Einerseits könnte dies als eine experimentelle „Manipulation" von Tagtrauminhalten angesehen werden, andererseits ist dies der Punkt der Konstruktvalidierung: das Maß reagiert so, wie es reagieren „sollte", wenn es valide ist.

9. Ähnlich wie nächtliche Träume scheinen auch Tagträume in Zyklen von 90 Minuten aufzutreten.

Diese Beispiele sollten genügen, um die Verschiedenartigkeit der Prozeduren zu illustrieren, die bei der Konstruktvalidierung angewandt werden. Die Arbeit von Singer über die Tagträume erstreckte sich über mehr als ein Jahrzehnt und nahm eine Vielzahl von Mitarbeitern in Anspruch. Beachten Sie also, daß die Forschung sich in mehrere Richtungen entfaltet:

1. Es wurden verschiedene *Methoden* verwendet (Triangulation): Interviews, Fragebögen, experimentelle Aufgaben, Contentanalyse (d. h. Inhaltsanalyse), Computeranalyse.

2. Es wurden verschiedene *Versuchsdesigns* verwendet: Gruppenvergleiche, Korrelationsstudien, Experimente (in denen die unabhängige Variable, das Aufkommen von Phantasien, durch die Forscher variiert wurde).

3. Es wurden verschiedene *Stichproben* untersucht: Studenten, Ehefrauen, Inhaftierte.

4. Es wurden verschiedene *Verhaltensweisen* (operationale Definitionen von Tagträumen) untersucht: Augenbewegungen, Signal-Erkennungen, Berichte über aktuell stattfindende Vorgänge, Berichte über allgemeine längerfristige Ereignisse, Berichte über nächtliche Träume und zyklische Muster.

5. Es wurden verschiedene statistische Techniken zur *Datenanalyse* angewendet.

Was ist Tagträumen?

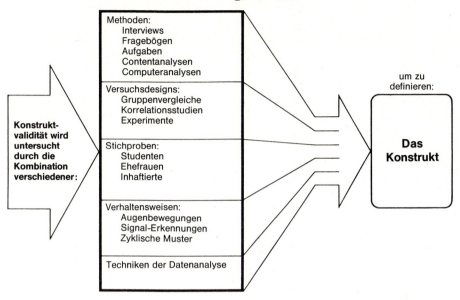

Zusammenfassend stellen die Untersuchungen von Singer eine gute Illustration des Vorgehens bei der Konstruktvalidierung des „Tagträumens" als eines, für die psychologische Forschung interessanten und validen Konzeptes dar.

Interne und externe Validität. Die Unterscheidung zwischen interner und externer Validität geht auf Campbell (1957) zurück. Die *interne Validität* gibt an, in welchem Ausmaß ein Meßverfahren *innerhalb eines speziellen Kontextes* valide ist. Nur innerhalb dieser Situation ist das Verfahren valide. Die *externe Validität* dagegen gibt an, in welchem Ausmaß die Ergebnisse *auf andere Situationen* generalisiert werden können. Ist eine Methode nur hinsichtlich einer speziellen Forschungssituation valide, oder ist sie umfassend valide? Diese Frage wurde im Verlauf der letzten Jahre hochaktuell. Psychologen entwerfen oft hoch komplizierte und originelle Experimentalsituationen, die im alltäglichen Leben kaum jemals auftreten können. Ein solches Vorgehen an sich ist nicht falsch: Ziel des Experiments ist es, einige Variablen zu verändern, unabhängig davon, ob derartige Veränderungen im alltäglichen Leben häufig oder gar nicht vorkommen. Es stellt sich jedoch die Frage, in welchem Ausmaß Schlußfolgerungen aus derartigen experimentellen Situationen auf andere Situationen übertragen werden können.

Zum Schluß der Diskussion über das Thema Validität sollte klar geworden sein, daß es so etwas wie *die* Validität nicht gibt. Vielmehr ist die Validität einer Messung von den Zielen und Vorhaben des Forschers abhängig. Man sollte sich beispielsweise daran erinnern, daß die eigene untersuchte Stichprobe eine andere ist als die eines publizierten Experiments, oder daß dort verwendete Kriterien für die eigene Untersuchung irrelevant sein können. Dieser Punkt hat auch einige ethische Implikationen. Wenn beispielsweise erzieherische oder den Arbeitsplatz betreffende Entscheidungen auf psychologischen Tests basieren, so gilt, daß „der Testanwender dafür verantwortlich ist, den Nachweis für seine Ansprüche an Validität und Reliabilität zu erbringen" (APA, 1974, S. 32).

Ebenso wie es kein valides Maß für ein psychologisches Konzept gibt, das für sich beanspruchen könnte, das einzig korrekte zu sein, so gibt es auch nicht eine einzelne korrekte operationale Definition des Konzeptes. Viele (amerikanische) Sozialwissenschaftler ziehen es daher vor, wenn möglich, einen multiplen Operationalismus anzuwenden. *Multipler Operationalismus* bedeutet, daß verschiedene operationale Definitionen zur Messung einer (konzeptuell definierten) Variablen angewandt werden. Wenn die Resultate unter Verwendung eines Meßverfahrens denen ähnlich sind (mit ihnen korrelieren), die durch andere Meßverfahren erhalten wurden, dann können wir um so mehr Vertrauen in die Validität jeder einzelnen Messung haben. Nehmen wir beispielsweise an, die Fähigkeit von Säuglingen, ihren Vater wiederzuerkennen, wird anhand folgender Maße untersucht: 1) Erweiterung der Pupillen, 2) Veränderungen der Herzschlagfrequenz, 3) Länge der Zeitdauer, mit der das Kind das Gesicht des Vaters anblickt und 4) die Tendenz, das Nuckeln am Schnuller zu unterbrechen. Jedes dieser Maße stellt eine operationale Definition des Konzeptes „Wiedererkennen des Vaters" dar. Wenn die vier Maße hoch miteinander korrelieren, dann hat die Validität jedes dieser Maße als ein Indikator für das „Wiedererkennen des Vaters" zugenommen. Wenn das Kind einige Wochen älter geworden ist, könnte ein neues Maß hinzugefügt werden: 5) „Anlächeln des Vaters". Dieses Maß ist dann ein guter Indikator für das „Wiedererkennen" von älteren Kindern, wenn zwischen diesem und den anderen vier Maßen hohe Korrelationen bestehen.

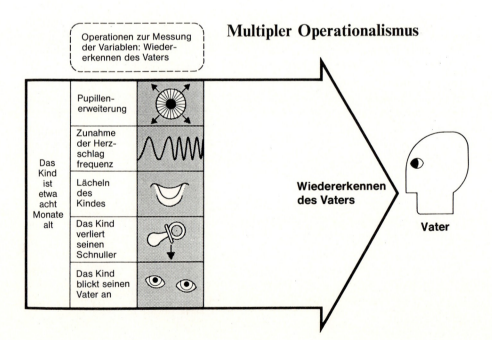

3.3 Datenanalyse

Nachdem eine allgemeine Problemstellung in einer oder mehreren spezifischen Hypothesen formuliert wurde, ein Versuchsplan ausgewählt wurde, die Entscheidung darüber gefällt wurde, welche Methoden und Verfahrensweisen angewendet werden sollen und die Daten erhoben sind, ist Schritt 4 des Forschungsprozesses erreicht: die Datenanalyse.

Qualitative und quantitative Analyse

Grundsätzlich können Daten auf zwei verschiedene Arten analysiert werden: *qualitativ* und *quantitativ*. Die Inhaltsanalyse von Geschichten, die Beschreibung von Verhaltensweisen anhand von Kategorien oder die Auswahl wichtiger Themen aus Interviews sind Beispiele für eine qualitative Analyse.

Quantitative Analysen beinhalten u. a. die Auszählung der Häufigkeit bestimmter Ereignisse und die Berechnung von Summenkennwerten. Der Forscher muß prüfen, welche statistischen Maße für oder gegen seine Hypothese sprechen. Solche Maße können beispielsweise Mittelwerte, Prozentwerte oder Unterschiede zwischen Mittelwerten sein.

Die Datenanalyse folgt logisch aus dem Versuchsplan und den Hypothesen. Hat man beispielsweise eine einzelne Messung an einer Stichprobe durchgeführt, dann könnte es von Nutzen sein, Prozentwerte zu berechnen. „61 Prozent der 75 befragten Personen sind der Ansicht, daß die Inflation unser drängendstes Problem ist", oder „31 Prozent der jüngeren Personen der Stichprobe sind der Meinung, daß Spezialisierung im schulischen und universitären Bereich ein Fehlschlag ist".

Wenn man zwei Gruppen miteinander vergleichen will, z. B die Experimentalgruppe mit der Kontrollgruppe, dann werden meist summarische Kennwerte für jede Gruppe verwendet. Derartige Summenkennwerte sind Mittelwerte, Prozentwerte, Häufigkeiten etc. „13 Mitglieder der Experimentalgruppe erhielten ihren Führerschein, während nur 3 Personen der Kontrollgruppe die Führerscheinprüfung bestanden." (Diese Zahlenangaben sind Häufigkeiten.) „Der mittlere Testwert der Kunststudenten im Coopersmith-Selbstwert-Inventar betrug 29, während der Mittelwert der Studenten der Wirtschaftsfachschule bei 34 lag." „33 Prozent der älteren Teilnehmer gaben an, zweimal oder häufiger im Monat betrunken gewesen zu sein." „Die Korrelation zwischen dem Selbstwert-Inventar und der Anzahl der täglich gerauchten Zigaretten beträgt 0.47."

Oft ist es äußerst hilfreich, sich bereits vor Beginn der Datenerhebung fiktive Tabellen oder fiktive Kennwerte zu erstellen, d. h. hypothetische Tabellen, wie sie später bei der Datenanalyse erforderlich sein werden. Man wird dabei natürlich nur so tun, als ob die Daten bereits vorlägen. Es empfiehlt sich, die Werte so zu ordnen, daß sie zur klaren Darstellung der Ergebnisse beitragen. Diese Vorübung schärft das Denken und verdeutlicht die eigenen Zielvorstellungen.

Ebenso, wie man die Art der benötigten Summenkennwerte festlegt, wird man auch eine Entscheidung darüber treffen müssen, wie man die Signifikanz der Ergebnisse prüfen will. Welche statistischen Probleme können auftreten? Muß man beispielsweise darauf achten, ob Unterschiede zwischen zwei Gruppenmittelwerten rein zufällig aufgetreten sind?

3.4 Ergebnisse, Schlußfolgerungen und Implikationen

Im wesentlichen sind mit vorliegenden Ergebnissen folgende drei Dinge zu tun: 1. man hat dem Leser die Informationen mitzuteilen, die man erhalten hat und die für die Hypothesen relevant sind; 2. man muß die Signifikanz oder Bedeutsamkeit dieser Fakten (die Schlußfolgerungen) erläutern; 3. die weiteren Implikationen dieser Daten für die psychologische Forschung, für sozialpolitische Entscheidungen oder für andere Zwecke, die einem wichtig erscheinen, müssen erörtert werden. Schließlich kann man auch Forderungen für zukünftige Vorgehensweisen oder für die zukünftige Forschung aufstellen.
Wahrscheinlich finden sich in einer Untersuchung zwei Arten von Ergebnissen: die primären Resultate, die die durch die Hypothesen formulierten Fragen beantworten sowie zusätzliche Resultate, die man nicht unbedingt erwartet oder nach denen man eigentlich nicht gesucht hat, die aber in den Daten enthalten sind. Bisweilen stellen sich diese unerwarteten Ergebnisse als interessanter heraus als die Angelegenheit, die man eigentlich untersuchen wollte. (Falls dies geschieht, wird die Forschung oft ein wenig spannend und liefert so eine gewisse Kompensation der eher langweiligen Aspekte der Dokumentation.) Man sollte also möglichst für alle Ergebnisse, die die Daten liefern, offen bleiben, auch wenn diese nicht vorhergesagt wurden.

3.5 Typische Beispiele für Versuchspläne

Wie erstellt man ein akzeptables Versuchsdesign? Im folgenden werden einige authentische Beispiele für Forschungsdesigns vorgestellt. Die Auswahl der Untersuchungen erfolgte nicht nach dem Gesichtspunkt, Genialität hervorzuheben, sondern die Beispiele sollten möglichst gut illustrieren, wie man sich einer Versuchsplanung nähern könnte.

Beispiel 1: „Eine ärgerliche akademische Vorschrift"

Dieses Projekt nahm seinen Anfang in dem Ärger der Studenten über die neue Prüfungsordnungsbestimmung, daß alle Studenten jährlich einen Bericht über ihre akademische Arbeit zu verfassen hätten. Die Untersucher waren der Ansicht, daß dies eine sinnlose Plackerei sei. Sie beschlossen, daß es von Nutzen sei, ihre Kommilitonen zu befragen, wie populär oder unpopulär die neue Regelung war.

Hypothese. Die Untersucher entschlossen sich dazu, zwei Hypothesen zu überprüfen:

1. Die Mehrzahl der Studenten dieser Universität ist gegen den Jahresbericht.
2. Die Mehrzahl der Studenten ist der Meinung, daß diese Bestimmung abgeschafft werden sollte.

Methode. Die Untersucher wählten einen Einzelgruppen-Versuchsplan mit einer Messung. Die Studenten entwickelten einen Fragebogen, in dem einige unterschiedlich formulierte Fragen enthalten waren, die die Zufriedenheit mit dem Jahresbericht erfassen sollten. Um die Meinung der Studenten relativ akkurat zu erfassen, stellten sie eine repräsentative Stichprobe zusammen.

Datenanalyse. Die jeweilige Anzahl der Studenten, die die jeweilige Antwortkategorie ausgewählt hatte, wurde auf einer Kopie des Fragebogens notiert. Diese Häufigkeiten wurden dann in Prozentwerte transformiert.

Ergebnisse. Ein Ergebnis überraschte die Untersucher, das andere nicht. Die erste Hypothese konnte bestätigt werden: 62,5% der Studenten lehnten den Jahresbericht ab. Die zweite Hypothese fand jedoch keine Bestätigung. Die Mehrheit der Untersuchungsteilnehmer wollte den Bericht nicht abgeschafft haben; 68% der Befragten hielten das neue System für erstrebenswert, wenn es mit geringen Abweichungen durchgeführt würde.

Schlußfolgerungen und Implikationen. Die Untersucher zogen aus ihren Ergebnissen den Schluß, daß innerhalb der Studentenschaft nur wenig Einwände gegen die Prüfungsordnungsbestimmungen vorlagen. Sie schlugen einige Modifikationen vor, die die Anforderungen in den Augen der Studenten noch annehmbarer erscheinen ließen.

Beispiel 2: „Frauen nach West Point"

Diese Untersuchung wurde durchgeführt, nachdem die Entscheidung getroffen war, Frauen zur West-Point-Militärakademie zuzulassen, die ersten weiblichen Kadetten aber noch nicht eingetroffen waren. Kendell (1976) hatte beschlossen, männliche Kadetten am West Point darüber zu befragen, was sie von der bevorstehenden Zulassung von Frauen hielten.

Hypothese. Sie entschloß sich, folgende drei Hypothesen zu überprüfen: 1. Die Mehrheit der Kadetten ist gegen die Zulassung von Frauen in die Akademie. 2. Angehörige höherer Schichten sind mehr dagegen als Männer aus unteren Gesellschaftsschichten. 3. Kadetten, die eine Karriere in der Akademie planen, werden mehr dagegen sein als diejenigen Kadetten, die dies nicht vorhaben.

Methode. Kendell stellte eine, nach Jahren geordnete, systematische Zufallsstichprobe aus Kadetten einer Kompanie zusammen. Den insgesamt 66 Kadetten (19 Neulinge, 13 Kadetten im zweiten Dienstjahr, 18 Kadetten im dritten Dienstjahr und 16 Kadetten des letzten Dienstjahres) wurde ein Fragebogen vorgelegt, bestehend aus 14 Multiple-Choice Fragen und vier Fragen mit freier Aufgabenbeantwortung.

Datenanalyse. Die Anzahl und der Prozentsatz der „Karriere"- und „Nicht-Karriere"-Kadetten aus der oberen und unteren Gesellschaftsschicht sowie der Gesamtgruppe, die eine der vorgegebenen Ansichten vertreten hatte, wurden tabel-

Tabelle 3.1. Einstellung von Kadetten von West Point gegenüber der Zulassung von Frauen nach West Point im Frühjahr 1976

	Männer der unteren Gesellschaftsschicht		Männer der oberen Gesellschaftsschicht		Gesamt	
	N	%	N	%	N	%
Für die Zulassung von Frauen	13	41	7	20	20	30
Unentschieden	6	18	1	3	7	11
Gegen die Zulassung von Frauen	13	41	26	77	39	59
	32	100%	34	100%	66	100%

larisch dargestellt. Die statistische Signifikanz der Differenz zwischen den beiden Gruppen wurde berechnet.

Ergebnisse. Einen Teil der Ergebnisse zeigt Tabelle 3.1. Die ersten beiden Hypothesen konnten bestätigt werden: mehr als die Hälfte der Kadetten war gegen die Zulassung von Frauen zum West Point; Angehörige höherer Gesellschaftsschichten waren mehr dagegen als Männer aus unteren Gesellschaftsschichten. Die Differenz zwischen den beiden Schichten war signifikant. Die dritte Hypothese konnte nicht bestätigt werden. Der Anteil der Kadetten, die sich gegen die Zulassung von Frauen aussprachen, war zwar bei denjenigen größer, die eine Karriere bei der Armee planten, jedoch war diese Differenz statistisch nicht signifikant.

Schlußfolgerungen und Implikationen. Im Lichte der Ergebnisse, die sie erhalten hatte, schlug Kendell einige Taktiken vor, um weiblichen Kadetten die bevorstehende soziale Ablehnung zu erleichtern. Die Unterschiede zwischen den Männern aus oberen und unteren Gesellschaftsschichten implizieren, daß das Problem sozialer Ablehnung in einigen Jahren verschwunden sein könnte.

Beispiel 3: „Veränderungen in der Kinderliteratur"

Hoffman (1974), einer Psychologiestudentin, die auch als Bibliothekarin arbeitete, fiel auf, daß moderne Kinderbücher sich anscheinend in größerem Ausmaß mit kontroversen Themen befaßten, als ihr das von ihrer Kindheit her noch bewußt war. Sie entschloß sich dazu, Bücher aus den fünfziger Jahren mit aktuellen Büchern zu vergleichen, um festzustellen, ob ihr subjektiver Eindruck sich so bestätigen ließ.

Hypothese. Ihre anfängliche Hypothese war die: „Kinderbücher aus dem Jahre 1973 behandeln häufiger kontroverse Themen als Kinderbücher aus dem Jahre 1953." Das Konzept „kontroverse Themen" bedurfte jedoch einer operationalen Definition, so daß Hoffman sich entschloß, ihre Untersuchung auf die folgenden vier Kategorien zu beschränken: 1. sexuelle Beziehungen, 2. Ehescheidung, 3. Geisteskrankheiten und geistige Retardierung, 4. Vorurteile.

Hoffman konnte aber nicht alle Kinderbücher untersuchen, die in dem von ihr spezifizierten Zeitraum veröffentlicht worden waren. Sie beschränke ihre Stichprobe daher auf diejenigen Kinderbücher, die den "Newberry"-Preis als bestes Kinderbuch des Jahres erhalten hatten und auf die vier Bücher, die den zweiten Preis erhalten hatten. Ihre spezifischen Hypothesen lauteten nunmehr:

1. Von den Kinderbüchern, die einen Preis gewonnen haben, diskutieren diejenigen aus den Jahren 1949–1953 in geringerem Umfang „kontroverse Themen" (wie oben definiert), als diejenigen aus den Jahren 1969–1973.
2. Männliche Helden finden sich häufiger in den „frühen", als in den „späten" Büchern. (Diese Hypothese reflektiert ihre Vermutung über den aufkommenden Feminismus in dem Zeitraum, den sie untersuchte.)

Methode. Hoffman verwendete einen Zwei-Gruppen-Versuchsplan. Ihre Untersuchung war eher korrelational als experimentell, da sie natürlich ihre unabhängige Variable – die Kultur einer Zeitperiode – nicht verändern konnte. Ihre abhängigen Variablen waren die kontroversen Themen und das Geschlecht der Helden in Kindergeschichten.

Die Methode, die sie in dieser Untersuchung verwendete, war die der Inhaltsanalyse (vgl. Kap. 10). Jedes Buch wurde entsprechend einem von ihr entwickelten Kategoriensystem kodiert. Dabei wurde das folgende Punktesystem verwendet:

0: die Kategorie taucht nicht auf;
1: sie wird als Unterpunkt eher nebensächlich behandelt;
2: sie wird als Unterpunkt eher umfangreich behandelt;
3: sie wird als Hauptthema eher umfangreich behandelt.

Um die Reliabilität dieser Einstufung zu messen, wurde die Hälfte der Bücher von einer zweiten Person unabhängig kodiert und der Prozentsatz der Übereinstimmungen zwischen den beiden Auswertern berechnet.

Datenanalyse. Die Anzahl der Punkte für die Kinderbücher des jeweiligen Zeitraumes wurde summiert (siehe Tabelle 3.2) und die statistische Signifikanz für die Differenz zwischen den beiden Gruppen von Büchern ermittelt.

Ergebnisse. Die Ergebnisse der Untersuchung sind in Tabelle 3.2 dargestellt. Die Differenz zwischen den beiden Mittelwerten (0.65 und 3.22) war statistisch signifikant.

Diese Ergebnisse bestätigen die Hypothese Hoffmans: Die ausgewählten „Tabu-Themen" wurden häufiger in den Kinderbüchern aus den Jahren 1969–1973 behandelt als in denen aus den Jahren 1949–1953. In dem späteren Zeitraum war die Anzahl der weiblichen Heldinnen gleich der Anzahl der männlichen Helden, während der Schwerpunkt in den Kinderbüchern des früheren Zeitraums deutlich bei den männlichen Helden lag.

Die Daten zeigten weiterhin, daß der Unterschied zwischen den beiden Zeitperioden in erster Linie durch die Zunahme der Themenbereiche Scheidung, Geistesgestörtheit, geistige Retardierung und Vorurteil bedingt ist, nicht aber durch eine Zunahme des Themenbereichs der sexuellen Beziehung.

Tabelle 3.2. Kontroverse Themen in Kinderbüchern

	Gruppe I: Bücher aus dem Zeitraum zwischen 1949 und 1953	Gruppe II: Bücher aus dem Zeitraum zwischen 1969 und 1973	
Punktwert			
Gesamtpunktzahl in den Kategorien 1 bis 4	13	64	
Mittlere Punktzahl (Durchschnitt)	.65 $(=\frac{13}{20})$	3.22 $(=\frac{64}{20})$	
Geschlecht des Protagonisten			
Männlich	80%	50%	
Weiblich	20%	50%	
Gesamt	100%	100%	
N (Anzahl der Bücher)	20	20	40 (gesamt N)

Schlußfolgerungen und Implikationen. Welchen nächsten Schritt in einer anschließenden Forschung würden Sie als nützlich erachten? Wie repräsentativ für Kinderbücher überhaupt sind diejenigen, die mit dem "Newberry"-Preis ausgezeichnet wurden? Welche Implikationen würden Sie herausstellen, wenn Sie Autoren oder Publizisten von Kinderbüchern die Resultate dieser Untersuchung darstellen sollten?

Beispiel 4: „Platzwahl und Flirten"

Dieses Beispiel illustriert eine Erstuntersuchung zu einem bis dahin noch unerforschten Thema. Sie zeigt, wie ein Thema, das für wissenschaftliche Untersuchungen ungeeignet zu sein scheint, unter Labor-Bedingungen behandelt werden kann. Drei Studenten waren daran interessiert, das Flirten zu untersuchen. Sie wollten herausfinden, ob sie andere Personen zu einem Flirt veranlassen können, der einen meßbaren Effekt hat und beschlossen, ihre Untersuchung auf männliche Reaktionen auf weibliches Flirten zu beschränken.

Hypothese. Die spezifische Hypothese der Untersuchung war folgende: Wenn eine Frau flirtet, werden Männer eher einen Platz in ihrer Nähe einnehmen, als wenn sie nicht flirtet.

Methode. Es wurde ein experimenteller Versuchsplan verwendet. Die unabhängige Variable war das Flirten. Es wurden zwei Ausprägungen realisiert: null (kein) Flirten und kleiner Flirt. Die abhängige Variable war das „männliche Sitzplatz-Wahlverhalten".
Die (männlichen) Versuchspersonen wurden gebeten, einen Fragebogen zu einem unverfänglichen Thema auszufüllen. Sie saßen dabei in einem Raum, in dem mehrere Stühle in einer Reihe aufgestellt waren. Wenn die männliche Versuchsperson den Raum betrat, saß bereits eine Frau auf dem vorletzten Stuhl an einem Ende der Stuhlreihe und füllte anscheinend ebenfalls den Fragebogen aus. In der Experimentalgruppe begann die Frau zu „flirten", sobald der Mann den Raum betrat.

Tabelle 3.3. Die Beziehung zwischen männlicher „Platzwahl" und weiblichem Flirten

	Gruppe I: Flirt	Gruppe II: kein Flirt
Durchschnittlich gewählter Stuhl	3. Stuhl	5. Stuhl
N (Anzahl der Versuchspersonen)	15	15
Gesamt N (beide Gruppen)	30	

Differenz zwischen beiden Mittelwerten: 2 Stühle.

Das Flirten war folgendermaßen operational definiert: den Mann drei Sekunden lang ansehen, wegschauen und erröten. (Eine der Forscherinnen konnte willkürlich erröten.) Für die Versuchspersonen der Kontrollgruppe gab es keinen „Flirt": die Frau blickte beharrlich auf ihren Fragebogen, wenn der Mann den Raum betrat.

Ein weiterer Forscher saß „unverdächtig" im Nebenraum, dessen Tür offenstand und registrierte, auf welchen Stuhl sich die Versuchsperson setzte und wieviel Zeit sie damit verbrachte, die Frau anzuschauen.

Datenanalyse. Es wurden folgende Summenkennwerte berechnet:

1. Die durchschnittliche Zahl von Stühlen zwischen der Versuchsperson und der Frau unter der „Flirt-Bedingung".
2. Die durchschnittliche Zahl von Stühlen zwischen der Versuchsperson und der Frau unter der Kontrollbedingung.
3. Die Differenz zwischen 1. und 2.

(Alternativ hätte jede Gruppe auch entsprechend der Anzahl oder des Prozentsatzes derjenigen aufgeteilt werden können, die – bezogen auf einen spezifizierten Stuhl in der Nähe der Frau – weiter von diesem weg oder näher zu ihm hin Platz genommen haben.)

Ergebnisse. Die Ergebnisse sind in Tabelle 3.3 dargestellt. Die Untersuchung konnte die Hypothese bestätigen, daß Männer sich näher zu einer Frau setzen, die flirtet, als zu einer Frau, die nicht flirtet.

Beispiel 5: „Anklage gegen Nixon und der Risikoschub"

Als „Risikoschub" bezeichnet man eine Tendenz, nach einer Gruppendiskussion eine extremere oder riskantere Position zu einem Gegenstand einzunehmen als zuvor. Das Phänomen wurde wiederholt beobachtet, und es sind verschiedene Theorien zu dessen Erklärung vorgeschlagen worden.

Lewin und Kane (1975) konnten den Vorgang des „Risikoschubs" durch folgende Variationen replizieren:

1. Das Thema betraf einen real-konkreten, tagespolitischen und nicht einen hypothetischen Gegenstand, nämlich die Erwünschtheit und Wahrscheinlichkeit der Anklageerhebung gegen den damaligen amerikanischen Präsidenten Richard Nixon. Zum Zeit-

punkt der Untersuchung stand die Anklageerhebung gegen Nixon im Repräsentanten-
haus der Vereinigten Staaten zwar zur Diskussion, die vorherrschende Meinung war jedoch, daß eine Anklage riskant und unwahrscheinlich sei.

2. Die Teilnehmer der Diskussionsgruppe hatten zuvor unter andersartigen Zielsetzungen
miteinander zu tun gehabt; in früheren „Risikoschub"-Studien waren dagegen neu for-
mierte, sich fremde Gruppen untersucht worden.

3. Wurden früher Beurteilungen von „Lebenssituationen" verwendet, so standen in dieser
Untersuchung vor allem nationale politische Einstellungen im Vordergrund.

Hypothese. Die Hypothesen der Forscher bezogen sich darauf, daß ein Risikoschub unter den Bedingungen auftreten würde, in denen das Thema in einem aktuellen innenpolitischen Thema besteht und Personen innerhalb der Diskussionsgruppen einander nicht fremd sind.

Methode. Man kann hier von einem experimentellen Vorgehen sprechen, da die
Versuchsleiter eine Bedingungsvariation vornahmen, indem sie Diskussionen
durchführten. In einem „prä-post"-Versuchsplan bildeten also die Versuchspersonen gleichzeitig ihre eigene Kontrollgruppe.
Studenten eines Psychologiekurses wurde ein Kurzfragebogen zu ihren Einstellungen hinsichtlich Nixon und der Anklage gegen ihn verabreicht. Die 29 Studenten kamen dann in Diskussionsgruppen zusammen, die sich bereits im Verlauf des
Semesters gebildet hatten. Nach einer 10-minütigen Diskussion wurde ihnen der
Einstellungsfragebogen erneut zur Beantwortung gegeben. (Die Studenten hätten
auch nach Zufall auf die Bedingungen „Diskussion" oder „keine Diskussion"
aufgeteilt und es hätten dann die Vortest-Nachtest-Differenzen berechnet werden
können.)

Datenanalyse. Für jedes der 14 Fragebogenitems wurde der Prozentsatz der Antwortverschiebungen – sowohl in die problematischere (riskantere) als auch in die
weniger gewagte Richtung – sowie der Prozentsatz der gleichbleibenden Antworten berechnet.

Ergebnisse. 66% der Versuchspersonen änderten ihre Meinung bei mindestens einem Fragebogenitem. Von den insgesamt 31 Antwortverschiebungen gingen 28
in die „riskantere" und 3 in die „weniger riskantere" Richtung, was den Hypothesen entsprach. Weiterhin zeigte sich, daß lediglich die Präferenzen hinsichtlich der
zu ergreifenden Maßnahmen, aber nicht die Erwartungen hinsichtlich dessen, was
tatsächlich geschehen wird, einem „Risikoschub" unterlagen.

Schlußfolgerungen und Implikationen. Die Ergebnisse weisen darauf hin, daß ein
Risikoschub auftritt, wenn real-aktuelle innenpolitische Themen in Gruppen von
Personen diskutiert werden, die sich nicht fremd sind und schon zuvor miteinan-
der in Kontakt standen. Die Untersuchung demonstriert weiterhin die Bedeutung
einer Unterscheidung zwischen Handlungspräferenzen und Erwartungen von
Personen.

Beispiel 6: „Wohnungswahl und Persönlichkeitsmerkmale: Eine Validierungsstudie"

Dackerman, Giacomo und Carroll (1974) bemerkten, daß Studenten mit spezifischen Persönlichkeitsmerkmalen sich anscheinend in spezifischen Studentenwohnheimen zusammenfinden. Insbesondere beherbergten einige Wohnheime anscheinend eine größere Anzahl soziabler Studenten, die eher darauf aus sind, die Gesellschaft anderer zu suchen, während in anderen Wohnheimen relativ zurückgezogene Bewohner mit geringer sozialer Interaktion lebten. Die Autoren entschlossen sich dazu, die Hypothese zu überprüfen, daß Unterschiede in der Persönlichkeit mit der Architektur der Wohnheime in einem Zusammenhang stehen. Die Räume zweier Studentenwohnheime waren so angeordnet, daß jeweils fünf oder sechs von ihnen einen gemeinsamen Eingang hatten. Zwei andere Wohnheime hatten dagegen lange „Zellen-Block"-Korridore. Abgesehen von Studienanfängern konnten die Studenten i. allg. in ein Wohnheim ihrer Wahl einziehen.

Soziabilität wurde operational definiert als Testwert auf der „Inklusion-Skala" des FIRO-B Fragebogens von Schutz (1958). Diese Selbsteinschätzungsskala soll das Bedürfnis nach Eingliederung (Inklusion) in soziale Aktivitäten erfassen.

Hypothese. Die Hypothese lautete folgendermaßen: Studenten, die in „Verbund-Wohnheimen" wohnen, haben eine höhere Ausprägung auf der „Inklusion-Skala" des FIRO-B, als Studenten, die in „Korridor-Wohnheimen" wohnen. (Eine Bestätigung der Hypothese könnte auch das Vertrauen in die FIRO-B-Skala steigern.)

Methode. Die Bewohner der beiden „Verbund-Wohnheime" und der beiden „Korridor-Wohnheime" füllten den Inklusions-Fragebogen aus.

Datenanalyse. Es wurde der mittlere Testwert der je zwei Wohngruppen berechnet und die Signifikanz der Differenz zwischen diesen beiden Mittelwerten überprüft.

Ergebnisse. Die Hypothese konnte bestätigt werden: die Wahrscheinlichkeit, daß Studenten mit „hohen" Testwerten auf der Inklusion-Skala des FIRO-B in verbundartig strukturierten Studentenwohnheimen wohnten, war signifikant größer. Studenten mit „niedrigen" Testwerten wohnten unverhältnismäßig oft in korridorartigen Wohnheimen. (Unser Vertrauen in die Validität der FIRO-B-Skala könnte demnach ebenfalls steigen.)

Schlußfolgerungen und Implikationen. Der Zusammenhang zwischen erwünschter sozialer Eingliederung und dem Wohnsitz könnte verschiedene Ursachen haben:
1. Personen, die ein höheres Inklusionsbedürfnis haben, wählen verbundartige Wohnheime, da dort mehr Gelegenheit besteht, dieses Bedürfnis zu befriedigen;
2. eine anfänglich zufällig zusammengestellte Personengruppe trifft auf ein verbundartiges Wohnsystem und entwickelt dann ein höheres Inklusionsbedürfnis;
3. die beiden Prozesse interagieren miteinander: ursprünglich eher hohe Inklusi-

onsbedürfnisse werden durch die häufigen Gelegenheiten zu sozialer Interaktion in Verbund-Wohnheimen intensiviert. Implikationen für die Entwicklung zufriedenstellender Lebensformen in Studentenwohnheimen wurden von den Autoren ebenfalls diskutiert.

Beispiel 7: „Ist Verstärkung notwendig?"

Die obigen Beispiele studentischer Forschungstätigkeiten haben die Diskussion eines wichtigen Aspekts der Forschung ausgelassen: Forschung, die durchgeführt wird, um eine Entscheidung zwischen konkurrierenden theoretischen Erklärungsansätzen zu ermöglichen. Eine umfangreiche psychologische Forschungstätigkeit hat beispielsweise gezeigt, daß Personen dazu tendieren, Vorgänge, die verstärkt (belohnt) wurden, zu wiederholen: Verstärkung führt zu Lernen. Dadurch wurde das Interesse an ein theoretisches Problem geweckt: Ist Verstärkung notwendig und unerläßlich für das Lernen, oder besteht auch die Möglichkeit, zu lernen, indem lediglich ein Modell beobachtet wird, das eine Belohnung erhält? Reicht manchmal auch eine stellvertretende Belohnung aus?

In einer Reihe von Experimenten (Bandura, 1969, 1970, 1979) wurde es Kindern ermöglicht, andere Personen bei der Ausführung von Tätigkeiten, die anschließend belohnt wurden, zu beobachten. Die Kinder zeigten die deutliche Tendenz, dieselben Verhaltensweisen auszuführen und demonstrierten damit, daß es möglich ist, Lernen allein durch Modellierungseinflüsse und ohne direkte Verstärkung zu bewirken. Diese Experimente waren für die Prinzipien der „sozial-kognitiven-Lerntheorie" von weitreichender Bedeutung, da sie zwei unterschiedliche Vorhersagen einander gegenüberstellten: 1. *ausschließlich* die persönliche und direkte Verstärkung führt zu einem Lernen vs., 2. *stellvertretende* (vicarious) Verstärkung durch *Beobachtung* kann ebenfalls zu Lernen führen. Bandura konnte zeigen, daß die stellvertretende Verstärkung tatsächlich zu Lernen führen kann.

Teil II
Methoden:
Auswahl und Anwendungen

Kapitel 4

Das Experiment

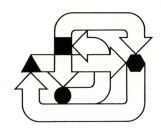

Psychologen haben den begründeten Stolz, daß die Psychologie eine blühende experimentelle Wissenschaft ist. Umfangreiche Anstrengungen, die Psychologie an die exakten Naturwissenschaften anzugleichen, tragen nun ihre Früchte. Vor gut einem Jahrhundert gab es noch keine experimentelle Psychologie, bis mit der Eröffnung des ersten psychologischen Laboratoriums durch Wilhelm Wundt in Leipzig im Jahre 1879 die experimentelle Psychologie gegründet wurde. Nun wurden Experimente über Wahrnehmung, Gedächtnis und Lernen durchgeführt, aber viele Psychologen zweifelten lange Zeit ernsthaft daran, daß sozial-, entwicklungs- und persönlichkeitspsychologische Phänomene im Laboratorium untersucht werden könnten. Diese Möglichkeit erschien so fragwürdig, daß es kaum jemand ernsthaft versuchte. Im ersten Viertel dieses Jahrhunderts begannen dann auch diejenigen, die zuvor in den „weichen" Bereichen der Psychologie tätig gewesen waren, sich der Laborforschung zuzuwenden. Nach dem Ende des Zweiten Weltkrieges breitete sich in den Bereichen der Sozial-, Entwicklungs- und Persönlichkeitspsychologie das Experiment wie ein Lauffeuer aus. Der Bereich der klinischen Psychologie zog viele Psychologen an. Die Fachzeitschriften verfügten über derartige große „Lagerbestände" an Berichten über Laborexperimente, daß es im Zuge der „Verwaltung" unter Umständen Jahre dauern konnte, bis ein angenommener Artikel schließlich abgedruckt wurde. Auch heute ist das Experiment der wichtigste Träger psychologischer Forschung. Warum hat das Experiment in der Psychologie eine derart herausragende Bedeutung?

4.1 Die Vorteile des Laborexperiments

Die Möglichkeit, Veränderungen zu bewirken

Einer der besten Wege zum Verständnis irgendeines Sachverhalts ist es, ihn zu verändern. Die Stärke des Experiments geht zum Großteil darauf zurück, daß der Experimentator Veränderungen einführt und die Konsequenzen beobachtet. Wenn man willkürlich ein Verhalten herbeiführen oder eine Einstellung verändern kann, den Freund vom Zigarettenrauchen abbringt oder Vorurteile in einem Studentenwohnheim abbaut, gewinnt man zwangsläufig Erkenntnisse über bedeutende Variablen, die ein Verhalten oder eine Einstellung beeinflussen. Im Experiment führt der Experimentator die „systematische Bedingungsvariation" (Treatment) durch, er „kontrolliert" oder „manipuliert" die Variablen (vgl. Kap. 2). Der Forscher führt die Veränderung herbei, er variiert die Ausprägung der unabhängigen Variablen. Falls die veränderte Variable von Bedeutung ist, wird sich als Folge der willkürlichen Variation die abhängige Variable ebenfalls verändern. (Der Versuchsleiter, der damit scheitert, hat zumindest etwas darüber erfahren, was oder warum es nicht geht.)

Die Möglichkeit, einflußreiche Variablen zu identifizieren

Ein zweiter Vorteil der experimentellen Methode besteht darin, daß mit ihrer Hilfe identifiziert werden kann, *welche* Variablen das Resultat beeinflussen. Es gibt verschiedene Wege, um zu dieser Feststellung zu gelangen. Die *Randomisierung* bei der Aufteilung der Versuchspersonen rechtfertigt es, beobachtete Veränderungen auf die unabhängige Variable (das Treatment) zurückzuführen, anstatt auf Unterschiede zwischen den Versuchspersonen. Dieses Ziel ist auch dadurch zu erreichen, daß die Experimental- und die Kontrollgruppe – außer hinsichtlich der unabhängigen Variablen – äquivalent sind.

Die Möglichkeit, verschiedene Hypothesen durch systematische Variation zu überprüfen

Der eigentliche Wert der experimentellen Methode kommt oft erst dann zum Vorschein, wenn mehrere Experimente durchgeführt worden sind, von denen jedes sich nur geringfügig von dem vorhergehenden unterscheidet, so daß in jeder Variation eine andere unabhängige Variable variiert wurde. Man wird dabei allmählich herausfinden, welche Variable einen Einfluß auf die interessierenden Sachverhalte haben und welche nicht. (Im weiteren Verlauf des Kapitels werden verschiedene Beispiele dieser Technik dargestellt.)

Sollen Wissenschaftsgeschichte, -soziologie und -psychologie zur „Verschlußsache" erklärt werden?

Brush (1974) schlug vor, daß die Geschichte der Wissenschaften zur „Verschlußsache" erklärt und den Studenten als Lektüre verboten werden sollte. In einem Artikel in der Zeitschrift *Science* dokumentiert er die Diskrepanz zwischen der wissenschaftlichen Methode, wie sie in Lehrbüchern gelehrt wird, einerseits und dem tatsächlichen Verhalten bekannter Wissenschaftler andererseits. Die wissenschaftliche Methode – so haben wir gelernt – stützt sich insbesondere auf ein Fundament aus entscheidenden Laborexperimenten, von denen jedes das Ziel hat, eine oder mehrere Alternativen auszuschließen. Dem hypothetiko-deduktiven Modell entsprechend sollte eine Theorie verworfen werden, wenn die Ergebnisse ihre Vorhersagen nicht bestätigen können. Tatsächlich aber, so hebt Brush hervor, haben es Galilei, Mendel, Newton, Kopernikus und auch Einstein versäumt, eine Theorie angesichts der Tatsache zu verwerfen, daß sie in Konflikt mit beträchtlichen experimentellen Daten stand. Es scheint, als ob sie aus Gründen eines allgemeinen Modells oder Paradigmas und aufgrund von Intuition, aus Liebe zur Schönheit der Theorie oder aufgrund von Konfusion und Irrtum an ihrer Theorie gehangen hätten. Und doch waren sie im Recht! Brush ist der Ansicht, daß Ästhetik, Intuition oder sogar Konfusion für die Wissenschaft von größerer Bedeutung sind, als wir das für gewöhnlich erkennen.

Die Möglichkeit, Miniaturanalogien umfangreicherer Prozesse zu untersuchen

Mit Einfallsreichtum und Kreativität ist es möglich, Miniatursituationen im Labor herzustellen, deren Entsprechung in der natürlichen Umwelt nur schwer zu untersuchen wären, sei es, weil sie dort nur sehr selten auftreten oder weil es ethisch nicht vertretbar ist, das vollständige Ereignis hervorzurufen. Der Krieg beispielsweise, eines unserer unerbittlichsten Probleme, kann im Labor nicht untersucht werden. Wir können jedoch *kriegsähnliche* Konflikte unter Laborbedingungen untersuchen. Derartige Studien werden durchgeführt, in der Hoffnung, Verständnis über diejenigen Variablen zu erzielen, die zu feindseligem (oder kooperativem) Verhalten führen.

Es wurden eine Reihe von „Spielen" entwickelt, die als Modelle zum Verständnis sozialer Konflikte beitragen könnten. So verwendete Deutsch (1969) ein mechanisches Spiel, das Münzautomaten ähnelte, wie sie zur damaligen Zeit auf amerikanischen Vergnügungsparks zu finden waren und mit denen man elektronisch Basketball oder andere Sportarten „betreiben" konnte. Zwei Spieler repräsentierten dabei Transportgesellschaften, die mit ihrem LKW in einem Wettbewerb darum standen, möglichst gute Zeiten über verschiedene Transportwege herauszuholen. Indem man den Spielern elektronische „Straßensperren" zur Verfügung stellte (oder nicht), war es möglich, diejenigen sozialen Bedingungen zu untersuchen, die Bedrohungen, Wettbewerb oder Kooperation hervorrufen.

Intensiv gearbeitet wurde auch mit einem anderen Spiel, dem sog. „Gefangenen-Dilemma-Spiel" (PDG, prisoner's dilemma game; Rapaport und Chammah, 1965). Zwei Komplizen stehen im Verhör des Sheriffs, der jeweils einem der beiden Gefangenen – ohne Kenntnis des anderen – folgende Wahl bietet: „Wenn weder Du noch Dein Partner reden, dann habe ich wahrscheinlich genügend Beweismaterial, um Euch beide für längere Zeit hinter Gitter zu bringen. Wenn Du aber redest, dann verspreche ich Dir, daß Du freikommst. Wenn aber Dein Komplize redet und Du nicht, dann wird sich Deine Strafe drastisch erhöhen. Natürlich werde ich zwei Burschen, wie Ihr es seid, in Einzelhaft nehmen. Also, wirst Du nun reden?" Was sollte der Gefangene tun? In dieser Situation geht es darum, eine Entscheidung zu fällen, deren Konsequenzen davon abhängig sind, was der andere unternimmt. Man weiß nicht, was der Partner tun wird und man muß versuchen, dessen Überlegungen darüber, was man selbst tun wird, zu antizipieren. Einige Durchgänge dieses Spiels werden um Punkte oder sonstige Gratifikationen gespielt. Unter den verschiedenen experimentellen Bedingungen werden Gewinne, Strafen, Gelegenheiten miteinander zu kommunizieren und Verhaltensweisen des Partners variiert.

Ziel der verschiedenen *Miniatur-Analogie-Spiele* ist es, unter Laborbedingungen allgemeine Prinzipien herauszufinden, die auf umfassendere natürliche Situationen angewandt werden können. So wurden einige Prinzipien aus Verhandlungsspielen tentativ auf reale politische Ereignisse angewandt, wie beispielsweise die Konfrontation zwischen Kennedy und Cruschtschow (Etzioni, 1967) oder bei der Kuba-Krise (Janis, 1972).

Die Möglichkeit, einen künstlichen „reinen" Fall herzustellen

Im Rahmen von Laborexperimenten ist es möglich, Variablen künstlich voneinander zu isolieren, die in der natürlichen Umwelt immer gemeinsam auftreten, so daß festgestellt werden kann, ob eine der beiden (oder beide gemeinsam) für ein bestimmtes Resultat von Bedeutung sind. So könnte beispielsweise eine theoretisch signifikante Konstellation von Bedingungen untersucht werden, die unter natürlichen Bedingungen niemals vorkommt. (In der Physik untersucht man z. B. den freien Fall von Körpern in einem „Vakuum", obwohl ein „Vakuum" in der Natur nicht gerade häufig vorkommt.) Die Künstlichkeit von Laborexperimenten ist nicht notwendigerweise ein Fehler, sie kann vielmehr auch von beträchtlichem Vorteil sein.

Obgleich alle genannten Vorteile von Belang sind, stammt der prinzipielle Enthusiasmus der Psychologen gegenüber dem Experiment vor allem aus der Stärke des Experiments, bestimmte Anforderungen wissenschaftlicher Methodik zu erfüllen – d. h. aus den ersten drei der oben genannten Vorteile: 1. die Möglichkeit, die unabhängige Variable zu verändern, 2. die Möglichkeit, andere Variablen durch Randomisierung weitgehend auszuschalten und 3. die Möglichkeit, alternative Hypothesen durch systematische Variationen im Verlauf einer Reihe von Experimenten auszuschließen (oder zu bestätigen).

4.2 Die Probleme des Laborexperiments

Psychologen mußten jedoch bald feststellen, daß, ungeachtet des wohlverdienten Ansehens ihrer Laborexperimente, eine Schar von Kobolden ihr Unwesen in den Laboratorien trieb, die „Artefakte" ins Getriebe der wissenschaftlichen Fortschritte streuten, indem sie Versuchsleiter- und Versuchseffekte fröhlich in einen Topf warfen.

Artefakte sind unerwartete und unerwünschte Prozesse, die mit dem reibungslosen Wirken der untersuchten Variablen interferieren. Ein Experiment wird als „konfundiert" bezeichnet, wenn irgendein unerwünschter Prozeß (das Artefakt) die Erhebung von Effekten der untersuchten Variablen stört. Artefakte trüben das Wasser. So kann es vorkommen, daß Variablen keinen Effekt zeigen oder daß sie zwar einen offensichtlichen und somit tückischen Effekt zeigen, der allerdings unhaltbar ist, weil er auf einem Artefakt beruht. Jedoch, was dem einen Psychologen ein Artefakt, kann dem anderen ein „Haupteffekt" sein – also genau das, was untersucht werden sollte.

Wie kommt es nun, daß Artefakte auftreten? Einer der Gründe ist wohl der, daß menschliche Versuchspersonen keineswegs an der Tür zum Versuchslabor ihr Gehirn ausschalten. Man kann vielmehr davon ausgehen, daß Versuchspersonen mehr als rege damit beschäftigt sind, über das, was geschieht, Hypothesen zu entwickeln, zu bestätigen oder zu verwerfen. Diese Vermutungen können nun relevant oder irrelevant im Hinblick auf das Vorhaben des Versuchsleiters sein; sie könnten zutreffend, falsch, teilweise zutreffend oder teilweise falsch sein.

Als Psychologen sich dessen bewußt wurden, erkannten sie, daß Experimente, die in einem Ozean von unbekannten und nicht gemessenen Wahrnehmungs- und motivationalen Prozessen auf seiten der Versuchspersonen (wie auch der Versuchsleiter) treiben, nicht überzeugend sein können. Die experimentellen Befunde könnten ebensogut auf diesen Prozessen, wie auch auf den vom Experimentator untersuchten unabhängigen Variablen zurückzuführen sein. (Ein ähnliches Problem tritt auch im Zusammenhang mit Persönlichkeitstests auf; vgl. Kap. 8, „Antworttendenz".)

Wenden wir uns nun der Diskussion einiger spezifischer Probleme des Laborexperiments zu.

Quellen der Konfundierung

Aufforderungsmerkmale der Experimentalsituation (Demand Characteristics). Die meisten Umgebungsbedingungen sind reich an Stimuli, die bestimmte Verhaltensweisen auslösen können. Die Laborsituation sollte daher sorgfältig arrangiert sein, um das Auftreten spezifischer Verhaltensweisen zu fördern. Es können jedoch auch Verhaltensweisen ausgelöst werden, die nicht vom Versuchsleiter intendiert waren. Diese Umgebungsaspekte bezeichnet man als „Aufforderungscharakteristika" (demand characteristics; Orne, 1962), da sie zu bestimmten Verhaltensweisen oder Einstellungen gewissermaßen herausfordern oder dazu anregen. *Aufforderungscharakteristika oder -merkmale* sind somit Kontextreize, die einer Versuchsperson nahelegen, was die Hypothese eines Experiments sein könnte oder andere Informationen vermitteln, die das Verhalten der Versuchspersonen in signifikantem Umfang beeinflussen.

Das Wissen um die Hypothese. Das Problem der Einsicht in die Hypothesen wurde insbesondere von Psychologen untersucht, die sich mit dem Konditionieren verbaler Reaktionen durch soziale Verstärkung (z. B. zustimmendes Kopfnicken) befaßten. Die Experimente zeigten, daß soziale Verstärkung eine Zunahme verbaler Verhaltensweisen bewirken kann, wie beispielsweise die Häufigkeit des Gebrauchs von Substantiven oder des Wortes „ich". Es trat nun die Frage auf, ob die Einsicht der Versuchspersonen in das Konditionierungsvorhaben des Versuchsleiters eine entscheidende Bedeutung hat. Die Diskussion darüber dauert an und dreht sich vor allem um die Frage, ob die Konditionierungsprozedur das Entstehen der Einsicht verursacht oder ob zunächst eine Einsicht vorliegt, die dann das Auftreten der Lernvorgänge verursacht (Staats, 1969; Page, 1974; Hendrick, 1977; Hörmann, 1978).

Aufhellungseffekte. Erfahrungen aus früheren Experimenten können Einstellungen und Verhalten der Versuchspersonen beeinflussen. Beispielsweise könnten Versuchspersonen, nachdem sie über die „bystander-Tendenz", d. h. Personen, die in Not sind, nicht zu helfen, „aufgeklärt" worden sind, künftig mit erhöhter Hilfsbereitschaft reagieren. Wenn ihnen die Untersuchung von Asch über die Konformität gegenüber Gruppennormen bei der Beurteilung der Länge von Linien bekannt wäre, könnten Teilnehmer an ähnlichen Experimenten unabhängiger und wirklichkeitsgetreuer reagieren. Würden sie die Experimente von Milgram über den bedenkenlosen Gehorsam (s. u.) kennen, könnten sie weniger fügsam gegenüber Autoritäten, insbesondere gegenüber der Autorität eines Versuchsleiters werden.

Rollenerwartungen. Die Rolle der „guten" Versuchsperson. Daneben, daß Versuchspersonen durch den realen Kontext beeinflußt werden, üben auch andere an dem Experiment beteiligte Personen, einschließlich natürlich des Versuchsleiters, eine Wirkung auf sie aus. Versuchspersonen bei einem Versuchsleiter zu sein, ist eine „Rolle". Für gewöhnlich möchten wir unsere Rollen angemessen in die Tat umsetzen und die Situation gut meistern. In allen sozialen Situationen erwarten wir bestimmte Normen, denen wir zu entsprechen versuchen. Nicht selten tun wir das, wovon wir meinen, wir *sollten* es tun. Bezogen auf ein psychologisches Experiment bedeutet dies, daß Versuchspersonen i. allg. die Absicht haben, die Rolle einer „guten Versuchsperson" zu übernehmen, die auch zum Inhalt haben könnte, daß man dem Versuchsleiter dabei behilflich ist, seine Hypothesen zu bestätigen. Das schafft offensichtlich Probleme. Eine Versuchsperson, die, ob nun freiwillig oder nicht, versucht, sich so zu verhalten, wie es den ihrer Absicht nach vom Versuchsleiter erwünschten Ergebnissen entspricht, tut etwas völlig anderes, als schlicht auf eine unabhängige Variable zu reagieren, wie sie in einer nicht experimentellen Situation vorliegen würde.

Rollenerwartungen. Die „schlechte" Versuchsperson. Wenngleich die meisten Versuchspersonen die Absicht haben, zu kooperieren, so können sich einige Versuchspersonen auf unfaire Weise zur Teilnahme am Experiment gedrängt oder über einige Aspekte des Experiments verärgert fühlen. Unter Umständen wollen diese Versuchsteilnehmer dann die Rolle der „schlechten Versuchsperson" einnehmen. Derartige negative Verhaltensweisen könnte man auch als „Totstell-Effekt" bezeichnen (drop dead effect; Masling, 1966).

Evaluationsargwohn. Persönlichkeitsmerkmale können zu Artefakten werden. Es ist eine Streitfrage, ob bestimmte allgemeine Verhaltensweisen von Versuchspersonen als Reaktion auf die Aufforderungsmerkmale des Labors, als Rollenbeziehung oder als Persönlichkeitsmerkmal zu betrachten sind.

Evaluationsargwohn ist eine Art Persönlichkeitsmerkmal, das ein Experiment konfundieren kann. Als Versuchsperson oder als Versuchsleiter ist Ihnen vielleicht schon aufgefallen, daß verschiedene Personen darüber besorgt sind, was ein Psychologe über sie herausfinden wird. Lediglich die Andeutung, daß man ein Psychologe ist, kann sich schon als Konversations-Stopper erweisen. Gelegentlich erfährt man dann von seinem Gegenüber: „Ich achte wohl besser darauf, was ich sage." Evaluationsargwohn ist die Befürchtung oder Besorgnis, erkundet zu werden. Welches Geheimnis könnte ans Tageslicht kommen? „Bin ich vielleicht nicht normal? Zum guten Schluß bin ich noch neurotisch!" Die Befürchtungen, die durch psychologische Forschungstätigkeiten im Labor oder sonstwo ausgelöst werden, können recht schmerzlich sein. Sie können ein ethisches ebenso wie ein methodisches Problem darstellen. Evaluationsargwohn kann eine sog. „soziale Erwünschtheit" (vgl. Kap. 5) auslösen, wobei die Versuchsperson ihr Verhalten systematisch verändert, um einen „guten Eindruck" zu hinterlassen.

Reaktanz. Reaktanz ist die Tendenz, die eigene Handlungs- oder Wahlfreiheit zu verteidigen. Wenn ein Versuchsteilnehmer glaubt, der Versuchsleiter versuche ihn zu einem bestimmten Verhalten zu drängen, kann Reaktanz ihn zu irgendeinem anderen Verhalten veranlassen.

Kann vielleicht die zufällige Aufteilung der Versuchspersonen die bisher genannten Probleme lösen? Zum Teil ja, denn dadurch kann mit einiger Sicherheit angenommen werden, daß die durchschnittlichen Ausprägungen von Befürchtungen, Reaktanz oder sonstigen Charakteristika in der Experimental- und der Kontrollgruppe ähnlich sind. Zum Teil können die Probleme durch Randomisierung jedoch nicht gelöst werden. Randomisierung hebt nicht die Effekte auf, die möglicherweise in beiden Gruppen auftreten. Falls eine unabhängige Variable unterschiedliche Auswirkungen hat, in Abhängigkeit davon, ob die Versuchspersonen sich wohl fühlen (d. h. wenn eine Interaktion zwischen Evaluationsargwohn und der unabhängigen Variablen vorliegt), dann werden die Resultate trotz der Randomisierung davon beeinflußt sein. Entsprechendes gilt auch für andere Artefakte.

Die Erwartung des Versuchsleiters. Der Versuchsleiter wird ebenfalls durch all jene Prozesse beeinflußt, die wir bisher beschrieben haben: Rollenerwartungen, Aufforderungsmerkmale, Persönlichkeitsmerkmale usw. Der Experimentator kennt für gewöhnlich die Hypothesen, die überprüft werden und er kommt wohl schwer kaum darum herum, irgendeine Ansicht über die vermutlichen (oder erwünschten) Ergebnisse zu haben.

Rosenthal und Rosnow (1969, 1975) haben eine Vielzahl von Untersuchungen über die Wirkung von unwillkürlichen Hinweisreizen des Versuchsleiters auf das Verhalten der Versuchspersonen durchgeführt. Rosenthal war insbesondere daran interessiert, ob die Erwartungen des Versuchsleiters hinsichtlich der Resultate einen Einfluß auf die tatsächlichen Ergebnisse haben könnten. Dementsprechend bezeichnete er seine unabhängige Variable als „Versuchsleitererwartung".

Rosenthal entwickelte eine Standardmethode zur Untersuchung der *Versuchsleitererwartung*. Die Versuchspersonen schätzen das Ausmaß an „Erfolg" oder „Mißerfolg", das sie in einer Reihe von Photographien zu erkennen glaubten, auf einer Skala von -10 bis $+10$ ein. Die Photographien wurden deshalb verwendet, weil sie relativ neutrale Aufforderungsmerkmale hatten: Sie wurden von verschiedenen Versuchspersonengruppen im Durchschnitt mit dem Wert Null eingeschätzt. Rosenthal und Rosnow führten nun verschiedene Versuchsleiter ein. Der Hälfte dieser Versuchsleiter wurde mitgeteilt, daß die durchschnittliche Einschätzung der Photographien um $+5$ läge. Den anderen Versuchsleitern wurde mitgeteilt, sie könnten einen Durchschnittswert von -5 erwarten. Es zeigte sich, daß die Einstufungen der Versuchspersonen häufig (aber nicht immer) in signifikantem Ausmaß von den Erwartungen ihrer jeweiligen Versuchsleiter beeinflußt wurden. Diejenigen Versuchsleiter, die höhere Werte erwarteten, tendierten dazu, Versuchspersonen zu haben, die höhere Einschätzungen abgaben. Wie man sehen kann, hatte die von Rosenthal verwendete Methode das Ziel, den Einfluß anderer Variablen zu minimieren, um so die Effekte der Versuchsleitererwartung messen zu können, falls sie existierten.

Einige Forscher konnten jedoch keine meßbaren Effekte der Versuchsleitererwartung finden (Barber und Silver, 1968). Vielleicht kann zusammenfassend daraus folgendes geschlossen werden: Man kann nicht davon ausgehen, daß die Erwartungen des Versuchsleiters niemals die Ergebnisse eines Experiments beeinflussen, aber ebensowenig kann man annehmen, daß die meisten experimentellen Befunde in erster Linie von den Erwartungen des jeweiligen Forschers abhängig sind.

Der Umgang mit Artefakten und Erwartungen

An diesem Punkt könnte vielleicht die Frage auftauchen, ob es angesichts der Vielzahl konfundierender Faktoren, die die Versuchsergebnisse beeinflussen können, überhaupt möglich ist, brauchbare Experimente durchzuführen. Im folgenden sollen einige Vorschläge dargestellt werden, wie man mit Artefakten umgehen könnte.

Diagnose. Ein erster Schritt besteht darin, festzustellen, ob Artefakte vorliegen und welches im speziellen Fall die Artefakte sind. Bei der Untersuchung von Aufforderungsmerkmalen beispielsweise wurden während einer nach der „Entschleierung" stattfindenden Sitzungen die Versuchspersonen interviewt, um so herauszufinden, welche Aufforderungsmerkmale vorlagen. Worum ging es nach Ansicht der Versuchspersonen in dem Experiment? Haben sich ihre Hypothesen im Verlauf des Experiments verändert? Wie war das Befinden während des Experiments?

Obgleich diese Technik recht nützlich ist, könnte dennoch der Eindruck entstehen, daß die Versuchspersonen durch das Interview „aufgefordert" werden, Aufforderungsmerkmale des Experiments zu berichten. Sind wir also in einem unendlichen Regress gefangen? Nicht ganz.

Obwohl es häufig möglich ist, ein bestimmtes Aufforderungsmerkmal oder die Erwartung der Versuchspersonen auszuschalten und den Evaluationsargwohn zu reduzieren, ist es jedoch nicht möglich, alle Aufforderungsmerkmale oder Erwartungen zu beseitigen. So können mit der Versuchspersonen- und Versuchsleiterrolle verbundenen *Rollenerwartungen* in einem Experiment nicht vermieden werden. Die Wahrnehmungen der Versuchspersonen wurden oft als ein wesentlicher Teil des Experiments betrachtet. Häufig wird versucht, sie auf direktem Weg zu messen und sie auf einem bestimmten Niveau zu halten.

Hinzunahme zusätzlicher Kontrollgruppen. Ist erst einmal ein mögliches Artefakt oder eine mögliche Quelle für systematische Verzerrungen (bias) identifiziert, kann durch Hinzunahme einer Kontrollgruppe ihr tatsächlicher Einfluß gemessen werden. (Entsprechend der Strategie einer systematischen Variation der unabhängigen Variablen wird hier nun der Einfluß konfundierender Variablen untersucht.)

Ein Beispiel für diese Technik ist der Solomon-Vier-Gruppen-Versuchsplan. Solomon (1946) beschäftigte sich mit der Möglichkeit, daß der Einfluß der unabhängigen Variablen durch einen Vortest verändert wird. Ursprünglich plante er ein klassisches Design, wonach eine Kontroll- und eine Experimentalgruppe einen Vortest durchführen, die Experimentalgruppe einer sensorischen Deprivation ausgesetzt und beide Gruppen erneut in einem Nachtest untersucht werden sollten. Solomon vermutete jedoch, daß der Effekt der sensorischen Deprivation durch Effekte des Vortests zunichte gemacht werden könnte. Um diese Möglichkeit zu überprüfen, fügte er, wie das folgende Schema illustriert, zwei weitere Gruppen hinzu.

Die Versuchspersonen wurden den vier Gruppen nach Zufall zugewiesen. Gruppe I und Gruppe II sind die traditionellen Experimental- und Kontrollgruppen.

Table 4.1. Der Solomon Vier-Gruppen Versuchsplan

	Vortest	Experimentelles Treatment	Nachtest
Gruppe I	ja	ja	ja
Gruppe II	ja	nein	ja
Gruppe III	nein	ja	ja
Gruppe IV	nein	nein	ja

Gruppe III sagt etwas über den Treatmenteffekt ohne Vortest aus, während Gruppe IV eine Aussage darüber ermöglicht, wie sich die Kontrollgruppe ohne Vortest und ohne Treatment im Nachtest verhält. Die Differenzen zwischen den Gruppen I und III sowie zwischen den Gruppen II und IV müssen durch den Vortest verursacht sein.

Versuchsleitererwartungen können in gleicher Weise angegangen werden. Besteht der Verdacht, daß Versuchsleitererwartung die Ergebnisse beeinflußt, so kann eine Kontrollgruppe hinzugenommen werden, die von einem „blinden", falsch informierten Versuchsleiter untersucht wird. Besteht kein bedeutsamer Unterschied zwischen den Ergebnissen, dann kann das Vorliegen entscheidender Versuchsleitererwartungen ausgeschlossen werden.

Aus praktischen Erwägungen werden meist nur wenige derartiger Kontrollgruppen verwendet. Zeigen sich widersprüchliche Ergebnisse oder Resultate, die anscheinend keinen Sinn ergeben, dann sollte eine größere Anzahl von Kontrollgruppen erwogen werden.

Streben nach experimentellem Realismus. Eine weitere Möglichkeit, sich dem Artefakt-Problem zu nähern, besteht darin, Prozesse von relativ großer Tragweite zu untersuchen. Je faszinierender und imposanter die unabhängige Variable ist, desto weniger werden die Versuchspersonen durch subtile, unwillkürliche Hinweisreize des Versuchsleiters oder durch Aufforderungsmerkmale der experimentellen Situation beeinflußt werden. Je trivialer der Eindruck, den die unabhängige Variable erweckt, desto mehr werden Artefakte an Boden gewinnen.

Carlsmith, Ellsworth und Aronson (1976) gebrauchten den Begriff *experimenteller Realismus,* um damit ein Experiment zu kennzeichnen, das die volle Aufmerksamkeit der Versuchspersonen auf sich zieht. Ein derartiger experimenteller Realismus steht im Kontrast zum *mundanen Realismus,* einem „untadelig, aber faden" Realismus, der zwar lebensecht, aber langweilig sein kann. Die Untersuchungen von Milgram über den bedenkenlosen Gehorsam, das Experiment von Asch (1951) zur Konformität bei der Einschätzung der Länge von Linien und die „Gefängnisstudie" von Zimbardo (vgl. Kap. 1; Zimbardo, 1983, S. 585–588) sind Beispiele von Untersuchungen mit hohem experimentellen Realismus, wenngleich sie sich nicht alle mit „alltäglichen" Erfahrungen befassen. Unglücklicherweise jedoch kann das Streben nach experimentellem Realismus in Konflikt mit ethischen Prinzipien geraten, wie beispielsweise mit der Verpflichtung, übermäßige Belastungen oder Täuschungen zu vermeiden. (Natürlich können positive, erfreuliche Ereignisse ebenfalls realistisch sein!)

Der Wandel der Bewußtheit vom Forschungsgegenstand. Sich um eine vollkommene Unkenntnis der Versuchspersonen zu bemühen, kann ebenso sinnvoll sein, wie
eine hohe Bewußtheit zu fördern – i. allg. hängt dies davon ab, welchen möglichen
Einfluß die Einsicht der Versuchspersonen auf den Untersuchungsgegenstand
hat. Wie erreicht man jedoch verschiedene Bewußtheitsstufen?

Die „unwissende" oder „naive" Versuchsperson

Sollte jedes Experiment als eine Komponente den Sachverhalt zum Gegenstand
haben, daß die Teilnehmer eines psychologischen Experiments die Rolle der Versuchsperson einnehmen? Nein. Man könnte diesen Faktor z. B. dadurch ausschalten, daß man das Experiment aus einem speziellen Labor hinausverlegt und indem man „unwissende" oder „naive" Versuchspersonen untersucht, die keine
Kenntnisse davon haben, daß sie an einem Experiment teilnehmen.
Beispielsweise fanden Untersuchungen über Hilfeleistungen gegenüber Fremden
in Situationen statt, in denen unbekannte Passanten oder Kunden in einem Geschäft die Versuchspersonen waren (Latane und Darley, 1970). Heussenstamm
(1971) untersuchte im Anschluß an die gewalttätigen Auseinandersetzungen zwischen Anhängern der Black Panther Bewegung und der Polizei im Jahre 1969,
welche Wirkung ein Black Panther Autoaufkleber auf die Polizei in Los Angeles
hatte. Würden diese Autos mehr Bußgeldbescheide erhalten als andere? Die Besitzer dieser Fahrzeuge, die an der Untersuchung teilnahmen, waren Freiwillige,
farbige, weiße und mexikanisch-amerikanische Studenten mit ausgezeichnetem
Fahrkönnen. An dem Experiment nahmen keine Versuchspersonen teil, die zuvor
schon irgendwelche Aufkleber verwendet hatten. Heussenstamm ersuchte um die
informierte Mitarbeit freiwilliger Studenten, die vor dem Experiment noch keine
Aufkleber an ihren Fahrzeugen gehabt hatten und stellte so die gewünschte Ausprägung der unabhängigen Variablen her. Die unwissenden Versuchspersonen
dieses Experiments waren die Polizisten. Es zeigte sich, daß 15 Sticker-Träger innerhalb von 17 Tagen 33 Bußgeldbescheide erhielten. Nach Aussagen der freiwilligen Studenten waren alle unberechtigt. Sie hatten versucht, alle Verkehrsvor-
schriften zu beachten. Geschlecht, Rasse, Kleidung und Haarschnitt der Fahrer
sowie der verwendete Fahrzeugtyp schienen in keinem Zusammenhang mit der
Anzahl der erhaltenen Bußgeldbescheide zu stehen.
Die von Milgram (1970) verwendete „Technik der verlorenen Briefe" ist ein weiteres Beispiel dafür, wie Untersuchungen mit unwissenden Versuchspersonen
durchgeführt werden können. Briefe, die an umstrittene Organisationen adres-
siert waren, wurden „zufällig" an solchen Stellen fallengelassen, wo Passanten sie
leicht finden konnten. Die Einstellung zu diesen Organisationen wurde dann anhand des Anteils der „verlorenen" Briefe gemessen, die „trotzdem" ein-
trafen.
Die Versuchspersonenrolle zu verhehlen, was ja das Ziel derartiger Methoden ist,
wirft natürlich ethische Probleme auf. Ist es ethisch vertretbar, Personen an einem
Experiment teilnehmen zu lassen, ohne ihr Einverständnis zu haben? Eine unwissende Versuchsperson dazu zu veranlassen, einen verlorenen Brief mit der Post
zu verschicken, scheint harmlos genug zu sein. Diese Versuchsperson zu einem
Verhalten zu veranlassen, das umfassendere Konsequenzen hat, kann schwerwiegende ethische Bedenken aufkommen lassen.

Die vernachlässigte Versuchsperson

Versuchspersonen werden bisweilen mit elaborierten Falschinformationen versehen oder, was häufiger vorkommt, sie werden schlichtweg nicht über den eigentlichen Untersuchungsgegenstand in Kenntnis gesetzt.

Um sich davor zu schützen, daß Versuchspersonen durch die Einsichten des Versuchsleiters beeinflußt werden, könnten „blinde" Versuchsleiter eingesetzt werden, die über die tatsächlichen Hypothesen nicht informiert sind. Dies könnte den
Versuchsleiter daran hindern, den Versuchspersonen die aktuellen Hypothesen
unwillkürlich zu vermitteln. (Es bleibt auch noch die Möglichkeit, daß der Versuchsleiter irgendwelche anderen Hypothesen vermittelt.) Schriftliche Mitteilungen, Tonbandaufzeichnungen oder sogar Filme können dazu verwendet werden,
die notwendigen Instruktionen zu übermitteln, um so die Möglichkeiten in Grenzen zu halten, daß der Versuchsleiter unwissentlich verschiedenartigste Hinweisreize preisgibt. Während aber dieses Vorgehen allen Versuchsteilnehmern dieselben Instruktionen übermittelt, wirft es andererseits auch ein neues Problem auf:
Beeinflußt die Instruktion von Tonband das Verhalten der Versuchsperson? In einigen Untersuchungen könnte dies ein kritischer Punkt sein, während es in anderen kaum von Belang ist.

Die informierte Versuchsperson

Für einige Fragestellungen ist es hilfreich oder sogar von entscheidender Bedeutung, den Versuchsteilnehmern gegenüber recht offen zu sein und sie um eine aktive Kooperation zu ersuchen. Dies trifft insbesondere für die Bereiche der
Grundlagenforschung und der Angewandten Psychologie zu. Wenn übergewich-
tige Personen zu einem gewissen Gewichtsverlust, Studenten zu einem erfolgrei-
cheren Studium oder Klienten zur Überwindung eines neurotischen Problems
verholfen werden soll, warum sollte dann nicht gesagt werden, daß beispielsweise
die Effektivität der Methoden A und B miteinander verglichen werden. Da die
Versuchsteilnehmer selbst lieber das Problem gelöst sähen, könnten sie motivierter sein, an der Forschung teilzunehmen, wenn sie eine gewisse Einsicht in die entsprechenden Zielsetzungen haben.

Die rollenspielende Versuchsperson

Informierte Versuchspersonen könnten dazu aufgefordert werden, eine bestimmte Situation in einem Rollenspiel darzustellen. Einige Untersuchungen zum Rollenspiel sind durch einen recht geringen experimentellen Realismus gekennzeichnet: Bei minimalem Arrangement der Situation enthielten die Versuchspläne nur
wenige gruppentherapeutische Techniken (wie sie beispielsweise im Psychodrama
verwendet werden). Die Technik des Rollenspiels wurde einerseits als eine Alternative zur Täuschung vorgeschlagen (Kelman, 1972), andererseits wurde kritisch
dagegen vorgebracht, daß sie wohl kaum als ein Duplikat „realen" Verhaltens angesehen werden kann. Anwälte des Rollenspiels erwidern hierauf, daß argwöhni-
sche Versuchspersonen in einem Experiment wohl ebenfalls nicht ihr „reales" (un-
befangenes) Verhalten duplizieren.

„Real" ist hier vielleicht das falsche Wort. Möglicherweise wird sich bei integrier-
ter Mitwirkung unter einem faszinierenden und realistischen Arrangement in Zukunft das Rollenspiel-Verhalten einem „temporären Rollenübernahme-Verhal-

ten" nähern. Was im Grunde genommen von einer Versuchsperson erwartet wird, ist, daß sie die in Frage stehende Rolle zwar vorübergehend, aber in vollem Umfang einnimmt, gleichgültig, ob es sich dabei um „eine Person, die aggressiven Attacken ausgesetzt ist" oder um irgendeine andere Rolle handelt. Die Teilnahme an einem Experiment ist – idealiter – vielleicht wie eine kurzzeitige Tätigkeit als wissenschaftliche Hilfskraft. Es handelt sich zwar um eine vorübergehende Situation, aber während man sich in ihr befindet, ist die Rolle real, sind die Probleme und die entsprechenden Lösungsversuche real (Kelman, 1967, 1972; Mixon, 1974; Forward, Center und Kirsch, 1976; Cooper 1976; Hendrick, 1977; Spence, 1978).

Kreative Versuchsplanung. Ausgeklügelte Laborsituationen vergrößern Artefakte. Um der Versuchung zu widerstehen, die Technik der Täuschung überstrapazieren oder sonstige Erfindungen auf die Spitze zu treiben, sollte sich der Forscher fragen: „Wie kann ich dieses Problem auch anders untersuchen?" So ist in Humanexperimenten beispielsweise die Applikation oder auch nur die Androhung von Elektroschocks schon allzu häufig angewendet worden. Eine phantasievolle, kreative Versuchsplanung kann eine mögliche Konfundierung von Variablen einschränken.

Grenzen der Generalisierbarkeit von Resultaten

Welche Allgemeingültigkeit können die Ergebnisse eines Experiments beanspruchen? Dieses Problem der Generalisierbarkeit stellt sich nicht nur für das Experiment, sondern betrifft alle Forschungsmethoden. Immer, wenn aus einer Untersuchung Schlußfolgerungen gezogen werden sollen, dann stellt sich die Frage, für welche Personen in welchen Situationen die Resultate zutreffen. Es müssen also Fragen zur Stichprobe („welche Personen?") und zur externen Validität („welche Situationen?") gestellt werden. Das Problem der externen Validität bezieht sich auf den Sachverhalt, daß Resultate im Situationskontext der jeweiligen Untersuchung zwar hoch valide sein können, im Hinblick auf andere Lebensbereiche aber nur eine relativ geringe Validität haben. Alle Experimente werden mit einer geringen Anzahl von Personengruppen durchgeführt. Vor weiteren Fortschritten der Forschung kann es kaum Gewißheit darüber geben, welche der menschlichen Charakteristika den entscheidenden Einfluß auf die Ergebnisse ausüben.
Derartige Einschränkungen sollten zwar erkannt werden, sie sollten aber nicht zur Quelle der Entmutigung werden. Sie weisen lediglich darauf hin, daß die Prinzipien, nach denen die Psychologie Ausschau hält, zunächst für bestimmte Personen in bestimmten Situationen zutreffen. Geeignete psychologische Prinzipien sind keine unpräzisen Faustregeln, die „irgendwie" „irgendwo" auf „irgend jemand" angewandt werden.

Einschränkungen aufgrund dichotomisierter Variablen. Bei einem „zweiwertigen" Versuchsplan liegt eine unabhängige Variable in *zwei* Ausprägungen vor. Diese Ausprägungen sind lediglich zwei Werte aus einer größeren Anzahl möglicher Ausprägungen, die man hätte verwenden können (vorausgesetzt, die unabhängige Variable kann als kontinuierliches Merkmal betrachtet werden). Können wir nun aus derartigen dichotomisierten Variablen, d. h. aus den Resultaten, die sich aus zwei Ausprägungen einer kontinuierlichen Variablen ergeben, auf einen allgemeingültigen Zusammenschluß schließen?

Angenommen, wir untersuchen den Effekt eines Anstiegs im Angstniveau (hervorgerufen durch angstinduzierende Instruktionen) auf die Gesellchkeit (affiliation; nach Gesellschaft mit anderen suchen). Um die zwei Ausprägungen des Angstniveaus zu bewirken, teilen wir unseren Versuchspersonen mit, sie würden an einem Experiment teilnehmen, bei dem ihnen entweder leicht unangenehme oder recht schmerzhafte Ereignisse bevorstünden. Wir werden die Effektivität unserer Bemühungen, die unabhängige Variable (Angst) zu beeinflussen, anhand psychophysiologischer Messungen, wie der GSR (galvanic skin response; dt.: galvanische Hautreaktion oder PGR = psychogalvanische Reaktion) überprüfen. Weiterhin teilen wir den Versuchsteilnehmern mit, daß es etwa 15 min in Anspruch nehmen wird, um die Versuchsgeräte in Betrieb zu setzen und fragen sie, ob sie bis zum Beginn des Versuchs lieber *alleine* oder *zusammen mit anderen* in einem Warteraum warten wollen. Der Anteil der Versuchspersonen, die es vorziehen, zusammen mit anderen zu warten, ist unsere operationale Definition des Gesellungsverhaltens. In Wahrheit aber wird im Verlauf des Experiments kein schmerzhaftes Ereignis auftreten. [Dieses Experiment hat große Ähnlichkeit mit einer Untersuchung, die von Schachter et al. (1959) durchgeführt wurde; die Ergebnisse in Abb. 4.1 sind allerdings hypothetisch.]

Nehmen wir an, wir führen dieses Experiment durch und erhalten die Ergebnisse, wie sie in Abb. 4.1 dargestellt sind. Demnach ziehen es 30% der Gruppe mit geringer Angst vor (ihnen wurde mitgeteilt, das Experiment wäre leicht unangenehm), in Gesellschaft anderer zu warten, während es in der Gruppe mit hoher Angst (sie erwarten recht schmerzhafte Ereignisse) 50% der Teilnehmer vorziehen, gemeinsam mit anderen zu warten. Wahrscheinlich können wir daraus auf eine allgemeinere Beziehung schließen: Je mehr die Angst zunimmt, desto mehr steigt der Wunsch nach Gesellung (entsprechend der operationalen Definition in unserem Experiment).

Diese allgemeinere Beziehung, die wir aus unserem ersten Experiment erschließen, ist in Abb. 4.2 dargestellt. Angenommen, wir könnten 50 verschiedene Ausprägungen von Angst bewirken und identifizieren, von denen jede ein wenig größer ist als die jeweils vorhergehende. Wie würde sich der Zusammenhang zwischen Gesellung und Angst dann darstellen? Entsprechend der Abb. 4.2 wollen

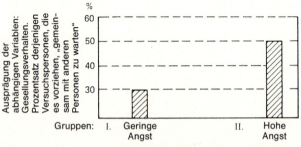

Abb. 4.1. Dichotomisiertes Design

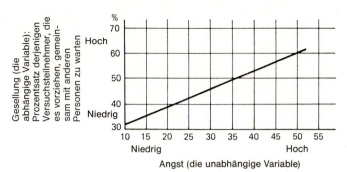

Abb. 4.2. Ein linearer Zusammenhang zwischen Gesellung und Angst

sich 30% der Versuchspersonen mit einem Angstwert von 10 in Gesellschaft begeben, 44% derjenigen mit dem Angstwert 25 usw. Die rechte Seite der Abbildung zeigt, daß 60% der Versuchsteilnehmer mit einem Angstniveau von 50 in Gesellschaft anderer warten wollen.

Wollten wir tatsächlich alle 50 Gruppen untersuchen, so wäre dies ein sehr kostspieliges und zeitaufwendiges Unternehmen. Können wir nicht die Beziehung, wie sie in Abb. 4.2 dargestellt ist, aus den Daten in Abb. 4.1 erschließen? Nicht unbedingt. Die Beziehung in Abb. 4.2 stellt einen sog. *linearen* Zusammenhang dar (der hier dargestellte Zusammenhang weist auch auf eine positive Korrelation hin). Ist ein Zusammenhang linear, so ist ein Anstieg der Ausprägung einer Variablen mit einem Anstieg der Ausprägung einer anderen Variablen verbunden.

Viele Zusammenhänge in der Psychologie sind glücklicherweise nahezu linear. Anhand von Untersuchungen mit dichotomen Variablen können jedoch keine Aussagen darüber gemacht werden, ob ein Zusammenhang linear ist. Zwischen einigen Variablen bestehen darüber hinaus sog. *kurvilineare* (oder nichtlineare) Zusammenhänge: Während die unabhängige Variable steigt, nimmt die Ausprägung der abhängigen Variablen zunächst ebenfalls zu und fällt dann ab (oder sie fällt erst und steigt schließlich wieder an). Ein derartiger parabolischer Zusammenhang ist in Abb. 4.3 dargestellt. Wie die graphische Darstellung zeigt, steigt

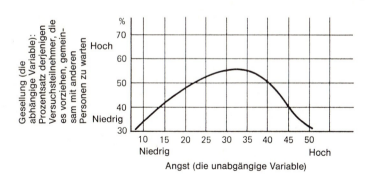

Abb. 4.3. Ein nichtlinearer Zusammenhang zwischen Gesellung und Angst: eine parabolische Beziehung

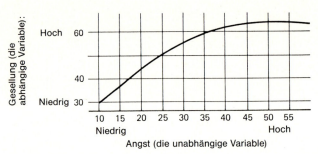

Abb. 4.4. Ein nichtlinearer Zusammenhang zwischen Gesellung und Angst: eine asymptotische Beziehung

bei zunehmendem Angstniveau das Gesellungsverhalten zunächst auch an. Dann jedoch, wenn das Angstniveau im hohen Bereich liegt, fällt das Gesellungsverhalten wieder ab.

Abbildung 4.3 enthält eine Reihe interessanter Implikationen für dichotome Designs. Angenommen, wir hätten die Angstausprägungen mit den Werten 15 und 45 untersucht. Was könnten wir daraus über den Zusammenhang zwischen Angst und Gesellung erschließen? Wir hätten den Eindruck, als ob zwischen Angst und Gesellung kein Zusammenhang bestünde: In beiden Fällen wollen sich etwa 40% der Versuchspersonen zu anderen Teilnehmern gesellen (gemeinsam mit anderen auf das angsterregende Ereignis warten). Nehmen wir andererseits an, wir hätten die Angstausprägungen mit den Werten 35 und 50 auf unserer Angstskala untersucht. In diesem Falle würden wir schließen, daß ein hohes Ausmaß an Angst mit einer geringen Ausprägung des Gesellungsverhaltens verbunden wäre, da entsprechend der Abb. 4.3 an diesen Stellen die Ausprägung der Gesellung von 55% unter der Bedingung geringerer Angst auf 30% unter der Bedingung einer höheren Angst fällt.

Weiterhin kann ein Zusammenhang auch *asymptotisch* sein, d. h. also weder linear noch parabolisch. Hierbei steigt die abhängige Variable zunächst an und pendelt sich dann gewissermaßen ein, so daß von einem bestimmten Punkt an keine oder nur noch sehr geringfügige Veränderungen auftreten, während die Ausprägung der unabhängigen Variablen stetig steigt. Ein solcher Zusammenhang ist in Abb. 4.4 dargestellt: Mit zunehmender Angst steigt die Gesellung zunächst an. Von einem mittleren Angstniveau an pendelt sich die abhängige Variable dann ein (sie nähert sich der Asymptote). Wie man der Abb. 4.4 leicht entnehmen kann, würde man bei der Verwendung dichotomisierter, zweistufiger Variablen zu recht unterschiedlichen Schlußfolgerungen kommen, abhängig davon, ob die Ausprägungen im unteren oder im oberen Angstbereich liegen.

Mehrstufige Variablen
Es leuchtet ein, daß es sehr vorteilhaft ist, entsprechend einer Stichprobe von Versuchspersonen gewissermaßen auch eine „Stichprobe von Variablenausprägungen" zu untersuchen. Das heißt nicht, daß jede Untersuchung mindestens acht oder zehn Ausprägungen der unabhängigen Variablen umfassen sollte, was oft sogar undurchführbar wäre. Jedoch erhält man beträchtlich mehr Informationen

über den Kurvenverlauf, wenn man ein *mehrstufiges Design* verwendet, d. h. ein Design, bei dem mindestens drei Ausprägungen der unabhängigen Variablen untersucht werden. Man erhält so (bei Verwendung von drei oder mehr Gruppen) mindestens drei Punkt der Kurve und kann dadurch um so eher feststellen, ob es sich um einen linearen, parabolischen oder asymptotischen Zusammenhang zwischen den Variablen handelt.

Einschränkungen aufgrund eines Konstanthaltens der „falschen" Variablen. Die externe Validität, die Generalisierbarkeit von Ergebnissen auf andere Bereiche, kann auch dadurch eingeschränkt werden, daß unglücklicherweise eine Variable konstant gehalten wurde, deren unterschiedliche Ausprägungen in einem zweiten Untersuchungsbereich von entscheidender Bedeutung sind. Angenommen, man möchte die Hypothese überprüfen, daß Vitamin E das Sehvermögen verbessert. Man führt dazu einen sorgfältig geplanten *Doppelblindversuch* (weder der Versuchsleiter noch die Versuchspersonen wissen, wer tatsächlich Vitamin E erhält) an hospitalisierten Patienten durch, deren Umgebung man sorgfältig kontrollieren kann; es zeigt sich, daß das Vitamin E absolut keine Wirkung auf das Sehvermögen hat. Trotzdem könnte es zutreffen, daß in alltäglichen Lebenssituationen Vitamin E mit einem besseren Sehvermögen in Zusammenhang steht. Um nun einmal blindlings zu raten: Vielleicht verursacht Vitamin E ein großes Verlangen nach Radieschen und Radieschen enthalten einen bis dato nicht bekannten sagenhaften Bestandteil, der das Sehvermögen verbessert.

Während die Resultate dieses Laborexperiment im engeren Sinn valide sind, haben sie einen im weiteren Sinne auf die falsche Fährte geführt. Weil man unglücklicherweise eine Variable – die Diät – konstantgehalten hat, die eigentlich als eine wichtige unabhängige Variable hätte behandelt werden müssen (Variationen ermöglichen), hat man sich selbst den Weg zur Entdeckung einer bedeutenden Grundwahrheit hinsichtlich des Zusammenhangs zwischen Vitamin E und Seh-

Konstanthalten der „falschen" Variablen

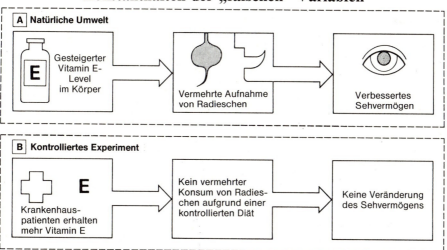

vermögen verstellt: Vitamin E vergrößert den Appetit auf Radieschen und Radieschen wiederum beeinflussen das Sehvermögen. (Das Bedürfnis nach Radieschen ist in diesem Fall also eine sog. Moderatorvariable: Es beeinflußt in entscheidendem Umfang den Zusammenhang zwischen Vitamin E und dem Sehvermögen.)

Dieses Problem, die „falschen" Ausprägungen der unabhängigen Variablen zu untersuchen und die „falschen" Faktoren konstant zu halten, kann dadurch vermindert werden, daß ein Wechsel zwischen Feldstudie und Laborexperiment stattfindet. Man könnte im Feld beispielsweise Variablenausprägungen beobachten, die man selbst nicht hergestellt hat, und man könnte dabei feststellen, daß eine Reihe von Variablen sich gemeinsam verändern (miteinander korrelieren). Dann könnte man ins Labor zurückkehren und dort eine spezifische Hypothese unter kontrollierten Bedingungen überprüfen.

Einschränkungen aufgrund eines Scheiterns bei der Messung der kritischen abhängigen Variablen. Nehmen wir einmal an, man wollte untersuchen, ob Kinder durch verschiedene Vorschulprogramme besser in der Schule zurechtkommen. „Besser in der Schule zurechtkommen" ist natürlich keine konzeptuell oder operational brauchbare Variable. Man könnte sinnvollerweise argumentieren, daß zunehmendes Selbstvertrauen, ein positives Selbstbild, bessere soziale Fertigkeiten im Umgang mit Gleichaltrigen und Erwachsenen, ein höherer Intelligenzquotient, eine fortgeschrittene kognitive Entwicklung, ein umfangreiches Vokabular, ein besseres Benehmen oder auch die bessere Kleidung dazu führen, daß Kinder „besser in der Schule zurechtkommen". Der Effekt könnte indirekt sein. So könnte eine unverzügliche Steigerung des IQ um 15 Punkte weniger bedeutsam sein,

Das Problem der nicht gemessenen Variablen

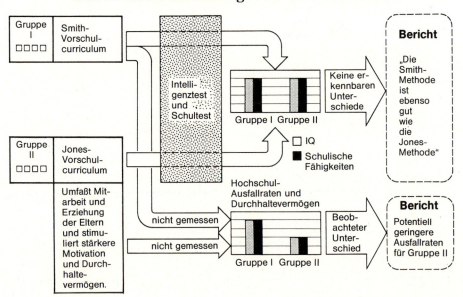

als eine Zunahme des Selbstvertrauens, das nach zwei Jahren zu besseren Lesefertigkeiten führt.

Angenommen, man vergleicht zwei Gruppen von Kindern miteinander, wobei eine Gruppe nach einem Jones-Vorschulcurriculum und die andere nach einem Smith-Vorschulcurriculum unterrichtet wurde.

Man führte mit allen Kindern einen Intelligenztest und einen Schultest durch und findet keinen bedeutenden Unterschied zwischen den beiden Gruppen. Es scheint also das eine Curriculum genauso gut oder schlecht zu sein wie das andere.

In Wahrheit aber ist die Jones-Methode besser und effektiver. Zum ersten umfaßt sie auch die intensive Mitwirkung und Erziehung der Eltern, die zu einer Steigerung der schulischen Fertigkeiten von jüngeren Geschwistern der Vorschulkinder beitragen. Zweitens führt diese Methode dazu, daß die Vorschulkinder eine stärkere Motivation entwickeln, um Mißerfolge zu überwinden und durchzuhalten, die später zu geringeren Ausfallsraten führt. Da man jedoch keine dieser Konsequenzen erwartet hat, hat man auch weder die schulischen Leistungen der jüngeren Geschwister, noch die „Motivation zum Durchhalten", noch spätere Ausfallsraten erhoben. Folglich kam man zu der falschen Schlußfolgerung, daß die beiden Methoden sich in ihren Effekten nicht voneinander unterscheiden. Zutreffend ist vielmehr, daß sie sich unterscheiden, allerdings nicht hinsichtlich der unabhängigen Variablen, die man gemessen hat.

Der Gedanke, daß nichts über Variablen in Erfahrung gebracht werden kann, die in einem Experiment nicht erhoben wurden, scheint im Grunde genommen allzu offenkundig zu sein, als daß er überhaupt erwähnenswert sei. In der Praxis jedoch kann es schnell geschehen, daß man seine Ergebnisse übergeneralisiert.

4.3 Repräsentative Beispiele experimenteller Methodik

Nach der allgemeinen Diskussion über Methoden des psychologischen Experimentierens in den Abschn. 4.1 und 4.2 wenden wir uns nun der Betrachtung vier repräsentativer Beispiele solcher Experimente zu.

Barker, Dembo und Lewin: Frustration und Regression bei Kindern

Beginnen wir mit einer frühen klassischen Arbeit. Im Jahre 1935 führten Roger Barker, Tamara Dembo und Kurt Lewin ein Laborexperiment mit einer Gruppe von 2- bis 5jährigen Kindern durch. Die Untersucher gingen in ihrer Arbeit von der entwicklungspsychologischen Hypothese aus, daß ein frustratives Ereignis bei Kindern zu einem Verhalten auf einem unreiferen und weniger differenzierten Funktionsniveau (i. V. zu ihrem sonstigen, normalen Verhalten) führt, das die Autoren *Regression* nannten. Dabei bestimmt sich „regressives Verhalten" aus den Verhaltenscharakteristika jüngerer Alters- und Entwicklungsstufen, also aus den Verhaltenseigenschaften „normaler" (*nicht* frustrierter) jüngerer Kinder. Um die Vorhersage, daß Frustration zu Regression führt, zu testen, ließen Barker et al. 10 jüngere und 20 ältere Kinder mit verschiedenstem Spielzeug spielen. Die *Konstruktivität* des Spiels jedes einzelnen Kindes wurde während einer ersten Vortestperiode eingeschätzt. An einem zweiten Tag wurde das Kind in dieselbe Situation gebracht, nur daß jetzt die attraktiven Spielsachen hinter einem Maschendrahtzaun in demselben Zimmer untergebracht worden waren. Dabei konnte das Kind fast die gesamte Sitzung hindurch zwar dieses Spielzeug sehen, aber nicht damit spielen, weil der Durchlaß in dem Zaun verschlossen war. Das Kind mußte deshalb mit dem weniger attraktiven Spielzeug vor dem Zaun vorlieb nehmen; die Konstruktivität des Spiels wurde für jedes Kind erneut eingeschätzt. Die Konstruktivitätswerte wurden zur Messung und Bestimmung des Regressionsgrades verwendet. Entsprechend der Vorhersage war die Konstruktivität während der (2.) Frustrationsperiode sehr viel geringer ausgeprägt als in der ersten Sitzung. Schließlich wurde am Ende des Experiments jedem Kind erlaubt, sich mit den attraktiven Spielsachen hinter dem Maschendrahtzaun zu beschäftigen. Die Resultate wurden als Bestätigung der Hypothese und der grundlegenden Entwicklungstheorie, aus der diese Hypothese abgeleitet worden war, interpretiert. Soweit die Kurzdarstellung der Untersuchung. Betrachten wir das Experiment jetzt etwas eingehender.

Was können wir aus diesem Beispiel über wissenschaftliche Methoden des psychologischen Experiments lernen? Wie wir bereits besprochen haben, werden in der Psychologie *konzeptuelle Definitionen* für psychologische Prozesse entwickelt. Barker, Dembo und Lewin begannen entsprechend mit dem Versuch, das Konzept *„Entwicklung"* zu definieren. Dazu schlossen sie vier Aspekte in ihre konzeptuelle Definition ein; und zwar postulierten sie für einen relativ späten Entwicklungsstand: 1. einen *höheren Differenzierungsgrad* des Verhaltens, 2. mehr *Organisationsebenen* in komplexen Verhaltenseinheiten, 3. eine ausgedehntere *Zeitperspektive* und größere *räumliche Ausdehnung* und 4. eine schärfere *Trennung zwischen Realität und Phantasie.* Eine Differenzierung oder Entwicklung des Verhal-

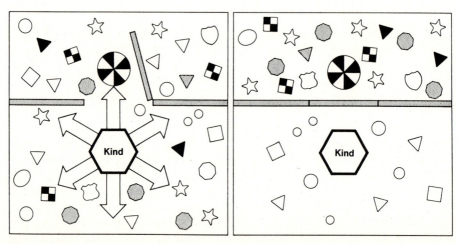

Das Kind spielt mit dem Spielzeug auf beiden Seiten des Maschendrahtzaunes (offener Durchlaß)

Das attraktive Spielzeug befindet sich hinter dem Maschendrahtzaun (geschlossen) – das Kind kann das Spielzeug sehen, aber nicht damit spielen.

tens beinhaltet somit sowohl eine erhöhte Vielfalt als auch eine Spezifizierung der einzelnen Verhaltensweisen. Diese Differenzierung kann z. B. mit dem Unterschied zwischen den undifferenzierten Armbewegungen eines Säuglings und der Fähigkeit des älteren Kindes, eine Münze zwischen Daumen und Zeigefinger zu fassen, verdeutlicht werden.

Regression wurde konzeptuell als das Gegenteil von Entwicklung, also als Entwicklungsrückschritt definiert; gekennzeichnet durch weniger differenzierte Reaktionen, geringere Niveaus der Organisation komplexer Verhaltensweisen, eingeengte Zeitperspektive und unscharfe Trennung zwischen Realität und Phantasie (d. h. zwischen einer objektiven Begebenheit und einer Wunschvorstellung). Frustration wurde konzeptuell als ein Zustand definiert, der dann resultiert, wenn eine Person daran gehindert wird, ein erstrebenswertes Ziel zu erreichen. Der nächste Vorgehensschritt der Autoren bestand in der Einführung und Erklärung des Konzeptes der „Spannung". Damit waren sie in der Lage, logische Schlußfolgerungen aus ihren gesamten Vorannahmen zu ziehen:

1. Wenn *Entwicklung* in einer höheren Differenzierung des Verhaltens, mehr Organisationsebenen, einer weiteren Zeitperspektive und räumlichen Ausdehnung und einer schärferen Trennung zwischen Realität und subjektiven Bedürfnissen besteht (eine konzeptuelle Definition),
2. wenn *Regression* das Gegenteil dieser Prozesse darstellt, sozusagen eine „negative Entwicklung" (Rückentwicklung) ist (eine andere konzeptuelle Definition),
3. wenn Frustration zu Spannung führt,
4. wenn Spannung zu Regression führt,
5. dann folgt, daß Frustration zu Regression führt, wie in 1. und 2. definiert (Vorhersage).

Das Experiment von Barker et al. stellt ein Beispiel deduktiver Forschung dar, denn es wurde zuerst eine Theorie entwickelt, und aus den logischen Schlußfolgerungen dieser Theorie wurde dann eine Hypothese (deduktiv) abgeleitet. (Die Theorie wird ausführlich in Lewin, 1955, dargestellt; „Regression, retrogression and development".) Das Experiment wurde also durchgeführt, um zu testen, ob die spezifische Hypothese empirisch bestätigt werden kann. Kann ein solcher empirischer Nachweis erbracht werden, dann können auch die konzeptuellen Analysen der Variablen „Entwicklung", „Regression" und „Frustration" als bestätigt gelten.

Wie im vorigen Kapitel bereits angeführt, müssen nach der Festlegung der konzeptuellen Definitionen die entsprechenden operationalen Definitionen formuliert werden. Sehen wir uns das am Beispiel des Konzepts der Regression an. Barker et al. schlugen vor, Regression mit dem Instrument einer Einschätzskala der *Konstruktivität* des Spiels zu messen, d. h. zu operationalisieren. Dieses Meßinstrument mußte die operationalen Messungen der vier konzeptuellen Regressionsaspekte beinhalten. Die Skala wurde *induktiv,* durch die Aufzeichnung von Verhaltensweisen entwickelt. Es folgen zwei Beispiele von Verhaltensbeobachtungen aus der Aufzeichnung des Spiels eines Kindes (S bezeichnet dabei das Kind, Vl den Versuchsleiter):

1. S sagt zu Vl: „Ich möchte, daß Du mit mir spielst." Vl antwortet nicht. 15 s.
2. S wirft einen Klumpen Ton auf den Boden und sagt: „Dies ist ein Elephant."
   S formt den Elephanten, so daß er „sitzt". S drückt einen kleinen Stift in den
   Tonelephanten und sagt: „Das ist sein Auge." 85 s (Barker et al., 1941, 1964).

Alle derartigen Beobachtungen wurden auf einer Konstruktivitätsskala mit sieben Punkten klassifiziert. Das erste Beispiel bekam einen Einschätzwert von 1; das zweite Beispiel erhielt 5 Punkte. Für jedes Kind wurde die Summe der Einschätzwerte mit der Dauer der eingeschätzten Verhaltenseinheit multipliziert. Dieses Produkt wurde durch die Gesamtspieldauer dividiert, und das Ergebnis stellte den Konstruktivitätswert des Kindes dar.

Wie *reliabel* waren diese Konstruktivitätseinschätzungen? Die Autoren ermittelten die Reliabilität mit verschiedenen Methoden. Zum Beispiel wurde die durchschnittliche Einschätzung der 1., 3., 5. und 7. Einheiten mit den Durchschnittswerten der 2., 4., 6. und 8. Einheiten korreliert, etc. Die Korrelation betrug 0,79, was ein zufriedenstellendes Resultat ist.

Wie *valide* war die Skala? Um ein Absinken der Spielkonstruktivität als Maß der Regression verwenden zu können, wollten Barker, Dembo und Lewin zeigen, daß die Konstruktivität mit dem Alter ansteigt. Da die untersuchten Kinder von unterschiedlichem Alter (zwei bis fünf Jahre alt) waren, war es möglich, die Korrelation zwischen der Konstruktivität in der ersten Sitzung und dem Alter der Kinder zu berechnen. Die Korrelation mit dem *„biologischen"* Alter betrug 0,79. Die Korrelation zwischen Konstruktivitätsniveau des Spiels und dem *„mentalen"* Alter (definiert durch den IQ-Testwert) betrug 0,73. Diese Korrelationen weisen darauf hin, daß die Konstruktivität, wie sie operational definiert worden war, mit dem Alter und dem Reifegrad tatsächlich ansteigt.

Das Spielzeug hinter dem Maschendrahtzaun bestand aus einem komplett eingerichteten Puppenhaus (mit einer Grundfläche von ungefähr einem Quadratmeter), in das die Kinder hineingehen konnten; einem Kindertischchen mit Stühlen; einem kleinen See (mit Wasser), einem Kinderleuchtturm, Kai und Fährboot, Spielzeugfischen, Enten, Fröschen und richtigem Sand für den Strand. Am Anfang der zweiten Sitzung durfte das Kind mit diesem wahren Spielzeugparadies spielen. Etwas später sagte dann der Versuchsleiter: „Komm, jetzt spielen wir auf der anderen Seite des Zimmers." Dabei führte er das Kind weg und verschloß dann den Durchlaß des Zauns mit einem großen Vorhängeschloß. Dieses Vorgehen klingt so, als ob es tatsächlich die beabsichtigte Frustration bei den Kindern induziert hätte. Aber können wir wirklich mit Sicherheit davon ausgehen, daß durch dieses Vorgehen jedes Kind frustriert worden ist? Einige Kinder wurden vielleicht auch bereits in der ersten Sitzung aus irgendwelchen Gründen frustriert, während andere evtl. sogar mit dem Spielzeug vor dem Zaun (in der zweiten Sitzung) zufrieden waren.

Es ist stets von größter Wichtigkeit, zwischen der Situation, die der Versuchsleiter experimentell induzieren möchte und der Situation, wie sie von den untersuchten Personen tatsächlich wahrgenommen und erfahren wird, zu unterscheiden. Natürlich ist es die individuell und subjektiv wahrgenommene Situation, die das Verhalten der Versuchsperson beeinflußt. Versuchsleiter sollten immer daran denken, daß es die Diskrepanz zwischen der Wahrnehmung des Experiments durch die teilnehmenden Personen und der Bedeutung des Experiments für den Forscher ist, welche Artefakte, also Scheinergebnisse, und damit problematische Resultate bedingen kann.

Aus diesem Grund entschlossen sich Barker et al., das kindliche Frustrationsniveau zu kontrollieren, indem sie es operational definierten und damit messen konnten. Die operationale Definition von Frustrationsverhalten war: „Versuche, der Situation zu entkommen" und „Versuche, die Barriere zu überwinden" (Versuche, durch den Maschendrahtzaun zu gelangen oder ihn zu zerstören). Die Gesamtgruppe der Versuchspersonen wurde geteilt; und zwar in eine Gruppe von Kindern, die mindestens 7½ min damit verbracht hatten, nach der Frustration („Durchlaß zu") der Situation zu entkommen oder durch den Maschendrahtzaun zu gelangen (die „sehr frustrierten" Kinder) und in eine Gruppe von Kindern, die weniger als 7½ min ein solches Frustrationsverhalten gezeigt hatten (die „weniger frustrierten" Kinder). Barker, Dembo und Lewin fanden, daß die Konstruktivität des Spiels signifikant stärker in der „sehr frustrierten" Kindergruppe abnahm als bei den „weniger frustrierten" Kindern.

Der Leser mag sich die Frage stellen, ob diese beiden Indikatoren, Frustration und Konstruktivität, nicht auf irgendeine Art miteinander vermengt oder voneinander abhängig waren. Wenn das Kind viel Zeit damit verbracht hatte, an dem Zaun zu stehen und an ihm zu rütteln – verminderte dies allein schon seinen Konstruktivitätswert? Nein, das war nicht der Fall. Denn die Konstruktivität wurde nur dann als vorhanden aufgezeichnet, wenn sich das Kind mit dem Spielzeug (seinem Entwicklungsstand gemäß) beschäftigte.

Das mittlere Konstruktivitätsniveau des Spiels nach der Frustration reduzierte sich im Niveau um 17,3 Entwicklungsmonate. Außerdem wurden „glücklicher emotionaler Ausdruck" und „selbstoffenbarende Handlungen" in der Frustrationsperiode weniger häufig an den Tag gelegt; „überspielendes und taktisches soziales Verhalten nahm zu, genauso wie „Schlagen, Kicken, Stoßen und Zerstören" (1941/1964).

Nach der Frustrationsperiode öffnete der Versuchsleiter wieder den Maschendrahtzaun und gestattete dem Kind, seine experimentell geweckten Spielbedürfnisse zu befriedigen. Kehrte das Kind dabei nicht sofort zu den attraktiven Dingen hinter dem Zaun zurück, forderte es der Versuchsleiter sogar ausdrücklich dazu auf. Dem Kind wurde dann erlaubt, so lange zu spielen, bis es bereit war, aufzuhören. Die experimentell erzeugte Frustration wurde also (aus ethischen Gründen) durch konstruktives Spiel wieder abgebaut.

Child und Waterhouse (1964) interpretierten die Resultate dieses Experiments anders. Ihre Hypothese lautete, daß die Attraktivität des neuen Spielzeugs hinter dem Zaun bei den Kindern Gewohnheiten entstehen ließ, deren einzelne Reaktionen mit den konstruktiven Spielreaktionen (dem Entwicklungsstand gemäßen Reaktionen) nicht vereinbar waren. Die Interpretation von Child und Waterhouse basierte auf der sozialen Lerntheorie. Sie nahmen an, daß das Konzept „interferierende Tendenz" alleine ausreiche, um die Daten zu erklären und daß „Frustration" als erklärendes Konzept in diesem Kontext überflüssig und vernachlässigbar sei. Barker et al. waren zwar auch der Ansicht, daß ein Interferenzprozeß zur Interpretation der Resultate notwendig sei, daß er aber alleine nicht ausreiche.

Das vorgestellte Experiment von Barker, Dembo und Lewin (1974) verdeutlicht, wie konzeptuelle Definitionen entwickelt werden (in diesem Falle die konzeptuellen Definitionen von „Entwicklung", „Frustration", „Regression" und „Konstruktivität") und wie sie mit den entsprechenden operationalen Definitionen in Zusammenhang stehen. Außerdem zeigt dieses Experiment, wie innerhalb des induktiven und innerhalb des deduktiven Forschungsansatzes vorgegangen wird.

Milgrams Experimente
über die menschliche Willfährigkeit: Eine systematische Variation, um Variablen zu explorieren

Eventuell hat der Leser schon von Stanley Milgrams berühmten Experimenten gehört, in denen die Versuchspersonen den Anweisungen des Versuchsleiters so sehr gehorchten, daß sie anderen Personen selbst schmerzhafte E-Schocks verabreichten. Das Ziel des Experiments war die Untersuchung menschlicher Willfährigkeit. „Wenn X der Person Y befiehlt, Z zu verletzen; unter welchen Umständen wird Y den Befehl von X ausführen, und unter welchen Bedingungen wird ihn Y verweigern?" (Milgram, 1965, 1972). Das heißt spezifischer; wenn eine Person einer legitimen Autorität verpflichtet ist, wie einem Versuchsleiter in einem psychologischen Experiment, unter welchen Bedingungen wird sich die Versuchsperson dieser Autorität widersetzen, wenn sie gebeten wird, Handlungen auszuführen, die ganz eindeutig nicht mit grundlegenden moralischen Standards zu vereinbaren sind?

Die Versuchspersonen im Milgram-Experiment kamen paarweise und zogen zu Beginn der Untersuchung Lose. Diese Losentscheidung stellte eine Täuschung dar, denn die Versuchsperson zog immer die Rolle des „Lehrers" und ein Mitarbeiter des Versuchsleiters immer die des „Lernenden". Den Versuchspersonen wurde mitgeteilt, daß in dem Experiment der Effekt von Bestrafung (elektrischer Schock) auf das Lernverhalten untersucht werden sollte. Dabei sei die Aufgabe der Versuchspersonen, dem „Lernenden" jedesmal einen immer stärkeren E-Schock zu verabreichen, wenn der „Lernende" auf ein Stimuluswort nicht die korrekte Antwort gab. Außerdem sei der „Lernende" an einen Stuhl gefesselt und mit einem E-Schock-Gerät verbunden; und zwar in einer Kabine nebenan, so daß die Versuchspersonen ihn zwar nicht sehen, aber hören konnten. Den Versuchspersonen wurden zur Demonstration eine Reihe realer (aber mittelstarker) Schocks verabreicht.

Sowohl die experimentelle Situation als auch das Verhalten der „Lernenden" waren sehr realistisch und überzeugend. Die apparative Anordnung erschien völlig echt. Der „Lernende" machte während des Experiments viele Fehler. Ab einer ganz bestimmten Schockstärke stöhnte und schrie er, bat darum, das Lernexperiment abbrechen zu dürfen, wies auf eine Herzkrankheit hin und trommelte „panisch" an die Wand zwischen sich und der Versuchsperson. Schließlich, ab einer sehr hohen Schockstärke, reagierte der „Lernende" gar nicht mehr, was anzeigen sollte, daß er bewußtlos war. In Wahrheit erhielt der „Lernende" nicht einen Schock. Er war ja, wie oben bereits angeführt, ein Mitarbeiter des Versuchsleiters, der vor dem Experiment trainiert hatte, Unbehagen und Schmerz zu simulieren.

Die Resultate erwiesen sich als wahrhaft schockierend. 75% der ersten Gruppe von 40 Versuchspersonen verabreichten den „Lernenden" Stromstöße bis zum höchsten Schockniveau, bis zu der Markierung „450 V-E-Schock mit Lebensgefahr". (Die erste Stufe war bei 30 V angesetzt, und jede weitere Stufe war um 15 V höher). Die meisten Versuchspersonen hörten nicht vor einer Schockstärke von 300 V auf, an dem Punkt, an dem die „Lernenden" anfingen, an die Wand zu trommeln. Nur 14 der ersten 40 Versuchspersonen verweigerten an einem Punkt unterhalb von 300 V, den Anweisungen des Versuchsleiters weiter zu gehorchen und das Experiment weiterzumachen. Über 1 000 Personen wurden insgesamt getestet. Alle Tests resultierten in einem weitaus höheren Grad an Willfährigkeit, als man das erwartet hätte.

Was kann man aus dieser Untersuchung lernen? Zuerst einmal sollten wir festhalten, daß die Untersuchung nicht innerhalb eines hypothetisch-deduktiven Rahmens geplant worden war wie die Untersuchung von Barker, Dembo und Lewin (1974). Denn die Resultate waren nicht von vornherein vorhergesagt worden, indem sie aus einer spezifischen Theorie abgeleitet wurden (obwohl Milgram erwartet hatte, daß seine Arbeit einen Beitrag zu einigen Arbeiten über das Gebiet der Konformität darstellen würde). Die Arbeit von Milgram gehört zu einer Reihe von Experimenten, die wegen ihrer gänzlich unerwarteten Resultate großen Einfluß und erhebliche Bekanntheit erworben haben. Der Ansatz war induktiv: Milgram beobachtete einen hohen Grad an Willfährigkeit bei seinen ersten Versuchspersonen und fuhr dann fort, wie wir weiter unten sehen werden, weitere Experimente durchzuführen, um weitere mögliche Hypothesen über die Entstehung und Erklärung der Resultate zu testen.

Zweitens erwuchs diese Forschung, wie viele andere psychologische Experimente auch, aus dem Anspruch, relevante Probleme der sozialen „Realität" anzugehen. Die Arbeit stellt ein Beispiel des Versuchs in der Psychologie dar, Erkenntnisse über das Leben außerhalb des Labors durch ein Laborexperiment zu gewinnen und dadurch Ansätze für Verbesserungen in der Realität zu finden. Als Milgram diese Untersuchung plante, dachte er an das Verhalten vieler Deutscher während der Naziherrschaft. Wie konnten z. B. deutsche Durchschnittsbürger die unglaublichen und grausamen Dinge tun, die in den Nazi-Konzentrationslagern begangen worden waren? Jahre später, als Eichmann, der Organisator der sog. „Endlösung", in Israel vor ein Gericht gestellt wurde, verteidigte er sich mit der Begründung, daß er lediglich den Befehlen seiner Vorgesetzten gehorcht hätte. Kadavergehorsam war die Richtlinie seines Handelns gewesen.

Drittens zeigt diese Untersuchung, wie man im Labor ein unerfreuliches und fatales Phänomen darstellt – das offensichtliche Einverständnis von Personen, im Dienste blinden Gehorsams anderen Menschen Schmerzen zuzufügen – welches unter unkontrollierten Bedingungen außerhalb des Labors nicht untersucht werden könnte. In der Tat ist selbst dieses streng kontrollierte Experiment als unethisch kritisiert worden (Baumrind, 1972).

Die Entdeckung, daß die gewählte experimentelle Situation sehr viel mehr Willfährigkeit bei den Versuchspersonen aufkommen ließ, als man erwartet hätte, warf die Frage auf, welche Kombination welcher spezifischer Variablen dafür verantwortlich gewesen war. Wiesen etwa die untersuchten Personen ganz spezifische Persönlichkeitscharakteristika auf? Oder waren sie in besonderer Weise

„sadistisch" veranlagt? Waren sie autoritär? Welche Charakteristika zeichnete die experimentelle Situation aus? War die Tatsache, daß der „Lernende", wenn nicht außer Hörweite, so doch außer Sichtweite war, bedeutsam? Das erste Experiment wurde an der Yale Universität durchgeführt – hatte vielleicht das Prestige dieser Universität Auswirkungen auf das Verhalten der Versuchspersonen?

Betrachten wir nun etwas eingehender, wie Milgram die *systematische Variation* (das Verändern einer Variablen zu einem bestimmten Zeitpunkt) in seinen Experimenten handhabte; und zwar sowohl für Personen- als auch für Kontextvariablen.

1. Für das Experiment wurden Personen aus drei *Alters*kategorien zwischen 20 und 50 Jahren ausgewählt. In jedem Experiment der ersten Versuchsreihe waren 40% Arbeiter, 40% Personen mit Berufen in der Verwaltung und 20% Selbständige. Es stellte sich heraus, daß die Ausprägung des Gehorsams sich bezüglich der verschiedenen Altersstufen und Berufsgruppen nicht sonderlich unterschied.

2. Wie sah es mit den *Persönlichkeits*merkmalen der untersuchten Personen aus? Hier gibt es Hinweise, daß relativ feindselige, autoritäre Personen mehr Gehorsam zeigen. Personen, die sich den Anordnungen relativ bald widersetzten, hatten höhere Werte auf Kohlbergs Skala der Moralischen Entwicklung (Elms und Milgram, 1966; Haas, 1966; Whrightsman, 1972). Jedoch kann mit der Ausprägung solcher Persönlichkeitseigenschaften nur das Verhalten einiger weniger Personen erklärt werden, welche die schmerzerzeugenden Anweisungen bis zu einem alarmierenden Ausmaß befolgten. Denn die erhobenen Persönlichkeitswerte der gehorsamen Personen lagen fast alle im Durchschnittsbereich. Dieser Befund stimmt mit den Resultaten von Molly Harrower (1976) überein, die mit dem Rorschach-Test feststellte, daß, obwohl einige der Naziführer nach psychiatrischen Aspekten Psychopathen waren, die meisten doch im psychischen Normalbereich lagen.

3. Auch der Grad der *Schmerzäußerungen des „Opfers"* wurde systematisch untersucht. In der ersten Untersuchung gab der „Lernende" keine hör- oder sichtbaren Reaktionen von sich. Fast alle Versuchspersonen gehorchten fraglos. Milgram schloß daraus, daß der Gehorsam gegenüber den Anweisungen nur dann unterminiert werden könne, wenn der Versuchsperson Hinweise übermittelt würden, daß der „Lernende" die Situation tatsächlich als schädlich und schmerzhaft erlebt. In diesem Fall würde dann die Aussage des Versuchsleiters, daß „das Experiment es erfordert, daß Sie weitermachen" in einem eindeutigen Konflikt in bezug auf den Wunsch des „Lernenden" stehen, das Experiment abbrechen zu dürfen. Wenn schwacher Protest keinen Effekt auf den „Lehrer" hatte, dann wurde heftiger Protest vorgebracht (und auf Tonband aufgenommen, um diesen Faktor zu standardisieren). Je mehr das Opfer sich beklagte, desto weniger Gehorsam zeigten die Versuchspersonen; aber auch sehr intensive Schmerzäußerungen führten immer noch nicht in jedem Fall zum Widerstand gegen die Anweisungen des Versuchsleiters.

4. Die Variable *„Entfernung zum Opfer"* wurde als nächstes variiert. Geht man von der Annahme aus, daß sich die Versuchsperson in einem schweren Konflikt zwischen dem sozialen Einfluß des „Opfers" und dem des Versuchsleiters befindet, dann könnte man evtl. folgern, daß der „nähere" soziale Kontakt am einflußreichsten ist. Zur Klärung dieses Gesichtspunktes wurden vier Experimente durchgeführt: 1. „Entferntes" Opfer (keine sicht- oder hörbaren Reaktionen), 2. Stimmenfeedback (Schreie, Klagen und Bitten), 3. „Nähe" (Opfer und Versuchsperson sind in demselben Zimmer untergebracht und können miteinander reden) und 4. „Berührungsnähe" (Opfer und Versuchsperson sitzen nahe beieinander). In der vierten Bedingung weigerte sich der „Lernende" auf der 150-V-Stufe, seine Hand auf die E-Schock-Platte zu legen. Der „Lehrer" wurde dann vom Versuchsleiter angewiesen, die Hand des „Lernenden" auf die Platte zu drücken. Diese „Nähe"-Variationen hatten einen großen Einfluß auf die Bereitschaft zur Verweigerung der Ausführung der Anweisungen des Versuchsleiters. In der ersten Bedingung („entferntes Opfer") weigerten sich 34% der Versuchspersonen, die Anweisungen durchzuführen; in der „Stimmenfeedback"-Bedingung waren es bereits 37,5%; in der „Nähe"-Bedingung 60% und in der vierten Bedingung schließlich sogar 70%.

5. Auch die *„Entfernung zum Versuchsleiter"* wurde systematisch variiert. In der ersten Bedingung saß er ein bis zwei Meter vom „Lehrer" entfernt; in der zweiten Bedingung verließ er das Zimmer, nachdem er die Start-Instruktionen gegeben hatte und gab die folgenden Anweisungen per Telephon an die Versuchsperson weiter; in der dritten Bedingung schließlich wurden alle Instruktionen mit Hilfe eines (für die Versuchsperson sichtbaren) Kassettenrecorders abgegeben. Es stellte sich heraus, daß sich der Gehorsam in der zweiten und dritten Bedingung stark reduzierte, sobald der Versuchsleiter das Zimmer verlassen hatte.

6. Die *Anwesenheit anderer Versuchspersonen* erwies sich als eine hochsignifikante Variable. Wurden zwei zusätzliche Pseudo-Versuchspersonen (Mitarbeiter des Versuchsleiters) in die experimentelle Situation gebracht und weigerten sie sich, die experimentellen Anweisungen (die in diesem Falle der Gruppe gegeben wurden) auszuführen, dann weigerten sich auch 90% der echten Versuchspersonen. Umgekehrt hatten zusätzliche Pseudo-Versuchspersonen, die die Anweisungen strikt befolgten, auf das Verhalten der echten Versuchspersonen den gegenteiligen Effekt, d. h. unter dieser Bedingung zeigten die Versuchspersonen einen höheren Grad an Gehorsam.

7. War das *Prestige der Yale Universität* eine relevante Variable? Um dies zu prüfen, wiederholten die Forscher das Experiment in einem anonymen Verwaltungsgebäude eines industriellen Betriebs. Die Ausprägung des Gehorsams der Versuchspersonen fiel von 65% auf 48%.

Wir haben gesehen, daß die Rolle der Versuchsperson durch eine sehr stark ausgeprägte Norm, dem Versuchsleiter bei der Durchführung seiner Arbeit zu helfen, und somit seinen Anweisungen nachzukommen, gekennzeichnet ist. Unter Umständen kann also der Einfluß dieser Norm stärker als die konkurrierende Norm, einen Mitmenschen nicht zu verletzen, sein. Durch die systematische Variation deckten die Experimente von Milgram eine Reihe von Variablen auf, welche die Stärke dieser Versuchspersonen-Rollen-Norm beeinflussen. Schmerzäußerungen des Opfers, die Entfernung zum Opfer, die Entfernung zum Versuchsleiter, die soziale Unterstützung anderer gehorsamer oder befehlsverweigernder Personen, der institutionelle experimentelle Rahmen und Persönlichkeitscharakteristika haben sich in diesem Zusammenhang als wichtige Variablen herausgestellt.

Milgram interpretierte seine Resultate folgendermaßen: „Die durchschnittliche Person, die dem Opfer E-Schocks verabreichte, tat dies, weil sie sich dazu verpflichtet fühlte, weil sie das Austeilen der elektrischen Schocks als ihre Aufgabe als Versuchsperson verstand und nicht aufgrund irgendwelcher besonders aggressiver Tendenzen ... Selbst wenn die destruktiven Auswirkungen ihres Verhaltens ganz offensichtlich klar werden ... haben relativ wenige Personen die Durchsetzungsfähigkeit, sich einer Autorität zu widersetzen" (1976, S. 197).

Von Freedman zu McCarthy und Saegert: Die sukzessive Re- und Umdefinition eines Konzeptes

Die explosionsartig zunehmende Bevölkerungsdichte (Übervölkerung oder „Crowding") in Großstädten ist ein großes gesellschaftliches Problem. „Wann wird ein bestimmter Grad der Dichte als Crowding empfungen? (Ein deutscher Ausdruck für Crowding liegt nicht auf der Hand. Vermassung gibt nicht den Tatbestand der „Übervölkerung" oder der „zu großen Masse" wieder.) ... Crowding ist als psycho-soziale Erfahrung bestimmter Dichteverhältnisse anzusehen" (zitiert nach Atteslander, 1975, S. 64). Kann die Psychologie zum Verständnis der Ursachen und Konsequenzen von Crowding beitragen? Als Jonathan Freedman sich entschloß, diese Frage zu untersuchen, verwendete er eine völlig unpsychologische Definition der Variablen "Crowding". Denn er definierte sie in bezug auf die physikalische Dichte, wie z. B. Anzahl der Personen pro Quadratmeter Wohnfläche oder Einwohnerzahl pro Quadratkilometer in einer Großstadt. Das subjektive Empfinden, das mit dem Leben in einer übervölkerten Umgebung verbunden ist, war ganz ausdrücklich nicht das zentrale Anliegen seiner Forschungsarbeit. Das heißt, Freedman war nicht daran interessiert, wann und wie sich Menschen in dichtbevölkerten Gegenden eingeengt und psychisch bedrängt fühlen, sondern er wollte wissen, wie eine hohe physikalische Bevölkerungsdichte per se das menschliche Verhalten beeinflußt. Dementsprechend hielt er in seiner Untersuchung viele Variablen konstant, die normalerweise unter realen Bedingungen mit der Dichte der Bevölkerung ansteigen: den Geräuschpegel, die Temperatur, das Schlangestehen (z. B. vor Geschäften), das Warten, Unterbrechungen, Knappheit von z. B. Parkplätzen oder Stühlen in Wartezimmern usw. Diese ganzen peripheren Variablen wurden in der Experimental- und in der Kontrollgruppe konstantgehalten, um die „reinen" Auswirkungen der Dichte isolieren und untersuchen zu können.

In Freedmans typischem Laborexperiment wurden z. B. neun Personen (z. B. Studenten oder Frauen, die sich um eine Nebenbeschäftigung bewarben) in ein kleines (ungefähr 2,7 Quadratmeter großes), ein mittelgroßes (ungefähr 10,8 Quadratmeter großes) oder ein ziemlich großes (ungefähr 18 Quadratmeter großes) Zimmer gebeten, um darin drei Stunden lang verschiedene Testbogen auszufüllen. Freedmans Experimente zeigten, daß die Personendichte keine Auswirkungen auf irgendeine der erhobenen Variablen hatte. Freedman analysierte Forschungs-Untersuchungen, Dokumentenanalysen und nichtexperimentelle Arbeiten (z. B. Untersuchungen über U-Boot-Besatzungen) und fand eine gewisse Bestätigung für seine allgemeine Annahme: Die Bevölkerungsdichte per se hat keine negativen Auswirkungen auf Menschen.

Auf der Basis seiner Forschung entwickelte Freedman eine Zwei-Phasen-Theorie. Als ersten Schritt formulierte er die Grundannahme, daß Crowding die *Intensität* der Reaktion auf eine Erfahrung, sei diese positiv oder negativ, verstärkt. Daraus folgt (im zweiten Schritt), wenn die Reaktion eines Menschen aus irgendwelchen Gründen positiv ist, daß diese Erfahrung noch positiver wahrgenommen wird, wenn die Situation „übervölkert" ist. Umgekehrt folgt natürlich, daß eine höhere Personendichte eine negative Erfahrung verstärkt.

Wer in einer Umgebung lebt, die er als „übervölkert" erlebt, könnte hinsichtlich Freedmans Annahmen und Befunden zwei verschiedene Standpunkte einnehmen. Auf der einen Seite kann man nämlich mit Freedman übereinstimmen, daß Crowding am besten durch den Begriff der physikalischen Dichte definiert werden kann. Mit dieser Grundannahme kann man ferner der Meinung sein, daß Crowding unter bestimmten Bedingungen schädliche Auswirkungen auf die Menschen hat und in diesem Rahmen dann neue Experimente durchführen, um diese spezifischen Bedingungen im einzelnen zu erforschen. Auf der anderen Seite kann man aber die „Konstruktvalidität" der physikalischen Dichte als einer konzeptuellen Definition von Crowding in Frage stellen. Eine konzeptuelle Definition kann freilich nur „in Frage gestellt" werden, weil sie nicht „falsch" sein kann, sondern nur weniger *nützlich* und wertvoll für den Erkenntnisgewinn über ein bestimmtes Themengebiet (im Vergleich zu einer alternativen Definition). Eine konzeptuelle Definition ist ja keine ausformulierte, empirisch prüfbare Hypothese, die an der Realität scheitern könnte und damit falsifizierbar wäre, sondern eine lediglich theoretische Größe oder Entität, die allenfalls – via Operationalisierung – in eine prüfbare Hypothese eingeht. Aus diesem Grund ist die Ansicht gerechtfertigt, daß eine andere konzeptuelle Definition der Variablen "Crowding" produktiver sein könnte und daß mit einer psychologischen statt einer physikalischen Definition durch „räumliche Dichte" das Phänomen besser untersucht werden könnte. Geht ein Forscher dabei induktiv vor, dann beobachtet er evtl. eine Vielzahl an Situationen, in denen Personen berichten, daß sie sich „beengt" *fühlen* und er versucht dann vielleicht, die spezifischen Merkmale solcher Situationen zu bestimmen.

Auch ein deduktives Vorgehen kann angebracht sein: die psychologische Analyse des psychischen Erlebens von Crowding, das Aufstellen von Vorhersagen und deren Überprüfung. So könnte Anonymität z. B. zu einem Gefühl der „Enge" führen. (Anonymität kann operational als der Prozentsatz fremder Personen, die jemand pro Tag trifft und die nicht einmal seinen Namen kennen, definiert werden.) Auch die Konkurrenz um bestimmte knappe Dinge (wie Parkplätze oder Verkäuferinnen in Warenhäusern) könnte eine Teilvariable dabei darstellen. Milgram nimmt z. B. an, daß Kapazitätsüberschreitung („Überlastung" = viel zu viele Menschen an einem Ort und viel zu viele Dinge, die alle auf einmal geschehen) eine Komponente von Crowding darstellen.

Die Arbeit von McCarthy und Saegert (1976) illustriert den Gebrauch einer „psychologischen" Dichte-Definition. McCarthy und Saegert verglichen zwei Personengruppen aus der Unterschicht, die in derselben Gegend wohnten, wobei die eine Gruppe in Hochhäusern und die andere in niedrigen, nebeneinanderliegenden Häusern untergebracht waren. Die Autoren wollten die Hypothese prüfen, daß die architektonische Gestaltung von Hochhäusern dazu führt, daß die Bewohner häufiger von Fremden als von Freunden umgeben sind im Vergleich zu den Bewohnern niedriger, nebeneinanderliegender Häuser. Die Resultate einer Fragebogenuntersuchung zeigten, daß die Einwohner der niedrigen Häuser sich weniger isoliert und sozial weniger einsam fühlten. Das wurde konkret dadurch ausgedrückt, daß die Bewohner von Hochhäusern weniger politischen und anderen Organisationen angehörten, weniger Freunde hatten, weniger Nachbarn kannten, die ihnen einen Gefallen tun würden, sich weniger sicher fühlten, unzufriedener waren, sich sozial distanzierter und weniger autark fühlten. Innerhalb der Gruppe der Hochhausbewohner zeigten vor allem jene Menschen, die auf den oberen Stockwerken wohnten, diese Reaktionen. Außerdem fanden die Autoren auch, daß, je länger die Menschen unter diesen spezifischen Wohnbedingungen gelebt hatten, ihre Reaktionen um so ausgeprägter waren.

Diese Untersuchungen über Crowding verdeutlichen die graduelle Entwicklung eines Konzepts, die explorative Aufdeckung seiner verschiedenen Komponenten und die Veränderungen seiner *konzeptuellen Definition*.

Cook: Die Veränderung von Vorurteilen, um Vorurteile besser verstehen zu können

Wir haben bereits angeführt, daß einer der besten Wege, über einen bestimmten Sachverhalt Erkenntnisse und Erklärungen zu erwerben, darin besteht, den Sachverhalt zu verändern. Die Stärke der experimentellen Methode läßt sich zum großen Teil auf die Tatsache zurückführen, daß der Versuchsleiter Veränderungen herbeiführt. Das Experiment von Cook verdeutlicht diesen wichtigen Forschungsaspekt.

In der Psychologie sind Vorurteile jahrzehntelang untersucht worden. Cook (1969, 1971) beschloß, die Annahmen, Befunde und Schlußfolgerungen früherer Forschungsarbeiten durch ein Experiment zu testen, wobei er das Ziel verfolgte, bei Personen mit großen Vorurteilen eine Reduktion bzw. einen Abbau dieser Einstellungen herbeizuführen (s. hierzu auch Wrightsman, 1972). Denn wenn sich das Experiment als erfolgreich erweisen sollte, könnte dies den Hinweis erbringen, daß die Hauptfaktoren des Vorurteils in den früheren Untersuchungen korrekt identifiziert worden sind. Hatten dagegen die früheren Arbeiten einige wichtige Variablen übersehen und nicht berücksichtigt, dann müßte das Experiment zu einem Mißerfolg werden. Denn die nicht berücksichtigten Variablen würden die erwartete Reduktion von Vorurteilen bei den teilnehmenden Personen scheitern lassen.

Im Jahre 1961 wurde in einer abgelegenen Stadt im Süden der USA weißen Studentinnen die Möglichkeit geboten, durch die Teilnahme an einem psychologischen Test als Teil eines sog. „Test-Entwicklungsprojekts" Geld zu verdienen. Unter den zahlreichen Tests waren ganz unauffällige Vorurteilsmessungen eingeschlossen. Später bekamen die Studentinnen mit den höchsten Vorurteilswerten vom Versuchsleiter eine andere Aufgabe gestellt. Diese Aufgabe bestand aus einem komplizierten Gruppenspiel, dem sog. „Eisenbahn-Spiel" (entwickelt als Verfahren zum Organisationstraining). Während eines Monats mußte die Gruppe in 20 Sitzungen ein Güterzugsystem nach ganz bestimmten Regeln organisieren. Dabei dauerte jede Sitzung mehrere Stunden lang und schloß Pausen, in denen die Gruppenmitglieder zusammen eine Mahlzeit zu sich nahmen, ein. Während dieses Monats wurde die Versuchsperson in eine gemischtrassige soziale Situation gebracht, die durch die Berücksichtigung verschiedener Variablen zur Vorurteilsreduktion beitragen sollte (siehe unten).

Die Strategie des Untersuchungsvorgehens bestand in der „Maximierung des Gesamteinflusses", im Gegensatz zu der i. allg. angewandten Strategie der „Isolation einzelner Variablen". Die Strategie der „Maximierung des Gesamteinflusses" ist dann angebracht, wenn nicht bekannt ist, unter welchen bestimmten Umständen das Untersuchungsziel erreicht werden kann. Cook et al. sagten sich sozusagen vor der Durchführung des Experiments: „Laßt uns ein Experiment durchführen, in dem alle bekannten (vorhergesagten) Variablen miteinander in Wechselbeziehung stehen werden, so daß es zu einer Vorurteilsreduktion kommt, wenn unsere Hypothesen korrekt sind. Gelingt dies, dann können wir weitere Arbeiten planen, um den Effekt des Abbaus oder der Verstärkung einer spezifischen Variablen zu einer bestimmten Zeit zu testen" (systematische Variation).

Dieser Strategie entsprechend schlossen Cook et al. folgende, in früheren Arbeiten als relevant erachtete, Variablen in ihr Experiment ein:

1. Die Autoren nannten die erste Variable „*positives Bekanntheitspotential*". Diese Variable bezieht sich auf die experimentell induzierte Situation, daß eine Weiße zu einer Farbigen eine positive Beziehung aufbauen konnte. Die echten Versuchspersonen (weiße Frauen) wurden jeweils mit zwei anderen Pseudo-Versuchspersonen (Mitarbeiterinnen des Versuchsleiters) in eine Gruppe zusammengebracht. Eine dieser Mitarbeiterinnen war weiß, die andere schwarz. Die Vertrautheit bzw. Bekanntschaft mit den zwei anderen Frauen wurde z. B. auch während der gemeinsamen Mahlzeiten von den Mitarbeiterinnen des Versuchsleiters zu fördern versucht. Dabei erzählte die schwarze Mitarbeiterin freiwillig etwas über sich, ihre Familie, ihre Hoffnungen, Enttäuschungen, Pläne und Vorlieben, da dies ein normaler Teil des Prozesses des Kennenlernens, einer Bekanntschaft, darstellt.

2. Zahlreiche Forschungsarbeiten haben demonstriert, daß die Variable „*Kontakt auf gleicher Ebene*" notwendig ist, damit in gemischtrassigen Situationen Vorurteile abgebaut werden können. Aus diesem Grund wurde der Arbeitsstatus der schwarzen Studentin hinsichtlich der Verantwortung und Autorität dem Arbeitsstatus der weißen Studentinnen gleichgestellt und die Arbeitsaufgaben laufend ausgetauscht. Ein weißer Versuchsleiter arbeitete mit einem schwarzen Versuchsleiter bei der Überwachung des Spiels zusammen.

3. Aufgrund früherer Arbeiten wurde außerdem die Variable „*soziale Normen*" in bezug auf Vorurteilsfreiheit in die Untersuchung als wichtige Komponente eingeschlossen. Dazu drückten die beiden weißen und schwarzen Forscher in der Interaktion innerhalb der experimentellen Gruppe Gleichheit der Rassen in ihrem verbalen und sonstigen Verhalten aus.

4. Eine „*kooperative Belohnungsstruktur*", in der gemischtrassige Zusammenarbeit belohnt und die Konkurrenz um knappe Mittel eliminiert wird, hatte sich in früheren Arbeiten als wichtige Komponente zum Abbau von Vorurteilen erwiesen. In diesem Experiment wurden kooperative Belohnungen im Rahmen des Eisenbahn-Spiels vergeben. Denn das Spiel bedurfte der Teamarbeit. Lief das Spiel gut, bekam jedes Mitglied der Gruppe einen Gruppenbonus.

5. Die schwarzen Forscher wurden bewußt so gewählt, daß sie „*negative Stereotypen widerlegten*". Sie sahen sympathisch aus, waren fähig, erwiesen sich bei der Eisenbahn-Aufgabe als kompetent, waren ehrgeizig und selbstbewußt.

6. Die letzte Variable schließlich war die „*Erhöhung des Bewußtseins über negative Folgen, die durch Rassendiskriminierung ausgelöst werden*". Während des Monats lieferten die beiden Forscher der Versuchsperson ganz beiläufig in ihren Gesprächen *Informationen* über Demütigungen, die durch Rassentrennung erlitten werden (wie z. B. die Tatsache, daß es Schwarzen manchmal nicht gestattet ist, beim Einkaufen Kleidungsstücke zur Probe anzuziehen). Es wurde in diesen Gesprächen auch das *emotionale* Unbehagen der Betroffenen dabei angesprochen.

Sind diese sechs Variablen für die Reduktion der Vorurteile gegenüber Schwarzen von der Bedeutung, wie das in früheren Forschungsarbeiten behauptet wurde, dann sollten die Versuchspersonen im Experiment von Cook nach der experimentellen Intervention geringere Vorurteile gegenüber Schwarzen aufweisen als vor der Intervention (ausgehend von der Annahme, daß die notwendigen Variablen in der experimentellen Situation eine genügend große Intensität besaßen).
Bei diesem Experiment ist es wichtig, die Möglichkeit in Betracht zu ziehen, daß Artefakte, wie z. B. ein sozialer Erwünschtheitseffekt oder ein Versuchsleiter-Erwartungseffekt die Resultate beeinflussen können. Denn es ist klar, daß die Versuchspersonen die Normen und Wertvorstellungen des Versuchsleiters über die Gleichgültigkeit der Rassen wahrnehmen. Wenn also der Einstellungstest nach zwanzig experimentellen Sitzungen auf eine erhebliche Vorurteilsreduktion hinweist, dann sollte dies auch nur deshalb der Fall sein, weil die Versuchspersonen

in der experimentellen Situation, „dem Versuchsleiter zuliebe", veränderte Ansichten und Meinungen gegenüber Schwarzen vertreten. Die Forscher hofften jedoch, eine stärkere Veränderung in den Einstellungen gegenüber anderen Rassen herbeizuführen: einen Abbau von Vorurteilen, der sich auch auf andere Situationen generalisiert.

Um einen sozialen Erwünschtheitseffekt oder einen Erwartungseffekt auszuschließen, wurde die Erhebung der Einstellungen sorgfältig von der Situation des Eisenbahn-Spiels getrennt. Vor- und Nachtests der experimentellen und der Kontroll-Versuchspersonen wurden von dem sog. „Test-Entwicklungsprojekt" übernommen. Jede Vorsichtsmaßnahme wurde gewählt, um die Projektleiter von den Versuchsleitern des Eisenbahn-Spiels in den Augen der Versuchspersonen als zwei unabhängige Gruppen erscheinen zu lassen, damit die Versuchspersonen keinen Grund mehr zu haben brauchten, irgendwelche Vorurteile gegenüber Schwarzen, falls vorhanden, im Nachtest zurückzuhalten. Die Nachtests wurden außerdem erst einen Monat nach Ende des Eisenbahn-Spiels an einem völlig anderen Ort von anderen Personen durchgeführt.

Wie sahen nun die Resultate aus? Ungefähr 40% der 23 Versuchspersonen zeigten eine signifikante Reduktion in ihren Vorurteilswerten auf den Einstellungsskalen; und auch in ihrem nachfolgenden Verhalten, z. B. der Kontaktaufnahme zu dem schwarzen, studentischen Versuchsleiter, drückte sich ein Abbau der Vorurteile aus. Einige dieser Veränderungen waren sogar recht dramatisch. Die Versuchspersonen der Kontrollgruppe zeigten keine signifikanten Veränderungen.

Wie können diese Resultate nun interpretiert werden? Durch die Veränderung eines psychischen Prozesses, in diesem Fall der Ausprägung der Vorurteile bei den Versuchspersonen, konnten Cook et al. zeigen, daß in der Psychologie die zentralen Aspekte des Vorurteils bekannt sind und ziemlich gut erklärt werden können. Gleichzeitig erkannten die Autoren aber auch, daß noch Erkenntnis- und Forschungslücken existieren. Denn einige der Versuchspersonen veränderten ihre Vorurteile nicht, ohne daß wir den Grund dafür kennen. Welches sind diese „fehlenden Faktoren"? Einige Anhaltspunkte sind in den Resultaten von Cook et al. zu finden. Die Persönlichkeitstestwerte zeigen, daß die „Veränderer" mit positiveren Einstellungen gegenüber Menschen i. allg. schon bei den Vortests auffielen im Unterschied zu den Versuchspersonen, bei denen es trotz der experimentellen Intervention zu keinem Vorurteilsabbau kam (Wrightsman und Cook, 1965).

Wir haben nun vier illustrative Beispiele von Experimenten vorgestellt, wobei die Versuchspersonen Kinder und Erwachsene und die in Frage stehenden Prozesse von mehr oder weniger dringender sozialer Bedeutung waren. Wir haben die Entwicklung und Veränderung von konzeptuellen Definitionen und deren Überführung in operationale Definitionen betrachtet und außerdem Vorgehensweisen vorgestellt, mit denen man die Konstruktvalidität solcher Konzepte bestimmen kann. Wir haben schließlich gesehen, wie die systematische Variation der Bedingungen unser Wissen erweitert und wie die Neukombination von Variablen aus früheren Arbeiten unseren Wissensstand sogar noch mehr vergrößern kann. Kurz gesagt, der Leser sollte nach dem Lesen dieses Kapitels ein grundlegendes Verständnis über die experimentellen Methoden in den Sozialwissenschaften besitzen.

Tierforschung in der Sozial-, Persönlichkeits- und Entwicklungspsychologie

Studenten, die ein Laborexperiment durchführen wollen, sollten die Möglichkeiten der Tierforschung in diesem Bereich nicht unterschätzen. Obwohl die Individualität von Tieren im Labor noch nicht sehr eingehend erforscht wurde, versichert beispielsweise der berühmte Psychologe Harlow, daß Guineaschweine bei der Paarung eine bestimmte persönliche Vorliebe für ganz bestimmte andere Guineaschweine zeigen. Harlows ausführliche Untersuchungen über die Entwicklung der Mutterliebe und der sozialen Beziehungen bei Affen stellen längst klassische Forschungsarbeiten der Psychologie dar.

Zajonc, Heingartner und Herman (1969) untersuchten das psychologische Konzept der „sozialen Erleichterung" sogar an Küchenschaben! Das Konzept „soziale Erleichterung" bezieht sich auf die Auswirkungen der bloßen Anwesenheit anderer Individuen auf das Verhalten, d. h. auf die Auswirkung des Beobachtetwerdens auf die Leistung. Eine Reanalyse vorhandener Forschungsarbeiten im Bereich der sozialen Erleichterung führte Zajonc (1965) zu der Verallgemeinerung, daß die Anwesenheit von Zuschauern oder Beobachtern eine eingeschliffene, gut erlernte oder angeborene (dominante) Reaktion „erleichtert", während das Erlernen neuen Verhaltens durch die Anwesenheit von Zuschauern oder Beobachtern verzögert wird. Den Zuschauer-, Beobachter- oder „Demonstrationseffekt" kennen wir alle: Der Humorist Loriot hat ihm mit seiner Person, der die Erbsen von der Gabel fallen, als sie alle anschauen, ein Denkmal gesetzt.

Würde dieses Prinzip auch für Küchenschaben gelten? Zajonc et al. bauten für diese Untersuchung ein einfaches Labyrinth mit vier erhöhten Beobachtungsplattformen auf. Eventuell ist es dem Leser bereits bekannt, daß Küchenschaben reflexhaft von Lichtquellen weglaufen. Die Leistung einer einzelnen Küchenschabe wurde mit der Leistung einer Küchenschabe in der Anwesenheit von vier „beobachtenden" Küchenschaben verglichen. Die Vorhersage der Forscher wurde bestätigt: Die „einsame" Küchenschabe lernte schneller eine neue Reaktion (sich zu drehen), wogegen die „beobachteten" Küchenschaben schneller von der Lichtquelle davonrannten (eine dominante Reaktion).

Kapitel 5

Der Fragebogen

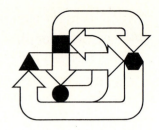

In vielen Forschungsbereichen der Psychologie werden Fragebogen als Meßinstrument verwendet, z. B. in der Persönlichkeitsdiagnostik oder bei der Messung bestimmter Variablen in Experimenten. Kritiker der Fragebogenmethode bezeichnen den Fragebogen manchmal als ein „einfaches und unsauberes" Forschungsinstrument, da er auf der einen Seite zwar preiswert sei und bei der Anwendung wenig Schwierigkeiten bereite, auf der anderen Seite aber lediglich vordergründige, bedeutungslose oder triviale Daten liefere. Es ist richtig, daß die Konstruktion und vor allem die Anwendung eines Fragebogens relativ geringe Kosten verursachen und daß mit Fragebögen in relativ kurzer Zeit große Personengruppen getestet werden können. Werden Fragebogen aber fehlerhaft angewandt oder werden die erhobenen Daten auch noch falsch interpretiert, sagen uns Fragebogen in der Tat wenig.

Ungeachtet dieser Einwände und möglicher „Kurzschlüsse" haben sich Fragebogen in den Sozialwissenschaften als wertvolles und produktives Forschungsinstrument erwiesen. Wir werden in verschiedenen Kapiteln dieses Buches immer wieder auf diese Methode zu sprechen kommen. In Kap. 6 werden Fragebogen beschrieben, die zur Erhebung und Quantifizierung von Einstellungen entwickelt wurden. Wie man eine wissenschaftliche Versuchspersonen-Stichprobe auswählt, um möglichst valide Antworten auf einzelne Fragebogenitems zu erhalten, ist ein Gegenstand des 7. Kapitels. Eine Reihe an Fragebogen zur Messung der Persönlichkeit und eine Diskussion der damit verbundenen Anwendungsprobleme finden sich in Kap. 8.

In diesem Kapitel werden wir nun die grundlegenden Schritte bei der Konstruktion eines Fragebogens vorstellen. Unsere Ausführungen wenden sich sozusagen an den unerfahrenen Untersucher, der einen Fragebogen konstruieren möchte und der dazu grundsätzliche Anleitung benötigt.

Zu Beginn der Konstruktion eines Fragebogens ist die genaue Spezifizierung der Untersuchungsziele von zentraler Bedeutung. Wozu soll der Fragebogen verwendet werden, was soll er leisten können? Welche genaue Information benötigt man aus den Antworten auf die einzelnen Fragen, um damit bestimmte Hypothesen testen zu können? Manchmal besteht das Ziel darin, Informationen zur Fundierung politischer Entscheidungen zu gewinnen. So untersuchen Studenten gerne kontroverse Themen aus dem Bereich der Infrastruktur und Organisation von Universitätseinrichtungen. Wieviele Studenten z. B. ziehen Wohnheime, in denen sie nach Geschlechtern getrennt untergebracht werden, „gemischten" Wohnheimen vor? Stellt der Alkoholkonsum auf dem Universitätsgelände ein schwerwiegendes Problem dar? Was kann man gegen den Vandalismus an der Universität und Universitätseinrichtungen tun? Soll ein bestimmtes Noten- und Zensurensystem modifiziert werden? Ein Fragebogen und seine Ergebnisse können um so größeren Einfluß bzw. Stellenwert im Rahmen einer Entscheidung haben, je mehr man bei der Konstruktion bereits antizipiert hat, welche Informationen die Entscheidungsträger benötigen, und je zielgerichteter der Fragebogen dann auch dementsprechend konstruiert wurde. Welche spezifische Information wird z. B. Mitgliedern des Studentenausschusses mehr helfen: Informationen aus dem Dekanat oder Informationen aus der Wohnheimverwaltung?

Hat man seine Ziele und die in Frage stehenden Bereiche erst einmal abgeklärt, dann wird man zuerst danach suchen, ob es bereits ein Meßinstrument für die Un-

Das Vorlegen eines Fragebogens

tersuchung des interessierenden Bereichs gibt. Die Verwendung eines bereits existierenden Fragebogens bietet verschiedene Vorteile: sie erspart nicht nur die Konstruktion neuer Items, sondern bietet evtl. schon Informationen über die Zuverlässigkeit (Reliabilität) und die Gültigkeit (Validität) des Fragebogens. Man kann in diesem Fall dann auch die eigenen Resultate mit jenen, die von Anderen bei anderen Populationen erzielt wurden, vergleichen. Um sich diesen Vorteil aber zu erhalten, darf man auf keinen Fall etwas am Wortlaut der einzelnen Items verändern (mehr über den Gebrauch bereits existierender Meßinstrumente in Kap. 6 und im Anhang).

Manchmal kann ein vorhandener Fragebogen durch zusätzliche eigene Items ergänzt werden, um den konkreten Zielbereich noch besser abzudecken. Häufig jedoch können bereits vorhandene Fragebogen für den spezifischen Anwendungszweck und für die Prüfung der eigenen Hypothesen nicht verwendet werden oder hinsichtlich der konkreten Zielpopulation inadäquat sein. In solchen Situationen bleibt nichts anderes übrig, als einen völlig neuen Fragebogen zu konstruieren.

Meist ist es sinnvoll, mit kreativen eigenen Einfällen, z. B. von "Brainstorming" zu beginnen; d. h. man notiert sich, zunächst relativ intuitiv, Fragen, von denen man zunächst lediglich annimmt, daß sie den in Frage stehenden Bereich betreffen. In einem zweiten Schritt geht man dann diese Items genauer durch und überprüft und befragt sie hinsichtlich ihres Informationswerts und ihres Beitrags für das relevante Thema. Dabei kann man sich als grobe Richtlinie oder „Daumenregel" z. B. die Frage stellen: „Welche Informationen erhalte ich eigentlich aus den Antworten auf dieses Item?".

Man sollte sich auch immer wieder vor Augen halten, daß es i. allg. einfacher ist, Fragen zu formulieren als sie zu beantworten bzw. später auszuwerten. Ist ein Fragebogen sehr umfangreich, besteht die Gefahr, daß die Zielpersonen dabei ermüden oder die Lust verlieren, und ihn nicht mehr vollständig ausfüllen oder gar nicht damit beginnen, die Items zu beantworten. Auch sollte man von vornherein daran denken, nicht mehr Daten zu erheben, als man später auswerten und analysieren kann. Auf der anderen Seite sollte man natürlich die Itemzahl auch nicht so rigoros kürzen, daß der Fragebogen gar nicht mehr in der Lage sein kann, den in Frage stehenden Gegenstand oder Bereich abzudecken und man damit ein lückenhaftes und unvollständiges Meßinstrument konstruiert.

5.1 Methoden der Datenerhebung mit Fragebogen

Man kann einen Fragebogen an die ausgewählten Respondenten per Post zukommen lassen, man kann die Zielpersonen in Gruppen zusammenkommen lassen und ihnen in diesem Rahmen den Fragebogen vorlegen und man kann schließlich die einzelnen Befragten durch Interviewer aufsuchen lassen und ihnen die relevanten Fragen direkt stellen. Diese drei Vorgehensweisen stellen die grundlegenden Methoden der Fragebogenverabreichung dar.

Fragebogenversendung

Die Versandmethode ist die einfachste Methode, Fragebogen zu verteilen, aber zugleich die schwierigste, sie wieder zurückzuerhalten. Denn es besteht bei diesem Vorgehen die Gefahr, daß die Adressaten die Fragebogen mit belanglosen Wurfsendungen verwechseln und sie einfach wegwerfen. Die *Rückflußrate* (das ist der Prozentsatz der Personen, die auswertbare Fragebogen zurücksenden) ist häufig so gering, daß die Resultate kaum mehr eine Aussagekraft haben, weil die Stichprobe durch Schrumpfung an Repräsentativität verloren hat. Wenn man an der Erhebung einer repräsentativen Stichprobe (s. hierzu auch Kap. 7, „Auswahl der Versuchspersonen") interessiert ist, dann reduziert eine geringe Rückflußrate, mit der man ja mit dieser Versandmethode meist konfrontiert wird, die Stichprobenvalidität. Denn es kann nichts über die möglichen Antworten der Personen, die

---

Einige Leute sind der Ansicht, daß sie viel zu viele Fragebogen ausfüllen müssen. Der Fachbereich „Spanisch und Portugiesisch" an der Universität von Kansas hat folgenden Fragebogen entwickelt, den sie allen Institutionen zuschickten, die versucht hatten, sie zu befragen (zitiert nach Horn, 1978).

A. Allgemeine Information

1. Welcher Prozentsatz der angeschriebenen Personen reagierte auf Ihre Fragebogen? Bitte geben Sie die Rücksendequote auf vier Dezimalstellen genau an.
2. Was machen Sie mit Ihren Resultaten?
    _____ 1. Zusammentragen, Durchgehen, Hin- und Herschieben.
    _____ 2. Ignorieren.
    _____ 3. Verlegen.
    _____ 4. Manipulieren.
    _____ 5. Wissen wir nicht.
3. Wenn Sie gerade nicht dabei sind, Fragebogen zu versenden; gibt es irgendeine andere Aktivität, die Sie finden könnten, um sich zu beschäftigen?
    _____ 1. Ja.
    _____ 2. Nein.
    _____ 3. Dürfen wir per Dienstvorschrift nicht.

B. Nicht-so-allgemeine Information

1. Was versteht Ihre Institution unter „Standardabweichung"?
2. Wieviele Leute gibt es (grob geschätzt) in Ihrer Nachbarschaft?
3. Sind die kleinsten Abweichungsquadrate quadratischer als unsere meisten Quadrate?
4. Sind Sie dafür, daß die inverse Korrelation legalisiert wird?

die Bogen nicht zurückgeschickt haben, ausgesagt werden. Man muß sogar annehmen, daß die Antworten der „Verweigerer" in keiner Weise identisch zu denen ausfallen würden, die die Rücksender abgaben. Verallgemeinerungen oder Folgerungen aus den Ergebnissen der zurückgesandten, ausgefüllten Fragebogen auf die Gesamtpopulation der Zielgruppe sind also weder möglich noch zulässig. Daß dem so ist, könnte man dadurch überprüfen, daß man eine kleine Stichprobe von „Verweigerern" befragt und ihre Antworten mit jenen der erhobenen Stichprobe vergleicht.

Trotz dieses schwerwiegenden Problems kann die Fragebogenverteilung per Post unter bestimmten Bedingungen sinnvoll sein; nämlich dann, wenn 1. die Kosten für einen direkten Kontakt mit der Zielpopulation zu hoch wären, 2. Informationen aus einer begrenzten, nichtrepräsentativen Stichprobe fürs erste genügen und 3. vor allem dann, wenn davon ausgegangen werden kann, daß die Adressaten hoch motiviert sind, an der Befragung teilzunehmen, womit die Rückflußrate mit großer Wahrscheinlichkeit von vornherein hoch sein wird.

Fragebogenverteilung an Gruppen

Die gleichzeitige Verabreichung von Fragebogen an eine große Personengruppe ist zeitlich gesehen sehr ökonomisch, sofern es erst gelungen ist, die Zielpersonen zum Kommen zu motivieren. Deshalb ist es am effektivsten, bereits bestehende Gruppen, z. B. Schulklassen, als Respondenten auszuwählen. Es kann vorkommen, daß eine solche Gruppe bzw. einzelne Mitglieder die Fragebogenaktion als störend empfinden; in solch einem Fall kann sich dann eine feindselige oder unkonzentrierte Atmosphäre auf die Beantwortung der Items nachteilig auswirken. Findet man sich als Forscher jedoch einer motivierten und aufmerksamen Zuhörerschaft gegenüber, dann stellt die Fragebogenverabreichung an ganze Gruppe i. allg. eine sehr effiziente und erfolgreiche Technik dar. Inwieweit solche „natürliche", nicht nach Repräsentativitätsaspekten künstlich zusammengestellte Gruppen aber Repräsentativitätsprobleme schaffen können, soll gleich erörtert werden.

Individuelle Fragebogenverabreichung

Einzelbesuche bei einzelnen Personen sind zwar sehr zeitraubend und umständlich, haben aber beträchtliche Vorteile gegenüber den bereits vorgestellten Methoden. Zum Beispiel kann der Interviewer mit einer zunächst nicht kooperationsbereiten Person reden, um sie doch noch von dem Sinn der Fragebogenaktion zu überzeugen und so deren Teilnahme doch noch zu erreichen. Zudem können komplexere Bereiche mit dieser Methode abgefragt werden. Außerdem existieren ja die Mitglieder einer *Zufallsstichprobe* i. allg. in ihrer natürlichen Umgebung nicht in solchen Gruppen, wie sie bei der Fragebogenverteilung an repräsentative Gruppen z. T. erst künstlich gebildet werden, sondern sie werden meist auf individueller Basis ausgewählt. Auch aus diesem Grund ist die individuelle Fragebogenvorlage vorzuziehen.

Es gibt zwei Methoden, Fragebogen individuell vorzulegen: Entweder bittet man den Befragten, einen Bogen auszufüllen oder man liest als Interviewer die einzelnen Items vor und trägt dann die mündlichen Antworten der Personen in den Bogen ein. Das zweite Vorgehen kann auch telephonisch durchgeführt werden. Die Entscheidung zwischen den beiden Vorgehensarten hängt vom Bildungsstand der Zielpersonen, von der Komplexität des Fragebogens und seines Inhalts (siehe unten) und von der Einschätzung darüber, welche Methode ein valideres Resultat erbringen wird, ab. Zum Beispiel wird es vielen Menschen leichter fallen, sehr persönliche Fragen schriftlich zu beantworten.

Professionelle Interviewer, die die Mittel haben, nachzufassen und ein zweites oder drittes Mal Fragen an die Leute zu versenden, die auf die erste Zusendung nicht reagiert haben, arbeiten recht erfolgreich mit der Versandmethode von Fragebogen. Für studentische Forscher ist jedoch der individuelle Kontakt die effektivste Methode bei Fragebogenuntersuchungen. Von Studenten, die eine solche Untersuchung planen, wird i. allg. verlangt, ihre Respondenten nicht nur persönlich aufzusuchen, sondern auch so lange dort zu bleiben, bis die Fragebogen vollständig ausgefüllt sind. Denn Forscher, die Bogen verteilen und sich dann mit der Bitte um Zurücksenden entfernen, können meist nur mit einer geringen Rückflußquote rechnen. Dann müssen häufig Stunden oder Tage damit zugebracht werden, Personen nochmals aufzusuchen, die ihre Fragebögen nicht zurückschickten oder nicht zurückgaben.

Um nicht in die Privatsphäre der Befragten einzudringen oder zudringlich zu wirken, sollte sich der Untersucher während des Ausfüllens der Fragebogen etwas abseits halten und sich mit einer anderen Aufgabe beschäftigen, z. B. mit dem Lesen eines Buchs. Hat der Befragte den Fragebogen ausgefüllt, dann bekommt er i. allg. einen Umschlag, in den er seinen Bogen selbst stecken kann. Dann bewahrt der Untersucher diesen Umschlag an einem sicheren Ort auf, zusammen mit den bereits ausgefüllten Fragebogen anderer Personen.

Es wurde einmal von einem Fall berichtet, in dem ausgefüllte Fragebogen mit sehr persönlichen Inhalten (ohne Umschlag) auf einem Tisch im Empfangsbereich eines Studentenwohnheims liegengelassen wurden. Das Personal an der Rezeption wurde dann dabei beobachtet, wie es die Fragebögen durchstöberte und sich dabei über die Antworten lustig machte. Es zeugt von großer Fahrlässigkeit, solche Situationen zuzulassen, selbst wenn es sich nicht um identifizierbare, unterschriebene Fragebogen handelt.

5.2 Formulierung der Items

Strukturierte und offene Fragebogenitems

Fragebogenitems, sowohl die Fragen als auch die Antworten, können strukturiert oder offen sein oder eine Kombination dieser beiden Arten darstellen. Der Wortlaut einer *strukturierten Frage* wird von vornherein bei der Konstruktion exakt festgelegt. Bei einer *offenen Frage* (open-ended question) wird dem Interviewer dagegen kein fester Wortlaut vorgegeben, sondern er kann ihn nach seinem Ermessen der jeweiligen Interviewsituation gemäß frei formulieren. *Strukturierte Antworten*, sog. „gebundene Wahlantworten", sind jene, bei denen der Respondent unter bereits spezifizierten Antworten zu wählen hat. *Offene Antworten* dagegen gibt der Befragte mit seinen eigenen Worten.

Ein Beispiel eines Items mit strukturierten, gebundenen Wahlantworten ist folgendes:

Individualverkehr in großen Städten sollte zugunsten öffentlicher Verkehrsmittel eingeschränkt werden.

_____ 1. Ich stimme zu.
_____ 2. Ich stimme etwas zu.
_____ 3. Ich stimme kaum zu.
_____ 4. Ich stimme nicht zu.

Das gleiche Item in offener Antwortform könnte folgendermaßen lauten:

Einige Leute sind der Ansicht, daß der Individualverkehr in großen Städten verboten werden sollte. Stimmen Sie dieser Ansicht zu? Wenn ja, warum? Wenn nein, warum nicht?

Strukturierte Antworten eliminieren von vornherein unerwünschte oder irrelevante Informationen. Zum Beispiel könnte die Frage „Wie oft gehen Sie wählen?" folgende „offene" Reaktionen hervorrufen: „Immer!", „Nur einmal pro Wahl." oder auch „Wofür?". Als strukturierte, gebundene Wahlantworten könnte man in diesem Fall folgende vorlegen:

_____ 1. Ich wähle bei jeder Gemeinderats-, Landtags- und Bundestagswahl, sofern es mir zeitlich möglich ist.
_____ 2. Ich wähle nur bei Gemeinderatswahlen.
_____ 3. Ich wähle nur bei Bundestagswahlen.
_____ 4. Ich wähle ungefähr einmal im Zeitraum von 2 Jahren.
_____ 5. Ich wähle sehr selten.

Natürlich könnte man sich auch noch zehn weitere Alternativantworten ausdenken und im Fragebogen vorgeben. Aber es ist fraglich, ob man damit mehr relevante Informationen bekommen würde. Im Rahmen dieser Konstruktionsphase eines Fragebogens kann man wieder mit der Frage: „Welche Informationen kann ich aus den Antworten auf dieses Item eigentlich erhalten?" prüfen. Eventuell könnten für ein bestimmtes Forschungsziel hier in unserem Beispiel die folgenden zwei kurzen Fragen genügen:

1. Wann haben Sie das letzte Mal gewählt?
   Bei der _____ -Wahl, im Jahre _____ . (Bitte ausfüllen)
2. Wie oft wählen Sie?
   _____ 1. Bei jeder oder fast jeder Wahl.
   _____ 2. Häufig.
   _____ 3. Selten oder niemals.

Man muß in diesem Rahmen jedoch immer bedenken, daß der Ökonomiegewinn kurzer Fragebogen zu Lasten einer einheitlichen Interpretation führen kann und somit die Validität einschränken kann: ein Sachverhalt, der von der einen Zielperson als „häufig" interpretiert wird, kann von einem anderen Befragten als „selten" eingestuft werden. Insofern sollte man sich in einem Vortest von der endgültigen Befragung gegen solche Interpretationsunterschiede absichern, indem man die entsprechenden verbalen Quantifizierungen vorher „abtestet".
Man kann einen Fragebogen so konstruieren, daß er sowohl strukturierte als auch offene Items enthält. Zum Beispiel kann man einer spezifisch strukturierten

Frage ein „Warum?" nachstellen und damit eine zusätzliche offene Antwort verlangen. Man kann es dem Respondenten auch freistellen, ob er einer Reihe von
strukturierten Antworten evtl. Alternativantworten hinzufügen will. Solche Items
nennt man „halb"- oder „semi-strukturiert".

Offene Items ermöglichen es den Respondenten, sich so individuell als möglich
zu äußern; der Forscher erhält durch sie eine größere Datenmenge. Jedoch müssen dann diese ganzen Daten in ihrer Fülle, Vagheit und Subjektivität kodiert und
reduziert werden (s. hierzu auch Kap. 10). Strukturierte Items liegen dagegen von
vornherein in kodierter Form vor, da man ja nur noch die Anzahl und den Prozentsatz der Zielpersonen, die die einzelnen Antworten gewählt haben, auszählen
muß. Man sollte also je nach Fall und Zielsetzung prüfen, wann es günstiger ist,
Auswertungsökonomie einem möglichen Informationsreichtum vorzuziehen,
wenngleich, wie dargestellt, eine Informationsreduktion dann spätestens z. Z. der
Auswertung erfolgt.

Die Anzahl der gebundenen Wahlantworten innerhalb eines Fragebogens kann
von Item zu Item variieren. Dabei sollte das Postulat, jedem Respondenten eine
Möglichkeit zu einer Antwort zu geben, die seiner tatsächlichen Meinung nahe-
kommt, immer erfüllt sein. Auf der anderen Seite sollte man den Fragebogen und
dementsprechend die einzelnen Items so kurz als möglich gestalten. Beim Vortesten eines Fragebogens besteht eines der wichtigsten Ziele der Absicherung darin,
daß die einzelnen Antwortlisten innerhalb der Items alle Möglichkeiten beinhalten sollten, die für den zu erforschenden Bereich relevant sind.

Mehrdeutigkeit von Items

Unerfahrene Forscher werden manchmal davon überrascht, wie schwierig es sein
kann, kurze und einfache Fragen zu konstruieren, um eine bestimmte Information von ihren Respondenten zu bekommen. Zuerst stellt sich das Problem der
Wortwahl. Bedeutet ein ganz bestimmter Ausdruck für den Respondenten das
gleiche wie für den Forscher? In den vierziger Jahren untersuchte in den Südstaa-
ten der USA ein Meinungsforscher bei der dortigen Landbevölkerung die Einstellung über „Regierungskontrolle" von (Unternehmens-) „Profiten". Zu Recht war
er dann über den Befund enttäuscht, daß seine Respondenten der Ansicht waren,
daß „Propheten" nur von Gott kontrolliert werden sollten! (McNemar, 1946, S.
317). (Siehe hierzu auch die Diskussion über die Interpretation von Befragten
über „feindliche Ausländer" in Kap. 6.)

Ganz offensichtlich wird der Stellenwert konnotativer Bedeutung bei der inter-
kulturellen oder kulturvergleichenden Forschung. Ein Item im "California Personality Inventory" lautet: „Jede Familie sollte zum Wohl der Allgemeinheit dafür sorgen, daß im Sommer die Rasen gemäht und im Winter die Gehwege von
Schnee freigeschaufelt sind." Gough (in Brislin et al. 1973, S. 26) meint nun, daß
dieses Item nur deshalb auch den Bewohnern des schneefreien Südens vorgelegt
werden könne, da diese häufig von dem vielen Schnee im Norden hörten und sich
darüber ihre Gedanken machten. Auch wenn sich das Item implizit auf Bewohner
von Einfamilienhäuser bezieht, kann man trotzdem davon ausgehen, daß sich
auch die Bewohner von Mehrfamilienhäusern diese spezifische Situation zumindest vorstellen können. In Frankreich impliziert das Item jedoch ganz andere In-

haltsbereiche. Für die französische Fassung wählte Gough folgende Formulierung: „Der gute Staatsbürger wirft seinen Müll nicht einfach ins Treppenhaus." Diese Version impliziert natürlich Mehrfamilienhäuser; trotzdem wissen auch die Bewohner von Einfamilienhäusern, was das Item meint.

Die vorsätzliche Verwendung mehrdeutiger Items

Im allgemeinen versucht man natürlich, den Gebrauch mehrdeutiger, unpräziser, unbestimmter und vager Wörter und Sätze in einem Fragebogen zu vermeiden. Unter bestimmten Bedingungen werden solche Items aber sogar vorsätzlich konstruiert. Ein Beispiel soll das verdeutlichen: Eine Studentin hatte einen Fragebogen zur Untersuchung der Einstellung von jüngeren Studenten über die Zusammenarbeit mit älteren Studenten (25 bis 50 Jahre alt) entwickelt. Sie hatte dabei folgendes Item mit eingeschlossen: „Sind Sie der Meinung, daß ältere Studenten auffallen?" Von einem sachlichen Standpunkt aus erscheint das Item als schlecht gewählt, denn „auffallen" ist in diesem Zusammenhang zweideutig. Die exakte Bedeutung der Antworten „ja" und „nein" ist somit unklar. Trotzdem erwies sich das Item als brauchbar. Diejenigen nämlich, die mit „ja" antworteten, drückten bei der Reaktion auf andere Items eher Ärger oder Feindseligkeit gegenüber älteren Studenten aus. Somit konnte dieses Item als indirekte Messung des Ärgers gegenüber älteren Studenten verwendet werden. Man könnte nun evtl. die Hypothese ableiten, daß Studenten, die zwar zögern, offene Feindseligkeit (in anderen Items) auszudrücken, aber das oben genannte Item mit „ja" beantworten, tatsächlich solche feindseligen Gefühle gegenüber ihren älteren Kommilitonen aufweisen. Mit großer Wahrscheinlichkeit könnte also mit diesem Item der Effekt der sozialen Erwünschtheit umgangen werden (s. weiter unten in diesem Abschnitt). Die sog. „Autoritarismus-" oder „F-Skala" (s. hierzu Kap. 8) zeigt in ähnlicher Weise den effektiven Gebrauch mehrdeutiger Items. Natürlich ist hier die Validierung der Items extrem wichtig, da ohne sie eine Interpretationsbasis der Befunde gänzlich fehlt.

Doppelte Verneinungen

Bei der Formulierung der Items sollte man doppelte Verneinungen möglichst vermeiden, da sonst Verständnisprobleme bei den Befragten auftreten könnten. Anstatt zu fragen: „Sind Sie gegen die Nichtaufhebung der Polizeistunde an Feiertagen?", sollte man also besser fragen – sofern das gemeint ist – „Sind Sie für die Aufhebung der Polizeistunde an Werktagen?", wenn man nicht in Kauf nehmen will, daß die Befragten verstehen: „Sind Sie für die Beibehaltung der Polizeistunde an Feiertagen?". Was für die Vermeidung mehrdeutiger Formulierungen gilt, sollte entsprechend auch für die Häufung von Negationen gelten.

Items, die zwei verschiedene Bereiche miteinander vermengen

Man sollte möglichst auch Items, die zwei verschiedene Bereiche willkürlich miteinander verbinden, nicht in Fragebogen unterbringen. Ein Beispiel eines solchen

Items ist folgendes: „Der Kommunismus stellt für die USA eine große Gefahr dar, deshalb sollten wir der Regierung Saudi-Arabiens mehr Unterstützung zukommen lassen." Es ist offensichtlich, daß für Personen mit z. B. der Einstellung, daß man Saudi-Arabien unterstützen solle, daß aber der Kommunismus keine Gefahr darstelle, die beiden gebundenen Antwortalternativen „ja" und „nein" unzureichend sind.

Suggestivfragen

Das Item, das im vorherigen Abschnitt vorgestellt worden ist, ist auch ein gutes Beispiel für das Suggerieren bestimmter Antworten. Damit ist gemeint, daß ein Respondent evtl. tatsächlich noch nie etwas von Saudi-Arabien gehört hat, aber mit „ja" antwortet, da er an eine Gefahr des Kommunismuses glaubt. Man sollte also deshalb solche Formulierungen tunlichst vermeiden, da Antworten auf solche Suggestivfragen keinen großen Aussagewert besitzen.

Weitere Beispiele schlecht formulierter Items

In diesem Abschnitt werden einige (tatsächlich existierende) schlechtformulierte Fragebogenitems dargestellt. Das erste stammt aus einem Fragebogen, der die Einstellung von Lehrkräften über ihre Schüler untersucht:

Schüler mit wenig Einfluß haben ein geringes Selbstbewußtsein und bringen schlechte Leistungen.

Immer _____   Häufig _____   Manchmal _____   Selten _____   Niemals _____

Der Ausdruck „wenig Einfluß" ist mehrdeutig. Außerdem handelt es sich hier um eine Frage, die zwei unterschiedliche Bereiche miteinander vermengt. Denn einige Lehrer nehmen evtl. an, daß bestimmte Schüler zwar ein geringes Selbstbewußtsein aufweisen, aber trotzdem recht gute Leistungen erbringen. Auch das Gegenteil könnte ja der Fall sein.

Ihre Klasse funktioniert als eine stabile, kohärente Gruppe mit ausgeglichener Machtbalance, die das Lernen erleichtert.

Immer _____   Häufig _____   Manchmal _____   Selten _____   Niemals _____

Diese Frage könnte man als „Dreifachfrage" bezeichnen, denn sie enthält drei separate Themenbereiche: erstens die Gruppenkohäsion, zweitens die Machtbalance und drittens die Effekte dieser beiden Bedingungen (sofern sie vorhanden sind) auf das Lernen.

Das nächste Item stammt aus einem Fragebogen im Bereich der Energieversorgung:

Unnötige elektrische Geräte sollten nicht im Werbefernsehen angeboten werden, da die Stromkosten so hoch sind.

Wiederum werden in einer Aussage zwei Ansichten miteinander vermengt, als folge die eine Feststellung ganz logisch aus der anderen. Der Respondent, der nur eine Feststellung akzeptiert, wird keine adäquate Antwortmöglichkeit finden.

Zum Beispiel ist eine Zielperson evtl. der Meinung, man solle das gesamte Werbefernsehprogramm abschaffen, hält aber gleichzeitig auf der anderen Seite die Strompreise für vernünftig. Jemand könnte aber auch vom Gegenteil überzeugt sein. Solch ein Item mit zwei unterschiedlichen Aussagen kann i. allg. dadurch korrigiert werden, daß man für jeden der beiden Bereiche separate Items konstruiert bzw. einen Bereich eliminiert, wenn sich dieser als irrelevant für den Gesamtfragebogen erweist.

Das obige letzte Item illustriert auch eine Suggestivfrage: Der Gebrauch des bewertenden Adjektivs „unnötig" vor dem Wort „Geräte" kann den Respondenten evtl. zur Übereinstimmung mit dem Item verführen, unabhängig von seiner Einstellung zur Energiekrise. Diese Technik wird manchmal ganz bewußt von skrupellosen Meinungsforschern verwendet, die eine bestimmte, von vornherein festgelegte Meinung „beweisen" wollen und an den tatsächlichen Einstellungen einer bestimmten Zielgruppe gar kein echtes Interesse haben. Manche Politiker versenden Fragebogen mit solchen Suggestivfragen, um bestimmte Antworttrends bei den Respondenten zu evozieren. (Bei dieser Vorgehensweise kommt natürlich zusätzlich das Problem der Stichprobenselektion – im Extrem werden nur die Anhänger oder Parteigänger der eigenen Richtung befragt – zum Tragen.) Zum Beispiel:

Unterstützen Sie meine Anstrengungen, bedürftigen Studenten zu helfen, sich ihren eigenen Weg durch die Schullaufbahn zu verdienen?

_____ 1. Ja.
_____ 2. Nein.

Der Gegner versendet nun z. B. einen Fragebogen mit folgendem entsprechendem Item:

Sollen wir der Ausbeutung des Steuerzahlers durch gesunde, erwachsene Menschen, die ihre Ausbildung auf Staatskosten finanzieren, Einhalt gebieten?

_____ 1. Ja.
_____ 2. Nein.

Mit großer Wahrscheinlichkeit werden beide Fragen von den meisten Befragten mit „ja" beantwortet werden und beide Parteien werden über dieses Resultat erfreut sein. Aber hier handelt es sich um Propaganda und nicht um wissenschaftliches Vorgehen!

Auch ganz subtile Formulierungsveränderungen können einen gewaltigen Unterschied ausmachen.

Würden Sie Susan T. Wilkins als Abgeordnete unterstützen?

_____ 1. Ja.
_____ 2. Nein.

Diese Forumulierung würde wahrscheinlich mehr Zustimmung hervorrufen als folgende:

Welchen Kandidaten würden Sie als Abgeordneten unterstützen?

_____ 1. Susan T. Wilkins.
_____ 2. Edward J. Holden.

Gebrauch der Kategorie „nicht zutreffend"

Durch den Zusatz einer Antwortenkategorie wie z. B. „trifft nicht zu" oder „dies betrifft mich nicht" kann die Qualität vieler Items verbessert werden. Denn ein Arbeitsloser z. B. kann ja kaum auf eine Frage über das „derzeitige Gehalt" antworten. Wenn man bestimmten Personen keine angemessene Antwort-Kategorie anbietet, dann ist es nicht möglich, zwischen Personen zu unterscheiden, die die Frage aus Versehen ausließen, und solchen, die die Frage nicht ankreuzten, weil sie auf eine nicht zutreffende Kategorie nicht antworten konnten und sie ganz überlegt ausließen. Noch problematischer wird es, wenn in solch einer Situation die Betroffenen dann willkürlich irgendeine Kategorie ankreuzen und damit die Resultate verfälschen.

Zum Beispiel enthielt ein Fragebogen zur Bewertung von Studienfachbelangen durch Studenten das Item: „Wie schätzen Sie die schriftlichen Examensarbeiten bezüglich ihres Werts für das Studium ein?" Die Antwortkategorien lauteten: „sehr gut", „gut", „mittelmäßig", „schlecht". Nun hatten zum Zeitpunkt der Befragung einige Teilnehmer noch gar keine schriftlichen Examensarbeiten geschrieben gehabt. Trotzdem beantworteten viele Studenten die Frage, wobei ihre Antworten sehr variierten. Einige der Befragten antworteten mit „sehr gut", andere mit „schlecht". Was bedeuten aber solche Antworten? Möglicherweise veränderten die Studenten, die noch keine schriftlichen Klausuren gehabt hatten, ihre Interpretation der Frage so, daß sie auch mündliche Examensarbeiten einschlossen und somit das Item durch Uminterpretation für sie einen Sinn bekam. Vielleicht wurde auch „schlecht" angekreuzt, um auszudrücken, daß man schriftliche Examensarbeiten bevorzugt hätte. Schließlich ist es auch durchaus möglich, daß einige mit „sehr gut" antworteten, weil sie keine solchen Arbeiten zu schreiben hatten. In diesem Fall wußte das Dekanat nicht, welche Gruppen schon schriftliche Examensarbeiten durchgeführt hatten. Eine Fehlinterpretation der Fragebogenresultate stand damit eigentlich fast schon von vornherein fest.

Der Effekt der sozialen Erwünschtheit

Wenn die Befragten annehmen, der Interviewer würde positiver von ihnen denken, wenn sie einen bestimmten, kulturell oder moralisch hochbewerteten Standpunkt einnehmen, dann wird diese Position i. allg. bevorzugt als Reaktion auf einzelne Items gewählt. In den meisten sozialen Situationen kann ja kaum erwartet werden, daß sich Personen selbst in eine unvorteilhafte Position bringen wollen. Im allgemeinen möchte fast jeder Mensch, daß seine Meinung akzeptiert wird, d. h. daß seine Meinung *sozial erwünscht* ist (s. hierzu auch Kap. 8), bzw. – sofern er kein militanter Nonkonformist ist – durch eine „abweichende" Antwort nicht auffallen.

In der Forschung über die Entwicklung des Kindes ist elterliche „Wärme" eine wichtige Variable. Sie kann recht gut mit Hilfe von Fragebogen gemessen werden. „Wärme"-Items weisen in der Regel signifikante und replizierbare Beziehungen zu anderen Variablen auf. Man kann hierbei auf keinen Fall so vorgehen, daß man Kinder oder Eltern das elterliche Verhalten direkt als „warm" oder „kalt" beschreiben läßt und dann erwarten, eine ehrliche Antwort zu erhalten. Denn die meisten Leute wissen, daß „Wärme" sozial erwünschter ist als „Kälte".

Das folgende Item (aus einem Fragebogen für Jugendliche: Papanek, 1957, 1969; Sears, Maccoby und Levin, 1957) ist sorgfältig formuliert und vermeidet dadurch den Effekt der sozialen Erwünschtheit.

Manche Leute zeigen ihre Zuneigung ganz offen, während andere Leute eher zurückhaltend sind und nicht offen ausdrücken, daß sie jemanden gernhaben. Wie würden Sie Ihren Vater einschätzen?

_____ 1. Ziemlich zurückhaltend.
_____ 2. Ein bißchen zurückhaltend.
_____ 3. Ziemlich offen.
_____ 4. Sehr offen.

Mit Hilfe des einführenden Vordersatzes versucht dieses Item, jede Position, also die Einschätzung von „kühl" wie von „warmherzig", akzeptabel zu machen. (Dieses Item wurde übrigens in Boston verwendet, wo Zurückhaltung als eine wünschenswerte Eigenschaft betrachtet wird.) Auch ist die Reihenfolge der Antwortkategorien absichtlich so gewählt. Die sozial am wenigsten erwünschte Eigenschaft steht an erster Stelle. Es wird nämlich angenommen, daß jene Jugendlichen, die glauben, sie würden von ihrem Vater abgelehnt, die erste Antwort ankreuzen. Die Forscher vermieden bei der Konstruktion eine gebundene Wahlantwort, die evtl. implizit eine Ablehnung eines Elternteils gegenüber seinen Kindern ausgedrückt hätte. Denn solch ein Item könnte von den Respondenten als ein Angriff aufgefaßt werden und hätte evtl. den Ausfall von Befragten wie den Ausfall brauchbarer ausgefüllter Fragebogen bedingt. Es folgen weitere Beispiele für Items, die das Problem der sozialen Erwünschtheit dokumentieren. Das erste stammt aus einem Fragebogen über Selbsteinschätzungen von Lehrern:

Sie glauben, daß Sie in der Lage sind, positiv auf die Klasse einzuwirken und ein ideales Lernklima zu schaffen.

Immer _____   Häufig _____   Manchmal _____   Selten _____   Niemals _____

Es wirkt angeberhaft, mit „Immer" zu antworten. Auf der anderen Seite deuten die letzten drei Antwortalternativen auf eine gewisse Inkompetenz hin. Das Item könnte jedoch dadurch brauchbar werden, indem man in der Einführung darauf hinweist, daß oft ein eher selbstkritischer Lehrer ein besserer Lehrer sein kann als ein von sich zu sehr eingenommener Lehrer. Nun folgt ein Item, bei dem es sehr unwahrscheinlich ist, daß jemand nicht zustimmt:

Durch meine Persönlichkeitsausstrahlung präge ich die Klasse, die ich unterrichte.

_____ 1. Ich stimme zu.
_____ 2. Ich stimme nicht zu.

Ausgewogene Alternativen und andere Möglichkeiten zur Umgehung des Effekts der sozialen Erwünschtheit

Eine Lösung zur Vermeidung des sozialen Erwünschtheitseffekts stellt der Gebrauch ausgewogener Antwortalternativen dar, bei denen alle Antworten ähnlich sozial erwünscht bzw. unerwünscht sind.

Haben Sie sich mit Ihrem Sohn schon über seine zukünftige Berufslaufbahn unterhalten?
_____ 1. Wir sprechen manchmal etwas darüber.
_____ 2. Wir sprechen sehr häufig darüber.
_____ 3. Wir sind bis jetzt noch nicht dazu gekommen.

Die letzte Antwortalternative wurde dahingehend formuliert, die Implikation zu vermeiden, ein Elternteil habe sich sozial unerwünscht verhalten, wenn er nicht mit seinem Sohn über die Berufslaufbahn gesprochen hat.

Eine andere Möglichkeit, den genannten Problemen auszuweichen, ist, die Fragen auf einer allgemeinen Inhaltsebene zu formulieren:

Es kommt manchmal vor, daß ein Junge in manchen Angelegenheiten nicht mit seinem Vater übereinstimmt und sich dann ihm gegenüber unanständig oder verärgert verhält. Wie sollte ein Vater darauf reagieren?
_____ 1. Der Vater sollte so ein Verhalten niemals erlauben.
_____ 2. Der Vater sollte so ein Verhalten im Prinzip zwar verbieten, aber nicht bei jeder Gelegenheit konsequent durchgreifen.
_____ 3. Der Vater sollte versuchen, den Sohn auf eine faire Art zur Vernunft zu bringen.
_____ 4. Der Vater sollte versuchen, das Verhalten zu ignorieren.
_____ 5. Andere Reaktionen. Welche? _____

Die fünfte Antwortalternative bedarf der Kodierung. In diesem Fall wird man hier mit einem offenen Item möglicherweise validere Informationen erhalten als nur mit den gebundenen Alternativen, dadurch aber auch mehr Aufwand bei der Quantifizierung haben.

Ein anderer Lösungsansatz beginnt mit einer Aussage wie der folgenden:

Einige Leute meinen (glauben, sagen), daß _____ . Andere Leute meinen (glauben, sagen), daß _____ . Was ist Ihre Meinung zu diesem Thema?

Im November des Schuljahres 1973/1974 erhielten 27 000 Schüler in 176 Schulen in 25 Staaten der USA von der Bundesbehörde einen Fragebogen über Rassenbeziehungen (zitiert in Buder, 1974). Dieses Meßinstrument war Teil einer Evaluation eines staatlich geförderten Programms, das u. a. zur Verbesserung der Rassenbeziehungen entwickelt worden war. Dabei war die Testung im November die „Vorher"-Messung. Im Frühjahr desselben Schuljahres sollten die Nachtests durchgeführt werden. Zur Evaluation des Programms, das an einigen Schulen eingeführt worden war, wurden zum Vergleich Kontrollschulen, die das Programm nicht erhalten hatten, gewählt. Jedoch wurden bis zum März des Schuljahres die Proteste gegen den Wortlaut einiger der 23 Items des Fragebogens so stark, daß die gesamte Fragebogenaktion, trotz ihrer hohen Kosten, abgebrochen werden mußte. Die Items wurden von Schulbehörden, Eltern und Bürgerrechtlern als polarisierend und rassistisch kritisiert, obwohl die dahinterstehenden Ziele des Gesamtprojekts akzeptiert wurden. Die Kritik richtete sich vor allem gegen Formulierungen wie die folgenden aus dem Einleitungsabschnitt des Fragebogens: „Mit diesen Fragen soll festgestellt werden, wie Du über Mitschüler, die anders sind (!) als Du, denkst. ..." Auch folgende Items standen im Brennpunkt der Kritik:

Welche Mitschüler hättest Du am liebsten in Deiner Klasse?
_____ 1. Meine Klassenkameraden sollten alle so wie ich sein.
_____ 2. Ein oder zwei Klassenkameraden sollten anders als ich sein.
_____ 3. Ungefähr die Hälfte meiner Klassenkameraden sollte anders als ich sein.

Bist Du der Ansicht, daß schwarze (oder braune oder weiße) Schüler mehr für Ärger an der Schule verantwortlich sind als andere?

Dieses Forschungsbeispiel verdeutlicht die Schwierigkeiten, in die ein ungeschickter Untersucher geraten kann. Ist es möglich, eine indirekte Messung der Rassenbeziehungen an Schulen zu entwickeln, die auf der einen Seite dazu verhelfen kann, die Beziehungen zu verbessern, aber auf der anderen Seite nicht den Eindruck erweckt, als habe der Forscher selbst Vorurteile gegenüber anderen Rassen? In den Formulierungen der Fragebogeneinführung wie in der zitierten inkriminierten Frage wird ja die „Andersartigkeit" von Angehörigen anderer ethnischer Gruppen schon implizit zur „Tatsache" erhoben. Selbst wenn der Fragebogen auch von der Öffentlichkeit akzeptiert worden wäre; wären die Untersucher mit diesen Items tatsächlich in der Lage gewesen, die Veränderungen in den Rassenbeziehungen an den Schulen in der Zeit von November bis April innerhalb eines Schuljahres akkurat zu messen?

Die Reihenfolge der Items

Im allgemeinen setzt man an den Anfang eines Fragebogens interessante, aber keinesfalls abschreckende oder provozierende Items. So will man u. U. Personen nicht für ihre eigenen demographischen Variablen sensibilisieren. Dies kann man dadurch realisieren, daß man solche Hintergrundinformationen erst am Ende des Fragebogens erhebt. Sehr persönliche Fragen stehen i. allg. nie am Anfang eines Fragebogens. Insgesamt sollte man als Richtlinie bei der Auswahl der Reihenfolge der Items das Ziel vor Augen haben, eine natürliche, logisch aufgebaute, fast gesprächsartige Sequenz zu konstruieren, die zu der gewünschten Information führt, ohne daß der Befragte provoziert wird oder sich unnatürlich verhält.

Filteritems

Eventuell muß man sog. *Filter-Items* oder -Fragen verwenden, um verschiedene Respondentengruppen unterscheiden zu können. Eine solche Filter-Frage lenkt einen Respondenten auf die Items, die er beantworten soll, wobei diese Items im Fragebogen nicht unbedingt aufeinanderfolgen müssen. Filtern kann notwendig werden, wenn man für Frauen und Männer, für Wähler und Nicht-Wähler usw. unterschiedliche Items konstruiert hat. Wenn man Einzelinterviews durchführt und dem Befragten die Fragen vorliest, dann übernimmt natürlich der Interviewer die Filterung. Geht der Respondent dagegen selbst den Fragebogen durch, muß man vor allem bei den Filteritems darauf achten, daß man eindeutige und einfache Instruktionen verwendet. Wenn mit einem Filter gearbeitet wird, dann benötigt man häufig die Kategorieart „trifft nicht zu", um sicherzugehen, daß niemand gezwungen ist, auf ihn eigentlich nicht passende Items zu beantworten. Ein mögliches Gestaltungsformat für Filterfragen wird in Abschn. 5.3 illustriert.

5.3 Graphische Gestaltung von Fragebögen

Die sorgfältige Plazierung der Items auf den Fragebogenseiten trägt in nicht geringem Maße zur Effektivität eines Fragebogens bei. Am besten ist, viel Zwischenraum zu lassen und den Fragebogen nicht übervoll zu gestalten, um Übersichtlichkeit zu schaffen. Die Antwortliste sollte gruppiert sein. Wenn man z. B. folgendes Format für die Antwortmöglichkeiten verwendet, werden einige Respondenten die fünfte Antwortkategorie völlig übersehen:

Frage: _____ ?
_____ 1.
_____ 2.   _____ 5.
_____ 3.
_____ 4.

Es versteht sich von selbst, daß man die Antworten eines Items nicht auf zwei Seiten verteilen sollte. Außerdem sollte man sich versichern, daß die erste Frage so plaziert wird, daß sie leicht vom Einführungs- und Anweisungstext unterschieden werden kann. Anweisungen können in Großbuchstaben geschrieben oder umrandet werden. Auch Filteritems können auf diese Weise vom übrigen Text hervorgehoben werden. Es folgt ein Auszug aus einem Fragebogen, der hinsichtlich seiner Aufmachung sehr gut gelungen ist:

7 Sind Sie ein Mitglied des Studentenbeirates?

_____ 1. Ja.
_____ 2. Nein.

Wenn ja, dann beantworten Sie jetzt die Frage 8. Wenn nein, dann beantworten Sie jetzt die Frage 9.

        8. Haben Sie am Treffen des 2. Mai teilgenommen?
           _____ 1. Ja.
           _____ 2. Nein.
           _____ 3. Ich bin nicht Mitglied des Studentenbeirates.
9. Gehören Sie einer der folgenden AGs an?
    _____ 9. Diskussions-AG.
    _____ 10. Photo-AG.
    _____ 11. Theater-AG.

Als nächstes folgt ein noch weiter ausgearbeitetes Beispiel:

14. Kennen Sie die Psychologische Klinik der Stadt?
    _____ 1. Ja. (Wenn ja, weiter zu Item 15.)
    _____ 2. Nein. (Wenn nein, weiter zu Item 22.)

        15. Von welcher Seite haben Sie davon gehört?
           _____ 1. Von Freunden.
           _____ 2. Von Verwandten.
           _____ 3. Aus einer Broschüre.
           _____ 4. Von einem Therapeuten.
           _____ 5. Andere Quellen.   Welche?_____
           _____ 6. Ich habe noch nie von dieser Einrichtung
                  gehört.
        16. Haben Sie dort schon einmal irgendwelche Dienst-
           leistungen in Anspruch genommen?
           _____ 1. Ja. (Wenn ja, weiter zu Item 17.)
           _____ 2. Nein. (Wenn nein, weiter zu Item 22.)

> 17. Welche der folgenden Dinge kennen Sie von dort?
>   17. Erstinterviews   _____ Ja.   _____ Nein.
>   18. Psychologische Tests   _____ Ja.   _____ Nein.
>   19. Medikation   _____ Ja.   _____ Nein.
>   20. Individuelle Therapie _____ Ja.   _____ Nein.
>   21. Gruppentherapie   _____ Ja.   _____ Nein.

22. Können Sie eine Behörde oder eine ähnliche Stelle nennen, an der Sie, ein Freund oder ein Verwandter psychologische Hilfe bekommen könnten, wenn diese benötigt werden würde?
    _____ 1. Ja   Wo? _____
    _____ 2. Nein

Wird der Fragebogen von einem Interviewer vorgetragen, dann kann man Interviewer-Anweisungen wie die folgenden einfügen:

Fragen Sie hier nach weiteren Gründen oder *Ersuchen Sie hier, eine ganz spezifische Antwort zu bekommen*

Es folgt ein Beispiel aus einem Fragebogen (Quinley, 1976, modifiziert), der entwickelt wurde, um den Effekt des sog. "mini-college"-Systems an der Janet University zu untersuchen.

4. Wie bewerten Sie ganz allgemein das derzeitige "mini-college"-System?
    _____ 1. Ich finde es gut, es sollte nicht geändert werden.
    _____ 2. Ich finde es gut, obwohl einige Bereiche verbessert werden könnten.
    _____ 3. Ich finde, daß das System zwar beibehalten werden sollte, daß es aber dennoch in einigen hauptsächlichen Aspekten verändert werden sollte.
    _____ 4. Ich finde es nicht gut und ich bin der Meinung, es sollte ganz abgeschafft werden.

5. Hatten Sie schon etwas über das "mini-college"-System gehört, bevor Sie an die Janet University kamen?
    _____ 1. Ja, aber nicht sehr viel.
    _____ 2. Ja, mittelmäßig viel.
    _____ 3. Ja, sehr viel.
    _____ 4. Nein.

Ist Ihre letzte Antwort „Ja" gewesen, dann beantworten Sie bitte die Fragen 6. und 7. Ist Sie „Nein" gewesen, gehen Sie weiter zu Frage 8.

6. Spielte das "mini-college"-System eine spezielle Rolle bei Ihrer Entscheidung, sich an der Janet University einzuschreiben?
    _____ 1. Ja, eine sehr große Rolle.
    _____ 2. Ja, es spielte zwar eine Rolle bei dieser Entscheidung, aber nicht die wichtigste.
    _____ 3. Ja, aber eine eher negative Rolle. Ich mochte das System nicht, wollte aber trotzdem an der Janet University studieren.
    _____ 4. Nein.

7. Was halten Sie von dem "mini-college"-System in bezug auf Ihre ursprünglichen Erwartungen?
    _____ 1. Ich halte es jetzt für viel besser im Gegensatz zu meinen ursprünglichen Erwartungen.

_____ 2. Es entspricht meinen ursprünglichen Erwartungen.
_____ 3. Das System hat sich für mich als eine kleine Enttäuschung herausgestellt.
_____ 4. Das System hat sich für mich als eine große Enttäuschung herausgestellt.
_____ 5. Obwohl ich von dem System gehört hatte, habe ich diesbezüglich keine
bestimmten Erwartungen gehabt.

8. Ein wichtiger Punkt bei der Konzeption des "mini-college"-Systems hat mit der Rolle des speziell dafür eingesetzten Fakultätsberaters zu tun. Wie beurteilen Sie ganz allgemein Ihre eigenen Erfahrungen mit Ihrem Berater?
_____ 1. Sehr gut, ich habe keine Schwierigkeiten.
_____ 2. Gut, trotz einiger Probleme.
_____ 3. Mein Berater hat mir zwar etwas geholfen, aber nicht genügend.
_____ 4. Ich komme nicht sehr gut mit meinem Berater zurecht.
_____ 5. Ich habe bis jetzt kaum Kontakt mit meinem Berater gehabt und habe mir somit noch keine feste Meinung über ihn gebildet.

Es sind verschiedene Kritikpunkte gegenüber des Fakultätsberater-Systems laut geworden; diese sind unten aufgeführt. Haben Sie aufgrund Ihrer eigenen Erfahrungen mit irgendeinem dieser Probleme zu tun gehabt? Wenn ja, handelte es sich für Sie um ein eher großes oder kleines Problem?

	Ja, ein großes Problem	Ja, ein kleines Problem	Nein
9. Ich kann meinen Berater, wenn ich ihn sprechen möchte, häufig nicht finden	☐	☐	☐
10. Mein Berater kennt sich nicht in den Anforderungen des Studienplans aus	☐	☐	☐
11. Mein Berater ist nicht sehr auf Zusammenarbeit ausgerichtet: er bestimmt zu sehr über mein eigenes Studienprogramm	☐	☐	☐

Numerieren der Items

Das sorgfältige Numerieren der Items erspart Zeit und erhöht die Genauigkeit der Datenanalyse. Wird eine Analyse mit dem Computer geplant, dann sollte man das von vornherein berücksichtigen. Wenn die Befunde auf Lochstreifen, Magnetband oder Platte übertragen werden sollen, benötigt man von Anfang an verschiedene Kolumnen zur Identifizierung der Information. Aber auch für eine Analyse per Hand ist es hilfreich und sinnvoll, verschiedene Spalten z. B. für die Personennummern und andere Information anzulegen.

Das erste Inhaltsitem kann somit evtl. erst mit der Nummer 4 oder 5 bezeichnet werden. Mit diesem Vorgehen vermeidet man spätere Unklarheiten beim Zusammenfassen der Daten. Jede Nummer wird dann später bei der Analyse kodiert und analysiert. Im Beispiel oben erfordert es Item 9, daß der Respondent alle Antworten ankreuzt, die auf ihn zutreffen. Man benötigt in diesem Fall für jede Antwort eine extra Spaltennummer. Im Beispiel sind sie mit Nummer 9, 10, 11 gekennzeichnet. Die nächste Frage bekommt zur Kennzeichnung dann die Nummer 12. Wenn man zweistellige Zahlen in einen Rechner eingeben will, dann benötigt man dafür zwei Spalten:

Wie alt sind Sie? (13, 14)

Eventuell ist jedoch in manchen Fällen eine genaue Altersangabe gar nicht notwendig und man kann somit eine einfachere Form wählen:

13. Wie alt sind Sie?
_____ 1. Unter 25 Jahre alt.
_____ 2. 25 Jahre alt und älter.

Aus der Beantwortung dieses „gröberen" Items ist jedoch nicht abzulesen, daß z. B. 90% einer Respondentengruppe jünger als 17 Jahre alt sind oder älter als 45 Jahre.
[Empfehlung: Wenn Sie eine umfangreichere Untersuchung planen, deren Datenfülle nur über EDV zu bewerkstelligen ist, empfiehlt es sich, vorher mit einem dafür zuständigen Mitarbeiter des Rechenzentrums zu sprechen oder entsprechende Handbücher (z. B. Beutel und Schubö, 1983, oder Bauer, 1984) zu konsultieren, bevor man seine Fragebogen und das geplante Kodierschema entwirft.]

5.4 Die Einleitung des Fragebogens

Vielleicht erscheint es etwas merkwürdig, daß wir erst hier am Ende des Kapitels auf die Einführung eines Fragebogens zu sprechen kommen. Das liegt daran, daß Einleitungen von Fragebogen in der Tat meistens erst nach der Konstruktion der Items formuliert werden.
Die Einleitung sollte wie der Gesamtfragebogen so kurz als möglich sein, auf der anderen Seite aber auch ausführlich genug, um ihren Zweck zu erfüllen. Sie sollte i. allg. folgende Informationsbereiche abdecken:

1. Das Thema.
2. Die Stelle bzw. Einrichtung, die für die Studie verantwortlich ist.
3. Die Vertrauenswürdigkeit der Datenaufbewahrung.
4. Welcher Gebrauch von den Antworten gemacht werden wird.
5. Die Möglichkeit, dem Befragten über das Ergebnis der Untersuchung einen Bericht zukommen zu lassen.

Die Einführung kann entweder schriftlich oder mündlich mitgeteilt werden; beides sollte sorgfältig geplant werden.
Das Ziel der Befragung oder Untersuchung sollte in allgemeiner, neutraler Form und eher vage vorgestellt werden, damit der Befragte nicht für die interessierenden Variablen besonders sensibilisiert wird. Er könnte sonst, wenn er dem Untersuchungsziel selbst besonders verpflichtet ist (oder es ablehnt), unbewußt zu einer Verfälschung der Daten in der einen oder anderen Richtung beitragen, und sei es nur, weil ihm der Interviewer sympathisch oder unsympathisch ist. Eine solche, eher vage Fomulierung könnte etwa lauten: „Wir führen eine Untersuchung über Einstellungen bezüglich _____ durch." Im allgemeinen wird diese allgemeine Form von den meisten Respondenten akzeptiert. Denn die meisten Menschen

sind ja davon angetan, ihre Ansichten äußern zu dürfen und nehmen auch ganz richtig an, daß der Interviewer ganz genau das möchte.

Die Einrichtung, von der die ganze Untersuchung ausgeht, sollte korrekt genannt werden, und zwar so, daß man dabei möglichst angstinduzierendes Vokabular vermeidet. Denn „Psychologie" und damit zusammenhängende Begriffe werden von vielen Menschen, sofern sie Psychologie nicht ohnehin mit „Psychiatrie" oder „Psychoanalyse" verwechseln oder gleichsetzen, mit „Seelenschnüffelei", dem Aufdecken der geheimsten Gedanken und Gefühle assoziiert; und dies wird häufig als bedrohlich erlebt. Manche Leute glauben auch, die Psychologie beschäftige sich nur mit abnormen Individuen oder „Psychopathen". Um eine solche irreale Angst vor dem „Seelenklempner", dem „Psychologen mit dem Röntgenblick", gar nicht erst aufkommen zu lassen, sollte man deshalb entsprechende Begriffe oder Assoziationen in der Einführung, wenn möglich, ganz vermeiden.

Es entspricht der Höflichkeit und kommt i. allg. bei den Respondenten recht gut an, sich zuerst selbst vorzustellen: „Guten Tag, ich bin _____ ." An der Universität ist der Übergang zur Untersuchung einfach: „Ich mache z. Z. eine Seminararbeit über _____ ." Außerhalb der Universität wird es vielleicht einige Schwierigkeiten bereiten, den Leuten den Sinn der Untersuchung zu erklären bzw. einen Zusammenhang mit der Universität aufzuzeigen. Angenommen, die Beziehungen zwischen den Bürgern einer Stadt und der dortigen Universität seien nicht gut und eine Gruppe von Studenten wollte eine öffentliche Meinung über Bestrebungen der Universität, ihr Gelände zu vergrößern, untersuchen. In diesem Fall könnte man versuchen, die Befragten mit folgender Einführung zum Ausfüllen des Fragebogens zu motivieren: „Guten Tag! Ich bin ein Interviewer und mache eine Meinungsumfrage in dieser Stadt. Würden Sie mir bitte ein paar Fragen beantworten?" Natürlich muß man auch in solch einem Fall, wenn es der Respondent verlangt, die verantwortliche Stelle korrekt angeben.

Es versteht sich von selbst, daß man die Erlaubnis der Behörde, die man namentlich nennen möchte, dazu einholt. An der Universität ist das der Betreuer der Arbeit, der Fachbereichsleiter oder der Institutsdirektor. Denn es ist peinlich, wenn sich ein Respondent nach Ausfüllen des Fragebogens an die genannte Stelle wendet und dort niemand etwas über das Projekt weiß.

Geht eine Untersuchung nur von Studenten aus, sind diese nicht berechtigt, den Namen ihrer Universität bzw. ihres Fachbereichs zu nennen. Schlampig gemachte oder fehlerhafte Fragebogen könnten Eltern, ehemalige Studenten u. a. dazu bringen, das geringe pädagogische Niveau der Universität öffentlich anzuprangern. Oberste Richtlinie sollte also sein: Fragebogen immer sorgfältig gedruckt und geschrieben vorlegen! Im allgemeinen sollte auch der jeweilige Dozent die Fragebogen vor ihrer Verwendung durchsehen und überprüfen.

In der Einführung ist i. allg. ein Hinweis auf *vertrauliche Behandlung* der Fragebogen angebracht. Zum Beispiel in folgender Form: „Ihr Name und sämtliche anderen persönlichen Angaben werden in keiner Weise mißbraucht. Die folgende Untersuchung erfolgt unter strenger Beachtung der rechtlichen Bestimmungen des Datenschutzes." Das Verlangen nach diskretem Umgang mit den Antworten und persönlichen Angaben hängt natürlich vor allem vom Inhalt der Fragen ab. Trägt man diesem Verlangen genügend Rechnung, dann kann fast jeder Bereich mit der Fragebogentechnik untersucht werden.

In einer Studie über erzwungenen sexuellen Verkehr erreichte eine studentische Untersucherin durch sorgfältiges Vorgehen eine 100%ige Beantwortungsrate bei einer repräsentativen Studentinnen-Stichprobe. Sie war dabei an dem Druck interessiert, der auch heute noch auf Frauen ausgeübt wird, wenn diese nicht mit dem Verlangen ihres Ehemannes oder Freundes nach sexuellem Kontakt übereinstimmen. Sie wollte wissen, wieviele Studentinnen einen solchen Druck empfinden und wie sie sich in entsprechenden Situationen verhalten. Dabei arbeitete sie mit einem schriftlich vorgelegten Fragebogen, der den Respondentinnen ganz persönlich gegeben wurde. Sie versicherte dabei den Befragten nachdrücklich, daß die Fragebogen völlig anonym ausgewertet würden (was auch der Fall war). Während des Ausfüllens der Bogen begab sich die Untersucherin ans andere Ende des Zimmers und las dort etwas. Danach bekam jede Befragte einen Umschlag für den Fragebogen, den sie selbst auch zukleben konnte und in eine große Mappe mit bereits abgegebenen Umschlägen geben konnte.

Diese Studentin baute so eine sehr gute Kooperation mit ihrer Zielgruppe auf, obwohl das erfragte Thema für einige der Frauen immer noch so peinlich bzw. persönlich war, daß sie den Fragebogen ungestört in einem anderen Raum auszufüllen wünschten. Die Einstellung der Forscherin hatte sich als für den Ablauf der Untersuchung wichtig herausgestellt. Denn sie hatte von vornherein angenommen, daß sie mit diesem Thema ein sehr ernstes und großes Problem anschneiden würde, und sie ging dementsprechend behutsam bei der Fragebogenuntersuchung vor. Ohne Zweifel merkten das die Befragten an ihren Worten und an ihrem Gesamtverhalten.

(Die Resultate dieser Fragebogenuntersuchung waren, daß 30% der Stichprobe in mindestens einem Fall sexuellen Kontakt gehabt hatten, den sie eigentlich gar nicht gewollt hatten. Der Fragebogen hatte auch die Gründe für dieses Verhalten exploriert. Hierfür wurde vor allem die Angst vor einem Ende der Beziehung angegeben.)

Unter Umständen muß man einen Vortest-Fragebogen mit den Ergebnissen eines Nachtest-Fragebogens vergleichen, um bestimmte Interventionen analysieren zu können. In solchen Situationen steht man vor dem Dilemma, auf der einen Seite die Fragebogen von Vor- und Nachtest vergleichen und deshalb auch identifizieren zu müssen, auf der anderen Seite aber trotzdem Anonymität einhalten zu können. Zur Lösung bieten sich verschiedene Methoden an. Die Respondenten können z. B. gebeten werden, ihren eigenen Identifikationscode zu entwerfen, indem sie ein bestimmtes Symbol auf beide ausgefüllten Fragebogen anbringen sollen, wie z. B. die Initialen des Mädchennamens der Mutter. Auch können verschlüsselte Angaben des Geburtsdatums verwendet werden. In einem Projekt bat einmal ein studentischer Forscher seine Zielpersonen, das gleiche einfache Rätsel oder einen Sketch auf beide Bogen zu schreiben.

Zum ausführlichen Testen von großen Gruppen können sog. Identifikationsnummern offen auf die Fragebogen gesetzt werden, indem die einzelnen Nummern den Namen der Zielpersonen zugeordnet werden. Dabei muß natürlich die Liste dieser Namen-Nummern-Zuordnungen sorgfältig unter Verschluß gehalten werden.

In manchen Fällen bitten die Respondenten darum, die Resultate der Untersuchung mitgeteilt zu bekommen. Solch eine Rückmeldung ist auch eine sinnvolle

Vergütung für die Teilnahme der Personen an der Untersuchung. Im allgemeinen sollte man auf eine dementsprechende Nachfrage vorbereitet sein und versprechen können, diesen Wunsch zu erfüllen, oder auf eine Kopie des fertigen Berichts in einer Bibliothek hinweisen. Diese ganzen Angelegenheiten sollte man, wie das gesamte Vorgehen der Untersuchung, immer vorher mit dem Dozenten absprechen (s. hierzu auch Kap. 16).

Es folgen zwei Beispiele von Fragebogeneinleitung.

Eine mündliche Einleitung

Guten Tag, mein Name ist _____ . Ich studiere an der _____ -Universität. Ich würde mich sehr freuen, wenn Sie mir einige Fragen über die Beziehungen zwischen Müttern und ihren Töchtern beantworten würden. Über dieses Thema mache ich z. Z. eine Arbeit und bin an den Einstellungen darüber interessiert. Die Fragen, die ich stellen werde, betreffen Themen wie Ehe, Arbeit usw. Ich bin an Ihrer persönlichen Meinung interessiert. Es handelt sich hierbei nicht um einen Test, und deshalb gibt es auch keine richtigen oder falschen Antworten. Ihr Name wird nicht verwendet werden.

Verlangt der Respondent mehr Information, könnte man hinzufügen:

Es handelt sich bei dieser Untersuchung um eine Arbeit im Rahmen eines Seminars. Wenn Sie eine Zusammenfassung der Resultate haben möchten, dann werde ich sie Ihnen ungefähr am 1. Juni zuschicken. Schreiben Sie dazu bitte Ihren Namen und Ihre Anschrift auf diese Liste.

Eine schriftliche Einleitung eines Fragebogens, der per Post verschickt wurde (Frieze, Jacob, Mitroff, 1977)

Sehr geehrter Kollege!

Seit Jahren untersuchen wir Wissenschaftler in verschiedenen Fachbereichen. Wir wollen zum Verständnis dafür beitragen, welche Umstände zur wissenschaftlichen Karriere beitragen und zweitens, welche unterschiedlichen Arbeitsstile von Wissenschaftlern bei ihrer täglichen Arbeit bevorzugt werden. Weiter sind wir auch an den Einstellungen von Wissenschaftlern über Gründe für Erfolg und Mißerfolg bezüglich ihrer Arbeit interessiert und außerdem an den Interaktionen mit ihren Ehefrauen. Bitte beantworten Sie die folgenden Items; das Ausfüllen des Bogens benötigt i. allg. nur ein paar Minuten Zeit. Er wurde sorgfältig entwickelt, um eine Reihe von möglichen Faktoren zu explorieren, die einen Einfluß auf die wissenschaftliche Karriere haben.

Alle Ihre Antworten werden streng vertraulich behandelt werden. Nur die Schlußbefunde werden veröffentlicht werden. Die Antworten von Einzelpersonen werden auf keinen Fall publiziert werden. Ihr komplett ausgefüllter Fragebogen ist extrem wichtig für uns. Wir danken Ihnen im voraus für Ihre Zeit und Mitarbeit. Nach Fertigstellen des Berichts werden Sie eine Kopie über die allgemeinen Ergebnisse zugesandt bekommen.

Mit freundlichem Gruß

An diesem Beispiel wird offensichtlich, daß die verwendete Sprache der Zielpopulation angemessen gewählt wurde.

Der ablehnende oder unwillige Respondent

Der vielleicht wichtigste Faktor, der zum Erfolg einer Fragebogenuntersuchung beiträgt, ist die Einstellung des Forschers gegenüber seiner eigenen Arbeit. Man kann nicht erwarten, auf Kooperation auf der Seite der Zielpersonen zu stoßen, wenn das ganze Verhalten durchblicken läßt, daß man selbst die Untersuchung als trivial, wertlos oder eine Angelegenheit, die es erst noch zu rechtfertigen gilt, ansieht. Respondenten nehmen solche Dinge wahr. Man sollte deshalb von vornherein einen Fragebogen erst dann vorlegen, wenn man ihn selbst für eine gelungene Arbeit hält bzw. voll akzeptiert. Eine gewisse Befangenheit beim Vorlegen des Fragebogens muß nicht unbedingt ein Problem für die Untersuchung darstellen, solange diese Zurückhaltung kein Infragestellen des Projektes annehmen läßt. Und i. allg. tritt diese Schüchternheit nur am Anfang einer Interviewer-Karriere auf und macht dann einer gewissen Sicherheit und Routine Platz.

Es ist günstig, die Telefonnummer des Dekanats oder einer anderen Stelle, der die Untersuchung untersteht, bei sich zu haben. Denn evtl. wird sich ein mißtrauischer Respondent erst dann dazu entschließen, den Fragebogen zu beantworten, wenn er von einer offiziellen Stelle versichert bekommt, daß es sich um eine seriöse Untersuchung handelt. Häufig stellt alleine die Entgegnung, daß man sich an der bestimmten Stelle erkundigen kann, eine ausreichende Versicherung dar. Auch ein Schreiben des betreuenden Dozenten kann hier hilfreich sein, vor allem außerhalb des Universitätsgeländes.

Wenn ein Respondent angibt, er habe keine Zeit, die Fragen zu beantworten, oder andere ablehnende Gründe anbringt, dann sollte man der Situation gemäß antworten; z. B.: „Es wird nur ein paar Minuten dauern.", „Im allgemeinen macht es den Leuten Spaß, diesen Fragebogen auszufüllen.", „Mir ist Ihre Beantwortung wirklich sehr wichtig; denn es wird nur dann eine gute wissenschaftliche Arbeit werden, wenn alle Personen mitarbeiten." oder „Ihre Meinung ist für diese Untersuchung von großer Bedeutung." Stellt man fest, daß die betreffende Person wirklich gerade nicht in der Lage ist, den Fragebogen auszufüllen, dann wird man den Respondenten bitten, zu einem anderen Zeitpunkt vorbeikommen zu dürfen. Bewirkt auch das nicht, daß sich die betreffende Person mit dem Ausfüllen des Fragebogens einverstanden erklärt, sollte man versuchen, den Grund für diese Ablehnung zu erfahren. Eventuell hat die Person nur das Ziel der Untersuchung mißverstanden oder ist von deren Bedeutung nicht überzeugt.

Schließlich sollte man sich immer von allen Respondenten höflich verabschieden, auch von denjenigen, die die Fragebogen nicht ausgefüllt haben. Denn es ist sinnlos, eine verstimmte oder verärgerte Person zu verlassen. Es ist weder professionell noch wissenschaftlich, einen unwilligen Respondenten anzugreifen oder sich sogar mit ihm anzulegen. Glücklicherweise sind die meisten Leute ziemlich kooperativ, wenn sie merken, daß man ihre Überzeugungen respektiert, wenn man an sie herantritt.

5.5 Der Vortest

Durch einen Vortest wird ein Fragebogen in der Regel erheblich verbessert. Man sollte jeden Aspekt, d. h. jedes Item, das Format und die Einleitung hinsichtlich seiner Angemessenheit prüfen, und zwar an Freunden, Kommilitonen, Dozenten und auch an Leuten, die der späteren Zielpopulation ähneln. Eine professionelle Untersuchung beinhaltet immer ganz spezifische Vortests an einer vorläufigen

Stichprobe in einer Pilotstudie. Da man nicht immer (vor allem als Anfänger und Student) die Möglichkeiten eines solchen systematischen Vorgehens hat, ist ein informelles Vorgehen und Vortesten der beste Weg. Dabei bittet man seine vorläufigen Zielpersonen um Ratschläge und befragt sie über jede ihrer gegebenen Antworten. Dabei entdeckt man dann vielleicht, daß sie eine Frage ganz anders auffassen, als es die Intention bei der Konstruktion des Items gewesen ist. Deshalb sollte man sich für das Vortesten keine zeitlichen Beschränkungen auferlegen. Häufig lassen sich studentische Untersucher dazu verführen, im Schnellverfahren vorzugehen, indem sie Fragebogen vorlegen, die von niemandem durchgesehen worden sind – nicht einmal von irgendeinem Mitglied des Fachbereichs. Dementsprechend fallen dann auch meist die Resultate aus. Es ist also vernünftig, alle Fragebogen, die man jemals verwenden möchte, einem Vortest zu unterziehen.

Weitere Informationen über Fragebogen sind in den Kap. 6 und 8 zu finden.

Kapitel 6:

Die Einstellungsmessung

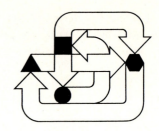

Die Einstellungsmessung gehört zu den ältesten Gegenständen und Themen der Sozialpsychologie. Bereits in den zwanziger Jahren begannen Psychologen damit, Annahmen über Bewertungen von und Einstellungsausdruck zu bestimmten Gegenständen, Einstellungsobjekten oder Themenbereichen zu quantifizieren, also meßbar zu machen. Die drei Hauptaspekte einer Einstellung sind:

1. eine kognitive *Annahme*- oder Meinungskomponente: der Inhalt der Einstellung.
2. eine *Bewertungs*- oder Gefühlskomponente: die Bewertung der Einstellung auf den Dimensionen „gut – schlecht", „positiv – negativ" etc.
3. eine *Verhaltens*komponente: Verhaltensweisen, die die Einstellung ausdrücken bzw. ihr zum Audruck verhelfen.

Als Beispiel betrachten wir die Einstellung eines fiktiven Studenten der Klinischen Psychologie:

1. Annahme: Ein gut ausgebildeter Kliniker ist in der Lage, emotional gestörten Menschen zu helfen, ihren alltäglichen Lebensanforderungen besser nachzukommen.
2. Bewertung: Es handelt sich dabei um eine erwünschte und notwendige Tätigkeit.
3. Verhalten: Der Student liest viel über die Klinische Psychologie, studiert intensiv, besucht Supervisionsgruppen und verhält sich so, wie das seiner Meinung nach ein „gut ausgebildeter" Kliniker tun sollte.

Psychologen haben mit erheblichem Forschungsaufwand den Übereinstimmungsgrad zwischen diesen drei Komponenten untersucht, vor allem ob ein bestimmtes Verhalten auch mit den zugrundeliegenden Meinungs- und Bewertungskomponenten übereinstimmt bzw. konsistent ist. Die Resultate zeigen, daß dies häufig nicht der Fall ist. Denn eine bestimmte Verhaltensweise ist fast nie allein das Resultat der zugrundeliegenden Einstellung, sondern hängt zugleich von verschiedenen Aspekten der Situation und von Persönlichkeitsmerkmalen des Handelnden ab. Aus diesem Grund ist die Einstellungsmessung häufig eine komplizierte Angelegenheit.

6.1 Einstellungen als erschlossene, dem Verhalten zugrundeliegend angenommene Dispositionen

In den Sozialwissenschaften hat es sich als brauchbar und sinnvoll erwiesen, eine Einstellung als eine *Disposition* oder *Tendenz*, die einer Reihe von bestimmten Verhaltensweisen zugrundeliegt, zu definieren. Die Einstellung wird dabei als ein sog. hypothetisches Konstrukt angesehen, eine nicht direkt beobachtbare Entität, die aus Meinungen und Bewertungen über einen gegebenen Themenbereich oder Gegenstand besteht. Zum Beispiel wirkt sich eine bestimmte politische Einstellung auf das Wahl- und Spendenverhalten, die Auswahl an Tageszeitungen und Zeitschriften und viele andere „politische" Verhaltensweisen einer Person aus.

Wie lassen sich Gegenstände, die nicht direkt beobachtbar sind und die erschlossen werden, überhaupt „messen"? Eine Einstellung kann mit Hilfe eines Fragebogens gemessen werden, indem man den Übereinstimmungsgrad zwischen bestimmten Aussagen zu einem Themenbereich untersucht. Diese Art des Messens ist nicht mit Meßoperationen vergleichbar, wie wir sie alle vom Abwiegen von Waren oder vom Abmessen eines Möbelstücks nach Höhe, Breite oder Tiefe mit dem Metermaß kennen. Meßmethoden für physikalische Objekte unterscheiden sich beträchtlich von jenen für psychologische Variablen. Eine typische Meinungsumfrage könnte z. B. das Resultat erbringen, daß „37% der Wähler strenge Umweltschutzkontrollen fordern", oder daß „83% der arbeitenden Bevölkerung mit ihrem Arbeitsplatz zufrieden sind". Lash und Sigal (1976) fanden, daß 93% einer systematisch ausgewählten Zufallsstichprobe von 300 Kindern im Alter von 7 bis 11 Jahren in New York City sich selbst als „sehr glücklich" mit ihrem Leben einschätzten. Vorausgesetzt, daß solche Untersuchungen sorgfältig durchgeführt werden, läßt sich die Frage stellen, ob denn die verwendeten Fragen wirklich zufriedenstellende Antworten über die zugrundeliegenden Einstellungen wiedergeben. Diese Frage betrifft die Gültigkeit eines Meßinstruments, die Validität. Um die Validitätsfrage beantworten zu können, müssen wir zuerst einige grundlegenden Anforderungen an das Messen bzw. an Meßinstrumente, sog. Meßpostulate oder Meßvorschriften, betrachten.

6.2 Meßpostulate oder Meßvorschriften

1. Alle die Gegenstände und Bereiche können gemessen werden, bei welchen eine *Größe* (ein Betrag, mehr oder weniger, größer oder kleiner, viel oder wenig) oder eine *Richtung* (Position, nah – fern, näher – weiter weg) oder beides festgestellt werden kann.

In der Psychologie versucht man, die Ausprägung und Ausrichtung von Bereichen wie z. B. dem Glück, dem politischen Liberalismus, der Arbeitszufriedenheit oder religiöser Ansichten zu erfassen oder zu messen. Auf den ersten Blick mag man bezweifeln, ob solche Gegenstände überhaupt meßbar und quantifizierbar sind, d. h. eine bestimmte Ausprägung oder Richtung aufweisen. Solche Zweifel sind jedoch ausräumbar. Einer der großen, frühen Psychologen, Thorndike traf 1913 folgende Feststellung: „Was immer existiert, existiert auch in einer bestimmten Menge oder Quantität; was in einer bestimmten Quantität vorliegt, ist dann auch einer Messung zugänglich." Die *Messung* muß streng von der *Klassifikation* unterschieden werden. Mit Hilfe von Klassifikationen werden Daten nämlich in Kategorien, Klassen oder Gruppen eingeteilt, wobei bei der Erstellung dieser Kategorien Größen- oder Richtungsangaben unberücksichtigt bleiben. Die Aussage: „Eine Regierung besteht aus Legislative, Exekutive und Justiz" ist ein Beispiel einer Klassifikation. In der Statistik erfaßt man Klassifikationen mit sog. „Nominalskalen", d. h. mit Skalensystemen, die eine Reihe von Daten ihrer Gruppenzugehörigkeit nach ordnen.

2. Bei der Einstellungsmessung werden Richtung und Größe häufig relativ angegeben, d. h. in bezug auf einen festgelegten Vergleichswert. Es handelt sich nicht um stabile Meßeinheiten von normierter, invarianter oder absoluter Größe, wie z. B. die Einheit „Meter" bei der Längenmessung. Einstellungsmeßinstrumente sind sog. „Ordinalskalen", die über die *relative Beziehung* zwischen zwei oder mehr Einstellungsausprägungen Auskunft geben, wobei aber über den präzisen, quantitativen Abstand keinerlei Aussagen gemacht werden können.

3. Man benötigt bei jeder Messung Informationen über die *Reliabilität* des Meßinstruments, d. h. die Genauigkeit, mit der das Instrument die gemessenen Sachverhalte wiedergibt. Je reliabler ein bestimmtes Meßinstrument ist, desto gleichartigere Ergebnisse erhält man als Resultat mehrerer Messungen unter vergleichbaren Bedingungen. Dies gilt natürlich nur dann, wenn man davon ausgehen kann, daß sich der gemessene Sachverhalt (in unserem Fall eine bestimmte Einstellung) nicht zeitabhängig verändert. Zeitabhängige Veränderungen von Merkmalen erwarten wir z. B. überall da, wo Reifungs-, Erfahrungs- oder Lernprozesse stattfinden, wo wir nachgerade Veränderungen erwarten. Bei Einstellungen machen wir also die implizite Voraussetzung, daß sie zumindestens bei erwachsenen Personen relativ stabil sind. Dementsprechend läßt sich auf zeitstabile Objekte das Konzept der Reliabilität (wie oben definiert) auch anwenden.

4. Schließlich muß die *Validität*, d. h. die Gültigkeit einer Messung sichergestellt sein; es geht hierbei um die Frage der Übereinstimmung des Meßresultats mit der tatsächlichen Einstellung: mißt das Meßinstrument tatsächlich das, was es zu messen vorgibt?

Wie weit erfüllen nun die oben vorgestellten Beispiele der Einstellungsmessung diese Anforderungen? Nun, nicht besonders gut. Denn ohne zusätzliche Informationen sind die genannten Befunde für uns ohne Aussagekraft. Was sind z. B. „strenge" Umweltschutzkontrollen? Oder was bedeutet es, „zufrieden" mit seinem Arbeitsplatz zu sein? Was meinen unerfahrene Kinder, wenn sie von einem „sehr glücklichen" Leben reden? Es ist offensichtlich, daß Reliabilitäts- und Validitätsinformationen über diese Aussagen fehlen.

Würde man einige Personen der 83% unserer fiktiven Stichprobe, die sich als „zufrieden" mit ihren Arbeitsplätzen bezeichnen, spezifischer danach befragen, würden evtl. einige Befragten hinzufügen, daß zwar ihr Gehalt extrem gering und ihr Chef kaum zu ertragen sei, daß sie aber diese Situation auf jeden Fall der Arbeitslosigkeit vorziehen. Andere wiederum würden vielleicht berichten, daß sie ihren Arbeitsplatz als „zufriedenstellend" einschätzen, weil ihre Arbeit sie zufriedenstelle und auch das Gehalt recht gut sei; daß sie aber auf der anderen Seite durch den enormen Zeit- und Leistungsdruck ein streßbedingtes Magengeschwür bekommen würden. Hier sieht man, wie aufgrund ziemlich unterschiedlicher Einstellungen dieselben Fragen gleich beantwortet werden können.

Angenommen, wir würden aufgrund der Befragung einer systematisch gewonnenen Zufallsstichprobe einer bestimmten Personengruppe das Resultat erhalten, daß 67% sich als „glücklich" verheiratet einschätzen; was sagt uns dann dieses Ergebnis? Die Interpretation von Fragen hängt z. T. auch von den vorgelegten gebundenen Antwortalternativen ab. Wir wollen diesen Sachverhalt an zwei unterschiedlichen Fassungen von Antwortalternativen zu dieser Frage verdeutlichen:

Wie glücklich schätzen Sie Ihre Ehe ein?

Fassung 1: _____ 1. Nicht sonderlich glücklich.
_____ 2. Glücklich.
_____ 3. Sehr glücklich.
_____ 4. Ausgesprochen glücklich.
_____ 5. So glücklich, wie man sich das nur vorstellen kann.

Fassung 2: _____ 1. Unglücklich.
_____ 2. Überwiegend unglücklich.
_____ 3. Teils – Teils.
_____ 4. Überwiegend glücklich.
_____ 5. Glücklich.

Bei der Betrachtung dieser beiden Fassungen wird deutlich, daß dieselbe Person je nach Fassung unterschiedliche Antworten geben würde, da die Vergleichsmaßstäbe und Bezugssysteme nicht die gleichen sind. Auch der exakte Wortlaut beeinflußt die Interpretation der Frage durch die Person und damit auch die Beantwortung. Eine Veränderung der obigen Frage in: „Wie glücklich schätzen Sie Ihre Ehe, im Vergleich zur Durchschnittsehe, ein?" würde z. B. auch zu ganz anderen Resultaten bei derselben Zielpopulation führen.

Das Thema „Ehe" ist zudem ein sehr wichtiger sozialer und ein relativ privater Lebensbereich; das führt zu weiteren Schwierigkeiten bei der Bewertung der Gültigkeit der Antworten auf die obige Frage. Wir hatten in Kap. 5 schon illustriert, wie sozial erwünschte Gegenstände oder Verhaltensweisen das Antwortverhalten beeinflussen und möglicherweise verzerren können. Es gibt viele Leute, die annehmen, ihre Ehe sei glücklich, obwohl ein Außenstehender diese mit großer Wahrscheinlichkeit als einen schier unerträglichen Zustand bezeichnen würde. Wieviele Personen würden überhaupt zugeben, in dieser grundlegenden sozialen Beziehung „versagt" zu haben? Genau damit hat die Frage der Gültigkeit von Antworten und ihrer Aussagekraft zu tun.

Dieses Problem wurde von einem der Pioniere der Einstellungsforschung, von Thurstone (1931) so zusammengefaßt:

> Eines der am häufigsten auftauchenden Probleme betrifft die Gültigkeit bzw. die Aussagekraft eines Scores, der mit Hilfe einer Einstellungsskala erzielt worden ist. Das Ergebnis einer solchen Befragung, z. B. zur Einstellung zu Gott, gibt häufig nicht die tatsächliche Einstellung einer Person wieder. An der Einstellung eines Menschen über einen sozialen Bereich sind so viele komplexe Faktoren beteiligt, daß sie durch eine einfache Zahl, wie z. B. einen Score in einem Test oder auf einer Skala nie in ihrer Gesamtheit beschrieben werden kann.

> Es ist sehr wichtig, sich vor Augen zu halten, daß dieses Problem für jede Art von Messung gilt. Die Messung irgendeines Objektes bezieht sich immer nur auf eine bestimmte Eigenschaft dieses Objekts. Wird z. B. die Höhe eines Tisches gemessen, dann wird durch diese Messung nicht der Tisch als Ganzes beschrieben, sondern eben nur das bestimmte Attribut, nämlich die Höhe (Thurstone, 1931, S. 252).

Diese Problematik relativiert auch die Aussagen der oben genannten 93% der New Yorker Schulkinder. Denn die Interpretation ihrer Angaben, daß sie sich „sehr glücklich" fühlen, muß auf dem Hintergrund ihrer objektiven Lebensumstände erfolgen; es ist bekannt, daß ein großer Anteil dieser Kinder in Armut und in vaterlosen Familien lebt, unehelich geboren wurde, Schulleistungen weit unter dem Durchschnitt aufweist und in Gegenden mit hoher Kriminalitätsrate wohnt. An diesem Beispiel wird offensichtlich, wie notwendig die Klärung der Validität eines bestimmten Einstellungsmeßinstruments ist, um korrekte Interpretationen der Befunde ableiten zu können.

6.3 Meßarten

Für viele mathematisch orientierte Psychologen stellt die Einstellungsmessung ein fruchtbares Feld zur Realisierung ihrer kreativen Ideen anhand von Einstellungsskalen dar. Es werden immer feinere und differenziertere Methoden der Konstruktion von Meßinstrumenten, also Einstellungsskalen, und der Analyse der erhobenen Daten entwickelt. Dieser Fortschritt ist zu einem großen Teil der Entwicklung der Computertechnologie zuzuschreiben.

In diesem Kapitel werden wir uns mit zwei Arten von Einstellungsmeßinstrumenten bzw. Einstellungsskalen beschäftigen, die sich vor allem hinsichtlich ihrer zugrundeliegenden mathematischen Anforderungen unterscheiden. Danach werden einfachere Techniken für beide Arten von Messungen vorgestellt.

Skalen zur Vorhersage von Objekten oder Verhalten außerhalb der Skala (externale Vorhersage)

Die allgemeinere und mathematisch einfachere Art der Einstellungsmessung verlangt vom Befragten, daß er für bestimmte Aussagen zu einem Thema vorgegebene Zahlen, Werteausprägungen oder verbale Bezeichnungen auswählt. Durch diese Wahl wird dann auf die zugrundeliegende Einstellung geschlossen; sie wird dadurch gemessen. Wir bezeichnen solche Meßinstrumente als *„externale Vorhersageskalen"*. Ziel dieser Skalen ist es, von den Befragten Antworten zu erhalten, mit denen man eine gute Vorhersage über Verhaltensweisen, als „externale" Sachverhalte machen kann. Beispiele dafür sind das Wahlverhalten, das Konsumverhalten, das Verhalten in der Gruppe etc.

Repräsentative Messung

Eine komplexere und mathematisch anspruchsvollere Meßtechnik verlangt, daß die Fragen oder Items der Einstellungsskala numerisch so geordnet sind, daß mit ihnen bestimmte arithmetische Umformungen, z. B. Additionen, durchgeführt werden können.

Angenommen, man bittet eine Person, durch Zahlenzuordnungen anzugeben, wie sehr sie verschiedene Dinge, die (auf Bildern dargestellt) vorgegeben werden, besitzen möchte, dann würde man evtl. folgende Bewertungen bekommen:

Radio: 3
Kassettenrecorder: 4
Ein Paar Schuhe: 2
Konzertkarte: 1
Kamera: 5

Ist die Skala *repräsentativ* für die zugrundeliegende Einstellung und gibt sie die tatsächlichen Einstellungen gegenüber den Gegenständen wieder, dann sollte es möglich sein, die einzelnen angegebenen Punktwerte und damit die Gegenstände in additiver Form miteinander zu verknüpfen. Man müßte also genauso vorgehen können, wie wenn man ein 10 cm langes Lineal und ein 30 cm langes Lineal hin-

tereinanderlegt und damit eine Strecke von 40 cm quantifiziert. Im obigen Beispiel müßte man schlußfolgern können, wenn die Skala wirklich repräsentativ ist,
daß der Befragte genauso glücklich wäre, ein Radio (3) zu besitzen, wie die Konzertkarte (1) plus die Schuhe (2), da $3 = 2 + 1$. Auch sollte die Person die Kamera
(5) plus die Karte (1) als genauso wünschenswert erachten wie den Kassettenrecorder (4) plus die Schuhe (2), da $5 + 1 = 4 + 2 = 6$. Aus diesen Ausführungen
wird klar, daß die Entwicklung und Konstruktion einer repräsentativen Skala sicher mehr Probleme bereitet als die Erstellung einer externalen Vorhersageskala.

6.4 Beispiele von Einstellungsskalen mit externalem Verhaltensbezug

Wenn man den Befragten statt eines Items mehrere Fragen oder unterschiedliche
Antwortkategorien für eine Frage vorlegt, dann gewinnt das Einstellungsmeßin-
strument i. allg. an Qualität. Damit die verschiedenen Items eine Ordinalskala
darstellen, müssen sie in einer bestimmten Art zusammengestellt werden. Dazu
wurden eine Reihe von Methoden entwickelt, die wir jetzt vorstellen werden.

Thurstones „Bewertermethode": Die Skala der „gleich erscheinenden Intervalle"

Zur Illustration des Vorgehens bei dieser Methode beginnen wir mit einer großen
Anzahl an Items über z. B. die Einstellung zum Thema „Kinderwunsch":

1. Kinder stellen eine sehr große ökonomische Belastung dar.
Stimmt   Stimmt nicht
2. Viele Kinder wachsen auf und werden dann zu einer Enttäuschung für ihre Eltern.
Stimmt   Stimmt nicht
3. Die Erziehung eines Kindes ist eine der schönsten Erfahrungen, die das Leben zu bieten
   hat.
Stimmt   Stimmt nicht
4. Die Beaufsichtigung eines kleinen Kindes ist häufig eine recht anstrengende Beschäftigung.
Stimmt   Stimmt nicht

Mit diesen und ähnlichen Items könnte man versuchen, ein Meßinstrument zur
Erhebung der Einstellung „Kinderwunsch" zu entwickeln. Mit großer Wahrscheinlichkeit kann man annehmen, daß Item 3, wenn ihm zugestimmt wird, eine
positive Haltung bezüglich der Einstellung „Kinderwunsch" reflektiert. Auf der
anderen Seite kann man davon ausgehen, daß die Zustimmung zu den anderen
Aussagen eher eine negative Einstellung wiederspiegelt. Die wichtige Frage dabei
ist, ob die Übereinstimmung mit Item 1 eine stärkere negative Haltung audrückt
als die Zustimmung zu den beiden anderen Items (2 und 4). Es geht also um das
Verhältnis der Items untereinander; und zwar in bezug auf die betreffende Einstellung.
Um dieses Problem zu lösen, d. h. eine Interpretationsbasis für die einzelnen Antworten zu bekommen, entwickelten Thurstone und Chave (1929) die sog. „Bewer-

termethode". Dabei wird eine Anzahl von „Bewertern" darum gebeten, eine Reihe von Aussagen über einen bestimmten Themenbereich zu beurteilen. Diese Bewerter schätzen dann die Items danach ein, wie brauchbar sie sind, durch ihre Beantwortung bestimmte Einstellungen über das betreffende Thema wiederzugeben. Solche Bewerter können Studenten, Experten auf einem bestimmten Gebiet oder zufällig ausgewählte Personen sein. Sie werden gebeten, die Aussagen in neun oder 11 Stapel zu sortieren; und zwar nur nach ihrer Brauchbarkeit für die Messung der in Frage stehenden Einstellung. Dabei sollten die Abstände zwischen den einzelnen Kategorien Einstellungsveränderungen mit gleichem Abstand (Äquidistanz) darstellen. Die Anzahl der Aussagen in jeder Kategorie muß dabei nicht dieselbe sein. Existiert erhebliche Diskrepanz oder Inkonsistenz zwischen den Bewertern, dann wird das betreffende Item nicht weiterverwendet. Die letztendlich brauchbaren und aufgenommenen Skalenitems werden aus den unterschiedlichen Kategorien so ausgewählt, daß die ganze Bandbreite der Einstellung damit abgedeckt ist, d.h. Antwortverzerrungen vermieden werden können.

Diese Methode hat aber einige Probleme. Denn die Meinungen der Bewerter müssen nicht unbedingt mit den Ansichten der späteren Zielpersonen, denen die Skala vorgelegt wird, übereinstimmen. Das Sortieren der Einstellungen in die Kategorien wird ja auch von den Einstellungen der Bewerter zum Thema beeinflußt. Dieser Nachteil hat sich jedoch für andere Zwecke als positiv herausgestellt. Heutzutage wird nämlich die „Bewertermethode" kaum noch für jene Ziele verwendet, wie sie Thurstone ursprünglich intendierte, sondern sie wird als indirekte Methode zur Messung der Einstellungen der Bewerter angewandt. Dabei werden die Entscheidungen der Bewerter miteinander verglichen, um deren Einstellungen zu untersuchen oder zwischen ihnen evtl. Unterschiede zu entdecken.

Die Likert-Skala

Forschungsgeschichtlich gesehen wurde die Likert-Skala als nächste entwickelt. Das Instrument heißt zwar „Skala", ist eigentlich aber eine bestimmte Art der Vorgabe der alternativen Antwortmöglichkeiten. Die Likert-Skala besteht aus einer Aussage und fünf oder sieben Antwortkategorien, wie z.B.:

_____ 1. Ich stimme entschieden zu.
_____ 2. Ich stimme zu.
_____ 3. Ich stimme weder zu, noch stimme ich nicht zu.
_____ 4. Ich stimme nicht zu.
_____ 5. Ich stimme keineswegs zu.

Eine ungerade Kategorienanzahl läßt eine neutrale Antwortkategorie in der Mitte zu, wie z.B. „Ich kann mich nicht entscheiden." oder „Ich stimme weder zu, noch stimme ich nicht zu." Unter Umständen stört aber eine solch neutrale Antwortenalternative. Gerade unentschlossene, unentschiedene oder unsichere Personen oder „Normalbürger" bei „heiklen" Themen wählen gerne die neutrale Mittelkategorie. Will man verhindern, daß sich Antworthäufungen auf die neutrale, für den Untersucher „nichtssagende" Mitte ergeben, wählt man eine gerade

Kategorienanzahl. Wenn die Skala den Zielpersonen vorgelegt wird, dann kann man die einzelnen Antwortkategorien mit $+2$, $+1$, 0, -1, -2 bezeichnen. Zur Vereinfachung der Auswertung können diese Zahlen dann wieder in 1, 2, 3, 4, 5 umgeformt werden. Die berühmte „Autoritarismus-" oder „F-Skala" von Adorno et al. (1950), die in Kap. 8 beschrieben wird, ist ein Beispiel einer Likert-Skala.

Die Entwicklung des Likertschen Systems hat eine interessante Geschichte. Likert begann sein Studium im Hauptfach Chemotechnik. Er war zu dieser Zeit erschüttert von den Schrecken des Ersten Weltkriegs, der kurz vor der Aufnahme seines Studiums zu Ende gegangen war, und er versuchte herauszubekommen, ob die rigorose quantitative Forschung, die er in der Chemotechnik vorfand, auch Lösungen für soziale Probleme anzubieten hat. Über die erhebliche Kluft zwischen dem quantitativen, präzisen Verstehen der physikalischen Welt und der nur näherungsweisen Erfassung einzelner Phänomene der sozialen Welt war Likert so entsetzt, daß er sein Hauptfach wechselte. Er wählte nun Soziologie und Wirtschaftswissenschaften und erwarb den Doktortitel der Sozialpsychologie. Für seine Dissertation entwarf Likert einen Fragebogen über Einstellungen von Studenten über Politik, Imperialismus, Rassenbeziehungen und Religion.

Er unterzog seine Befunde einer Analyse, indem er ein komplexes Auswertungssystem verwendete, das auf Thurstones Pionierarbeit fußte. Dabei formte er den Rohwert der Einstellungen der Individuen auf der Einschätzskala in einen anderen Score um, der angab, wieviele Standardabweichungen ein Individuum vom Mittelwert der Einstellungen aller Personen entfernt lag. (Die Standardabweichung ist ein Maß der Streuung von Meßwerten um ihren Mittelwert.)

Seine wissenschaftlichen Betreuer waren sehr beeindruckt und baten Likert, seine neue Methode doch mit einer einfacheren, direkten „1-2-3-4-5"-Methode zu vergleichen, d. h. ohne den umständlichen Umrechnungsschritt bei der Auswertung. Alle waren überrascht, als Likert fand, daß das einfache System genauso brauchbar war: es brachte nämlich identische Resultate (Haney und Truax, 1971). Seit damals stellt die Likert-Skala eine Standardmethode der Einstellungsforschung dar.

Einstellungsskalen mit graphisch-anschaulicher Repräsentation

Der Grad der Übereinstimmung mit einer Aussage oder einem Einstellungsobjekt muß nicht unbedingt verbal ausgedrückt werden, um gemessen werden zu können. Bei der bildlich-anschaulichen Einstellungsmeßmethode kann der Befragte seine Einstellung angeben, indem er z. B. auf einer Linie, die die Einstellungsdimension graphisch repräsentiert (mit Hilfe von Zahlenwerten und Bezeichnungen der Endpunkte), den Ort der Skala ankreuzt, der der Ausprägung seiner Einstellung entspricht. Ein Beispiel eines solchen Items ist in Abb. 6.1a zu finden.

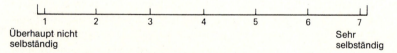

Abb. 6.1 a. Wie selbständig schätzen Sie sich ein?

Die Androgynie-Skala von Bem

Bems (1974) „Androgynie-Skala" (von androgyn, männliche und weibliche Merkmale oder „animus" und „anima" in einer Person integriert) benutzt die graphische Repräsentationstechnik. Der Befragte wird dabei gebeten, auf einer Skalenlinie mit den Nummer 1 bis 7 anzugeben, wie gut jedes der folgenden Charakteristika ihn beschreibt. Das Ankreuzen der „1" bedeutet, daß die betreffende Eigenschaft nie oder kaum für das Individuum gilt; „7" dagegen weist darauf hin, daß das Adjektiv die betreffende Person ziemlich gut beschreibt. Es folgen die Items dieser Einschätzskala:

Wie androgyn sind Sie?

1. selbständig
2. nachgiebig
3. hilfsbereit
4. gewillt, die eigenen Ansichten zu verteidigen
5. fröhlich
6. launisch
7. unabhängig
8. schüchtern
9. gewissenhaft
10. athletisch
11. herzlich
12. theatralisch
13. selbstsicher, dezidiert
14. schmeichlerisch
15. glücklich
16. persönlichkeitsmäßig stark
17. loyal
18. unvorhersagbar, undurchsichtig
19. kraftvoll, energisch
20. feminin
21. vertrauenswürdig
22. analytisch
23. verständnisvoll
24. eifersüchtig
25. Führungseigenschaften aufweisend
26. sensibel für die Bedürfnisse anderer
27. glaubwürdig
28. risikofreudig
29. verständig
30. verschlossen
31. entscheidungsfreudig
32. mitfühlend
33. aufrichtig
34. selbstgenügsam
35. bestrebt, den Schmerz verletzter Gefühle zu lindern
36. eingebildet
37. dominant
38. gewinnend, sanft
39. sympathisch
40. männlich
41. warmherzig
42. formell
43. gewillt, eine eigene Position zu beziehen
44. zärtlich
45. freundlich
46. aggressiv
47. leichtgläubig
48. untüchtig
49. führend gegenüber anderen (Führungspersönlichkeit)
50. kindisch
51. anpassungsfähig
52. individualistisch
53. harte Worte meidend
54. sprunghaft, ohne klare Linie
55. rivalisierend, konkurrierend
56. kinderlieb
57. taktvoll
58. ehrgeizig
59. liebenswürdig
60. konventionell

Die Androgynie-Skala wurde entwickelt, um das Ausmaß zu messen, mit dem eine Person sich selbst jene wünschenswerten Eigenschaften zuschreibt, die in unserer Kultur einer der beiden Geschlechtsrollen klischeehaft zugewiesen werden. „Maskuline" Menschen bezeichnen sich selbst primär mit den lobenswerten Eigenschaften, die unsere Kultur als männlich definiert, und weniger mit jenen positiven Qualitäten, die als „typisch weiblich" erachtet werden. Im Gegensatz dazu beschreiben sich „feminine" Personen mit den positiven Eigenschaften, die unsere Kultur als typisch „weiblich" ansieht und kaum mit den typisch „männlichen" Eigenschaften. „Androgyne" Personen schließlich ordnen sich selbst beide Arten von Eigenschaften ziemlich gleichmäßig zu. Nach Bem ist es am besten, androgyn zu sein, da hier die Anzahl der Möglichkeiten, sein Leben zu gestalten, größer sei und die der Verhaltensgrenzen geringer.

Auswertung der Androgynie-Items:

(a) Zählen Sie die von Ihnen angekreuzten Werte für die Items 2, 5, 8, 11, 14, 17, 20, 23, 26, 29, 32, 35, 38, 41, 44, 47, 50, 53, 56 und 59 zusammen und teilen Sie diese Summe durch 20. Das Ergebnis ist Ihr „Feminitäts"-Score.

(b) Zählen Sie nun die Werte für die Items, 1, 4, 7, 10, 13, 16, 19, 22, 25, 28, 31, 34, 37, 40, 43, 46, 49, 52, 55 und 58 zusammen und teilen Sie diese Summe durch 20. Das Ergebnis ist Ihr „Maskulinitäts"-Score.

(c) Subtrahieren Sie Ihren Maskulinitäts-Score von Ihrem Feminitäts-Score und multiplizieren Sie das Ergebnis mit 2,322. Ist das Resultat größer als +2,025, denn geht Ihre Geschlechtsausprägung in die „feminine" Richtung. Ist das Resultat kleiner als −2,025, dann sind Sie „maskulin". Bem bezeichnet einen Score zwischen +1 und +2,025 als „eher feminin" und einen Score zwischen −2,025 und −1 als „eher maskulin". Ein Score zwischen −1 und +1 bezeichnet, daß keine spezifische Geschlechtsausprägung vorliegt; d.h. mit einem Score in diesem Bereich sind Sie „androgyn".

(Aus: Bem, S. L., "The Measurement of psychological androgyny", Journal of Consulting and Clinical Psychology, 1974, 42, 155–162. Copyright © 1974 by American Psychological Association.)

Ein anderes graphisch-anschauliches Meßinstrument ist die sog. „Lebensleiter" (s. Abb. 6.1 b). Viele Meinungsumfrageprojekte und Einstellungsforscher haben die „Lebensleiter" verwendet, um den Optimismus bzw. Pessimismus der amerikanischen Bevölkerung zu untersuchen (Watts und Free, 1974; Lindsey, 1975).

Der Interviewer gibt dabei etwa folgende Instruktion: „Wenn das obere Ende der Leiter das bestmögliche Leben darstellt und das untere Ende das schlechteste Leben; wo auf der Leiter schätzen Sie sich jetzt ein? An welchem Punkt erwarten Sie,

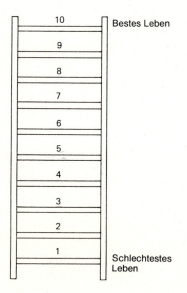

Abb. 6.1 b. Die Lebensleiter-Einstellungsskala

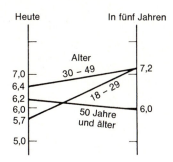

Abb. 6.2 a. Mittlere „Lebensleiter"-Einschätzungen für ausgewählte Altersgruppen: Lindsey, 1975

in fünf Jahren zu stehen?" Ungefähr 1 560 Personen, die nach Geschlecht, Beruf, Einkommen, Rasse, Wohnort, Bildung usw. klassifiziert worden waren, stellten eine repräsentative Stichprobe der amerikanischen Gesamtbevölkerung dar. Seit 1959 wurde dieser Stichprobe in periodischen Abständen die Lebensleiter vorgelegt. Die Resultate ermöglichen es, die gegenwärtigen Lebensbewertungen und die Zukunftsperspektiven der Amerikaner über Jahre hinweg zu verfolgen. Im Jahre 1975, welches ja durch eine schwere Wirtschaftskrise gekennzeichnet war, fielen die Lebensbewertungen auf der Lebensleiter steil von den höheren Niveaus der vorangegangenen Jahre ab. Die Beziehungen zwischen der Bewertung des Lebens auf der Lebensleiter, Einkommen und Alter sind in den Abb. 6.2 a, 6.2 b dargestellt.

Junge Erwachsene geben im Durchschnitt der momentanen Lebensqualitätseinschätzung den geringsten Stufenwert aller Altersklassen an, haben auf der anderen Seite aber die höchsten Erwartungen für ihren zukünftigen Lebensleiter-Wert. Amerikaner, die über 50 Jahre alt sind, erwarten im Durchschnitt, daß ihre Lebensqualität absinken wird. Die relativ wohlhabenderen Menschen schätzen ihre momentane und zukünftige Lebensqualität konstant höher ein. (Es scheint so zu sein, daß Zufriedenheit wenigstens z. T. käuflich ist!) Trotzdem ist der Mittelwertunterschied zwischen jenen, die 7 000 Dollar im Jahr verdienen, und jenen, die das Doppelte verdienen, minimal. Stimmt dieses Resultat nun wirklich mit der Realität überein, oder ist dieser Befund das Ergebnis einer unscharfen, viel zu groben Vorgehensweise?

Skalen mit „gebundener Wahl"

Diese Skalen beinhalten pro Item zwei Aussagen, die dem Befragten vorgelegt werden, aus denen er diejenige auszuwählen hat, die eher auf ihn zutrifft.

Bitte wägen Sie ab, welcher Aussage Sie mehr zustimmen:

1. _____ a) Die junge Generation von heute muß den Wert von harter Arbeit und Selbstdisziplin erst noch zu schätzen lernen.

   _____ b) Die junge Generation muß es lernen, ausspannen zu können und weniger erregt und angespannt zu sein.

Diese Methode wird mit dem Ausdruck „gebundene Wahl" bezeichnet, weil der Befragte die für ihn akzeptablere Aussage wählen muß, auch wenn er tatsächlich z. B. annimmt, keine sei gänzlich richtig oder beiden sei zuzustimmen.

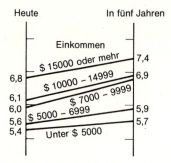

Abb. 6.2 b. Mittlere „Lebensleiter"-Einschätzungen für ausgewählte Einkommensgruppen

Die Einschätzskala mit gebundener Wahl umgeht ein Problem, das bei der Likert-Skala auftritt. Zum Beispiel kann die Antwortkategorie „Ich stimme dieser Aussage völlig zu" von unterschiedlichen Personen ganz unterschiedlich interpretiert werden. Dadurch kann dann das Problem auftreten, daß die Ergebnisse einer Likert-Skala nur schwer zu interpretieren sind. Das Interpretationsproblem wird mit Einschätzskalen mit gebundener Wahl zwar umgangen, jedoch werden wir hier mit einer anderen Schwierigkeit konfrontiert. Wir können nämlich nicht sicher sein, daß alle Zielpersonen, die z. B. die Antwortalternative a) der Alternative b) vorziehen, dies aus dem gleichen Grund tun. Möglicherweise werden ganz verschiedene Aspekte der Aussagen als Entscheidungsgrundlage ausgewählt. Aus diesem Grund muß die Gültigkeit und Aussagekraft jeder Einschätzskala schon im Stadium ihrer Konstruktion überprüft werden.

Rotters „Skala der internalen versus externalen Kontrolle" (1966) ist ein Beispiel einer Skala mit gebundener Wahl. Rotter war bei der Entwicklung dieses Meßinstruments daran interessiert, sog. „Internalisierer" von „Externalisierern" zu unterscheiden. Es geht hierbei auf der internalen Seite um das Gefühl, persönliche Kontrolle über das eigene Leben zu haben, auf der anderen Seite um das Gefühl, von Glück, Zufall oder anderen Menschen oder externen Kräften bestimmt und gesteuert zu werden.

Die Skala der internalen versus externalen Kontrolle

Instruktionen. Dies ist ein Fragebogen, um die Art und Weise zu untersuchen, in der bestimmte wichtige Ereignisse in unserer Gesellschaft unterschiedliche Menschen beeinflussen. Jedes der folgenden Items besteht aus zwei Alternativen, die mit a) und b) gekennzeichnet sind.
Bitte wählen Sie jeweils nur eine von den zwei Alternativen aus; und zwar die, die Sie mehr betrifft bzw. mehr für Sie gilt. Versichern Sie sich dessen, daß Sie auch tatsächlich jene Aussage wählen, von der Sie annehmen, sie entspräche eher der Wahrheit, wenn es um Ihre Person geht. Lassen Sie sich bei dieser Entscheidung nicht von irgendwelchen Hypothesen darüber, welche Aussage gewählt werden sollte oder muß, davon abhalten, die Alternative anzukreuzen, von der Sie annehmen, daß sie für Sie gilt. Es handelt sich hierbei nämlich um eine Messung der persönlichen Einstellung. „Richtige" oder „falsche" Antworten gibt es nicht.
Bitte beantworten Sie die Items sorgfältig, verbringen Sie aber auch nicht bei einem Item zuviel Zeit. Versuchen Sie, aus jedem Antwortenpaar eine Antwort aus-

zuwählen. Unter Umständen kann es vorkommen, daß Ihnen beide Aussagen als gleich passend oder aber beide als nicht akzeptabel erscheinen. Auch in diesen Fällen sollten Sie versuchen, die Alternative zu finden, die eher auf Ihre Person zutrifft.

1. a) Viele Kinder geraten in Schwierigkeiten, weil sie von ihren Eltern zu oft bestraft werden.
   b) Der Ärger mit den meisten Kindern heutzutage ist, daß ihre Eltern ihnen zu viele Freiheiten lassen.
2. a) Ein Großteil des Unglücks im Leben kann teilweise häufig Pech zugeschrieben werden.
   b) Mißerfolge resultieren aus Fehlern, die die Betroffenen gemacht haben.
3. a) Einer der hauptsächlichen Gründe dafür, daß auf der Welt Kriege geführt werden, ist das ungenügende Interesse der Menschen an der Politik.
   b) Es wird immer Kriege geben, unabhängig von den Anstrengungen der Menschheit, sie zu verhindern.
4. a) Auf lange Sicht bekommt ein Mensch das, was er verdient.
   b) Der Wert eines Individuums wird häufig von seinen Mitmenschen verkannt, so sehr er sich auch bemüht.
5. a) Die Annahme, daß Leherer ihren Schülern gegenüber ungerecht sind, ist unsinnig.
   b) Die meisten Schüler bemerken nicht, wie sehr ihre Noten vom Zufall abhängen.
6. a) Ohne ein bestimmtes Maß an Glück kann man nicht in eine Führungsposition gelangen.
   b) Fähige Leute, denen es mißlingt, in Führungspositionen zu kommen, haben nicht alle ihre Möglichkeiten ausgenutzt.
7. a) Egal, was man auch tut: manche Menschen mögen einen eben nicht.
   b) Leute, die unbeliebt sind, verstehen es nicht, mit anderen richtig umzugehen.
8. a) Vererbung ist die Hauptdeterminante der Persönlichkeit.
   b) Erfahrungen im Leben eines Menschen determinieren, was aus ihm wird.
9. a) Ich habe häufig erlebt, wie das Schicksal seinen Lauf nimmt und man nichts dagegen unternehmen kann.
   b) Für mich hat es sich in vielen Fällen als besser erwiesen, mich von vornherein für eine bestimmte Handlungsweise zu entscheiden, als mich auf das Glück zu verlassen.
10. a) Für einen gut vorbereiteten Studenten wird es in einer Prüfung kaum eine Enttäuschung geben.
    b) Häufig besitzen Prüfungsfragen einen so geringen Bezug zum gelernten Stoff, daß man meinen könnte, dafür zu lernen sei sinnlos.
11. a) Erfolg ist das Produkt harter Arbeit; Glück hat damit kaum etwas zu tun.
    b) Einen Arbeitsplatz zu bekommen, hängt vor allem davon ab, zur rechten Zeit am rechten Platz zu sein.
12. a) Der Durchschnittsbürger kann seinen Einfluß auf Regierungsentscheidungen geltend machen.
    b) Die Welt wird von ein paar wenigen Mächtigen regiert; der „Normalsterbliche" kann daran kaum etwas ändern.
13. a) Wenn ich irgendwelche Pläne schmiede, dann bin ich mir fast immer sicher, daß sie auch realisierbar sind.
    b) Es ist nicht immer klug, zu weit vorauszuplanen, da viele Dinge einfach vom Zufall abhängen.
14. a) Bestimmte Menschen sind einfach nicht gut.
    b) Jeder Mensch hat einen guten Kern.
15. a) Die Dinge, die ich bis jetzt erreicht habe, habe ich nicht durch Glück erworben.
    b) Häufig ist es einerlei, ob man sich entscheidet, indem man eine Münze wirft oder vernünftigen Richtlinien nachzukommen versucht.
16. a) Derjenige, der Chef wird, war häufig als erster an der richtigen Stelle.
    b) Leute dazu zu bringen, die richtigen Dinge zu tun, hängt von ihrer Fähigkeit ab; Glück hat damit nichts zu tun.

17. a) Soweit es um Angelegenheiten im Weltmaßstab geht, sind die meisten Menschen Opfer von Kräften, die wir weder verstehen noch beeinflussen können.
    b) Indem man eine aktive Rolle bei der Entscheidung politischer und sozialer Angelegenheiten einnimmt, kann man als Durchschnittsbürger weltweite Ereignisse mitgestalten.
18. a) Die meisten Menschen sind sich nicht darüber bewußt, wie sehr ihr Leben von zufälligen Ereignissen gesteuert wird.
    b) In Wirklichkeit gibt es so etwas wie „Glück" gar nicht.
19. a) Man sollte immer bereit sein, Fehler zuzugeben.
    b) Im allgemeinen ist es am besten, Fehler zu vertuschen.
20. a) Es ist ziemlich schwierig, festzustellen, ob ein Mensch einen tatsächlich gernhat.
    b) Die Zahl der Freunde, die man hat, hängt davon ab, wie freundlich man selbst ist.
21. a) Auf lange Sicht hin gesehen werden die schlechten Dinge, die uns widerfahren, durch die guten ausgeglichen.
    b) Die meisten Mißerfolge sind das Resultat von Unfähigkeit, Ignoranz und Faulheit.
22. a) Wenn wir uns nur genügend anstrengen, können wir die politische Korruption beseitigen.
    b) Für den Durchschnittsbürger ist es kaum möglich, das zu kontrollieren, was die Politiker hinter verschlossenen Türen tun.
23. a) Manchmal kann ich es nicht verstehen, wie die Lehrer zu den Noten kommen, die sie verteilen.
    b) Es besteht eine direkte Beziehung zwischen der Anstrengung beim Lernen und den Zensuren, die daraus resultieren.
24. a) Ein guter Führer erwartet von seinen Leuten, daß sie selbst entscheiden, was sie zu tun haben.
    b) Ein guter Führer entscheidet, was seine Leute zu tun haben.
25. a) Häufig habe ich das Gefühl, daß ich wenig Einfluß auf die Dinge habe, die auf mich zukommen.
    b) Es ist für mich kaum vorstellbar, daß Zufall oder Glück in meinem Leben eine Rolle spielen sollten.
26. a) Menschen sind nur dann einsam, wenn sie nicht versuchen, freundlich zu sein.
    b) Es hat keinen Sinn, sich zu bemühen, anderen Leuten zu gefallen; sie mögen einen eben, wenn sie einen mögen – ändern kann man daran nichts.
27. a) Der Sportunterricht wird an den Schulen viel zu sehr überbewertet.
    b) Mannschaftssport wirkt sich positiv auf die Charakterschulung aus.
28. a) Was mir geschieht, habe ich selbst zu verantworten.
    b) Manchmal habe ich das Gefühl, daß ich nicht genügend Einfluß darauf habe, welche Entwicklung mein Leben nimmt.
29. a) Meistens verstehe ich nicht, warum sich Politiker so verhalten wie sie sich verhalten.
    b) Im Prinzip ist jeder Einzelne für eine schlechte Regierung, national wie lokal gesehen, verantwortlich.

Auswertung der Items der Skala „Internale versus Externale Kontrolle": Lassen Sie die Items 1, 8, 14, 19, 27 außer acht bei der Bewertung; denn bei ihnen handelt es sich um Füllitems, die nicht Teil des relevanten Bereichs darstellen. Der maximale Skalenwert ist 23, der minimale Score ist 0. Der Wert steigt dabei in die externale Richtung an, d. h. je höher der Score, desto mehr glaubt das Individuum, daß sein Leben vor allem von äußeren Kräften oder Zufallsfaktoren abhängt. Geben Sie einen Punkt für jede der folgenden Antworten und zählen Sie dann diese Punkte zusammen:

1. Füllitem	15. b
2. a	16. a
3. b	17. a
4. b	18. a
5. b	19. Füllitem
6. a	20. a
7. a	21. a
8. Füllitem	22. b
9. a	23. a
10. b	24. Füllitem
11. b	25. a
12. b	26. b
13. b	27. Füllitem
14. Füllitem	28. b
	29. a

Das semantische Differential

Das semantische Differential wurde von Osgood et al. (Osgood, Suci und Tan-nenbaum, 1957) entwickelt. Diese Skala besteht aus einer Liste von Paaren von polaren Eigenschaftswörtern, bei denen je zwei gegensätzliche Eigenschaften eine Dimension bilden; z. B. folgende: wertvoll – wertlos, sauber – schmutzig, ge-schmackvoll – geschmacklos, schnell – langsam, aktiv – passiv, stark – schwach, groß – klein, angespannt – entspannt. Indem man nun die Befragten beliebige Ge-genstände oder Themenbereiche auf diesen Dimensionen einstufen läßt, kann ihre Bedeutung für die Zielpersonen gemessen werden. Dabei kreuzt der Befragte die Ausprägung der jeweiligen Dimension, von der er annimmt, sie sei passend, auf der Skala an. Bei dieser Methode werden auch Eigenschaften, die sonst i. allg. nicht zur Beschreibung eines bestimmten Wortes verwendet werden, benutzt. Denn die meisten Personen sind in der Lage, auch in diesem Fall, mit Hilfe ihrer Vorstellungskraft ganz bewußte Entscheidungen zu treffen (oder aber den Neu-tralpunkt in der Mitte zu wählen). Zum Beispiel untersuchten Levy und Drake-ford (1976), ob weiße, farbige oder ausländische Studenten unterschiedliche Ein-stellungen zu den Dozenten an der Universität haben. Dazu verwendeten sie die Technik des semantischen Differentials und gaben folgende Instruktion:

Ziel dieser Untersuchung ist es, Einstellungen von Studenten zu einigen Personen an der Universität zu erheben. Bitte geben Sie Ihre allgemeine Ansicht über die folgenden Perso-nen an, indem Sie bei jedem Eigenschaftspaar die Zahl ankreuzen, die der Ausprägung Ih-rer Einstellung am besten entspricht. Beispiel:
(1) ... (2) ... (3) ... (4) ... (5) ... (6) ... (7)
schwach   stark

Bedeutung der Punkte (1) bis (7):
(1) sehr schwach
(2) ziemlich schwach
(3) etwas schwach
(4) weder schwach noch stark (dieser Wert wird auch dann angekreuzt, wenn man sich zu
     keiner bestimmten Antwort entscheiden kann)
(5) etwas stark
(6) ziemlich stark
(7) sehr stark

Die anderen Eigenschaftswörter, die in dieser Untersuchung verwendet wurden, waren: planvoll – ziellos, ernst – humorvoll, sozial – unsozial, stark – schwach, aktiv – passiv, kleinlich – freizügig, komplex – einfach, entgegenkommend – verletzend, optimistisch – pessimistisch und schnell – langsam.

Ziel des semantischen Differentials ist es, zwischen der Bedeutung eines bestimmten Reizwortes bei einer Person und der bei einer anderen Person unterscheiden zu können. Osgood et al. führten eine Faktorenanalyse durch, um zusammengehörige Adjektive zu finden. Das Resultat war, daß die meisten Konzepte (also Gegenstände, Personen, Themenbereiche usw.) mit Hilfe dreier grundlegender Faktoren beschrieben werden können; nämlich mit der Evaluations- (gut – böse), der Aktivitäts- (aktiv – passiv) und der Potenz- (stark – schwach) Dimension.

Die Reliabilität (d. h. die Meßgenauigkeit) einer Einschätzskala wird verbessert, wenn man für einen Faktor mehrere Eigenschaftspaare – etwa drei oder vier – einsetzt. Die Auswertung geht so vor sich, daß man den Mittelwert der angekreuzten Zahlen für die Eigenschaftspaare errechnet, die jeweils zu einem Faktor gehören.

Das semantische Differential kann dazu verwendet werden, die relative Bewertung, Aktivität und Potenz von zusammenhängenden Konzepten zu messen; z. B. von folgenden: „meine Mutter", „mein Vater", „mein Zimmergenosse" und „mein bester Freund". Auch die Veränderungen während einer Psychotherapie können mit Hilfe des semantischen Differentials erhoben werden, indem man es vor, während und nach der Therapie vom Klienten ausfüllen läßt und die Ergebnisse miteinander vergleicht. Osgood und Luris (1954) haben mit dem semantischen Differential die drei separaten „Persönlichkeiten" gemessen, die in dem Buch "The Three Faces of Eve" (Thigpon und Clockley, 1957) beschrieben werden. Das Buch handelt von einem außergewöhnlichen und sehr seltenen Fall einer „dreifachen Persönlichkeit". Die Skalen wurden von "Eve" mit jeder ihrer verschiedenen Persönlichkeiten ausgefüllt, und die Resultate zeigten dramatische Unterschiede zwischen ihnen auf. "Eve White" etwa betrachtete das Konzept „mich" (das Selbstkonzept) als schlecht, passiv und sehr schwach. Im Gegensatz dazu betrachtete "Eve Black" das Selbstkonzept als sehr gut und aktiv, „Liebe" und „Sexualität" als schlecht, passiv und schwach.

Sherifs individuelle Kategorientechnik

Muzafer und Caroline Sherif verwendeten eine Sortiertechnik, um Einstellungen zu sozialen Fragen zu messen. Die Zielpersonen bekamen dabei eine Reihe von Aussagen vorgelegt, die sie in verschiedene Stapel so sortieren sollten, daß in jedem Stapel zusammengehörende Aussagen lagen (Sherif und Sherif, 1969; Sherif, Sherif und Nebergall, 1965). Die Technik heißt „individuelle Kategorien", da der Befragte ganz frei und individuell die Dimensionen wählen kann, auf denen er die verschiedenen Aussagen sortiert, und die er dementsprechend als passend ansieht.

Bei der Anwendung dieser Technik entdeckten die Sherifs folgendes:

1. Personen, die von einem Bereich mehr angetan oder sehr betroffen sind, verwenden weniger Kategorien beim Sortieren der Aussagen. Dies gilt sogar dann, wenn diesen Personen mehr Aussagen vorgelegt werden.
2. Diese Befragtengruppe hält auch eine größere Anzahl an Aussagen für relevant. Sie stimmen mehr Aussagen zu.

Sherif und Sherif sind der Meinung, daß ihre Methode im Gegensatz zu den konventionellen Skalen validere Ergebnisse bringt und außerdem weniger Antwortverzerrungen bedingt, da sie einen viel breiteren Rahmen für die Antworten der Befragten über das Thema offenläßt.

Soziometrische Messungen der Sympathie

J.L. Moreno veröffentlichte im Jahre 1934 eine einflußreiche Monographie über die soziometrische Technik, eine seitdem angewandte und bekannte Methode zur Einstellungsmessung für soziale Beziehungen. Die Methode ist im Prinzip in ihrer Anwendung recht einfach. Jedes Mitglied einer Kleingruppe gibt an, welche anderen Personen der Gruppe ihm sympathisch sind oder die sie als Führer oder Partner bei einer bestimmten Aktivität wählen würden. Häufig wird auch gefragt, wen das Mitglied am wenigsten mag oder mit wem es nicht gerne zusammenarbeiten würde. (Fiedler verwendet seine LPC-Skala – von least preferred coworker – explizit dazu, die Führungsstruktur und den Führungsstil in Organisationen zu erfassen.)
Diese Methode wird häufig bei Kindergruppen verwendet, da es sich herausgestellt hat, daß diese recht gut mit ihr umgehen können. Bei Kindern ist hier aber besondere Vorsicht geboten, da „Negativwahlen" u. U. angsterzeugend wirken können.

Soziogramme

Für die Konstruktion eines Soziogramms muß zuerst eine Matrix (eine Tabelle) angelegt werden, die genau so viele Zeilen und Spalten enthält, als es Personen in der Gruppe gibt (s. hierzu Abb. 6.3).

Wählende Personen:	Jan	Peter	Wolfgang	Michael	Rainer	Uwe	Gesamt-wahlen
01 Jan		1		1			2
02 Peter	1				1		2
03 Wolfgang				1	1		2
04 Michael			1		1		2
05 Rainer	1		1				2
06 Uwe			1		1		2
Erhaltene Stimmen:	2	1	3	2	4	0	

Gewählte Personen:

Abb. 6.3. Soziogramm-Matrix

Alle Mitglieder der Gruppe werden der Reihe nach in der obersten Zeile der Matrix und an der Längsseite aufgelistet. In die Sozigramm-Matrix werden nun die Angaben jeder Person über die ihr am sympathischsten erscheinenden Gruppenmitglieder an deren jeweiliger Zeilen- oder Spaltenposition eingetragen. Analog dazu kann auch eine Matrix angelegt werden, um Ablehnungen, also negative „Wahlen" oder Einstellungen gegenüber anderen Gruppenmitgliedern, wiederzugeben. Nachdem die Wahlen jeder Person in die Soziogramm-Matrix eingetragen sind, wird die Anzahl der Wahlen, die jede Person von den anderen Mitgliedern bekommen hat, addiert und in die Summenspalte rechts oder in eine Summenreihe unter der Matrix eingetragen.

Aus einer solchen Matrix kann dann ein Soziogramm abgeleitet werden; eine Graphik, die die Information der gesamten Matrix sozusagen „auf einen Blick" graphisch darstellt. Man kann aus einem solchen Soziogramm sofort bestimmte Beziehungsmuster innerhalb der Gruppe erkennen, z. B. Paarbeziehungen (sog. *Diaden*), Untergruppen, soziometrische *Stars* (die sehr häufig gewählt wurden) und „Mauerblümchen" (*isolierte* Gruppenmitglieder, die nur sehr selten oder nie gewählt wurden). Hat man auch Negativwahlen oder Ablehnungen innerhalb der Gruppe erfragt, dann können diese Ergebnisse entweder mit einer anderen Farbe in das gleiche Soziogramm eingetragen werden, oder in einem separaten Soziogramm veranschaulicht werden.

Ein Soziogramm kann ein aufschlußreiches Bild über die Beziehungsmuster innerhalb einer Kleingruppe wiedergeben; wie z. B. in Abb. 6.4 zu sehen ist. Je größer die Gruppe ist, desto unbrauchbarer ist jedoch diese Methode, da die Graphik mit steigender Gruppengröße dann immer unübersichtlicher wird. Bei großen Gruppen ist deshalb die Zusammenfassung der Information der Matrix in einer Tabelle sinnvoll. (Methoden der statistischen Auswertung von Soziogrammen werden in Lindzey und Byrne, 1968, S. 463–475, beschrieben.)

In der Abb. 6.4 sind zwei „Stars" auf einen Blick zu erkennen: Rainer und Wolfgang. Weiter haben wir eine Diade zwischen Jan und Peter. Uwe ist ein isoliertes Gruppenmitglied, weil er überhaupt keine Wahl erhalten hat.

Die Wahl- und Entscheidungsmuster über andere Mitglieder von Kleingruppen wurden mit vielen anderen Gruppenvariablen in Beziehung gesetzt und etwa untersucht, wie sich bestimmte Gruppenkonstellationen auf andere Bereiche auswirken. Zum Beispiel weisen Grundschulklassen mit einer kleinen Anzahl von „Stars" ein geringeres moralisches Niveau auf und sind weniger kohärent als

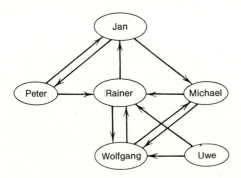

Abb. 6.4. Soziogramm, abgeleitet aus der Matrix in Abb. 6.3.

Klassen mit einem eher diffusen Beziehungsmuster, bei dem fast alle Kinder wenigstens einmal gewählt werden. Wie man sich vorstellen kann, wird eine Schulklasse, in der alle Kinder um die Zuneigung und Freundschaft weniger Klassenkameraden, der „Stars", buhlen, für die meisten Schüler eine Belastung darstellen.

Einstellungsmessung bei Kindern

Lassen sich Einschätzskalen bei jüngeren Kindern überhaupt einsetzen oder sind sie nicht viel zu kompliziert? Allgemein läßt sich sagen, daß man auch bei jüngeren Kindern Einschätzskalen einsetzen kann, wenn sie sorgfältig konstruiert und mit Bedacht appliziert werden. Butzin und Anderson (1973) entwickelten die „Schmunzel-Gesichter-Skala" speziell zur Einstellungsmessung bei Kindern; eine Skala mit sieben Gesichtern, die von einem breiten Grinsen zu einem mißmutigen Gesichtsausdruck reichen, wie in Abb. 6.5 dargestellt.

Abb. 6.5. Die Schmunzel-Gesichter-Skala

Die Zielpersonen der Autoren waren 30 Kinder im Alter von ungefähr 5 Jahren bis 13 Jahren. Jedes Kind saß an einem kleinen Tisch, dem Psychologen gegenüber. Zuerst wurden die Kinder gebeten, sieben hölzerne Stifte der Länge nach zu ordnen. Drei der jüngeren Kinder waren dazu nicht in der Lage und wurden aus dem Experiment ausgeschlossen. Mit diesem Vortest hatte sich der Psychologe also davon überzeugt, daß alle Kinder, die am Experiment teilnehmen sollten, über die grundlegende kognitive Funktion des Ordnens nach Reihenfolge verfügten.

Jedes Kind sollte im eigentlichen Experiment dann angeben, wie gern es mit verschiedenem Spielzeug, das auf dem Tisch lag, spielen wolle. Zum Ausdruck der Beliebtheit eines Spielzeugs sollte es die Schmunzel-Gesichter-Skala verwenden. Jedem Kind wurde genau erklärt, wie es vorgehen solle. Das breiteste Grinsen sollte dem Spielzeug, das das Kind am liebsten hatte, zugeordnet werden; das „mittlere", neutrale Gesicht sollte dann gewählt werden, wenn das Kind sich über ein Spielzeug nicht entscheiden konnte, usw. Wenn nötig, wurde alles nochmals erklärt und das Kind ermutigt, nachzufragen, falls es vergessen habe, was oder wie es das tun solle. Die Kinder schätzten auf diese Weise verschiedene ausgewählte Spielzeuge auf der „Gesichter"-Skala ein.

Auf den ersten Blick erscheint die Aufgabe v. a. für jüngere Kinder ziemlich schwierig und sie zu überfordern. Die Auswertung der Antworten ergab jedoch, daß einige Kinder bereits im Alter von nur fünf Jahren schon recht gut in der Lage sind, mit einer Intervall-Einschätzskala umzugehen, d. h. bestimmte Einstellungen wiederzugeben.

6.5 Beispiele
von repräsentativen Einstellungs-Schätzskalen

Repräsentative Skalen, die wir schon weiter oben im Text im Gegensatz zu den externalen Vorhersageskalen vorgestellt haben, weisen eine doppelte Beziehung zwischen einer Einstellungsdimension und einer numerischen Skala auf. Denn die Zahlenwerte einer solchen Skala „repräsentieren" die gemessene Einstellung im mathematischen Sinn, so daß arithmetische Funktionen, wie z. B. Additionen, auf die Einstellungswerte angewandt werden können.

Thurstones „vergleichende Bewertungsskala"

Auch bei dieser zweiten Art von Einschätzskalen beginnen wir mit der Pionierarbeit von Thurstone. In den Einführungsseminaren des Studienfachs Psychologie lernt man häufig die psychophysische Methode der sog. *„eben merklichen Unterschiede"* (engl. just noticeable differences; j. n. d.) kennen. Dabei müssen Versuchspersonen angeben, wann sie z. B. zwei Farbschattierungen (etwa zwei verschiedene Blautöne) „eben noch als unterscheidbar" wahrnehmen können. Ende der zwanziger Jahre versuchte Thurstone, diesen Ansatz, der bis dahin nur auf physikalische Reize angewandt worden war, auf die Einstellungsmessung zu übertragen. Thurstone ließ Studenten die Schwere von Verbrechen einschätzen. Sie mußten dabei angeben, welche Verbrechensarten sie als ähnlich schlimm beurteilen, oder ob ein bestimmtes Verbrechen negativer bzw. weniger ernsthaft einzuschätzen ist als andere.
Diese Methode wurde, etwas uncharmant, die „Konfusionsmethode" getauft. Natürlich impliziert der Begriff nicht, im Kopf des Experimentators herrsche Konfusion. Der Begriff Konfusion bezieht sich vielmehr darauf, daß juristische Laien die Schwere von Delikten häufig konfundieren, wenn sie strafrechtlich unterschiedlich schwere Straftaten (nach moralischen oder anderen, jedenfalls nicht juristischen Maßstäben) als gleich schwer beurteilen.
Thurstones Untersuchung aus dem Jahre 1928 wurde 1967, 40 Jahre später, von Cooms wiederholt. Erneut wurden Studenten befragt. Dabei ergab sich, daß verschiedene Arten von Verbrechen, vor allem die Verführung Minderjähriger, Ehebruch und Abtreibung 1966 weniger schwerwiegend beurteilt wurden als 1927, während umgekehrt Verbrechen, die mit Körperverletzung verbunden sind, vor allem Überfall und Mißhandlung, 1966 als schlimmer und erheblicher beurteilt wurden (s. hierzu auch Abb. 6.6). Hier zeigt sich, nebenbei gesagt, wie der Wertewandel, der zwischen verschiedenen „Kohorten" von Versuchspersonen existiert, Urteilsdimensionen verschiebt, während, um den Begriff der „Konfusion" von einer anderen Seite her zu beleuchten, das Recht wesentlich träger ist.

Direkte Techniken: Einschätzen mit Zahlen

Bei den direkten Einschätztechniken werden die Befragten zuerst darüber informiert, welche Bereiche oder Dimensionen untersucht werden sollen. Dann bekommen sie eine Reihe von Aussagen vorgelegt, die mit vorgegebenen Zahlen-

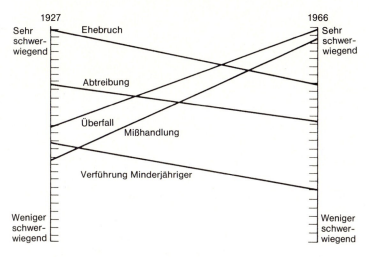

Abb. 6.6. Einschätzungen der Schwere von Verbrechen: Cooms, 1967

werten auf den Dimensionen einzuschätzen sind. Häufig wird dieser direkte Einschätzansatz im Sinne einer externen Vorhersageskala verwendet, ohne daß bei der Konstruktion überprüft wird, ob die Anforderungen eines repräsentativen Meßinstruments erfüllt sind; nämlich Reproduzierbarkeit, Validität, intersubjektive Gültigkeit (Eindeutigkeit).

Ähnlichkeits-Techniken („Proximity-Techniques")

Bei den sog. „Ähnlichkeits-" oder „Distanz-Techniken" werden die Befragten gebeten, eine Reihe vorgegebener Aussagen auf einer allgemeinen Dimension, z. B. „Ähnlichkeit vs Unähnlichkeit" zu ordnen. Mit dieser Methode versucht man festzustellen, wie die Befragten die Aussagen untereinander in Beziehung setzen, d. h. wie die Aussagen von den Befragten interpretiert werden. Der Begriff „Ähnlichkeit" (proximity) wurde für diese Technik deshalb gewählt, weil das Ziel darin besteht, herauszufinden, welche Konzepte, Themenbereiche oder Gegenstände von den Befragten als ähnlich bzw. sehr unterschiedlich eingeschätzt werden; d. h. welche als „nah" beieinanderliegend und welche als „weit entfernt" voneinander beurteilt werden.

Einige der Einstellungsmeßinstrumente, die die Technik der Ähnlichkeits- oder Distanzschätzung verwenden, verlangen von den Befragten numerische Einschätzungen; bei anderen müssen die Befragten eine einfache Entscheidung über die relative Anordnung (näher oder weiter entfernt) treffen. Die Reihenfolge kann mit Hilfe von Rangstufen ausgewertet werden. Zum Beispiel könnte man eine Personengruppe bitten, die Gruppen „Punks, Hippies, Poppers" mit der Dimension „Ähnlichkeit zu meiner Person" oder „sozialer Status an der Universität" usw. einstufen, d. h. also in eine Reihenfolge zu bringen (Rinn 1963; Coombs, 1964; Klahr, 1969).

Die Bogardus-Skala zur Messung der sozialen Distanz. Die Bogardus-Skala (1925) ist ein frühes Beispiel einer Ähnlichkeits- oder Distanztechnik. Es handelt sich um ein Meßinstrument zur Erhebung von Vorurteilen gegenüber etwa 40 ausgewählten ethnischen Gruppen. Die Befragten müssen dabei angeben, welches Ausmaß an sozialem Kontakt sie zu den Mitgliedern jeder ethnischen Gruppe haben möchten oder wollen: enge Verwandtschaft durch Heirat, Freundschaft, Nachbarschaft etc. Die positiven Sozialkontakte gehen dann auf dieser Dimension in negative Einstellungen gegenüber den verschiedenen ethnischen Gruppen über, bis hin zu: „Ich bin für eine Ausweisung dieser Gruppe."
Über Jahre hinweg wurden Studenten wiederholt mit dieser Skala befragt. Die Befunde ergaben, daß im Laufe der Jahre die Studenten sehr viel vorurteilsfreier geworden sind; zumindest ihren Angaben zufolge. Heutzutage kommt es sogar schon vor, daß sie es entrüstet ablehnen, solche Fragebogen überhaupt auszufüllen. Karlins, Coffman und Walters (1969) fanden bei einer Stichprobe amerikanischer Studenten, daß sie Japaner sogar positiver als die Amerikaner einschätzten.

Die kumulative Skala von Guttman. Auch das Guttman-Skalogramm (Guttman, 1944, 1950) ist eine Distanztechnik. Es handelt sich dabei um eine noch sophistiziertere und noch elaboriertere Technik, soziale Distanz zu messen. Eine Reihe von Aussagen zu einem bestimmten Thema wird so ausgewählt, daß jede folgende Aussage einen größeren Grad einer betimmten Einstellung ausdrückt als alle ihr vorangehenden Aussagen. Die Items werden dabei so formuliert, daß eine Person, die ein Item akzeptiert, alle anderen Items, die in der Hierarchie „weiter unten" stehen, auch akzeptieren sollte. Wird eine Aussage abgelehnt, dann sollten dementsprechend alle Items „weiter oben" auf der Skala auch von der betreffenden Person verneint werden. Ein Beispiel einer Guttman-Skala über die Trinkwasseranreicherung mit Fluor (Scott, 1968, S. 222) mag das verdeutlichen. Dabei soll der Befragte angeben, ob er den einzelnen Aussagen zustimmt oder nicht. (Die Zugabe von Fluor ins Trinkwasser war damals ein hoch kontroverses Thema, als sie erstmalig durch das staatliche Gesundheitswesen propagiert wurde.)

A. Wenn Personen damit einverstanden sind, fluorisiertes Wasser zu trinken, ist das in Ordnung.
   einverstanden   nicht einverstanden
B. Wenn die Einwohner fluorisiertes Wasser haben wollen, sich das aber nicht leisten können, dann sollte die Stadt die Kosten tragen.
   einverstanden   nicht einverstanden
C. Die Stadtverwaltung sollte es publik machen, daß Fluor kostenlos zur Verfügung steht, wenn das gewünscht wird.
   einverstanden   nicht einverstanden
D. Die Stadt sollte dem Trinkwasser Fluor zusetzen, damit alle es automatisch bekommen.
   einverstanden   nicht einverstanden
E. Die Stadtverwaltung sollte verlangen, daß die Bürger jeden Tag etwas fluorisiertes Wasser trinken.
   einverstanden   nicht einverstanden

Wie man an diesem Beispiel sehen kann, weist jedes höhere Item in der Hierarchie von A) bis E) einen größeren Zustimmungsgrad bezüglich der Trinkwasseranreicherung mit Fluor auf.

	Items						Insgesamt von der Versuchsperson akzeptiert	
	1	2	3	4	5	6		
Versuchspersonen: 01		x		x	x	x	4	x = Übereinstimmung mit dem Item
02				x			1	
03				x	x		2	
04				x	x		2	
05	x	x		x	x	x	5	
06				x	x	x	3	
07							0	
08	x	x	x	x	x	x	6	
09		x		x	x	x	4	
10	x	x		x	x	x	5	
Anzahl der Personen, die mit dem Item übereinstimmen:	3	5	1	9	8	6		

Abb. 6.7. Matrix für ein Guttman-Skalogramm

Wie kann man nun prüfen und feststellen, ob eine Reihe von Aussagen in dieses kumulative Muster von Guttman passen? Man konstruiert dazu eine Tabelle, wobei die befragten Personen entlang der ersten Spalte auf der linken Seite abgetragen werden und die verschiedenen Aussagen oben in der ersten Zeile. In diese Tabelle wird dann eingetragen, welche Personen den einzelnen Aussagen zugestimmt haben (s. hierzu Abb. 6.7).

Nun werden die Antwortmuster untersucht, indem man jeder Person einen Wert zuordnet, der angibt, wieviele Aussagen sie akzeptiert hat. Die Aussagen werden nun der Häufigkeit nach, mit der sie von allen Personen akzeptiert worden sind, in eine Rangreihe gebracht; in unserem Beispiel in Abb. 6.7 bekommen wir damit folgende Skalogramm-Hierarchie: 4, 5, 6, 2, 1, 3.

Nun kann man die Matrix so umformen, daß sie die typische Anordnung des Guttman-Skalogramms, eine Personen × Objekt-Tafel, zeigt. Abbildung 6.8 veranschaulicht dies für unser Beispiel.

Es handelt sich hier um eine Skala mit perfekter, hundertprozentiger „Reproduzierbarkeit". Denn jede Person, die mit Aussage 5 übereinstimmt, stimmt auch mit dem niedrigeren Item 4 zu; jede Person, die mit Aussage 6 übereinstimmt, stimmt auch den beiden niedrigeren Items 5 und 4 zu, usw. In der Praxis findet man eine derart perfekte „Reproduzierbarkeit" nur sehr selten. Der Reproduzierbarkeits-Index wird mit folgender Formel errechnet:

$$R = 1 - \frac{\text{Anzahl der Fehler}}{\text{Anzahl der Beantwortungen}}.$$

„Anzahl der Fehler" bedeutet in dieser Formel die Anzahl der Beantwortungen, die dazu beitragen, daß die Skala von der „perfekten" Guttman-Form abweicht. Im allgemeinen wird ein Reproduzierbarkeitswert von 0,9 oder höher als befriedigend angesehen.

		Items						Insgesamt von der Versuchsperson akzeptiert	
		4	5	6	2	1	3		
Versuchs-personen:	07							0	x = Überein-
	02	x						1	stimmung mit
	03	x	x					2	dem Item
	04	x	x					2	
	06	x	x	x				3	
	01	x	x	x	x			4	
	09	x	x	x	x			4	
	05	x	x	x	x	x		5	
	10	x	x	x	x	x		5	
	08	x	x	x	x	x	x	6	
Anzahl der Personen, die mit dem Item übereinstimmen:		9	8	6	5	3	1		

Abb. 6.8. Guttman-Skalogramm, abgeleitet aus Abb. 6.7.

Obwohl die Erstellung einer Guttman-Skala häufig sehr aufwendig ist, besonders wenn viele Dimensionen gemessen werden sollen, können ihre Resultate sehr eindrucksvoll sein. Dawes, Brown und Kaplan (1965) fanden z. B., daß die zivilrechtlichen Entscheidungen, die im Jahre 1961 am Obersten Gerichtshof gefällt wurden, einer natürlichen Guttman-Skala entsprechen, wenn die Urteile der neun Bundes-Richter zu jedem Fall berücksichtigt werden. Die Entscheidungsmuster der neun Bundes-Richter waren nämlich konsistent. Dawes et al. erstellten eine Matrix aus den acht zivilrechtlichen Fällen des Jahres 1961 und aus den dementsprechenden Urteilen der neun Bundes-Richter. Das Ergebnis stellte eine perfekte Guttman-Skala dar. Die Dimension, auf der sich die Richter unterschieden, könnte man „Liberalität" nennen. Es taucht die Frage auf, warum gerade diese einzelnen Urteile eine Guttman-Skala darstellen. Dies legt die Hypothese nahe, daß sich die grundlegenden Gerechtigkeitsvorstellungen der einzelnen Richter in jeder Entscheidung manifestieren und somit zu diesem konsistenten Muster beitragen, da man ja davon ausgehen kann, daß die Vorstellungen und Einstellungen der Richter über Gerechtigkeit, Strafmaß und damit zusammenhängende Bereiche einen relativ konsistenten Faktor darstellen. (Weitere Beiträge über die Einstellungsmessung sind in folgenden Werken zu finden: Dawes, 1972; Selltiz, Cook und Whrightsman, 1976; Scott, 1968; Miller, 1977.)

6.6 Die Interpretation von Einstellungsskalen: Wie valide sind sie?

Einstellungsskalen bestechen durch ihre einfache Konstruierbarkeit, ihre geringen Kosten und ihre Anwendbarkeit auf große Personengruppen; also durch ihre Ökonomie. Trotz dieser Vorteile ist bei ihrer Interpretation Vorsicht geboten. Validität kann man nie als garantiert voraussetzen. Die Annahme, daß die Resultate einer Einstellungsskala unhinterfragt mit Augenscheinvalidität akzeptiert werden könnten, wurde von Dawes (1972) der *„Fehler der wörtlichen Interpretation"* (literal interpretation fallacy) genannt.

Werden Einstellungsskalen bzw. deren Ergebnisse falsch interpretiert, können die Konsequenzen u. U. furchtbar sein. Als die USA in den Zweiten Weltkrieg eintraten, wurden nach dem Angriff auf Pearl Harbor die japanischen Staatsbürger, die an der Westküste Amerikas lebten, in Lagern interniert. Diese drastische und, an der Unabhängigkeitsdeklaration und den Freiheitsrechten gemessen, völlig undemokratische Methode wurde ganz offensichtlich von den meisten Amerikanern befürwortet; jedenfalls zumindest aufgrund der Ergebnisse einer Umfrage des Kriegsministeriums über die Angst vor japanischen Staatsbürgern an der amerikanischen Westküste. Eine ähnliche Umfrage über die Angst der Amerikaner vor deutschen und italienischen Ausländern, die an der Ostküste beheimatet waren, wurde gleichfalls durchgeführt. Likert durfte die Fragen, die bei diesen Untersuchungen verwendet worden waren, zu Untersuchungszwecken benutzen. Er verwendete sie zunächst in der Originalversion, untersuchte dann aber in einer Folgeuntersuchung, wie die Befragten die Fragen tatsächlich aufgefaßt hatten, wie sie die in den Fragen verwendeten Begriffe interpretiert und beantwortet hatten. Zum Beispiel war die Aussage, daß „feindliche Ausländer" interniert werden sollten, von sehr vielen der Befragten befürwortet worden. Likerts Nachuntersuchung erbrachte nun aber, daß die meisten Befragten mit „feindlichen Ausländern" nur solche Ausländer gemeint hatten, die vorhatten, den USA Schaden zuzufügen. Viele Befragten hatten damals gar nicht an die „normalen" Ausländer in Amerika gedacht, die zwar in den USA wohnten, aber keine amerikanische Staatsbürgerschaft hatten, d. h. also vom *rechtlichen* Standpunkt her „feindliche Ausländer" waren (Haney und Truax, 1971). Es kann deshalb mit einigem Recht angenommen werden, daß die Internierung der Japaner im Jahre 1941 auf die falsche Interpretation und Analyse einer Meinungsumfrage zurückgeht.

Die Bogus-Pipeline-Technik

Diese Technik wurde entwickelt, um das Validitätsproblem, das durch den Effekt der sozialen Erwünschtheit auftritt, zu umgehen (s. hierzu auch Kap. 8). Befragte könnten nämlich, vielleicht unbewußt, ihre wahren Einstellungen zurückhalten, wenn sie glauben, der Untersucher billige diese Einstellung nicht, d. h. daß ihre (wahre) Einstellung sozial nicht erwünscht ist. Bei der Methode der „Bogus Pipeline" (Jones und Sigall, 1971; Sigall und Page, 1971) wird der Befragte, wie bei den Biofeedbackuntersuchungen der Klinischen Psychologie, mit einem Polygraphen untersucht. (Polygraphen sind physiologische Meßinstrumente, die psychophysiologische Maße wie etwa den Hautwiderstand erfassen.) Im Bogus-Pipeline-Paradigma wird dem Befragten mitgeteilt, daß seine Aussagen aus physiologischen Indikatoren auf ihren Wahrheitsgehalt hin überprüft werden könnten. Natürlich ist dies nicht der Fall, denn es ist unmöglich, spezifische Einstellungen mit physiologischen Indikatoren zu validieren. Durch sie kann i. allg. nur ein diffuser, allgemeiner Erregungszustand erfaßt werden. Man nimmt an, daß es mit dem Bogus-Pipeline-Paradigma möglich ist, daß der Befragte seine wahren Einstellungen

Die Bogus-Pipeline-Methode

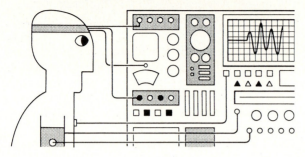

wiedergibt, da nach sozialer Erwünschtheit „geschönte" Antworten weniger wahrscheinlich sind. Diese Annahme hat sich in mehreren Untersuchungen bestätigt. Die Befragten äußern in einer Bogus-Pipeline-Bedingung negativere und sozial weniger akzeptierte Einstellungen, als sie das in einer „normalen", herkömmlichen Befragungssituation täten. Die Bogus-Pipeline-Methode ist moralisch aber durchaus anfechtbar, weil der Untersucher die Befragten täuscht.

Auch wenn das Bogus-Pipeline-Paradigma für einige wenige ausgewählte Situationen angemessen sein kann, wo es die Validität verbessern kann, ist die Validierung prinzipiell das einzige wirkliche Schutzmittel gegen den Trugschluß der wörtlichen Interpretation. Schon bei der Konstruktion eines Einstellungsfragebogens sollte also die Beziehung zwischen den Einstellungswerten der Skala und einem externen Kriterium geprüft werden. Näheres zu der Bogus-Pipeline-Methode findet sich in Mummendey und Bolten, 1981.

Kapitel 7

Die Auswahl der Zusammenstellung von Stichproben

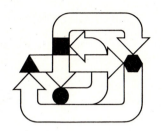

In diesem Kapitel werden verschiedene Methoden dafür vorgestellt, wie man Versuchspersonen auswählt und wie man insbesondere systematische Stichproben für wissenschaftliche Untersuchungen zusammenstellt. In der Forschung ist die Anwendung von Methoden der systematischen Stichprobenziehung nicht auf Menschen oder Tiere beschränkt; z. B. wird im Bereich der Archivforschung, der Dokumenten- oder Inhaltsanalyse (s. hierzu auch Kap. 10) häufig eine Stichprobe aus einer größeren Anzahl von Dokumenten, Akten und Aufzeichnungen gezogen. Wollte man z. B. eine Untersuchung über die Leitartikel der New York Times der Jahre 1900 bis 1950 durchführen, dann dürfte es wohl sinnvoller und ökonomischer sein, mit einer Stichprobe von Artikeln zu arbeiten, anstatt alle Ausgaben zur Analyse heranzuziehen. Bei einer kulturvergleichenden Studie über Erziehungspraktiken wäre es entsprechend angebracht, eine Stichprobe aus Nationen oder Kulturen zu ziehen.

Versuchspersonen, Tiere, Gegenstände und Bereiche, die in der psychologischen Forschung untersucht werden, lassen sich grob in zwei Kategorien unterteilen: in Stichproben, die eine ganz bestimmte, konkret definierte Population repräsentieren sollen und in Personengruppen, die keine bestimmte Population verkörpern.

In der psychologischen Literatur hat es eine lange Tradition, die Personen, die untersucht werden, „Versuchspersonen" (engl.: subjects) zu nennen. Personen, denen ein Fragebogen vorgelegt wird oder die interviewt werden, bezeichnet man manchmal auch als „Respondenten". Kastenbaum (1975) hat diese Begriffsverwendung deshalb kritisiert, daß dadurch bei vielen Lesern von Forschungsberichten der Eindruck erweckt werde, die Psychologen wollten damit ausdrücken, daß der Versuchsleiter (engl.: E = experimenter) einer ihm „unterlegenen" Versuchsperson (engl.: S = subject) übergeordnet sei, daß damit also ein Über-/Unterordnungsverhältnis bzw. eine Macht- und Rangordnung suggeriert werde. In der Psychologie ist man aber gerade auf die Mitarbeit von Partnern angewiesen, da subjektive Themenbereiche wie beispielsweise Wahrnehmung und Denken zentrale Gegenstände dieser Wissenschaft sind. Man kann die untersuchten Personen „Teilnehmer" oder „Versuchspartner" (Wheeler und Nezlek, 1977) nennen, oder man kann direkte Merkmale der Untersuchten zu ihrer Bezeichnung verwenden, z. B. „Studenten", „Witwen", „Architekten" usw. (Einige psychologische Fachzeitschriften haben jedoch die Verwendung des Begriffs „Versuchsperson" zur Norm erhoben, häufig mit „S" oder „Vp" abgekürzt.)

7.1 Die repräsentative Stichprobe

Wenn es darauf ankommt, daß bestimmte Merkmale einer Population in der sie repräsentierenden Stichprobe in möglichst ähnlicher Weise zu finden sind, dann muß der Untersucher eine sog. *„repräsentative Stichprobe"* wählen.

Eventuell will man mit der Untersuchung einer Stichprobe ganz genaue Schlußfolgerungen über das Verhalten der Referenzpopulation ableiten können. Öffentliche Meinungsumfragen müssen in der Regel, damit sie Aussagekraft gewinnen, mit repräsentativen Stichproben durchgeführt werden. Zum Beispiel ist das Ziel von Umfragen vor Wahlen, das zukünftige Wahlverhalten einer ganz bestimmten

Population (der Wählerschaft einer Stadt, eines Staates, einer Nation) vorherzusagen. Ein Fehler in der Höhe nur weniger Prozentpunkte kann schon beträchtliche Auswirkungen haben. Ohne eine repräsentative Stichprobe kann bei einer Wahlprognose kaum die gewünschte Ergebnisgenauigkeit erzielt werden.

In der Psychologie hat man sich intensiv damit beschäftigt, leistungsfähige Methoden zu entwickeln, die es gestatten, eine Stichprobe so auszuwählen, daß sie ein möglichst exaktes Bild einer viel größeren Population wiedergibt. Die Techniken der wissenschaftlichen Stichprobenziehung sind eine der größten Leistungen der Sozialwissenschaften überhaupt! Sie stellen die Grundlage für eine regelrechte Meinungsbefragungs-Industrie dar, die den verschiedensten Einrichtungen und Unternehmen dabei hilft, das Verhalten von Wählern, Klienten und Konsumenten besser zu verstehen oder vorauszusagen.

Die Beziehung zwischen einer Stichprobe und einer Population

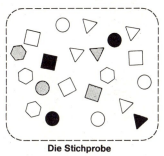

Die Stichprobe

Die Population

Die Charakteristika einer repräsentativen Stichprobe sind jenen der Stammpopulation sehr ähnlich. Wird die Stichprobe richtig ausgewählt, dann wird der Anteil jedes kategorialen Merkmals in der Stichprobe fast derselbe sein wie in der Stammpopulation, aus der die Stichprobe gezogen worden ist.

7.2 Die Gelegenheits-oder Gegebenheits-Stichprobe

Viele Untersuchungen sind andererseits primär an den Beziehungen *innerhalb* der untersuchten Gruppen interessiert und nicht an den Meinungen und Einstellungen der Population, aus der die Stichprobe stammt. Das Ziel dieses Forschungsansatzes ist es, festzustellen, „wie sich die abhängige Variable verändert, wenn die unabhängige Variable verändert worden ist". Demgegenüber verfolgt die Forschung, die mit repräsentativen Stichproben arbeitet, ja das Ziel, angeben zu können, „wie verbreitet eine bestimmte Eigenschaft oder Variable innerhalb der Population ist". Eine nichtrepräsentative Stichprobe bezeichnen wir als eine *Gele-*

genheits- oder Gegebenheits-Stichprobe, denn sie beansprucht nicht, gezielt ausgewählt oder zusammengestellt worden zu sein. Sie ist – wie sie ist – vorgegeben ohne eine Beeinflussung ihrer Merkmale.

In einem typischen Experiment mit einer Gelegenheits-Stichprobe sind die Versuchspersonen i. allg. eine (nicht nach Zufall) ausgewählte Gruppe von Freiwilligen, die man dann nach dem Zufallsprinzip in eine Experimental- und eine Kontrollgruppe einteilt. Dabei geht es primär um die Unterschiede zwischen diesen
beiden Gruppen, denen innerhalb des Experiments unterschiedliche Versuchsbe-
dingungen zukommen. Daraus folgt, daß in verschiedenen Forschungsarbeiten
über ganz spezifische Personengruppen (z. B. Polizisten, Indianer, Männer, Frau-
en, Weiße, Schwarze, Liberale, Konservative) keine systematischen Stichproben
ausgewählt werden müssen.

Wenn im folgenden im Zusammenhang mit der Stichprobengestaltung immer
wieder die Rede von „nach Zufall" oder „zufällig" (eng.: random) ist, wird damit
ein bestimmtes Verfahren gemeint. Bei der Auswahl einer Zufallsstichprobe oder,
wie man sagt, einer „randomisierten Stichprobe", geht man so vor, daß man eine
Zufallszahlentafel oder einen Zufallszahlengenerator (z. B. einen Taschenrechner
oder Computer) heranzieht, um Zahlen zu ziehen. Zufallszahlen sind wie Kugeln
oder Zettel aus einer gut gemischten Urne: jede Kugel oder jeder Zettel hat die
gleiche Chance, gezogen zu werden. Eine Zufallsstichprobenziehung stellt sicher,
daß theoretische Verzerrungen der Stichprobe nur durch Zufall zustande gekommen sein können, also nicht einem bestimmten „Muster" oder systematischen
Faktor („bias") unterliegen.

Mit Untersuchungen, die „Männer und Frauen" miteinander vergleichen, hat
man i. allg. nicht das Ziel und den Anspruch, daß ihre Resultate für die Gesamtheit aller „Männer und Frauen" auf der Welt Gültigkeit besitzen. Tatsächlich beschreiben nämlich die Ergebnisse solcher Arbeiten meist nur eine vorgegebene
Stichprobe, d. h. eine vorgefundene Gruppe von Männern und Frauen, die z. B.
ein ganz bestimmtes Semester an einer bestimmten Universität besucht haben,
oder z. B. eine Gruppe von männlichen und weiblichen Motorradfahrern an einem bestimmten Ort an einem Freitag im Juli des Jahres 19 ____ . Ein Vergleich
der Entwicklungsniveaus von „fünfjährigen und achtjährigen Kindern" kann also
lediglich auf einer Untersuchung der fünf- und achtjährigen Kinder, die eine bestimmte Schule an einem ganz bestimmten Tag besucht haben, basieren. Mit den
Resultaten einer solchen Untersuchung wird noch lange nichts über alle Kinder
in diesem Alter, die es auf der ganzen Welt gibt, ausgesagt.

Außer der Tatsache, daß der eben vorgestellte Forschungsansatz gar keiner repräsentativen Stichproben bedarf, gibt es auch noch einen zwingenden praktischen Gesichtspunkt und Grund für die Arbeit mit vorgegebenen Stichproben:
die systematische Auswahl einer repräsentativen Stichprobe aus einer großen Population ist sehr teuer und aufwendig. Auf der anderen Seite vermindert natürlich
das Fehlen einer repräsentativen Stichprobe den Grad der Generalisierbarkeit der
Resultate. Denn wir können nicht die Resultate einer einzigen Studie mit einer
vorgegebenen Stichprobe auf alle Mitglieder der Referenzpopulation übertragen;
in unseren obigen Beispielen auf alle Männer und Frauen oder auf alle fünf- und
achtjährigen Kinder. In jedem Forschungsbericht muß deshalb eine genau detaillierte Information über die Versuchspersonen, deren Eigenschaften und deren

Auswahl angegeben werden, die den Referenzbereich der untersuchten Gruppe definiert, so daß der Leser beurteilen kann, welchen Generalisierbarkeitsgrad die Resultate aufweisen.

Die Generalisierbarkeit von Resultaten in Untersuchungen mit vorgegebenen Versuchspersonengruppen kann dadurch erhöht werden, daß die Studie *repliziert* wird, d. h. mit einer anderen Gruppe wiederholt wird. Ist nämlich eine Untersuchung erfolgreich repliziert worden, d. h. entsprechen sich die Resultate der beiden Untersuchungen, dann kann man damit rechnen, daß die Ergebnisse über die ursprüngliche Personengruppe hinaus Gültigkeit besitzen. Mißlingt eine solche Replikation, begründen sich Zweifel an der Generalisierbarkeit der ursprünglichen Ergebnisse, d. h. an ihrer Gültigkeit auch für die Population. In solch einem Fall muß man evtl. genau untersuchen, warum es nicht möglich war, das Experiment mit anderen Personen zu replizieren.

Die Arbeit von Phyllis Levenstein (1970) über „frühes kompensatorisches Training" für Kinder unterprivilegierter Familien im Alter von 18 Monaten bis drei Jahren ist ein gutes Beispiel für den sukzessiven Gebrauch der Replikationstechnik, um die generelle Gültigkeit von Befunden nach und nach abzusichern. Phyllis Levenstein untersuchte, ob ein Programm mit dem Ziel, die kognitive Interaktion zwischen der primären Bezugsperson (i. allg. die Mutter) und dem Kind zu stärken, dazu beitragen könnte, daß die Kinder später in der Schule bessere Leistungen erbringen. Sogenannte „Helfer" besuchten jede der ausgewählten Familien zweimal pro Woche. Es wurde Spielzeug verwendet, das sorgfältig dazu ausgewählt worden war, bestimmte kognitive Fähigkeiten der Kinder zu schulen; die Mütter wurden dabei von den Helfern angewiesen, wie sie mit ihren Kindern mit dem Spielzeug umgehen sollten. Die in Frage stehende *Population* waren „*unterprivilegierte Kinder*". „Armut" wurde für die Untersuchungszwecke spezifisch definiert. Natürlich war es Levenstein nicht möglich, eine systematische Stichprobe

Grenzen der nichtrepräsentativen Stichprobe

Die Gefahren bei der Generalisierung der Resultate aus beschränkten Stichproben können durch das Problem der Wahrnehmungsabwehr gegen Bedrohung verdeutlicht werden. Es gibt nämlich Hinweise darauf, daß einige Menschen überakzentuieren, d. h. auf bedrohliche Information damit reagieren, daß sie gegenüber wenig bedrohlichen Stimuli in der Umwelt überempfindlich werden (sog. "sentisizers" oder "sharpeners", „Sensibilisierer"). Personen, die gegenüber Angstreizen eher „unterempfindlich" sind, werden als „Abwehrer" ("repressors" oder "levellers") bezeichnet. Sie reagieren auf bedrohliche Stimuli, indem sie weniger empfindlich auf entsprechend bedrohliche Hinweise in der Umwelt reagieren als gegenüber äquivalenten neutralen Reizen. Ein Forscher, der nun zufällig eine Gruppe von Versuchspersonen untersucht, die vorwiegend aus Sensibilisierern besteht, würde zur gegenteiligen Schlußfolgerung über die Wahrnehmung bedrohlicher (versus nichtbedrohlicher) Stimuli gelangen als ein Forscher, der mit vorwiegend Abwehrern als Versuchspersonen gearbeitet hat. Denn der erste Forscher würde aus seinen Daten folgern, daß die Wahrnehmungsschwelle für bedrohliche Stimuli geringer ist als die Schwelle für neutrale Reize; der zweite Forscher dagegen, daß die Wahrnehmungsschwelle für bedrohliche Reize höher ist als die Schwelle für neutrale Reize.

aller unterprivilegierten Kleinkinder der gesamten Welt, der USA oder sogar nur einer einzigen Stadt zu untersuchen. Sie wählte Mütter aus einem bestimmten Stadtgebiet aus, die ihrem Armutskriterium entsprachen und *parallelisierte* diese Gruppe mit einer Kontrollgruppe, bestehend aus Müttern und deren Kinder in einer ähnlichen Situation. Beide Gruppen, die Experimental- und die Kontrollgruppe, stellten keine repräsentativen Stichproben aller minderprivilegierter Mütter und deren Kinder dar. Zur Zeit werden jedoch 18 *Replikationsuntersuchungen* ihrer beeindruckenden Resultate (das Programm hat sich als effektiv erwiesen) mit verschiedenen Populationen, z.B. weißer Landbevölkerung, Indianer, Schwarzer und Pflegekinder, in acht Staaten der USA durchgeführt. Sollten diese Replikationen die ursprünglichen Befunde von Levenstein bestätigen, dann kann man mit großer Sicherheit von einer relativen Allgemeingültigkeit der Ergebnisse ausgehen (Levenstein, 1972; Bronfenbrenner, 1974).

7.3 Wann ist eine repräsentative Stichprobe angebracht?

Wie wir oben schon angedeutet haben, ist eine vorgegebene, nichtrepräsentative Stichprobe nicht für jedes Forschungsvorhaben und -ziel geeignet. Denn viele Untersuchungen setzen mit ihrer Fragestellung eine genaue Schätzung der Eigenschaften einer Gesamtpopulation voraus. Will man z.B. die Einstellung von Studienanfängern und Fortgeschrittenen über bestimmte wichtige Universitätsbelange untersuchen, oder die kognitiven Stile professioneller Musiker und Chemiker miteinander vergleichen, oder ist man daran interessiert, wieviele Mitglieder einer Studentenverbindung im Vergleich zu einer anderen Gruppe mit ihrer Wohnsituation und ihrem sozialen Leben an der Universität zufrieden sind, kommt es auf exakte Gruppenmerkmale an.

In solchen Fällen ist es dann ganz entscheidend, zu wissen, welcher Prozentsatz oder Anteil einer definierten Population eine bestimmte Einstellung hat oder eine bestimmte Eigenschaft aufweist. Denn man kann keine Aussagen über einen Unterschied der ausgewählten Gruppen machen, wenn nicht jede Stichprobe ganz genau ihre Population repräsentiert. Da eine vorgefundene Stichprobe *nicht* repräsentativ ist, ist sie für solche Forschungsvorhaben auch nicht brauchbar.

Die Sozialwissenschaften haben Methoden entwickelt, mit deren Hilfe die Merkmale einer Population bestimmt werden können (innerhalb bekannter Exaktheitsgrenzen), ohne daß man jedes Mitglied der Population untersuchen bzw. befragen muß. Dabei kann es sich um eine sehr große oder eine relativ kleine Population handeln. Obwohl die Annahme plausibel erscheint, daß die Größe einer Stichprobe in einem *direkten* Verhältnis zur Populationsgröße stehen müßte, ist dies nicht der Fall. Es hat sich nämlich herausgestellt, daß die Größe einer brauchbaren Stichprobe nur mäßig mit dem Populationsumfang zusammenhängen muß. Zum Beispiel kann die Erwachsenenpopulation der gesamten USA effektiv durch eine Stichprobe von ungefähr 2000 repräsentativen Personen untersucht werden. Dieses Verfahren macht sich die Methode des sog. „Mikrozensus" zunutze, die es unnötig macht, komplette Volkszählungen durchzuführen.

Natürlich würde die erschöpfende Untersuchung einer ganzen Population genauere Resultate erbringen als die Untersuchung einer lediglich aus ihr gezogenen Teilstichprobe. In der Praxis ist es jedoch, außer im Falle sehr kleiner Populationen, meist unmöglich, jede Person einer ganzen Population zu identifizieren, zu erreichen und zu untersuchen. Bei den meisten Untersuchungen stehen ja weder Zeit, finanzielle Mittel noch Personal unbegrenzt zur Verfügung. Ein beträchtlicher Teil der Population wird gar nicht gefunden, wird nicht erreicht oder verweigert die Teilnahme an der Untersuchung. Diese fehlenden Personen sind mit großer Wahrscheinlichkeit aber gerade keine Zufallsstichprobe der Population. Das Fehlen der Befunde dieser Personen würde also das Untersuchungsergebnis der „Lückenpopulation" viel mehr verzerren als der kalkulierbare und deshalb eingrenzbare Stichprobenfehler. Deshalb sind die Resultate einer Studie mit einer sorgfältig zusammengestellten Personenstichprobe häufig genauer und realitätsgerechter als die Ergebnisse einer Untersuchung, die zwar versucht hat, alle Mitglieder einer bestimmten Population zu untersuchen, dabei aber auf Realisierungsprobleme gestoßen ist. Dieser Vorteil kann natürlich nur dann ausgenutzt werden, wenn die repräsentative Stichprobe vollständig ist, d. h. alle Mitglieder der sorgfältig ausgewählten Personengruppe tatsächlich untersucht worden sind. Da die „idealen" 100% der ausgewählten Stichprobe häufig kaum erreicht werden, ist es deshalb wichtig, einen möglichst hohen Prozentsatz der Stichprobe zu untersuchen bzw. zu befragen.

7.4 Die Theorie der repräsentativen Stichprobe

Alle Theorien der Stichprobenziehung gehen von der Annahme aus, daß eine echte Zufallsauswahl einer Stichprobe aus einer Gesamtpopulation diese Population auch völlig repräsentiert. Wenn z. B. 20% einer Population Republikaner sind oder mit ihrem Arbeitsplatz zufrieden oder mehr als 16 Punkte auf einer Persönlichkeitsskala erlangen, dann sollte das auch für ungefähr 20% der Stichprobe gelten, wobei eine Abweichung um einige Prozentpunkte zu erwarten ist. Wenn also 57% einer Stichprobe angeben, daß sie einem bestimmten Kandidaten in der nächsten Wahl ihre Stimme geben werden, dann müßte man folgern können, daß ungefähr 57% (plus oder minus einige Prozentpunkte) der Population dieselbe Angabe gemacht hätten. Da eine Stichprobe die wirklichen Populationsverhältnisse in einem kleineren Rahmen widerspiegelt, d. h. also die Population repräsentiert, heißt dieser Ansatz „repräsentative Stichprobe" oder auch „Zufallsstichprobe" oder „Wahrscheinlichkeitsstichprobe".

Eine Zufallsstichprobe ist eine Stichprobe, in der jedes Mitglied der Population mit einer bekannten Chance, gezogen oder ausgewählt zu werden, in die Stichprobe gelangt. Nur zufällige Faktoren beeinflussen dabei, ob eine bestimmte Person tatsächlich in die Stichprobe aufgenommen wird oder nicht. Da die Wahrscheinlichkeit, mit der ein bestimmtes Individuum aus der Population in die Stichprobe kommt, bekannt ist, heißt diese Methode auch „Wahrscheinlichkeitsstichprobe". Wenn man z. B. 25 Personen zufällig aus der Population von 200 Studenten eines Wohnheims auswählt, dann ist die Wahrscheinlichkeit für jeden Bewohner, in die Stichprobe zu kommen $1/8 = 25:200$.

Grenzen der Aussagekraft von Stichprobenresultaten

Oben haben wir bereits darauf hingewiesen, daß eine Wahrscheinlichkeitsstichprobe eine Population zwar repräsentiert, daß aber immer mit Abweichungen, d. h. „plus oder minus ein paar Prozentpunkten" hinsichtlich der Resultate zu rechnen ist. Es taucht die Frage auf, wie exakt und präzise die Ergebnisse einer repräsentativen Stichprobe überhaupt sein können.

Bei der Ziehung einer repräsentativen Stichprobe können zwei Arten von Fehlern auftreten: erstens kann ein sog. *systematischer Fehler* durch falsches Vorgehen begangen werden, und zweitens gibt es den sog. *„Stichprobenfehler".* Der wichtigste Unterschied zwischen diesen beiden Fehlerarten ist, daß der systematische Fehler durch korrektes Vorgehen vermieden werden kann, der Stichprobenfehler nicht.

Systematischer Fehler. Ein systematischer Fehler bewirkt eine Verzerrung der Resultate in einer Richtung. Er tritt dann auf, wenn die Stichprobe nicht angemessen erhoben wurde, d. h. nicht wirklich zufällig, und somit nicht repräsentativ ist. Auch andere Fehler im Vorgehen, z. B. unsauber formulierte Fragen, können zu systematischen Fehlern führen. (Die Gründe für systematische Fehler werden weiter unten in verschiedenen Kapiteln dieses Buches diskutiert.)

Es gibt viele Gründe für Fehler bei der Auswahl einer angemessenen repräsentativen Stichprobe. In den Anfängen der politischen Meinungsumfrage z. B. machte der "Literary Digest" aufgrund eines systematischen Fehlers eine falsche Vorhersage über das Resultat einer Präsidentschaftswahl. Denn die Untersucher der Zeitschrift wählten ihre Stichprobe zufällig aus dem Telephonbuch aus. Ihr Fehler bestand dabei in der impliziten Annahme, ihre Stichprobe (aus dem Telephonbuch) sei mit der Population der Wählerschaft identisch. Denn in ihrer Stichprobe waren die Telephonbesitzer, wohlhabendere Wähler, überrepräsentiert und entsprechend Personen mit geringerem Einkommen, für die damals das Telephon ein Luxusartikel war, unterrepräsentiert. Die Resultate wurden durch dieses Vorgehen so stark verzerrt, daß der Digest eine falsche Vorhersage über das Wahlergebnis veröffentlichte. Bei der Zusammenstellung und Auswahl einer Stichprobe muß man also immer überprüfen, ob sich eine möglicherweise vernachlässigte, unterrepräsentierte oder fehlende Personengruppe bezüglich der in Frage stehenden Variablen systematisch von den übrigen Gruppen der Population unterscheidet.

Eine andere, häufig anzutreffende Ursache für den systematischen Fehler ist ungenügende Sorgfalt oder Zeitdruck beim Aufsuchen der Personen, d. h. wenn z. B. nur die Resultate der leicht aufzufindenden und kooperativen Personen in der Analyse verwendet werden. Denn die Meinungen und Einstellungen bereitwilliger Teilnehmer unterscheiden sich u. U. ganz systematisch von jenen der Personen, die zwar ursprünglich für die Stichprobe vorgesehen und ausgewählt worden sind, aber aufgrund mangelnder Anstrengungen oder anderer äußerer Umstände nicht untersucht oder befragt worden sind. Wenn das der Fall ist, dann werden die Resultate erheblich verzerrt werden können.

Stichprobenfehler. Dieser Begriff ist für den Laien etwas unglücklich gewählt, da er zu dem Mißverständnis führen kann, als ob der Forscher einen Fehler gemacht hat, d. h. falsch vorgegangen ist. Ein solches Mißverständnis resultiert jedoch nur aus der Unkenntnis der statistischen Terminologie. Der Stichprobenfehler kann gar nicht vermieden werden. Er hängt nämlich mit der Methode der Stichprobenziehung per se zusammen. Es handelt sich bei ihm um einen nichtsystematischen Fehler, da er die Resultate nicht immer in einer bestimmten Richtung verzerrt. Der Stichprobenfehler resultiert aus der Tatsache, daß sogar eine echte Wahrscheinlichkeitsstichprobe nie ganz hundertprozentig die betreffende Population repräsentieren kann. Denn das Stichprobenresultat kann, gerade aufgrund der Zufallsauswahl einiger Personen mit herausfallenden, irrepräsentativen Merkmalen vom Resultat in der Population abweichen. Man muß immer sehen, daß eine Stichprobe nie *absolut* repräsentativ sein kann, sondern nur *relativ;* d. h. mit einer bestimmten Wahrscheinlichkeit besitzen die Stichprobenergebnisse auch für die Population Gültigkeit.

Konfidenzintervall und Konfidenzniveau. Aus den obigen Anmerkungen folgt, daß die Resultate aus Untersuchungen mit repräsentativen Stichproben nie völlig „wahr" sein können (für die entsprechende Population), sondern nur innerhalb bestimmter *Vertrauens- oder Konfidenzgrenzen,* auf einem bestimmten *Vertrauensniveau,* Gültigkeit besitzen. Da der Stichprobenfehler nicht beseitigt werden kann, muß sich jeder Forscher die Frage stellen: „Wie sicher kann ich mir sein, daß dieses Stichprobenergebnis auch für die Gesamtpopulation gilt?" Die Antwort besteht aus zwei Teilen, wobei sich einer auf die Frage „*In welchem Bereich* liegt das Resultat?" und der andere auf die Frage „*Mit welcher Wahrscheinlichkeit*" liegt es in diesem Bereich?" bezieht. Die „Wo?"-Frage wird mit der Angabe des Konfidenzintervalls oder Vertrauensbereichs beantwortet. Die zweite Frage verlangt nach der Angabe des Konfidenzniveaus.

Das Konfidenzintervall des Resultates wird mit der Angabe von Prozentpunkten über und unter (plus und minus) dem erzielten Stichprobenergebnis ausgedrückt. Das heißt also, daß das mit Hilfe der Stichprobe gewonnene Resultat für ein Intervall gilt und nicht für einen Einzelpunkt. Der Populationswert liegt wahrscheinlich innerhalb dieses Intervalls. Das Konfidenzniveau gibt an, mit welcher Wahrscheinlichkeit der wahre Wert der Population innerhalb dieses Intervalls liegt. Im allgemeinen verwendet man in den Sozialwissenschaften Konfidenzniveaus von 95% und 99% (0,95 und 0,99).

Wenn man z. B. findet, daß 37% einer *Stichprobe* geschieden wurden, dann könnte man evtl., nachdem man die angemessenen statistischen Formeln angewandt hat, folgern, daß mit 95%iger Wahrscheinlichkeit (d. h. also in 95 von 100 Fällen) in der *Population* 34% bis 40% der Personen geschieden sind. Dabei ist 95% das Vertrauensniveau. Plus bzw. minus 3% bezeichnet das Vertrauensintervall bezüglich des Stichprobenergebnisses (37% − 3% = 34% und 37% + 3% = 40%).

Fassen wir die bis jetzt besprochenen Punkte zusammen:

1. Eine repräsentative (Wahrscheinlichkeits- oder Zufalls-) Stichprobenziehung beginnt mit einer definierten Population.
2. Die Stichprobe wird nach Zufall aus der Gesamtheit der Individuen der Population zusammengesetzt; d. h. vor der Zusammenstellung besitzt jedes Populationsmitglied die gleiche Wahrscheinlichkeit, in die Stichprobe zu kommen.
3. Die Wahrscheinlichkeit, mit der ein Individuum in die Stichprobe aufgenommen wird, ist festgelegt und bekannt.

4. Man kann schätzen, wie groß der *Stichprobenfehler* ist, wenn Stichprobenresultate auf die Population übertragen werden.
5. Diese Schätzung geschieht durch Bestimmung des *Konfidenzintervalls* für das Resultat der Untersuchung der Stichprobe.
6. Man kann auch das *Vertrauensniveau* bestimmen, das angibt, mit welcher Wahrscheinlichkeit das Konfidenzintervall für die Population gilt.

Die Beziehungen zwischen Stichprobengröße, Konfidenzintervall und Konfidenzniveau. Wenn man den wahren Wert der Population kennt, dann ist es möglich, mit Hilfe von statistischen Verfahren zu bestimmen, in welchem Bereich die Resultate einer Stichprobe liegen müssen. Kehren wir nun zu dem obigen Beispiel der Annahme zurück, daß tatsächlich 37% der Population geschieden sind; d. h. der wahre Wert der Population sei 37%. Mit Hilfe der passenden statistischen Formel bekommt man das Resultat, daß eine richtig gezogene, echte Zufallsstichprobe aus dieser Population dann das Konfidenzintervall von 37% ± 3% ergeben müßte; und zwar mit einem Vertrauensniveau von 95%. Ist der Populationswert von vorneherein bekannt, dann ist der eben beschriebene Rechengang nicht notwendig. In der umgekehrten Richtung jedoch ist diese Schätzformel in der Praxis sehr wichtig, denn man ist damit in der Lage, von Stichprobenresultaten auf die gesamte Population zu schließen. Dieses Vorgehen wird in Tabelle 7.1 illustriert.

Die Tabelle 7.1 kann folgendermaßen gelesen werden:

„Der Populationswert wird in 95 von 100 Fällen (also mit 95%iger Wahrscheinlichkeit) nicht mehr als 1% vom Stichprobenwert abweichen, wenn die Stichprobe 9 604 Fälle beinhaltet."

„Wenn man 100 Stichproben (zu je 16 587 Personen) ziehen würde, dann würden 99 dieser 100 Stichproben im Resultat nicht mehr als einen Prozentpunkt über oder unter dem Populationswert liegen."

Wenn wir an das untere Ende der Tabelle gehen, dann sehen wir, daß der Populationswert nicht mehr als sieben Prozentpunkte vom Stichprobenwert abweichen würde; und zwar in 95% der Fälle, wenn die Stichprobe 196 Personen enthält. Der Populationswert wäre in 99% der Fälle nicht mehr als sieben Prozentpunkte

Tabelle 7.1. Die Beziehung zwischen Konfidenzintervall, Konfidenzniveau und Größe der Stichprobe, wenn die Population größer oder gleich 500 000 ist. (Aus: Parten, 1950)

Konfidenzintervall (± Stichprobenwert)	Konfidenzniveau	
	0,95	0,99
	Benötigte Stichprobengröße	
1%	9 604	16 587
3%	2 401	4 147
5%	384	663
7%	196	339

vom Stichprobenresultat entfernt, wenn die Stichprobe 339 Fälle enthalten würde.

Aus Tabelle 7.1 sind folgende Schlußfolgerungen abzuleiten:

1. Prozentangaben aus Stichprobenuntersuchungen sind immer mit einem Stichprobenfehler behaftet, der z. B. in einem Intervall zwischen 5% oder 10% liegt; Stichprobenergebnisse können also nie als absoluter Wert auf die Gesamtpopulation übertragen werden.
2. Um den Stichprobenfehler zu verringern, d. h. von z. B. 5% auf 1% zu reduzieren, braucht man relativ größere Stichproben. Um also zu einem Vertrauensniveau von 0,99 zu kommen (und den Stichprobenfehler auf 1% zu verringern), muß man eine größere Stichprobe untersuchen als für ein Vertrauensniveau von 0,95. Die in der Psychologie üblichen Konfidenzniveaus liegen bei 95% und 99%. Man kann natürlich auch mit niedrigeren Werten arbeiten, je nach Kosten der Untersuchung und dem Zwecke der Studie.
3. Je weniger Genauigkeit man von vorneherein mit der geplanten Untersuchung anstrebt, desto kleinere Stichproben sind ausreichend. Bei der Vorhersage eines Wahlergebnisses kann z. B. ein Fehler von 2% entscheidende Auswirkungen haben. Häufig jedoch will ein Forscher nur ganz ungefähr wissen, ob der Spur nach 10%, 40%, 65% oder 95% der Population eine bestimmte Ansicht vertreten. Um dies zu überschlagen, genügen relativ kleine Stichproben.

Stichprobengröße

Die Entscheidung über die Stichprobengröße hängt vom Konfidenzintervall, das man in Kauf nehmen will oder kann, vom erwünschten Konfidenzniveau und der Größe der zu untersuchenden Population ab. Eine kleinere Population kann dementsprechend durch eine kleinere Stichprobe effektiv repräsentiert werden. Wie oben schon kurz angedeutet, muß man dabei jedoch beachten, daß die Anforderungen an die Größe der Stichprobe *nicht* proportional mit der Größe der Population ansteigen, sondern sehr viel langsamer. Die Stichprobengröße hängt auch vom Populationswert oder der *Auftretensrate* ab, d. h. vom Homogenitätsgrad (Gleichartigkeitsgrad) der Population in bezug auf die in Frage stehende Variable. Die Anforderungen an die Stichprobengröße ändern sich, je nachdem, welcher Anteil der Gesamtpopulation eine zustimmende oder ablehnende Haltung über den relevanten Bereich äußert.

Auftretensrate. Je homogener, d. h. vergleichbarer die Merkmale von Personen innerhalb der Population hinsichtlich des in Frage stehenden Themenbereichs sind, desto kleiner kann auch die Stichprobe sein, um trotzdem repräsentativ zu sein. Um ein extremes Beispiel zur Verdeutlichung dieses Gedankens zu wählen, nehmen wir an, daß 100% einer Population einen bestimmten Kandidaten zum Bürgermeister wählen werden. In diesem Fall würde eine Stichprobe aus einer Person genügen, da diese Stichprobe das korrekte Ergebnis der Population widerspiegeln würde. Je mehr sich die Population von dieser totalen Homogenität entfernt, d. h. je heterogener sie ist, desto größer muß die Stichprobe sein, damit sie als repräsentativ angesehen werden kann.

Tabelle 7.2 verdeutlicht den Effekt der Populationsgröße auf die Stichprobengröße, wobei zwischen zwei unterschiedlichen Auftretensraten der Variablen in der Population unterschieden wird, nämlich zwischen 30% und 50%. Dabei werden

Tabelle 7.2. Benötigte Stichprobengröße bei einem Konfidenzintervall von ± 5 Prozent und einem Konfidenzniveau von 0,95. (Aus: Arkin u. Colton, 1964)

Größe der Population	Auftretensrate in der Stichprobe	
	50%	30% (oder 70%)
	Benötigte Stichprobengröße:	
1 000	273	244
2 000	322	273
50 000	381	321
500 000 oder mehr	384	322

zwei Annahmen über das Konfidenzintervall und -niveau gemacht, die konstant für alle Konstellationen in der Tabelle gelten:

1. Das Konfidenzintervall soll ± 5% nicht überschreiten.
2. Das Konfidenzniveau ist 0,95.

Wie man aus der Tabelle ersehen kann, wird eine größere Stichprobe bei einer Auftretensrate von 50% benötigt; eine Auftretensrate von 30% benötigt eine gleichgroße Stichprobe wie eine Rate von 70%; die Auftretensraten 40% und 60% benötigen entsprechend gleichgroße Stichproben usw. Dies gilt deshalb, weil es auf dasselbe herauskommt, ob wir uns auf die 30% beziehen, die mit „ja" antworten oder auf die 70%, die ablehnen. Denn beide Gruppen tragen ja zu demselben Gesamtergebnis bei.

Aus Tabelle 7.2 kann man folgendes ablesen:

„Wenn 50% der Stichprobe eine in Frage stehende Eigenschaft oder Einstellung aufweisen und die Population aus 1 000 Personen besteht, dann benötigt man eine Stichprobe von 273 Personen (wobei die Annahmen über Konfidenzniveau und -intervall erfüllt sind)."

„Wenn 30% der Stichprobe eine in Frage stehende Eigenschaft oder Einstellung aufweisen und die Population aus 500 000 Personen besteht, dann benötigt man eine Stichprobe von 322 Personen (wobei die Annahmen über Konfidenzniveau und -intervall erfüllt sind)."

Wenn, wie in diesem Beispiel, das Resultat, d. h. die Auftretensrate in der Population bekannt ist, dann ist natürlich normalerweise gar keine Stichprobenuntersuchung mehr nötig. In der Praxis muß man die Auftretensrate mit Hilfe der Stichprobenresultate schätzen. Wichtiger noch als dieser Gesichtspunkt ist, daß man sich immer der Tatsache bewußt sein sollte, daß die Stichprobengröße mit der Auftretensrate zusammenhängt. Nach der Datensammlung geht man nämlich von der Auftretensrate eines bestimmten Merkmals in der Stichprobe aus und schätzt dann damit das angemessene Konfidenzintervall für die Population. Ein dementsprechendes Resultat könnte z. B. folgendermaßen veröffentlicht werden:

„30% der Familien unserer Stichprobe besitzen mehr als ein Auto. Auf einem 95%-Konfidenzniveau können wir daraus folgern, daß zwischen 25% und 35% der Population mehr als einen Wagen besitzen."

Tabelle 7.3. Stichprobengröße, Konfidenzintervall und Auftretensrate (Aus: Sample Size Calculator, Lansford Publishing Company, Inc., P. O. Box 8711, San Jose, California 95155.) Die Tabelle gilt für das 95%-Konfidenzniveau und nimmt eine große Population an

Stichproben-größe	Auftretensrate			
	45% (oder 55%)	25% (oder 75%)	15% (oder 85%)	5% (oder 95%)
	Konfidenzintervall: % Plus/Minus			
25	19,8	17,3	14,3	8,7
50	14,1	12,3	10,1	6,2
75	11,4	10,0	8,2	5,0
100	9,9	8,7	7,1	4,4
150	8,1	7,1	5,9	3,6
200	7,0	6,1	5,1	3,1
250	6,2	5,5	4,5	2,7
1 000	3,2	2,8	2,3	1,4

Machen Studeten ihre ersten Untersuchungen, dann müssen sie sich mit der Angemessenheit von Stichproben, die weniger als 381 oder sogar weniger als 244 Personen beinhalten, beschäftigen. Tabelle 7.3 stellt die Beziehung zwischen der Stichprobengröße, dem Konfidenzintervall und der Auftretensrate für kleinere Stichproben dar.

Aus Tabelle 7.3 können wir folgendes ablesen:

„Wenn 45% einer Stichprobe von 25 Personen eine bestimmte Frage mit ‚ja' beantworten, dann bejahen auch zwischen 25,2% (45%–19,8%) und 64,8% (45% +19,8%) der Population diese Frage." Es ist ersichtlich, daß aus einer kleineren Stichprobe meist ein relativ großes Konfidenzintervall und eine eher grobe Schätzung des Populationswerts resultiert.

„Wenn 5% einer Stichprobe von 1 000 Personen eine bestimmte Frage bejahen, dann kann man annehmen, daß auch zwischen 6,4% (5% +1,4%) und 3,6% (5% −1,4%) der Population der Frage zustimmen." Man sieht, daß eine große Stichprobe und eine extreme Auftretensrate ein kleines Konfidenzintervall und eine relativ genaue Schätzung des Populationswerts zur Folge haben.

Grob gesprochen gilt, daß wenn die Stichprobengröße 5% der entsprechenden Populationsgröße überschreitet, der Stichprobenfehler geringer sein wird als die Wahrscheinlichkeitstheorie angeben würde (Luck, Wales und Taylor, 1970, S. 240). Dies gilt noch mehr, wenn die Größe der Stichprobe mehr als 8% bis 10% des Populationsumfangs ausmacht; z. B. wenn 30 Fälle aus einer Population von 124 Personen ausgewählt werden, denn das sind dann 24% der Population.

Die Anforderungen an die Stichprobengröße werden auch vom Typ des Analyseverfahrens und der Anzahl in ihm enthaltenen Kategorien oder „Zellen" beeinflußt, die für die Auswertung der Befunde geplant sind. Hat man etwa vor, die Befunde für Männer und Frauen separat auszuwerten, dann sollte die gesamte Stichprobe größer sein, als wenn man diese getrennte Datenauswertung nicht eingeplant hat. Vielfache Untergliederungen, z. B. hinsichtlich des Alters, des Geschlechts und des Einkommens, bedürfen dementsprechend ziemlich großer Gesamtstichproben. Für eine mögliche Auswertungsprozedur, die Varianzanalyse, haben Cochran und Cox (1966) notwendige Stichprobenumfänge tabellarisch festgelegt.

Zur Bestimmung einer bestimmten Stichprobengröße gibt es keine genauen Anleitungen oder gar „Rezepte". Die Entscheidung ist i. allg. ein Abwägen und Verrechnen verschiedener Faktoren, wie Zeit, Kosten, Personalaufwand und Genauigkeitsbedürfnis. Für Studenten, die erstmals wissenschaftliche Studien durchführen, empfiehlt sich eine grundlegende Kategoriengröße von 20 bis 50 Personen oder Fällen (für *jede* Gruppe, die analysiert wird) als Daumenregel für die Stichprobengröße. Es ist immer wichtiger, 100% (oder zumindest 90%) der ausgewählten Personen aufzufinden, als zu versuchen, eine sehr große Stichprobe zusammenzustellen und damit eine hohe Verlustrate zu riskieren. Denn eine hohe Verlustrate führt meist zu einer verzerrten (nichtrepräsentativen) Stichprobe und somit zu Resultaten mit nur geringer Aussagekraft für die Gesamtpopulation.

Der Gebrauch von Konfidenzintervallen

Zwischen dem 21. April 1977 und dem 25. April 1977 führten die *New York Times* und die *CBS News* eine Telephonbefragung auf nationaler Ebene (in den USA) durch, um die öffentliche Reaktion auf das Energieprogramm von Präsident Carter zu untersuchen. Dabei wurden 1 707 Personen aus der Population „Haushalte mit Telephon" interviewt. (Personen, die in Haushalten ohne Telephon lebten, wurden also von vornherein ausgeschlossen.) Die Fernvermittlungsstellen wurden hinsichtlich der geographischen Bevölkerungsverteilung anteilsmäßig ausgewählt. Dann wurden die Telephonnummern zufällig per Computer innerhalb jeder Vermittlungszentrale gewählt, so daß die aufgelisteten und die nichtaufgelisteten Telephone bei der Auswahl alle eingeschlossen wurden.

Ein typischer Befund war, daß sich 62% der Stichprobe gegen höhere Benzinsteuern (um die Bevölkerung zu einem reduzierten Autofahren zu bewegen) aussprachen. Das Konfidenzintervall für dieses Resultat war 2,5% auf dem 95%-Konfidenzniveau. Aufgrund dieses Ergebnisses kann man annehmen, daß zwischen 59,5% und 64,5% der amerikanischen Haushalte (mit Telephon) zu dieser Zeit gegen höhere Benzinsteuern waren. In 95 von 100 Fällen hätte also eine zweite Stichprobe ein Resultat zwischen 59,5% und 64,5% ergeben.

7.5 Typen von Wahrscheinlichkeitsstichproben

Die einfache Zufallsstichprobe

Bei einer einfachen Zufallsstichprobe hat jede Person der Population im Prinzip *dieselbe* Wahrscheinlichkeit, in die Stichprobe zu gelangen. Die grundlegende Technik dabei ist, daß man die Relation zwischen Populationsgröße (N) und der gewünschten Stichprobengröße(n) festlegt und dann jeden soundsovielten („nten") Fall der Population aus einer Populationsliste nach Zufall auswählt. Möchte ein Untersucher etwa eine Stichprobe von n = 100 Leuten aus einer Population von N = 1 000 Leuten ziehen, dann muß er jedes 10. Individuum aus der Population per Zufall wählen, da N:n = 1 000 : 100 = 10. (Weitere wichtige Punkte beim Vorgehen bei der Stichprobenauswahl findet man weiter unten in diesem Kapitel.) Soll eine Stichprobe von 40 aus einer Population von 267 Personen ausgewählt werden, dann wird dementsprechend jeder 7. Fall (267 : 40 = 6,675; ergibt aufgerundet 7) genommen; und zwar wiederum zufällig. Der n-te Fall wird auch als „Sprungintervall" bezeichnet.

Die gruppierte Zufallsstichprobe (stratified random sample)

Eine gruppierte Zufallsstichprobe unterteilt eine Population in sog. *Schichten* oder (stratifizierte) Untergruppen; die Gesamtpopulation „Studenten" z.B. in Studienanfänger, Studenten im zweiten Jahr, Studenten im vorletzten Studienjahr, oder in Frauen und Männern, oder in Pendler und Ansässige. Man benötigt zu dieser Unterteilung Aufstellungen über die Mitglieder jeder Untergruppe (oder „Schicht") und kann dann bei der Stichprobenauswahl auch wieder jeden n-ten Fall herausnehmen, indem man alle gewählten Untergruppen einbezieht. Durch dieses Vorgehen wird garantiert, daß das Verhältnis der Untergruppen in der Stichprobe dem wahren Verhältnis in der Population entspricht.

Alternativ zu dem gerade besprochenen Ansatz kann man auch verschiedene Ziehungsrelationen zwischen Populations- und Stichprobengröße bei der Auswahl der unterschiedlichen Subgruppen wählen. Es handelt sich bei diesem Ansatz noch immer um eine Zufallsstichprobe, da die Wahrscheinlichkeit, daß eine Person in die Stichprobe kommt, für jede Untergruppe bekannt ist und jedes Individuum nach Zufall ausgewählt wird. Im Unterschied zu der einfachen Stichprobenziehung hat jedoch nicht jede Person in der Gesamtpopulation die gleiche Wahrscheinlichkeit, ausgewählt zu werden, sondern nur innerhalb ihrer Untergruppe oder Schicht.

Es taucht die Frage auf, in welchen Fällen und aus welchem Grund unterschiedliche Anteile aus den einzelnen Untergruppen einer Population für die Stichprobenzusammensetzung gewählt werden. Nun, i. allg. wird dieser Ansatz dann verwendet, wenn genügend viele Personen aus einer kleinen Subgruppe in der Stichprobe vorhanden sein sollen, d. h. diese Personen in der Population also sehr selten sind. Werden aus solchen Untergruppen oder Schichten der Population nicht relativ große Anteile von Personen ausgewählt, dann kann es vorkommen, daß die Zahl dieser Personen so klein ist, daß die Zelle „N" (Zelle für die Subgruppe bei der Auswertung) viel zu klein ist, um damit irgendwelche Schlußfolgerungen aus den Resultaten ableiten zu können.

Dieses Problem würde z. B. auftauchen, wenn ein Untersucher die Untergruppe weißer Studenten an einer Universität mit 85% schwarzen Studenten in einer Stichprobe wiederfinden möchte. Hat der Untersucher die Möglichkeit, die schwarzen und weißen Populationsmitglieder zu identifizieren, dann kann er eine Stichprobe aus jeder achten Person der größeren Untergruppe und jeder vierten Person der kleineren Schicht, also der Weißen, auswählen, und er entspricht damit auch bei der kleinen Subgruppe den Anforderungen der Zellengröße.

Stufenweise oder bereichsweise Stichprobenziehung

Wird mit einer ziemlich großen Population gearbeitet, dann wollen die Untersucher in manchen Fällen zuerst Stichproben aus relativ großen Einheiten ziehen, z. B. aus geographischen Gebieten und danach erst innerhalb der gewählten Gebiete damit beginnen, einzelne Personen für die Stichprobe auszuwählen. Zum Beispiel könnte man in den USA zuerst aus *Bereichen,* die aus den Volkszählungsberichten auf einer Staats-, Landes- und Regionalbasis hervorgehen, Stichproben aus diesen Bereichen ziehen und dann erst wieder daraus kleinere Einheiten, usw. Wenn bei jeder Stufe dieses Vorgehens die Auswahl nach Zufall vorgenommen und die Auswahlwahrscheinlichkeit festgelegt wird, dann erhält man auch damit eine zufällige Wahrscheinlichkeitsstichprobe, die für die Population repräsentativ ist.

Gruppenstichprobenziehung

Für große Untersuchungen werden manchmal ganz gezielt eng zusammenhängende Einheiten oder Gruppen einer Population ausgewählt, wie z. B. drei nebeneinander liegende Häuserblocks in einem bestimmten Stadtbezirk. Diese Art der Stichprobenziehung, die Auswahl von Einheiten, nur weil sie faktisch nebeneinander liegen, verletzt die Regel der Zufallsauswahl und verzerrt möglicherweise die Resultate. Wenn man jedoch auf diese Weise bei der Stichprobenziehung mit voller Absicht vorgeht, dann immer unter der Voraussetzung, daß die Verzerrung das Resultat nur in einem bestimmten mittleren Bereich verändert.
Der Vorteil dieses Ansatzes besteht darin, daß er relativ kostengünstig und wenig zeitraubend ist. Jedoch muß auf alle Fälle eine relativ große Stichprobe ausgewählt werden, damit die denkbare Verzerrung der Ergebnisse möglichst kompensiert werden könnte.

Quotenstichprobenziehung

Die Anteils- oder Quotenstichprobe ist keine Wahrscheinlichkeitsstichprobe. Vielmehr handelt es sich bei ihr um eine Methode, mit der bestimmte Personengruppen, die in ganz spezifische Kategorien fallen, zur Untersuchung ausgewählt werden können. Zum Beispiel möchte ein Forscher evtl. sicher sein, eine genügend große Anzahl an Personen in einem bestimmten Alter in seine Stichprobe aufzunehmen. Oder es wurde z. B. bei den Vorüberlegungen und der Planung einer Untersuchung beschlossen, auf alle Fälle zwei Männer über 50 Jahre, vier Frauen im Alter von 21 bis 26 Jahren usw. aufzusuchen.
Der Quotenansatz weist beträchtliche Nachteile auf, denn er führt nicht zu einer nach Zufall ausgewählten Stichprobe und ist dementsprechend nicht repräsentativ. Denn mit ihm werden über den Daumen eher jene Personen ausgewählt, die häufig zu Hause und einfach aufzufinden sind, die freundlich wirken, relativ gut angezogen sind, entgegenkommend wirken usw. Außerdem gilt die Statistische Theorie des Stichprobenfehlers und des Konfidenzintervalls natürlich nur für eine Wahrscheinlichkeitsstichprobe; d. h. mit dem Quotenansatz kann die Genauigkeit der Resultate nur ganz grob geschätzt werden.

Typen von Wahrscheinlichkeitsstichproben

Einfache Zufallsstichprobe

Bei einer einfachen Zufallsstichprobenziehung bekommt jedes Element der Population die gleiche Chance, in die Stichprobe zu gelangen. Hier ist diese Chance (oder Wahrscheinlichkeit) 1/4.

Die Population — Die Stichprobe

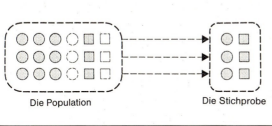

Gruppierte Zufallsstichprobe

Bei einer gruppierten Zufallsstichprobenziehung werden Elemente aus (stratifizierten) Untergruppen der Population mit unterschiedlichen Wahrscheinlichkeiten in die Stichprobe aufgenommen. Hier werden die Quadrate mit einer Wahrscheinlichkeit von 1/2 und die Kreise mit einer Wahrscheinlichkeit von 1/4 in die Stichprobe ausgewählt.

Die Population — Die Stichprobe

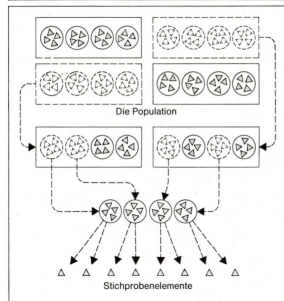

Drei-Stufen-Stichprobe

Die Population

Stichprobenelemente

Stufe I:
Die größten Einheiten, die Rechtecke, werden (per Zufall) aus der Gesamtpopulation ausgewählt.

Stufe II:
Aus diesen Rechtecken werden (per Zufall) Kreise ausgewählt.

Stufe III:
Aus diesen Kreisen werden (per Zufall) Dreiecke ausgewählt.

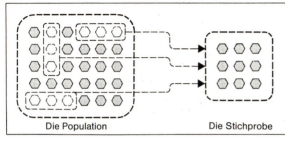

Gruppenstichprobe

Bei einer Gruppenstichprobenziehung gelangen verschiedene beieinanderliegende Einheiten aus der Population in die Stichprobe. Hier werden jeweils drei beieinanderliegende Einheiten ausgewählt.

Die Population — Die Stichprobe

Obwohl heutzutage eine reine Quotenstichprobenziehung kaum noch in der professionellen, sozialwissenschaftlichen Forschung als Methode der Stichprobenziehung verwendet wird, wird der Ansatz häufig in der letzten Phase der Zufallsstichprobenziehung herangezogen. Denn in Forschungsprojekten über große Populationen kann dadurch viel Geld, Zeit und Anstrengung eingespart werden. Der Ausfall von Personen auf der letzten Stufe der Erstellung einer Zufallsstichprobe kann nämlich beträchtliche negative Folgen haben. In solch einem Fall ist die Anwendung des Quotenansatzes noch immer besser, als mit zu wenig Personen zu arbeiten. Bei einer Stichprobenziehung aus einer relativ kleinen Population, wie z.B. den Einwohnern eines Dorfes oder den Bewohnern eines Studentenwohnheimes ist jedoch die Verwendung der Quotenmethode keineswegs gerechtfertigt.

Die Untersuchung großer Populationen ist immer eine relativ aufwendige Angelegenheit, unabhängig von der verwendeten Methode zur Stichprobenauswahl. Führt ein Einzelner oder eine kleine Gruppe eine Untersuchung durch, dann sollte man sich i. allg. auf eine kleine Population beschränken, wie z.B. auf die Mitglieder einer bestimmten Organisation oder Institution. Auf der anderen Seite wurden auch schon von kleinen Studentengruppen Untersuchungen in großem Rahmen durchgeführt, die sich dann als sehr aussagekräftig erwiesen haben.

Was kann passieren, wenn man auf die Technik der repräsentativen Stichprobenauswahl verzichtet?

Eine Gruppe von Studenten wollte die Berufspläne von am Studienort ansässigen Studenten mit den beruflichen Plänen von Pendler-Studenten vergleichen. Ist für ein solches Vorgehen die Auswahl repräsentativer Stichproben von Ansässigen und Pendlern notwendig? Ja, denn in diesem Fall interessiert ja nicht der Vergleich der beruflichen Pläne irgendwelcher Gruppen von ansässigen Studenten und Pendlern, die hinsichtlich ihrer entsprechenden Population *nicht* repräsentativ sind.

Leider berücksichtigten die Studenten diesen Punkt nicht genügend. Sie gingen von der Annahme aus, daß es nicht notwendig sei, eine Zufallsstichprobe von Personen für ihre Arbeit auszuwählen. Sie postierten sich an häufig frequentierten Stellen auf dem Universitätsgelände und versuchten damit, Studenten „per Zufall" zu befragen. Obwohl sie dabei bewußt versuchten, Verzerrungen in ihren Resultaten zu vermeiden, indem sie Personen, die sie persönlich kannten, nicht befragten, waren die Resultate mehr als merkwürdig. 44% der Pendler in ihrer „Stichprobe" erwiesen sich nämlich als Medizinstudenten, obwohl nach den Angaben der Universitätsverwaltung nur 18% der Pendler Medizin studierten. 29% der ansässigen Studenten ihrer „Stichprobe" studierten im Hauptfach Altphilologie, obwohl insgesamt an der Universität nur 8% der ansässigen Studenten dieses Fach als Hauptfach gewählt hatten. Die Moral der Geschichte ist die, daß eine repräsentative Stichprobe auch wirklich sorgfältig ausgewählt werden muß, wenn es das Forschungsvorhaben verlangt. Hierbei darf man nicht irgendwelchen wahllosen Ersatz-Auswahlverfahren vertrauen.

Die Auswahl der Individuen

Um eine Zufallsstichprobe für wissenschaftliche Zwecke auszuwählen, muß in drei Schritten vorgegangen werden:

1. *Definition der Population.* Auf den ersten Blick erscheint es einfach, eine Zielpopulation zu definieren. Jedoch verlangt die Auswahl der gewünschten Personengruppe trotzdem sehr viel Sorgfalt. Will man z. B. Studenten an einer Universität untersuchen; welche ganz spezifischen Personen will man einbeziehen? Man muß bei der Planung genau entscheiden, welche Personen man untersuchen möchte; in diesem Fall kommen Teilzeitstudenten, Pendler und ansässige Studenten, Studenten aus Abend- und Wochenendstudiengängen, nicht eingeschriebene Studenten, Examenskandidaten, Gasthörer usw. in Frage.

Bei weiterem Eindringen in die Materie kann es vorkommen, daß einige dieser unterschiedlichen Subgruppen in einer Population für die in Frage stehenden Hypothesen wichtiger sind als andere. Zum Beispiel könnten die Pendler aus der Gesamtpopulation der Studenten genau jene spezifischen Eigenschaften, Interessen oder Bedürfnisse aufweisen, auf die sich die Untersuchung bezieht. In einem anderen Fall wäre es evtl. günstiger, zwei separate Stichproben auszuwählen, z. B. eine Stichprobe aus der Pendlerpopulation und eine aus der Wohnheimpopulation. Das Ziel dabei wäre, die Ergebnisse beider Gruppen miteinander zu vergleichen. Es gibt Fälle, in denen der Untersucher der Meinung ist, daß die Schwierigkeiten und der Aufwand bei der Aufteilung der Population in verschiedene Subgruppen größer sind als ihr Beitrag zu dem in Frage stehenden Sachverhalt. Dann sollte die Population so definiert werden, daß jene Gruppen ausgeschlossen werden, die nicht im Mittelpunkt des Interesses stehen. Denn dieses Vorgehen ist auf alle Fälle einer hohen Verlustquote vorzuziehen, die eine viel zu kleine Stichprobe und damit irrelevante Resultate nach sich zieht. In jedem Forschungsbericht sollten ein paar sorgfältige Angaben über die definierte Population zu finden sein.

2. *Auflisten der Population.* Der nächste Schritt der Auswahl der Individuen besteht darin, eine Liste aller Mitglieder oder Einheiten der Population anzulegen. Wie man sich vorstellen kann, ist diese Arbeit häufig recht aufwendig, aber auf der anderen Seite auch sehr wichtig, da ja aus dieser Liste die Stichprobe gezogen wird. Eventuell findet man bereits existierende Listen, wie z. B. Bewohnerlisten von Studentenwohnheimen, Universitätsunterlagen über Einschreibungen oder Mitgliedsaufstellungen der Organisationen, die als Population in Frage kommen. Häufig muß der Forscher sich erst die Erlaubnis einholen, solche Listen zu verwenden. Deshalb sollte man im voraus daran denken, die Kooperation mit der amtlichen Stelle, die die relevanten Listen besitzt, zu erreichen und eine spätere, unvorhergesehene Verweigerung dadurch zu vermeiden. Zum Beispiel wird der Untersucher häufig gebeten, die Ziele und Zwecke seiner Untersuchung anzugeben, auch seine Absichten und Vorkehrungen hinsichtlich der Vertraulichkeit beim Umgang mit den Listen. Es kann vorkommen, daß man auf Ablehnung stößt. In diesem Fall sollte der studentische Forscher seinen Betreuer an der Universität konsultieren.

In den USA verwenden großangelegte Untersuchungs- und Umfrageprojekte häufig Listen des "Census Bureau". Die Berichte dieser Stelle enthalten viele Informationen über die amerikanische Bevölkerung. Dabei werden die einzelnen geographischen Bereiche in bestimmte Einheiten unterteilt, bis hin zu Hauseinheiten; Daten über einzelne Personen enthalten sie nicht. Sogenannte „Blockdaten", die alle Häusereinheiten eines bestimmten Häuserblocks enthalten, existieren für hunderte von Städten der USA. Auch Planbüros oder Elektrizitäts- und Gaswerke besitzen Bevökerungslisten oder -register.

Hat man die Liste der definierten Population erhalten, dann sollte man prüfen, wie genau sie ist, und ob sie wirklich auf dem neuesten Stand ist. Häufig kann darüber die zuständige Stelle Auskunft geben, z. B.: „Ungefähr 25 neue Studenten haben sich an der Universität eingeschrieben, seitdem wir die Liste angelegt haben."

3. Stichprobenziehung. In diesem dritten Schritt der Auswahl der Individuen für die Stichprobe wird zuerst einmal bestimmt, welches Sprungintervall verwendet werden soll. Jedes Individuum auf der Populationsliste, sofern es nicht schon eine Kenn-Nummer besitzt, sollte dann eine (z. B. fortlaufende) Kennzahl erhalten. Dann sollte sich der Forscher eine Tabelle mit Zufallszahlen besorgen; man findet sie fast in jedem Statistik-Handbuch. Daraus wählt man zufällig eine Zahl, die dieselbe Stellenzahl aufweist wie das Sprungintervall und im Zahlenwert nicht größer ist. Möchte man z. B. jede 17. Einheit oder Person auswählen, dann nimmt man eine zweistellige Zahl zwischen 01 und 17. Will man jede 206. Einheit auswählen, dann nimmt man eine Zufallszahl zwischen 001 und 206. Von dieser Anfangszahl aus geht man die Populationsliste durch und zieht den soundsovielten (n-ten) Fall. Aus den gezogenen Fällen legt man dann die endgültige Stichprobenliste an und prüft nochmals nach, ob man auch die geplante Stichprobengröße erhalten hat. Jeder Fall wird dann auf der Stichprobenliste mit einer Identifikationszahl bezeichnet, denn man muß ja Versuchsdaten, Aufzeichnungen, Meßwerte usw. eindeutig den Personen zuweisen können.

Während des Aufsuchens der Stichprobe sollte man dann auf dieser Liste sorgfältig anstreichen, welche Personen man schon untersucht hat und welche noch nicht untersucht oder befragt worden sind. Da evtl. einige Personen fälschlicherweise in die Liste eingetragen worden sind (sie gehören nicht in die Stichprobe, da sie vielleicht umgezogen sind usw.), ist es sinnvoll, die Stichprobe von vornherein etwas größer anzulegen.

Werden Unterlagen aus dem Census Bureau der USA benutzt, dann muß der Untersucher einen zusätzlichen Schritt einplanen, da nur die Anzahl der Hauseinheiten pro Häuserblock angegeben ist, und nicht ihr jeweiliger Standort. Soll hierbei z. B. eine Person in der 14. Hauseinheit eines bestimmten Häuserblocks interviewt werden, dann muß diese Einheit erst ausfindig gemacht werden.

Welche Mitglieder eines gewählten Haushaltes sollten nun interviewt werden? Wenn man immer die Personen befragt, die sich gerade zu Hause aufhalten, dann resultiert aus diesem Vorgehen evtl. ein Überwiegen an Leuten in der Stichprobe, die fast immer daheim sind, z. B. ältere Leute. Angenommen, man möchte die Population der Erwachsenen über 17 Jahre in der Stichprobe repräsentiert haben, dann sollte man beim Aufsuchen eines Haushalts zuerst fragen, wieviele Erwachsene überhaupt dort wohnen. Dann folgt man einer Zufalls-Liste, z. B. interviewt man zuerst die älteste Frau über 17 Jahre, im nächsten Haushalt dann den jüngsten Mann über 17 Jahre usw. Ist die betreffende Person nicht zu Hause, dann muß der Untersucher eben evtl. noch zwei- bis dreimal diesen Haushalt aufsuchen. Wie aus dem eben Dargestellten zu erkennen ist, ist es häufig mit großem Aufwand verbunden, eine wirkliche Zufallsstichprobe aus einer großen Population zu ziehen.

7.6 Trend- und Paneluntersuchungen

Neben den einmalig durchgeführten Untersuchungen verwendet man in der Forschung Trend- und Paneluntersuchungen. Eine *Trenduntersuchung* mißt *verschiedene* Stichproben derselben Population über eine bestimmte Zeitperiode hinweg. Das Ziel dabei ist, allgemeine Veränderungen und Ausrichtungen von Einstellungen, Wahlverhalten und anderer in Frage stehender Themenbereiche in der Gesamtpopulation verfolgen zu können. Eine *Paneluntersuchung* (engl.: panel design) mißt dagegen die *identische* Stichprobe (das gleiche „Panel"), also dieselben Individuen zu mehreren Zeitpunkten. Statt des soziologischen Begriffs der Paneluntersuchung oder Panelbefragung setzt sich neuerdings der Begriff der *Veränderungsmessung* (Petermann, 1978) oder der *Zeitreihenuntersuchung* durch. Gemeint ist dasselbe – sofern, wie bei der Panelbefragung identische Personen oder Gruppen untersucht werden.

Im Gegensatz zu der Trenduntersuchung haben Zeitreihenuntersuchungen den Vorteil, daß es mit ihren Resultaten möglich ist, anzugeben, welche bestimmten Personen sich über die Zeit hinweg in eine bestimmte Richtung verändert haben. Angenommen, man findet bei der ersten Messung einer Zeitreihen- oder Paneluntersuchung, daß 20% der Republikaner und 45% der Demokraten ein und denselben Kandidaten für einen bestimmten Posten bevorzugen. Einen Monat später unterstützen dann 30% der Republikaner und 55% der Demokraten diesen Mann. Es scheint nun auf den ersten Blick, als habe der Kandidat insgesamt über die Parteien hinweg einen Zuwachs von 10% der Stimmen zu verzeichnen. Doch tatsächlich existiert nun auch die Möglichkeit, daß in der Zwischenzeit z. B. 18% der ursprünglichen 20% der Republikaner und 15% der ursprünglichen 45% der Demokraten ihre Meinung geändert haben. Es könnte sich in dieser Zeit nämlich z. B. herausgestellt haben, daß der Kandidat nichts gegen eine ortsansässige Essigkonservenfabrik unternehmen möchte, die eine erhebliche Umweltverschmutzung verursacht. Eventuell hat nun der Kandidat durch gerade dieses Verhalten aber neue Wähler auf der anderen Seite gewonnen: 28% der ortsansässigen Republikaner und 25% der ortsansässigen Demokraten, die an der Erhaltung ihrer Arbeitsplätze in dieser Fabrik natürlich äußerst interessiert sind. Solche subtilen Veränderungen innerhalb einer Population können mit Hilfe einer Zeitreihenuntersuchung festgestellt werden.

Der Effekt der wiederholten Befragung oder Untersuchung auf die betroffenen Personen kann zu einem Problem für die gesamte Untersuchung und die Aussagekraft der Resultate werden. Denn durch wiederholtes Befragen kann es vorkommen, daß die Personen von Mal zu Mal weniger repräsentativ für ihre Population werden. Die Aufmerksamkeit der Befragten wird ja durch die Untersuchung auf gerade die in Frage stehenden Themenbereiche gelenkt; d. h. sie werden evtl. mehr darüber reden, lesen und denken, im Vergleich zu anderen, nur einmalig oder gar nicht befragten Populationsmitgliedern. Durch ihre Aufmerksamkeitsschärfung könnten sie vielleicht zu ganz anderen Schlußfolgerungen und Einstellungen über das Thema kommen. Das Problem, daß die Messung eines bestimmten Bereichs diesen verändern kann, d. h. sich auf ihn auswirkt, ist in den Sozialwissenschaften überall zu finden und wird *Reflexivität des Forschungsgegenstandes* genannt. Eine Kontrollgruppe, die weniger häufig befragt wird, kann dazu beitragen, diesen Effekt zu kontrollieren. Denn für sie gilt ein derartiger Befragungswiederholungseffekt ja nicht. Unterscheiden sich also Panel- und Kontrollgruppe, muß man mit einem Befragungswiederholungseffekt rechnen.

Nachdem wir nun die Methoden der repräsentativen Stichprobenziehung und die dementsprechende Theorie besprochen haben, wollen wir ein Beispiel über die Art der Befragung vorstellen, wie sie an universitären Forschungszentren in den USA durchgeführt werden.

Trend- und Panel-Design

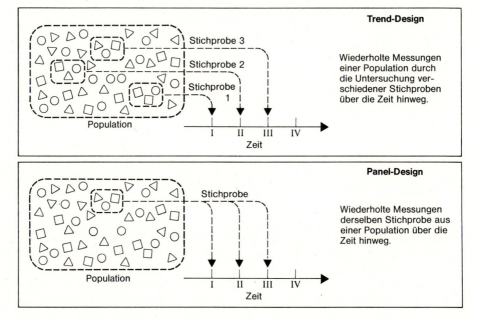

7.7 National Social Indicator

Das "National Opinion Research Center (NORC)" erhebt seit 1972 alljährlich auf nationaler Ebene in den USA sog. „Sozial-Indikatoren". Ein *Sozial-Indikator* wird aus der wiederholten Messung einer sozialen Variablen abgeleitet; z.B. Zufriedenheit am Arbeitsplatz oder in der Ehe, Einfluß von Lärm auf das Wohlbefinden, Einfluß der Überbevölkerung auf das Sozialverhalten, Entwicklung der Kriminalität, ein kombinierter Index der Lebensqualität. Dabei wird die Variable

Der soziale Indikator

Der soziale Indikator ist eine neue und kontroverse Idee. Es handelt sich dabei um einen Index, der ökonomischen Indikatoren, wie beispielsweise dem Bruttosozialprodukt oder dem „Warenkorb" entspricht. Sollte es möglich sein, valide soziale Indikatoren zu entwickeln, dann könnte ihr möglicher Einfluß auf das gesellschaftliche Leben groß sein.

Staatliche und private Verwaltungsbehörden und Institutionen verwenden Fakten und quantitative Daten, um Entscheidungen zu fällen. Die Daten, die heutzutage vor allem erhoben werden, vernachlässigen aber die sozialen und psychologischen Kosten und den sozialen und psychologischen Nutzen der in Frage stehenden problematischen Alternativen. Betrachten wir beispielsweise die Planung der Trassenführung für eine Schnellstraße. Viele Leute sind evtl. der Ansicht, daß die geplante Strecke das soziale Leben in einer Gemeinde erheblich beeinträchtigen würde. Die Gemeinde erhebt aus diesem Grund Einwände gegen das Bauvorhaben. Das Straßenbauamt erwidert dann evtl. scharf, daß „der Computer auf wissenschaftlicher Basis bestimmt hat, daß die geplante Strecke die beste ist". Aber man muß sich fragen, mit welchen Daten der Computer gefüttert wurde. Welche sozialen und psychologischen Kosten und Nutzen wurden überhaupt gemessen? Wahrscheinlich wurde dieser Aspekt gar nicht berücksichtigt!

Innerhalb unseres technokratischen und rationalen Vorgehens beim Fällen von Entscheidungen ist es von gleich essentieller Bedeutung, daß wir die „Lebensqualität" genauso berücksichtigen wie irgendwelche „Quantitäten". Wenn irgendein Sachverhalt nicht in den Computer eingegeben werden kann und damit unter den Tisch fällt, dann ist es die Aufgabe der Sozialwissenschaften, Messungen für diesen Sachverhalt zu entwickeln, so daß die daraus resultierenden Daten dann doch noch in den Computer eingegeben werden können. Vielleicht ist der soziale Indikator ein Schritt in die richtige Richtung.

in regelmäßigen Abständen gemessen, z. B. einmal pro Jahr und ihr Ansteigen bzw. Abfallen über die Jahre hinweg verfolgt.

Der "NORC General Social Survey" ist ein frühes Beispiel dafür, was soziale Indikatoren möglicherweise in Zukunft zu leisten vermögen. Er beinhaltet Fragen über die menschliche Ökologie (Erfahrungen beim Übersiedeln in eine neue Umgebung, also Mobilität; Zufriedenheit mit der Gemeinde und der Familie; Items über den Lebenszyklus oder Geschlechterrollen; sozioökonomischer Status; Rassenbeziehungen; politische Angelegenheiten; moralische Einstellungen). Die NORC-Fragen sind in drei Kategorien unterteilt: Tatsacheninformationen, allgemeine Einstellungen und Meinungen zur „sozialen Kontrolle", also die Zustimmung oder Ablehnung möglicher Methoden und Mittel der Regulation und Veränderung sozialer Prozesse.

Eine Funktion, die die NORC-Befragungen erfüllen, ist es, Zeittrends von einem bestimmten Punkt (Baseline) aus zu bestimmen. Zum Beispiel fand man einen langfristigen Abfall in den Vorurteilen gegenüber den verschiedensten ethnischen Gruppen seit den vierziger Jahren (Greeley und Sheatsley, 1968). Es ist wichtig, Trends über die Zeit hinweg zu analysieren, da die Antworten auf Untersuchungsfragen eher eine relative als eine absolute Bedeutung haben. Wenn im Jahre 1974 z. B. 23% der verheirateten Personen ihre Ehe als „sehr glücklich" bezeichneten, können wir allein mit dieser Angabe keine eindeutige Interpretation ableiten. Wenn jedoch von Jahr zu Jahr der Prozentsatz der „sehr glücklich" Verheirateten in einer bestimmten Gruppe der Population zurückgeht, in einer anderen Untergruppe dagegen ansteigt (die Gruppen dabei durch Alter, Einkommen, Beruf usw. definiert), dann kann man mit diesem Resultat plausible Hypothesen bilden und testen, um möglicherweise dann bestimmte Zusammenhänge aufzudecken.

Alterskohorten und Querschnittuntersuchungen

Werden wiederholt Untersuchungen und Befragungen über soziale Bereiche durchgeführt, dann ist es möglich, die Daten von sog. Alterskohorten mit Daten aus Querschnittuntersuchungen zu vergleichen bzw. Unterschiede festzustellen. Eine *Kohorte* ist eine Gruppe von Personen, die alle eine ganz bestimmte Eigenschaft aufweisen; z. B. ist eine Alterskohorte eine Personengruppe, von denen alle Mitglieder dasselbe Alter aufweisen. Eine *Querschnittuntersuchung* spiegelt einen Schnitt durch verschiedene Kohorten wider. Die Identität der Mitglieder einer Kohorte ist zunächst lediglich eine formale (z. B. gleiches Alter, gleiche Schulklasse). Merkmale von Kohorten, die nicht bloß formaler, sondern inhaltlicher Natur sind, werden augenfällig, wenn wir uns ein Beispiel vorstellen. Eine Kohorte möge folgendes formales Merkmal besitzen: Abiturienten des Abschlußjahrgangs 1967. Vergleichen wir sie mit einer Abiturienten-Kohorte von, sagen wir 1977, dann werden inhaltliche Unterschiede jenseits der formalen Kohorten-Definition handgreiflich: Abiturienten aus dem Jahr des Schah-Besuchs in Berlin und der ersten großen „Studentenunruhen" werden durch andere Faktoren bestimmt und geprägt sein als die Kohorte von 1977. Die „Themen" einer Kohorte von 1987 dürften sich, ohne große Prophetie, wieder sehr wesentlich von denen des Jahres 1977 unterscheiden! Unterschiede zwischen (homogenen) Kohorten könnten durch Zeitquerschnitte durch folgende Kohorten sichtbar werden. Möchte man entwicklungs- oder altersbezogene Trends unterscheiden können, dann tut man dies, indem man verschiedene Alterskohorten zu zwei oder mehr Zeitpunkten untersucht; dieses Vorgehen wird in Abb. 7.1 verdeutlicht.

Die Antworten auf die Fragebogenitems der 20- bis 24jährigen im Jahre 1966 werden dabei mit den Antworten verglichen, die die 30- bis 34jährigen im Jahre 1976 angegeben haben und mit jenen der 20- bis 24jährigen im Jahre 1976. Somit kön-

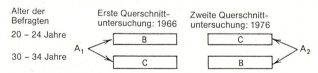

A: Querschnitte

B: Eine Alterskohorte (Personen, die im Jahre 1966 20 bis 24 Jahre alt
     und im Jahre 1976 30 bis 34 Jahre alt sind).

C: Vergleichs-Alterskohorten

Abb. 7.1. Wiederholte Querschnittuntersuchungen unter Berücksichtigung verschiedener Alterskohorten

nen die Effekte des Älterwerdens innerhalb einer Kohorte getrennt von den Effekten der Veränderung sozialer, historischer und anderer Faktoren über die Zeit hinweg außerhalb der Kohorte untersucht werden.

7.8 Epidemiologische Forschung bei Kindern

Wenden wir uns nun einer Längsschnittuntersuchung über Kinder im Bezirk Manhattan in New York City zu. Diese Studie über psychologische Störungen der Kindheit ist ein Langzeitprojekt der "Columbia School of Public Health" (Langer, Gersten, Greene, Eisenberg, Herson und McCarthy, 1974; Langer et al., 1979).

Die *Epidemiologie* ist die Erforschung der Verbreitung von Krankheiten; dabei wird untersucht, wieviele und welche Menschen einer Population bestimmte Krankheiten haben. Der Begriff hat denselben Wortstamm wie die Worte „epidemisch" und „Epidemie". Dementsprechend ist das Forschungsziel der Epidemiologen, sowohl herauszufinden, wieviele Mitglieder einer ganz bestimmten Population krank sind, als auch den Entwicklungsverlauf der Krankheit bei den Einzelnen, die ganz genauen Charakteristika der Kranken und andere Informationen, die für die Prävention, Behandlung und Heilung relevant sind, zu erforschen. Es ist offensichtlich, daß die Techniken der Befragung in diesem Bereich recht brauchbar sind.

Die drei Hauptbegriffe der epidemiologischen Forschung sind: „demographische Variable", „Prävalenz", „Inzidenz". Unter *demographischen Variablen* versteht man Variablen, die den sozialen Kontext beschreiben, wie z. B. Alter, Geschlecht, sozioökonomischer Status (ein kombinierter Index aus Einkommen, Bildung und Beruf), Rasse und Religion.

Die *Prävalenz* einer Krankheit beschreibt die Gesamtzahl der Krankheitsfälle zu einem bestimmten Zeitpunkt in der Population. Im allgemeinen werden die Prävalenz und die Inzidenz mit einer „pro 100 000 Fälle"-Rate dargestellt. Die Formel für die Prävalenzrate lautet:

$$\frac{\text{Anzahl der Fälle zu einem bestimmten Zeitpunkt mal } 100\,000}{\text{Größe der Gesamtpopulation}}.$$

Wenn z. B. am 21. Dezember 19__ in einer Stadt mit 500 000 Einwohnern 342 Menschen blind sind, dann ist die Prävalenz der Blindheit $\frac{342\,(100\,000)}{500\,000}$ oder 68,4.

Die *Inzidenz* einer Krankheit bezieht sich auf die Anzahl neuer Fälle in einem bestimmten Zeitraum. Die Inzidenzfälle und die existierenden „alten" Fälle stellen somit zusammmen die Prävalenz dar. Die Formel der Jahresinzidenz lautet:

$$\frac{\text{Anzahl der neuen Fälle in einem Jahr mal } 100\,000}{\text{Größe der Gesamtpopulation}}.$$

Wenn z. B. 97 Fälle von Blindheit innerhalb eines Jahres in einer Stadt mit 500 000 Einwohnern auftreten, dann ist die Inzidenz der Blindheit $\frac{97\,(100\,000)}{500\,000}$ oder 19.4

Nicht nur organische oder biologische Erkrankungen, sondern auch psychologische Störungen und psychiatrische Probleme sind Forschungsgegenstand der Epidemiologie. Langer et al. stellten sich die schwierige Aufgabe, die Prävalenz und die Inzidenz von psychologischen Störungen bei Kindern in einem großen Stadtbezirk von Manhattan festzustellen. Außerdem wollten die Autoren der Columbia-Untersuchung erforschen, wieviele der betroffenen Kinder ohne Behandlung wieder genasen, wievielen überhaupt eine Behandlung angeboten worden war, wieviele Kinder ernsthaftere Störungen mit bzw. ohne Behandlung entwickkelt hatten und wie ganz allgemein Verhaltensstörungen mit demographischen Variablen und elterlichem Verhalten zusammenhängen.

Stichprobenziehung. Die Forscher der Columbia-Untersuchung wählten eine repräsentative, gruppierte Bereichsstichprobe aus. Die definierten Populationsangehörigen waren „Haushalte mit Kindern im Alter von sechs bis 18 Jahren in Manhattan, zwischen der Houston Street im Süden und der 125. Straße im Norden und zwischen dem Hudson River im Westen und dem East River im Osten". Nach Zufall wurden aus der Landkarte des gewählten Gebiets Einheiten von acht Haushalten ausgewählt. Aus diesen wurde dann weiter jede 30. Einheit ausgewählt. Alle Kinder wurden dann aufgelistet, wobei die Liste so angelegt wurde, daß die Kinder nach Alter und Geschlecht geordnet waren. Zuletzt wurden dann die einzelnen Kinder aus dieser Liste per Zufall ausgewählt.

Das Meßinstrument. Das Meßinstrument war ein strukturierter Fragebogen, mit dem die Mütter jeweils zwei bis drei Stunden lang interviewt wurden. Er bestand aus 1 500 Items. Die Mütter wurden persönlich aufgesucht und interviewt, da mit der Post abgesandte Fragebogen durch eine große Ausfall-, Schwund- oder Verweigerungsrate so verzerrt hätten werden können, daß sie für dieses Projekt kaum geeignet gewesen wären. 85% der Fragebogen konnten verwertet werden; dies ist ein beachtlicher Anteil, wenn man die Komplexität des Fragebogens in Betracht zieht.
Soweit es ging, wurden die Befragten (Schwarze, Weiße, Spanier) von Interviewern mit gleicher ethnischer Herkunft aufgesucht. Die hohe Rate an brauchbar ausgefüllten Fragebogen läßt annehmen, daß sich dieses Vorgehen als positiv erwiesen hat.

Forschungsvorgehen. Bei dem „Columbia-Projekt" handelt es sich sowohl um eine *Längsschnitt-* als auch um eine *Querschnittuntersuchung.* Denn die Interviewer untersuchten eine repräsentative Stichprobe von 1 034 Familien in Manhattan (Querschnitt) und wiederholten diese Befragung an denselben Familien fünf Jahr später (Längsschnitt). Da viele Familien in dem Zeitraum zwischen erster und zweiter Befragung umgezogen waren, beinhaltete die zweite Stichprobe nur noch 732 Familien, also nur noch 71% der ursprünglichen Personengruppe. Dieses *Schrumpfungsproblem,* das natürlich zu Interpretationsproblemen der Ergebnisse führt, ist bei Längsschnittuntersuchungen häufig vorzufinden. Waren z. B. 30% der ersten Stichprobe krank und sind das nur noch 20% der zweiten Stichprobe, dann kann der Forscher nicht entscheiden, ob dieses Resultat bedeutet, daß die

Personen beim zweiten Zeitpunkt gesünder sind oder ob sich eine große Zahl der kranken Personen unter denjenigen befanden, die bei der zweiten Messung nicht aufzufinden waren.

Um möglicherweise verzerrte Resultate aufgrund von Personenausfall in den Wiederholungsuntersuchungen von Längsschnittuntersuchungen zu vermeiden, können verschiedene Methoden eingesetzt werden. Eine Methode ist, nur die Daten jener Individuen zu analysieren, die man zu beiden Zeitpunkten befragen konnte. Wenn z. B. 20% der Kinder in der zweiten Befragung krank sind, während 25% der Kinder (die zweimal untersucht worden sind) bei der ersten Erhebung krank gewesen sind, dann kann man die Schlußfolgerung ziehen, daß die Verbreitung der Krankheit abgenommen hat. Diese Methode besitzt einen Nachteil; durch den Verzicht auf vollständige Datensätze wird die Stichprobengröße reduziert.

Ein zweiter Ansatz zur Lösung des Schrumpfungsproblems besteht darin, die Eigenschaften der beiden unterschiedlichen Stichproben zu vergleichen. Denn wenn die 732 Familien von der zweiten Untersuchung denselben Prozentsatz an alten und jungen, schwarzen und weißen, reicheren und ärmeren, vom Erziehungsstil her „warmen" und „kalten" Eltern aufweisen im Vergleich zur ersten Gruppe der 1 034 Familien, dann kann man davon ausgehen, daß die Resultate keiner systematischen Verzerrung unterliegen. Dabei ist es hilfreich, die „dropouts", also diejenigen, die nur an der ersten Befragung teilgenommen haben, mit den „nondropouts" auf jeder gemessenen Variablen der ersten Untersuchung zu vergleichen. Im Columbia-Projekt fanden die Autoren keine signifikanten Unterschiede zwischen beiden Gruppen und zogen den Schluß, daß die zweite Gruppe der 732 Personen eine echte Zufalls-, also eine repräsentative Untergruppe der ursprünglichen Stichprobe darstellte.

Datenanalyse. Die 654 Items über das Verhalten des Kindes wurden von zwei Psychiatern auf 10 Skalen mit je fünf Punkten über die „Störung" (d. h. psychiatrische Probleme) eingeschätzt. Jede Skala reichte dabei von „1" für das normale (das am wenigsten gestörte Kind) bis „5" für das schwer gestörte Kind. Die Kombination der zehn Skalen stellte dabei eine Schätzung der allgemeinen Störung dar (TIR = Total Impairment Rating).

Diese Einschätzungen wurden im sog. *Blindversuch* vorgenommen, d. h. die Psychiater besaßen keine Information über demographische Variablen oder elterliches Verhalten, wenn sie einen Fall bewerteten. Dieses Vorgehen wurde gewählt, da „Störung" (TIR) die abhängige Variable dieser Untersuchung darstellte. Die Autoren wollten mit der Studie ja feststellen, ob ihre gewählten unabhängigen Variablen, z. B. das elterliche Verhalten und demographische Variablen, mit der Störung korrelieren. Wenn die Einschätzer aber gewußt hätten, daß ein Kind eine gewaltsame Erziehung erhalten hatte, dann hätte sie diese Information bei der Beurteilung des Störungsgrades beeinflussen können.

Die Einschätzungsübereinstimmung (die Reliabilität) der beiden Psychiater betrug 0,84 (Langer et al., 1974, S. 171).

Um das Validitätsproblem anzugehen, wurden 271 Kinder einer individuellen psychiatrischen Untersuchung unterzogen. Die Korrelation zwischen der Einschätzung der Störung (TIR) und der dementsprechenden persönlichen Diagnose betrug 0,48. Dieser Wert ist nicht sehr befriedigend. Es gibt drei mögliche Gründe für den geringen Gültigkeitswert der Befunde:

1. Die Angaben der Mütter und die dementsprechenden Einschätzungen der Psychiater sind valide, die individuelle psychiatrische Untersuchung nicht.
2. Die individuelle psychiatrische Untersuchung ist valide, aber die TIRs nicht.
3. Keines der Meßinstrumente ist besonders valide.

Wenn eine Validitätskorrelation zwischen zwei Messungen einen niedrigen Wert aufweist, besitzen entweder die erste oder die zweite oder beide Messungen nur eine geringe Gültigkeit.

In solch einem Fall, also wenn kaum etwas über die Validität des Kriteriums bekannt ist, hilft das Konzept der *Konstruktvalidität* weiter. Die Resultate der zweiten Befragung der Columbia-Längsschnittuntersuchung erbrachten, daß fast die Hälfte der mäßig gestörten Kinder (mit dem TIR „3") sich ohne Behandlung verbesserten, während die Spontanremissionsrate (d. h. der Anteil der Kinder, bei dem die Symptome ohne jede Art von Behandlung spontan verschwanden) der ernsthaft gestörten Kinder (mit TIRs „4" oder „5") sehr gering war. Fast 90% jener ernsthaft gestörten Kinder, deren Zustand sich verbesserte, waren sechs Monate oder länger in Behandlung gewesen (Gersten et al., 1975). Obwohl das Interesse der Autoren hauptsächlich die Spontanremission per se betraf, besitzen ihre Resultate auch Informationen zur Gültigkeit der Befunde. Denn sie zeigen, daß die Einschätzungen „4" und „5" sinnvoll sind und in einer plausiblen Art über die Zeit hinweg konstant sind. Das heißt, die Resultate über die Personen mit den Einschätzungen „4" und „5" ergeben ein Bild, das dem entspricht, das durch valide Einschätzungen tatsächlich entstehen müßte. Mit diesem Befund kann aber über die Validität der anderen Einschätzungsmöglichkeiten („1", „2", „3") nichts ausgesagt werden.

Resultate

Die Resultate des Columbia-Projekts sind viel zu komplex, als daß sie an dieser Stelle im Detail aufgeführt werden könnten. Deshalb sollen nur die Hauptergebnisse stichwortartig wiedergegeben werden: 13,5% der Kinder in der ersten Querschnittuntersuchung waren ernsthaft gestört (bekamen die TIRs „4" und „5"). Fünf Jahre später hatte sich der Zustand von 40% dieser Kinder verbessert; und zwar waren diese fast alle behandelt worden. Unter den ursprünglich nur mittelmäßig oder nur wenig gestörten Kindern war die Verbesserungsrate sogar ohne Behandlung ziemlich hoch. In der gesamten Stichprobe jedoch war die Verschlechterungsrate insgesamt größer, d. h. bei mehr Kindern verschlechterte sich der Zustand, als daß er sich verbesserte. Zum Schluß muß noch betont werden, wie aufwendig Längsschnittuntersuchungen häufig sein können: Dieses Projekt dauerte länger als acht Jahre.

Computersimulation. Das Columbia-Projekt ist vor allem auch deshalb so interessant, weil es bei seiner Forschung Computer-Modellierungen verwendet hat. Bei Computer-Modellierungen werden i. allg. Programme entwickelt, die bestimmte Verhaltensweisen simulieren. Diejenigen, die am ehesten der Realität entsprechen, werden dann verwendet. Im Columbia-Projekt wurde ein Computerprogramm eingesetzt, um die primären Faktoren, die der Einschätzung von Psychiatern zugrundeliegen, zu analysieren. Jeder von uns – das gilt für Psychiater wie für jede andere professionelle Gruppe – verwertet bei Urteilen oder (Klassifikations-) Entscheidungen nicht alle verfügbare Information, sondern unterliegt bei der – unbewußten – Auswahl von Information selbst einem gewissen Bias. Durch systematische Variation von Informationsinputs und/oder der Gewichtung ihrer Auswahl lassen sich „Modelle" bestimmen, die wiederum mit realen Daten verglichen und geprüft werden können. Computer sind für solche Modellierungen ein sehr nützliches Werkzeug. Im Columbia-Projekt sollte festgestellt werden, welche Aspekte der Angaben der Mütter die Psychiater bei ihren Urteilen am meisten beeinflußten. Hätten die Psychiater dies ganz genau gewußt, dann wäre natürlich eine dementsprechende Analyse nicht notwendig gewesen. Auch wenn professionelle Einschätzungen sehr gut sein können, kann die Art und Weise, die Grundlage für diese Urteile, selten genau erklärt werden. Die Autoren des Columbia-Projekts begannen mit einer Faktorenanalyse der Verhaltensitems des Fragebogens. Die daraus resultierenden Faktoren wurden als Vorhersagevariablen verwendet, d. h. sie wurden als Gewichtungsfaktoren in Gleichungen so kombiniert, daß man die Einschätzungen der Psychiater sozusagen „vorhersagen" konnte. Zum Beispiel in folgender Form: „Bewerte die Aussagen 13, 18 und 19 mit einem mittleren Wert und die Items 24 und 31 sehr stark." Durch den Gebrauch der Computer-Analyse stellten die Autoren somit einen „fiktiven Psychiater", ein Modell her. Es wurden mehrere Versuche unternommen, solch ein Modell zu entwickeln. Die resultierende Korrelation zwischen dem simulierten „Psychiater" und den Einschätzungen der wirklichen Psychiater betrug 0,8: ein sehr guter Übereinstimmungswert. Es konnte somit identifiziert werden, welche Items und deren Beantwortung durch die Mütter den größten Einfluß auf die Urteile der Psychiater gehabt hatten.

Zwillinge und Schizophrenie

Um den genetischen Anteil der Schizophrenie zu erforschen, sind Arbeiten durchgeführt worden, um folgende Frage zu untersuchen: Wenn ein Zwilling eines eineiigen Zwillingspaares schizophren ist, mit welcher Wahrscheinlichkeit entwickelt dann der andere Zwilling eine Schizophrenie? Untersuchungen in diesem Bereich (z. B. Kallmann, 1946) erbrachten Werte bis zu einer 86%igen Schizophrenierate für den zweiten Zwilling. Kringlen (1967) nahm jedoch an, daß diese hohen Werte durch fehlerhafte Stichprobenauswahl und andere methodische Probleme bedingt waren. Seine Arbeit umfaßte folgende Vorgehensschritte:

Anzahl der Fälle

1. Seine erste „Stichprobe" bestand aus der Gesamtpopulation von Zwillingen, die zwischen 1901 und 1930 in Norwegen geboren waren. Die Daten wurden so ausgewählt, daß diese Personen im Jahre 1965 alt genug sein konnten, um bereits eine Schizophrenie entwickelt haben zu können (wenn sie überhaupt eine solche Störung irgendwann entwickeln sollten) und noch lebten.   48 000 Zwillinge

2. Er bestimmte, welche dieser Zwillinge im nationalen Psychoseregister registriert waren. (Die Kliniken in Norwegen müssen jeden Fall von Psychose melden)

422 Zwillingspaare, von denen einer oder beide Zwillinge hospitalisiert worden waren.

3. Diese Zwillinge wurden aufgesucht und interviewt. War einer vor dem 15. Lebensjahr gestorben, wurde der zweite Paarling nicht weiter in die Auswertung einbezogen.

342 Zwillingspaare

4. Bei allen Zwillingen wurde ein Bluttest durchgeführt, um bestimmen zu können, ob es sich um ein- oder zweieiige Zwillinge handelte. (Nur eineiige Zwillinge besitzen exakt die gleiche genetische Ausstattung)

71 eineiige Zwillingspaare

5. Kringlen fand, daß die Übereinstimmungs- oder „Konkordanzrate" (der Prozentsatz aller eineiigen Paare, bei denen beide Zwillinge schizophren waren) zwischen 28% und 38% lag, abhängig von der „Weite" der jeweiligen Definition der Schizophrenie. Die Konkordanzrate für zweieiige Zwillinge betrug 6–14%.

6. Die Resultate aus Kringlens Arbeit implizieren, daß bei der Schizophrenie zwar ein genetischer Faktor eine Rolle spielt, daß aber nichtgenetische Faktoren einen ganz wesentlichen Einfluß haben: bei 73–62% der Stichprobe eineiiger Zwillingspaare war jeweils nur ein Zwilling schizophren.

Persönlichkeitsforschung

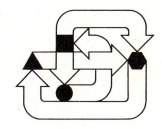

Viele Wissenschaftler sind der Meinung, die Persönlichkeitsforschung sei eines der faszinierendsten Gebiete der Psychologie. Eine qualifizierte Persönlichkeitsforschung ist aber eine recht komplexe und schwierige Angelegenheit. Bereits vor Beginn einer Untersuchung müssen Entscheidungen über fünf verschiedene Aspekte gefällt werden. Diese fünf wichtigen Bereiche können mit folgenden Fragen abgedeckt werden:

1. Sollen einzelne Individuen oder große Personengruppen untersucht werden?
2. Soll von einer Theorie ausgegangen, d. h. aus ihr abgeleitete Hypothesen getestet werden, oder soll ein eher offener, induktiver Ansatz gewählt werden?
3. Sollen subjektive und unbewußte Variablen im Vordergrund stehen, oder sollen objektive und offen beobachtbare Variablen erforscht werden?
4. Wessen Angaben zur jeweiligen Persönlichkeit sind relevant und sollen somit zur Analyse herangezogen werden: die subjektiven Angaben des betreffenden Individuums, die auf es bezogenen Meinungen von Kollegen, Freunden und Angehörigen oder die Beurteilungen professionell vorgehender Psychologen?
5. Sollen als Meßinstrumente klinische Interviews, Fragebogen oder andere schriftliche diagnostische Verfahren oder Methoden der Verhaltensbeobachtung eingesetzt werden?

8.1 Empirische Evidenz als Gütestandard der Resultate der Persönlichkeitsforschung

Da es sich bei der Persönlichkeitsforschung um ein ziemlich komplexes Gebiet handelt, wurden die Kontroversen über angemessene Güte-Standards der wissenschaftlichen Gültigkeit der Resultate viel heftiger geführt als in den meisten anderen Bereichen der Psychologie. Dabei wurden viele Psychologen von ihren Kollegen sozusagen „aus der Zunft gewiesen" und „entprofessionalisiert", Das heißt, aufgrund ihrer Positionen hinsichtlich der Anforderungen und Standards für den wissenschaftlichen Nachweis der Gültigkeit von Befunden der Persönlichkeitsforschung kam es zu erbitterten Kämpfen, da ganz grundsätzliche methodologische Vorstellungen über die Psychologie als Wissenschaft davon betroffen wurden.

Es stellt sich also ganz prinzipiell die Frage, wie man eine Theorie „beweisen" kann, d. h. auf welchem Wege man Bestätigung für die Gültigkeit oder Ungültigkeit einer Theorie oder eines Konzeptes erlangt. Viele akademische Psychologen bemängeln z. B., daß einige tiefenpsychologisch orientierte Wissenschaftler des Glaubens seien, die bloße Berufung auf die Werke einer von ihnen anerkannten wissenschaftlichen Autorität, wie Freud, Jung oder Adler, oder die Berufung auf ein paar wenige klinische Einzelfälle genüge, um eine Hypothese zu überprüfen, d. h. sie damit ablehnen oder akzeptieren zu können. Diese Art der „Beweisführung" kann mit folgender Aussage eines Freud-Anhängers illustriert werden:

Freud veröffentlichte im Jahre 1909 unter dem Titel „Die Analyse einer Phobie bei einem fünfjährigen Jungen" die erste psychoanalytische Studie über ein Kind. Diese Studie, der berühmte Fall des „Kleinen Hans", lieferte eine schlüssige Bestätigung für Freuds sensationelle Entdeckung der Rolle des Unbewußten im psychischen Leben bei der infantilen Sexualität, dem Ödipuskomplex und der Kastrationsangst. Freuds Studie demonstrierte, daß diese Phänomene mehr sind als bloße Mutmaßungen, sind sie doch fühlbare und handgreifliche Realitäten (Rochlin, 1973).

Ein Kliniker mit strengen methodologischen Wissenschaftsnormen wird beim Lesen dieses Absatzes entsetzt darüber die Hände über dem Kopf zusammenschlagen, daß der bloße Kontakt zu dem Vater eines Kindes (Freud hatte das Kind selbst nie zu Gesicht bekommen) „bestätigend" zeigen soll, daß die infantile Sexualität, der Ödipuskomplex und die Kastrationsangst „offensichtliche Realitäten" darstellen sollen (s. hierzu auch Freud, 1909, und Brown, 1965).

Thomas Lopez, ein Psychoanalytiker mit dem Doktortitel der Psychologie, bemängelt selbst, daß die Psychoanalyse keine besseren „operationalen Definitionen" ihrer Konzepte entwickelt hat. Er meint außerdem, daß die Psychoanalyse im Vergleich zu anderen Forschungsansätzen eine vollkommen herausfallende Position einnehme, da bei ihr die Forschungsmethode mit der Behandlungsmethode zusammenfalle. Das heißt, spielt die erfolgreiche Anwendung einer Theorie in praktischer Intervention in anderen empirischen Wissenschaften die Rolle eines kritischen Prüfsteins für die Theorie selbst, sind bei der Psychoanalyse Theorie und Praxis (Theorieanwendung) gar nicht unterscheidbar, so daß die praktische Bewährung der psychoanalytischen Theorie nicht eindeutig feststellbar ist.

Sogar unter den Psychoanalytikern ist man der Ansicht, daß die psychoanalytische Behandlungsmethode, wenn sie als Forschungstechnik eingesetzt wird, qualitätsmäßig eine beschämende Ungenauigkeit und Unangemessenheit aufweist. Sie stellt nämlich nur solange einen Notbehelf dar, um Hypothesen zu entwickeln und ist eine Methode, von der nur solange Gebrauch gemacht wird, bis die in Frage stehenden Probleme der Untersuchung mit anderen „wissenschaftlichen" Methoden zugänglich sind (Lopez, 1975, S. 2).

Lopez hat damit zwar einerseits den Kern des Unbehagens auf den Kopf getroffen, das im Mittelpunkt der Kritik der akademischen Psychologie steht, zieht aber gleichwohl andererseits den Schluß, daß man mit der psychoanalytischen Methode, sofern man sie auch nur als Methode anwende, doch zu einer validen Forschung gelangen könnte.

Halten wir also, nachdem wir mit der psychoanalytischen Persönlichkeitstheorie eine extreme konkurrierende Persönlichkeitstheorie betrachtet haben, fest, daß die grundlegenden methodologischen Prinzipien der Persönlichkeitsforschung dieselben wie die in allen anderen Forschungsbereichen sind: Widerlegbarkeit und Evidenz durch intersubjektiv nachprüfbare, empirische Daten, die mit Konzepten und Theorien verknüpft sein müssen, wie das in Kap. 1 erläutert wurde.

8.2 Fünf kritische Aspekte
der Persönlichkeitsforschung

Untersuchung einzelner Individuen versus Untersuchung großer Personengruppen

Einige Forscher ziehen es vor, Individuen oder kleine Gruppen von Personen mit ähnlichen Persönlichkeitsstrukturen zu erforschen. Auch die meisten bekannten Pioniere im Bereich der Psychotherapie haben diesen Ansatz verwendet. Denn die Untersuchung von einer oder ein paar wenigen Personen bietet die Möglichkeit, detaillierte Informationen über die Wechselbeziehungen zwischen zahlreichen Variablen, die eine Persönlichkeit ausmachen, zu sammeln und somit zu versuchen, die Persönlichkeit im gesamten zu beschreiben und zu verstehen. Bezüglich der Validitätsfrage sollten wir noch einmal (s. hierzu Kap. 1 über die galileische Vorgehensweise in der Wissenschaft) feststellen, daß die Untersuchung großer Gruppen per se noch nicht ausreicht, um bestimmte Schlußfolgerungen „wissenschaftlicher" und gültiger zu machen. Der Wissenschaftstheoretiker Sir Karl Popper hat in seiner 1935 erstmals veröffentlichten „Logik der Forschung" demonstriert, daß ein allgemeiner, universeller Satz wie „Alle Schwäne sind weiß" durch die Auffindung eines einzigen nichtweißen Schwanes widerlegt, d. h. falsifiziert werden kann. Damit wird intuitiv und korrekterweise plausibel, weshalb ein Einzelereignis – eine Sonnenfinsternis, eine Atombombenexplosion oder eine Weltraumfahrt – einen sehr hohen Informations- und Gültigkeitswert besitzen kann. Die *Beschreibung* einer Persönlichkeit ist kein Experiment im Sinne der Definition von „Experiment" in Kap. 4. Denn der Persönlichkeitsforscher beobachtet, d. h. geht deskriptiv vor und stellt ja nicht die relevanten Prozesse her, die ihn interessieren. In der Wissenschaftstheorie wird das mit dem Unterschied zwischen *herstellender,* also experimentell manipulierender und kontrollierender *Realität* und *auswählender,* also beobachtender Realität verdeutlicht. Aus diesem Grund ist es schwierig, die auf Beobachtung und Beschreibung beruhenden Befunde der Persönlichkeitsforschung schlüssig zu interpretieren. Wie soll man mit einem deskriptiven Ansatz für das einzelne Individuum entscheiden, welche Persönlichkeitscharakteristika notwendigerweise immer zusammen auftreten und welche nur zufällig aufeinandertreffen?

Wenn eine große Anzahl von Individuen mit einem ähnlichen Aufbau ihrer Persönlichkeiten gefunden und untersucht werden kann, dann könnten die dementsprechenden Schlußfolgerungen einen viel höheren Gültigkeitswert als im Falle der Untersuchung eines einzelnen Individuums besitzen. Im Idealfall könnte man dann die jeweiligen Vorteile von großen und kleinen Stichproben kombinieren, indem jede Person aus einer relativ großen Gruppe eingehend und intensiv untersucht wird. In der Praxis liegt jedoch solch ein Vorgehen relativ selten im Bereich des Möglichen. Im allgemeinen muß sich der Persönlichkeitsforscher von vorneherein entscheiden, ob er eher über ein paar wenige Personen Aufschlüsse gewinnen möchte, oder ob er eine Untersuchung über eine große Personengruppe durchführen will, die ihm vergleichsweise weniger Information erbringen wird.

Theorieprüfung und Empirizismus

Einige Psychologen beginnen ihre persönlichkeitstheoretischen Untersuchungen, indem sie von einer Reihe von Konzepten ausgehen, die untereinander zu einem Theoriegebäude vernetzt sind. Dabei kann es sich um ihre eigenen Forschungsideen und Hypothesen handeln oder um die Prüfung bereits existierender Theorien anderer Forscher. Demgegenüber werden von anderen Psychologen konsistente Theoriengebäude prinzipiell abgelehnt, da sie der Meinung sind, daß sie für die Erforschung der Persönlichkeit eher hinderlich und abträglich seien. Sie bevorzugen eher ein induktives, von „theoretisch unverstellter" Beobachtung ausgehendes und dann erst zu Theorien führendes Vorgehen. Ob das überhaupt möglich ist oder ob, wie Popper meinte, Beobachtung immer (schon) im Lichte von (wissenschaftlichen oder Alltags-) Theorien erfolgt, also gar nicht „theoriefrei" sein kann, mag für den Moment dahingestellt bleiben. Wir werden diese Kontroverse weiter unten in diesem Kapitel unter dem Stichwort „empirische Schlußfolgerungen" noch weiter ausführen.

„Subjektive", „unbewußte" oder „innerpsychische" Variablen und „objektive", offen beobachtbare, von außen zugängliche Variablen

Diese Alternative hat insgesamt die lebhaftesten Kontroversen und Diskussionen in der Persönlichkeitsforschung ausgelöst.

Jene Forscher, die an der inneren Welt des Individuums, d.h. an Gedanken und Gefühlen und an diesen zugrundeliegenden oder latenten Bedeutungen interessiert sind, werden manchmal als „subjektive" Forscher bezeichnet. Auf der anderen Seite gewinnt der „objektive" Forscher seine Daten an offenem, leicht zu beobachtendem Verhalten, die demgegenüber geringere Anforderungen an die Interpretation stellen. In unserem Argumentationszusammenhang sind die Termini „subjektiv" und „objektiv" jedoch irreführend. Denn objektive Forscher verwenden häufig z. B. Fragebogen und erhalten somit im Prinzip ja eigentlich subjektive Befunde, da Fragebogeninhalte oft sehr persönlich und subjektiv und einer Beobachtung nicht zugänglich sind. Ferner gilt für den objektiven Forscher nicht weniger als für den subjektiven Forscher, daß er zur Messung seiner Konzepte die entsprechenden operationalen Definitionen ganz genau spezifizieren muß.

Zum Beispiel würde ein guter Forscher, der innerhalb des subjektiven Ansatzes arbeitet, nie einem Klienten oder Patienten ein unbewußtes Motiv „einfach so", d. h. bloß intuitiv oder willkürlich unterstellen. Denn er würde auf alle Fälle darauf bestehen, daß ganz spezifische beobachtbare Verhaltensweisen vorhanden sein müssen, bei denen man davon ausgehen kann, daß sie auf dem zu untersuchenden unbewußten Motiv beruhen. Weiterhin würde er für ganz spezifische Verhaltensweisen, die dieses unbewußte Motiv indizieren, fordern und prüfen müssen, daß keinerlei Bewußtsein über dieses Motiv bei dem Klienten existiert, damit es als „unbewußtes" gelten kann.

Lange Zeit wurden von den meisten akademischen Psychologen der Freudsche und andere Forschungsansätze, die auf unbewußte Variablen abzielen, strikt abgelehnt. Einige akademische Wissenschaftler vertraten sogar die Ansicht, daß unbewußte Gefühle, Ideen oder Motive überhaupt nicht existieren. Auf der anderen Seite hegten viele tiefenpsychologisch orientierte Wissenschaftler beträchtliche Zweifel an der Aussagekraft von Untersuchungen, bei denen zur Messung von persönlichen, subjektiven Themenbereichen Fragebogen eingesetzt werden, wie es im Bereich der akademischen Psychologie gang und gäbe ist. Heute existiert demgegenüber insgesamt auf beiden Seiten mehr Toleranz in bezug auf das jeweilige methodische Vorgehen.

Auswahl von Informationsquellen für persönlichkeitspsychologische Diagnosen und Urteile

Welche Informationen über ein bestimmtes Individuum sind am brauchbarsten und am aussagekräftigsten für die Persönlichkeitsforschung? Vier Informationsquellen stehen zur Auswahl:

1. Berichte und Angaben des Individuums über sich selbst,
2. Angaben von Freunden und Verwandten,
3. Informationen und Daten von klinisch geschulten, psychologischen Verhaltensbeobachtern,
4. die direkte Beobachtung des Verhaltens einer Person in einer ganz bestimmten Situation.

Werden in einer Untersuchung alle vier Informationsmöglichkeiten ausgeschöpft und erbringen sie konsistente Ergebnisse, dann kann der Forscher davon ausgehen, daß die Validität seiner Resultate ziemlich gut abgesichert ist. Wie man sich jedoch vorstellen kann, ist es in der Praxis häufig nur selten möglich, mit mehr als einer oder zwei Informationsquellen zu arbeiten.

Auswahl von Methoden und Meßinstrumenten

Wie schon angedeutet, stehen für die Persönlichkeitsmessung folgende Methoden zur Verfügung: klinische Interviews, (Papier- und Bleistift-) Fragebogen, projektive Tests und Verhaltensbeobachtung.
Im Grunde genommen kann man zur Erforschung der Persönlichkeit jede dieser vier Forschungsmethoden verwenden. Die traditionelle Persönlichkeitsforschung hat sich jedoch im Laufe ihrer Entwicklung für drei davon entschieden, nämlich für klinische Interviews, Fragebogen und projektive Tests. Subjektive Forscher bevorzugen dabei eher kleine Stichproben, klinische Interviews, projektive Tests und gehen i. allg. theoriebegründet vor. Im Gegensatz dazu tendiert der objektive Forscher zur Verwendung von Fragebogen bei großen Stichproben und zum Gebrauch eher eindeutiger, eingegrenzter theoretischer Konzepte. (Diese und andere Forschungsmethoden werden in anderen Kapiteln dieses Buches vorgestellt. Fragebogen werden in Kap. 5 besprochen; projektive Tests weiter unten in Abschn. 8.6 und in Kap. 10. Das Interview wird in Kap. 9 vorgestellt und die Verhaltensbeobachtung in Kap. 11). In diesem Kapitel werden wir uns nun mit der Anwendung von Fragebogen, den sog. Papier- und Bleistift-Tests, die zur Persönlichkeitsmessung eingesetzt werden, beschäftigen. Wir werden zwischen „empirischen" und eher „theoretisch begründeten" Persönlichkeitsfragebogen unter-

scheiden und am Schluß dieses Kapitels verschiedene projektive Tests vorstellen. Für die Unterscheidung zwischen „empirischen" und „theoriebegründeten" Persönlichkeitsfragebogen wird i. allg. das Begriffspaar „objektiv" versus „psychometrisch" gebraucht.

8.3 Empirische Persönlichkeitsfragebogen

Das „California Psychological Inventory" (CPI, Gough, 1956), das „Minnesota Multiphasic Personality Inventory" (MMPI, Hathaway und McKinley, 1943, 550 Items) und Cattells „16 Factor Personality Test" (16 PF, 1957) sind Beispiele für Fragebogen, durch deren Beantwortung mit einer großen Anzahl von Fragen die Persönlichkeit bzw. Aspekte der Persönlichkeit gemessen werden sollen. Diese Fragebogen zeichnen sich dadurch aus, daß sie gleichzeitig großen Personengruppen vorgelegt werden können und daß sie ziemlich häufig in großem Rahmen in der Forschung angewandt worden sind. Zum Beispiel sind allein über den Gebrauch des MMPI über 1 400 Artikel veröffentlicht worden. Im folgenden werden wir beschreiben, wie diese Art von Tests entwickelt wird, d. h. wie man die Items auswählt und deren Validität prüft.

Die Methode der empirischen Itemgewinnung

Wie schon angemerkt, zeichnet sich der Empiriker dadurch aus, daß er sich nicht strikt an eine Theorie hält, um einen Test zu entwickeln. Um z. B. einen Schizophrenietest mit der Methode der empirischen Itemgewinnung zu entwickeln, beginnt der Empiriker mit der Sammlung einer großen Anzahl einzelner Items. Diese Items stellt er einerseits aufgrund seiner intuitiven Ansichten über Schizophrenie zusammen, andererseits benutzt er als Basis dieser Auswahl natürlich auch jedes ihm zugängliche, schon existierende empirische oder theoretische Wissen über diese Erkrankung. Der nächste, sehr wichtige Schritt ist, alle diese Items an mindestens zwei schon *bekannten* klinischen Gruppen zu überprüfen. „Bekannt" heißt, daß eine Gruppe aufgrund eines Verfahrens, dessen Validität bekannt ist, so zusammengestellt wurde, daß sie das entsprechende Merkmal, das mit dem neuen Test erfaßt werden soll, auch aufweist. Die andere Gruppe sollte diese Eigenschaft nicht aufweisen. Um also „Schizophrenie" zu messen, wird der Empiriker eine bekannte Gruppe von Personen, die mit einem validen Verfahren bereits als „schizophren" diagnostiziert worden sind, heranziehen und deren Antworten auf die einzelnen Items mit den Antworten von „normalen" Personen (i. allg. nichthospitalisierten Personen) oder nichtschizophrenen Patienten vergleichen.

Tendieren nun die Schizophrenen im Durchschnitt dazu, eine bestimmte Frage mit „ja" zu beantworten, während die anderen Personen eher mit „nein" auf dieses Item antworten, dann handelt es sich um ein brauchbares, weil trennscharfes Item, das für den späteren Test verwendet werden kann. Items, die nicht in dieser Art zwischen den Personengruppen trennen, werden ausgeschlossen.

Bei diesem Vorgehen kann es vorkommen, daß bestimmte Items völlig unerwartet sehr gut trennen, von denen dies der Forscher bei der Zusammenstellung gar nicht angenommen hat. Auch das Gegenteil kann der Fall sein. Zum Beispiel erwartet man, daß das Item „Viele Leute sind darauf aus, mich zu erwischen" paranoides Denken, für das Verfolgungswahnvorstellungen charakteristisch sind, mißt. Man geht bei dieser Überlegung also von einer gewissen Plausibilität aus, von einer Augenscheinvalidität (s. hierzu Kap. 3). Auf der anderen Seite hat das Item „Ich ziehe Duschen einem Bad vor" keine Augenscheinvalidität, denn kaum jemand würde intuitiv annehmen, daß die Beantwortung dieses Items ein guter Indikator für eine psychiatrische Störung ist. Solche Items findet man jedoch in empirisch begründeten Tests. In unserem Falle der Schizophrenie gilt, daß Schizophrene im Durchschnitt das oben genannte Item signifikant häufiger mit „ja" beantworten als eine Kontrollgruppe. Dabei ist nicht immer klar, warum ein solcher Unterschied besteht; ob er mit der Schizophrenie direkt zusammenhängt oder aus einem völlig anderen Grund resultiert. Die Methode der empirischen Itemgewinnung ist ein Beispiel der „Klassifikation durch allgemeine Charakteristika" und somit im Prinzip ein aristotelischer Ansatz.

Faktorenanalyse. Bei der Methode der empirischen Itemgewinnung werden die ausgewählten Items durch die statistische Technik der *Faktorenanalyse* gruppiert. Die Faktorenanalyse ist eine Methode, mit der bestimmt werden kann, welche Items wie mit welchen anderen untereinander zusammenhängen. Mit Hilfe von Computern wird dabei jedes Item bzw. die Beantwortung jedes Items mit allen anderen korreliert, um jene zu finden, die eng zusammenhängen. Ein *Faktor* besteht aus einer Reihe solcher eng zusammenhängender Items. Es gilt dann z. B., daß Personen, die auf Item 16 mit „ja" antworten, das Item 19 eher verneinen und Item 25 auch zustimmen. Die Items, die einen Faktor ausmachen, werden in einer *Skala* zusammengestellt.

Kreuzvalidierung. Die nach der empirischen Itemgewinnung ausgewählten Items sollten nun weiteren (zwei oder mehr) bekannten Personengruppen vorgelegt werden. Dies nennt man „Kreuzvalidierung" der Skala. Eine Skala und somit ein Fragebogen mit mehreren Skalen muß kreuzvalidiert werden, um sichergehen zu können, daß die einzelnen Items auch weitere, andere bekannte Gruppen gut trennen und daß die einzelnen Skalenitems auch bei anderen Gruppen miteinander zusammenhängen bzw. korrelieren. Denn es ist durchaus möglich, daß einige Items beim ersten Mal der Vorgabe einfach nur zufällig miteinander hoch korrelierten. Diese Items werden dann mit großer Wahrscheinlichkeit das zweite Mal nicht mehr mit den restlichen Skalenitems korrelieren. Durch die Methode der Kreuzvalidierung können solche unpassenden Items identifiziert und aus der Skala ausgeschlossen werden.

Faktorbenennung. Häufig stellt es ein Problem dar, einen passenden Namen für die resultierenden Faktorskalen zu finden. Im allgemeinen versucht der Forscher, eine inhaltliche Gemeinsamkeit zu finden und die Skala nach ihr zu benennen. Leider bedenken die späteren Benutzer der Tests häufig nicht, daß diese Bezeichnungen mehr oder weniger willkürlich gewählt worden sind. In den existierenden Fragebogen findet man manchmal recht gewagte Namen für einzelne Skalen; man sollte sich ihre eigentliche Bedeutung deshalb sorgfältig klarmachen.

Der MMPI hat z. B. eine „Femininitäts-Maskulinitäts-Skala". Aufgrund dieser Bezeichnung könnte man plausiblerweise erwarten, daß sich ein hoher Femininitätsscore aus jenen Antworten zusammensetzt, die von einer bekannten Gruppe, also einer weiblichen Stichprobe, bejaht und von einer männnlichen Stichprobe abgelehnt worden sind. Das ist nun tatsächlich nicht der Fall, denn die Skalenitems wurden empirisch mit Hilfe einer Kriteriumsgruppe validiert, die aus männlichen Homosexuellen bestand. Sollte also Femininität durch die distinktiven Items, die von Homosexuellen bejaht wurden, validiert sein? (Die Maskulinitätsskala wurde ja auch nicht mit Hilfe von Lesbierinnen validiert!) Man sieht, daß in diesem Fall eine andere Faktorenbezeichnung wahrscheinlich weniger Verwirrung bringen würde und sachlich angemessener wäre.

Um ungewollte Wortassoziationen zu vermeiden, kreieren manche Forscher neue Bezeichnungen und Wörter oder verwenden nur Nummern für die einzelnen Faktorskalen. Diese Vorgehensweise kann im Extremfall zu Aussagen wie der folgenden führen: „Herbotheniker sind durch ihre hohe Ladung auf B 13, ihr niedriges Niveau auf U 16 und ihre außergewöhnliche Faktorenladung auf Y 18 charakterisiert." Mit großer Wahrscheinlichkeit wird dieser Satz einen Leser nicht zu einem Heureka- oder Aha-Erlebnis führen, wie das ein Satz einer gut dargestellten Arbeit tun sollte.

Eine Faktorenanalyse des MMPI ergibt ziemlich konsistent im wesentlichen zwei Hauptfaktoren. Einer dieser Faktoren wurde „psychische Gesundheit" oder „Anpassung versus Fehlanpassung" (Holt, 1959) und auch „Ich-Stärke" (Block, 1965) genannt. Der andere Faktor wurde mit „Repression" (Welsch, 1956), „Introversion – Extraversion" (Kassenbaum et al., 1959) und „Ego-Kontrolle" (Block, 1965) bezeichnet. Offensichtlich darf man die Namen von Faktoren in empirisch abgeleiteten Tests nie zu wörtlich nehmen oder, nur auf ihre Bezeichnung gestützt, irgendwelche weiteren Interpretationen ableiten.

Mit Hilfe der empirischen Itemgewinnung können unvermutete „allgemeine Charakteristika" festgestellt werden, die zur Bildung von Hypothesen oder Theorien führen können. Dabei ist ein einzelnes Item nicht sehr brauchbar; i. allg. decken erst eine ganze Reihe von 10 oder 20 empirisch abgeleiteten Items einen wichtigen Themenbereich ab. Ein theoretisch bewanderter Psychologe wird jedoch solange nicht zufrieden sein und weiterforschen, bis er die empirisch abgeleiteten Items zu Konzepten einer zusammenhängenden und schlüssigen Theorie in Beziehung setzen kann.

8.4 Theoriebegründete, psychometrische Persönlichkeitsfragebogen

Ein Beispiel eines streng theoriegeleiteten Persönlichkeitsfragebogens ist die Skala der autoritären Persönlichkeit oder „F"-Skala von Adorno, Frankel-Brunswik, Levenson et al. (1950). [Die frühen Skalenversionen wurden mit „Faschismus-(F-)Skala" bezeichnet. Später wurde der weitere Begriff „Autoritarismus" verwendet, da sich herausgestellt hatte, daß die in Frage stehende Persönlichkeitskonstellation nicht auf die Befürworter des politischen Faschismus beschränkt ist.]

Die Grundidee für das Projekt wurde während des Zweiten Weltkrieges entwikkelt. Die Autoren des Fragebogens beschäftigten sich damals mit der verheerenden destruktiven Macht von Rassismus und Vorurteilen in Deutschland und in den USA. Adornos Ziel war, die besondere Struktur der voreingenommenen, vorurteilshaften Persönlichkeit zu verstehen und zu analysieren, um dann Wege und Möglichkeiten zu entwickeln und aufzuzeigen, mit deren Hilfe die destruktiven und inhumanen Auswirkungen von Vorurteilen in der Gesellschaft einzudämmen sind.

Die Persönlichkeitstheorie von Adorno et al. ist eng verwandt mit der Freudschen psychoanalytischen Theorie. Nach sehr ausführlichen Interviews mit einer kleinen Gruppe von Personen, die sich dadurch auszeichneten, daß sie sehr große Vorurteile gegenüber anderen Menschengruppen geäußert hatten, entwickelte Adorno ein Reihe spezifischer Hypothesen (eine vorläufige Theorie) über die zugrundeliegende psychische Struktur des Vorurteils.

Danach beruht die autoritäre Persönlichkeit vor allem auf drei Abwehrmechanismen: 1. *Projektion,* vor allem Projektion sexueller und aggressiver Gefühle nach außen bzw. auf andere; 2. *Identifikation mit aggressiven Autoritäten* und 3. *Verschiebung der Aggression.* Diese drei Abwehrmechanismen stellen nach Adorno „Genotypen" dar, aufgrund derer eine Vielzahl von Verhaltensweisen in bestimmten Situationen vorhergesagt werden können. Entsprechend werden Verhaltensweisen in diesen spezifischen Situationen als „Phänotypen" der Abwehrmechanismen bezeichnet (s. hierzu auch Kap. 1).

Projektion bezeichnet die Tendenz, eigene Gefühle auf eine andere Person oder eine ganze Personengruppe zu übertragen und dabei deren Existenz in der eigenen Persönlichkeit zu verleugnen, nicht zuerkennen oder sich zugestehen zu wollen. Projektion muß unbewußt ablaufen, damit sie ihr Ziel erreicht, nämlich negative oder gesellschaftlich geächtete Eigenschaften von der eigenen Person weg nach außen hin zu verlagern oder abzuschieben. Viele Menschen tendieren unbewußt dazu, Gefühle, die etwa als peinlich oder schlecht wahrgenommen werden, zu verleugnen. Da Kinder häufig ermahnt werden, sich ihrer sexuellen und aggressiven Gefühle zu schämen, werden diese Gefühle mit großer Wahrscheinlichkeit projiziert; und zwar nicht nur in der Kindheit, sondern auch später noch im Erwachsenenalter (da die Wertvorstellungen der Eltern internalisiert und als eigene beibehalten werden).

Die *Identifikation mit aggressiven Autoritäten* bezieht sich auf die Überzeugung, daß Autoritätspersonen das Recht haben, aggressiv zu sein, oder auf den häufig anzutreffenden Wunsch, sich mit autoritären Personen zu identifizieren und Autoritätsperson sein zu wollen. Folgende Aussage eines Erwachsenen spiegelt eine Identifikation mit aggressiver Autorität oder, wie man auch sagt, mit dem Aggressor wider: „Mein alter Herr hat uns manchmal den Teufel aus dem Leib geprügelt, als wir Kinder waren. Aber das war nur zu unserem Besten! Es gibt keinen besseren Weg, als seine Kinder so zu erziehen."

Aggressionsverschiebung ist die Tendenz, die Aggression von ihrem ursprünglichen Ziel auf ein anderes, das ungefährlicher erscheint, zu verlagern. Während bei der Projektion die *Quelle* oder der „Besitzer" des aggressiven Gefühls verändert wird, ist es bei der Verschiebung das Ziel oder der *Rezipient,* d. h. der Empfänger oder das Opfer der Aggression. In einer Reihe von Karikaturen wird häufig eine ganze Kette von Aggressionsverschiebungen dargestellt, in welcher z. B. der Chef einen zurückhaltenden Arbeiter beschimpft und demütigt, der dann nach der Arbeit nach Hause geht und seine Frau oder seine Kinder anbrüllt. In der Alltagssprache treffen wir mit der bekannten „Radfahrer-Reaktion" (nach oben buckeln und nach unten treten) einen Teil dessen an, was Aggressionsverschiebung bezeichnet.

In Adornos Theorie werden die eben vorgestellten Konzepte in einen geschlossenen Zusammenhang gebracht. Liegt z. B. eine Identifikation mit dem Aggressor vor, dann wird eine Aggression nicht direkt gegen diesen ausgedrückt werden, sondern mit großer Wahrscheinlichkeit auf einen anderen Rezipienten, der schwächer ist, verschoben (da die mögliche Folgekosten einer aggressiven Handlung, sofern sie auf den Verursacher zurückschlagen könnten, dann minimiert werden könnten).

Adorno entwickelte aufgrund dieser Theorie die „F-Skala". Zum Beispiel impliziert das Item „Kein anständiger Mensch könnte Mutter oder Vater hassen" eine Aggressionsverschiebung weg von Autoritäten. „Die Orgien der alten Römer waren nichts im Vergleich zu den Dingen, die heutzutage passieren" wird verwendet, um festzustellen, ob evtl. eine Projektion von verdrängten sexuellen Gefühlen nach außen hin (auf andere Personen) vorliegt.

Die „California F Scale"
(Die Autoritarismusskala) Form 40-45

Einleitung für die Befragten

Lesen Sie bitte jede Aussage und markieren Sie die Ausprägung, die zu Ihrer Meinung am besten paßt. Es ist nicht nötig, längere Zeit bei einem einzelnen Item zu bleiben. Setzen Sie bitte eine der folgenden Zahlen vor jedes Item, um damit zu zeigen, wie sehr Sie mit der Aussage übereinstimmen bzw. nicht übereinstimmen:

+3 bedeutet: ich stimme sehr zu
+2 bedeutet: ich stimme zu
+1 bedeutet: ich stimme etwas zu
−1 bedeutet: ich stimme eher nicht zu
−2 bedeutet: ich stimme nicht zu
−3 bedeutet: ich stimme überhaupt nicht zu

_____ 1. Gehorsam und Respekt gegenüber Autoritätspersonen sind die wichtigsten Tugenden, die Kinder lernen sollten.

_____ 2. Keine Schwäche oder Schwierigkeit kann uns aufhalten, wenn man nur genügend Willenskraft hat.

_____ 3. Wissenschaft mag ihren zukommenden Platz haben; es existieren aber viele wichtige Dinge im Leben, die von menschlicher Vernunft nicht verstanden werden können.

_____ 4. Was immer die menschliche Natur und das menschliche Wesen auch sein mögen; Krieg und Streit wird es immer geben.

_____ 5. Jeder Mensch sollte blindes Vertrauen in eine übernatürliche Macht haben, deren Entscheidungen er bedingungslos nachkommt.

_____ 6. Hat man ein Problem oder Ärger, ist es das Beste, nicht lange darüber nachzudenken, sondern sich mit anderen Dingen zu beschäftigen.

_____ 7. Ein Mensch, der schlechte Manieren und Angewohnheiten hat und eine dementsprechende Erziehung gehabt hat, kann kaum erwarten, daß anständige Leute mit ihm zurechtkommen.

_____ 8. Was die Jugend braucht, ist strenge Disziplin, wilde Entschlossenheit und den Willen, für Familie und Vaterland zu arbeiten und zu kämpfen.

_____ 9. Einige Menschen werden schon mit dem Bedürfnis geboren, als Selbstmörder zu enden.

_____ 10. Heutzutage, da so viele Völker in Bewegung sind und sich vermischen, muß man sich sehr sorgfältig dagegen schützen, nicht eine Infektion oder Krankheit von diesen Leuten einzufangen.

_____ 11. Ein Angriff auf unsere Ehre sollte immer bestraft werden.

_____ 12. Junge Menschen haben manchmal aufrührerische Gedanken und Hirngespinste im Kopf. Wenn sie älter werden, sollten sie diese Ideen überwinden und damit beginnen, ein geregeltes Leben zu führen.

_____ 13. Was dieses Land noch nötiger braucht als Gesetze und politische Programme, sind ein paar mutige, unermüdlich ihrer Aufgabe gewidmete Führer, in die die Menschen ihr volles und ganzes Vertrauen setzen können.

_____ 14. Sexuelle Gewalttätigkeiten und Verbrechen, wie z. B. Vergewaltigung oder Vergehen an Kindern, sollten nicht bloß mit Freiheitsentzug bestraft werden. Derartige Kriminelle sollten öffentlich ausgepeitscht werden oder noch schlimmere Strafen erhalten.

_____ 15. Die Menschheit zerfällt in zwei Gruppen: die Starken und die Schwachen.

_____ 16. Es gibt kaum etwas Niedrigeres als ein Mensch, der seinen Eltern keine Liebe, Dankbarkeit oder Achtung entgegenbringt.

_____ 17. Eines Tages wird es wohl noch an den Tag kommen, daß die Astrologie eine Menge Dinge erklären kann.

_____ 18. Heutzutage mischen sich immer mehr Leute in Angelegenheiten ein, die persönlich und privat bleiben sollten.

_____ 19. Kriege und soziale Unruhen werden eines Tages durch ein Erdbeben oder eine große Flut beendet, die die ganze Welt zerstören werden.

_____ 20. Die meisten unserer sozialen Probleme könnten gelöst werden, wenn wir die unmoralischen, krummen und miesen Existenzen loswerden würden.

_____ 21. Die wilden Sexualorgien der alten Griechen und Römer waren noch harmlos im Vergleich zu dem, was heutzutage in diesem Land geschieht, selbst an den Orten, wo man das am wenigsten erwarten würde.

_____ 22. Wenn die Menschen weniger reden und mehr arbeiten würden, ginge es allen besser.

_____ 23. Die meisten Menschen wissen gar nicht, wieviel von unserem Leben durch geheime Verschwörungen und Komplotte kontrolliert wird.

_____ 24. Homosexuelle sind kaum besser als Kriminelle und sollten dementsprechend schwer bestraft werden.

_____ 25. Geschäftsleute und Fabrikanten sind für die Gesellschaft sehr viel wichtiger als Künstler und Professoren.

_____ 26. Ein zurechnungsfähiger, normaler und anständiger Mensch kann nicht einmal mit dem Gedanken spielen, einen engen Freund oder einen Angehörigen verletzen zu wollen.

_____ 27. Allzu große Vertraulichkeit erzeugt Verachtung.

_____ 28. Niemand hat jemals etwas wirklich Wichtiges gelernt, es sei denn, durch Leiden.

(Aus: T. Adorno, E. Frankel-Brunswik, D. Levinson und N. Sanford; "The authoritarian personality". New York: Harper, 1950. Mit Genehmigung veröffentlicht.)

Der Befragte soll seinen Übereinstimmungsgrad mit den einzelnen Items auf einer Skala von +3 bis −3 angeben, also auf einer Likert-ähnlichen Skala, wobei es in diesem Fall keinen neutralen Punkt gibt. Für die Auswertung werden pro Antwortwert je vier Punkte dazugezählt; d. h. ein hoher Punktwert ist mit einer hohen Ausprägung des Merkmals „Autoritarismus" gleichzusetzen.

Nach der Entwicklung dieser theoretisch hergeleiteten Items führte die Adorno-Gruppe Korrelationsanalysen durch, um zu überprüfen, in welchem Grad diese Items nun tatsächlich (empirisch) zusammenhängen. Für die Psychologie war es ein großer Erfolg, als sich herausstellte, daß diese bunt gemischte Auswahl an scheinbar unzusammenhängenden Items tatsächlich alle eng zusammenhängen! Die resultierende Dimension, der Autoritarismus, kann als ein Kontinuum abgebildet werden. Die meisten befragten Personen befinden sich dabei in der Mitte dieses Kontinuums.

Die Autoren fanden außerdem sowohl eine befriedigende internale Reliabilität (d. h. konsistente Beantwortung der Items), als auch eine gute Wiederholungsreliabilität. Eine hohe Reliabilität weist darauf hin, daß das betreffende Meßinstrument wirklich etwas Konsistenten mißt; über die Validität kann aber nichts ausgesagt werden. Die Autoritarismusskala wurde mit intensiven, ausführlichen Interviews validiert; auch mit einer separaten Messung des Vorurteils, der „Ethnozentrismus-Skala". Die Resultate lassen die F-Skala als valide erscheinen.

Die oben vorgestellte Version der Autoritarismusskala wurde von Adorno et al. 1 518 Personen vorgelegt. Daraus resultierte ein Mittelwert von 3,84. Die sog. „split-half"-Reliabilität (Korrelation der Antworten auf die erste Hälfte der Items mit den Antworten der restlichen Items) betrug 0,9, was als sehr gut bezeichnet werden kann. Außerdem korreliert diese Version in Höhe von 0,77 mit der Ethnozentrismus-Skala und in Höhe von 0,61 mit einer politisch-ökonomischen Konservatismusskala. (Alternative Versionen der F-Skala sind in Robinson und Shaver, 1969 und in Christie, Havel und Seidenberg, 1958 zu finden. Obwohl die anderen Versionen verschiedene Vorteile aufweisen, ist nicht klar, ob sie dieselbe Variable wie die oben dargestellte originale F-Skala erfassen.)

In der Geschichte der Sozialwissenschaften und der Persönlichkeitspsychologie nimmt die F-Skala einen erheblichen Stellenwert ein; wegen ihrer langen Bewährung gegenüber vielen Falsifizierungsversuchen (Widerlegbarkeitsversuchen) und ihrer allgemeinen Popularität. Technisch gesprochen „diskriminiert" die F-Skala eine große Anzahl an Variablen. Personen, die einen hohen Wert auf der F-Skala erzielen, unterscheiden sich signifikant (d. h. auf einem Niveau, das allein durch Zufall extrem unwahrscheinlich zu erreichen ist) von Personen mit dementsprechend niedrigen Werten in fast jedem Bereich, der mit der F-Skala in Beziehung gesetzt worden ist.

Der große Bekanntheitsgrad der F-Skala hat es mit sich gebracht, daß sie sehr sorgfältig überprüft und untersucht wurde. Viele Psychologen konnten den Erfolg ihrer Disziplin kaum glauben, nämlich daß es möglich gewesen war, ein einfach und schnell zu handhabendes Meßinstrument für eine wichtige soziale Variable zu entwickeln. Ein wissenschaftliches Werk von mehreren hundert Seiten wurde allein Untersuchungen über die Autoritarismusskala gewidmet (Christie und Jahoda, 1954). Einige Schwächen der F-Skala wurden dabei natürlich ans Licht gebracht. Eine davon betrifft die sog. „Ja-Sage"-Tendenz. Denn alle Skalenitems der Autoritarismusskala sind ja so formuliert worden, daß eine Übereinstimmung mit den Items immer in Richtung Autoritarismus zeigt. Sogenannte „Ja-Sager" werden nun bei der Vorgabe dieser Skala zu Unrecht als hochautoritär eingestuft.

Heutzutage ist es Standard, nicht alle Fragen einer einzigen Skala immer in nur einer Richtung zu formulieren. Trotz der gefundenen Schwachstellen muß man festhalten, daß die Autoritarismusskala außergewöhnlich bekannt geworden und häufig erfolgreich gewesen ist. Heute gilt die Skala eher als veraltet, weil sich die psychologische Bedeutung von Fragebogenitems zeit- und epochenabhängig verschiebt und verändert.

8.5 Das Problem der Antworttendenzen bei Fragebogen

Empirisch begründete wie auch theoriebegründete Persönlichkeitsfragebogen können in ihrer Aussagekraft durch sog. Antworttendenzen (engl.: response sets) beeinträchtigt werden. Eine *Antworttendenz* ist ein bestimmtes Antwortmuster einer Person, das die korrekte Meßbarkeit der in Frage stehenden Variablen stören kann. Diese Definition von Antworttendenz ähnelt der Definition des Experiments in Kap. 4; denn Artefakte und konfundierende Variablen wurden auch als Aspekte und Faktoren definiert, die mit dem Effekt der in Frage stehenden Variablen interferieren. Im Bereich von Fragebogen wird i. allg. der Terminus „Antworttendenz" anstatt „Artefakte" im Kontext des Experiments verwendet. Eine Antworttendenz ist genauso wie das Artefakt beim Experiment eine Quelle für Verzerrungen und Fehler, die die Validität und Objektivität eines Tests einschränken. Antworttendenzen sind ein unvermeidbarer Störfaktor der Forschung, da das individuelle Verhalten, auf dem sie beruhen, durch viele Aspekte der Untersuchungs- oder Erhebungssituation mitbeeinflußt wird und nicht nur durch die Zielvariable. Eine Quelle für bestimmte Antworttendenzen ist häufig eine bestimmte Motivation des Individuums; d. h. der Untersuchungs- oder Befragungsanlaß der Person kann ihre Antworten erheblich beeinflussen. Auch Persönlichkeitscharakteristika, die auf irgendeine Art mit dem Test zusammenhängen, beeinflussen die individuellen Reaktionen auf die einzelnen Items. Wir werden nun einige der häufig auftretenden Reaktionstendenzen besprechen.

Soziale Erwünschtheit

Die Tendenz der sozialen Erwünschtheit äußert sich darin, daß die betreffende Person Antworten gibt, von denen sie annimmt, sie würden sie in ein gutes Licht stellen. Diese Ausrichtung der Antworten nach sozialer Erwünschtheit kann absichtlich, aber auch unabsichtlich zustande kommen. Sie führt aber auf alle Fälle zu Resultaten, die das Verhalten oder die Einstellungen, in unserem Falle die Persönlichkeit des Individuums, nicht exakt widerspiegeln. Denn das Motiv des Individuums dabei ist, Anerkennung zu bekommen (Crowne und Marlowe, 1960, 1964; Edwards, 1957). Diese Tendenz der sozialen Erwünschtheit hängt eng mit der Furcht vor Bewertung (und natürlich besonders mit der Furcht vor Abwertung) zusammen.

Einwilligungstendenz

Die Einwilligungs- oder „Ja-Sage"-Tendenz äußert sich darin, daß den meisten Aussagen recht unwillkürlich und relativ unabhängig vom Inhalt zugestimmt wird. Werden dagegen viele Items abgelehnt, spricht man von einer „Nein-Sage"-Tendenz. Beide beeinflussen in nicht unerheblichem Maße die Resultate einer Fragebogenuntersuchung (Couch und Keniston, 1960). Das Problem kann dadurch gelöst werden, daß man die Items einer Skala eines Fragebogens zu gleichen Teilen in positiver und in negativer Richtung formuliert. Dadurch wird verhindert, daß die Resultate solcher Personen nicht in den Extrembereich fallen und damit die Gruppenresultate unbrauchbar und ohne Aussagekraft werden. Items, die eine bestimmte Eigenschaft indizieren, können durch Items, die genau das Gegenteil indizieren, ausbalanciert werden. Zum Beispiel könnte man dem Item „Ich habe mehr Freunde als die meisten Menschen" etwas später im Fragebogen das Item „Ich habe weniger Freunde als der Durchschnittsmensch" folgen lassen, um eine Ja- oder Nein-Sage-Tendenz zu kontrollieren.

Die Lügenskala. Jeder Forscher, der seiner Zielgruppe einen Fragebogen vorlegt, um persönliche und subjektive Daten zu erheben, muß sich auf die wahrheitsgemäße Beantwortung verlassen. Um wenigstens teilweise kontrollieren zu können, ob die Personen wahrheitsgemäß antworten oder ob sie lügen und sich „besser" darstellen oder evtl. auch „schlechter" (engl.: faking bad), hat man sog. „Lügenskalen" entwickelt. Eine Lügenskala beinhaltet Items, die entweder einen so hohen Wahrheitsgehalt aufweisen oder aber grundsätzlich falsch sind („Ich werde nie ärgerlich"), daß eine unangebrachte Antwort auf diese Items darauf hinweist, daß die entsprechende Person nicht wahrheitsgemäß antwortet. Mit einer Lügenskala versucht der Forscher also, jene Personen unter seinen Zielpersonen zu markieren, die willentlich oder unwillentlich ihre Antworten verfälschen.

Eine Variante der Lügenskala ist eine Skala, die jene Personen ausfindig macht, die Krankheiten vortäuschen (Simulanten). Sie besteht aus Items, die sehr seltene und extreme Symptome beschreiben. Wird ein hoher Prozentsatz dieser Aussagen angekreuzt, dann ist die Validität der Testresultate für das entsprechende Individuum zweifelhaft bzw. besteht Grund zu der Annahme, daß sie ihre Symptome schwerer macht, als sie sind, daß sie also „aggraviert". Personen, die Symptome dagegen eher abschwächen oder unterdrücken, „dissimulieren".

Absolut „sichere" Auswertungsschlüssel gegen soziale Erwünschtheit oder Verfälschung müssen erst noch entwickelt werden – wenn man das Ziel hat, daß ein Fragebogen völlig unverfälschbar sein soll. Die Schwierigkeiten, ein solches Meßinstrument zu entwickeln, hat Norman (1963) sehr sorgfältig untersucht. Er legte einer studentischen Gruppe einen Persönlichkeitsfragebogen vor und bat sie, den Test mit einer Reihe von hypothetischen Antworttendenzen auszufüllen, z. B. mit der Tendenz „Versuchen Sie, den bestmöglichen Eindruck zu machen, um in die Offiziersschule aufgenommen zu werden" oder „Versuchen Sie, als Praktikant beim Peace Corps unterzukommen". Norman fand, daß jede dieser vorgegebenen Richtungen zu ganz bestimmten Antwortmustern führte. Einen „Verfälschungsschlüssel" zu entwickeln, um „Möchtegernoffiziere" zu entlarven, war keine große Hilfe bei der Entdeckung von Personen, die unbedingt in das Peace Corps aufgenommen werden wollten. Außerdem ist es auch möglich, daß jede potentielle Subgruppe aus einer Befragtengruppe ganz andere Vorstellungen davon hat, was „sozial erwünscht" bedeutet und somit ganz unterschiedliche Antwortmuster bei den verschiedenen Gruppen aufgrund derselben Antworttendenz resultieren.

Der Gebrauch von Persönlichkeitstests in der Eignungsdiagnostik und Personalauslese

Jede Messung, die auf dem Bericht über die eigene Person und persönliche Belange basiert (sowohl Persönlichkeits- als auch Einstellungstests), setzt die Kooperation der befragten Personen voraus. Bei durchschnittlicher intellektueller Differenziertheit können die Items einer Lügenskala von den befragten Personen entdeckt werden. Ist eine Person mit der Fragebogenerhebung nicht einverstanden und ist sie nicht gewillt, ihre Einstellungen und ihre Persönlichkeit offenzulegen, dann kann sie sich auch dementsprechend unkooperativ verhalten. Die Tatsache, daß sich jede Person frei entscheiden kann, ob sie beim Ausfüllen eines Fragebogens Kooperation zeigt oder nicht, hat sowohl auf die Forschung als auch auf die Öffentlichkeit Auswirkungen.

Von einem Standpunkt aus, der vor allem die bürgerliche Freiheit und den Schutz einer gewissen Privatsphäre betont, wird diese Entscheidungsfreiheit hinsichtlich der Kooperation bei einer Fragebogenerhebung als positiv eingestuft: „Big Brother" beobachtet zwar, aber er wird dann nicht viel brauchbare Informationen und Auskünfte bekommen, wenn er die Leute zwingt, gegen ihren Willen einen Fragebogen auszufüllen.

Auf verschiedenen amerikanischen Kongressen im Jahre 1965 vertraten Mitglieder der American Psychological Association die Ansicht, daß die Anwendung von Tests wie den MMPI zur *Beschäftigtenauswahl* eine Verletzung des psychologischen Ehrenkodexes darstelle, weil diese Meßverfahren dafür nicht entwickelt, validiert und geeicht wurden (Janis et al., 1965). (Diese Kritik richtete sich nicht gegen spezifische Fähigkeitstests, wenn diese bei der Konstruktion für die entsprechende Arbeitsstelle an angemessenen Personengruppen, d. h. ähnlich der Zielpopulation des Tests, validiert worden sind.) Seit damals fordern der Oberste Bundesgerichtshof und die American Psychological Association, daß ganz spezifische Validitätskriterien erfüllt sein müssen, bevor ein Test in großem Rahmen und zur Eignungsdiagnostik eingesetzt werden sollte. Es müssen auf alle Fälle empirische Hinweise dafür existieren, daß der betreffende Test tatsächlich zwischen Personen, die eine bestimmte Arbeit effektiv erfüllen werden, und jenen, die dazu wahrscheinlich nicht in der Lage sein werden, trennen kann.

Personen, die von sich aus psychologische Hilfe aufsuchen, sind i. allg. recht hochmotiviert, präzise Angaben über ihren Zustand und ihre Persönlichkeit zu machen. Aus diesem Grund sind die Testantworten im klinischen Bereich häufig valider als in der Eignungsdiagnostik. Die Forschung über die Validität und Brauchbarkeit von Tests, wie z. B. den MMPI, weist auf eine Reihe anderer allgemeiner Prinzipien hin, die für alle Forschungsmethoden relevant sind. Diese generellen Prinzipien werden wir jetzt etwas genauer betrachten.

Zuerst muß eine Unterscheidung zwischen der Aussagekraft von individuellen Testresultaten und solchen von Gruppentests getroffen werden. Denn i. allg. trennt ein Test viel valider und effektiver zwischen verschiedenen Gruppen als zwischen einzelnen Individuen. Außerdem ist es viel einfacher, zwischen Gruppen zu trennen. Betrachten wir etwa das Konzept der „Depression" auf dem MMPI. Eine Gruppe von 100 Personen, deren Depressionswert um eine Standardabweichung über dem normalen Mittelwert der Depressionsskala liegt (d. h. im oberen $1/6$ der Gesamtverteilung der Skalenwerte), wird mit großer Wahrscheinlichkeit mehr depressive Personen enthalten als eine Gruppe von Befragten, die im Durchschnitt einen relativ geringen Skalenwert aufweisen. Im Gegensatz dazu ist die Wahrscheinlichkeit sehr viel geringer, daß zwei Einzelindividuen mit Hilfe ihrer Skalenwerte korrekt klassifiziert und unterschieden werden können.

Trotz der unvermeidbaren Meßfehler in der Persönlichkeitsmessung sind wir glücklicherweise in der Lage, Zusammenhänge und Beziehungen zwischen verschiedenen Variablen zu entdecken. Man könnte etwa feststellen, daß eine signifikante Korrelation zwischen dem Grad der Depression, gemessen mit dem MMPI, und der Variablen „Verlust eines Elternteils in den ersten zehn Lebensjahren" besteht. Diese Beziehung könnte sogar noch stärker ausfallen, wenn die Resultate der fehleingeschätzten Personen ausgeschlossen werden. Aufgrund des unvermeidbaren Meßfehlers variieren auch die Anforderungen an die Validität eines Tests, abhängig von den Zielen des Forschers und dem geplanten Gebrauch der Testresultate. Testergebnisse, die auf Personengruppen bezogen und aus der Durchführung an ihnen abgeleitet werden, können u. U. auch mit Tests erhoben werden, die eine relativ niedrige Validität aufweisen. Im Gegensatz dazu müssen Resultate, die für ein einzelnes Individuum gelten sollen, mit Hilfe sehr valider Tests gewonnen werden, vor allem in den Fällen, in denen die Resultate einer Diagnose zu lebenslangen Konsequenzen führen (z. B. ob die betreffende Person hospitalisiert werden soll oder nicht).

Ein anderes allgemeines Prinzip besagt, daß ein statistisch signifikantes Testresultat nicht unbedingt auch eine soziale oder theoretische Signifikanz aufweisen muß. Wie wir oben schon mehrmals angesprochen haben, bedeutet statistisch signifikant, daß das Resultat „mit großer Wahrscheinlichkeit nicht durch Zufall entstanden ist". Forschungsergebnisse können statistisch signifikant sein und dennoch hinsichtlich ihrer Testbrauchbarkeit und Nützlichkeit sehr zu wünschen übriglassen. Betrachten wir dieses Prinzip an folgendem Beispiel: Zwei erfahrene Forscher entwickelten ein Klassifikationssystem auf der Basis von MMPI-Scores. Die Untergruppen, die sie dafür auswählten, waren „psychotisch", „neurotisch" und „unbestimmbar". Das System wurde aus den Testscores von Hunderten von dementsprechend diagnostizierten Patienten mit Hilfe der Methode der bekannten Gruppen abgeleitet. An fast 1 000 Personen wurde es dann kreuzvalidiert. Die Kreuzvalidierung (s. Abschn. 8.3) besteht ja darin, daß man alle Items einer neuen Stichprobe der bekannten Gruppen vorlegt, um evtl. zufällige Zusammenhänge der ersten Messung kontrollieren zu können. In diesem Fall konnten nun nur 53% der neuen Fälle der Kreuzvalidierungsstichprobe korrekt in eine der drei Kategorien klassifiziert werden (Janis, 1969). Obwohl nun also fast die Hälfte der Patienten mit dem Klassifikationssystem fehldiagnostiziert wurde, stellte sich heraus, daß die Klassifikation besser als der Zufall gewesen war, denn sie erwies sich als statistisch signifikant. Es ist offensichtlich, daß die statistische Signifikanz hier eine geringe Bedeutung hat, denn die Klassifikationsmethode war durch so viele Fehler belastet, daß sie praktisch keinen Anwendungswert hatte.

An diesem Beispiel kann man auch erkennen, warum ein blindes Vertrauen auf die universelle Anwendbarkeit psychologischer Tests von gut ausgebildeten Klinikern strikt abgelehnt wird. Es darf nicht soweit kommen, daß einem psychologischen Test eine größere Validität zugeschrieben wird als der direkten Beobachtung des in Frage stehenden Verhaltens. In vielen anderen wissenschaftlichen Bereichen steht dieses Prinzip außer Frage und wird ganz selbstverständlich angewandt. Hat etwa ein Sportler gerade die 2-Meter-Hürde übersprungen, dann würde niemand auf die Idee kommen, bei diesem Sportler einen Muskelstärketest durchzuführen und danach das Testresultat zu akzeptieren, daß der Sportler nicht höher als 1,80 Meter springen kann. In diesem Fall ist ganz klar: Der Sportler hat die Zwei-Meter-Hürde geschafft, und somit muß eben der Test ein falsches Resultat erbracht haben. Geht es um einen psychologischen Test, z. B. einen Intelligenztest, dann kann man leider häufig beobachten, daß der Fehler begangen wird, den Intelligenzquotienten (IQ) als absolut zu betrachten. Dann wird oft eher eine direkt beobachtbare Intelligenzleistung eines Kindes, etwa in der Schule, bezweifelt, als daß der zu niedrig angesetzte IQ-Wert angezweifelt wird. Dann gibt z. B. der betreffende Lehrer an, daß er kaum glauben könne, daß dieses Kind „tatsächlich" so gut ist, wie es aufgrund des Verhaltens scheint. Bei jedem psychologischen Test ist innerhalb eines gewissen Rahmens mit fehlerhaften Ergebnissen zu rechnen, und in diesem eben dargestellten Fall ist es sogar recht wahrscheinlich, daß der niedrige Score des Kindes nicht seine tatsächlichen intellektuellen Fähigkeiten widerspiegelt.

8.6 Projektive Tests

Einen ganz anderen Ansatz zur Messung der Persönlichkeit stellen die sog. projektiven Verfahren dar. Die beiden bekanntesten projektiven Tests sind der „Rorschach-Test" von Herrmann Rorschach und der "Thematic Apperception Test" (TAT) von Henry Murray. Der Rorschach-Test ist ein Formdeuteverfahren, das aus zehn Tafeln mit, nach bestimmten Kriterien sorgfältig ausgesuchten symmetrischen Klecksbildern besteht. Die Rorschach-Tafeln sind vorwiegend schwarzweiß; einige aber auch bunt. Die Personen werden in der Testsituation gebeten, zu beschreiben, was sie in den Klecksfiguren „sehen". Abbildung 8.1 zeigt eine, einer Rorschach-Tafel ähnliche Figur.

Der TAT besteht aus 31 Bildtafeln, auf denen eine oder mehrere Personen in unterschiedlichen Situationen abgebildet sind. Dabei ist die Bedeutung der dargestellten Situationen nicht eindeutig und der Gesichtsausdruck der abgebildeten Personen ist teilweise verdeckt oder mehrdeutig. Diese Vagheit der Darstellung ist ganz bewußt gewählt worden, da sie es gestattet, daß der Befragte seine eigenen Gefühle in seinen Beschreibungen über das Bild „projizieren" kann. Die TAT-Instruktion verlangt von der befragten Person, eine Geschichte zu den verschiedenen TAT-Tafeln zu konstruieren: Wer sind die Menschen? Was passiert gerade?

Abb. 8.1. Der Rorschach-Test

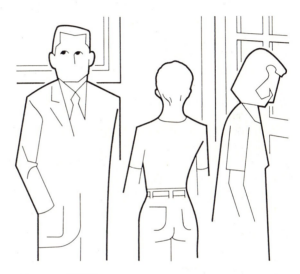

Abb. 8.2. Der thematische Apperzeptionstest (TAT)

Was ist geschehen? Was wird in der Zukunft geschehen? Abbildung 8.2 zeigt ein Bild, das den TAT-Tafeln ähnlich ist.

Die projektiven Persönlichkeitsmeßverfahren unterscheiden sich in einem sehr wichtigen Punkt von den oben besprochenen psychometrischen Skalen zur Persönlichkeitsmessung. Denn der Befragte muß hierbei nicht unter einer begrenzten Anzahl von vorgegebenen Antworten wählen, sondern soll frei und ohne Restriktionen mit seinen eigenen Worten auf die Vorgaben reagieren. Persönlichkeitsforscher, die die Verwendung *freier Antworten* bei den projektiven Verfahren favorisieren, sehen in den individuellen und subjektiven Angaben der Deutenden einen einzigartigen Weg, um komplexere Bereiche ihrer Persönlichkeit, ihrer Motivation und ihrer Einstellungen zu erfassen.

Da die Zielpersonen ja in ihren eigenen Worten, mit ihrer eigenen Sprache antworten, bedarf es zur Auswertung der Antworten der *Inhaltsanalyse*. Dabei werden die einzelnen Antworten mit Punktwerten oder anderen Angaben nach einem einheitlichen Kodiersystem klassifiziert. Die zuverlässige, reliable Verwendung des jeweiligen Kodiersystems bei den projektiven Verfahren verlangt so beträchtliche Übung und Erfahrung, daß Auswerterobjektivität nur auf Kosten der Auswerteökonomie erfolgen kann. (Kodiermethoden werden in Kap. 10 diskutiert.)

Die Entwicklung der projektiven Verfahren basiert auf der Annahme, daß Menschen ihre Persönlichkeit, ihre Motive und Einstellungen in ihren Reaktionen auf vage, mehrdeutige Stimuli bloßlegen. Außer unstrukturierten Bildern oder Formdeuteverfahren kann man auch andere unstrukturierte Reize (cues) vorgeben, die Projektionen anregen sollen. Zum Beispiel gibt es projektive Verfahren, bei denen die Zielpersonen Sätze vervollständigen müssen oder aus einem offenen Satz eine Geschichte konstruieren sollen. Der TAT und der Rorschach-Test sind in unzähligen Forschungsprojekten verwendet worden.

Ist es möglich, sich mit z. B. nur diesen beiden Verfahren, TAT und Rorschach-Test, zu stützen und mit ihnen tatsächlich genaue und zuverlässige Auskünfte und Informationen über die Persönlichkeit der Befragten zu erhalten? Nun, diese Frage konnte bis heute noch nicht definitiv geklärt werden. Wir können auf der anderen Seite aber auch nicht belegen, daß die projektiven Tests völlig unreliabel oder unvalide sind.

Warum ist es bis jetzt nicht möglich gewesen, ein einfaches und valides Meßinstrument zur Erhebung bestimmter Persönlichkeitscharakteristika zu entwickeln, mit dem alle Psychologen einverstanden sein können? Nun, diese Frage kann wenigstens z. T. mit den Ausführungen in diesem Kapitel beantwortet werden: Die Persönlichkeitspsychologie (und dementsprechend die Messung der Persönlichkeit) ist ein zu komplexes Gebiet, als daß man sie sozusagen „auf einen einfachen Nenner bringen" könnte. Ein paar wenige Psychologen (z. B. B. F. Skinner) zogen den Schluß, daß es immer unmöglich sein werde, die Persönlichkeit als Ganzes zu messen und daß deshalb „Persönlichkeit" als Konzept oder Netz von Konstrukten zu verwerfen sei. Diesen extremen Standpunkt teilen aber die wenigsten Psychologen. Nach Lewin soll man Persönlichkeitscharakteristika in einem größeren Kontext betrachten. Das heißt, man sollte in der Persönlichkeitsforschung davon ausgehen, daß Persönlichkeit zusammen mit situativen Aspekten das Verhalten der Menschen ausmachen bzw. determinieren. Deshalb sollten wir eigentlich bei der Erforschung der Persönlichkeit auf dem „Umweg" über das Verhalten in der Lage sein, auch die situativen Anteile und Aspekte zu verstehen und zu messen. Nach dieser interaktionistischen Sichtweise der Lewinschen Person × Umwelt – Interaktion wird heutzutage verstärkt vorgegangen, wobei jedoch die Methoden und Theorien noch sehr rudimentär sind. Holt (1969) zog nach einer differenzierten Diskussion über die derzeitige Situation folgenden Schluß:

> Es existiert innerhalb der Psychologie kaum eine so komplexe und schwierige Forschungsaufgabe wie die Evaluation der Persönlichkeitsmessung und der psychotherapeutischen Behandlung. Bei Durchsicht selbst der qualifiziertesten Forschungsarbeiten muß man feststellen, daß es in keinem der beiden Bereiche eine wirklich völlig angemessene Untersuchung gibt (Holt, 1969, S. 796).

Wie wir oben schon angemerkt haben, ist bis heute keiner der Ansätze in der Persönlichkeitsforschung völlig befriedigend. Ironischerweise hat gerade die Vorhersage von Verhaltensweisen einen ziemlich hohen Stellenwert für das soziale Funktionieren. Leben in der Gesellschaft wäre undenkbar, wenn unsere Fähigkeit, wichtige und relevante Persönlichkeits- und Umgebungsdimensionen zu verstehen und Verhalten vorherzusagen, kaum besser als der bloße Zufall wäre.

Innerhalb eines bestimmten Rahmens sind selbst Kleinkinder recht gute Beobachter und Prognostiker von Verhalten. Campbell (1957) zeigte z. B., daß Säuglinge mehr schreien, wenn ihre Mütter ängstlich sind. Sie zeigen damit operational, daß sie „begreifen", wie ihre Mütter sich verhalten. Eine Grundschulklasse kann einen verhaßten Lehrer auf ganz subtile Weise aus der Fassung bringen. Indem die Schüler aber in ihrem destruktiven Verhalten nur bis zu einer gewissen Grenze gehen und sich dann wieder zurückhalten, vermeiden sie drastische Vergeltungsmaßnahmen, die sie bei einer Steigerung ihres Verhaltens erwarten müßten. In solch einem Fall demonstrieren die Kinder, zumindest ansatzweise, ihre Fähigkeit, Verhalten (in diesem Falle des Lehrers) vorherzusagen. Obwohl diese unbewußten Taktiken fester Bestandteil unseres Alltags sind, hat es sich als extrem schwierig herausgestellt, dieses intuitive Wissen zu verbalisieren, zu systematisieren und zu formalisieren.

Die Persönlichkeitspsychologie stand lange zwischen zwei extremen Standpunkten. Die „großen Theoretiker", wie Sigmund Freud, Alfred Adler, Carl G. Jung, Karen Horney und Melanie Klein, schlossen direkt aus ihren Beobachtungen auf theoretische Kategorien, wie z. B. die Jungschen Archetypen (Fühlen, Denken, Empfindung, Intuition) oder die Freudschen Persönlichkeits- oder Charaktertypen (die orale, die anale, die phallische und die genitale Persönlichkeit). Sie kümmerten sich relativ wenig um Lücken zwischen alltäglicher Erfahrung und Theorie oder um eine methodologisch normierte Überprüfung ihrer Theorien.

Am anderen Extrem steht die akademische Psychologie der letzten Jahrzehnte. Holt drückt das folgendermaßen aus:

> Generationen führender Psychologen waren so sehr darauf erpicht, sich gegenüber Quacksalbern und Scharlatanen abzugrenzen, daß sie ihre Studenten mit der extremen Skepsis indoktrinierten, die Prozesse, durch die wir Menschen uns im Alltag kennenlernen und verstehen, seien völlig unglaubwürdig und Quellen des Selbstbetrugs und der Selbsttäuschung (in Janis et al., 1969, S. 585).

Dieser extreme Zweifel an der Vertrauenswürdigkeit unserer Sinne stellt gewissermaßen die Saat einer neuen Rebellion dar. Hatte die vorige Generation aufgrund ihrer Überwindung der Intuition, der Introspektion und der „naiven" Alltagspsychologie triumphiert, blüht jetzt als „Dritte Kraft" die Humanistische Psychologie auf. Die Humanistische Psychologie betont implizites Wissen, nichtlineares Denken und den direkteren Weg persönlicher Erfahrung. Jedoch hat die streng methodisch ausgerichtete Vätergeneration auch ihre humanistischen Kinder beeinflußt. Dies drückt sich etwa darin aus, daß viele Anhänger der Humanistischen Psychologie die Ansicht akzeptieren, daß man nicht gleichzeitig wissenschaftlich und humanistisch vorgehen kann. Man müsse sich als Forscher für einen der beiden Wege entscheiden. Einige Psychologen hoffen deshalb auf eine Psychologengeneration, die die Interessen und Belange der humanistischen und der akademischen Richtung unter Wahrung der Prinzipien der Wissenschaftlichkeit integrieren könnte.

In der Zwischenzeit erweitern Klinische Psychologen ihre Erfahrung und Übung. Hat ein Anfänger die Möglichkeit, einem erfahrenen Kliniker bei der Arbeit zuzusehen, dann versteht er evtl., warum Konzepte wie etwa „narzißtisch", „passiv-aggressiv" oder „schwaches Über-Ich" verwendet werden und daß ihnen innerhalb des Kontextes klinischer Arbeit Bedeutung zukommt.

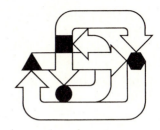

Die Interviewtechnik stellt eine grundlegende Methode der psychologischen Forschung dar. Im Gegensatz zur Verhaltensbeobachtung erlaubt es die Interviewtechnik dem Untersucher, Informationen über das Denken und Fühlen von Menschen zu erheben und zu verstehen, wie Individuen sich selbst und ihre Umgebung *wahrnehmen*.

Interviews können recht gut mit anderen Forschungsmethoden kombiniert werden. Zum Beispiel wird häufig ein *verkürztes Interview* zum Abschluß eines Experiments durchgeführt, um die Versuchspersonen über die wahren Ziele und Zwecke des Experiments zu informieren (wenn das nicht schon in der Instruktion getan worden ist), um mögliche Fragen zu beantworten und um evtl. Zweifel und Ängste zu beseitigen, so daß die Versuchspersonen die experimentelle Situation beruhigt verlassen können.

9.1 Die Struktur und der Aufbau von Interviews

Interviews können völlig durchstrukturiert, d. h. von vornherein in ihrem Ablauf genau festgelegt sein, oder aber eher unstrukturiert und offen durchgeführt werden. In der psychologischen Forschung spricht man von „standardisierten" und „weniger standardisierten" Interviews. Statt von „Interview" spricht man häufig spezifischer von der „Anamnese", vom „Tiefeninterview" oder von der „Exploration"; es handelt sich hierbei um Begriffe, die sich auf die eher standardisierten Formen des Interviews beziehen.

Der Interviewer muß einen sorgfältig ausgearbeiteten *Plan* haben: eine Liste der Fragen, die gestellt und der Bereiche, die damit abgedeckt werden sollen. Denn ein weniger standardisiertes Interview wird von vornherein anders angelegt als ein hochstrukturiertes Interview. Bei weniger standardisierten Interviews werden offene Fragen, die einen großen Rahmen für die Antworten offenlassen, verwendet. Die in Frage stehenden Bereiche werden dabei mit ein paar kurzen Sätzen angesprochen. Im Gegensatz dazu besteht ein strukturiertes Interview aus ganz spezifischen Fragen und genauen Instruktionen für den Interviewer.

Weniger standardisierte Interviews werden im Bereich der induktiven Forschung (s. Kap. 2) eingesetzt; ihre Befunde werden zur Entwicklung von Theorien und Hypothesen (s. Kap. 11) verwendet. Werden standardisierte Interviews an repräsentativen Stichproben durchgeführt, dann können quantitative Befunde, wie z. B. die Häufigkeit von Meinungen und Einstellungen der dementsprechenden Population, geschätzt werden. Der deduktive Forschungsansatz verwendet i. allg. strukturierte Interviews. Ein Beispiel dafür, wie ein und derselbe Bereich durch ein standardisiertes und ein weniger standardisiertes Interview erforscht werden kann, wird weiter unten in Abschn. 9.3 vorgestellt.

Die Rolle der Empathie beim Interview

Unter Empathie versteht man die Fähigkeit, sich mit einem anderen Menschen zu „identifizieren", die Gefühle, Einstellungen oder Sichtweisen anderer Personen zu erkennen und zu verstehen. Empathie darf nicht mit Sympathie, Mitleid oder damit, daß man die Trauer und die Freude eines anderen Menschen teilt, verwechselt werden. Man kann empathisch hinsichtlich einer Einstellung oder einer Einsicht eines anderen Menschen sein, ohne mit ihm in allen Punkten übereinstimmen zu müssen. Empathie ist also die Fähigkeit, sich in eine andere Person hineinzuversetzen. In allen Untersuchungsbereichen, in denen menschliche Belange und vor allem der Kontakt zu anderen Menschen im Mittelpunkt des Interesses stehen, ist Empathie eine wichtige Komponente. Entsprechend ist sie auch ein wichtiger Aspekt der Interviewtechnik. Wenn der Interviewer seinen Befragten das Gefühl vermittelt, sie zu „verstehen", dann sind sie eher geneigt, ihm offen und ehrlich Auskunft zu geben und seine Fragen zu beantworten.

Betrachten wir ein ganz triviales, aber häufig vorkommendes Empathieproblem. Fast jeder Universitätsdozent hat schon ähnliche Erfahrungen gemacht wie die folgende (Gordon, 1975): Ein Student ist zu einer Spritztour eingeladen worden, die bis Montag dauern wird. Bevor er sich zur Teilnahme entschließt, möchte er gerne wissen, welcher Lehrstoff am Montag in einem Seminar durchgenommen werden wird und ob er diesen Stoff auch nachholen kann. Er geht zu seinem Dozenten und fragt: „Entschuldigen Sie, könnten Sie mir bitte sagen, ob Sie nächsten Montag etwas Wichtiges durchnehmen werden?" Seine Frage zeigt deutlich fehlende Empathie. Der Student hat sich nämlich nicht in die Lage seines Dozenten hineinversetzt und hat nicht versucht, sich über die Gedanken des anderen bewußt zu werden. Vom Standpunkt des Dozenten aus wäre ja die Antwort, daß er am Montag nichts Wichtiges im Seminar durchnehmen werde, das Eingeständnis, daß er bei seiner Lehrtätigkeit versagt. Eine empathische Frage hätte etwa so lauten können: „Vielleicht werde ich am Montag nicht kommen können. Kann ich das Versäumte irgendwie nachholen?"

In diesem Kapitel wird u. a. versucht, konkrete Richtlinien zur Aneignung empathischer Fähigkeiten zu liefern. An dieser Stelle genügt es, zu betonen, daß beim Training von Interviewern, also beim Erwerb der Fähigkeit, aufmerksam und empathisch zuzuhören, Videoaufnahmen von praktischen Interviewübungen von großem Nutzen sind.

Vor- und Nachteile der Interviewtechnik

Bestimmte Auskünfte sind kaum durch ein Interview zu bekommen. Zum Beispiel ist häufig nicht nachzuprüfen, ob die im Interview mitgeteilten Erinnerungen an vergangene oder auch derzeitige Ereignisse tatsächlich der Realität entsprechen. Denn es kann vorkommen, daß der Befragte irgendeine Antwort auf eine Frage „erfindet", um dem Interviewer entgegenzukommen und damit die Rolle der „guten Versuchsperson" einzunehmen. Auf der anderen Seite hat dagegen die Interviewtechnik im Vergleich zu anderen Forschungsmethoden in der Psychologie auch ihre Vorteile. Denn versteht ein Befragter ein Item auf einem Fragebogen nicht so, wie es von den Untersuchern geplant worden ist, dann ist dagegen kaum etwas zu unternehmen, und die Untersucher sind auch kaum in der Lage, das zu entdecken. Da es die Interviewsituation erlaubt, daß Befragter und Interviewer ein Thema eingehender verfolgen und gezielt besprechen, kann sich der Interviewer dessen versichern, daß er auch tatsächlich verstanden worden ist, und er kann direkt nachhaken, wenn ihm Antworten des Befragten nicht eindeutig erscheinen.

Psychologische Untersucher sollten nie erwarten oder voraussetzen, daß sich die Befragten selbst in psychologische Kategorien einordnen. Dementsprechend sollten z. B. Eltern in einem Interview nie gefragt werden, ob sie in ihrer Erziehung eher „streng" oder „nachgiebig" seien. Denn ein Vater, der im Vergleich zu anderen Eltern sehr viel strenger mit seinen Kindern umgeht, schätzt sich selbst etwa als viel zu nachsichtig ein. Auf der anderen Seite könnte es auch vorkommen, daß ein Elternpaar, das tatsächlich sehr freizügig ist, meint, es richte außergewöhnlich hohe Anforderungen an seine Kinder. Unter Umständen ist es aber angemessen, die Befragten zu bitten, sich solange selbst einer bestimmten Gruppe zuzuordnen, bis der Untersucher erkennt, ob die dadurch erhaltene Selbsteinschätzung auch mit den objektiven Verhaltensmaßen übereinstimmt.

Es folgt ein Beispiel aus einer Untersuchung über Kindererziehungspraktiken bei fünfjährigen Kindern. Eine der Kodierungskategorien für „Disziplinarmaßnahmen" war „bringt Argumente" (andere waren „verwendet körperliche Bestrafung oder prügelt", „verwendet materielle Anreize" usw.). Eine Mutter entgegnete auf die Frage, welche Art der Disziplinierungsmaßnahmen sie primär bei ihrem Kind anwende, daß sie argumentativ vorgehe. Ausgehend von dieser klaren Antwort hätte man meinen können, es bedürfe zu diesem Themenbereich keiner weiteren Nachfragen mehr. Der Interviewer hakte aber nach und fragte: „Könnten Sie mir etwas mehr darüber erzählen?" „Ja", antwortete die Mutter darauf, „ich rede ganz vernünftig mit Christian. Ich sage zu ihm: ,Siehst Du meine Hand und siehst Du Deine Hand? Nun, meine Hand ist größer als Deine. Deshalb kann ich Dich stärker verprügeln, als Du mich schlagen kannst. Tu jetzt gefälligst das, was ich Dir sage!'" Diese Aussage kann wohl kaum mehr mit „bringt Argumente" kodiert werden, obwohl die Mutter sich mit diesem Ausdruck für ihr Verhalten bezeichnet hat. Die Selbstdarstellung von Einstellungen oder Verhalten in normierten Kategorien hätte also nur dann Sinn gehabt, wenn die Bedeutung der jeweiligen Kategorien beiden Seiten völlig klar und explizit gewesen wäre.

Die Reliabilität und die Validität von Interviews hängen sehr von der Fähigkeit des Interviewers ab. Geht er zu plump oder taktlos vor, dann wird er von den Befragten wenig Auskunft bekommen. Stellt er Suggestivfragen, dann werden die Antworten dementsprechend verzerrt sein. Das Ausmaß, in dem unfähige und unerfahrene Interviewer völlig unbeabsichtigt ihre Befunde verzerren können, kann mit folgender Untersuchung verdeutlicht werden. Es handelt sich dabei um zwei Studenten, die untersuchen wollten, was jüngere Studenten im Alter von 18 bis 23 Jahren denken, daß ältere Studenten im Alter von 25 bis 60 Jahren an den Seminaren teilnehmen. Die in einer Tabelle zusammengefaßten Interviewresultate sahen folgendermaßen aus:

Einstellung über die Teilnahme älterer Studenten an den Seminaren	Interviewt von	
	Interviewer 1	Interviewer 2
Positiv	2	10
Neutral	2	2
Negativ	11	3
Gesamt: 30	15	15

Aus dieser Tabelle ist ersichtlich, daß fast alle Studenten, die von dem ersten Forscher befragt worden waren, negative Einstellungen wiedergaben. Im Gegensatz dazu zeigten die Studenten, die vom zweiten Forscher interviewt worden waren, positive Einstellungen. Möglich, aber ziemlich unwahrscheinlich, ist, daß beide Interviewer durch Zufall völlig unterschiedliche Personengruppen interviewt hatten. Es ist viel wahrscheinlicher, daß der Unterschied in den Ergebnissen auf kraß unterschiedliche Interviewerstile der beiden Studenten zurückzuführen ist.

Solche Verzerrungen von Interviewresultaten können aufgrund nonverbaler Zeichen und Reaktionen der Interviewer resultieren: durch Stirnrunzeln und Lächeln, Nicken und Anstarren oder durch die Art und Weise, in der Fragen formuliert werden. Diese verschiedenen Verhaltensweisen können sich bei den befragten Personen so auswirken, daß sie in eine bestimmte Richtung hin antworten. Dies verzerrt dann dementsprechend die Resultate, weil sie nicht die wahren Einstellungen, Gefühle usw. der Befragten widerspiegeln. Eine Verzerrung der Resultate, die auf diese Weise zustande kommt, ist viel schwieriger festzustellen und zu kontrollieren als eine Verzerrung aufgrund einer falschen Kodierung, d. h. Auswertung der Antworten. Denn die Auswertung kann durch einen zweiten „blinden" Kodierer wiederholt werden, der nicht weiß, wie der erste Kodierer vorgegangen ist. Zur Kontrolle der Auswertung kann der Übereinstimmungsgrad zwischen den beiden unabhängigen Kodierern ermittelt werden und dadurch eine Verzerrung aufgrund falscher Kodierung entdeckt und vermieden werden. Zu Verzerrungen führende Frageformulierungen können nicht mehr korrigiert werden, ohne daß ein völlig neues Interview durchgeführt wird. Um die Möglichkeit verzerrender Frageformulierungen prüfen und kontrollieren zu können, nehmen einige Forscher ihre Interviews auf Tonband auf, damit später ein zweiter unabhängiger Forscher das Band abhören und den Interviewstil hinsichtlich evtl. Verzerrungen bewerten kann. (Um ein Interview auf Tonband aufzunehmen, muß sich der Forscher die Erlaubnis der Befragten einholen!)

Die Interviewtechnik ist zeitraubend und kann auch recht kostspielig sein. Eine große Personengruppe kann per Fragebogen mit sehr viel weniger Aufwand und Mühe befragt werden als mit der Interviewtechnik. Außerdem ist die Kodierung und Auswertung von Interviewbefunden häufig viel zeitraubender und komplizierter als die Auswertung von Fragebogenresultaten.

Auf der anderen Seite weist die Interviewtechnik aber auch einige wesentliche Vorteile auf. Das Interview gestattet es nämlich, daß der Forscher ein ziemlich genaues und detailliertes Bild über die Gefühle und Gedanken des Interviewten zu einem bestimmten Themenbereich gewinnen kann. Mit keiner anderen Methode kann man so tief „in den Kopf einer Person hineinsehen" wie mit einem gut durchgeführten Interview. Die Interviewtechnik ist aus diesem Grund vor allem für die Untersuchung der sozialen Wahrnehmung oder kognitiver Prozesse angemessen; d. h. für Untersuchungen, bei denen das Forschungsinteresse darauf abzielt, festzustellen, wie Befragte sich und bestimmte Aspekte ihrer Umwelt wahrnehmen. In ihrer Anwendung sind Interviews viel flexibler als Fragebogen, weil sie direkt der Eigenart und dem Verhalten der einzelnen Individuen in der Testsituation angepaßt werden können. Antworten sind ja nicht auf begrenzte Wahlmöglichkeiten beschränkt. Das kann in vielen Fällen dazu führen, daß mit Hilfe von Interviews validere Befunde erhoben werden können als mit Fragebogen.

9.2 Formulierung der Interviewfragen

Wie schon angemerkt, benötigt man sowohl für standardisierte als auch für weniger strukturierte Interviews einen *Fragenkatalog,* der schon vor Durchführung der Interviews genau festgelegt sein sollte. Wir werden nun grundsätzliche Richtlinien besprechen, die zur Formulierung von Interviewfragen herangezogen werden sollten.

Fragen können eher weit oder relativ eng formuliert werden. Geht der Interviewer so vor, daß er zuerst allgemeine Fragen stellt und dann im Verlauf des Interviews zu spezifischen Themen übergeht, dann spricht man von einer „Trichtersequenz". Wird umgekehrt vorgegangen, also von detaillierten zu weiten Fragen, dann nennt man dieses Vorgehen „umgekehrte Trichtersequenz". Die Trichtersequenz wird verwendet, weil allgemeine Fragen am Anfang des Interviews dem Befragten weniger Beschränkung auferlegen und somit zu einer guten Beziehung zwischen dem Interviewer und dem Befragten beitragen können. Spezifische Fragen dagegen könnten dadurch, daß sie eine ganz bestimmte Antwort auf ein bestimmtes Thema verlangen, den Befragten einschränken. Ruft eine allgemeine Frage bereits die erwünschte Information hervor, dann braucht der Interviewer zu dem relevanten Thema keine weiteren Fragen mehr stellen. Benötigt der Interviewer mehr Information, dann kann er, der Situation angemessen, dementsprechende Fragen in das Interview einbauen. Manchmal ist es für die Befragten aber einfacher, zuerst auf enge und spezifische Fragen zu antworten. Zum Beispiel wären die meisten Leute von der offenen Frage völlig überfordert: „Mit welchen hauptsächlichen sozialen Problemen sollte sich unsere Regierung auseinandersetzen?" Eine erste Reaktion darauf könnte lauten: „O Gott, das weiß ich nicht!" Der Befragte sollte hier eher graduell an das Thema herangeführt werden, d. h. die umgekehrte Trichtersequenz wäre hier wesentlich effektiver.

Einige Forscher haben festgestellt, daß sehr offene Eingangsfragen in einem Interview sehr effektiv sein können, wenn auf offene und evtl. recht vage Antworten der Befragten hin durch mehrmaliges Weiterfragen nachgehakt wird. Durch ein solches exploratives Vorgehen werden die befragten Personen nämlich dazu ermutigt, mehr von sich zu erzählen, ohne sich eingeschränkt zu fühlen. Eine Verzerrung der Resultate durch zu spezifische Fragen ist dabei auch nicht zu erwarten. In einer Untersuchung mit 437 Ehepaaren verwendeten Cuber und Haroff (1965) solche offenen Eingangsfragen in ihren Interviews. Die Ehefrauen der Zielgruppe wurden dabei zu Anfang des Interviews sehr offen und weit gefragt: „Wie ist das, heutzutage eine Frau zu sein?" Bei Männern erwies sich dagegen folgende Eingangsfrage als effektiv: „Was halten Sie von der Ehe?" Diese weiten und sehr unbestimmten Fragen wurden verwendet, um konstruktive Interviews einzuleiten, die drei Stunden oder noch länger dauerten. Einige Interviews waren sogar so lange, daß sie über eine Woche verteilt werden mußten. Perry (1968) fand bei einer Untersuchung über die intellektuelle Entwicklung bei Studenten, daß sich z. B. die Frage „Würden Sie bitte sagen, welches Ereignis im letzten Jahr für Sie eine herausragende Bedeutung gehabt hat?" als sehr gute Eingangsfrage erwies.

Die erste Frage eines Interviews sollte in einem vernünftigen, entspannten Gesprächskontext gestellt werden. „Wir sind interessiert an _____ " oder „Ich möch-

te untersuchen, was die Leute über _____ denken." sind Beispiele solch allgemeiner Formulierungen. Der Interviewer sollte weder von oben herab und herablas-
send mit den Befragten sprechen, noch die Befragten mit ungewohntem Vokabular verwirren. Häufig sollte man vorsichtshalber eine kurze Erklärung anbringen,
um die Bedeutung eines Ausdrucks klarzulegen.

Der Interviewer sollte sich nur dann nach einem bestimmten Bereich erkundigen,
wenn er sich ganz sicher darüber ist, daß der Befragte in der Lage ist, darüber
Auskunft zu geben. Zum Beispiel liegen die Motive für das eigene Verhalten häufig nicht bewußt vor; selbst Tatsachen können manchmal einfach vergessen worden sein. Eine Untersuchung über Kindererziehungspraktiken verwendete die
Fragen „In welchem Alter war Ihr Kind entwöhnt?" und „In welchem Alter war
Ihr Kind trocken?". Solche scheinbar einfachen Fragen sind häufig nicht zu beantworten. Denn Entwöhnung und Sauberkeitserziehung sind längere Prozesse
und keine auf den Tag genau zu datierende Ereignisse. Befragte, die eifrig darauf
bedacht sind, den Interviewer zufriedenzustellen, oder jene, die über die Entwicklung ihres Kindes nicht unwissend erscheinen möchten, geben bei solchen Fragen
u. U. irgendein Alter an, ohne sich über die genauen Zeitpunkte im klaren zu sein.
Das Risiko, das man in Kauf nimmt, wenn man „unbeantwortbare" Fragen stellt,
ist, daß man zwar Antworten bekommt, daß diese aber kaum korrekt sind.

„Warum?"-Fragen sind häufig nicht zu beantworten oder werden als bedrohliche
Kritik erlebt. Die Frage „Warum kommen Sie so oft zu spät zur Arbeit?" wird
von vielen Befragten sicherlich als Vorwurf oder Tadel aufgefaßt.

In manchen Interviewsituationen möchte der Interviewer den Befragten absichtlich mit etwas konfrontieren oder schwierige Fragen stellen, die evtl. etwas bedrohlich wirken. Im allgemeinen werden solche Fragen erst relativ spät im Verlauf eines Interviews gestellt. Ihr Ziel ist es, entweder einen Widerspruch heraus-
zufordern oder aber ein besseres Verständnis einer bestimmten Einstellung oder
Sichtweise des Befragten zu erlangen. Dabei sollte der Interviewer mit großer
Umsicht und Sensibilität vorgehen, wenn er tatsächlich eine valide Antwort erhalten will. Interviewer: „Sie haben gerade berichtet, daß Sie Ihre frühere Arbeitsstelle wegen des langen Anfahrtsweges gekündigt haben. Nun ist Ihr neuer Anfahrts-
weg aber sogar noch länger. Was waren die anderen Gründe für Ihre Kündi-
gung?". Interviewer (zu Paul, sieben Jahre alt): „Du hast gerade gesagt, daß in
dem hohen, dünnen Glas mehr Wasser war. Jetzt sagst du mir, daß mehr Wasser
in dem niedrigen, breiten Glas ist. Wie kommst du darauf?". Interviewer (zu Sa-
bine, 12 Jahre alt): „Du hast mir doch gesagt, daß Eure ganze Klasse gerne Theater spielt. Nun hat mir Herr Maier aber mitgeteilt, daß niemand von Euch zu den
letzten drei Proben gekommen ist. Wo liegt das Problem?". Wenn Fragen dieser
Art in einem Kontext gestellt werden, in dem ganz klar ausgedrückt wird, daß der
Interviewer einfach mehr Informationen haben möchte und überhaupt keine Vor-
würfe machen will, dann sind solche „warum?"-Fragen angemessen. Um die Stärke der Überzeugung eines Kindes zu prüfen, würde Piaget (ein bekannter Ent-
wicklungspsychologe) das Kind etwa ganz absichtlich etwas aus sich herauslok-
ken: „Aber wie kann denn das Wasser in all diesen kleinen Gläsern nicht mehr
Wasser sein als das Wasser in diesem einen großen Glas?". Entgegnet das Kind:
„Weil wir alles Wasser aus den kleinen Gläsern in ein großes Glas schütten könnten und es genau bis zu der Höhe kommen würde wie das Wasser in dem großen

Glas dort", dann weiß man sicher, daß das betreffende Kind sich seiner Überzeugung sicher ist, d. h. dafür Argumente bringen kann und somit die entsprechenden Zusammenhänge versteht. Piaget würde sagen, daß dieses Kind ein sicheres „Reversibilitäts"-Schema aufweist.

Die Aufzeichnung von Interviews

Der „Kopf" eines Blattes zur Niederschrift oder Mitschrift eines Interviews oder der Anfang eines Tonbands zur Aufzeichnung eines Interviews sollte grundlegende Informationen enthalten, wie z. B. die Identifikationsnummer des Interviews, das Datum, die Zeit, Ort des Interviews und alle jene Charakteristika des Befragten, die für die Untersuchung relevant sind.

Zu Beginn der Verwendung der Interviewtechnik in der psychologischen Forschung befürchteten einige Forscher, daß das offene Aufzeichnen der Antworten stark mit der Kooperation der Befragten interferieren würde. Diese Befürchtungen haben sich als unnötig erwiesen. Zum Beispiel setzte Likert Feldinterviewer ein, die eine Gruppe von Bauern über Roosevelts Landwirtschaftsprogramme gegen Ende der großen Wirtschaftsdepression in den dreißiger Jahren befragen sollten. Die Interviewer waren in der Lage, einen guten Kontakt zu den befragten Bauern aufzubauen, hatten dabei aber trotzdem die Befürchtung, daß die Bauern mißtrauisch werden würden, wenn sie vor deren Augen deren Antworten aufzeichneten. Ein Interviewer versuchte deshalb, den gesamten Katalog an Fragen auswendig zu lernen, ohne damit großen Erfolg zu haben. Schließlich entschied er sich dafür, den Fragebogen in seinem Hut zu verstecken. Er hatte vor, wenn er nicht mehr weiter wüßte, seinen Hut zu ziehen, sich am Kopf zu kratzen und dabei heimlich auf die Liste zu schielen. Es war eine große Erleichterung für alle Interviewer, als sie feststellten, daß die Bauern überhaupt nichts gegen das Notieren ihrer Antworten einzuwenden hatten (Haney und Truax, 1971). Denn wie die meisten anderen Befragtengruppen waren die Bauern der Meinung, daß die sorgfältige Aufzeichnung ihrer Antworten ein ernsthaftes Interesse widerspiegelt. Heutzutage werden fast alle Interviews festgehalten. Das kann vom Notieren von Stich- oder sog. „Schlüsselwörtern" bis hin zu Ton- und Videobandaufnahmen variieren.

Hochstrukturierte Interviews werden häufig mit vorkodierten Antwortschemata durchgeführt. Dabei bekommt der Interviewer eine Liste von vier bis sechs möglichen Antwortkategorien, von denen der Forscher annimmt oder durch Vorversuche weiß, daß sie alle möglichen Antworten auf die einzelnen Items abdecken. Während des Interviews kreuzt dann der Interviewer die passende Kategorie für jede Antwort auf der Liste an. Es kann auch so vorgegangen werden, daß der Befragte selbst die ihm vorgegebenen Kategorien liest und die entsprechenden Antworten für jede Frage aus diesen vorgegebenen Kategorien selbst auswählt. Solche Items können mit offenen Fragen kombiniert werden.

Auch für offene Fragen können die Antwortkategorien im voraus entwickelt werden. In diesem Fall kodiert der Interviewer die Antworten der Befragten auf der vorgefertigten Liste in der entsprechend angemessenen Kategorie. Stellt der Interviewer fest, daß eine Antwort entweder in keine der Kategorien paßt oder in zwei

Kategorien passen würde, dann kann er weiter über das in Frage stehende Thema reden, bis abgeklärt ist, welche Kategorie für die entsprechende Person nun in Frage kommt. Diese Möglichkeit, nachzuhaken und tiefer zu fragen, ist der Hauptvorteil der Interviewtechnik im Vergleich zu anderen Forschungsmethoden.

Es ist kaum möglich, die Antworten auf mittel oder relativ gering strukturierte Interviewfragen wortwörtlich mitzuschreiben. Auch wenn der Interviewer die Stenographie ausgezeichnet beherrschen würde, würde das ständige Notieren der Antworten stören. Dies könnte sogar dazu führen, daß kein Interview- oder Gesprächsfluß mehr entsteht und damit keine angemessenen und zusammenhängenden Fragen aufeinanderfolgen. Eine Lösung dieses Problems besteht darin, daß man Tonbandaufzeichnungen der Interviews macht. Diese Methode hat i. allg. sehr große Vorteile, sie kann in manchen Situationen aber auch unangemessen sein. So kann mit Hilfe von Tonbandaufzeichnungen die Reliabilität der Kodierung der Antworten und der Interviewtechnik erhöht werden. Das Abhören der Bänder, evtl. sogar mehrmals, kann außerdem dazu führen, daß die Untersucher angeregt werden, neue Ideen zu entwickeln und neue Hypothesen zu formulieren. Auch Inhaltsanalysen können zur Auswertung durchgeführt werden, wobei zahlreiche verschiedene Kategoriensysteme auf dieselben Aufnahmen angelegt und deren Ergebnisse miteinander verglichen werden können. Auf der anderen Seite kann das Protokollieren der Tonbandaufzeichnungen u. U. aber auch sehr zeitraubend sein. Häufig müssen die Untersucher stundenlang die Bänder abhören, um ein Protokoll einer einstündigen Tonbandaufnahme zu erstellen, abhängig von der Deutlichkeit der Aufnahme und der Komplexität der Antworten. Um diesen Aufwand zu reduzieren, kodieren manche Forscher die Tonbandaufnahmen so, daß sie sie nur abhören, ohne ein schriftliches Protokoll anzulegen. Kurze anschauliche Zitate der Antworten werden dann evtl. noch wortwörtlich herausgeschrieben und später zitiert. Die meisten Befragten gewöhnen sich i. allg. recht schnell an die Verwendung eines Tonbandgeräts während des Interviews. Manche Befragten fühlen sich dadurch aber auch eingeschränkt. Ist z. B. das Thema sehr persönlich oder peinlich, dann werden die Befragten evtl. die Befürchtung äußern, daß die Aufzeichnungen in die falschen Hände geraten könnten. Werden solche Bedenken erkennbar, sollte das Tonbandgerät sofort ausgeschaltet werden.

In vielen Untersuchungen werden offene Fragen gestellt, ohne daß die Antworten auf Tonband aufgenommen werden. Ein relativ gering strukturiertes Interview, das nicht auf Tonband aufgezeichnet worden ist, basiert normalerweise auf, während des Interviews vom Interviewer notierten, Stich- oder Schlüsselwörtern. Es handelt sich dabei um eine laufende Sequenz von kurzen Sätzen und Anmerkungen zu den Antworten des Befragten. Geht ein Interviewer mit dieser Methode vor, benötigt er viel Papier. Es ist sinnvoll, im voraus die Seiten zu numerieren, damit bei der Auswertung die Sequenz des Interviews klar zu erkennen ist. Schlüsselwörter sind auch als „Anmerkungen zum Nachfragen" nützlich, d. h. als Gedächtnisstütze dafür, daß man den Respondenten noch über einen ganz bestimmten Punkt befragen möchte, nachdem das laufende Thema abgeschlossen sein wird. Sobald das Interview fertig ist (und bevor ein anderes durchgeführt wird), sollte der Interviewer aus den Schlüsselwörtern einen kleinen Bericht über das eben durchgeführte Interview zusammenschreiben oder auf Band diktieren.

Auswahl von Zeitpunkt und Ort der Interviewdurchführung

Idealerweise sollte man ein Interview in einem möglichst ungestörten Rahmen durchführen, in einer bequemen und eher privaten Umgebung. Bei einem kurzen Interview über ein relativ neutrales Thema sind die äußeren Umstände nicht so wichtig. Bei längeren Interviews dagegen, die außerdem noch sehr persönliche Themenbereiche behandeln, nimmt die Interviewumgebung einen großen Stellenwert ein. Leider kann der Interviewer häufig Zeit und Ort eines Interviews nicht völlig selbst bestimmen, weil er sich nach seinen Zielpersonen zu richten hat. Er sollte versuchen, eine Tageszeit auszusuchen, die für ein ungestörtes Gespräch eher förderlich ist.

Es wurden aber auch schon effektive Interviews zu scheinbar völlig ungünstigen Zeitpunkten durchgeführt. Gordon (1975) beschreibt eine Studie über die Reaktionen von Opfern von Naturkatastrophen. Man könnte annehmen, daß Menschen, denen gerade ein schreckliches Unglück widerfahren ist, nicht unbedingt sofort darüber reden können oder wollen. Überraschenderweise entdeckte nun Gordon aber, daß im Falle einer solchen Katastrophe die Betroffenen sogar eher das Bedürfnis haben, nach ein paar Stunden über ihre persönliche Tragödie zu reden. Gordon nimmt dafür folgende Gründe an:

> Der Mann, dessen Haus von einem Hurrikan weggefegt worden ist, dessen Pferde und Kühe getötet worden sind, dessen Hof und Geräte völlig zerstört worden sind und dessen Felder mit Trümmern und Schutt bedeckt sind, kann nicht damit beginnen, irgend etwas an seiner Lage zu ändern. Im allgemeinen würde er, wenn er Schwierigkeiten hat, in die nächste Stadt gehen, um mit dem Versicherungsagenten wegen eines neuen Traktors zu reden. Normalerweise würde er telephonieren, aber die Telephonleitungen sind von dem Hurrikan zerstört worden. Er würde mit dem Auto fahren, aber das ist nun kaputt. Obwohl normalerweise eine Buslinie direkt am Haus vorbeiführt, ist die Straße nun durch umgefegte Leitungsmasten, Bäume und Hochspannungsleitungen blockiert. Er würde in solch einem Fall seine große Motorsäge nehmen und die Bäume damit von der Straße bringen, aber jetzt hat er kein Benzin für den Motor, und da die elektrische Versorgung nicht mehr funktioniert, arbeiten auch die Pumpen der örtlichen Tankstelle nicht, so daß er auch nicht tanken kann. Somit ist der Betroffene im Netz einer lahmgelegten, nichtfunktionierenden Gemeinschaft gefangen. In seiner Frustration ist er also eher willig, über seine Sorgen zu reden. Unter solchen Umständen macht es keine Schwierigkeiten, ein Interview von zwei bis drei Stunden Dauer durchzuführen.

Warum lassen sich Menschen interviewen?

Die meisten Interviews müßten eigentlich notwendigerweise zuerst auf Widerstand bei den angesprochenen Personen stoßen. Denn normalerweise haben die Leute ja andere Dinge und Beschäftigungen für die entsprechende Zeit vor. Warum lassen sich dann Menschen überhaupt interviewen? Dafür gibt es eine Vielzahl wahrscheinlicher Gründe.

Viele Befragten nehmen aus selbstlosen oder uneigennützigen Gründen an Interviews teil. Sie wollen vielleicht dazu beitragen, daß es in der Wissenschaft zu Fortschritten kommt oder daß über eine Angelegenheit des Allgemeinwohls durch das Interview Einigkeit erzielt wird. Es kommt auch vor, daß Befragte einem Forscher bei seiner Arbeit behilflich sein möchten. Die Einführungsworte eines Interviews sollten sorgfältig vorbereitet werden, um solche evtl. vorliegenden uneigennützigen Gefühle anzusprechen. „Ich bin daran interessiert, mit berufstätigen Müttern zu sprechen, damit wir ein besseres Verständnis ihrer Situation bekommen." „Wir möchten gerne wissen, was Studenten über das neue Wohnheimprogramm denken, um Wohnheime so gestalten zu können, daß sie für die kommenden Semester zu einem Ort werden, an dem sie sich wohlfühlen können." Ein Bezug auf die eigenen Bedürfnisse kann in manchen Untersuchungen von Vorteil sein: „Diese Untersuchung ist ein Teil meiner Hausarbeit. Dazu brauche ich eine Reihe von Interviews, damit die Untersuchung gut wird. Ihr Interview würde mir dabei sehr helfen." Der spezielle Beitrag, den die altruistische Person zu leisten vermag, kann auch noch näher ausgeführt werden: „Um eine aussagekräftige Stichprobe zu gewinnen, ist es extrem wichtig, daß wir Ihre Meinung kennen. Ohne Ihr Interview werden wir nicht in der Lage sein, den Standpunkt von Studenten, die das Hauptfach ‚Kunst' studieren, richtig wiederzugeben." „Ich bin froh, daß ich Sie angetroffen habe. Wir brauchen nämlich ganz speziell die Meinungen der verheirateten Pendler aus diesem Stadtbezirk."

Manchmal halten es die Befragten selbst für sinnvoll, über einen ganz bestimmten Themenbereich zu reden, da sie ihren eigenen Standpunkt dann besser verstehen, nachdem sie ihn verbalisiert und erläutert haben. Um diesen Wunsch nach Selbstbewußtheit zur Durchführung von Interviews zu nutzen, kann man den Zielpersonen sagen, daß „die meisten Leute der Ansicht sind, daß ihnen solch ein Interview selbst viel bringt". Und es entspricht ja auch der Realität, daß die Mitteilung bestimmter Einstellungen, Ansichten und persönlicher Dinge (z. B. die Gründe für die Wahl einer Berufskarriere, die Bewertung einer politischen Entscheidung, Meinungen über verschiedene Aspekte der Kindererziehung) dazu verhelfen kann, daß man sich selbst, seine Urteile und Gefühle besser versteht.

Für einige Personen kann ein Interview eine Art Reinigungs- oder Katharsiseffekt auslösen. Sie erfahren dabei emotionale Beruhigung und Erleichterung, nachdem sie mit einem empathischen Zuhörer ein Problem besprochen haben. Die Verbalisierung und Darlegung der eigenen Schwierigkeiten hilft den Betroffenen häufig, ihre Probleme besser zu bewältigen. Verständnisvolles Zuhören sichert dem Interviewer die Kooperation solcher Personen.

Die Tatsache, daß ein anderer Mensch ein Interesse an den persönlichen Meinungen und Gefühlen und an der individuellen eigenen Situation hat, ist für viele Befragte ein Grund zur Befriedigung und zum Erzählen und damit zur Teilnahme am Interview. Als Interviewer hat man außerdem kein persönliches, materielles Interesse: Man will nichts verkaufen, man fordert nichts – außer daß der Befragte seine Gefühle und Meinungen mitteilt. Die Interviewsituation bietet vielen Menschen die seltene Möglichkeit, über ihre persönlichen Belange zu reden und dabei angehört und verstanden zu werden.

Schließlich stellt für viele Leute die Durchführung eines Interviews eine willkommene Abwechslung und Unterbrechung im Alltagstrott dar. Der Befragte, der angibt, er sei zu beschäftigt, um an dem Interview teilnehmen zu können, kann manchmal dadurch umgestimmt werden, daß der Interviewer ihn auf sein Bedürfnis nach Erholung und Abwechslung anspricht. (Wenn nötig, sollte der Interviewer natürlich anbieten, das Interview auf einen anderen Zeitpunkt zu verschieben.)

Verabredung zu einem Interview. Soll der Forscher die Zielpersonen schriftlich oder telephonisch um ein Gespräch ersuchen? Insgesamt sind Nachfragen i. allg. effektiver, wenn sie persönlich unter vier Augen vorgetragen werden. Die Verweigerungsrate bei telephonischen Anfragen ist nämlich relativ hoch, bei schriftlichen Anfragen sogar noch höher. Wenn man sich aber direkt gegenübersteht, dann ist es i. allg. viel schwieriger, eine sachliche Bitte abzuschlagen. Häufig ist es angebracht und effektiv, den Weg über die Medien, etwa eine Zeitungsanzeige, zu nehmen, um die Zielpersonen darauf vorzubereiten, daß sie interviewt werden könnten.

Verhalten und Auftreten des Interviewers. Auftreten und Verhalten des Interviewers sollten den angesprochenen Personen zeigen, daß er voll mit ihrer Teilnahme am Interview rechnet. Ein schüchternes, um Rechtfertigung bemühtes, unsicheres und defensives Auftreten führt zu Ablehnung. Der Interviewer sollte sich also bemühen, nicht so unsicher zu wirken, als ob er bereits erwarten würde, abgewiesen zu werden. (Er soll umgekehrt natürlich auch nicht so offensiv auftreten, daß er auf den Interviewpartner wie ein Bulldozer oder wie eine Dampfwalze wirkt.)

Das Ziel der Untersuchung sollte gleich zu Beginn des Interviews mitgeteilt werden. „Ich bin gekommen, um mit Ihnen über _____ zu reden." Eventuell muß auch etwas zur Umgebung, in der das Interview stattfinden soll, gesagt werden: „Kann ich hier Platz nehmen?" oder „Könnten wir in ein anderes Zimmer gehen, um uns ungestört unterhalten zu können?"

Manchmal kommt es vor, daß sich unerfahrene Interviewer am Anfang eines Interviews mit unwilligen Personen anlegen. Zielperson: „Nun, ich weiß überhaupt nichts über _____ ." Interviewer: „Aber sicher! Jeder kann etwas über _____ sagen." In solch einem Fall bewegt sich der Interviewer weg von dem Interviewthema und redet über einen für das Interview gar nicht relevanten Themenbereich, nämlich das Wissen des Angesprochenen. Es ist in solchen Fällen viel effektiver, die Aussage des Angesprochenen zunächst zu akzeptieren, nicht darauf einzugehen und dann die Eingangsfrage des Interviews zu stellen.

Druck gegenüber unwilligen Zielpersonen. Darf man versuchen, auf Personen, die zu Anfang nicht bereit sind, an einem Interview teilzunehmen, leichten Druck auszuüben? Das hängt primär von zwei Dingen ab: ob es sich um ein langes oder kurzes Interview handelt und wie passend die Umgebung und die anderen äußeren Umstände erscheinen. Leider ist es für den Befragten recht einfach, eine evtl. auf einen späteren Zeitpunkt gelegte Verabredung zu einem Interview zu verweigern oder sie einfach nicht einzuhalten. Dauert die Durchführung des Interviews nur kurze Zeit, dann sollte der Interviewer versuchen, es an Ort und Stelle durchzuführen, auch wenn er etwas warten muß, bis die angesprochene Person noch andere Arbeiten beendet hat. Er sollte dabei Geduld zeigen und die Person nicht bei ihrer Beschäftigung stören.

Ist das Interview dagegen ziemlich lang, dann sollte der unwilligen Person erklärt werden, daß man erfreut darüber wäre, einen günstigeren Zeitpunkt zur Durchführung des Interviews mit ihr verabreden zu können. Dabei sollte der Interviewer, sofern es die äußeren Umstände erlauben, das Ziel der Untersuchung kurz erklären und versuchen, dadurch eine positive Beziehung zwischen sich und dem Befragten aufzubauen. Damit kann durchaus die Grundlage für die zukünftige Kooperation hergestellt werden. Und natürlich sollte der Interviewer auf alle Fälle Verabredungen und Termine mit seinen Zielpersonen exakt einhalten.

Interviewvorbereitung

Bevor ein Interviewer seinen Zielpersonen gegenübersteht, sollte er sich überlegt haben, was er (wenn überhaupt) zu folgenden Bereichen sagen wird:

1. wer er ist (zusätzlich zum Namen)
2. Zweck des Interviews
3. Träger der Untersuchung (Psychologisches Institut, eine Organisation usw.)
4. Weiterleiten und Veröffentlichung der Ergebnisse
5. Benutzung eines Tonbandes
6. Auswahl der Zielpersonen („Sie wurden mit Hilfe wissenschaftlicher Stichprobenmethoden aus einer Liste von _____ ausgewählt" oder, wenn es sich nicht um eine Zufallsstichprobe handelt, dann z. B.: „Ihr Name und Ihre Anschrift wurden mir von Herrn Müller gegeben, der mir sagte, daß man mit Ihnen gut reden kann.")

Durchführung des Interviews

Die Kunst guter Interviews besteht erstens im konzentrierten Zuhören, zweitens in einer aufmerksamen Haltung gegenüber den Sprechmustern und Sprachgewohnheiten des Befragten und drittens in einer ermutigenden Kommunikation ohne Machtgefälle.

Man sollte sich immer über den hohen Stellenwert vom Empathie bewußt sein. In alltäglichen Gesprächen hören sich die Gesprächspartner häufig nicht genügend zu, unterbrechen den Gesprächspartner oder beschäftigen sich während des Gesprächs gleichzeitig mit anderen Dingen. Im Gegensatz dazu muß der Interviewer sich voll darauf konzentrieren, was der Befragte sagt und wie er es sagt. Unter Umständen kann dies recht anstrengend sein. Häufig sind Interviewer nach Beendigung langer und intensiver Befragungen körperlich völlig erschöpft. Doch sorgfältiges Zuhören ist extrem wichtig, um die Interviews erfolgreich durchzuführen.

Der Interviewer sollte sich darüber im klaren sein, wie er selbst reagiert, wenn er auf einen Fremden in einer mittleren Streßsituation trifft. Es gibt Menschen, die sofort von Anfang an viel reden und solche, die sich eher zurückhalten und die Konversation erst einmal vor allem ihren Gesprächspartner bestreiten lassen. Ist sich der Interviewer über sein eigenes Konversationsverhalten Fremden gegenüber im klaren, und kann er, wenn es die Situation verlangt, sein Verhalten dementsprechend ändern oder auf den Partner anpassen?

Das Sprechmuster der Befragten sollte vom Interviewer genau beobachtet werden, damit er sich diesem anpassen kann. Kommen etwa die Antworten ziemlich schnell, dann muß der Interviewer evtl. etwas schneller als normal reden. Reagiert der Befragte dagegen eher zögernd, dann muß der Interviewer Geduld aufbringen. Denn sonst kann es vorkommen, daß der Interviewer den Befragten mit der nächsten Frage unterbricht, weil er vorschnell der Meinung gewesen ist, der Befragte sei mit seiner Antwort bereits fertig gewesen. Der Interviewer sollte außerdem immer darauf vorbereitet sein, mitten im Satz mit dem Reden aufzuhören und den Interviewten zu Wort kommen zu lassen.

Die Sprechmuster der befragten Personen verändern sich häufig im Laufe des Interviews, weil sich der Streß des Interviewtwerdens allmählich legt. Im allgemeinen wird der sehr schnelle Sprecher dann langsamer und der Befragte, der am Anfang recht langsam und zögernd geantwortet hat, wird schneller. Jeder erreicht dann normalerweise eine normale, mittlere Sprechgeschwindigkeit (Chapple u. Sayles, 1960).

Viele unerfahrene Interviewer flüchten sich in das Reden, weil sie Schweigen unsicher werden läßt. Sekunden, in denen keiner etwas sagt, können einem wie Stunden vorkommen. Wenn der Interviewer nicht gleich weiterspricht, kann das seinem Gegenüber auch zeigen, daß er gewillt ist, sich für das Interview Zeit zu nehmen. Somit kann eine Redepause sogar dazu führen, daß der Befragte später mehr von sich erzählt. Pausen können dem Befragten auch die Gelegenheit geben, nachzudenken und seine Gedanken zu ordnen. Auf der anderen Seite sollte man aber nicht bis zu dem Punkt kommen, an dem sich die Unterbrechung des Gesprächs negativ auswirkt, d. h. der Befragte in Verlegenheit kommt oder verunsichert wird. Denn ein Machtkampf im Sinne von „Wer hält es jetzt nicht mehr aus – wer redet als erster?" ist für die weitere Durchführung eines Interviews kaum förderlich. Scheint es, daß eine solche Situation nahe bevorsteht, sollte der Interviewer eine zu lange Pause mit einer Nachfrage („Könnten Sie mir darüber etwas mehr erzählen?") oder der nächsten Interviewfrage unterbrechen.

Vor allem am Anfang der Durchführung eines Interviews sollte der Interviewer niemals zu erkennen geben, daß er seinen Gesprächspartner unterbrechen möchte. Denn zu Beginn muß zuerst der Sprechstil des Befragten ganz genau beobachtet werden, damit sich der Interviewer dann im Verlauf des Interviews darauf einstellen kann.

Angenommen, ein Befragter ist sehr weitschweifend und kommt nicht zum Thema. In solch einem Fall sollte der Interviewer erst einmal abwarten, denn evtl. folgen im Verlauf der dargestellten Geschichte noch recht relevante Anhaltspunkte und Informationen. Außerdem wird durch geduldiges Zuhören eine positive Beziehung aufgebaut. Später, wenn sich dann ein relativ gutes Interviewverhältnis entwickelt hat, kann es u. U. angebracht sein, eine zu geschwätzige Person wieder zum Thema zurückzulenken, indem man sie nachsichtig unterbricht: „Entschuldigen Sie, aber ich wollte eigentlich ja noch etwas mehr über _____ wissen."

Führen vermeiden. „Führen" bezeichnet einen gewissen Druck, der evtl. vom Interviewer auf den Befragten ausgeübt wird und dazu führen kann, daß der Befragte seine wahren Gefühle verzerrt oder gar nicht darstellt. Häufig ist Führen das Resultat der Erwartungen des Interviewers. Es kann dementsprechend, genauso wie die Erwartungen des Versuchsleiters in einem Experiment, der Grund für verzerrte Resultate sein. Wie kann der Interviewer verhindern, daß er seine eigenen Erwartungen den befragten Personen zu erkennen gibt? Er muß auf alle Fälle ganz bewußt versuchen, den Zielpersonen klarzumachen, daß er an dem, was sie sagen, ein Interesse hat und daß er darüber überhaupt keine vorgefaßten Vorstellungen hat. Der Interviewer sollte auch vermeiden, jeglichen verbalen und nonverbalen Hinweis in der Interviewsituation von sich zu geben, z. B. daß er Antwort X akzeptabler findet als Antwort Y.

Eine Möglichkeit, Führen zu vermeiden, ist der Gebrauch von nichtdirektiven Kommentaren, die die Aussagen der Interviewten spiegelbildlich reflektieren. Angenommen, man wird mit folgenden Aussagen konfrontiert: „Johann ist unmöglich", „Herr Müller ist total verwahrlost" oder „Ich konnte kaum glauben, daß es geschehen ist". Nichtdirektive Kommentare zu diesen Aussagen könnten folgendermaßen lauten: „Du meinst, daß Johann unmöglich ist?", „Sie glauben, Herr Müller sei total verwahrlost?" und „Sie konnten nicht glauben, daß es geschehen ist?". Unter Umständen sind solche Antworten effektiver, als daß der Interviewer seine eigenen Interpretationen der Aussagen mitteilt und damit das Risiko eingeht, dem Befragten zu zeigen, daß er ihn nicht genau verstanden hat. Entgegnet der Interviewer etwa im obigen Fall: „Meinst du, daß Johann unhöflich ist?", dann ist diese Interpretation des Wortes „unmöglich" evtl. falsch, da der Befragte bei seiner Aussage etwa ausdrücken wollte, daß Johann mürrisch, schwierig, zu langsam, zu schnell oder ziemlich ungezogen ist. Dann ist es auch möglich, daß der Befragte dem Interviewer zustimmt oder ihm entgegenkommt („Ja, er ist irgendwie unhöflich.") und die tatsächliche Meinung des Befragten dann für das Interview verloren geht. Ähnlich kann der Interviewer nicht genau wissen, was „total verwahrlost" im zweiten Beispiel oben bedeutet. Das gleiche gilt für das dritte Beispiel, d. h. es ist unklar, ob die „ungläubige" Person in der entsprechenden Situation nun geschockt, hoch erfreut, traurig oder erleichtert gewesen ist. In all diesen Fällen ist eine Nachfrage unter Verwendung der Worte des Befragten angebracht, d. h. kann zur Klärung beitragen.

Die Anwendung solcher nichtdirektiver Fragen ist jedoch immer auch mit dem Risiko verbunden, vor allem wenn sie die primäre Konversationstechnik des Interviewers darstellt, daß der Interviewer auf die befragten Personen wie ein Roboter, also ohne eigene Gefühle und Gedanken wirkt. Denn ein Individuum, das sich dazu bereit erklärt hat, an einem Interview teilzunehmen, erwartet, mit einem reagierenden Menschen und nicht mit einem nichtdirektiven Automaten reden zu können. Aus diesem Grund sind karikierende Geschichten über nichtdirektive Therapeuten entstanden, die von spiegelbildlichen, reflektierenden Kommentaren berichten: „Sie meinen, Sie müßten Selbstmord begehen?", „Sie wollen sich jetzt aus dem Fenster stürzen?".

Gordon (1975) führt in seiner Studie über Naturkatastrophen dazu folgendes Beispiel an: Eine Betroffene beschrieb ein haarsträubendes Erlebnis, in dem sie, als sie in ihrem Auto saß, von einem Tornado erfaßt und in die Luft geschleudert worden war. Danach war das Auto (mit ihr) auf dem Dach gelandet, aber einen Moment später waren sie wieder vom Sturm erfaßt worden. Die nächste Bemerkung des Interviewers lautete: „Fuhren Sie gerade in nördlicher oder südlicher Richtung, als Ihnen das passierte?" Dieser Kommentar spiegelt eine extreme Unfähigkeit wider, angemessen auf eine sehr emotionale Erfahrung zu reagieren. Der Interviewer zeigte mit dieser Antwort nicht den kleinsten Funken Empathie gegenüber der Betroffenen.

Falls es generell der Realität entsprechen sollte, daß man auf ehrliche und offene Menschen genauso ehrlich und offen reagiert, dann sollte diese Tatsache auch bei der Durchführung von Interviews in Betracht gezogen werden. Die meisten Forscher bestehen aber darauf, daß der Interviewer nichts über sich und seine eigenen Einstellungen und Erfahrungen berichten sollte, um Interviewereffekte oder vom Interviewer induzierte Verzerrungen zu vermeiden.

9.3 Beispiele und Ausschnitte aus der Interviewforschung

Zwei Untersuchungen über die Kontrolle aggressiven Kinderverhaltens durch die Eltern

Die folgenden zwei Untersuchungen zeigen den Unterschied zwischen dem Aufbau und der Durchführung eines strukturierten und eines weniger strukturierten Interviews.

Angenommen, ein Psychologe möchte untersuchen, wie Eltern ihre Kinder zu aggressivem Verhalten ermutigen oder wie sie versuchen, sie davon abzuhalten. Außerdem ist er daran interessiert, ob Eltern im Durchschnitt bei ihren Söhnen dabei einen anderen Wertemaßstab anlegen als bei ihren Töchtern. Sein Thema ist „der elterliche Umgang mit kindlicher Aggression und seine Beziehung zum Geschlecht des Kindes". Der Psychologe könnte zur Erforschung dieses Themas ein Experiment mit Kindern und ihren Eltern durchführen oder in einer Felduntersuchung kindliche Aggression und das dementsprechende elterliche Verhalten beobachten. Wir wollen annehmen, daß er sich dafür entschieden hat, Interviews mit den Eltern über den Themenbereich durchzuführen.

Wie geht er vor, wenn er ein standardisiertes Interview verwenden möchte, um den Bereich zu erforschen? Zuerst muß der Forscher die Dimensionen oder Kategorien festlegen, mit deren Hilfe er das Interview aufbauen möchte. Eine Dimension dabei könnte „strenge Aggressionskontrolle versus nachsichtige Aggressionskontrolle" lauten. Zu allen Dimensionen werden Hypothesen gebildet, z. B. daß Eltern bei ihren Söhnen im Durchschnitt einen größeren Grad an Aggression zulassen und tolerieren, bevor sie dagegen einschreiten, im Vergleich zu ihrem Verhalten gegenüber ihren Töchtern. Bei standardisierten Interviews werden die ausgearbeiteten Fragen für alle Zielpersonen identisch verwendet, d. h. der Wortlaut und die Reihenfolge der Fragen sind bei allen Interviews gleich. Der Forscher wird sich bei der Formulierung der Fragen darum bemühen, daß sie informativ und verständlich ausfallen. Er wird den entwickelten Fragenkatalog einem Vortest unterziehen, wobei er Nachfragen über die Bedeutung und die Implikationen jeder Frage für die Zielpersonen aufnehmen und berücksichtigen wird. Schließlich wird er ein geeignetes Auswertungs- oder Kodiersystem für die Antworten entwerfen und prüfen.

Es folgt ein Auszug aus einem standardisierten Interview über das vorgestellte Thema.

7. *Interviewer:* „Einige Eltern halten es für wichtig, daß Jungen lernen, für ihre Ansichten zu kämpfen. Andere sind der Ansicht, daß Jungen lernen sollten, sich selbst zu kontrollieren und keine körperlichen Auseinandersetzungen zu führen. Was ist Ihre Meinung dazu?" (Diese Frage ist ausgewogen; d. h. um den Effekt der sozialen Erwünschtheit zu vermeiden, werden beide alternativen Positionen als akzeptabel vorgestellt. Da der Interviewer keine festgelegten Antwortkategorien vorgibt, handelt es sich um eine offene Frage.)

7. *Befragter:* „Die Kinder hier in der Gegend sind einfach gräßlich. Als ich ein Kind war, durften wir uns nicht all die Dinge erlauben, die sich die Kinder heutzutage herausnehmen." (Der Befragte hat die Frage mit dieser Aussage nicht beantwortet; deshalb kann sie auch nicht kodiert werden.)

7. a) *Interviewer:* „Ich verstehe. Also, einige Eltern halten es für wichtig, daß Jungen lernen, für ihre Ansichten zu kämpfen. Andere sind der Ansicht, daß Jungen lernen sollten, sich selbst zu kontrollieren und keine körperlichen Auseinandersetzungen zu führen. Was ist Ihre Meinung dazu?" (Der Interviewer hat die Frage wortwörtlich wiederholt und nur „Ich verstehe. Also," zum Übergang am Anfang hinzugefügt.)

7. a) *Befragter:* „Mir wäre es recht, wenn sie lernen würden, sich mehr zu kontrollieren. Immer nur Kampf und Streit! Es ist einfach gräßlich!" (Der Befragte ist mit dieser Antwort zum Thema gekommen. Nehmen wir jetzt ein einfaches Kodiersystem an, in dem eine Antwort, die auf „sollte nicht das Kämpfen lernen" hinweist, einen Wert von 0 bekommt. Das Gegenteil, also „sollte das Kämpfen lernen", wird mit zwei Punkten kodiert und Antworten, die beide Aussagen gleichzeitig enthalten, mit einem Punkt. Wir bewerten die Aussage des Befragten dementsprechend mit 0 Punkten.)

8. *Interviewer:* „Worüber reden Sie wohl häufiger mit Ihrem Sohn? Darüber, daß er für seine Ansichten kämpfen sollte, oder ermahnen Sie ihn häufiger, nicht zu kämpfen?" (Hier haben wir einen Trichteransatz. Denn die vorherige Frage war allgemein und verlangte die Wiedergabe einer Einstellung. Diese Frage ist jetzt spezifischer und verlangt, daß der Befragte über sein Verhalten berichtet. Dabei ist zu beachten, daß ein solcher Verhaltensbericht nicht unbedingt dem tatsächlichen Verhalten entsprechen muß. Denn man kann kaum voraussetzen, daß die Angesprochenen, die Eltern in diesem Fall, die Häufigkeit ihrer unterschiedlichen Ermahnungen ihrem Kind gegenüber gezählt haben. Der Interviewer stellt in diesem Fall also die Frage primär wegen der Einstellungen und Ansichten der Befragten.)

8. *Befragter:* „Uns bleibt wirklich nichts anderes übrig; er muß lernen, zu kämpfen! Letzte Woche haben ihn allein drei von diesen Burschen verfolgt. Ich verstehe nicht, wie deren Eltern das zulassen können. Schließlich habe ich ihm gesagt, er solle immer einen Stein bei sich tragen. Ich möchte so etwas eigentlich nicht tun, aber mir bleibt wirklich nichts anderes übrig." (Dieses Item bekommt einen Kodierwert von 2.)

9. *Interviewer:* „Wenn ein anderer Junge mit Ihrem Sohn in der Schule einen Streit vom Zaun brechen würde; was würden Sie dann tun? Würden Sie ihm sagen, er solle versuchen zu gewinnen, oder würden Sie ihn davon abhalten wollen und ihn dazu ermahnen, die Sache anders zu lösen?" (Wäre das Interview weniger standardisiert, dann wäre der Interviewer an dieser Stelle evtl. auf die vorherige Antwort, vor allem auf die Geschichte mit dem „Stein", näher eingegangen, anstatt gleich die nächste Frage zu stellen.)

9. *Befragter:* „Das hat keinen Wert! Wegen seinem älteren Bruder bin ich damals mehrmals in der Schule vorstellig geworden. Ich habe das aufgegeben. Die tun dort rein gar nichts!" (Der Befragte hat keine Antwort gegeben, die kodiert werden könnte.)

9. a) *Interviewer:* „Nun, wie würden Sie sich verhalten? Wenn ein anderer Junge mit Ihrem Sohn einen Streit vom Zaun brechen würde, würden Sie ihm dann sagen, er solle kämpfen und gewinnen? Oder würden Sie ihn davon abhalten wollen und einen anderen Lösungsweg vorschlagen?" (Der Interviewer hat den Wortlaut der Frage jetzt etwas mehr abgeändert als in 7. a) hinsichtlich der Frage 7., aber dadurch nichts am Sinn der Frage verändert.)

9. a) *Befragter:* (verlegenes Lachen) „Ich glaube, ich mache beides! Manchmal sage ich ihm, er solle sich in keine Streitereien einmischen, und manchmal sage ich ihm, daß er ruhig kämpfen soll." (Diese Antwort wird mit „1" kodiert.)

Diese drei Fragenbeispiele decken noch lange nicht den gesamten Themenbereich ab; es werden hierfür auch Fragen über Kämpfe zwischen Mädchen und über Unterschiede im elterlichen Verhalten gegenüber Aggressionen bei Jungen und Mädchen benötigt (s. hierzu Sears, Maccoby und Levin, 1957).
Angenommen, unser oben vorgestellter Psychologe habe sich für ein weniger standardisiertes Interview entschieden, um denselben Themenbereich zu erforschen. Wir wollen uns aber jetzt auf einen etwas anderen Aspekt dieses Themas beziehen: Worüber sind sich Kinder uneinig? Wer schreitet ein, wenn überhaupt jemand? Wie gehen solche Uneinigkeiten und körperlichen Auseinandersetzungen aus? Wie im vorigen Beispiel gehen wir davon aus, daß der Forscher die Einleitung des Interviews gut vorbereitet und effektiv geplant hat. Nach verschiedenen Eingangsfragen folgt folgender Interviewausschnitt:

Interviewer: „Wie kommen hier die Kinder zurecht?"

Befragter: Das ist ganz verschieden. Sie treffen hier mit ganz unterschiedlichen Menschen zusammen. Manche sind gut. Meine Tochter lernte hier eine Freundin kennen, deren Mutter Schauspielerin ist. Die nahm die Kinder mit ins Theater und das war für sie recht interessant und schön."

Interviewer: (nickt) „Hmm, hmm."

Befragter: „Natürlich ist das hier nicht immer so. Manchmal ist es auch ganz schön hart zugegangen."

Interviewer: „Hart?" (Nichtdirektive Reflexion.)

Befragter: „Ja. Ich glaube, am Anfang bin ich ganz nett naiv gewesen. Ich dachte, wenn man sich den Kindern gegenüber richtig und fair verhält, dann würden sie auch fair mit einem umgehen. Das hab' ich am Anfang wenigstens immer meinen Kindern gepredigt. Aber das ist leider nicht mehr so!"

Interviewer: „Oh?" (Pause) „Könnten Sie mir etwas mehr darüber erzählen?"

Befragter: „Ja. Eines Tages hat meine Tochter fünf Mark aus meiner Geldbörse gemopst. Manchmal bin ich mir nicht ganz sicher, aber damals wußte ich genau, wieviel Geld ich in der Geldbörse gehabt hatte. Nun, ich sprach sie darauf an, und sie sagte mir dann, daß zwei Mädchen an der Schule ihr damit gedroht hätten, sie zu verprügeln, wenn sie am nächsten Tag ohne das Geld in die Schule kommen würde. Ich sagte ihr, daß mir das zwar leid tue, aber daß dann, wenn ich ihr das Geld für die Mädchen geben würde, kein Ende abzusehen sei und sie dann immer weiter erpreßt werde und zahlen müsse. Weiter sagte ich, daß es nicht ginge, daß ich ihr das Geld für die Mädchen geben könnte. Schließlich bat ich sie, in die Schule zu gehen und so zu tun, als sei nichts vorgekommen. Sie können sich sicher vorstellen, was das für eine schreckliche Situation für mich war!"

Interviewer: „Als Ihre Tochter dann in die Schule ging, was passierte dann?" (Tieferes Nachfragen.)

Befragter: „Eines der beiden Mädchen kam an jenem Tag gar nicht, und die andere getraute sich nicht, irgend etwas alleine zu unternehmen. Sie kam an dem betreffenden Tag also nochmals davon. Aber das war noch nicht das Ende der Geschichte!"

Interviewer: „Es war noch nicht das Ende?" (Nichtdirektive Reflexion.)

Befragter: „Schließlich kämpften sie. Und zwar war es ein geplanter Kampf. Können Sie das glauben, am hellichten Tag auf dem Schulhof, vor den Augen aller anderen? Meine Tochter willigte schließlich in den Kampf ein, bestand aber darauf, daß nur mit den Fäusten gekämpft werden sollte. Ja, und dann warf irgend jemand eine Scherbe nach ihr; vielleicht wollte sie sie ursprünglich auch nach dem anderen Mädchen werfen; aber sie landete eben auf ihren Füßen. Sie hat die Scherbe dann einfach weggekickt und hat nochmals auf einen fairen Kampf bestanden. Und stellen Sie sich vor, die Lehrer … können Sie das glauben … können Sie sich das wirklich vorstellen?"

Interviewer: „Sie meinen, daß die Lehrer …?" (Nichtdirektives, tieferes Nachfragen.)

Befragter: „Ich meine, daß das alles am hellichten Tag auf dem Schulhof passierte und daß die Lehrer sich nicht darum kümmerten und nichts dagegen unternommen haben. Von dem Tag an hatten jene Mädchen zwar Respekt vor meiner Tochter, aber ich habe sie trotzdem aus dieser Schule genommen. Wir zogen um in diesen Stadtteil hier. Ich war einfach zu naiv. Ich werde meine Kinder nicht in solch einer Umgebung großziehen. Früher habe ich geglaubt, meine Kinder auch dort gut erziehen zu können, aber das geht heutzutage einfach nicht mehr. Haben Sie z. B. gewußt, daß die Mädchen an dieser Schule davor Angst haben, alleine, d. h. ohne zwei Freundinnen, in den Waschraum zu gehen?"

Interviewer: „Was passiert denn, wenn sie alleine in den Waschraum gehen?" (Tieferes Nachfragen.)

Bei diesem Interviewausschnitt ist wichtig, daß der Interviewer zwar nichtführende, aber direkte Nachfragen, der Situation entsprechend, gestellt hat: „Und als sie dann doch ohne das Geld in die Schule ging, was passierte dann?". Der Interviewer hat auch häufig nichtdirektive, reflektive Kommentare und Fragen benutzt: „Es war noch nicht das Ende?" Als der Befragte aufgeregt wurde: „Und stellen Sie sich vor, die Lehrer … können Sie das glauben … können Sie sich das wirklich vorstellen?", widerstand der Interviewer der Versuchung, den Befragten zu führen, indem er etwa dem Befragten einen Grund für seine Erregung unterstellt hätte.

Denn es ist zwar plausibel erschienen, daß sich der Ärger des Befragten gegen die Lehrer richtete. Aber auch andere Möglichkeiten müssen bei solch vieldeutigen Aussagen immer in Betracht gezogen werden. Beispiele solcher alternativer Möglichkeiten in diesem Fall sind:

Befragter: „Ich bin froh, daß die Lehrer nicht eingegriffen haben. Denn nach dem Kampf hatte meine Tochter ja keinen Ärger mehr mit diesen Mädchen."

Befragter: „Können Sie mir glauben, daß zwei Lehrer eine Woche später auf mich zukamen und mir sagten, sie seien darüber enttäuscht, daß meine Tochter sich auf dem Schulhof prügeln würde? Stellen Sie sich vor, die haben auch noch die ganze Sache meiner Tochter in die Schuhe geschoben!"

Der Interviewer brachte an dieser Stelle den Befragten dazu, die genaue Bedeutung der vorherigen Aussage zu erklären, ohne führend einzugreifen. Er wiederholte dazu: „Sie meinen, die Lehrer …?". Wäre der Befragte nicht von sich aus darauf zu sprechen gekommen, dann hätte der Interviewer im Verlauf des Gesprächs bald etwa folgendes gesagt: „Ich nehme an, daß die Kinder manchmal sogar richtige Kämpfe austragen …". Denn dieses Thema stellte ja das Hauptthema dieses unstrukturierten Interviews dar.

Es ist klar, daß Tonbandaufnahmen von dieser Art Interviews für eine detaillierte Auswertung sehr nützlich sind. Jedoch können auch Schlüsselwörter, aus denen nach jedem Interview ein kleiner Bericht zusammengeschrieben wird, verwendet werden.

Nachdem Interviews aufgezeichnet sind, müssen sie kodiert werden. Im allgemeinen verlangt die Kodierung eines hochstrukturierten Interviews viel weniger Aufwand und Kodierfähigkeiten als das Kodieren eines weniger strukturierten Interviews, da beim strukturierten Interview häufig das Kodiersystem vor der Datensammlung schon vollständig entwickelt worden ist. Egal, ob das Interview strukturiert ist oder weniger strukturiert: Der Interviewer sollte mit dem Bewertungssystem (Scoringsystem) völlig vertraut sein.

Die Scores, d. h. die Punktwerte für die einzelnen Items, können zu einem Summenscore kombiniert werden. Zum Beispiel könnte man die Werte der drei Fragen aus dem standardisierten Interviewbeispiel oben kombinieren, um einen Index für die Dimension „sollte das Kämpfen lernen versus sollte möglichst lernen, Selbstkontrolle auszuüben" zu erhalten. Für das oben genannte Beispiel gilt:

Befragter Nr. 17	Kodierpunkte (Score)
Item 7:	0 (bedeutet: „sollte nicht das Kämpfen lernen")
Item 8:	2 (bedeutet: „sollte das Kämpfen lernen")
Item 9:	1 (bedeutet: „beide Aspekte sind enthalten")
	3 Punkte, Gesamtscore

$3/3 = 1$: Durchschnittsscore für Person Nr. 17 auf der Dimension
„sollte das Kämpfen lernen – sollte nicht das Kämpfen lernen".

Der Durchschnittsscore von „1", der eine mittelmäßige Position auf der Dimension widerspiegelt, weist auf den Konflikt des Befragten hin, auf sein Hin- und Hergerissensein zwischen der Mißbilligung von körperlichen Auseinandersetzungen und der Ermutigung zum Zurückschlagen. Dies wurde ja in seinen Aussagen deutlich.

Das zweite, weniger strukturierte Interview sollte man auf einer qualitativen Grundlage kodieren, indem man das thematische Material analysiert. Dabei werden zuerst die Interviews aller Zielpersonen gelesen, und dann werden mögliche Kategorien oder Themen zur Auswertung definiert. Welche Reaktionen werden bei den Kindern durch Erpressungsversuche hervorgerufen? An welchen Orten (z. B. Schulwaschräumen) treten Aggressionen vor allem auf? Welche Anlässe zu körperlichen Auseinandersetzungen werden von den Befragten erwähnt? Zusätzlich zur qualitativen Themenanalyse mit Hilfe solcher Fragen kann bei weniger strukturierten Interviews auch eine quantitative Auswertung durchgeführt werden. Wie häufig wird eine bestimmte (mit einer Kategorie zu erfassende) Art, mit Aggressionen von außen umzugehen (z. B. Flüchten), von den Betroffenen erwähnt? Ist der Wegzug in einen anderen Teil der Stadt als Konsequenz aus der körperlichen Bedrohung der Kinder häufiger der Entschluß von Eltern von betroffenen Mädchen oder der Entschluß von Eltern mit Jungen? Wieviele der Befragtengruppe haben von körperlichen Bedrohungen berichtet, bei denen gefährlichere Waffen als die Fäuste verwendet worden waren?

Die Reliabilität der Kodierungen sollte erhoben werden, indem man alle Interviews, oder zumindest eine angemessene Stichprobe, von zwei unabhängigen Kodierern auswerten läßt und deren Ergebnisse dann korreliert.

Aus den obigen Darstellungen sollte deutlich geworden sein, daß mit weniger strukturierten Interviews viel mehr Informationen über die Ansichten und Wahrnehmungen der Befragten, die für den Themenbereich relevant sind, erhoben werden können. Diese Informationen können häufig eine fruchtbare Quelle für die Entwicklung von Hypothesen darstellen, die dann wiederum zu einem späteren Zeitpunkt Thema einer neuen Untersuchung sein können. Im Gegensatz dazu könnten die Befunde hochstrukturierter Interviews dafür verwendet werden, Daten über die genaue quantitative Verteilung von ganz spezifischen Verhaltensweisen in der Population zu sammeln, z. B. den Prozentsatz an Eltern, deren Kinder eine ganz bestimmte Erfahrung gemacht haben (ein Kampf mit dem Messer; ein Kampf, der von den Lehrern geduldet wurde; eine körperliche Auseinandersetzung in einem Waschraum an der Schule usw.).

Das weniger strukturierte Interview ist vor allem für eine eher induktive Forschung angemessen, bei der ja Variablen und Konzepte aus dem Befundmaterial abgeleitet werden. Dagegen paßt das hochstrukturierte Interview in einen eher deduktiven Ansatz, bei dem ganz spezifische Hypothesen überprüft werden. Es handelt sich hier jedoch nicht um eine sehr scharfe Trennung, denn beide Interviewarten sind in beiden Forschungsansätzen zu finden. Es besteht auch die Möglichkeit, innerhalb einer Untersuchung standardisierte Interviews an einer großen repräsentativen Zufallsstichprobe durchzuführen, und die Befunde dann mit den Ergebnissen einer kleinen Anzahl weniger strukturierter Interviews zu kombinieren, um somit zusätzliche „Tiefe" zu erreichen.

Eine Untersuchung über Temperamentsunterschiede von Kindern unter Verwendung standardisierter Interviews

Es kommt häufig vor, daß Eltern über die ganz unterschiedlichen Temperamente und Charakterzüge ihrer Kinder recht erstaunt sind. Die zweijährige Tochter z. B. schreit und wehrt sich heftig dagegen, wenn ihre Mutter sie festhält, damit sie nicht auf die Fahrbahn laufen kann. Sie ist dabei durch nichts zu beruhigen. Ihr Bruder hat sich dagegen, als er in diesem Alter gewesen ist, ganz anders verhalten. Wurde ihm nämlich in solch einer Situation ein Stein, ein Zweig oder irgendetwas anderes zur Ablenkung in die Hand gegeben, war er sofort wieder zufrieden. In welchem Alter treten solche Persönlichkeits- und Temperamentsunterschiede auf? Wie stabil sind sie über die Jahre hinweg? Hängen sie von ganz bestimmten Erziehungspraktiken ab oder sind sie angeboren?

Thomas, Chess u. Birch (1968, 1963) versuchten, diesen großen Themenbereich mit der Interviewtechnik zu erforschen. Dabei befragten sie vor allem Mütter, aber auch eine kleine Gruppe von Lehrern. Ihr Interesse galt vor allem der Stabilität von Persönlichkeitszügen. Nun befürchteten sie aber, daß die Befragung über weit zurückliegende Ereignisse in der Kindheit evtl. invalide Befunde liefern könnte. Das heißt, wenn etwa eine Mutter mitteilt, ihr Kind sei als Säugling sehr aktiv gewesen, dann sagt sie das vielleicht nur aufgrund der Tatsache, daß das Kind z. Z. sehr aktiv ist. Aus diesem Grund beschlossen die Autoren, eine Längsschnittuntersuchung durchzuführen. Die Zielgruppe der Mütter wurde nun über das derzeitige Verhalten ihrer Kinder befragt. Die Entwicklung von 136 Kindern wurde vom Kleinkindstadium bis zum Alter von zehn Jahren verfolgt. Die 136 Kinder, die noch im Alter von zehn Jahren in der untersuchten Stichprobe waren, machten 96% der ursprünglichen Stichprobe (141 Säuglinge) aus. Dies ist eine ausgezeichnet niedrige *Schwundquote* der Stichprobe.

Nach beträchtlichen Vorarbeiten und zahlreichen Voruntersuchungen entschieden sich die Forscher für neun primäre Verhaltenskategorien, die für die verschiedenen Altersstufen adäquat definiert werden konnten: Aktivitätsniveau, Tagesrhythmus, Annäherung versus Rückzug, Anpassungsfähigkeit, Reaktionsintensität, Reaktionsschwelle, Stimmungsqualität, Störbarkeit, Aufmerksamkeitsspanne, Widerstand.

Die Protokolle, d. h. die Aufzeichnungen der gesamten Anmerkungen der Interviewer, wurden ausgewertet, indem alle angemessenen Ereignisse in den Protokollen auf die neun Kategorien verteilt wurden. Jede Kategorie wurde in einer Auswertungsvorlage genau beschrieben. Zum Beispiel wurde die vierte Kategorie,

Anpassungsfähigkeit, in bezug zu folgenden Inhaltsbereichen gesetzt: Nahrung, Geräusche, Mutterersatz, Umgebungen, Spielzeug, Routineverhalten/Gewohnheitsbildung, Erziehbarkeit (= Lernfähigkeit) und Schlafgewohnheiten. Für jeden dieser Inhaltsbereiche wurden in der Auswertungsvorlage zwei oder drei Beispiele für die jeweils hoch bzw. niedrig ausgeprägte Dimension vorgegeben. Für „Anpassungsfähigkeit: Routineverhalten" wurden etwa folgende Beispiele aufgeführt:

Hohe Anpassungsfähigkeit:

Beispiel a) „Zuerst war das Kind beim Baden recht passiv. Hat nicht geschrieen, aber schien auch nicht besonders zufrieden zu sein. Jetzt mag es das Baden, strampelt und plätschert."

Beispiel b) „Medikamenteneinnahme klappt jetzt. Regt sich nicht mehr wegen der Nasentropfen auf."

Beispiel c) „Macht jetzt richtig beim Ankleiden mit; hebt z. B. den Arm, wenn nötig. Windet sich nicht mehr und dreht sich nicht mehr weg, wie er es früher immer getan hat."

Niedrige Anpassungsfähigkeit:

Beispiel a) „Zuerst war beim Haareschneiden alles in Ordnung. Danach aber blieb er nicht mehr ruhig sitzen und schrie bloß noch."

Beispiel b) „Beim Ankleiden nicht interessiert oder kooperativ. Wand und drehte sich, um zu zeigen, daß er nicht angezogen werden wollte."

Beispiel c) „Das Trockenlegen ist ein einziger Kampf."

Es erhob sich die Frage, wie *valide* die Interviews sind, d. h. wie es mit der Genauigkeit und Richtigkeit der erhobenen Informationen steht. Die Autoren gingen dieses Problem auf zwei Arten an.

Um die Genauigkeit der erhobenen Befunde zu erhöhen, verlangten sie von den Interviewern, auf ganz spezifischen Verhaltensbeispielen in den Antworten der Mütter zu bestehen. Sagte z. B. eine Mutter: „Er badet gern", dann sollte der Interviewer etwa folgendermaßen nachhaken: „Was genau macht er denn, damit Sie annehmen, daß er gerne badet?" (Man sieht an diesem Beispiel, daß die Interviews zwar ziemlich standardisiert durchgeführt wurden, daß sie aber auch sehr stark durch Nachfragen über ganz spezifische Punkte gekennzeichnet waren.) Die Lehrer der älteren Kinder wurden auch interviewt. Dabei genügte es wieder nicht, daß ein Lehrer z. B. antwortete: „Sie war recht verärgert, weil sie ihren Kopf nicht durchsetzen konnte." oder „Er getraute sich nicht, Lehrer um Hilfe zu bitten." Auch hier fragten die Interviewer nach, bis sie Auskunft über die ganz spezifischen Verhaltensweisen der Kinder zu den einzelnen Themenbereichen erhalten hatten.

Thomas, Chess u. Birch überprüften außerdem die Validität ihrer Interviewmethode, indem sie die Interviewresultate mit Verhaltensbeobachtungsresultaten, die an denselben Kindern gewonnen worden waren, verglichen. Dazu wurde eine Untergruppe von 23 Kindern per Zufall aus der Gesamtstichprobe ausgewählt. Ein Beobachter besuchte zwei bis drei Stunden lang jede Familie innerhalb einer Woche nach den Interviews und beobachtete die Kinder beim Füttern, Baden usw. Dabei zeichnete er die Verhaltensreaktionen der Kinder auf, die für die neun Variablen relevant waren (ein paar Kategorien konnten innerhalb dieser kurzen Zeitspanne von zwei bis drei Stunden durch die Verhaltensbeobachtung nicht erfaßt werden).

18 der 23 Kinder wurden von zwei unabhängigen Beobachtern zu verschiedenen Zeitpunkten aufgesucht, um die *Reliabilität* der Verhaltensbeobachtung feststellen zu können. Dabei wurden die Beobachtungen der beiden und die Resultate der Interviews miteinander verglichen. Die Reliabilität der Befunde stellte sich als zufriedenstellend heraus.

Interessanterweise zeigten die Resultate jedes Beobachters einen stärkeren Zusammenhang mit den Ergebnissen des Elterninterviews auf als mit den Resultaten des jeweils anderen Beobachters. Die Autoren interpretierten diesen Befund als Beleg dafür, daß die kurzfristige Beobachtung jeweils etwas weniger reliabel ist und somit auch die Validität beeinträchtigt; im Gegensatz zu den Berichten der Mütter, die auf viel mehr Beobachtungsmaterial basieren.

Das Ergebnis der Längsschnittuntersuchung von Thomas, Chess und Birch wies insgesamt darauf hin, daß die neun untersuchten Merkmale über die Zeit hinweg sehr stabil sind und sich dementsprechend kaum ändern. Vielleicht handelt es sich um angeborene Charaktermerkmale. Die Autoren fanden auch zusammengehörige Merkmale bei verschiedenen Kindern. Zum Beispiel unterscheiden sie zwischen sog. „gut zu habenden", d. h. einfach zu erziehenden Säuglingen und „problematischen" Kleinkindern. Gut zu habende Säuglinge sind i. allg. guter Laune, anpassungsfähig, haben einen regelmäßigen Tagesrhythmus, reagieren auf einem mittleren Niveau und sind ablenkbar. Im Gegensatz dazu gibt es eine Minderheit von Säuglingen, die sog. „mother killers", die, egal was deren Eltern auch tun, eher häufig schlechter Laune und ziemlich rigide sind, einen unregelmäßigen Tagesrhythmus und sehr intensive Reaktionen aufweisen. Es hat sich herausgestellt, daß, obwohl dieses grundlegende „negative" Temperament dieser Kinder wahrscheinlich kaum verändert werden kann, das Verhalten der Eltern solcher Kinder aber doch sehr wichtig für deren Entwicklung ist. Gehen die Eltern nämlich mit diesen immer geduldig und freundlich, aber auch immer konsequent um, dann akzeptieren auch diese Kinder, wenigstens nach und nach, die sozialen Anforderungen. Sind die Eltern dagegen entmutigt, verbittert und geben sie es auf, Kontrolle auszuüben, dann kann es vorkommen, daß die Kinder das „verwöhnte Balg"-Syndrom entwickeln. Im Erwachsenenalter können diese schwierigen Kinder aber recht erfolgreich werden. Ihre große Widerstandskraft und Ausdauer können im Laufe der Reifung zu wichtigen Charaktereigenschaften werden. (Um diese Untersuchung mit einer anderen Arbeit über die Wesenszüge bei Kindern zu vergleichen, die aber vor allem die Methode der Verhaltensbeobachtung verwendet hat, s. Brody, 1975.)

Eine Untersuchung über die intellektuelle Entwicklung von Studenten
unter Verwendung wenig standardisierter Interviews

Gibt es unterschiedliche Stadien der intellektuellen und moralischen Entwicklung im frühen Erwachsenenalter? William Perry und seine Mitarbeiter (1968) von der

Studienberatungsstelle der Harvard University nahmen an, daß solche Stadien oder Phasen existieren, und sie entschlossen sich, das zu prüfen. Ihre hauptsächliche Forschungsmethode dabei war die Durchführung ausführlicher Interviews. Sie begannen die Untersuchung mit einem Einstellungsfragebogen über erzieherische Werteinstellungen, die sie 313 Studienanfängern an der Hochschule vorlegten. Eine Gruppe von Studenten, die hinsichtlich ihrer pädagogischen Wertvorstellungen sehr unterschiedlicher Meinung waren, wurden dann gebeten, an der Interviewuntersuchung teilzunehmen. In den folgenden vier Jahren wurden die Studenten dann mehrere Male interviewt.

Die Interviews wurden mit einer sehr offenen Frage eingeleitet: „Würden Sie mir bitte sagen, welche Ereignisse des vergangenen Jahres für Sie eine herausragende Bedeutung gehabt haben? Könnten Sie mir darüber etwas Genaueres erzählen?" Nach dieser Einleitung explorierte der Interviewer dann jene Themen, die die Studenten angegeben hatten. (Man kann kaum weniger strukturierte Interviews durchführen!)

Die Interviews wurden auf Tonband aufgenommen. Aus diesem Material entwickelten die Forscher ein heuristisches, eher vorläufiges Modell über die intellektuelle und moralische Entwicklung während der Studienzeit. Sie postulierten dabei drei Hauptentwicklungsstadien und neun Unterphasen. Das erste Hauptstadium nannten sie *Dualismus*. Ein dualistisch denkender Mensch glaubt, daß eine Angelegenheit oder eine Begebenheit entweder gut oder schlecht ist. Für ihn gibt es keinen Mittelweg bei der Bewertung. Außerdem erwartet der dualistisch denkende Student, daß die Autoritätspersonen in den einzelnen Fachbereichen genau wissen, was gut ist und was schlecht ist. Dementsprechend sind Studenten auf dieser Entwicklungsstufe von solchen Dozenten enttäuscht, die sich bei einigen Themen des Lehrstoffs weigern, einen eindeutigen oder einseitigen Standpunkt einzunehmen oder eine absolute Bewertung vorzunehmen. Um ihre dualistische Weltsicht aufrechterhalten zu können, nehmen einige unter ihnen dann an, daß sich ihre Dozenten (als „gute Dozenten") nur deshalb nicht festlegen wollen, damit sich die Studenten selbst ihre eigenen Gedanken zu den Themen machen können.

Das zweite Entwicklungsstadium wurde *Pluralismus und Relativität* (engl.: multiplicity) genannt. In diesem Stadium wird sich der Student über die Vielzahl der Sichtweisen bewußt, die auf einen bestimmten wissenschaftlichen Themenbereich angewandt werden können. Er beginnt zu begreifen, daß verschiedene Einstellungen „gut" oder „schlecht" sein können, abhängig von den Umständen oder vom Standpunkt des Bewerters. Das heißt, der Student versteht in diesem Stadium die Relativität von Bewertungen. Auch Dozenten oder Professoren kochen nur mit Wasser! Diese Erkenntnis ist für die Betroffenen häufig ziemlich enttäuschend, da dadurch eine gewisse Sicherheit, die das erste Stadium auszeichnet, aufgegeben werden muß.

Das dritte Stadium schließlich heißt *Stadium der persönlichen Verpflichtung* (engl.: commitment). In diesem Stadium erweitert sich die Erkenntnis der Relativität menschlicher Beurteilungen um das Moment der Realisierung persönlicher Verpflichtung. Das heißt, der Student akzeptiert, daß Entscheidungen gefällt und Wahlen getroffen werden müssen. Er sieht ein, daß sich Menschen mit den Konsequenzen ihrer persönlichen Entscheidungen abzufinden und sich dafür zu verantworten haben. Die Entwicklung des frühen Erwachsenenalters wird also durch die Verbindung eines persönlichen Identitätsgefühls mit dem Sinn für die Relativität menschlicher Urteile abgeschlossen.

Perry ging bei der Entwicklung dieses Stufenmodells *induktiv* vor. Er hörte die aufgenommenen Interviews sorgfältig ab, um Analysekategorien abzuleiten. Die Kategorien unterzog er dann einer Inhaltsanalyse. Die unstrukturierte Vorgehensweise bei der Durchführung der Interviews gestattete es den Forschern, eine aufgezeichnete Stichprobe des erwünschten Verhaltens, nämlich des Denkens, zu gewinnen. Das heißt, der Denkprozeß selbst war das Untersuchungsobjekt, nicht das Ergebnis des Denkens.

Wie *reliabel* und *valide* ist nun das Modell von Perry? Könnte es nicht etwa möglich gewesen sein, daß die Forscher die verschiedenen Entwicklungsstadien von vornherein vorausgesetzt haben und die Interviews dann dementsprechend voreingenommen analysiert haben? Um diese Möglichkeit zu prüfen, führte Perry eine „Kreuzvalidierung" seines Modells durch, indem er eine andere Studentenstichprobe untersuchte. Eine zufällige Stichprobe von Studienanfängern wurde wieder gebeten, an den Interviews teilzunehmen. Zehn Jahre nach Beginn seines Forschungsprojekts hatte Perry 366 Interviews an 109 Studenten durchgeführt, unter denen sich 67 vollständige Vier-Jahres-Berichte befanden. (Die Studenten wurden dabei jährlich interviewt.) Für jedes angenommene Entwicklungsstadium wurde eine detaillierte Beschreibung mit exemplarischen Zitaten von Äußerungen zu jeder Stufe angefertigt. Zur Überprüfung der Reliabilität wurden sechs Bewerter, Studenten der Fächer Englisch und Vergleichende Literaturwissenschaft, geschult, die Interviews mit Hilfe der Stufenbeschreibungen auszuwerten. Jeder Bewerter schätzte dann eine Stichprobe aus den aufgezeichneten Interviews mit Hilfe der Beschreibungen der Entwicklungsstadien des Modells ein. Die Reliabilität, d. h. die Übereinstimmung der sechs Bewerter, war sehr hoch. Die Auswertung aller Interviews ergab, daß einige Studenten auf dem Stadium des dualistischen Denkens an die Hochschule kommen, manche sind beim Eintritt sogar schon auf der zweiten Stufe. Nicht alle Studenten erreichen bis zum Abschluß ihres Studiums das „Stadium der persönlichen Verpflichtung".

Perry führte außerdem eine *Inhaltsanalyse* der Examensprüfungsfragen und -themen durch, die in der Zeit von 1900 bis 1960 an der Harvard University gestellt und behandelt worden waren. Damit wollte er die Hypothese testen, daß die Entwicklung von der Stufe des dualistischen Denkens hin zur „Relativitäts-Stufe" nicht nur einen Aspekt der Entwicklung Erwachsener widerspiegelt, sondern auch viel genereller eine Charakteristik unserer wachsenden und sich entwickelnden Zivilisation aufzeigt. Perry nahm an, daß die Bedingungen des modernen zivilisatorischen Lebens ein eher differenziertes Denken fördern und dualistisches Denken dagegen in den Hintergrund drängen. Für diese Untersuchung kodierte er den Prozentsatz an Examensthemen über die Bereiche „Regierung, Geschichte, englische Literatur und anderssprachige Literatur", die alle ein relatives, differenziertes Denken, also das Denken der zweiten Entwicklungsstufe im Modell von Perry, voraussetzten. Es konnte gezeigt werden, daß sich die Lebensauffassung, die Wertvorstellungen und die Urteile über die verschiedensten Themen über die Jahrzehnte hinweg qualitativ verändert hatten. Der Anteil an „relativistischen" Examensfragen war von 10% im Jahre 1900 auf durchschnittlich 50% in den fünfziger Jahren angestiegen (Perry, 1968).

Eine phänomenologische Studie

In den letzten Jahrzehnten hat die Zunahme humanistischer und existentialistischer Richtungen in der Psychologie zu einem verstärkten Interesse an phänomenologischen Methoden geführt (Giorgio, 1970, 1976). Das primäre Anliegen der Phänomenologen und der existentialistischen Psychologen ist es, die Bedeutung, die Personen ihren Erfahrungen beilegen, zu ergründen. Dementsprechend besteht eine Hauptmethode der phänomenologischen Forschung darin, daß man das Individuum seine ganz persönlichen Erfahrungen beschreiben läßt. Der Forscher beginnt damit mit der Erhebung einer sog. *naiven Beschreibung,* d. h. einer persönlichen Beschreibung, wobei dem Individuum kaum irgendwelche Kategorien vorgeschrieben werden. (Die naive Beschreibung kann auf Tonband aufgenommen werden, so daß die Komplexität zur Auswertung erhalten bleibt.) Giorgio war z. B. an der Erfahrung, die Menschen während des Lernvorgangs machen, interessiert. Der Bereich des Lernens ist in der Psychologie sehr intensiv erforscht worden, wobei es aber eher um den Lernerfolg und damit zusammenhängende Variablen ging und nicht um die persönlichen, subjektiven Erfahrungen während des Lernens selbst. Giorgio leitete seine Interviews folgendermaßen ein: „Könnten Sie mir bitte eine Erfahrung, die Sie vor kurzem beim Lernen gemacht haben, beschreiben?" Während des Interviews hakten die Interviewer an den relevanten Stellen im Gespräch nach, um zu ganz spezifischen Aussagen über die Erfahrungen zu kommen. Alle die Erfahrungen, die von den Befragten selbst als „Lernerfahrungen" definiert wurden, wurden dann nach der Durchführung der Interviews analysiert. Sie reichten von Beschreibungen über das Lernen, die Erfahrung, in Scheidung zu leben, d. h. sich umstellen zu müssen, bis hin zum Erwerb der Fähigkeit, mit einem Auto mit Schaltgetriebe zu fahren.
Erst nach der Untersuchung und Durchsicht der subjektiven und persönlichen Erfahrungsbeschreibungen entwickelt der phänomenologische Forscher ein Auswertungssystem. Giorgio suchte in den Interviews nach „Veränderungen in der Bedeutung des Lernens während des Lernvorgangs" und benutzte sie als Analyseeinheiten. Der dritte Forschungsschritt besteht in der Übertragung der Alltagssprache der Befragten in *psychologische Konzepte.* Zum Beispiel enthielten die Lernerfahrungen beim Erwerb der Fähigkeiten, ein Auto zu schalten, sowohl die Hilfe von anderen Personen als auch den Übergang von übertriebenen, unbeholfenen und inkompetenten Bewegungen zu flüssigen und gleichmäßigen Bewegungen. Außerdem erfährt das Individuum das Autofahren zuerst als eine Aneinanderreihung von Handlungen, während später dann diese Handlungen als automatisch und gleichzeitig erfahren werden.

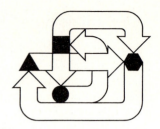

10.1 Die Inhaltsanalyse

Die Analyse der psychologischen Bedeutung und der thematischen Inhalte von Dokumenten, Akten oder ähnlich komplexem Material nennt man „Inhaltsanalyse". Im Mittelpunkt des Untersuchungsinteresses steht also die Auswertung qualitativer Variablen. Jedoch werden häufig zusätzlich zur qualitativen Auswertung auch Häufigkeiten oder andere quantitative Daten, wie z.B. Korrelations- und Prozentangaben, in die Inhaltsanalyse einbezogen. Sie enthält also sowohl qualitative als auch quantitative Aspekte.

In diesem Kapitel sollen auch komplexere Formen der Datenkodierung besprochen werden, da bei ihnen dieselben Methoden wie bei der Inhaltsanalyse eingesetzt werden. Im Gegensatz dazu muß bei der einfachen Kodierung von Interview-, Fragebogen- oder anderen Befunden nur auf einem Auswertbogen notiert oder angekreuzt werden, daß z.B. ein bestimmtes Individuum in die Altersgrupe „25 bis 29 Jahre" fällt, unverheiratet ist usw. Die Kodierung von komplexem Material, z.B. die Entscheidung, ob in einer Geschichte, die ein Individuum zu einer vorgelegten TAT-Tafel geschrieben hat, eine Leistungsthematik vorhanden ist, kommt bei der Inhaltsanalyse häufig vor.

Bei einer *nichtreaktiven* Messung (auch „unaufdringliche" Messung genannt; engl.: unobtrusive) hat der Meßvorgang keine Auswirkungen auf die untersuchten Personen. Das heißt, die Personen wissen während der Untersuchung nicht, daß sie untersucht werden. Somit kann die Messung selbst gar keinen Einfluß auf die Resultate ausüben, wie das bei allen anderen sog. „reaktiven" Forschungsmethoden der Fall ist. Die Inhaltsanalyse von Briefen, die zwischen J.W. von Goethe und Friedrich Schiller Ende des 18. Jahrhunderts ausgetauscht wurden, hat z.B. keine Auswirkungen auf Goethe oder Schiller oder deren Briefe.

Nicht alle Befunde, die mit nichtreaktiven Meßmethoden gewonnen worden sind, werden einer Inhaltsanalyse unterzogen. Werden die Verhaltensweisen von unwissentlichen Personen in einer Felduntersuchung erforscht, dann handelt es sich zwar um ein nichtdirektives Vorgehen; die Auswertung der Befunde bedarf aber in den seltensten Fällen einer Inhaltsanalyse. Auf der anderen Seite werden mit Inhaltsanalysen nicht nur nichtreaktive Daten ausgewertet. Personen können z.B. gebeten werden, Geschichten zu schreiben, die dann einer Inhaltsanalyse unterzogen werden. Es handelt sich dabei aber um ein reaktives Vorgehen, da die Personen ja genau wissen, daß sie an einer psychologischen Untersuchung teilnehmen.

Arten von Daten, die der Inhaltsanalyse unterzogen werden

Inhaltsanalyse und komplexere Kodierungsmethoden werden zur Auswertung von zwei Arten von Daten verwendet: 1. Befunde, die auf Material (sog. „Archivdaten") beruhen, das ursprünglich zu einem anderen Zweck, also nicht für die psychologische Forschung, erhoben und gesammelt wurde. Diese Art der Inhaltsanalyse nennt man auch „Dokumentenanalyse"; 2. Befunde, die speziell zu sozialwissenschaftlichen Untersuchungszwecken erhoben wurden. Unter die Archivdaten fallen z. B. historische Dokumente, Schulhefte, Fernsehfilme, Schlagertexte, Hausmüll, Grabsteininschriften und Fußbodenfliesen. (Museen messen z. B. die Abnutzung des Fußbodenbelags, um bestimmen zu können, vor welchen Gemälden Museumsbesucher am häufigsten stehen.) Die zweite Art von Daten, die häufig einer Inhaltsanalyse unterzogen werden, beinhalten Interviewprotokolle, Aufzeichnungen und Verhaltensbeobachtungen, die Resultate von Satzergänzungs- und anderen Tests, bei denen den Versuchspersonen Bilder, Wörter oder Sätze zur Ergänzung vorgelegt werden.

Vorteile der Inhaltsanalyse

Ein Vorteil der Technik der Inhaltsanalyse ist, daß sie auf Bereiche angewandt werden kann, bei denen andere Forschungs- und Auswertungsmethoden inadäquat sind oder nur viel aufwendiger anzuwenden wären. Zum Beispiel ist das für Individuen, die nicht mehr leben und Völker, die längst ausgestorben sind, der Fall. Denn die „Forschungsobjekte" sind zur Durchführung von Experimenten, Interviews oder Verhaltensbeobachtungen nicht mehr erreichbar und können nur noch durch Inhaltsanalysen des Materials, das sie hinterlassen haben, erforscht werden. In Kriegszeiten wurde die Methode der Inhaltsanalyse an Gesprächen, Briefen und Propagandamaterial verwendet, um Informationen über feindliche Führer oder die Bewohner feindlicher Länder zu gewinnen. Inhaltsanalysen über die Reste in Universitätsküchen können darüber Auskunft geben, was Studenten gerne essen und welche Gerichte sie nicht mögen. Wenn sich die Küchenleitung nach dem Resultat dieser Analysen richtet, dann wird es wohl weniger Abfall geben. Befragt man hingegen die Studenten über ihre Vorlieben hinsichtlich der angebotenen Gerichte in der Mensa, dann wird diese Methode wahrscheinlich weniger reliable Informationen erbringen. Wird die Methode der Verhaltensbeobachtung angewandt, dann kann die Beobachtung dazu führen, daß sich die Studenten in der beobachteten Zeit anders als sonst verhalten. In diesem Fall hat also die Anwendung der Inhaltsanalyse den zusätzlichen speziellen Vorteil, daß sie nichtreaktiv ist.

Vorteile nichtreaktiver Methoden

Der Hauptvorteil nichtreaktiver Methoden im Vergleich zu den anderen Forschungsmethoden besteht in dem Umstand, daß sich nichtreaktive Messungen auf die erhobenen Befunde selbst nicht auswirken können. Im Gegensatz dazu kann sich der Forscher beim Gebrauch von reaktiven Methoden niemals sicher sein, ob die Befunde nicht durch die Tatsache, daß die Personen wissen, daß sie etwa interviewt oder beobachtet werden, beeinflußt werden und sich anders als normalerweise verhalten. Es ist häufig belegt worden, daß allein die Tatsache der Befragung eines Individuums über seine Meinung ausreicht, seine Meinungen und Ansichten zu verändern. In früheren Kapiteln dieses Buches haben wir schon besprochen, wie die „Aufforderungscharakteristika" in Experimenten, „Antworttendenzen" in Tests und bei Fragebogenerhebungen und „Erwartungseffekte" die resultierenden Befunde verändern können. Nichtreaktive oder unaufdringliche Messungen werden verwendet, um diese möglichen Verzerrungsquellen von Daten von vornherein auszuschalten.

Stichprobengestaltung in der Inhaltsanalyse

Wie bei anderen Forschungsmethoden auch stellt sich bei der Inhaltsanalyse die Frage nach der adäquaten Stichprobengestaltung, wenn die Untersuchungsresultate auf eine größere Population generalisiert werden sollen, d. h. für diese Population Gültigkeit besitzen sollen. Mit sozialwissenschaftlichen Inhaltsanalysen wurden z. B. Themen in Lesebüchern, die in den USA veröffentlicht werden, untersucht oder z. B. die Lebenserwartung der Einwohner des antiken Roms. Mit erheblichem Scharfsinn hat Durand (1960) die Inschriften auf Grabsteinen analysiert, um die Lebenserwartung der Römer in der Antike zu erforschen. Es wäre aber sehr schwierig, wenn nicht sogar unmöglich, alle amerikanischen Lesebücher oder alle römischen Grabsteine einer Analyse zu unterziehen. Die Untersuchung nur eines Grabsteins oder nur eines Lesebuchs würde andererseits zu verzerrten, nichtrepräsentativen Resultaten führen. Dieses Problem der Stichprobengestaltung kann auf zwei Arten angegangen werden:

1. Die in Frage stehende Population für die Untersuchung kann so definiert und reduziert werden, daß sie handhabbar und überschaubar wird. Bei der oben genannten Untersuchung über die Lesebücher z. B. wurde die relevante Population so festgelegt, daß alle jene Lesebücher herangezogen wurden, die zu einem gegebenen Zeitpunkt in drei Vororten von New Jersey an den Schulen verwendet worden waren. Sie beinhaltete Lesebücher von 14 Schulbuchverlagen. Die Untersuchung über Kinderbücher an Leihbibliotheken, die in Kap. 3 besprochen wurde, definierte die Population als „alle diejenigen Kinderbücher, die den 'Newberry'-Preis als bestes Kinderbuch des Jahres von 1949 bis 1953 und von 1969 bis 1973 erhalten hatten". In beiden Fällen wurde dann die gesamte definierte Stichprobe untersucht. Mit diesem Ansatz zur Lösung des Stichprobenproblems ist man aber nur ganz begrenzt in der Lage, die Frage zu beantworten, ob die Resultate auf andere Populationen generalisiert werden können.
2. Eine repräsentative Zufallsstichprobe aus der Population kann so ausgewählt werden, wie dies in Kap. 7 ausgeführt wurde. Dabei kann die Ziehung der Stichprobe stufenweise vorgenommen werden. Zum Beispiel wählt man zuerst aus den Bezirken eines ganzen Landes eine Stichprobe aus, dann daraus eine Stichprobe der Leihbibliotheken dieser Bezirke und danach beispielsweise jedes 10. oder 87. Buch in der Abteilung „Kinderbücher". Eventuell kann man dann noch, wenn es der Zweck der Untersuchung verlangt, jede „n-te" Seite oder jeden „n-ten" Abschnitt aus den gewählten Büchern heraussuchen.

Manche Forschungsdesigns erfordern es gar nicht, daß eine Zufallsstichprobe untersucht wird. Angenommen, Personen werden gebeten, unter zwei verschiedenen Bedingungen, einer Experimental- und einer Kontrollbedingung, Geschichten zu schreiben, dann bedarf es z. B. keiner repräsentativen Auswahl der Zielpersonen. Vielleicht erhält eine der Personengruppen dabei eine Instruktion, die ein Motiv anregen soll, etwa das Leistungsmotiv, während die andere Personengruppe eine Instruktion vorgelegt bekommt, die nur ein geringes Niveau der Leistungsmotivation induzieren soll. In diesem Fall bedarf es zwar der Zufallsauswahl und -verteilung der Personen auf die beiden Gruppen, aber keiner Zufallsstichprobenauswahl aller Personen, die untersucht werden.

Die Auswahl der Kategorien für die Inhaltsanalyse

Die Auswahl der Kategorien für die Inhaltsanalyse beinhaltet zwei Vorgehensschritte: die Definition des Inhaltsbereichs jeder Kategorie und die Definition der

Größe der Einheit, die analysiert werden soll, z. B. ein Wort, ein Satz, ein Abschnitt oder eine ganze Geschichte. Das Definieren der Inhaltskategorien wird häufig stufenweise vorgenommen. Zuerst wird dabei eine vorläufige Definition erstellt und ausgetestet (hinsichtlich der resultierenden Reliabilität und Validität), dann meist revidiert, wieder überprüft usw., bis die beiden Gütekriterien zufriedenstellend erfüllt sind, d. h. bis Reliabilität und Validität ein zufriedenstellendes Niveau erreicht haben.

10.2 Beispiele für Inhaltsanalysen und nichtreaktive Forschung

Geschlechtsrollen in Kinderbüchern

Unser erstes Beispiel der Inhaltsanalyseforschung handelt von einer Untersuchung über die Lesebücher der ersten Grundschulklassen in den USA. Das Forschungsinteresse zielte darauf ab, in welchem Grad diese Bücher den Kindern ganz unbewußt und implizit bestimmte amerikanische kulturelle Wertvorstellungen i. allg. und traditionelle Geschlechtsrollen im besonderen vermitteln.

„Dick und Jane als Opfer ihrer Geschlechtsrollen" (1972) heißt eine Inhaltsanalyse aller Geschichten der 134 Grundschullesebücher, die Anfang der siebziger Jahre an den Schulen dreier Vororte von New Jersey verwendet worden waren. Die Gesamtpopulation der Lesebücher in den drei Städten wurde analysiert und ausgewertet. Mit großer Sicherheit kann man von einer generellen Gültigkeit der Befunde für die USA ausgehen, da die Anzahl der Verleger und der in die Analyse einbezogenen Bücher und Geschichten sehr groß war.

Die Geschichten wurden auf verschiedene Weise kodiert: Geschlecht und Alter der Hauptfiguren und der Nebenfiguren, die Beschäftigungen und Berufe aller Figuren und die Prävalenz von 12 verschiedenen Themen wurden tabellarisch aufgezeichnet und zusammengestellt. Bei dieser Analyse war die Auswertungseinheit die ganze Geschichte. Jede Geschichte wurde ferner nach dem Geschlecht der Hauptfigur klassifiziert. Für die 2 760 analysierten Geschichten war das Verhältnis der Geschichten, bei denen die Hauptfigur ein Junge war, zu jenen Geschichten, bei denen die Hauptfigur weiblich war 5 : 2. Das Verhältnis von Geschichten über männliche Tiere zu Geschichten über weibliche Tiere war 2 : 1, und das Verhältnis von Phantasie- und Volksgeschichten mit männlichem Inhalt zu solchen mit weiblichem Inhalt war 4 : 1.

Tabelle 10.1 zeigt die Verteilung verschiedener Persönlichkeitszüge, wie sie in den Lesebuchgeschichten den darin vorkommenden Mädchen und Jungen zugeordnet werden.

Auch hier war die Analyseeinheit die gesamte Geschichte. Für das Kodieren der Kategorie „Einfallsreichtum oder Schlauheit" wurden alle Figuren gleichen Geschlechts einer Geschichte herangezogen und gingen dann mit einem Punkt in die Analyse ein, egal, ob eine oder mehrere Figuren den betreffenden Charakterzug ein- oder zweimal oder sogar häufiger in einer Geschichte zugeschrieben bekamen. Die Forscher hätten sich auch für den Gebrauch von „Episoden" als Ana-

Tabelle 10.1. Eigenschaften von Figuren in Kinderbüchern

	Jungen	Mädchen
1. Einfallsreichtum, Schläue	131[a]	33[a]
2. Fleiß, Intelligenz	169	47
4. Hilfsbereitschaft	53	68
7. Abenteuerlust, phantasievolles Spielen	216	68
8. Passivität und Pseudo-Abhängigkeit	19	119
11. Inkompetenz, Pech	51	60
12. Schikanen und Demütigungen eines Geschlechts	7	68

[a] Die Zahlen stehen für die Anzahl der Geschichten, in denen mindestens eine Figur des entsprechenden Geschlechts die jeweilige Eigenschaft aufweist.
(Aus: Women in Words and Images, S. 54, 1972)

lyseeinheit entscheiden können. Bis zu einem gewissen Grad ist die Entscheidung willkürlich; die Größe der Einheit muß aber auf alle Fälle definiert werden.

Bei der Entwicklung der Kodierungskategorien ist es wichtig, daß so spezifisch wie nur irgend möglich vorgegangen wird. Die Bedeutung der Kategorien sollte definiert und schriftlich festgelegt werden. Zum Beispiel ist auf den ersten Blick nicht klar, was durch das Item 12 in der Tabelle 10.1 („Schikanen oder Demütigungen eines Geschlechts") ausgedrückt werden soll. Die Untersucher geben an, daß drei Kriterien erfüllt sein mußten, damit eine Geschichte in diese Kategorie klassifiziert werden konnte: 1. eines der Geschlechter als Ganzes wird angegriffen, 2. die Erniedrigung oder der Angriff bleibt unbestraft und 3. wird in keiner Weise kommentiert bzw. thematisiert. Mädchen sind z. B. das Angriffsziel von Aggressionen beider Geschlechter. Geschichten mit dementsprechendem Inhalt, die dann evtl. der 12. Kategorie zugeordnet werden müssen, sind häufiger in den Lesebüchern für Kinder, die gerade das Lesen lernen, zu finden als in den Grundschullesebüchern der oberen Klassen.

Das sog. „Kodierhandbuch" oder die „Kodiervorlage" (engl.: coding manual) enthält die schriftliche Definition aller Kodierkategorien. Eine Kodiervorlage wird vor allem bei der Entwicklung so oft revidiert, bis die Reliabilität und die Validität der Kodierung ein befriedigendes Niveau erreicht haben. Bei der Verwendung von Inhaltsanalysen sollte man immer eine Reliabilitätsprüfung durchführen. Dabei wird die Reliabilität bestimmt, indem zwei oder mehr Leute dasselbe Material nach der Kodiervorlage auswerten. Der zweite Kodierer braucht dabei nicht unbedingt alle Befunde kodieren, sondern nur eine Stichprobe daraus. Der Übereinstimmungsgrad der beiden Kodierer spiegelt dann die Reliabilität wider. Ist der Übereinstimmungsgrad relativ gering, dann kann der Grund dafür in einer fehlerhaften Definition der Kategorien zu finden sein. Eventuell sind diese zu vage formuliert oder es sind wichtige Aspekte des Inhalts nicht berücksichtigt worden. Selbst wenn bereits alle Kategorien reliabel definiert sind, können die Forscher im Laufe der Untersuchung immer noch zu der Ansicht gelangen, daß eine bestimmte Kategorie immer noch nicht den Themenbereich, der im Mittelpunkt des Interesses steht, adäquat wiedergibt. Auch in diesem Fall muß die Kategorie neu definiert werden. Es ist ferner wünschenswert und notwendig, auch ein valides Außenkriterium zu besitzen, an dem man die Validität der Kategorien nachprüfen kann.

Nach welchen Richtlinien werden die Auswertungskategorien für Inhaltsanalysen ausgewählt? Häufig geht der Untersucher das Datenmaterial zunächst durch und notiert sich dabei mögliche Inhaltsanalysekategorien. Manchmal werden dabei bereits ganz spezifische Themenbereiche ausgewählt, noch bevor irgendwelche Untersuchungsbefunde erhoben worden sind. Dies ist dann der Fall, wenn das Untersuchungsziel des Forschers darin besteht, ganz spezifische Kategorien oder Hypothesen, die aus geschlossenen Theorien abgeleitet worden sind, zu überprüfen.

In dem „Dick und Jane"-Projekt analysierten die Autoren außer den Geschichten auch noch die Illustrationen in den Lesebüchern. Sie fanden, daß die abgebildeten Mädchen häufig ihre Hände auf dem Rücken halten und an den Szenen als passive Beobachter teilnehmen, was man bei wirklichen Kindern nur sehr selten sieht. Im allgemeinen werden Mädchen außerdem kleiner als die abgebildeten Jungen gezeichnet. Die Autoren nehmen an, daß dieser Befund die unbewußte Ansicht reflektiert, daß Frauen einen geringeren Stellenwert als Männer einnehmen.

Inhaltsanalyse der Abschiedsbriefe von Selbstmördern

Unter der Mitarbeit der Staatsanwaltschaft von Los Angeles untersuchten Schneidman und Farberow 721 Abschiedsbriefe von Menschen, die Selbstmord begangen hatten. Es handelte sich dabei um die letzten Mitteilungen an Verwandte oder Bekannte, an die engere Umwelt. Die Autoren hofften, die Psychologie von Selbstmördern durch die Analyse dieser Aufzeichnungen besser zu verstehen und dadurch die Möglichkeit zu haben, ein potentielles Suizidrisiko zu entdecken und Selbstmorde möglicherweise auch präventiv verhindern zu können.

Die Autoren hatten drei Hauptziele: 1. Bestimmung von Persönlichkeiten mit hohem und niedrigem Suizidrisiko, 2. Entdeckung charakteristischer Gedanken suizidaler Menschen und 3. besseres Verständnis der Beziehungen von suizidalem Verhalten und Persönlichkeitskonstellationen zu demographischen und anderen Variablen, wie etwa Alter und Geschlecht. Unterscheiden sich z. B. die Suizidaufzeichnungen älterer Personen von denen jüngerer Menschen?

75% der untersuchten Selbstmörder hatten mit einem Suizid gedroht oder schon mindestens einen Suizidversuch hinter sich, bevor sie dann tatsächlich Selbstmord begingen. Gibt es eine Möglichkeit, einen wirklich suizidalen Menschen von jenen zu unterscheiden, deren Androhungen nicht einen Suizid zur Folge haben? Es muß hier betont werden, daß eine Untersuchung über *Risikovorhersagen* von schwierigen Problemen begleitet ist. In diesem Fall z. B. wollten die Forscher eigentlich die Aufzeichnungen der Menschen, die sich dann auch tatsächlich getötet haben, mit den Aufzeichnungen derjenigen, die dann doch keinen Suizid begingen, vergleichen. Jedoch kommt man als Forscher nicht an die Aufzeichnungen der zweiten Personengruppe, da diese i. allg. sofort vernichtet werden, wenn der Suizidversuch von anderen rechtzeitig entdeckt und verhindert worden ist oder das Individuum selbst seinen Entschluß geändert hat.

Um eine Vergleichsgruppe zu bekommen, baten deshalb die Autoren eine Stichprobe von „normalen" Personen, fiktive Abschiedsbriefe anzufertigen. Das heißt, sie sollten kurze Abschiedsbriefe schreiben, die sie dann schreiben würden, wenn sie sich mit Selbstmordgedanken tragen würden. Dabei gingen die Autoren recht subtil vor und berücksichtigten ihre ethischen Verpflichtungen gegenüber den Individuen in dieser Vergleichsgruppe. Die Personen mußten zuerst einen Persönlichkeitsfragebogen ausfüllen und wurden interviewt. Wurden darin Anzeichen einer emotionalen Störung oder einer Tendenz in Richtung suizidaler oder depressiver Gedanken entdeckt, wurden die betreffenden Personen nicht in die untersuchte Stichprobe aufgenommen.

Die Personen der Experimentalgruppe und der Vergleichsgruppe wurden hinsichtlich verschiedener Charakteristika parallelisiert. Es handelte sich dabei um männliche, protestantische, in den USA gebürtige Weiße. Berufsstand und Alter (bis zu einer Abweichung von fünf Jahren) waren gleich nach einer „Mann-zu-Mann"-Parallelisierung. Diese strengen Parallelisierungsrichtlinien bedingten, daß viele Fälle für die Vorhersagestudie verloren gingen. Zum Schluß beinhaltete die ganze Untersuchung nur noch 33 authentische Abschiedsbriefe von Selbstmördern und dementsprechend 33 simulierte Aufzeichnungen der Vergleichsgruppe. Diese geringe Zahl schränkt natürlich die Generalisierbarkeit der Resultate erheblich ein.

Schneidman und Farberow mußten dann die Größe der Analyseeinheit definieren. Außerdem mußte noch der Inhalt der Kategorien festgelegt werden.

Die Größe der Analyseeinheit kann ein Wort, ein Satz, ein Thema, der gesamte Abschiedsbrief oder irgendeine andere Einheit sein. Die Autoren beschlossen, ein bereits existierendes Kodierungssystem (Mowrer, 1953) zu verwenden, welches sog. „Gedankeneinheiten" (engl.: thought units) als Kodierkategorie definiert. Jede Gedankeneinheit wurde hinsichtlich ihres Inhalts einer der folgenden Kategorien zugeordnet: „Unbehagen", „Erleichterung", „Neutralität" (weder Unbehagen noch Erleichterung wird in dem entsprechenden Gedanken ausgedrückt).

Die Kodierung der Briefe wurde „blind" vorgenommen, d. h. die Kodierer wußten nicht, ob es sich bei den einzelnen Abschiedsbriefen um authentisches oder fiktives Material handelte. Die Gefahr einer Datenverzerrung aufgrund bestimmter Erwartungen hinsichtlich der Resultate wurde also ausgeschlossen. Einer der Untersucher fand 600 Gedankeneinheiten in den gesamten Suizidaufzeichnungen, der andere 612. 61% der 600 Einheiten wurden von beiden identisch klassifiziert. Die Reliabilität ist damit zufriedenstellend. Nach Berechnung der Reliabilität gingen die Untersucher ihre Beurteilungen nochmals gemeinsam durch und nahmen an den Punkten und Stellen in den Briefen, an denen sie nicht einer Meinung gewesen waren, nochmals gemeinsame Einschätzungen vor.

Es stellte sich heraus, daß die authentischen Abschiedsbriefe signifikant mehr „neutrale" Aussagen enthielten. Diese neutralen Aussagen beinhalteten i. allg. Anweisungen (letzte Wünsche) der Verstorbenen an die Überlebenden, die Aufzählung von Dingen, die getan, und praktischen Details, die dabei berücksichtigt werden sollten.

Die Autoren fanden auch, daß, obwohl die authentischen Abschiedsbriefe signifikant mehr „Unbehagen" widerspiegelten, das Auswertungssystem nicht geeignet war, die tieferen Gefühle des Hasses, der Rache und der Selbstbezichtigung adäquat wiederzugeben. Dieses Problem taucht häufig auf: Ein Inhaltsanalysesystem muß wieder und wieder revidiert werden, bis es den in Frage stehenden Themenbereich auch wirklich adäquat abdeckt!

Die Generalisierbarkeit der Befunde wird neben der geringen Anzahl analysierter Briefe noch weiter dadurch eingeschränkt, daß nur etwa ein Viertel aller Selbstmörder Abschiedsbriefe hinterläßt, die ihren Suizid betreffen (Webb et al. 1966). Es ist nämlich nichts darüber bekannt, wie sich die Selbstmörder, die Abschiedsbriefe hinterlassen, von der anderen, viel größeren Gruppe der Selbstmörder unterscheiden, die nichts hinterlassen.

Wir möchten an dieser Stelle nicht im Detail auf die demographischen Aspekte der Untersuchung eingehen, sondern nur noch kurz anmerken, daß intensiver Ärger und Wut gegen die eigene Person oder andere Menschen ein häufig vorzufindender Aspekt in den Abschiedsbriefen jüngerer Personen ist, während Klagen über chronische Erschöpfung häufig in den Briefen älterer Selbstmörder zu finden sind.

Eine Untersuchung über den Wandel des sozialen Klimas in den USA

Ein frühes Beispiel der Verwendung der Inhaltsanalyse ist Hamiltons (1942) Untersuchung über historische Veränderungen im „sozialen Klima" der USA. Hamilton war an den Veränderungen der amerikanischen Kultur von 1929, dem Beginn der Großen Depression, bis 1940, also vor dem Kriegseintritt der USA, interessiert. Er wählte dazu die Predigten protestantischer Geistlicher als Index für zentrale Themenbereiche und ihnen entsprechenden Einstellungen und Ansichten der amerikanischen Protestanten der mittleren und oberen Gesellschaftsschicht aus. Da die Pastoren sich i. allg. auf die Predigten in den Pastoralmagazinen beziehen und sich daraus für ihre eigenen Predigten in ihrer Gemeinde Anregungen holen, wählte Hamilton die Zeitschrift, die unter den protestantischen Geistlichen am meisten gelesen wurde. Er wählte dann daraus eine Zufallsstichprobe von Predigten zwischen 1929 und 1940 aus. Als Analyseeinheit verwendete er den einzelnen Satz. Jeder Satz der ausgewählten Predigten wurde in eine von 30 Kategorien klassifiziert, wobei 13 Kategorien sozialen Optimismus widerspiegelten (wie z. B. den Glauben, daß Wissenschaft oder Erziehung zur Lösung der sozialen Probleme auf der Welt beitragen könnten). Die restlichen 17 Kategorien reflektierten sozialen Pessimismus, d. h. die Ansicht, daß die Menschheit schlecht und schwach ist, daß es auf der Welt immer schlimmer zugeht oder daß Wissenschaft und Erziehung die Probleme auf der Erde nicht lösen werden. Hamilton fand einen langfristigen Trend von 1929 bis 1940 von zunächst stark ausgeprägtem sozialen Optimismus bis hin zu zuletzt stark ausgeprägtem sozialen Pessimismus.

Die Verwendung der Inhaltsanalyse erbrachte hier Befunde, die wahrscheinlich kaum durch die bloße Befragung von Personen, die während der Zeit von 1929 bis 1940 gelebt hatten, hätte erhoben werden können (obwohl eine solche Untersuchung sicher eine interessante zusätzliche Studie dargestellt hätte). Denn die Erinnerungen dieser Menschen sind sicher durch die ganzen dazwischenliegenden Jahre verzerrt. Zusätzlich beeinflussen ihr derzeitiges Alter und ihr derzeitiger Lebensstil ihre Angaben über den Grad ihres optimistischen bzw. pessimistischen Lebensgefühls, das sie in einem früheren Alter und unter völlig anderen Umständen empfunden und erfahren haben.

Die Lebenserwartung der alten Römer

Es existiert eine riesige Menge an schriftlichem und mündlichem Archivmaterial, und immer mehr Dokumente werden laufend archiviert. Diese Aufzeichnungen können alles nur Denkbare enthalten, Volksmärchen, Wahlergebnisse, Volkszählungslisten, Gerichtsurteile und Daten über viele andere Bereiche. Dieses Archivmaterial kann für viele Zwecke verwendet werden; z. B. um kulturelle Trends und Wertvorstellungen besser verstehen oder um soziale Statistiken aufstellen zu können; um nur zwei zu nennen.

Die zwei hauptsächlichen Quellen möglicher Resultateverzerrungen bei Inhaltsanalysen von Archivmaterial nennt man in der Psychologie *selektive Existenz* (engl.: selective existence) und *selektives Überleben* (engl.: selective survival) des Materials (Webb et al., 1966).

Betrachten wir diese Verzerrungsquellen etwas genauer an der Untersuchung von Durand (1960) über die Lebenserwartung der alten Römer. Erlaubt die Analyse alter Grabsteininschriften, daß man die Resultate unverzerrt auf die Gesamtpopulation der Römer der Antike übertragen kann? Durand hätte in Betracht ziehen sollen, daß wohlhabendere Römer wahrscheinlich eher Grabsteine auf ihre Gräber stellen konnten als die ärmeren Bewohner Roms (= selektive Existenz des Materials). Außerdem konnten sich die wohlhabenderen Römer sicherlich große, gut gearbeitete Steine leisten, die die Jahrhunderte evtl. besser als die einfachen Grabsteine der Armen überstanden haben (= selektives Überleben des Materials). Möglicherweise wurden für Frauen gar keine Grabsteine aufgestellt, die erst nach ihren Ehegatten starben, kann man doch annehmen, daß Männer noch eher Geld für ihre Grabsteine aufbringen konnten als ihre alleinstehenden Witwen.

Da es das Ziel dieser Untersuchung war, die allgemeine Lebenserwartung zu schätzen, muß weiter gefragt werden, ob bessersituierte Römer möglicherweise eine höhere Lebenserwartung hatten als die armen Massen. Die Todesfälle unter den Armen wurden damals vielleicht sehr viel weniger häufig aufgezeichnet, da die Gesellschaft dies nicht als relevant erachtete. Mit großer Wahrscheinlichkeit hatten die Reichen auch eher die Möglichkeit gehabt, einen Arzt aufzusuchen. Auf der anderen Seite ist gegen dieses Argument der Einwand berechtigt, daß man aufgrund des Entwicklungsstands der Medizin in der Antike an den positiven Auswirkungen dieser Möglichkeit, zum Arzt gehen zu können, auch zweifeln kann. (Es gibt die Ansicht, daß bis vor 50 Jahren der Arzt im Durchschnitt mit 50%iger Wahrscheinlichkeit den Zustand seiner Patienten eher verschlimmert hat.)

Wie kann man einer Datenverzerrung bei Inhaltsanalysen aufgrund der Selektionsfaktoren entgegenwirken? Unter Umständen ist eine *interne Analyse* hilfreich und von Nutzen. Bei dieser Technik werden die existierenden Befunde zum Vergleich in Untergruppen eingeteilt. Zum Beispiel fand Durand bei dieser Vorgehensweise, daß die Inschriften auf eher kunstvoll bearbeiteten Grabsteinen auf eine höhere Lebenserwartung hinweisen als Inschriften auf eher einfachen Steinen. Tendenziell kann man aufgrund dieses Unterschieds folgern, daß bei den alten Römern die Lebenserwartung positiv mit dem Einkommen korrelierte.

Lehrererwartungen und Schulleistungen

Betrachten wir nun ein Beispiel aus der nichtreaktiven Forschung. Der Terminus „Lehrererwartung" bezieht sich auf eine bestimmte Art einer sich selbst erfüllenden Prophezeiung: Wenn ein Lehrer von einem Schüler gute Leistungen erwartet, dann wird dieser Schüler i. allg. von dieser Erwartung beeinflußt und bringt dann relativ gute Leistungen. Auf der anderen Seite verhalten sich die Schüler, von denen die Lehrer nur schlechte Leistungen erwarten, auch dementsprechend. Man sieht, daß die Lehrererwartung ähnlich wie die Versuchsleiter-Erwartung im Experiment wirkt. In der bekannten Untersuchung von Rosenthal und Jacobson (1968) wurde einer Reihe von Lehrern am Anfang des Schuljahres mitgeteilt, daß verschiedene Schüler in intellektueller Hinsicht ein „Ass" seien und sicher ausgezeichnete Fortschritte machen würden. Am Ende des Schuljahres konnten sich jedoch einige der Lehrer nicht einmal mehr daran erinnern, die Liste der „Super"-Schüler bekommen zu haben. Die Untersuchung wurde mit unterschiedlichen Resultaten repliziert. Einige Forscher fanden keine Auswirkungen auf die Schulleistungen, während andere einen solchen Effekt feststellten.

Seaver (1973) verwendete nun eine nichtreaktive Messung und bereits existierende Aufzeichnungen für seine Untersuchung der Lehrererwartung. Seaver ging von der Annahme aus, daß Lehrer ganz selbstverständlich eine Erwartung über das Leistungsniveau eines jüngeren Geschwisters eines Schülers, den sie schon früher unterrichtet hatten, entwickeln. Ausgehend von den Aufzeichnungen dreier Schulen identifizierte Seaver 79 Geschwisterpaare, die dieselbe Schule besucht hatten. Er unterteilte die Gruppe der älteren Kinder in eine Gruppe mit guten und in eine Gruppe mit schlechten Leistungen, abhängig von deren Noten und Scores in Leistungstests. Die jüngeren Kinder wurden danach unterteilt, ob sie von demselben Lehrer, den ihre älteren Geschwister gehabt hatten, unterrichtet wurden oder von einem anderen Lehrer. Ist Seavers Hypothese korrekt, daß die Lehrer der jüngeren Geschwister ein ähnliches Leistungsniveau wie jenes ihrer früher unterrichteter, älterer Geschwister erwarten, und stimmt es außerdem, daß die Lehrererwartung die entsprechenden Schulleistungen beeinflußt, dann sollten folgende Resultate zu erwarten sein:

1. Die jüngeren Kinder, die von denselben Lehrern wie ihre Geschwister (die gute Leistungen erbracht haben) unterrichtet werden, sollten bessere Leistungen erbringen als jene jüngeren Kinder (mit Geschwistern, die auch gute Leistungen gehabt haben), die von anderen Lehrern unterrichtet werden. 2. Die Kinder mit denselben Lehrern wie ihre älteren Geschwister (die aber schlechte Leistungen erbracht haben) sollten im Durchschnitt schlechtere Leistungen erbringen als jene Kinder (mit älteren Geschwistern, die schlechte Noten gehabt haben), die von anderen Lehrern als ihre Geschwister unterrichtet werden.

Seavers Design:

	Leistungen der älteren Geschwister			
	Gut		Schlecht	
Lehrer:	gleich	unterschiedlich	gleich	unterschiedlich
Gruppe:	I	II	III	IV

Seavers Hypothese war also, daß die Schüler der Gruppe I im Durchschnitt bessere Noten bekommen als die Schüler der Gruppe II. Außerdem sollten die Schüler der Gruppe III weniger gute Leistungen erbringen als die Schüler der Gruppe IV. Seavers Hypothese wurde durch die Resultate, also die Schulnoten und die Ergebnisse in den Leistungstests unterstützt. Durch die Verwendung einer nichtreaktiven Messung umging Seaver die ethischen Probleme der früheren Untersuchungen: Kein Lehrer wurde getäuscht und kein Schüler hatte einen Nachteil durch die Instruktionen.

Nun sagt die Annahme und der Nachweis der Wirkung der Lehrererwartung noch lange nichts über ihre Gültigkeit aus. Es könnte nämlich durchaus auch der Fall sein, daß Kinder mit intelligenten Geschwistern tatsächlich auch intelligenter sind als Kinder, deren Geschwister eher schlechte Leistungen erbracht haben. Jedoch wurden in der Untersuchung ja jene intelligenten Kinder, die von demselben Lehrer unterrichtet wurden (wie ihre älteren Geschwister) mit jener Gruppe von Kindern verglichen, die von einem anderen Lehrer unterrichtet wurden. Es gibt nun eigentlich keinen Grund zu der Annahme, warum alle Kinder in der ersten Gruppe von vornherein intelligenter gewesen sein sollen als die Kinder in der zweiten Gruppe. Dasselbe Argument kann auf die beiden Gruppen III und IV angewandt werden.

Trotzdem sollte man erkennen und in Rechnung stellen, daß die positiven Resultate der Untersuchung von Seaver nicht zwingend durch die *Erwartungen der Lehrer* zustande gekommen sein müssen! Denn die Resultate könnten auch durch ganz bestimmte *Schülererwartungen* zustande gekommen sein. Man könnte nämlich auch davon ausgehen, daß Schüler, die wissen, daß ihre älteren Geschwister bei einem bestimmten Lehrer gute oder schlechte Leistungen erbracht haben, dementsprechend von vornherein diesen Lehrer mögen oder ihm eher mißtrauisch entgegenkommen, hart arbeiten oder schnell aufgeben usw. In der psychologischen Befundinterpretation existierte in diesem Zusammenhang lange Zeit eine konsistente Verzerrung, denn die Verhaltensauslöser in pädagogischen Konstellationen wurden immer erwachsenen Personen (Eltern, Lehrern) zugeordnet, und die Konsequenzen davon suchte man beim Kind. Erst seit kurzem haben psychologische Forscher erkannt, daß auch die Kinder bei ihren Eltern und Lehrern bestimmte Verhaltensveränderungen bedingen können. Dementsprechend werden diese Variablen auch erst seit kurzem erforscht.

Motivationsmessung: Das Leistungsmotiv

Viele Forschungsarbeiten beschäftigen sich mit dem Messen von Motiven, indem Personen auf sog. „äußere Anhalts- oder Ankerreize" (engl.: stimulus cues) mit Worten, Sätzen oder Geschichten reagieren müssen. Häufig werden als äußere Ankerreize Bilder verwendet, wie z. B. im TAT, der in Kap. 8 besprochen wurde. Das erhobene Material, also die Geschichten der befragten Personen, werden dann einer Inhaltsanalyse unterzogen. Leistungs-, Macht-, Anschluß- und Erfolgsvermeidungsmotiv sind durch die thematische Analyse der Geschichten, die aufgrund äußerer Ankerreize geschrieben worden waren, gemessen worden.

McClelland, Atkinson und deren Mitarbeiter haben ein Auswertungssystem entwickelt, um das *Leistungsmotiv* (engl.: need für achievement; abgekürzt: *n Ach*) zu messen. Die Zielpersonen schreiben dabei je eine Geschichte zu verschiedenen Bildern. Die Bilder wurden dabei so gewählt, daß sie mit großer Wahrscheinlichkeit eine Leistungsthematik in den Geschichten hervorrufen. Ein Kodierer wertet die Geschichten folgendermaßen aus: Zuerst wird die gesamte Geschichte als Einheit betrachtet und durchgesehen und dabei entschieden, ob sie überhaupt eine Leistungsthematik beinhaltet. Enthält sie keine, dann wird sie mit „ – 1" bewertet; ist eine Leistungsthematik nur ansatzweise oder lediglich sehr zweifelhaft vorhanden, dann bekommt sie 0 Punkte. Enthält die Geschichte eine ganz offensichtliche Leistungsthematik, wird sie mit „ + 1" bewertet. „Leistungsthematik" wird dabei von McClelland und seinen Mitarbeitern als das Vorkommen von Figuren in der Geschichte definiert, deren Verhalten oder Denken auf eine „Auseinandersetzung mit einem Güte- bzw. Tüchtigkeitsmaßstab" hinweisen.

Die Geschichten werden lediglich dann hinsichtlich der Subkategorien weiter analysiert, wenn für die Geschichte als Ganzes ein Wert von + 1 vergeben worden ist. Dabei wird jede Geschichte nur einmal bezüglich einer Kategorie bewertet und, wenn die entsprechende Kategorie in Frage kommt, mit einem Punkt bewertet. Die Subkategorien lauten:

1. Die Geschichte enthält eine Aussage, die eine *Leistungsthematik* widerspiegelt (der Wunsch, ein bestimmtes Leistungsniveau und -ziel zu erreichen, wird von einer Figur der Geschichte ausgedrückt).
2. Eine *instrumentelle Aktivität* zur Erreichung des Leistungsziels wird in der Geschichte angesprochen.
3. Es gibt einen *antizipierten Zielzustand,* d. h. eine Figur in der Geschichte antizipiert, daß sie ein Leistungsziel erreichen oder nicht erreichen wird.
4. Ein *Hindernis* in der Erreichung des Zielzustands wird angesprochen.
5. Die Person, die in der Geschichte im Mittelpunkt der Leistungsthematik steht, nimmt *die Hilfe einer anderen Person* in Anspruch.
6. Es wird über positive oder negative *Gefühle,* die bei der Erlangung bzw. Nichterlangung des Leistungsziels auftreten, berichtet.
7. Ein zusätzlicher Punkt wird für eine Geschichte vergeben, wenn das Leistungsmotiv das *Hauptthema* der gesamten Geschichte darstellt (Bellak, 1975, S. 66).

Damit die Geschichten reliabel ausgewertet werden können, muß der Kodierer einige Übung und Erfahrung in der Anwendung dieses Kategoriensystems besitzen.

Der Leser mag sich fragen, warum sich McClelland zur Erhebung des Leistungsmotivs gerade für die Verwendung dieser sieben Kategorien, jeweils mit einem

Punkt verrechnet, entschieden hat. Warum gehen alle sieben Kategorien mit demselben Gewicht, wenn sie erfüllt sind, in die Auswertung ein? Warum werden nicht etwa mehr oder aber weniger Kategorien zur Analyse der Geschichten verwendet? Warum werden Erfolgs- und Mißerfolgsthematik in Subkategorie 3. identisch behandelt? Die Antwort auf diese ganzen Fragen lautet: Das Inhaltsanalysesystem wurde empirisch begründet, d.h. die Autoren fanden, daß die Anwendung dieses Systems zufridenstellende Reliabilität und Validität erbringt.

Ob das Kodierungssystem eine valide Messung der kurzfristigen Erregung und Induktion des Leistungsmotivs darstellt, wurde überprüft, indem die Instruktion variiert wurde. Dabei wurden zwei verschiedene Instruktionen verwendet. Eine davon induzierte eine hohe Leistungsmotivation durch die Betonung der persönlichen Bedeutung des Erfolgs für das Individuum. Die andere Instruktion reduzierte das Niveau des Leistungsmotivs absichtlich, indem sie in einem recht entspannten Ton vorgetragen wurde. Die Autoren stellten fest, daß die Geschichten, die unter der ersten Bedingung geschrieben worden waren, einen viel höheren n Ach-Wert aufwiesen als jene in der zweiten Bedingung. Somit wurde die interne Validität des Systems demonstriert. Eine Überprüfung der Validität könnte auch mit Hilfe der Methode der „bekannten Gruppen" durchgeführt werden. Dabei könnte man die Geschichten der Personen, von denen man annimmt, sie zeichneten sich durch eine hohe Leistungsmotivation aus, mit den Geschichten jener Personen, bei denen man eine eher geringe Leistungsmotivation voraussetzen kann, vergleichen.

Das Machtmotiv

Winter (auch Veroff u. Veroff, 1971; Uleman, 1972) hat ein analoges System zur Messung des Machtmotivs, das er entsprechend „n Power" nennt, entwickelt. Dabei liegt eine Machtthematik dann vor, wenn die Figur in einer Geschichte mit ihrem Einfluß auf andere Personen beschäftigt ist, d.h. mit „der Entwicklung, der Aufrechterhaltung und der Wiedererlangung von Prestige oder Macht über andere Personen" (Winter, 1973). Dies schließt eine direkte und ehrgeizige Handlung, die Induktion einer emotionalen Reaktion bei anderen Personen und die Beschäftigung mit dem sozialen Ansehen der Hauptfigur der Geschichte ein. Die Subkategorien beinhalten ein explizit beschriebenes Machtmotiv, eine instrumentelle Aktivität, Hindernisse auf dem Weg zur Zielerlangung, Zielantizipation usw.

Zusätzlich können mit diesem System Scores für die persönliche Macht (Macht zum Wohl der eigenen Person), die soziale Macht (Macht zum Wohl anderer Personen) und die Hoffnung auf Macht erhoben werden.

Es folgen zwei Geschichten aus den Forschungsarbeiten von Winter, die als Reaktion auf einen bildlichen Ankerreiz geschrieben wurden. Das dazu verwendete Bild stellte einen jungen Mann dar, der auf dem Bett liegt und in einer Zeitung liest.

Erste Geschichte: Peter sucht in den Stellenanzeigen nach einem Job für die Sommersemesterferien. Er hat gerade sein erstes Jahr am College hinter sich und braucht für das nächste Jahr Geld. Er hat sich bis jetzt noch nicht für einen bestimmten Beschäftigungsbereich entschieden, besitzt aber trotzdem gewisse Vorstellungen davon. Er möchte einen Job bekommen, der gut bezahlt und interessant ist und in dem er Erfahrungen sammeln kann. Auf dem College war Peter von den ziemlich unstrukturierten und schlecht geplanten Seminaren, die er gewählt hatte, enttäuscht worden.

Zweite Geschichte: Harry überfliegt gerade die Stellenanzeigen der Zeitung und grübelt über die möglichen Auswirkungen seines Plans nach, die Unfähigkeit des Feldwebels M. nachzuweisen und aufzudecken. In seinem Schlafraum sind die Dinge scheinbar nicht alle ordentlich aufgeräumt, was auf die Tatsache hinweist, daß Harry selbst kein vorbildlicher Soldat ist. Trotzdem würde er sich gerne hervortun und M. in eine peinliche Situation bringen. Harry wird wahrscheinlich versuchen, alle Mitglieder der Einheit zu organisieren und Unterschriften zu sammeln, um eine Inspektionsgruppe aus Washington kommen zu lassen. Aber er wird dann nicht genügend Hinweise und Beweismaterial gegen M. haben und vor ein Kriegsgericht gestellt werden (Winter, 1973).

Wie wurden diese Geschichten nun hinsichtlich des Machtmotivs analysiert und ausgewertet? Die erste Geschichte bekam den Wert „0“, da sie keine Machtthematik aufweist. Die zweite Geschichte wurde von Winter mit einem Wert von „6“ (bei einem Maximalwert von 11 Punkten) bewertet. Dies ist ein relativ hoher Wert für das Machtmotiv. Dabei wurde ein Punkt für die Machtthematik (den Einfluß auf andere Menschen) vergeben; die restlichen Punkte für Prestige (die Verbindung zu der Inspektionsgruppe), für negatives Prestige (das Kriegsgericht), für instrumentelle Aktivität (Organisation der Einheitsmitglieder, Unterschriften sammeln), für Antizipation eines negativen Ziels (ungenügendes Beweismaterial und Kriegsgericht) und für Auswirkungen der Macht auf andere Menschen (er möchte M. in eine peinliche Situation bringen). Diese Geschichte wurde auch mit der Kategorie „Angst vor Macht“ klassifiziert, da der Schreiber ausdrückte, daß die Macht von Harry nicht ohne Fehler war.

Das Machtmotiv-Kodiersystem wurde mit der Methode der „bekannten Gruppe“ validiert. Winter fand, daß die n Power-Werte von Studenten, die für ein Amt im Studentenausschuß kandidiert hatten, höher waren als die Werte der Studenten, die sich nicht zur Kandidatur gestellt hatten. Außerdem hatten die Studenten mit hohen Machtmotivwerten auch eine größere Fähigkeit, Beziehungen anzuknüpfen, gegenüber Außenseitern konkurrierend aufzutreten und zeigten in ihrem Verhalten ein viel größeres Prestigebedürfnis.

Wenn psychologische Forscher Motive mit Hilfe der thematischen Analyse kurzer Aufsätze oder anderer Reaktionen auf bestimmte Vorlagen messen, dann heißt das noch lange nicht, daß sie auch der Ansicht sind, daß das Motiv, das sie messen, eine stabile Einheit, eine Entität, ist, die jeder Mensch in einer bestimmten Ausprägung „hat“, wie z. B. seine Augenfarbe. Im Gegensatz dazu wird vielmehr die Meinung vertreten, daß ein Motivwert, abgeleitet in einer bestimmten Testsituation, sowohl von den Charakteristika der Testsituation und der weiteren Umgebung der Person als auch von der Persönlichkeit abhängt. Das bedeutet nun, daß die Genauigkeit einer Verhaltensvorhersage aufgrund des Leistungsmotiv- oder Machtmotivwerts relativ stark von den Eigenschaften und Charakteristika der Umgebung, in der das zukünftige Verhalten auftreten wird, abhängen kann.

Das Motiv, Erfolg zu vermeiden

In den späten sechziger Jahren entwickelte Matina Horner die Hypothese, daß befähigte Frauen mit stark ausgeprägtem Leistungsmotiv u. U. befürchten, daß Leistung und Erfolg in traditionellen Männerberufen zu sozialer Zurückweisung

führt. Stimmt das, dann müßten sich diese Frauen in einer sog. „double-bind"-
Situation befinden: Sie müßten einen psychologischen Konflikt zwischen dem
Wunsch, Erfolg zu haben und ihrer Angst vor den Konsequenzen des Erfolgs (so-
ziale Zurückweisung) erfahren.

Horner versuchte, dieses postulierte „Motiv, Erfolg zu vermeiden" durch die Reaktionen auf einen verbalen Stimulus zu messen. Die weiblichen Zielpersonen
wurden dabei gebeten, eine Geschichte zu beenden, die mit folgendem vorgegebenen Satz beginnen sollte: „Am Ende ihres ersten Jahres an der medizinischen Fakultät war Ann die Beste in ihrem Kurs." Mit diesem Einleitungssatz wurden von
der Vergleichsgruppe auch Geschichten angefertigt, wobei aber statt „Ann"
„John" vorgegeben wurde. Diese und ähnliche äußere Reize wurden von zahlreichen Forschern verwendet, um die Angst vor Erfolg bei einer Vielzahl von Populationen zu untersuchen: bei Frauen und Männern, Schwarzen und Weißen, Studenten usw.

Wie wurden diese Geschichten nun analysiert? Die Auswertungsvorlage für Frau-
en (Horner et al., 1973) enthält sechs Hauptkategorien, die sich auf die Themeninhalte „Angst vor Erfolg" beziehen. Einige Inhaltsbereiche werden dabei stärker
als andere gewichtet, indem sie mit zwei Punkten anstatt mit einem Punkt bewertet werden. Gegensätzliche Themeninhalte, die auf ein Fehlen an Erfolgsangst
hinweisen, bekommen einen Minuswert. Es folgen, kurz zusammengefaßt, die
verwendeten Kategorien:

Bewertung der „Angst vor Erfolg"	Punktwert
1. Kontingente negative Erfolgskonsequenzen	+2
Anspannung, Deprivation oder Unglück folgen kontingent auf einen Erfolg, wobei es zu einer Situation kommt, die schlechter als die ursprüngliche Situation ist. (Z. B. „Nun arbeitete sie überhaupt nicht mehr fleißig. Im nächsten Semester flog Ann dann deshalb aus der medizinischen Fakultät." oder „Sie hatte vergessen, daß der Bunsenbrenner noch an war. Ihr Haar war versengt...") Dabei liegt die Veranlassung für die negative Erfahrung bei der Person selbst	
2. Nichtkontingente negative Erfolgskonsequenzen	+2
Anspannung, Deprivation, Unglück und andere negative Konsequenzen werden äußeren Umständen zugeschrieben	
3. Soziale Kontakte oder instrumentelle Aktivität	+2
Diese zeichnen sich dadurch aus, daß sie von derzeitigem oder zukünftigem Erfolg wegführen. Zwei oder mehr Personen sind in der Geschichte mit einem sozialen Anliegen beschäftigt, welches viel mehr im Vordergrund steht als ein Leistungs-, Macht- oder Aufgabenziel	
4. Erleichterung des Erfolgskonflikts	+1
Spannung und Deprivation werden aufgelöst, häufig ganz plötzlich	
5. Keine instrumentelle Aktivität in Richtung Erfolg	+1
Es wird keine Aktivität, mit der ein bestimmtes Ziel erreicht werden soll, beschrieben	
6. Keine Bemerkung über andere Personen	−2
Hierbei handelt es sich um das Gegenteil vor Angst vor sozialer Zurückweisung	

Eine Art, um den Gesamtwert des „Motivs, Erfolg zu vermeiden" zu berechnen, besteht in der Addition der Punkte, wobei aber alle Geschichten nur einmal pro Kategorie zusammen bewertet werden. Hierbei ist die Vorlage von drei oder vier Geschichten erwünscht. Werden die Werte auf diese Weise zusammengezählt, dann kann der resultierende Gesamtwert von -2 bis $+8$ reichen. Alternativ zu dieser Vorgehensweise können die Gesamtpunkte jeder Geschichte addiert werden.

Es folgt ein Beispiel einer Geschichte, wobei der Stimulus folgender Satz war: „Susanne schaut durch das Mikroskop."

> Susanne wollte eigentlich nie an die Universität gehen, aber ihre Eltern und alle ihre Freunde sind an der Universität gewesen – deshalb hatte sie keine Chance, sich durchzusetzen. In ihrem ersten Semester mußte sie, zu ihrer großen Verzweiflung, einen Kurs in Botanik absolvieren, um die notwendigen Scheine zu bekommen. Die Vorlesungen waren schon langweilig genug, aber die Laborpraktika – einmal pro Woche – empfand Susanne schier als unerträglich. Jeden Dienstagmorgen bekam sie es mit der Angst zu tun, weil sie wußte, daß ihr Schicksal das Botanikpraktikum war. Sie schaffte es jedoch, sie alle zu hintergehen, indem sie in das Mikroskop schaute und – nein, nicht wissenschaftliche Phänomene – sondern ihre eigenen Aussteigerträume sah.

Die Geschichte erhielt zwei Punkte wegen ihrer nichtkontingenten, negativen Konsequenzen. Die negativen Konsequenzen (Botanikvorlesungen und Laborpraktika) sind als nichtkontingent zu bewerten, da sie durch äußere Umstände in der Geschichte bedingt wurden und nicht durch das eigene Verschulden Susannes. Eine gewisse Spannung wurde durch den Ausdruck „zu ihrer großen Verzweiflung" angezeigt.

Ein Punkt wurde außerdem für „Erleichterung des Konflikts" wegen der Aussage „sie schaffte es jedoch, sie alle zu hintergehen" gegeben. Die Geschichte wurde den restlichen Kategorien nicht zugeordnet, da kein aktives interpersonales Ziel entwickelt worden war, eine instrumentelle Aktivität (Mikroskopieren) in Zielrichtung „Aussteigertraum" vorhanden war und andere Personen aufgeführt worden waren (Eltern, Freunde). Somit betrug der Gesamtwert $2+1=3$ (Horner et al., 1973, S. 19–20). In der Auswertungsvorlage des Systems von Horner wird für die Reliabilität der Auswertung ein Mindestwert von 0.85 angegeben. Methoden zur Bestimmung der Auswertungsreliabilität können im Anhang des Buches "Motives in Fantasy, Action and Society" von J. W. Atkinson, 1958, nachgelesen werden.

Moralische Entwicklung

Kohlberg (1968, 1969) führte Inhaltsanalysen durch, um die kindlichen Vorstellungen über „gut" und „schlecht" zu erforschen. Er ging von der Annahme aus, daß Kinder mehrere Entwicklungsstadien des Moralverständnisses durchlaufen. Die Richtlinien für die Bewertung z. B. einer Handlung als gut oder schlecht verändern sich im Laufe der Reifung und Entwicklung, abhängig von den sich entwickelnden kognitiven Fähigkeiten auf der einen Seite und dem Einfluß der Umwelt auf der anderen Seite. Dabei kann das Kind auf den verschiedenen Entwicklungsstufen zu genau denselben Schlußfolgerungen über die Rechtschaffenheit einer Handlung gelangen, wobei aber jeweils ganz unterschiedliche Denkprozeße zu dieser Schlußfolgerung führen. Die Theorie ist viel zu komplex, als daß sie an dieser Stelle kurz zusammengefaßt werden könnten – wie komplex sie ist, kann allein schon durch die Tatsache belegt werden, daß das Auswertungshandbuch über 100 Seiten enthält (Kohlberg, 1971).

Kohlberg und seine Mitarbeiter haben Geschichten geschrieben und zusammengestellt, die den Kindern in der Untersuchungssituation vorgelesen werden. Es handelt sich dabei um Geschichten, die eine Reihe von moralischen Problemen in sich vereinen. Es gibt insgesamt sechs solcher Geschichten. Das Kind wird gebeten, über die Geschichten ganz frei seine Meinung zu äußern. Außerdem führt Kohlberg mit dem Kind ein halbstrukturiertes Interview durch, wobei dem Kind eine Reihe von Fragen gestellt werden, um zu erfahren, wie das Kind die Handlungen der Personen bewertet. Der Interviewer verwendet sowohl freie, spezielle spontane Nachfragen als auch vorbereitete, standardisierte Fragen.

Alle sechs Geschichten drehen sich jeweils um zwei Moralbereiche. Diese Bereiche werden dann durch die Analysen der Antworten auf die Geschichte kodiert. Die beiden Moralbereiche sind etwa der Wert eines menschlichen Lebens, die Bedeutung und der Zweck von Bestrafung, Rechte und Pflichten in der Eltern-Kind-Beziehung und in den Geschwisterbeziehungen. Mit Hilfe der Antworten auf die Geschichten und der dementsprechenden Analyse und Auswertung kann das Stadium des moralischen Denkens, auf dem sich das entsprechende Kind befindet, bestimmt werden. Kohlberg identifizierte fünf Hauptstadien des moralischen Denkens, wobei jedes Stadium zusätzlich in sieben Teilstadien unterteilt wird.

Zum Beispiel sieht das Kind in Stadium I die Vater-Sohn-Beziehung auf Autorität und Gehorsam begründet, in Stadium II auf Reziprozität und Austausch, in Stadium III auf gegenseitigem Vertrauen und Interesse, in Stadium IV auf bestimmten Verantwortungen und in Stadium V schließlich auf der Erkenntnis, daß Vater und Sohn freie und unabhängige Individuen darstellen, deren Rechte die gleiche Anerkennung und Berücksichtigung verdienen. Natürlich mußte jeder dieser Termini sowohl in konzeptueller Hinsicht als auch operational definiert werden.

Eine der Geschichten in Kohlbergs Forschung, „Judy and Louise", handelt von Mutter-Tochter-Beziehungen, dem Verhältnis zwischen Schwestern und dem Konzept des „Versprechens". Es folgt diese Geschichte:

Judy war ein 12jähriges Mädchen. Sie hatte lange Zeit jedesmal von ihrem Essensgeld und von ihrem Verdienst fürs „Babysitting" etwas beiseite gelegt, so daß sie nun genug Geld hatte, um eine Eintrittskarte für ein ganz besonderes Rockkonzert zu kaufen. Sie hatte sich vorgenommen gehabt, fünf Dollar für die Karte und drei Dollar extra zu sparen. Ihre Mutter hatte ihr versprochen, daß sie zu dem Rockkonzert gehen dürfe, wenn sie sich das Geld selbst sparen würde. Später jedoch überlegte es sich die Mutter anders und meinte, daß Judy das Geld für neue Schulkleider verwenden sollte. Natürlich war Judy enttäuscht, beschloß aber dann doch, zum Konzert zu gehen. Sie kaufte sich einfach eine Eintrittskarte und sagte ihrer Mutter, sie habe nur drei Dollar gespart. Am Samstag ging sie dann zu der Vorstellung und erzählte ihrer Mutter vorher, daß sie den Tag bei ihrer Freundin verbringe. Nach einer Woche hatte die Mutter immer noch nicht herausgefunden, daß Judy beim Konzert gewesen war. Judy erzählte dann Louise, ihrer älteren Schwester, daß sie dort gewesen war und ihre Mutter angelogen hatte.

Nachdem das Kind die Geschichte gehört oder gelesen hat, wird es gebeten, ein paar Fragen mündlich oder schriftlich zu beantworten, abhängig vom Alter des Kindes und dem Aufbau der Untersuchung. Zum Beispiel werden dabei folgende Fragen gestellt:

1. Soll Louise, die ältere Schwester, der Mutter sagen, daß Judy sie wegen des Geldes angelogen hat, oder sollte sie lieber nichts davon erzählen? Warum? (Die Frage wurde so formuliert, um beide alternativen Handlungen explizit anzuführen und das Kind daran zu erinnern, wer Louise ist und was Judy getan hat.)
4. Louise muß an die Tatsache denken, daß ihre Mutter und ihre Schwester von dieser Angelegenheit betroffen sind. Was ist der wichtigste Aspekt, den eine Tochter in der Mutter-Tochter-Beziehung anerkennen sollte?
5. Was ist der wichtigste Punkt, den eine Mutter in der Mutter-Tochter-Beziehung anerkennen sollte; hier in diesem Beispiel und im allgemeinen?
6. Warum sollten Versprechen eingehalten werden.

Die wesentlichen Aussagen der Antworten auf solche Fragen, die von den Kindern der verschiedenen moralischen Entwicklungsstadien entgegnet werden, können folgendermaßen zusammengefaßt werden:

Stadium I. Die Tochter sollte der Mutter gehorchen, da die Mutter die Autorität verkörpert. Beide, Louise und Judy, sollten „beichten", um einer Bestrafung zu entgehen. Oder: Louise kann sich auch zurückhaltend verhalten und nichts sagen, da es Judy ist, die gestehen sollte, da sie ihrer Mutter gegenüber Gehorsam schuldig ist.

Stadium II. Reziprozität, Austausch und instrumentelles Bedürfnis. Es ist Judys Geld, und sie kann es ausgeben, wofür sie möchte. Oder: Die Mutter macht für die Kinder bestimmte Dinge, deshalb sollte auch die Tochter für ihre Mutter etwas tun. Oder: Es ist nicht Aufgabe von Louise, irgendetwas aufzuklären. Oder: Louise sollte es der Mutter sagen, da Judy sonst wieder lügen wird.

Stadium III. Gegenseitiges Vertrauen, Verständnis, Interesse und gegenseitige Achtung und Zuneigung. Die Entscheidung von Louise hängt davon ab, ob Louise der Meinung ist, oder aber nicht davon überzeugt ist, daß der Mutter Judys Wohlergehen am Herzen liegt und sie deshalb Verständnis aufbringen wird. Oder: Louise sollte am besten nichts erzählen, wenn es für das Verhältnis zwischen Judy und der Mutter schlecht sein könnte.

Stadium IV. Definierte Verantwortung für Mutter und Tochter. Louise hat die Verantwortung für das Wohlergehen ihrer Mutter und ihrer Schwester. Die Mutter ist für die Erziehung von Judy verantwortlich und sollte deshalb wissen, daß diese beim Konzert gewesen ist. Oder: Die Mutter hat die Verantwortung, als moralisches Modell zu fungieren und sollte deshalb ihr Versprechen auch einhalten. Oder: Louise hat die Pflicht, das ihr von Judy entgegengebrachte Vertrauen nicht zu mißbrauchen. Wird Judy für etwas bestraft, von dem sie annimmt, es sei richtig, dann könnte das negative Auswirkungen auf Judys Charakter haben.

Stadium V. Erkenntnis über die Freiheit und Gleichheit von Individuen, deren Rechte gleiche Anerkennung verdienen. Die Mutter sollte Judy als Person respektieren und ihre Entscheidungsfähigkeit anerkennen. Da die Mutter unfair war, ist Louise nicht verpflichtet, ihrer Mutter etwas von Judys Lüge zu erzählen. Die Mutter hat kein Recht darauf, von

Louise zu verlangen, ein Loyalitätsverhältnis Judy gegenüber zu verletzen. Oder: Keine der drei Personen wird irgendetwas gewinnen, wenn Louise redet – das Problem wäre nicht gelöst und die Beziehungen könnten nur schlechter werden. Oder: Kinder sind eigenständige Menschen. Eine Mutter kann zwar mit Ratschlägen beistehen, aber sie hat nicht das Recht, ihrer Tochter vorzuschreiben, wie sie ihr eigenes Geld auszugeben hat. (Kohlberg, 1971, Form B-1, Geschichte II, S. 1–29)

Inhaltsanalyse von Antworten in projektiven Tests

Projektive Tests wie etwa der TAT und der Rorschach-Test bedürfen zur Auswertung der Methode der Inhaltsanalyse. Für diese Tests sind zahlreiche Kodiersysteme entwickelt worden. Landis (1970) wollte die „Durchlässigkeit der Ichgrenzen" untersuchen, womit er den Grad der Offenheit und Durchlässigkeit der „Grenze" zwischen der eigenen Person und der Außenwelt meint.

Die Reaktions- oder Antwortkategorien, die mit P (engl.: permeable ego boundaries; durchlässige Ichgrenzen) kodiert wurden, waren z. B.:

1. Antworten, in denen Dinge vorkommen, deren Oberfläche weich, gestaltlos oder substanzlos ist.
2. Antworten, in denen auf eine Überschreitung von Grenzen hingewiesen wird (z. B. Röntgenstrahlen).
3. Antworten, in denen es um Grenzen geht, die sich verändern.

Die Antwortkategorien, die mit I (engl.: impermeable ego boundaries; undurchlässige Ichgrenzen) kodiert wurden, waren z. B.:

1. Antworten, in denen ein klarer und eindeutiger Hinweis auf Härte, Stabilität oder Undurchlässigkeit eines Objekts zu finden ist.
2. Antworten, in denen es um Statuen oder Skulpturen geht.
3. „Umrißantworten", d. h. eine einförmige Oberfläche wird in starkem Kontrast zu einem einförmigen Hintergrund gesetzt, wobei die Konturen, also Umrisse, betont werden (Landis, 1970, S. 48).

Es folgen zwei beispielhafte Antworten auf die Vorlage von Tafeln des Rorschach-Tests (s. Kap. 8):

Ich denke an Elephanten und einen Zirkus. Sie kämpfen. Es ist ein harter Kampf. Beide bluten am Rücken. Das Rot, das ich mir vorstelle, weist auf Aggression und Blutvergießen hin. Das Blut läuft an den Körpern hinunter. (Mit „P" bewertet: flüssige Konturen)

Das Mittelstück hier ist ein Mitglied des Ku-Klux-Clans. Er trägt eine Kapuze über dem Kopf und schaut aus den beiden Einschnitten für die Augen. (Mit „I" bewertet: undurchlässige Kleidung; Landis, 1970, S. 161, 162)

Alle Antworten der untersuchten Personen auf die Vorlagen des Rorschach-Tests wurden nach dem Landis-Analyse-Schema analysiert, um zu sehen, ob entweder ein P-Wert oder aber ein I-Wert angemessen war. Dann wurde der Prozentsatz der P-Reaktionen (in bezug auf alle Reaktionen) und der Prozentsatz der I-Reaktionen errechnet. Die untersuchten Personen wurden entweder als „I-dominant" oder als „P-dominant" klassifiziert, je nachdem, welcher der beiden Werte höher ausfiel. Dieser einfache Ansatz erwies sich reliabler und valider als verschiedene andere Ansätze mit gewichteten Bewertungen, der Erhebung der Intensität der Reaktion usw.

Zwei Kodierer stimmten hinsichtlich 1 768 Antworten in 87% ihrer Bewertungen überein; das ist eine befriedigende Übereinstimmungsreliabilität. Landis überprüfte auch die Test-Retest-Reliabilität, indem er 20 Personen nach mehreren Monaten nochmals den Rorschach-Test vorlegte. Die Personen wurden dabei in der Instruktion angewiesen, „zu versuchen, möglichst viele neue Dinge zu sehen". Landis stellte fest, daß 18, also 90% der Personen, dieselbe dominante Klassifikation von beiden Kodierern erhielten, als der Test das zweite Mal vorgelegt wurde (Landis, 1970, S. 52, 56.

Als nächstes prüfte Landis die Konstruktvalidität.

Um zu klären, ob sich das Konstrukt „Permeabilität" für die gleichen Personen auch in anderen Maßen als den Rorschach-Scores zeigt, legte Landis seinen Versuchspersonen verschiedene andere Aufgaben vor, die auch zur Messung der Permeabilität entwickelt worden waren. Er stellte z. B. fest, daß die gezeichneten Bilder von „I-dominanten" Personen eine Tendenz zu deutlicheren Figur-Grund-Abgrenzungen zeigen. Außerdem setzten sie in sozialen Szenen die Hauptfiguren weiter von den anderen weg. Diese Befunde unterstützen das Konzept der undurchlässigen Ichgrenzen. Weitere Forschung könnte darauf abzielen, Verhaltenskorrelate für diese Variablen zu finden.

Politische Instabilität und nationale Frustrationstoleranz

Angenommen, man möchte die psychologischen Konsequenzen bei den Angehörigen einer Nation erforschen, die eine schnelle industrielle Entwicklung hinter sich hat. Feirabend und Feirabend (1966) begannen dazu mit der sinnvollen und plausiblen Hypothese, daß sich Menschen wahrscheinlich in einem höheren Zustand der „Frustration" befinden, wenn die „Bedürfnisbildung" zu einer Zeit relativ hoch ist, in der die Möglichkeiten zur „Bedürfnisbefriedigung" ziemlich gering ausfallen. In vielen unterentwickelten Nationen können sich die Menschen wenig materielle Güter leisten, die medizinische Versorgung ist katastrophal und häufig fehlt es sogar an einer adäquaten Versorgung mit Nahrungsmitteln. Die Menschen erwarten aber auch sehr wenig und sind evtl. nicht genügend frustriert, um eine politische Veränderung anzustreben. In anderen, entwickelten Nationen stimmen dagegen die Bedürfnisse ziemlich mit den Befriedigungsmöglichkeiten dieser Bedürfnisse überein; ein Umstand, der aber auch eher zu einem sehr geringen Frustrationsniveau führt. Die Theorie nimmt weiter an, daß Menschen, die es gewohnt sind, eine bedürfnisadäquate materielle Versorgung zu erwarten, diese aber nicht erhalten, frustrierter werden und Verhaltensweisen an den Tag legen, die zu politischer Instabilität führen (z. B. Krawalle, ziviler Ungehorsam). Wie kann man nun diese Theorie empirisch prüfen?

Der erste Schritt von Feirabend und Feirabend bestand in der Entwicklung einer operationalen Messung von „Bedürfnisbildung" und „Bedürfnisbefriedigung". Mit Hilfe von Sozialstatistiken einiger ausgewählter Nationen errechneten sie einen Bedürfnisbefriedigungs-Index für jede Nation. In diesen Index gingen folgende Bereiche ein: durchschnittliche Kalorienaufnahme pro Tag, Anzahl der Ärzte pro Hauptstadt, das Bruttosozialprodukt jeder Nation, Anzahl der Telephone, der Radios und der Zeitungen pro Hauptstadt.

Der Bedürfnisbildungs-Index wurde aus dem Prozentsatz der Menschen, die lesen können (engl.: literacy rate) und der sog. „Urbanisationsrate" (Prozentsatz der Population, die in städtischen Gebieten wohnt) errechnet. Dahinter steht die Annahme, daß das Leben in einer Stadt und die Fähigkeit des Lesens dazu führen, daß Menschen über die medizinische Versorgung, Güter und Nahrung, die anderen Menschen auf der Erde zur Verfügung stehen, erfahren und somit ihre eigenen Erwartungen dementsprechend hochschrauben.

Dann wurde das Verhältnis von Bedürfnisbildung und Bedürfnisbefriedigung errechnet. Dieses Verhältnis wurde als „Frustrationsniveau" dieser Nation definiert:

$$\frac{\text{Bedürfnisbildungs-Index}}{\text{Bedürfnisbefriedigungs-Index}} = \text{Frustrationsniveau}.$$

Bei diesem Forschungsprojekt bestand der nächste Schritt in der Entwicklung einer operationalen Definition für die politische Stabilität. Dazu führten Feirabend

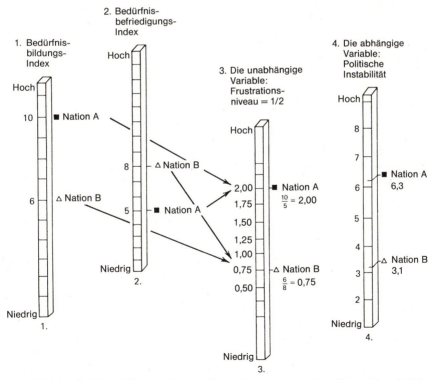

Abb. 10.1. Feirabends Modell über nationales Frustationsniveau und politische Instabilität (hypothetische Daten)

und Feirabend eine Inhaltsanalyse verschiedener historischer Dokumente über die ausgewählten Nationen durch. Sie erstellten einen gewichteten Index der Häufigkeit von Aufständen, der Attentate an politischen Führern und anderer Variablen, die auf politische Instabilität hinweisen. Schließlich wurde die Korrelation zwischen dem Frustrationsniveau und politischer Instabilität errechnet. Die Hypothese konnte bestätigt werden: Ein relativ hohes nationales Frustrationsniveau geht einher mit relativ großer politischer Instabilität, wie in Abb. 10.1 illustriert.

10.3 Richtlinien zur Durchführung einer Inhaltsanalyse

Aus dem letzten Abschnitt wird ersichtlich, wie verschieden Forschungsprojekte, die die Inhaltsanalyse verwenden, sein können. Entschließt man sich zur Durchführung einer Inhaltsanalyse, dann sollte man folgende Richtlinien beachten:

1. Hat man vor, ein bereits existierendes Analysesystem zu verwenden, dann sollte man mit diesem System zunächst ein paar Datenprotokolle auswerten. Zusätzlich sollten diese Protokolle von einer zweiten Person analysiert werden. Der Übereinstimmungsgrad dieser beiden Auswertungen kann als grobe Schätzung der Übereinstimmungsreliabilität angesehen werden. Erweist sie sich als zu gering, d. h. ist der Übereinstimmungsgrad weniger als 80%, dann sollten die Standards diskutiert werden und dieselben Protokolle nochmals zusammen durchgegangen und kodiert werden, bis alle Kodierer zu einer gewissen Übereinstimmung bezüglich der Anwendung des Auswertungssystems kommen. Danach sollte nochmals eine kleine Anzahl neuer Protokolle unabhängig von zwei oder mehr Kodierern neu ausgewertet und der Übereinstimmungsgrad erneut erhoben werden. Erreicht er nun ein befriedigendes Niveau, kann der Rest der Befunde ausgewertet werden. Wenn nicht, sollte man das Kodiervorgehen und -system solange modifizieren, bis man reliable Befunde erhält.

2. Möchte der Forscher ein eigenes, neues System zur Inhaltsanalyse entwickeln, sollte er in folgenden zwei Schritten vorgehen:
   a) Zuerst werden einige Protokolle aus dem Gesamtdatenmaterial durchgesehen und daraus Ideen für das Inhaltsanalysesystem entwickelt (wenn nicht schon vor der Datensammlung ein spezifisches, operational definiertes System entworfen wurde).
   b) Nun müssen sorgfältige Definitionen der Kategorien, die dann in der Auswertungsvorlage oder im Auswertungshandbuch zusammengefaßt werden, ausgearbeitet werden.

3. Mit dem Systementwurf zur Inhaltsanalyse sollten auch bei diesem Vorgehen einige Protokolle analysiert werden, indem dieselben Befunde von mindestens zwei Kodierern unabhängig ausgewertet werden. Der Übereinstimmungsgrad gibt dann auch hier eine grobe Schätzung der Reliabilität wieder. Man sollte ebenfalls nachprüfen, ob mit dem Kodiersystem auch tatsächlich jene Variablen erhoben wurden, die im Mittelpunkt des Forschungsinteresses stehen. Erweist sich die Reliabilität als gering, oder scheint das Kodiersystem invalide zu sein, d. h. nicht die interessierenden Variablen zu messen, dann muß es wiederum modifiziert und abermals überprüft werden.

4. Ist das Kodiersystem schließlich reliabel, dann können die restlichen Protokolle kodiert werden. Diese Protokolle brauchen dann nicht mehr von zwei Kodierern kodiert und analysiert werden, da die Reliabilität ja schon erhoben wurde und bekannt ist.

5. Zuletzt sollte der Forscher noch die Beziehung zwischen den Inhaltsanalysekategorien und den anderen Variablen des Forschungsunternehmens feststellen, evtl. auch den Zusammenhang zwischen den verschiedenen Kategorien des Inhaltsanalysesystems.

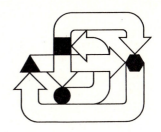

11.1 Strukturierte und teilnehmende Beobachtung

Der Test, der Fragebogen und das Interview sind zwar sehr nützliche Forschungsinstrumente, aber trotzdem auch irgendwo wieder relativ indirekte Methoden, um das menschliche Verhalten zu erforschen. Im Gegensatz zu diesen Techniken weist die Methode der direkten Verhaltensbeobachtung den großen Vorteil auf, daß sie uns relativ nahe an den psychischen Prozeß heranbringt, der im Mittelpunkt unseres Forschungsinteresses steht.

Es gibt zwei Hauptarten der Verhaltensbeobachtung: 1. die *strukturierte Beobachtung* und 2. die *teilnehmende Beobachtung*. Die strukturierte Verhaltensbeobachtung wird häufig im Labor und innerhalb beschränkter Zeitperioden verwendet. Dabei wird i. allg. bereits von vorneherein ganz genau festgelegt, was beobachtet werden soll. Die teilnehmende Verhaltensbeobachtung dagegen wird meist in Felduntersuchungen angewandt. Eine solche Untersuchung kann monatelang dauern, sich manchmal sogar über Jahre hinweg erstrecken. Die Technik der teilnehmenden Verhaltensbeobachtung ist eine nichtexperimentelle Methode, d. h. der Untersucher manipuliert oder kontrolliert nicht die in Frage stehende Variable wie der Versuchsleiter im Experiment. Nach unserer oben bereits eingeführten Unterscheidung von Holzkamp (1983) handelt es sich bei der Beobachtung um „auswählende Realisation" im Gegensatz zur „herstellenden Realisation" des Experiments.

Die strukturierte Verhaltensbeobachtung wurde etwa dazu verwendet, um das Verhalten von Lehrern und Schülern während des Unterrichts zu analysieren, um die Sprech- und Pausendauer in Gesprächen zu messen, um festzustellen, wo sich hospitalisierte psychiatrische Patienten auf ihrer Station aufhalten und wo Studenten zum Arbeiten in der Bibliothek Platz nehmen. Teilnehmende Verhaltensbeobachter haben Wochen, Monate und u. U. sogar Jahre in den ausgewählten Umgebungen verbracht. Dabei haben sie z. B. ganz bestimmte Rituale fremder Kulturen beobachtet, das Verhalten der Menschen in den Ferien oder die Konsequenzen einer Fabrikstillegung. Ein paar Beobachter wie z. B. Barker und Wright (1954) haben sogar ziemlich genau die Verhaltensweisen von Personen vom frühen Morgen bis zum Abend aufgezeichnet. Wir werden nun die strukturierte Verhaltensbeobachtung etwas eingehender diskutieren. In Abschn. 11.3 werden wir die teilnehmende Verhaltensbeobachtung besprechen.

11.2 Beispiele
der strukturierten Verhaltensbeobachtung

Eine Arbeit zu Piagets Theorie
der kognitiven und intellektuellen Entwicklung

Piagets Theorie über die kognitive Entwicklung bei Kindern führt durch ihre besondere Entwicklung und Formulierung direkt zur Anwendung der Methode der strukturierten Verhaltensbeobachtung. Betrachten wir z. B. Piagets „Prinzip der Unveränderlichkeit", und zwar speziell das Konzept der „Erhaltung der Zahl" bei der Entwicklung des Zahlbegriffs. Das zwei- bis dreijährige Kind begreift die „Erhaltung der Zahl" nicht, d. h. es versteht nicht, daß sich die Anzahl von Objekten nicht verändert, wenn nur deren Anordnung im Raum verändert wird (z. B. die Anordnung einer bestimmten Anzahl von Objekten auf einem Tisch). Im Alter von vier bis sieben Jahren entwickeln dann Kinder ein Verständnis dafür, daß unterschiedliche visuelle Anordnungen von Objekten, z. B. Spielfiguren, keinen Effekt auf die Anzahl der Spielfiguren haben. Ein Kind, welches diesen Umstand deutlich erkennt und versteht, zeigt ein Verständnis der „Erhaltung der Zahl". Um nun bestimmen zu können, ob ein Kind zwischen vier und sieben Jahren dieses Konzept begreift, kann man z. B. folgendermaßen vorgehen (Educational Testing Service, 1965; Pike, 1968):

1. Zuerst muß der Untersucher eine Beziehung zu dem Kind aufbauen. Er sollte erreichen, daß sich das Kind in seiner Gegenwart wohlfühlt. Im Idealfall besucht der Forscher ein oder ein paar Mal den Kindergarten, die Vorschule oder das Zuhause des Kindes und beschäftigt sich mit ihm, so daß sich das Kind an die Person des Forschers gewöhnt, bevor die Testphase beginnt. Für die Beobachtungssitzung sollte eine freundliche und anregende Umgebung gewählt werden. Die Anwesenheit eines Erwachsenen, der dem Kind vertraut (ein Lehrer oder ein Elternteil) und während der Sitzung anwesend ist, erweist sich häufig als förderlich für den Aufbau einer guten Beziehung zu dem Kind. War es dem Forscher nicht möglich, das Kind vorher zu besuchen, dann sollte auf alle Fälle während der Beobachtungssitzung ein dem Kind vertrauter Erwachsener anwesend sein. Vor dem eigentlichen Testen bzw. Beobachten sollte der Forscher mit dem Erwachsenen ein kurzes freundliches Gespräch führen, dabei seine Ziele darlegen und erklären, evtl. auftretende Fragen beantworten und dessen Ansichten und Meinungen über den interessierenden Bereich erfragen. Es sollte ihm auch ganz genau mitgeteilt werden, wie er sich während des Testens zu verhalten hat. Ist der Erwachsene entspannt und fühlt er sich wohl, dann wird sich dies dementsprechend positiv auch auf das Kind auswirken.

2. Die ersten Anweisungen, an das Kind gerichtet, sollten einfach und freundlich vorgetragen werden. „Susanne, ich möchte Dir gerne mein Figurenspiel zeigen. Komm doch bitte mal her und setz Dich zu mir!" Der Forscher sollte dabei das Kind führen, evtl. bei der Hand nehmen und zu einem Stuhl an einem Tisch begleiten.

3. Jetzt sollte der Untersucher eine erste Prüfung vornehmen; und zwar darüber, ob das Kind die kognitive Fähigkeit des Zuordnens beherrscht. „Hier sind einige Figuren für mich und ein anderer Satz Figuren für Dich." Man sollte dabei beide Figurenmengen zeigen. „Jetzt mach doch bitte eine Reihe mit ebensoviel Figuren, wie sie auch meine Reihe hat." Dabei stellt der Forscher acht Figuren in einer Reihe auf. Die Instruktionen sollten so oft als nötig wiederholt werden. Mit Lob sollte nicht gespart werden. „Ja, so ist es gut!" Wenn nötig, sollte dem Kind geholfen werden. Die beiden Reihen sollten schließlich so wie in Abb. 11.1 auf dem Tisch angeordnet sein.
Der Forscher registriert jetzt, ob dem Kind geholfen werden mußte, die passende Reihe von acht Figuren aufzustellen. (Das Registrieren geschieht auf einem vorbereiteten Beobachtungs-Aufzeichnungs-Bogen.)
Jetzt wird geprüft, ob ein Verständnis des Konzepts „Erhaltung der Zahl" vorliegt. „Susanne, hat diese Reihe dieselbe Figurenanzahl wie jene Reihe dort?" Der Forscher sollte jetzt kurz auf eine Antwort warten, dann weiterfragen: „Hat eine Reihe mehr Figuren?", und schließlich: „Wie kannst Du mir das erklären?"
Man sollte vor allem auf inkonsistente Antworten und auf nonverbale Anzeichen von Unsicherheit, z. B. Stirnrunzeln, Zögern achten. Versteht das Kind tatsächlich, daß beide Reihen dieselbe Anzahl an Figuren aufweisen? Ist das der Fall, dann kann der Forscher mit der nächsten Testaufgabe fortfahren.
Befragt man jüngere Kinder, dann besteht immer das Risiko, daß man das Kind zu bestimmten Antworten „führt" oder daß das Kind die Fragen nicht versteht. Die oben be-

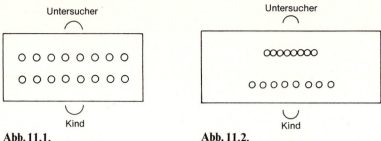

Abb. 11.1.   **Abb. 11.2.**

Abb. 11.1. Versuchsanordnung zur Untersuchung des Konzepts „Erhaltung der Zahl"

Abb. 11.2. Test I zur Untersuchung des Konzepts „Erhaltung der Zahl"

schriebenen Fragen werden gestellt, um zu überprüfen, ob das Kind das Vorstadium des visuellen Zuordnens erreicht hat. Man kann zusätzlich beobachten und überprüfen, ob das Kind Instruktionen wie die folgenden verstehen und ihnen folgen kann: „Bitte lege so viele Servietten auf den Tisch, als Milchtüten für unsere Mahlzeit vorhanden sind." oder „Bitte, gib mir doch so viele Gabeln, als Löffel auf dem Tablett liegen."

4. Erhaltung der Zahl: Test I. Der Forscher verkürzt nun seine Figurenreihe, indem er die Figuren näher zusammenstellt; wie in Abb. 11.2 illustriert. Er fragt: „Hat diese Reihe jetzt dieselbe Anzahl an Figuren wie jene dort?", „Woher weißt Du das?", „Warum?", „Warum nicht?" Beim Wiederholen der Frage sollte auf die andere Figurenreihe gezeigt werden. Antwortet das Kind mit „Ja" auf die erste Frage? Welche Überzeugung oder welche Begründung nennt es? Der Forscher sollte sich die Antworten des Kindes ständig notieren.

5. Erhaltung der Zahl: Test II. Der Forscher stellt jetzt zwei Reihen auf, wobei jede Reihe aus fünf Figuren besteht. Er fragt: „Enthält diese Reihe genau soviele Figuren wie jene dort?" (Es handelt sich also nochmals um die Überprüfung der Fähigkeit des Zuordnens.) Nach Beantwortung der Frage wird eine Figurenreihe, wie in Abb. 11.3 dargestellt, verändert. „Hat diese Reihe jetzt genauso viele Figuren wie jene dort?", „Wie kommst Du darauf?", „Warum?" oder „Warum nicht?", abhängig von der Antwort des Kindes. Wieder zeichnet der Forscher die Angaben des Kindes präzise auf.

6. Erhaltung der Zahl: Test III. Je sieben Figuren werden in zwei Reihen angeordnet. „Hat diese Reihe genauso viele Figuren wie jene dort?" Jetzt wird jeder Reihe eine Figur hinzugefügt, wie in Abb. 11.4 illustriert.

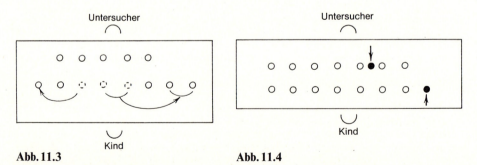

Abb. 11.3   **Abb. 11.4**

Abb. 11.3. Test II zur Untersuchung des Konzepts „Erhaltung der Zahl"

Abb. 11.4. Test III zur Untersuchung des Konzepts „Erhaltung der Zahl"

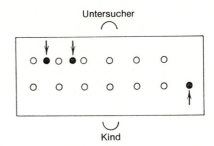

Abb. 11.5. Test IV zur Untersuchung des Konzepts „Erhaltung der Zahl"

Wieder wird die Frage gestellt, ob die beiden Reihen gleich viele Figuren enthalten. Auch die Begründung für die jeweilige Antwort wird erfragt. Eine bejahende Antwort mit adäquaten Begründungen zeigt, daß das Kind das Konzept der „Erhaltung der Zahl" versteht.

7. Erhaltung der Zahl: Test IV. Zwei Reihen mit je sechs Figuren werden aufgebaut. Der Forscher fragt wieder: „Hat diese Reihe genauso viele Figuren wie jene dort?" Dann werden einer Reihe zwei Figuren hinzugefügt und der anderen eine Figur, wie in Abb. 11.5 verdeutlicht.

„Hat jetzt diese Reihe dieselbe Anzahl an Figuren wie jene dort?" Eine verneinende Antwort mit passenden Begründungen belegt, daß das Kind über die „Erhaltung der Zahl" verfügt. Für ein Kind im Alter von vier bis sieben Jahren sind i. allg. vier Aufgaben für eine Testsitzung genug.

Ein Testgesamtwert kann errechnet werden, indem das Kind für die Lösung jeder der vier Aufgaben jeweils einen Punkt bekommt. Der Forscher kann aber auch für das ganz offensichtliche Verstehen einer Aufgabe zwei Punkte vergeben und einen Punkt für Antworten, die zwar im Ansatz etwas Verständnis andeuten, aber gleichzeitig auch gewisse Zweifel indizieren.

Der verabreichte Testwert basiert sowohl auf den Begründungen der Antworten als auch auf den Antworten selbst. Kommentare wie z. B. „Nein, diese Reihe ist jetzt länger" oder „Schau, die Reihe steht jetzt hervor" weisen auf ein fehlendes Verständnis des Konzepts „Erhaltung der Zahl" hin. Dabei operiert das Kind noch auf einem Niveau der visuellen Zuordnung. Begründungen wie „Sie enthält noch genauso viele Figuren, da wir ja keine hinzugefügt oder weggenommen haben!" oder „Nein, es sind nicht mehr. Du hast Deine Figuren gerade zusammengeschoben!" (für Test I) oder „Nein, es ist noch dieselbe Anzahl, Du hast die Figuren nur dorthin gestellt" (für Test II) zeigen, daß das Kind mit dem Konzept „Erhaltung der Zahl" denkt und dementsprechende Problemsituationen begreift (Pike, 1968).

Viele Forscher haben ihre eigenen, etwas abgeänderten Versionen der ursprünglichen Piagetschen Aufgaben verwendet. Zahlreiche Beispiele solcher Forschungsarbeiten findet man in Zeitschriften, wie z. B. in der „Child Development". Aus der riesigen Literatur über die Forschung im Bereich der Piagetschen Entwicklungstheorie seien an dieser Stelle nur ein paar wenige Werke angeführt: Athey und Rubadeau, 1970; Almy, 1966; Elkind, 1976; Furth, 1975; Lavatelli, 1970; Pulaski, 1971; Otaala, 1973.·

Beobachtung der motorischen Entwicklung

Die „California Infant Scale of Motor Development" von Nancy Bayley (1935, 1936) ist eine klassische frühe Arbeit im Bereich der Entwicklungspsychologie. Die ursprüngliche Skala basierte auf den Befunden über 61 Kinder. Die Anwendung der verschiedenen Tests der Skala bedarf einer gewissen Ausrüstung, z. B.

eines Stickrahmens aus rotem Holz, 11 Zentimeter im Durchmesser oder einer bestimmter Anzahl roter Würfel von ganz bestimmter Größe. Es folgen einige beispielhafte Items aus dieser Skala.

> Item 2 (ab 0,5 Monaten). *Korrektur der Körperhaltung durch das Kind, wenn es an die Schulter gelegt wird.* Nehmen Sie das Kind hoch, wobei Sie Ihre Hände um seinen Körper unter seinen Armen halten und Ihre Finger nach oben an seinen Nacken legen, um den Kopf des Kindes zu unterstützen. Halten Sie jetzt das Kind aufrecht gegen sich mit seinem Kopf an Ihrer Schulter. Merken Sie, daß das Kind sich haltungsmäßig an die veränderte Lage anpaßt, dann ist Item 2 erfüllt.
> Item 5 (ab 0,7 Monaten). *Roten Ring Festhalten.* Geben Sie dem Kind einen roten Ring in die Hand. Behält das Kind den Ring fest in der Hand, nachdem Sie losgelassen haben, dann ist Item 5 erfüllt.
> Item 62 (ab 32,1 Monaten). *Vom Stuhl Springen.* Sagen Sie dem Kind, es solle von einem 26 Zentimeter hohen Stuhl springen. Wenn notwendig, machen Sie es vor. Springt das Kind mit beiden Füßen zusammen, ist Item 62 erfüllt (Bayley, 1935, S. 19, 23).

Die revidierte Fassung des Tests, die „Bayley Scales of Motor Development" (1965) wurde an einer Stichprobe von 1409 Säuglingen beiderlei Geschlechts standardisiert. Ungefähr 55% der Stichprobe waren dabei Weiße, 42% Schwarze und 3% Andere. Bayley stellte fest, daß schwarze Säuglinge im Gegensatz zu weißen in den ersten 12 Monaten weiter entwickelt sind. Später scheinen die getesteten Fähigkeiten keinen Zusammenhang mehr mit Geschlecht, Rasse, Stellung in der Geschwisterreihe, dem Wohnort und dem elterlichen Fähigkeitsniveau aufzuweisen.

Strukturierte Beobachtung der Auswirkungen von Streß auf Sprechmuster

Chapple (1970 a, b; Chapple und Sayles, 1960) beobachteten Menschen in Gesprächen. Ausgehend von der Annahme, daß die immer wiederkehrenden Zyklen von Aktivität und Ruhe grundlegende Charakteristika aller lebenden Organismen darstellen, vermutete Chapple, daß der Wechsel zwischen Aktivität (Reden) und Pausen (Ruhe, Nichtsprechen), die auftreten, wenn zwei Menschen miteinander reden, deren grundlegende Persönlichkeiten widerspiegeln sollten. Mit Hilfe einer Stoppuhr und später mit einer speziellen Aufzeichnungsapparatur maß Chapple ganz präzise, wie lange jede der untersuchten Personen sprach, wie lange sich jeder der Gesprächspartner ruhig verhielt, wie schnell eine Periode des „Nichtredens" durch eine neue Bemerkung beendet wurde und wie häufig und regelmäßig jeder den anderen unterbrach. Chapples Einheiten begannen mit jedem Anzeigen einer Kommunikation, verbal oder nonverbal. Sie endeten, wenn die verbale oder nonverbale Kommunikation aufhörte. Bei seiner Untersuchung ignorierte Chapple völlig den Inhalt der Kommunikationen. Trotzdem fand er, wie er ja vorausgesagt hatte, daß Persönlichkeitszüge wie etwa Schüchternheit, Verlegenheit, Wichtigtuerei oder Angeberei mit Hilfe von Interaktionsmustern operational definiert werden können.

Chapple postulierte, daß Menschen, die sich gut kennen (alte Freunde, Ehegatten), sehr gut aufeinander abgestimmte Interaktionsmuster aufweisen, d.h. beide reden (bzw. reden nicht) im Durchschnitt genauso häufig und genauso lange, wie es der andere erwartet und wünscht. Auf der anderen Seite kann ein Gespräch zwischen zwei Personen, die sich weniger gut kennen, beiden Personen Unbehagen bereiten, wenn ihre Sprechmuster nicht zusammenpassen. Chapple entdeckte außerdem, daß emotional gestörte Personen nur sehr selten an synchronisierten Interaktionsmustern teilnehmen. Sowohl eine Unterbrechung des Redens durch den Gesprächspartner als auch die Unfähigkeit, so schnell als erwartet zu reagieren, können Unbehagen erzeugen und somit das Gespräch zu einer Streßsituation werden lassen. Chapple meint, daß unsere Sympathien und Antipathien gegenüber anderen Menschen davon abhängen, ob der Partner ein Interaktionsmuster besitzt, das mit dem eigenen übereinstimmt.

In Chapples Untersuchung wurde das, unter „normalen" Umständen auftretende, sog. Baseline-Interaktionsmuster der Personen in einem Interview erhoben, in dem der Interviewer mit jeglichem Muster, das von dem Interviewten angeboten wurde, so gut als nur möglich übereinstimmte. Die Interviewer hatten von dieser Untersuchung dieses Verhalten trainiert, d. h. gelernt, während eines Gesprächs den Interviewten nicht zu unterbrechen und immer zu reagieren, sobald eine Redepause eintritt.

In den Abb. 11.6a und 11.6b ist der Effekt von streßinduzierendem Verhalten durch den Versuchsleiter auf die Länge der Redeeinheit einer interviewten Person

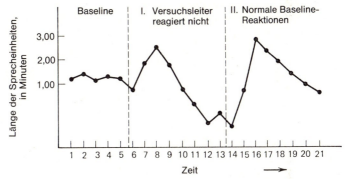

Abb. 11.6a. Der Effekt des Nichtreagierens auf die Länge der Sprecheinheiten des Gesprächspartners

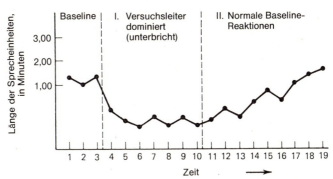

Abb. 11.6b. Der Effekt von „Dominanz" auf die Länge der Sprecheinheiten des Gesprächspartners

dargestellt. Im ersten Fall erzeugt der Interviewer Streß bei einem Interviewten, indem er nicht reagiert, d. h. nicht redet. Im zweiten Fall legt er streßinduzierendes Verhalten an den Tag, indem er durch ständiges Unterbrechen den Interviewten in seinem Redefluß stört und ihn somit dominiert.

In Abb. 11.6a sehen wir die Baseline-Rate dieser Person: etwas länger als eine Minute. Reagiert der Versuchsleiter nicht mehr (Zeit I in Abb. 11.6a), dann redet die Versuchsperson zuerst länger, zeigt später aber dann nur noch sehr kurze Sprecheinheiten. In Zeitabschnitt II der Abb. 11.6a kehrt der Versuchsleiter wieder zum normalen Reagieren und Sprechen zurück. Die Versuchsperson macht dann zuerst ein paar wenige, aber sehr lange Aussagen, als ob sie die verlorene Redezeit der Periode I wieder aufholen wollte. Nach und nach kehrt die Versuchsperson dann wieder zu ihrer normalen Baseline-Rate zurück. In Abb. 11.6b sehen wir dieselbe Baseline-Rate und im Zeitabschnitt I eine Reihe von Unterbrechungen durch den Versuchsleiter. Bei dieser Versuchsperson sinkt dadurch sofort die Länge der Sprecheinheiten ab. Nach Beendigung der Streßperiode in Zeitabschnitt II spricht die Person immer noch in recht kurzen Sprecheinheiten, aber kommt auch in diesem Fall graduell zu ihrem Baseline-Wert zurück.

Der negative Effekt von langfristiger streßinduzierender Interaktion scheint sehr schwerwiegend zu sein. Straus (1954) berichtet von einer Gruppe von Ingenieuren, die einige Jahre lang gut zusammen gearbeitet hatten. Ihre Firma wurde dann so umorganisiert, daß sie gezwungen wurden, ihre früheren Interaktionsmuster sehr stark zu verändern. Innerhalb eines Jahres hatte über die Hälfte der Männer negative Auswirkungen erfahren; einen Nervenzusammenbruch, vier Hospitalisierungen wegen verschiedener Krankheiten und einen Todesfall.

Eltern-Kind-Interaktion

Daniel Stern (1974) verwendete Filme, um seine Beobachtungen der Eltern-Kind-Interaktion aufzuzeichnen. Die Interaktion wurde in Bewegungskategorien großer Spezifität („Kopf herunter", „Augenbrauen hochziehen", „Nase rümpfen") und in Vokalisationskategorien kodiert. Stern fand, daß Mütter während der Interaktion mit ihren Säuglingen ein bestimmtes Verhältnis zwischen „Pausen" und „Aktivität" (hier: verbales Verhalten) aufweisen, das sich sehr stark von dem entsprechenden Verhältnis in der Interaktion zweier Erwachsener unterscheidet. Interagiert eine Mutter mit ihrem Säugling, dann verwendet sie mehr Pausen und kürzere Vokalisationsperioden, als wenn sie mit einem Erwachsenen kommuniziert.

Rebelsky und Hanks (1971) waren an der Interaktion von Vätern mit ihren Kleinkindern interessiert. Zur Untersuchung stellten sie einen tragbaren Kassettenrecorder in die Nähe der zehn untersuchten Säuglinge; und zwar ließen sie dieses Aufzeichnungsgerät sechs Tage lang rund um die Uhr laufen. Jede Vokalisation und hörbare Interaktion der Erwachsenen wurde bei der Auswertung berücksichtigt. Die Autoren fanden, daß die Väter im Durchschnitt nur 37,7 s pro Tag mit ihren Säuglingen „hörbar" interagierten! (Wie verbreitet dieses Muster ist, ist jedoch nicht bekannt!)

Die Eltern-Kind-Interaktion kann sowohl hinsichtlich räumlicher Variablen als auch hinsichtlich bestimmter zeitlicher Aspekte untersucht werden. Zum Beispiel beobachteten Ban und Lewis (1974) das Annäherungsverhalten von Säuglingen in einem etwa 3,5 Quadratmeter großen Zimmer. Der Boden dieses Zimmers war mit einem quadratischen Muster bemalt. Ein einjähriges Kleinkind (auf der Krabbel- oder Gehstufe) wurde in ein bestimmtes Quadrat dieses Musters gesetzt. Folgende Katagorien wurden zur Aufzeichnung der Beobachtungen verwendet: „Das Kind schaut zu seiner Mutter", „berührt Mutter", „bleibt innerhalb der drei Quadrate bei seiner Mutter" und „Vokalisieren".

Verhaltensbeobachtung in einer Längsschnitt-Feldstudie

Sylvia Bell und Mary Salter Ainsworth (1972) beobachteten 26 Kleinkinder zu Hause bei ihrer Familie, wobei sie 54 Wochen lang Sitzungen bis zu einer Länge von vier Stunden durchführten, in Intervallen von drei Wochen oder weniger. Mit der Verhaltensbeobachtung wurde recht bald nach der Geburt der Säuglinge begonnen. Die Beobachter zeichneten auf, wie häufig und wie lange die Kinder weinten, die Reaktionen der Mütter auf das Weinen und die äußeren Umstände für dieses Verhalten. Die Korrelation zwischen der Mutterreaktion und dem zeitlichen Ausmaß des Weinens wurde ermittelt. Bell und Ainsworth fanden die Tendenz, daß Mütter von Säuglingen, die häufig weinen, weniger darauf reagieren als Mütter von Säuglingen, die nicht so häufig weinen. Es wäre nun interessant zu wissen, ob einige Säuglinge deshalb mehr schreien, weil ihre Mütter sie von Anfang an mehr ignoriert haben, oder ob die Mütter diesen Säuglingen am Anfang zwar genausoviel Aufmerksamkeit zukommen ließen, dann aber aufgaben und ihre Kinder häufiger ignorierten, weil diese so häufig weinten.

Bell und Ainsworth gingen dieser Frage mit Hilfe der sog. „Zeitreihentechnik der Beobachtung" nach. Das Beobachtungsjahr wurde in vier aufeinanderfolgende Zeitperioden unterteilt. Sie untersuchten die Korrelation zwischen der Dauer des Weinens des Säuglings in der ersten Periode und dem Grad der Reagibilität der Mutter (auf das Weinen) in den späteren Zeitperioden dieses Jahres. Ist diese Korrelation gering, dann gibt dies einen Hinweis darauf, daß das frühe Weinen, zumindest z. T., das spätere Verhalten, die Reagibilität der Mutter auf das Weinen ihres Kindes, bedingt. (Natürlich ist die alternative Interpretation unsinnig, daß das spätere Verhalten der Mutter sich auf das frühere Verhalten des Kindes auswirkt. Dies ist ein Fall, bei dem eindeutig die Richtung der Interpretation einer Korrelation klar ist!) Die Autorinnen untersuchten auch eine andere Korrelation. Wenn nämlich die frühe Reagibilität der Mutter auf das Weinen ihres Kindes nur wenig mit dem späteren Schrei- und Weinverhalten des Kindes zusammenhängt, dann kann man davon ausgehen, daß das frühe Verhalten der Mutter das Verhalten des Kindes zu einem späteren Zeitpunkt bestimmt hat.

Bell und Ainsworth fanden, daß beide Korrelationswerte ziemlich hoch waren. Je mehr die Säuglinge weinten, desto mehr wurden sie von ihren Müttern ignoriert. Wenn die Mütter von Anfang an relativ wenige Reaktionen auf das Schreien ihrer Säuglinge zeigten, dann weinten diese später auch mehr. Die unglückliche Mutter-Kind-Dyade steckt also in einem Teufelskreis: Die Verhaltensweisen der Mutter und des Kindes rufen jeweils beim anderen unerwünschte Verhaltensweisen hervor.

Analyse der Beobachtungsbefunde
durch eine Matrix von Übergangswahrscheinlichkeiten

Die Auswertung von Beobachtungsbefunden stellt häufig eine separate Untersuchung darüber dar, wie die erhobenen Ereignisse aufeinanderfolgen. Man nennt dies „Kontingenzanalyse" oder „Bedingungsanalyse". Wenn gesagt wird, X sei bezüglich Y kontingent, dann bedeutet das, daß X nur dann auftritt, wenn Y gegeben ist, Y also gegeben sein muß, damit X auftreten kann. Man kann z. B. Eltern und deren Kleinkinder beobachten und dann eine Tabelle erstellen, die die Wahrscheinlichkeit anzeigt, mit welcher das Kind ein bestimmtes Verhalten an den Tag legt, wenn ein Elternteil sich vorher auf eine ganz bestimmte Art verhalten hat. Eine solche Tabelle wie Tabelle 11.1 nennt man eine Matrix von Übergangswahrscheinlichkeiten.

Tabelle 11.1. Übergangswahrscheinlichkeiten-Matrix (hypothetische Daten)

Vater:	Säugling:		
	1. Stirn runzeln	2. Weinen	3. Lächeln
1. Säugling hochnehmen	5%	75%	10%
2. Säugling ignorieren	85	25	5
3. Lachen	10	0	5
4. Grinsen	0	0	80
	100%	100%	100%

Diese Tabelle wird folgendermaßen gelesen: Wenn das Kind die Stirn runzelt, dann nimmt es der Vater mit 5%iger Wahrscheinlichkeit hoch, ignoriert es zu 85% (der erhobenen Gesamtzeit des Stirnrunzelns des Kindes), lacht mit 10%iger Wahrscheinlichkeit und grinst nie. Mit Hilfe eines Rechners können sehr komplexe Übergangswahrscheinlichkeits-Matrizen erstellt werden.

Die Beispiele von strukturierten Beobachtungssystemen, die wir in diesem Abschnitt besprochen haben, verdeutlichen die Tatsache, daß ein Beobachtungssystem notwendigerweise weite Bereiche der Verhaltenskomplexität vernachlässigen muß. Im allgemeinen weisen die Beobachtungssysteme eine enge Verbindung zu dem in Frage stehenden Problem auf, das im Mittelpunkt des Forschungsinteresses steht. Leider sind sie häufig von nur geringem Wert für spätere Psychologen oder Untersucher, die an einem ganz anderen Thema oder an ganz anderen Aspekten des Themenbereichs interessiert sind und deshalb völlig neue Beobachtungssysteme entwickeln müssen.

11.3 Teilnehmende Beobachtung

Im vorigen Abschnitt dieses Kapitels haben wir das Vorgehen bei der Methode der strukturierten Verhaltensbeobachtung besprochen. Wenden wir uns nun der teilnehmenden oder naturalistischen Beobachtung zu.

Unter der teilnehmenden oder naturalistischen Beobachtung versteht man die Beobachtung menschlichen Verhaltens in nichtexperimentellen Situationen. Im Gegensatz zum Versuchsleiter im Experiment, der etwas verändert, der „die unabhängige Variable manipuliert", spielt der naturalistische Beobachter eine eher passive Rolle, indem er unter natürlichen Bedingungen auftretende Ereignisse beobachtet. Obwohl der Beobachter durch seine Gegenwart, als „Teilnehmer", evtl. einen Einfluß auf die in Frage stehenden Variablen haben kann, steht im Mittelpunkt das Verhalten, wie es normalerweise in ganz bestimmten Situationen von den untersuchten Personen gezeigt wird.

Teilnehmende Beobachter haben monatelang im Winter bei Eskimofamilien in Iglus gewohnt, sind mit Arbeitern (Whyte) oder mit arbeitslosen Personen (Lebow) an Straßenecken gestanden oder haben Jahre damit verbracht, in der Nähe von Schimpansen zu leben und deren soziales Verhalten in natürlicher Umgebung zu beobachten (Goodall).

In den letzten Jahren ist in der Psychologie ein vermehrtes Interesse an der Methode der teilnehmenden Beobachtung zu verzeichnen gewesen. Bevor wir uns mit den Details der Methode der teilnehmenden Beobachtung beschäftigen, wollen wir aber noch drei Forschungsansätze besprechen, die diese Methode häufig verwenden. Diese drei Ansätze sind die *Prozeßforschung,* die Forschung im Bereich der *Theorieentwicklung* und die *Einzelfallstudie.*

Teilnehmende Beobachtung und Prozeßforschung

Der Begriff Prozeßforschung bezieht sich auf Untersuchungsarbeiten, deren Ziel darin besteht, festzustellen, *was sich über eine Zeitperiode hinweg entwickelt* und welche Prozesse dabei ablaufen. Dieser Ansatz steht im Gegensatz zu der ergebnisorientierten oder Wirkungs- oder *Effektforschung* (engl.: outcome research), bei der ein Endzustand, ein Resultat oder ein Produkt einer Aktivität beschrieben und analysiert wird.

Angenommen, ein Psychologe möchte eine neue Methode des Lesenlernens bei Kindern untersuchen. Macht er dabei mit einer Experimental- und einer Kontrollgruppe einen Lesetest, bevor und nachdem die Kinder bestimmte Instruktionen oder einen bestimmten Unterricht erhalten haben, dann gewinnt der Forscher Informationen über das Ergebnis. Das heißt, er kann mit diesem Ansatz etwas über den Effekt der neuen Lernmethode erfahren, aber nichts darüber, wie diese Methode gewirkt hat. Wenn nun aber ein Psychologe Lehrer und Schüler dabei beobachtet, wie sie mit einer alten und einer neuen Lernmethode das Lesen lernen bzw. lehren, kann er Prozesse messen, die während der Schulstunden bei den beiden Methoden ablaufen. Zum Beispiel kann er messen, wieviel Zeit bei der Teamarbeit von Gruppen von zwei bis vier Kindern verbracht wird; die Anzahl der von den Kindern gestellten Fragen; die Häufigkeit, mit der der Lehrer seine Schüler lobt; die Häufigkeit, mit der sich die Schüler gegenseitig loben usw. Natürlich können beide Ansätze, die Prozeß- und die Wirkungsforschung, innerhalb eines Untersuchungsprojekts kombiniert werden.

Wann sollte der Prozeßforschungsansatz zur Anwendung kommen? Wenn bereits ein beträchtliches Wissen über die beteiligten psychischen Prozesse vorliegt, dann kann es möglich sein, daß nur noch Untersuchungen über die Resultate erforderlich sind. Ist dagegen der psychische Prozeß weitgehend unbekannt, dann sollte ein besseres Verständnis und eine Erforschung dieses Prozesses im Mittelpunkt der Untersuchung stehen. Und außerdem ist eine Untersuchung eines Resultates nur von sehr beschränktem Wert und Nutzen, wenn die Prozesse, die für das Zustandekommen des Resultates verantwortlich sind, nicht bekannt und unklar sind. Angenommen, ein Forscher hat eine Untersuchung über eine Lernmethode oder eine Therapiemethode zur Linderung neurotischer Symptome durchgeführt. Er hat sich für eine Wirkungsuntersuchung mit „vorher"- und „nachher"-Messungen und einer unbehandelten Kontrollgruppe zum Vergleich entschieden. Es stellt sich heraus, daß die Behandlung (die Lern- oder Therapiemethode) gute Resultate erbringt. Jedoch kann der Forscher sein Vorgehen nicht wiederholen oder anderen Personen verdeutlichen und erklären, wie die Behandlung anzuwenden ist, da er allein aufgrund des Resultats seiner Forschungsarbeit nicht weiß, welche ganz bestimmten Prozesse für das positive Ergebnis verantwortlich gewesen sind. In solch einem Fall wird eine Prozeßuntersuchung mehr Auskunft bringen.

Teilnehmende Beobachtung und Forschung im Rahmen der Theorieentwicklung

Im letzten Abschnitt haben wir vorausgesetzt, daß eine Theorie, die überprüft werden soll, bereits existiert. Das heißt, wir beschäftigten uns mit Methoden, die zur Überprüfung der Richtigkeit von Theorien und aus ihnen abgeleiteten Hypothesen (zur „Falsifizierung") eingesetzt werden. Wie aber werden wichtige Variablen entdeckt und in produktiven Hypothesen und Theorien kombiniert? Auf welchem Weg geschieht das? Die Entwicklung von Konzepten und Theorien bedarf genauso der sorgfältigen Auswahl adäquater Forschungstechniken wie das Testen von Theorien.

In der Forschung im Bereich der Theorieentwicklung existieren fünf Hauptschritte, die den Einsatz von Methoden der teilnehmenden Beobachtung verlangen.

1. *Offenes Vorgehen zu Beginn der Forschungsarbeit.* In jeder induktiven Forschungsarbeit besteht der erste Schritt in der Auswahl eines Interesse- und Untersuchungsbereichs. Dabei sollte der Forscher darauf achten, daß er sich nicht ausschließlich auf bestimmte Variablen oder nur eine a priori (vor der Datensammlung gewonnene) Hypothese konzentriert. Zurückhaltung bei der Vorauswahl der Variablen macht es bei der Datensammlung einfacher, *neue* Variablen und Hypothesen zu finden bzw. überhaupt in Betracht zu ziehen. Manche anerkannten Wissenschaftler plädieren dafür, daß das Erstellen von a priori Hypothesen vor der Datensammlung möglichst vermieden werden sollte. Andere wiederum sind der Ansicht, daß dies wenig sinnvoll und kaum durchführbar sei – ein Mensch bildet immer bestimmte Hypothesen über einen in Frage stehenden Bereich, bevor er ihn angeht. Wir wollen uns an dieser Stelle nicht weiter mit dieser Kontroverse auseinandersetzen, sondern festhalten, daß in der Forschung zumindest in der Frühphase der Theorieentwicklung die Aufmerksamkeit des Forschers normalerweise vor allem auf potentielle neue Variablen und Hypothesen gerichtet ist.

2. *Wahl der Beobachtungsdaten.* Aufgrund der obigen Anmerkungen könnte der Leser möglicherweise zu der vorschnellen Annahme gelangen, daß ein Untersucher bei seiner Arbeit versuchen sollte, alles zu beobachten, d. h. bei der Auswahl der Beobachtungsdaten völlig planlos vorzugehen. Diese Annahme ist falsch. Es wäre unproduktiv, wenn ein Untersucher seine Beobachtungskapazität auf zu viele Dinge lenken würde. Nie-

mand ist in der Lage, alles zu beobachten. Die Beobachtung muß von vornherein auf Bereiche eingeschränkt sein, die mit der Fragestellung einen mutmaßlichen Zusammenhang aufweisen. Das gibt den Vertretern der eher deduktiven Auffassung ein gewisses Recht: Wie sollen mutmaßliche Zusammenhänge zwischen Beobachtungsgegenstand (oder „theoretischem Gegenstand" oder „Indicandum") und zu ihm gehöriger Daten, Indikatoren oder Phänomene anders ausgewählt werden, wenn nicht im Lichte einer vorgängigen, wie immer impliziten oder expliziten Theorie?

Häufig erweist es sich dabei als sinnvoll und hilfreich, mit einer groben Annäherung einer repräsentativen Stichprobe zu beginnen, um alle wichtigen Aspekte zu berühren und somit zu einer groben Zufallsauswahl der Personen und Situationen zu gelangen. Hat der Forscher dann einmal in dieser Art vorläufig und tendenziell ein psychologisches Konzept definiert, kann er zusätzliche Personengruppen oder Situationen auswählen, um zu untersuchen, ob die Konzepte auch dort adäquat anwendbar sind. Das heißt, führt diese Beobachtung zu einem besseren Verständnis der in Frage stehenden Variablen? (Was genau beobachtet werden soll, wird weiter unten in diesem Kapitel eingehender besprochen.)

3. *Wiederholung des Zyklus aus Datensammlung, Befundanalyse und der Entwicklung von Variablen.* Von Zeit zu Zeit sollte der Untersucher seine Arbeit überprüfen und immer wieder Variablen von potentiellem Interesse formulieren. Die Befunde müssen in angemessenen Kategorien kodiert werden. Dabei ist das Kodierungssystem bei der Entwicklung von Theorien zunächst offen. Erscheint in den Befunden eine neue Variable, wird das Kodierungssystem dementsprechend verändert. Dieser Zyklus von Beobachtung, Aufzeichnung, Suche nach Variablen, Definition von Variablen und Kodierung der Variablen wird mehrmals wiederholt.

Im Gegensatz zu diesem Vorgehen werden beim *deduktiven* Forschungsansatz, bei dem Hypothesen getestet werden, die Befunde i. allg. vor der Kodierung erhoben. Dabei wird das Kodierungssystem im weiteren Verlauf der Untersuchung auch nicht mehr verändert, wenn einmal die Vortests abgeschlossen sind. Nach der Beobachtung werden nur die Resultate gewonnen, wobei die Kodierung und Auswertung der Daten vorgenommen wird. Glaser und Strauss (1967) nennen den Forschungsansatz, bei dem neue Theorien induktiv entwickelt werden, *begründete Theorieentwicklung* (engl.: grounded theory generation). Mit diesem Terminus versuchen die Autoren auszudrücken, daß die Konzepte in den Daten und Befunden „begründet" sind und direkt aus den Beobachtungen entwickelt werden.

4. *Bestätigung der Existenz neuer Variablen.* Ist einmal eine Variable erst tendenziell und grob identifiziert und ist sie konzeptuell und operational definiert, dann sollte man sie etwas genauer untersuchen, indem man ihre „Existenz", d. h. ihre Brauchbarkeit in bestimmten Situationen und bei bestimmten Personen bestätigt oder ablehnt. Es geht also um die Frage: Kann man diese Befunde tatsächlich mit dieser postulierten Variablen erklären, oder war der erste Eindruck ein Irrtum?

Beispielsweise könnte ein Forscher beobachtet haben, daß Kinder, wenn sie als ABC-Schützen in die Schule kommen, häufig schreien, weinen oder andere Anzeichen von Unbehagen zeigen, die der Forscher grob „Trennungsangst" nennt. Er hat dieses Verhalten vielleicht ein- oder zweimal beobachtet. Jetzt möchte er gerne wissen, ob das Zusammentreffen von Trennungsangst und Schuleintritt nur auf Zufall beruht – vielleicht sind z. B. die Kinder, die er bis jetzt beobachtet hat, zufällig alle körperlich krank gewesen. Ist es möglich, daß solche Verhaltensweisen in ähnlichen Situationen beobachtet werden können? Wenn ja, ist es auch notwendig, die generelle Gültigkeit dieses Verhaltens in ganz anderen Situationen zu überprüfen. In diesem Fall könnte der Forscher die Variable dann als „Trennung eines Kinds von einer geliebten Person" bezeichnen. Um diese allgemeinere Variable zu erforschen, könnte der Forscher dann beispielsweise hospitalisierte Kinder beobachten, die ja auch von ihren Eltern getrennt worden sind.

Der Zusammenhang zwischen den neuen Variablen und anderen Variablen sollte erforscht werden. Hängt die Ausprägung der „Trennungsangst" davon ab, wie plötzlich Mutter und Kind voneinander getrennt werden oder davon, ob das Kind innerlich auf die Trennung „vorbereitet" ist? Was bedeutet „vorbereitet" für Lehrer – in operationalen und in konzeptuellen Begriffen? Angenommen, ein Forscher beobachtet in verschiedenen Schulen das Verhalten von Schulanfängern und stellt fest, daß einige Schulen die Trennung von Mutter und Kind individuell behandeln, abhängig davon, wie „vorbereitet" das Kind ist. Andere Schulen dagegen nehmen die Trennung kollektiv für alle Kinder zur selben Zeit vor. Hängen diese unterschiedlichen Vorgehensweisen systematisch mit Ausprägung und Häufigkeit von Trennungsangst zusammen?

Glaser und Strauss (1969) verwendeten die Methode der teilnehmenden Beobachtung, um Theorien über die Behandlung sterbender Patienten in Kliniken zu entwickeln. Nach ersten Verhaltensbeobachtungen entschieden sie sich ganz grob für folgende Bereiche, die die zukünftigen Variablen, die für das Verständnis Sterbender in Kliniken relevant sind, abdecken und beinhalten sollten: 1. Wie *bewußt* ist sich der Patient der Tatsache, daß er sterben muß? 2. Versuche der Krankenschwester, auch angesichts des bevorstehenden Todes des Patienten *Fassung zu bewahren* und sich zu beherrschen; 3. das Vertrauen der Schwestern auf das Konzept des *sozialen Verlusts* bei diesen Bewältigungsversuchen.

Glaser und Straus beobachteten, daß die Schwestern einen sozialen Verlust im Sinne von „was der Tod des Patienten für andere, z. B. Familienangehörige bedeuten wird" definierten. War der „soziale Verlust" relativ gering, dann konnten die Schwestern das Sterben und den Tod des betreffenden Menschen besser bewältigen.

Nachdem die Autoren an einer Klinik zahlreiche Fälle der Beziehung zwischen sozialem Verlust und Bewältigungserfolg der Schwestern beobachtet hatten, bestätigten sie diese Beziehung durch Beobachtungsbefunde an anderen Kliniken. Danach versuchten sie, die allgemeine Gültigkeit (oder Generalität) dieses Zusammenhangs in ganz anderen, aber der Thematik nach angemessenen Situationen zu überprüfen. Macht das Personal anderer Kliniken ähnliche Anstrengungen, um bei den Patienten das Zustandekommen der Bewußtheit des eigenen bevorstehenden Todes möglichst zu vermeiden? Nein, das ist nicht der Fall. Denn die Autoren fanden, daß die Bewußtheit von Patienten über das eigene Sterben z. B. in japanischen Kliniken viel eher akzeptiert wird als in amerikanischen Kliniken.

Warum sich japanische Kliniken von amerikanischen Kliniken in dieser Hinsicht unterscheiden, ist unbekannt. Um diese Frage beantworten zu können, sind zusätzliche, interkulturelle Untersuchungen notwendig.

5. *Von der Theorieentwicklung zur Theorieüberprüfung.* Dieser fünfte Schritt bedarf häufig eines völlig neuen Forschungsprojekts und -ansatzes. Ausgehend von unserem oben angeführten Beispiel über „Trennungsangst" nehmen wir an, der Forscher habe beobachtet, daß in den Schulen, in denen die Kinder alle zum selben Zeitpunkt von ihren Eltern getrennt werden, die „Trennungsangst" häufiger und intensiver aufgetreten sei als in den Schulen, in denen die Kinder ganz individuell von ihren Müttern getrennt werden. Der Forscher kann mit diesem Ergebnis, welches ihm sein ursprüngliches Konzept der „Trennungsangst" bestätigt, die Konzeptentwicklung abschließen und einen Schritt weitergehen. Er kann nämlich eine Untersuchung planen, mit der er die entwickelten Hypothesen testen kann. Der Forscher könnte in unserem Fall etwa die Hypothese aufstellen, daß individuelle Trennung der Kinder von ihren Müttern, begründet auf ganz spezifisch definierten Kriterien der „Bereitschaft", in einer signifikant geringeren Trennungsangst in den ersten beiden Monaten in der Schule resultieren wird; im Vergleich zum allgemeinen Vorgehen. Ohne die vorherige Forschungsarbeit der Hypothesenentwicklung hätte der Forscher diese neue Untersuchung, in der er die Hypothese testet, nicht planen und durchführen können, da er ja vorher kein Konzept über „den Umgang mit der Eltern-Kind-Trennung an Schulen" gehabt hatte. Denn er hatte ja vor der ersten Untersuchung nicht gewußt, daß die Schulen in diesem Bereich unterschiedlich vorgehen und daß die „innere Vorbereitung auf eine Trennung" in der Praxis eine Rolle spielt.

Teilnehmende Beobachtung und Fallstudie

Die Fallstudie beinhaltet meistens die Technik der teilnehmenden Beobachtung. In vielen Bereichen der Psychologie sind Fallstudien durchgeführt worden. Die Sprachentwicklung bei Säuglingen (und bei einem wie ein Kind aufgezogenen Schimpansen), Persönlichkeitsstörungen, kreatives Denken und Reaktionen auf Katastrophen sind mit Fallstudien untersucht worden. Ein „Fall" kann dabei eine oder mehrere Personen sein, Tiere, Organisationen oder bestimmte Ereignisse. Natürlich arbeiten Psychoanalytiker fast ausschließlich mit Fallstudien. Gruber (1977) und Moore-Russell (1977) sind der Ansicht, daß Forschung häufig eine Abwägung zwischen der Untersuchung weniger Variablen bei vielen Fällen und der Untersuchung vieler Variablen bei nur wenigen Fällen verlangt. Ziel einer Falluntersuchung ist die detaillierte Beschreibung eines Variablenmusters und der Zusammenhänge zwischen den Variablen, die bei einem ganz konkreten Fall wirksam sind. Beispielsweise bedarf die Untersuchung von Veränderungen in einem sozialen System über die Zeit hinweg der Technik der Fallstudie. Gruber untersuchte die Veränderungen in Darwins Vorstellungen über die Evolutionstheorie über eine Zeitperiode vieler Jahre hinweg (1974). Seine Befunde erhob Gruber dabei aus dem Studium der persönlichen Aufzeichnungen, die Darwin in Kurzschrift verfaßt und hinterlassen hatte. Darwin schrieb nämlich täglich seine Gedanken in seinen Tagebüchern nieder.

Sayles (1978) empfiehlt folgende Schritte bei der Durchführung einer Fallstudie:

1. Beginnen Sie zunächst mit einer Periode der Verhaltensbeobachtung der interessierenden Personen und Objekte und beschäftigen Sie sich eingehend mit den Daten und Befunden, wie sie mit den in Frage stehenden Variablen und Personen in Zusammenhang stehen könnten.
2. Formulieren Sie – zunächst heuristisch – mögliche erklärende Konzepte, Variablen und Hypothesen.

3. Suchen Sie nach „Überraschungen" – nach Fällen, in denen Ihre Hypothese(n) die realen Gegebenheiten nicht vorhersagen konnte(n). Derartige „Überraschungen" zeigen Ihnen, daß in Ihrer Theorie oder Mini-Theorie entweder ein Aspekt fehlt oder aber etwas fehlerhaft formuliert ist.
4. Um den neuen Befunden Rechnung zu tragen, revidieren Sie, wenn nötig, Ihre Hypothese(n). Auf diesem Weg wird die Validität Ihrer Hypothese(n) laufend überprüft und verbessert.
5. Untersuchen Sie die Reliabilität Ihrer Formulierung, indem Sie Replikationen im Laufe Ihrer Forschung vornehmen. Beobachtungen müssen wiederholbar sein, damit ihre Resultate und die mit ihnen zusammenhängenden theoretischen Konzepte akzeptiert werden können.
6. Wiederholen Sie die Schritte 3., 4. und 5. so oft als nötig. Erheben Sie laufend Daten und neue Fälle, bis Sie nicht mehr auf „Überraschungen" stoßen, d. h. bis alle neuen Befunde komplett aus den Hypothesen und Theorien vorhersagbar sind. An diesem Punkt können Sie mit der Datenerhebung aufhören.

Systeme, Personen oder Organisationen in Krisenzuständen, während Veränderungen und Entwicklungen sind sehr informative Untersuchungsbereiche. Die Veränderungen zugrundeliegender Strukturen werden in Zeiten des Wandels offensichtlich, Strukturen, die in Zeiten des routinemäßigen Funktionierens nicht so einfach zu entdecken sind. Man sieht, daß die empfohlenen Vorgehensweisen für die Fallstudie den Richtlinien der begründeten Theorieentwicklung von Glaser und Strauss ähneln. Die Methode der Fallstudie wurde auch von Cuber und Haroff (1965) zur Entwicklung neuer Konzepte verwendet (s. hierzu Kap. 9). Cuber und Haroff folgten den Ansätzen, die von Sayles und von Glaser und Strauss empfohlen worden sind, d. h. sie gingen induktiv ohne die Aufstellung von a priori Hypothesen vor. Dann entwickelten sie nach und nach eine vorläufige Typologie der Ehe, die fünf Kategorien umfaßte. Nachdem sie über 400 Interviews durchgeführt hatten, fanden sie keine „Überraschungen" (im Sinne von Sayles) mehr, denn jedes neue Ehepaar konnte befriedigend und adäquat einer der fünf Kategorien zugeordnet werden. Sie machten danach noch 25 Interviews, um ganz sicherzugehen und schlossen dann die Datensammlung ab.

Grenzen der Methode der Teilnehmenden Beobachtung

Bis jetzt haben wir in diesem Abschnitt die Hauptvorteile der teilnehmenden Beobachtung behandelt. Die Methode weist jedoch auch Nachteile auf. Nach Darkenwald (1975) gilt: „Am irritierendsten ist das Fehlen leicht verständlicher, kodifizierter Regeln für die Gewinnung und Auswertung qualitativer Befunde und für die Theorieentwicklung." Die Beschreibung von Untersuchungsgegenständen in der Alltagssprache ist schon eine Sache für sich; das Erstellen empirisch begründeter Konzepte und Theorien ist eine noch viel schwierigere Angelegenheit.

Einige Psychologen haben die Methode der teilnehmenden Beobachtung wegen ihres relativ hohen Risikos, verzerrte Befunde zu produzieren, kritisiert. Überhaupt haben die in der Laborforschung ausgebildeten Psychologen schon immer darauf hingewiesen, daß der menschliche Beobachter als „Meßinstrument" verzerrte Forschungsresultate liefern kann. Demgegenüber haben Forscher in der Tradition der klinischen und naturalistischen Beobachtung stets die positiven Kapazitäten des trainierten Beobachters betont. Die Grenzen einer Methode können aber dann minimalisiert werden, und die Vorteile jedes Ansatzes maximiert, wenn zur Erforschung eines bestimmten Problembereichs unterschiedliche Methoden eingesetzt werden.

Angenommen, ein Forscher entschließt sich, eine Untersuchung mit der Methode der teilnehmenden Beobachtung durchzuführen. Er sollte dabei folgende Punkte beachten: 1. die emotionalen Aspekte der teilnehmenden Beobachtung, 2. seinen Eintritt in die in Frage stehende Umgebung, 3. die Definition seiner Rolle, 4. die Auswahl einer qualitativen oder quantitativen Datenerhebung, 5. die Definition der Beobachtungseinheiten und 6. die Art der Datenaufzeichnung.

Emotionale Aspekte bei der teilnehmenden Beobachtung. Die Beobachtungsforschung ist zwar auf der einen Seite ein sehr interessantes Gebiet, weil der Untersucher ganz natürliche Lebenssituationen erforschen kann, auf der anderen Seite kann sie recht schwierig und anstrengend sein. Das Vorlegen eines Fragebogens offenbart wenig über die Persönlichkeit des Forschers. Im Labor hat die Versuchsperson das „Revier" des Forschers betreten, und dieser kann mehr oder weniger bestimmen, was die Versuchsperson zu tun hat. Im Feld jedoch muß sich der Forscher den Gegebenheiten anpassen und die Menschen dazu bringen, ihn bei ihrer Arbeit und in ihrem Leben zu akzeptieren.

Es ist möglich, daß der teilnehmende Untersucher starke Gefühle gegenüber den Menschen und ihrer Umgebung entwickelt. Diese Gefühle können Ausgangspunkt wertvoller Befunde darstellen – Ereignisse, die den Forscher verärgern oder ihm aber gefallen, können ihm dazu verhelfen, den in Frage stehenden Bereich besser zu verstehen. Aber er muß auch darauf vorbereitet sein, mit seinen Gefühlen adäquat umzugehen.

Es besteht weiterhin das Risiko, daß sich der teilnehmende Beobachter mit einer Gruppe überidentifiziert und seine neutrale Beobachterrolle verliert. Dieses Problem kann mit der Aussage eines Verhaltensbeobachters verdeutlicht werden: „Ich habe als nichtteilnehmender Beobachter angefangen und als nichtbeobachtender Teilnehmer aufgehört." Reiss (1968) berichtet in seiner Untersuchung über das Polizistenverhalten, daß einige der Beobachter so sehr von Vorstellungen über die Macht der Polizei gefesselt worden seien, daß sie anfingen, z. B. verdächtige Personen zu beschimpfen und unethische Verhaltensweisen an den Tag zu legen, die völlig außerhalb ihrer Rolle als eines teilnehmenden Beobachters lagen.

Das Eintreten in die Beobachtungsumgebung (Setting). Auf welche Art bekommt der Forscher die Erlaubnis, in der gewünschten Umgebung zu arbeiten? Einige Psychologen lösen dieses Problem, indem sie Gruppen untersuchen, denen sie bereits angehören, z. B. die Personen in ihrem Studentenwohnheim, an ihrem Arbeitsplatz oder in ihrem Verein. Jedoch liegt dieses Vorgehen nicht immer im Bereich des Möglichen und ist auch nicht immer wünschenswert, denn evtl. ist der betreffende Psychologe viel zu sehr in diese vertraute Umgebung integriert und „affektiv befangen", als daß er sie analytisch und distanziert wahrnehmen könnte.

Manchmal kommt es vor, daß die Untersucher von Autoritätspersonen gebeten werden, eine bestimmte Untersuchung durchzuführen. Dies löst natürlich das

Problem des Eintritts in die in Frage stehende Umgebung. Aber man sollte auch in diesem Fall bedenken, daß die Erlaubnis bzw. Bitte der Spitze einer organisatorischen Hierarchie, die zwar hilfreich und häufig sehr wichtig ist, nicht die Notwendigkeit beseitigt, auf niedrigeren Ebenen der Organisation Akzeptanz bei den entsprechenden Personen aufzubauen. In den meisten Fällen muß der Untersucher andere Personen dazu überreden, ihm in eine bestimmte Umgebung Eintritt zu gestatten.

Blau (1974) beschreibt in seiner Beobachtungsstudie das Eintrittsproblem in eine Abteilung einer Geschäftsstelle der Regierung. Er plante, Verhalten zu beobachten, verbrachte aber zuerst zwei Wochen in einem der Büros der Abteilung zum Studium von Hintergrundmaterial. Als er mit der Beobachtung anfangen wollte, stellte er fest, daß die Belegschaft der Abteilung ihn schon ziemlich genau beobachtet hatte. Die Angestellten waren nämlich zu der Überzeugung gelangt, er sei ein „Kiebitz" oder ein „Spion", der von oberster Stelle eingesetzt worden sei, um sie zu überprüfen. Blau war nach dieser Entdeckung entsetzt. Zuerst konnte er die Angestellten durch nichts vom Gegenteil überzeugen. Nach und nach jedoch glaubten sie ihm, und zwar primär wegen seiner Unwissenheit über die Organisation der Geschäftsstelle und wegen seiner enormen Fehler hinsichtlich angemessener bürokratischer Verhaltensweisen, so daß er als „Spion" ganz offensichtlich nutzlos gewesen wäre. „Meine Trumpfkarte beim Aufbau der Beziehung war, daß ich tatsächlich die Person war, die ich zu sein vorgab und meine Chancen standen gut, daß sich dies in einer kontinuierlichen sozialen Interaktion auswirken würde" (Blau, 1974, S. 107).

Definition der Beobachterrolle. „Wer sind Sie?", „Was machen Sie?" – Auf solche Fragen muß der Untersucher vorbereitet sein. Wie er seine Rolle (für sich selbst und anderen gegenüber) definiert, kann sich auf die Datengewinnung auswirken. Es kann sich als nützlich erweisen, ein paar Kopien mit einer kurzen Erklärung über die allgemeinen Zwecke und Ziele der Untersuchung, über die vertrauliche Behandlung der Daten, über allgemeine Pläne, wenn sie die Teilnehmer betreffen und über die Möglichkeit, weitere Fragen zu stellen, bei sich zu haben und gegebenenfalls zu verteilen. Die Personen, die beobachtet werden sollen, wollen i. allg. wissen, wer Träger des Beobachtungsprojekts ist und wie die Resultate bei und nach der Auswertung behandelt werden.

Es kann hilfreich sein, wenn der Untersucher eine gewisse Vertraulichkeit an den Tag legt. Vorsichtiger Gebrauch des speziellen Vokubulars der Gruppe kann dazu beitragen, Vertrauen zu gewinnen. Sind dem Untersucher jedoch die Gepflogenheiten einer Zielgruppe unbekannt, dann sollte er nicht zögern, dies ganz offen auszudrücken. Denn die meisten Menschen erklären gerne einem verständnisvollen, interessierten Außenseiter, wie bestimmte Dinge in ihrem sozialen Kontext behandelt werden.

Wie ehrlich sollte der Untersucher bei der Deklaration seiner Rolle sein? Im allgemeinen wirken sich Täuschung und Betrug negativ aus und sind der teilnehmenden Beobachtung kaum förderlich. Jedoch ist es in manchen Fällen gar nicht möglich, ohne Täuschung der Zielpersonen vorzugehen. Eine bekannte Untersuchung von Festinger et al. (1956, „When Prophecy Fails") beispielsweise wurde von Psychologen durchgeführt, die vorgaben, Bekehrte einer religiösen Sekte zu sein, die glaubte, daß das Ende der Welt kurz bevorstünde. Die Psychologen gingen bei dieser Untersuchung davon aus, daß die Vorspiegelung falscher Tatsachen die einzige Möglichkeit darstelle, Zugang zu der gewünschten Umgebung (die Sekte) zu gewinnen. Sie gaben sich jedoch als relativ offene „Wahrheitssucher" aus und nicht als „wahre Gläubige". Die plötzliche und ungewöhnliche Aufnahme dreier neuer Mitglieder in diese kleine Sekte hat aber vielleicht sogar ganz nachhaltig das nachträglich beobachtete Verhalten der Sektenmitglieder beeinflußt. Dieser Umstand allein macht nun zwar die Untersuchung nicht unwissenschaftlich, erlaubt aber die Implikation, daß Festinger et al. eigentlich den Effekt der Aufnahme neuer Gläubiger in eine Sekte untersucht haben und nicht die „normalerweise" ablaufenden Gruppenprozesse innerhalb einer Sekte.

Der teilnehmende Beobachter erfährt viel über die Menschen, die er beobachtet. Darf er diese Informationen anderen Personen mitteilen? Wenn ja, wem? Im Alltagsleben existieren implizite Regeln über die Weitergabe persönlicher Information, beispielsweise im Rahmen von Freundschaften. Für den Forscher sieht die Situation anders aus. Kommunizieren beispielsweise einige Mitglieder der beobachteten Zielpopulation auf einer eher freundschaftlichen Basis mit ihm, dann wird er Teil eines sozialen Netzwerks von gegenseitiger Sympathie und Antipathie.

Teilen Menschen einem Untersucher persönliche Belange, Meinungen und Ansichten mit, dann werden sie es ganz selbstverständlich als Vertrauensmißbrauch erachten, wenn der Forscher diese Informationen veröffentlicht, ohne sich von den betreffenden Personen eine Erlaubnis dazu eingeholt zu haben. Der Untersucher sollte auf keinen Fall „Märchen erzählen" und sich bei Fragen hinsichtlich einer möglichen Veröffentlichung von persönlichem Material so zurückhaltend als möglich verhalten. Wird er direkt auf die gewonnenen Daten angesprochen, dann sollten seine Antworten so allgemein wie möglich und eher ausweichend ausfallen. „Nun, ich denke, daß an diesem Bereich schon ein öffentliches Interesse besteht" oder „Ich bin mir nicht ganz sicher, ob ich die Situation hier schon verstehe – was halten Sie davon?" (s. hierzu auch Kap. 9). Unter Umständen kann der Forscher sagen: „Ich habe versprochen, darüber keine Auskunft zu geben; deshalb werde ich dazu nichts sagen." Die meisten Teilnehmer werden über eine solche Entgegnung nicht enttäuscht sein, sondern darin eher eine Bestätigung der Vertrauenswürdigkeit des Forschers sehen. Eventuell stellen sogar manche Personen ganz gezielt derartige Fragen, um die Vertrauenswürdigkeit des Beobachters zu testen.

Unter Umständen erweist es sich als besser, „vertrauliche" Informationen abzulehnen, wenn die betreffende Person von vornherein dem Forscher Einschränkungen hinsichtlich des Gebrauchs der Information auferlegt. Wenn jemand also anbietet, etwas zu erzählen, „... aber nur, wenn Sie mir versprechen, daß Sie das nicht weitererzählen", dann ist i. allg. zu empfehlen, etwa folgendermaßen zu reagieren: „Vielleicht sollten Sie es sich nochmals überlegen, ob Sie mir das überhaupt erzählen möchten. Ich werde Ihren Namen nicht nennen, aber ich muß bestimmten Themen und Bereichen nachgehen. Dabei werde ich auf alle Fälle immer versuchen, so diskret wie möglich mit dem Material umzugehen. Wenn Ihnen dieses Vorgehen aber nicht genügt, bitte ich Sie, mir diese Information nicht zu geben." In solchen Situationen ändern dann viele der Befragten ihre Meinung über die absolute Geheimhaltung: „Ich denke, daß es gut ist, Ihnen davon zu erzählen. Denn ich bin mir sicher, daß Sie mit dieser Auskunft einiges anfangen können."

In seiner Rolle als Teilnehmer an sozialen Prozessen kann es schon mal vorkommen, daß der Untersucher sich nach gewisser Zeit in dem Dilemma befindet, daß er plötzlich zuviel Einfluß auf die untersuchte Gruppe ausübt. Denn evtl. bitten die beobachteten Personen ihn um Ratschläge und Beratung zu einzelnen Lebensbereichen und Problemen. Auch eine Ablehnung kann das Verhalten der untersuchten Personen beeinflussen. Es ist kaum möglich, keinerlei Einfluß auszuüben. Man sollte also darauf bedacht sein, diesen Einfluß so gering wie möglich zu halten. Glücklicherweise hat man festgestellt, daß die bedeutenden strukturierten und für die Untersuchung wesentlichen Prozesse trotz der Anwesenheit von Beobachtern in der Interaktion der untersuchten Personen wie in „normalen" Situationen auftreten, also gegenüber Beobachtereffekten robust sind.

In welchem Ausmaß sollte der teilnehmende Beobachter den Gruppennormen folgen? Welche Rolle sollte er diesbezüglich einnehmen? Einmal beschloß ein Student, eine teilnehmende Beobachtungsstudie über Patienten in einer Urschrei-Therapie, einer mehr als umstrittenen Methode der Gruppentherapie, durchzuführen. Dabei wurden die Patienten gebeten, sich auf Matten zu legen und laut ihre Gefühle hinauszuschreien. Der Gruppendruck und die Norm, daß jedes Mitglied zumindest einen Teil jeder Sitzung schreiend verbringen sollte, waren so stark, daß der Untersucher sich nur in den ersten beiden Sitzungen dagegen wehren konnte. Während der nächsten vier Sitzungen fühlte er sich gezwungen, selbst zu schreien. Diese extreme Art der Rollenidentifikation mit den beobachteten und untersuchten Personen kann manchmal berechtigt sein, aber sie ist für gute Resultate nicht von essentieller Bedeutung. Denn i. allg. wird ein Beobachter, der gleich von Anfang an Aufforderungen, an bestimmten Prozessen und Interaktionen teilzunehmen, höflich ablehnt, in seiner eher passiven Rolle akzeptiert. Entsprechende Aufforderungen, eine aktive Rolle einzunehmen, verstummen normalerweise dann auch schnell.

Erhebung qualitativer oder quantitativer Daten? Qualitative Befunde basieren auf Inhaltsdaten, d. h. Themen und Inhalten, komplexen Variablen und Ereignissen. Dagegen werden quantitative Befunde durch die Untersuchung der Intensität oder Häufigkeit bestimmter Ereignisse gewonnen. Die Beobachtungsmethode impliziert ein Minimum von beiden Datenerhebungsarten. Das Verhältnis kann dabei variieren. Ein Forscher kann sich beispielsweise dafür entscheiden, sich auf das sorgfältige Abzählen einer Reihe von Variablen und auf die Untersuchung der Beziehungen zwischen diesen Variablen zu konzentrieren. Alternativ dazu kann er mit qualitativen Beobachtungen beginnen und erst danach, wenn die Problemsituationen etwas abgeklärt sind, eine Entscheidung über die Art der quantitativen Befunde, die erhoben werden sollen, fällen.

Auswahl der Beobachtungseinheiten. Man kann seine Beobachtungen nach *Zeit, Ort,* den beteiligten *Personen* oder *Ereignissen* ausrichten. Das heißt, der Forscher kann wählen, ob er bestimmte Zeitperioden, bestimmte Orte, bestimmte Personen oder bestimmte Ereignisse in den Mittelpunkt seiner Beobachtung stellt. Diese

Vorentscheidungen wirken sich natürlich entscheidend auf den Verlauf der weiteren Untersuchung aus.

Eine arbiträre, rein entscheidungsmäßige Festlegung von Zeit oder Ort als Beobachtungseinheiten vor der Beobachtung kann möglicherweise nur einen oberflächlichen oder geringen Zusammenhang zur Datenstruktur, zu natürlichen Grenzen, zyklischen Rhythmen oder anderen natürlichen Mustern aufweisen, die informative Analyseeinheiten dargestellt hätten, hätte man nur von vorneherein gewußt, welche es sind. Einige kompetente Forscher empfehlen deshalb für den Anfang einer Beobachtungsuntersuchung zunächst ein ziemlich unstrukturiertes Vorgehen, was die Auswahl der Beobachtungseinheiten betrifft. Der Forscher sollte sich hier damit beschäftigen, was andere als wichtig erachten oder was ihn besonders interessiert oder ihm auffällt. Gleichzeitig sollte er versuchen, die Einheitenauswahl auf einem theoretischen und konzeptuellen Hintergrund vorzunehmen. Andere Forscher halten dagegen eine eher frühe Definition und Festlegung der spezifischen Beobachtungseinheit(en) für angebrachter.

Sowohl Personen als auch Ereignisse können ausgewählt werden; entweder mit einer repräsentativen Stichprobenauswahl oder durch eine eher informelle Art der Auswahl der Forschungsobjekte. Möchte der Forscher etwa folgende Frage beantworten: „Welcher Teil der Kinder, die in die Schule kommen, zeigt das Verhalten Y oder erfährt die Lehrerreaktion Z?", dann muß er eine Population der Kinder (oder Lehrer) definieren und daraus eine repräsentative Stichprobe ziehen. Alternativ dazu kann er beispielsweise beschließen, die Hälfte einer beliebigen Gruppe von Lehrern mindestens ein Mal zu beobachten, um ein allgemeines qualitatives Bild zu gewinnen.

Die Zeit-Stichproben-Technik (engl.: time sampling). Die Zeit-Stichproben-Technik besteht darin, daß Zeiteinheiten zur Beobachtung ausgewählt werden und dann entschieden wird, wie oft innerhalb der einzelnen Zeiteinheiten Daten aufgezeichnet werden sollen. Beispielsweise kann der Entschluß gefaßt werden, ein Kind fünf Minuten lang während jeder von vier ausgewählten 15-Minuten-Perioden zu beobachten. Und innerhalb der fünfminütigen Beobachtungsperiode soll dann ein gegebenes Ereignis (z. B. „das Kind weint") oder die Dauer des Ereignisses („das Kind weint 19 s lang") registriert werden, oder es soll registriert werden, wie oft das Kind pro Minute weint (in diesem Fall bekommt ein Kind, das während einer fünfminütigen Periode dauernd weint, einen Score von 5). Wie Medinnus (1976) betont, geht bei der Methode der Zeit-Teilung bei nur ganz wenigen Verhaltensweisen das natürliche Muster und die Sequenz der Handlung für die Aufzeichnung verloren. Die Auswahl von Ereignissen als Beobachtungseinheiten (die sog. Ereignis-Stichproben-Technik) gestattet dagegen die Erhebung viel komplexerer Befunde.

Die Ereignis-Stichproben-Technik (engl.: event sampling). Die Ereignis-Stichproben-Technik verwendet als Grundlage eine Handlungssequenz, einschließlich dessen, was vor, während und nach diesem Ereignis geschieht. Ereignisse können als *routinemäßige, spezifische* oder *außergewöhnliche* Ereignisse klassifiziert werden (Schatzman und Strauss, 1973). Routinemäßige Ereignisse geschehen häufig und werden von den betreffenden Personen erwartet; spezifische Ereignisse (z. B. Ferien) treten weniger oft auf, werden aber auch erwartet; außergewöhnliche Ereignisse werden dagegen nicht antizipiert oder zu dem Zeitpunkt erwartet, an dem sie dann tatsächlich auftreten. Außergewöhnliche Ereignisse bedingen durch ihre „Nichtvoraussehbarkeit und Unkalkulierbarkeit" bei den betroffenen Personen häufig Unbehagen oder Streß.

Sayles empfiehlt zur Untersuchung von Organisationsstrukturen folgendes zu beobachten: „Wer was tut, mit wem, wie, wo, wann und wie oft." Er macht auch eine Unterscheidung zwischen dem sog. „short beat" von Aktivitäten, unter die er routinemäßig auftretende Ereignisse subsumiert und dem sog. „long beat" von Aktivitäten, zu denen er vor allem die spezifischen und außergewöhnlichen Ereignisse dazurechnet. Er betont, daß der Forscher vor allem auf streßinduzierende Situationen achten sollte.

Datenaufzeichnung. Natürlich hängt das Aufzeichnungssystem von der gesamten Anlage des Forschungsprojekts ab. Ist die Studie quantitativ angelegt und wird eine spezifische Hypothese überprüft, dann wird das Aufzeichnungssystem i. allg. sehr spezifisch sein. Die Piagetschen Aufgaben, die im nächsten Abschnitt besprochen werden, verlangen beispielsweise, daß der Versuchsleiter exakt aufzeichnet, wie Kinder Spielzeug in Untergruppen sortieren. Dabei bekamen die Beobachter ein Training im Gebrauch des Kategoriensystems, bevor sie anfingen, die Kinder der Stichprobe zu beobachten. Der Beobachter kategorisierte das Sortieren des Spielzeugs an Ort und Stelle. Wie die Tabelle 11.2 verdeutlicht, kann fast jedes Verhalten in Kategorien kodiert werden.

Tabelle 11.2. Ein Beispiel eines Kodierungssystems für eine Verhaltensbeobachtung

Variable	Verhaltenscode				
	1.	2.	3.	4.	5.
1. Aktivitäts- niveau:	Überspringt die hohen Kästen mit einem Satz.	Muß Anlauf nehmen, um die hohen Kästen überspringen zu können	Kann nur die niedrigen Kästen überspringen	Kann die Kästen nicht überspringen	Kann die Kästen nicht erkennen
2. Reaktions- zeit	Fängt alle oder fast alle schnellen Bälle	Fängt viele der schnellen Bälle	Fängt nur die langsamen Bälle	Fängt kaum Bälle	Bewegt sich nicht
3. Soziales Verhalten:	Versucht im „Seeräuber- spiel", möglichst alle „Matrosen" vor dem „Ertrinken" zu retten	Versucht, viele „Matrosen" zu retten	Versucht, einige „Matrosen" zu retten	Macht kaum Anstrengungen, „Matrosen" zu retten	Rettet keine „Matrosen"
4. Kommuni- kations- verhalten:	Kommuni- ziert mit fast jedem anderen Kind	Kommuni- ziert mit vielen anderen Kindern	Kommuni- ziert mit einigen andern Kindern	Kommuni- ziert kaum mit den anderen Kindern	Kommuni- ziert mit niemandem

Aufzeichnung der Beobachtungen

Notwendigerweise fallen die Aufzeichnungen während der Beobachtung (in schriftlicher Form oder auf Tonband) ziemlich kurz aus. Diese kurzen Notizen sollten keine bewertenden Aussagen enthalten, sondern ganz einfach Verhalten beschreiben. Eigene Gefühle oder Ansichten des Beobachters sollten separat notiert und als solche auch gekennzeichnet werden. Auch sie stellen auszuwertende Daten dar.

Nach der Beobachtung sollten die kurzen Anmerkungen und Notizen möglichst bald in vollständige Aufzeichnungen „übersetzt" werden. Dann muß der Forscher eine Reihe von Kopien dieser vollständigen Aufzeichnungen anfertigen. Eine Kopie kann dann als eine Aufzeichnung des „wahren Zeitverlaufs" des Geschehens verwendet werden, eine andere kann an einem sicheren Ort zum Schutz gegen einen evtl. Verlust der anderen Exemplare aufbewahrt werden. Die anderen Kopien werden dann zu der eigentlichen Auswertung verwendet, d. h., mit ihnen wird das beobachtete Material kodiert und in Kategorien klassifiziert. Dieselben Aufzeichnungen können dabei unterschiedlich mit Hilfe verschiedener Sortiersysteme kodiert werden – beispielsweise einmal in bezug auf die sozialen Beziehungen, dann hinsichtlich ihres Inhalts usw.

In periodischen Abständen sollten die ursprünglichen Anmerkungen und Notizen durchgesehen und dabei interpretative Kommentare hinzugefügt werden. Häufig sind die ersten Eindrücke bedeutender und aussagekräftiger, wenn sie zu einem späteren Zeitpunkt mit einem umfangreicheren Erkenntnishintergrund nochmals durchgesehen werden. Dabei sollten aber subjektive Kommentare sorgfältig und streng von direkter Beobachtung unterschieden werden. Dazu kann man die Interpretationen mit einer anderen Farbe notieren, auf eine reservierte Stelle auf den Aufzeichnungsbogen oder in Klammern setzen. Auf alle Fälle sollte man genügend Platz auf den Aufzeichnungsbogen freilassen, so daß später Beobachtungen und Kommentare ohne weiteres hinzugefügt werden können.

Jeder Aufzeichnungsbogen sollte einen Kopf, eine Überschrift bekommen, die Angaben über das Datum, die Uhrzeit, den Ort, das Ereignis und die anwesenden Personen enthält. Dabei sollte man Namensangaben vermeiden. Auch wenn diese nicht notiert werden, muß der Forscher sicherstellen, daß alle Aufzeichnungen geheimgehalten werden. Auch Initialien oder Code-Wörter können bei der Anlegung dieser Beobachtungsblätter zur Kennzeichnung verwendet werden. (Die Datenauswertung, die Zusammenfassung quantitativer und qualitativer Kategorien und die Untersuchung der Zusammenhänge werden in den Kap. 13 und 14 besprochen.)

Selbstbeobachtung

In manchen Situationen sind die Zielpersonen u. U. in der Lage und gewillt, ihr eigenes Verhalten zu beobachten und aufzuzeichnen. Beispielsweise wurden bei einem Beobachtungsprojekt Studenten gebeten, die Anzahl von Minuten, die sie jeden Tag vor dem Fernsehapparat verbrachten, eine Woche lang auf einem Aufzeichnungsbogen einzutragen. Wheeler und Netzlek (1977) baten Studienanfänger, alle ihre sozialen Interaktionen zweimal 14 Tage lang aufzuzeichnen; und zwar einmal zu Beginn des ersten Semesters und einmal am Ende des ersten Semesters. Dabei sollte jede soziale Interaktion von mindestens zehn Minuten Länge aufgezeichnet werden, einschließlich Zeit, Ort, Art und der Erfreulichkeit des Ereignisses. Wie reliabel waren nun diese Beobachtungen der studentischen Selbstuntersucher? Wheeler und Netzlek errechneten die Reliabilität, indem sie die wechselseitigen Aufzeichnungen der Interaktionen zwischen jeweils zwei Zimmergenossen im Wohnheim miteinander verglichen. Die Reliabilität erwies sich als relativ zufriedenstellend. Damit mit der Methode der Selbstbeobachtung „gute", d.h. reliable und valide Befunde gewonnen werden können, ist es notwendig, daß die Personen hochmotiviert sind und sorgfältig auf ihre Aufgabe vorbereitet werden.

11.4 Beispiele für die Methode der teilnehmenden Beobachtung

Kompetente Kinder und Mütter

White, Kaban, Shaprio und Attanucci (1977) untersuchten „kompetente" Kinder und Mütter mit Hilfe ausgedehnter Beobachtungen in deren häuslichen Umgebung. Die Forscher hatten ein Interesse daran, zu verstehen, warum einige Kinder sehr „kompetent" sind, d.h. warum sie in vielen Verhaltensbereichen effektiv funktionieren, während andere in demselben Alter weniger kompetent sind. Das Forschungsprojekt war sowohl prozeßorientiert als auch vom Ansatz her induktiv angelegt. Dementsprechend vermieden es die Autoren, von vornehrein eine begrenzte Anzahl an spezifischen Hypothesen zu formulieren und diese dann zu testen; White et al. beobachteten sowohl „kompetente" als auch „weniger kompetente" Kinder und deren Mütter und legten dann induktiv fest, wie sich das Verhalten der Mütter gegenüber ihren Kindern in den beiden Gruppen unterscheidet.

Die Beobachter begaben sich in die natürliche häusliche Umgebung und blieben dem Kind rundum auf der Spur. Alles, was das Kind tat, wurde von ihnen verbal kodiert und mit Hilfe eines Kassettenrecorders aufgezeichnet. Die Dauer jeder einzelnen Verhaltenseinheit wurde zusätzlich mit einer Stoppuhr gemessen und gleichfalls aufgezeichnet. Nach einer zehnminütigen Beobachtungsperiode hörte der Beobachter mit dem Diktieren auf und kodierte das, auf Band diktierte, Material mit einem Kodierungssystem. Danach wurde mit einer neuen zehnminütigen Beobachtungsperiode begonnen, auf die wieder eine Kodierperiode folgte. Dieses Vorgehen, d.h. das Kodieren des aufgezeichneten Materials nach nur zehnminütiger Verhaltensbeobachtung, wurde deshalb gewählt, weil es dem Forscher gestattete, zu kodieren, während das Verhalten des Kindes und der Mutter noch frisch im Gedächtnis war. Im Durchschnitt konnten auf diese Weise nur drei Beobachtungsperioden an einem halben Tag durchgeführt werden.

Ein teilnehmendes Verhaltensbeobachtungsprojekt an einer Schule

An einer amerikanischen Schule wurde eine Sozialforscherin eingestellt, um an einem traditionell ausgerichteten Feldexperiment teilzunehmen. Es sollte dabei festgestellt werden, ob das kognitive Entwicklungsniveau kleiner Kinder aus armen Bevölkerungsschichten durch die Einführung eines von der Piagetschen Entwicklungstheorie abgeleiteten Unterrichts erhöht werden kann. Den Kindergartenkindern in der experimentellen und in der Kontrollgruppe sollte ein Vor- und ein Nachtest mit Piagetschen Aufgaben vorgelegt werden, die ihre kognitiven Fähigkeiten messen sollten. Die Experimentalgruppen sollten den speziellen Unterricht bekommen. Außerdem sollten die Kontrollkinder sowohl aus der mittleren Einkommensschicht als auch aus der unteren Einkommensschicht stammen.

Die Forscherin verbrachte vor Beginn der eigentlichen Untersuchung viele Tage in der Kindergruppe und arbeitete dort mit den Kindern und Lehrern. Insgesamt stellte sich heraus, daß die soziale Situation unerfreulich war. Die Lehrer schrien häufig ihre Kinder an; manchmal bekamen sie auch vor der Klasse einen regelrechten Wutausbruch. Unter den Erwachsenen an der Schule waren Beleidigungen und Anschuldigungen die Regel. Die fest Angestellten nahmen dies kommentarlos hin. Ganze Gruppen von Kinder wurden ohne jede Ankündigung auf andere Klassen umverteilt. Stunden wurden einfach unterbrochen und häufig fielen sie ganz aus. Es stand für die Forscherin nach diesem Eindruck von der Schulatmosphäre fest, daß der „akademische" Vergleich eines nach Piagetschen Prinzipien durchgeführten Unterrichts mit traditionell erteiltem Unterricht unter diesen Bedingungen sinnlos gewesen wäre, da dabei sehr einflußreiche Variablen hinsichtlich der Gesamtsituation ignoriert worden wären. Die Feindseligkeit der gesamten Schulumgebung und das offensichtliche Chaos sind für einen Forscher als Untersuchungsobjekte genauso legitime und relevante Ereignisse wie die Untersuchung der Einführung eines neuen Unterrichts. Dementsprechend begann die Forscherin, eine naturalistische Verhaltensbeobachtung mit täglicher Feldaufzeichnung durchzuführen.

Sie begann mit der Aufzeichnung von Ereignissen, die sie als erwähnenswert erachtete: unerwartete Ereignisse und Ereignisse, die ihr und anderen Beobachtern negativ auffielen. Diese Variablen konnten nicht im voraus definiert werden, da die Forscherin ja vorher nicht gewußt hatte, daß sie in dieser Umgebung überhaupt existierten.

Eine der „überraschenden" Variablen war „keinerlei Einführung bzw. Vorstellung", d.h. fremde Personen wurden im sozialen Kontext der Institution nicht vorgestellt oder deren Anwesenheit wurde nicht erklärt; und zwar in Situationen, in denen eine Vorstellung oder eine entsprechende Erklärung für die Anwesenheit einer Person nach amerikanischer Kultur der Norm entspricht. Die Forscherin wurde beispielsweise wiederholt durch Rektoren oder deren Stellvertreter in Klassenzimmer gebracht, ohne daß den darin unterrichtenden Lehrern auch nur die geringste Erklärung dafür gegeben worden wäre, außer dem lapidaren Kommentar: „Sie testet." Selbstverständlich verunsicherte das die Lehrer erheblich. Außerdem beobachtete die Forscherin, daß auch andere Personen nicht vorgestellt wurden, so etwa Personen vom Gesundheitsamt, die bei den Kindern Impfungen gegen Kinderlähmung vornahmen.

An diesem Punkt hatte die Forscherin ein deskriptives Konzept entwickelt – „keine Erklärung der Anwesenheit fremder Personen". Diese Kategorie beschrieb also einen Sachverhalt, der nicht existierte. Ist die Existenz dieser deskriptiven Variablen nun von Interesse für die Psychologie? Um diese Frage beantworten zu können, müssen wir zuerst eine konzeptuelle Definition entwickeln. „Keine Erklärung abgeben" kann psychologisch als ein „Fehlen von strukturierten Ereignissen" betrachtet werden. Dieses zweite Konzept ist weiter gefaßt und schließt das erste als eine Unterkategorie ein.

Zahlreiche andere Beispiele des Konzepts „Fehlen von strukturierten Ereignissen" wurden zusätzlich zu „fehlende Erklärung der Anwesenheit Fremder" beobachtet. Eine weitere Reflexion der Befunde führte die Forscherin zu einer weitreichenderen Hypothese, nämlich, daß „die inadäquate kognitive Struktur eine Charakteristik des sozialen Systems auf allen Ebenen der Einrichtung darstellt". Das heißt, die Forscherin hatte auf allen Ebenen der Schulorganisation ein „Fehlen an strukturierten Ereignissen" beobachtet, die es den darin agierenden Personen unmöglich machte, verschiedene Vorgänge zu verstehen. Die Wirkungen und Effekte der Unstrukturiertheit auf den kognitiven Zustand der Kinder wurden auch untersucht. Die Aufgaben von Piaget zielen darauf ab, das Verständnis des Kindes über Reihenfolge, Sequenz, Gruppierung, Zeit, Raum und Bedingtheit zu messen. Das soziale System der Schule machte es für das erwachsene Personal extrem schwierig, wenn nicht gar unmöglich, Ereignisse im Rahmen von Reihenfolge, Sequenz, Gruppierung, Zeit, Ort und Bedingtheit zu strukturieren, obwohl natürlich die kognitive Reife der Erwachsenen bezüglich der Aufgaben adäquat war.

In verschiedenen Bereichen der Organisation wurde das Fehlen an strukturierten Ereignissen wiederholt aufgezeigt. Dann wurden zwei Hypothesen aufgestellt; erstens, daß das Fehlen von strukturierten Anweisungen von der Verwaltung an die Lehrer dazu führt, daß die Lehrer den Kindern entsprechend mehr unstrukturierte Ereignisse zukommen lassen und zweitens, daß das kognitive Funktionieren der Kinder durch das Verhalten der Lehrer erschwert und behindert wird. (Das Testen dieser Hypothesen durch zusätzliche Forschungsarbeiten sollte dann der nächste Schritt sein.)

Die Feldaufzeichnungen der Forscherin beinhalteten auch die systematische Beobachtung der folgenden Variablen:

1. Ausdruck von Feindseligkeit und Ablehnung der Lehrer gegenüber ihren Schülern.
2. Konfliktfälle und -situationen zwischen den Lehrern und anderen Erwachsenen.
3. Das Verhalten zweier Kinder in der Klasse, die vom Lehrer und von der Forscherin als die am stärksten emotional gestörten und am meisten abweichenden Kinder in der Klasse eingestuft wurden.

Diese drei Verhaltensweisen variierten von Tag zu Tag in unverwechselbarer Art und Weise. Denn an einem Tag verhielt sich der Lehrer herzlich und liebevoll gegenüber seinen Schülern, am nächsten Tag sehr feindselig und abweisend. Warum? Auch das Verhalten der beiden „abweichenden" Kinder variierte in drastischer Weise von Tag zu Tag von „normal" hin zu „abnormal". Die Forscherin entschloß sich, die Hypothese zu testen, daß Konflikte innerhalb der Belegschaft zu einem feindseligen Verhalten der Lehrer gegenüber ihren Kindern führen, welche zu einer abnormen Regression bei den gestörten, labilen Kindern führen.

Die Variable „Ausdruck von Feindseligkeit der Lehrer gegenüber ihren Schülern" wurde operational durch Lehreraussagen mit abfälligem Inhalt definiert, wie beispielsweise: „Diese Kinder sind nicht in der Lage, irgendetwas in ihren Kopf zu kriegen", „Dies ist die schlechteste Klasse, die ich je unterrichtet habe" oder „Es hat überhaupt keinen Zweck, Euch zu unterrichten." Bemerkungen über einzelne Kinder wurden nicht in diese Definition eingeschlossen.

Für die zweite Variable, den Konflikt innerhalb des Schulpersonals, wurde eine ähnliche operationale Definition entwickelt. Die dritte Variable, das Verhalten der Kinder, hatte drei Kategorien: Baseline oder „keine Verhaltensänderung" der beiden gestörten Kinder, „regrediertes" (schlechteres) Verhalten und „verbessertes" Verhalten. Jede Kategorie wurde mit Hilfe ganz spezifischer beobachteter Verhaltensweisen definiert. Beispielsweise half ein sehr schüchternes, zurückhaltendes Mädchen, das normalerweise niemals sprach (Baseline-Verhalten), i. allg. beim Austeilen der Servietten und Trinkhalme mit. Verweigerte es diese Tätigkeit an einem bestimmten Tag, dann wurde dies als „Regression" betrachtet. Brach sie ihr gewohntes Schweigen und sprach sie, wurde dies als „Verbesserung" bezeichnet.

Da die Verhaltensaufzeichnungen von der Forscherin aufbewahrt worden waren, konnten auch andere Forscher die Daten einsehen und die Kodierung überprüfen. Natürlich wäre es besser gewesen, gleich zur Erhebungszeit einen zweiten unabhängigen Beobachter eingesetzt zu haben, um die Reliabilität festzustellen.

Was waren nun die Resultate dieser quantitativen teilnehmenden Verhaltensbeobachtungsstudie? 1. Es gab eine statistisch signifikante Beziehung zwischen dem Vorhandensein eines Lehrer-Personal-Konflikts und dem offenen Ausdruck von Feindseligkeit der Lehrer gegenüber ihren Schülern. 2. Es existierte eine signifikante Beziehung zwischen dem Vorhandensein eines Lehrer-Personal-Konflikts und dem Auftreten von Regression bei den Kindern und zwischen dem Nichtvorhandensein eines solchen Konflikts und verbessertem Verhalten bei den Kindern. Aus diesen Ergebnissen kann abgeleitet werden, daß ein Teufelskreis zu existieren schien, in welchem ein Konflikt beim Personal dazu führte, daß die Lehrer gegenüber ihren Schülern aggressives Verhalten zeigten, welches wiederum zu kindlicher Regression führte. Ein im Gegensatz dazu komplementärer Prozeß ging mit verbessertem Verhalten beim Kind einher (Papanek, 1971).

Die Unterscheidung von geistiger Gesundheit und geistiger Krankheit

Können qualifizierte Psychiater „Geisteskrankheiten" erkennen und von „geistiger Gesundheit" unterscheiden? Rosenhan (1973) zweifelte nicht daran, daß die Situation und Umgebung in psychiatrischen Kliniken zu Fehldiagnosen bezüglich einer „geistigen Erkrankung" führen können. Kommt es vor, daß normale Personen als „geisteskrank" diagnostiziert werden? Wenn ja, warum? Wie lange dauert es, bis diese Patienten dann doch als gesund erkannt und entlassen werden? Rosenhan, Juraprofessor und Psychologe, beschäftigte sich mit den rechtlichen Problemen, die mit der Einweisung von Menschen in psychiatrische Kliniken verbunden sind, vor allem mit der Einweisung gegen den Willen der Betroffenen. Rosenhan wollte untersuchen, wie es ist, ein Patient zu sein und setzte dazu teilnehmende Beobachter ein, von denen die Klinikverwaltungen und das Personal nicht wußten, daß sie in Wirklichkeit Wissenschaftler waren. Für diese Untersuchung war Täuschung essentiell, vor allem, da sich diese Täuschung nicht negativ auf die anderen Teilnehmer der sozialen Umgebung auswirken konnte.

Acht Wissenschaftler stellten sich freiwillig selbst zur Aufnahme an 12 verschiedenen Kliniken vor (einige gingen an mehr als eine Klinik). Die Freiwilligen waren drei Frauen und fünf Männer, einige mit Berufen im Bereich der „geistigen Gesundheit". Keine dieser Personen wies natürlich irgendwelche Anzeichen einer geistigen Störung auf.

Der „Patient" kam zu einem Erstgespräch in die Aufnahmestation der jeweiligen psychiatrischen Klinik und behauptete, Stimmen zu hören. Fragte der Arzt danach, dann sagte der Pseudopatient, er höre die Worte „leer", „hohl" und „dumpf". Die Freiwilligen gaben bei der Aufnahme einen falschen Namen an, um eine spätere Stigmatisierung durch die Hospitalisierung in einer psychiatrischen Einrichtung zu vermeiden. Wer einen Beruf hatte, der dem des Personals an der Klinik ähnlich war, gab außerdem einen falschen Beruf an, um eine „Spezial-Behandlung" zu vermeiden. Ansonsten gaben aber die Freiwilligen vollständige und präzise Angaben über ihren Familienstatus, ihre Beziehungen am Arbeitsplatz oder über ihre körperlichen und seelischen Zustände usw. ab.

Nach der Aufnahme in die Klinik verhielten sich die Pseudopatienten völlig normal. Sie berichteten auch nicht mehr von irgendwelchen Symptomen, die auf eine geistige Störung hätten hinweisen können. Um entlassen zu werden, mußten die eingeschleusten Pseudopatienten das Personal der Klinik von ihrer Gesundheit überzeugen; genauso wie das alle anderen Patienten im Falle einer Genesung auch tun mußten. Da sich die Hospitalisierung für die Freiwilligen als extrem unerfreulich herausstellte, waren sie hochmotiviert, den Autoritätspersonen Kooperationsbereitschaft entgegenzubringen und sich so „gesund" wie nur irgend möglich zu verhalten.

Das erste überraschende Resultat bestand darin, daß alle Freiwilligen als „geisteskrank" (i. allg. als schizophren) diagnostiziert und in die Klinik eingewiesen wurden. Sie wurden sieben bis 52 Tage lang hospitalisiert, mit einem durchschnittlichen Klinikaufenthalt von 19 Tagen. Fast alle wurden mit der Diagnose „Schizophrenie, in Remission" entlassen.

35 der 118 Mitpatienten auf den jeweiligen Klinikstationen äußerten den Verdacht, daß der Pseudopatient nicht krank sei. Einige von ihnen waren damit sogar recht hartnäckig. Jedoch schien das Personal der Kliniken nicht den geringsten derartigen Verdacht zu hegen.

Dieser recht befremdliche Befund, daß Patienten besser als das Personal in der Lage waren, Gesundheit oder „Normalität" zu erkennen, war Anlaß zu einer weiteren Untersuchung. In einer Klinik, in die sich kein Pseudopatient „eingeschlichen" hatte, wurde die Belegschaft darüber informiert, daß evtl. ein Pseudopatient unter ihren Patienten sei. Sie wurden von Rosenhan et al. gebeten, anzugeben, ob jemand der 193 Patienten der Klinik in Wirklichkeit normal sein könne. Die Mitglieder des Klinikpersonals nannten 41 Patienten, von denen sie annahmen, daß sie gesund sein könnten!

In der ersten Rosenhan-Untersuchung machten die Pseudopatienten am Anfang nur dann schriftliche Aufzeichnungen, wenn kein Klinikpersonal anwesend war. Täglich wurden sie von Forscherkollegen besucht, die die Aufzeichnungen mitnahmen und aufbewahrten. Bald stellten die Pseudopatienten jedoch fest, daß sich niemand darum kümmerte, ob Patienten Aufzeichnungen anfertigten. Deshalb schrieben die Forscher dann ihre Beobachtungen ganz offen nieder. Dieses Verhalten wurde vom Personal einfach in den „normalen" Bezugsrahmen der Einrichtung aufgenommen und integriert. Die Belegschaftsmitglieder gingen also davon aus, daß es sich um tatsächliche Patienten handelte und daß das Anfertigen von Notizen als ein psychotisches Symptom zu bewerten und zu behandeln sei. Die Aktenvermerke der Schwestern lauteten für drei der Pseudopatienten: „Patient macht Notizen." In keinem Fall wurde der Pseudopatient über den Zweck oder Inhalt der Aufschriebe auch nur befragt.

Was kann man aus diesen Beobachtungen folgern? Die Einweisungsrate von 100% nach dem Erstgespräch ist überraschend hoch. Man mag entschuldigend anführen, daß die Pseudopatienten ja auch ein wichtiges Symptom geistiger Störungen, nämlich das Hören von Stimmen, zeigten. Außerdem erscheint die Möglichkeit, daß eine Person darum bittet, an eine psychiatrische Klinik aufgenommen zu werden, wenn sie dieser Aufnahme eigentlich gar nicht bedarf, so unwahrscheinlich, daß sie nicht ernsthaft in Betracht gezogen wurde (was vernünftig ist). Eventuell hätten es die internen Vorschriften auch gar nicht erlaubt oder hätten es die Autoritätspersonen als unmenschlich angesehen, einem vermutlich verzweifelten Menschen diese Bitte abzuschlagen. Auf der anderen Seite könnte eine gewisse Angst vor „Geisteskranken" beim Verhalten des Personals am Anfang eine Rolle gespielt haben, die zu der hastigen und oberflächlichen Untersuchung geführt haben könnte, mit der die „Normalität" des Pseudopatienten dann in der Tat nicht aufgedeckt hätte werden können. (Diese Möglichkeit wird weiter unten besprochen.)

Die Hospitalisierung normaler Personen für eine Zeit von sieben bis 52 Tagen ist eher noch erschreckender. Was ging in dieser Zeit an den verschiedenen Kliniken vor? Rosenhan entwickelte aus den Beobachtungsbefunden seiner Mitarbeiter eine Reihe von qualitativen Konzepten. Diese Konzepte werden z. Z. durch quantitative Beobachtungsstudien erforscht, um deren Existenz zu dokumentieren und ihre Beziehungen zu anderen Variablen aufzuzeigen.

Wie es häufig der Fall ist, wurden die meisten dieser Konzepte durch diese Untersuchung nicht erst entwickelt oder neu geprägt. Konzepte, die in den Sozialwissenschaften schon seit einiger Zeit einen Stellenwert haben, aber noch nicht bezüglich dieser Situation als relevant erachtet und identifiziert worden waren, wurden von Rosenhan et al. verwendet. Die Konzepte schlossen beispielsweise *Etikettierung und Wahrnehmungsset* hinsichtlich der Organisation und Störfaktoren von Erfahrung ein, dann weiter strikte *räumliche Trennung* von Patienten und Personal, die *Angst vor Geisteskrankheiten* beim Personal, die zu *Feindseligkeit und Vermeidung* führt (einschließlich „bizarrer Interaktionsmuster") und die Patientenerfahrung der *Machtlosigkeit und Depersonalisation*.

Wir wollen hier nur andeuten, wie ein paar wenige der Konzepte operational definiert wurden und wie die qualitativen Befunde durch quantitative Daten bestätigt wurden. „Vermeidung" des Kontakts zu den Patienten konnte räumlich de-

finiert werden. Dazu wurde die Zeit, die die Krankenpfleger, die Krankenschwestern und die Ärzte „auf Station", d. h. außerhalb eines für Patienten verbotenen
Bereichs verbrachten, gemessen. Die Krankenpfleger verbrachten 11% ihrer Arbeitszeit „auf Station". Die Zeit der Schwestern „auf Station" war viel zu kurz,
um in Prozentwerten ausgedrückt zu werden, lag aber im Durchschnitt bei 11,5
„Eintritten" in der Station pro Schicht.

Es ist wünschenswert, verschiedene operationale Definitionen (Messungen) eines
Konzepts zu entwickeln, wenn dadurch das Konzept bestätigt werden kann. Zusätzliche Anzeichen einer „Vermeidung" beispielsweise schlossen „Vermeidung
des Blickkontakts" oder „Vermeidung von verbalem Austausch" ein.

Die Pseudopatienten beobachteten beispielsweise, daß, wenn sie einer Person des
Personals eine Frage stellten, diese dann häufig nicht zu ihnen herschauten oder
überhaupt nicht antworteten oder aber eine Antwort gaben, die in keiner Beziehung zu ihrer Frage stand. Begann der Patient z. B. mit der Frage: „Entschuldigen
Sie bitte, Dr. Schmidt, könnten Sie mir sagen, ob ich Anspruch auf bestimmte Pri-
vilegien habe?", dann antwortete der Arzt etwa: „Guten Morgen, David, wie geht
es Dir?" und ging weiter, ohne die Frage beantwortet zu haben.

Diese Beobachtungen brachten die Forscher dazu, eine nachfolgende quantitative Beobachtungsuntersuchung durchzuführen. Dabei stellte der Pseudopatient
dem Personal eine Reihe von Fragen, die sich auf die Bedürfnisse der Patienten
bezogen. (Dabei wurde kein Mitglied des Personals mehr als einmal pro Tag angetroffen!) In einer Kontrollbedingung sprach ein Student an einer Universität ir-

Tabelle 11.3. Kontaktsuche von Pseudopatienten mit Psychiatern, Krankenschwestern und Krankenpflegern im Vergleich zur Kontaktsuche mit anderen Gruppen

Kontakt	Psychiatrische Kliniken		Universitätsgelände	Universitätsgelände (Medizinische Fakultät)	
	(1) Psychiater	(2) Krankenschwestern und -pfleger	(3) Studenten	(4) Medizinstudenten Suche nach einem Psychiater	(5) Suche nach einem Internisten
Reaktionen					
Geht weiter, kein Augenkontakt (%)	71	88	0	0	0
Augenkontakt (%)	23	10	0	11	0
Antwortet im Weitergehen (%)	2	2	0	11	0
Bleibt stehen und redet (%)	4	0,5	100	78	100
Mittlere Anzahl der beantworteten Fragen (von sechs)			6	3,8	4,8
Zahl der reagierenden Personen	13	47	14	18	15
Zahl der Versuche, Kontakte aufzunehmen	185	1283	14	18	15

gendein Fakultätsmitgleid an und fragte u. a.: „Entschuldigen Sie, könnten Sie mich zu ‚Fish Annex' führen?" (ein nichtexistierender Ort). In einer zweiten Kontrollbedingung an einer medizinischen Fakultät, nachdem nach „Fish Annex" gefragt worden war, fügte der Student entweder „Ich suche nach einem Psychiater" oder „Ich suche nach einem Internisten" hinzu.

Die Ergebnisse dieser Untersuchung sind in Tabelle 11.3 dargestellt.

Die aufgeführten Befunde in Tabelle 11.3 bestätigen die qualitativen Daten: Das Klinikpersonal verweigerte Patienten mit größerer Wahrscheinlichkeit Kontakt als Personen außerhalb der Klinik. Es soll an dieser Stelle auch betont werden, daß mit diesem Aufzeichnungssystem ein gut definiertes und leicht zu handhabendes System zur Kategorisierung von Beobachtungen entwickelt worden ist.

Den Pseudopatienten der ersten Rosenhan-Studie wurden insgesamt 2 100 Pillen gegeben. Die Tatsache, daß diese ganzen Medikamente entweder in eine Tasche gesteckt werden konnten oder die Toilette hinuntergespült werden konnten, kann als ein weiterer Index der Vermeidung von Kontakt mit den Patienten interpretiert werden.

Bei diesem Projekt wurden Prozeß- und Wirkungsforschungsansatz miteinander kombiniert. Beide, das Resultat (die Unfähigkeit, geistige „Gesundheit" und „Krankheit" zu unterscheiden) und die Prozesse (Vermeidung, Etikettierung, Depersonalisation usw.) wurden beobachtet und aufgezeichnet. Dieser zweigleisige Ansatz erlaubte es, produktivere Schlußfolgerungen zu ziehen, als wenn jeweils nur ein Ansatz zur Erforschung des in Frage stehenden Problembereichs gewählt worden wäre.

Rosenhans Hypothesen am Ende des Projekts waren, daß eine ganz erhebliche „Angst" vor psychiatrisch gestörten Personen, zusammen mit verschiedenen Aspekten der Klinik-Organisation (Hierarchie, räumliche Trennung des Personals von den Patienten) zu einem schweren inneren Konflikt über „Geisteskrankheit" beim Personal der Kliniken führen, trotz des existierenden Wunsches der Beschäftigten, anderen Menschen „helfen" zu wollen. Diese Angst und dieser Konflikt (oder Ambivalenz) werden durch Depersonalisation, Vermeidung, Etikettierung und andere Prozesse bewältigt, die eine so sorgfältige Beobachtung der Patienten verhindern, wie sie notwendig wäre, um zwischen „geistiger Gesundheit" und „Geisteskrankheit" unterscheiden zu können.

Kapitel 12:

Die Evaluationsforschung

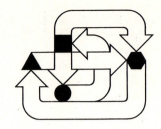

Die Evaluationsforschung hat das Ziel, die Effizienz von praktizierten sozialen Interventionsprogrammen oder von öffentlichen sozialen Einrichtungen zu überprüfen. Es geht also um die Kontrolle, ob und in welchem Ausmaß der geplante Zweck eines bestimmten Interventions- oder Handlungsvorgehens in der Praxis erreicht wurde und welche ganz spezifischen Ereignisse (Bedingungen) dabei welche spezifischen Effekte (Resultate) nach sich ziehen.

Innerhalb der Psychologie wächst z.Z. das Interesse an der Evaluationsforschung. In den USA beinhaltet die Unterstützung bzw. die Trägerschaft sozialer Interventionsprogramme durch die Regierung i. allg. die Auflage, daß die Effektivität des Programms durch Sozialwissenschaftler evaluiert werden muß. Und zweifelsohne werden in der Zukunft viele Sozialwissenschaftler in diesem Bereich arbeiten. Kann die Evaluationsforschung die Hoffnungen und Ansprüche ihrer Verfechter erfüllen, dann werden die Resultate von erheblicher Bedeutung sein. Zur Zeit werden Interventionsprogramme zur Lösung dringender sozialer Probleme über den Daumen, nach Versuch und Irrtum und fast ohne Überprüfung ihrer Effektivität entwickelt. Entsprechend sind Mißerfolge fast die Regel. Kann die Anwendung von wissenschaftlichen Methoden nun dazu beitragen, Bewertungen und letztlich bessere Lösungen für wichtige soziale Probleme bereitzustellen? Leider ist es nicht ohne weiteres möglich, die wissenschaftlich-experimentelle Methode aus dem Labor mit gleichem Erfolg auf Probleme in der „Realität" zu übertragen. Im Gegensatz zur Situation in einem Forschungslabor besteht die Realität der Praxis nicht aus völlig kontrollierbaren und stabilen Situationen und Verhältnissen. Aus diesem Grund haben auch schon viele Psychologen Projekte im Bereich der Evaluationsforschung mit hohen Erfolgserwartungen begonnen, um dann frustriert auf die Nase zu fallen, weil sie von völlig unerwarteten Schwierigkeiten alltäglicher Begebenheiten überrascht wurden.

12.1 Spezifische Probleme der Evaluationsforschung

Die Evaluationsforschung hat ihre eigenen, ganz spezifischen Probleme. Drei wesentliche Quellen für diese Schwierigkeiten sind: 1. Abhängigkeit des Forschers, 2. Veränderungen der sozialen Interventionsprogramme im Laufe ihrer Anwendung und 3. das fehlende Interesse an den resultierenden Forschungsbefunden bei den verantwortlichen Stellen.

Abhängigkeit des Forschers. Obwohl man eigentlich annehmen sollte, daß die Erforschung der Effizienz einer sozialen Einrichtung oder eines ganz bestimmten sozialen Handlungsprogramms ein „Feldexperiment in der Realität" darstellt, ist dies i. allg. nicht der Fall. Denn derartige Evaluationsprojekte werden in den seltensten Fällen von psychologischen Forschern alleine geplant. Deren Vorstellungen und Vorschläge müssen nämlich i. allg. mit jenen vieler anderer Leute interdisziplinär koordiniert werden: mit den Wünschen und Praktiken von Institutionen, Ämtern, Geschäftsstellen und führenden Personen, die z. B. die interessierende Einrichtung verwalten; mit den Forderungen, Vorstellungen und Ansprüchen

der Träger und Geldgeber von Forschungsprojekten; mit den Wünschen bestimmter gesellschaftlicher Gruppen usw. Die Pläne und Ziele all dieser Gruppen
beeinflussen natürlich nicht die Anforderungen an das experimentelle Vorgehen
selbst, wie z. B. die Zufallsaufteilung der Zielpopulation auf die experimentellen
Gruppen und die Kontrollgruppe.

Veränderungen sozialer Interventionsprogramme im Laufe ihrer Anwendung. Eine
zweite Schwierigkeit für die Forscher besteht darin, daß soziale Interventionsprogramme oder das Vorgehen in einer sozialen Einrichtung in ihrem Ablauf nicht
„stillhalten", um besser erforscht und bewertet werden zu können. Vielmehr verändern sich die in Frage stehenden Prozesse und Vorgehensweisen kontinuierlich,
manchmal sogar von Tag zu Tag in ganz erheblichem Ausmaß. Diese Veränderungen stellten ein weniger schwerwiegendes Problem dar, fänden sie unter der
Kontrolle des Forschers statt (in einem experimentellen Rahmen nennt man dies
dann „systematische Variation"); gerade dies ist aber nicht der Fall.
Führungs- und Verwaltungsspezialisten sind sich fließender Veränderungen in
sozialen Systemen sehr wohl bewußt. Trotz dieses Problems gehen sie bei ihrer Arbeit von der Annahme aus, daß ein soziales Interventionsprogramm, welches genauso durchgeführt wird, wie es von vornherein geplant worden ist, viel zu träge
und stabil sein wird, um die festgelegten und erwarteten Ziele, trotz einer sich
schnell verändernden Umwelt nicht zu erreichen. Es stellt sich die Frage, warum
sich soziale Programme so unausweichlich verändern, wenn sie angewandt werden. Sie sind deshalb so instabil, weil viele Variablen in der entsprechenden sozialen Umgebung unkontrolliert wirken. Unvorhergesehene Möglichkeiten und Ereignisse tauchen auf, die das Programm tangieren oder gar außer Kraft setzen,
bis es modifiziert worden ist, um diesen unerwarteten Situationen gerecht zu werden. In einem experimentellen Kontext ist es selbstverständlich, daß eine experimentelle Intervention exakt so ausgeführt wird, wie es geplant worden ist. Müssen
also soziale Interventionsprogramme improvisatorisch modifiziert werden, um eine bestimmte Effizienz beibehalten zu können oder nicht zu verlieren, verbietet
aber andererseits die Evaluation dieser Programme gerade solche Modifikationen, dann müßte im Prinzip eine Evaluationsforschung in diesem Bereich kaum
oder gar nicht möglich sein. Wie wir weiter unten in diesem Abschnitt sehen werden, stehen dem Forscher einige gewisse Auswege aus diesem Dilemma zur Verfügung.

Fehlendes Interesse an den Befunden der Evaluationsforschung. Ein häufig auftre-
tendes Problem der Evaluationsforschung besteht darin, daß nach Abschluß eines
Forschungsprojekts die angesprochenen und verantwortlichen Stellen – die soziale Verwaltung, Träger sozialer Einrichtungen usw. – die Befunde entweder höflich
ignorieren oder sogar einfach ablehnen. Häufig wird der Abschlußbericht des
Forschungsprojekts dann zu den Akten gelegt und nie wieder hervorgeholt und
durchgesehen.
Wir werden weiter unten mögliche Wege, mit diesen drei Problemen in der Evaluationsforschung praktisch umzugehen, besprechen. Zuerst stellen wir jedoch
noch zwei Projekte vor, mit denen diese Schwierigkeiten, die der Evaluationsforschung inhärent sind, verdeutlicht werden sollen.

Eine Bundesbehörde finanzierte ein Projekt, das die Ausbildung an einem College durch die Einführung eines neuen Lehrplans verbessern sollte. Es wurde dabei gefordert, daß die Effizienz des neuen Lehrplans vor seinem Einsatz untersucht und evaluiert werden sollte. Als Psychologe könnte man annehmen, daß sich ein Forschungsvorhaben wie das folgende ganz ausgezeichnet eignet, um diesen Anforderungen nachzukommen:

1. Messung der Effizienz des alten Lehrplans. Die dazu benötigte Zeit beträgt ein Jahr für die Planung und ein Jahr für die Messung.
2. Einführung des neuen Lehrplans. Um der Realität gerecht zu werden, muß man damit rechnen, daß etwa die ersten beiden Jahre nach der Einführung des neuen Lehrplans so voller „Anfangs- und Einstiegsschwierigkeiten" sind, daß in diesem Zeitraum noch keine Daten erhoben werden können.
3. Deshalb fängt man die Untersuchung mit den Studienanfängern im dritten Jahr nach Einführung des neuen Lehrplans, also im fünften Projektjahr, an. Dann folgt eine Wiederholungsmessung an denselben Studenten in derem letzten Studienjahr (neuntes Projektjahr) und dann nochmals ein Jahr später (im zehnten Projektjahr).

Für dieses Projekt braucht man also allein für die Datengewinnung zehn Jahre, wobei die Zeit zur Auswertung der Daten und zum Erstellen des Forschungsberichts noch gar nicht mitgezählt worden ist. Die staatliche Subvention für das Forschungsprojekt wurde jedoch nur für einen Zeitraum von drei Jahren genehmigt. Die finanziellen Richtlinien der Bundesbehörde verlangten, durchaus berechtigt, daß keine Gelder für ein Projekt bewilligt und freigegeben werden dürfen, bevor es begonnen hat und nachdem es beendet ist. Die Zeitbeschränkung auf drei Jahre läßt es aber gar nicht zu, die Studenten vor der Einführung des neuen Lehrplans und vor allem am Ende und nach dem Studium zu untersuchen. Obwohl dann das College die dreijährige Subvention der zuständigen Bundesbehörde in Anspruch nahm, unterstützte es dann die Untersucher aus eigenen Mitteln bei dem Zehn-Jahres-Projekt, um dadurch vernünftige und vollständige Forschungsresultate gewinnen zu können.

Kershaw (1972) entwickelte als Alternative zu bestehenden sozialen Fürsorgeprogrammen ein sog. „Einkommens-Aufrechterhaltungs-Programm" für die Sozialfürsorge der USA. Für die entsprechende Evaluationsuntersuchung über die Effizienz und Tauglichkeit des Programms wurden von staatlicher Seite finanzielle Mittel zur Verfügung gestellt. Das Sozialministerium hegte aber nun im Laufe der Untersuchung den Verdacht, daß die Beteiligten ihr Einkommen dem Sozialamt gegenüber nicht wahrheitsgemäß angegeben hätten und wollte sie deshalb vorladen, um die Wahrheit herauszufinden. Die Forscher waren jedoch der Auffassung, daß, wenn dies getan werden würde, die aufgeschreckten Teilnehmer, sowohl die vorgeladenen als auch die restlichen Personen, aus der Untersuchung ganz aussteigen würden, so daß dadurch die Arbeit mehrerer Jahre zerstört würde. Außerdem waren die Forscher nicht gewillt, die Namen der Beteiligten bekanntzugeben, was einen ernsten Vertrauensbruch bedeutet hätte. Als die Forscher wegen dieser Bedenken beim Sozialministerium vorstellig wurden und darum baten, die Untersuchung lieber abzubrechen, wurde ihnen unterstellt, ihrerseits das Ministerium hintergehen zu wollen.

12.2 Die Prinzipien der Aktionsforschung

Ein neuerdings diskutierter Weg, die schon angeführten Probleme im Bereich der Evaluationsforschung zu umgehen, besteht in der Anwendung eines Ansatzes, der „Aktionsforschung" oder „Handlungsforschung" genannt wird. Die Aktionsforschung (Lewin, 1947; Lewin, 1946; Sanford, 1970) wurde unter dem Ziel entwickelt, grundlegende psychologische Prozesse unter Berücksichtigung sozialer Aspekte zu untersuchen. Die Aktionsforschung intendiert, Theorie und Anwendung zu kombinieren. Sie beansprucht, daß der Forscher dem Praktiker bei der Erreichung seiner Ziele hilft und zugleich einen Beitrag zum theoretischen Verständnis psychologischer Prozesse leistet.

In der Aktionsforschung werden drei Gebiete unterschieden: Forschung, „Aktion" (das soziale Interventionsprogramm, etwa ein therapeutisches Verfahren) und das Training, das zum Erwerb der Fähigkeiten notwendig ist, die für das Ausüben von „Aktion" und für die Durchführung der Forschung als relevant und notwendig gelten.

Ein wesentlicher Aspekt, in dem sich die Aktionsforschung von der traditionellen psychologischen Forschung, z. B. im Labor, unterscheidet, besteht darin, daß sowohl Forscher als auch Praktiker (und evtl. sogar die Klienten) an allen Phasen des Forschungsprojekts beteiligt sein sollen. Ein grundsätzliches Element der Aktionsforschung ist also die Zusammenarbeit dieser beiden Gruppen. Im Gegensatz zur traditionellen Forschung sollen auch alle Teilnehmer an der Auswahl der Forschungsziele, an der Entscheidung über die Forschungsobjekte und über die Meßprozeduren teilnehmen. Häufig wird auch gefordert, daß alle Beteiligten auch für die Datengewinnung und -interpretation zuständig sind.

Es taucht die Frage auf, ob eine derartige Zusammenarbeit von „Forschern" und „Beforschten" nicht zu einem unvertretbar großen Aufwand bei der Planung und Durchführung der Untersuchung führt. Dies ist auch der Fall. Vertreter des Aktions-Ansatzes behaupten aber, daß der Nutzen dieses aufwendigeren Vorgehens diese Komplikationen rechtfertige. Zwei hauptsächliche Vorteile der Zusammenarbeit seien, daß die untersuchten Probleme viel eher sowohl für die Praxis als auch für die Grundlagenforschung bedeutend seien und daß die Praktiker (oder Klienten) eine direkte Beziehung zu den Daten und Resultaten bekämen, so daß auch die späteren Forschungsbefunde nicht auf ein fehlendes Interesse der zuständigen Stellen stoßen sollten. Die relevanten Personen und Stellen sollten also eher die Resultate als bedeutsam akzeptieren und sie bei ihrer künftigen Arbeit berücksichtigen, da sie ja an der Gewinnung der Resultate beteiligt gewesen seien. Denn

Abb. 12.1. Die drei Komponenten der Aktionsforschung nach Kurt Lewin

es ist bekanntlicherweise einfach, anderer Leute Befunde zu ignorieren oder mit der Aussage zu kritisieren, man hätte ganz anders vorgehen sollen; ist man dagegen selbst mit den auftauchenden Problemen konfrontiert worden, dann wird man die Resultate einer Untersuchung nicht einfach zu den Akten legen wollen oder können (Marrow, 1978).

Der Zyklus der Aktionsforschung

Das Vorgehen bei der Aktionsforschung ist zyklisch, wobei eine Reihe von Schritten so oft, als es nötig erscheint, laufend wiederholt werden. Es existieren drei grundlegende Schritte beim Vorgehen in der Aktionsforschung:

Erster Schritt. Theoretische Analyse und Datengewinnung. Eine grobe und annähernde konzeptuelle und theoretische Diagnose des in Frage stehenden Prozesses oder des interessierenden Problems wird erstellt. Die Bereiche der vorgeschlagenen sozialen Aktion oder Intervention werden untersucht und die relevanten Befunde erhoben. Baseline-Daten über die bestehende Situation werden gewonnen, um später mit ihnen als Vergleichswert die Effektivität der neuen Vorgehensweisen überprüfen zu können.

Zweiter Schritt. Die erste „soziale Aktion", d. h. der erste Eingriff und die Ausbildung (das Training) zur Ausführung dieser Aktion und zur Gewinnung der Daten werden geplant und vorbereitet.

Dritter Schritt. Das notwendige Training wird mit den ausführenden Personen durchgeführt und die „Aktion" gestartet.

Danach wird wieder beim ersten Schritt begonnen. Die Prozesse während der Aktion werden beobachtet und aufgezeichnet. Neue Daten werden erhoben, um die Effekte des Eingriffs (der „Aktion") bestimmen zu können. Diese neuen Daten stellen die Grundlage für die Planung der nächsten „Aktion" dar. Der Zyklus geht weiter, d. h. die nächste „Aktion" wird aufgrund des Datenmaterials geplant, durchgeführt und wieder werden Daten über die Effektivität erhoben. Diese Zyklen von Planung, „Aktion" und Datengewinnung werden so häufig wie notwendig wiederholt. Dabei können in jedem Zyklus die theoretische Analyse und die sozialen Zielbereiche modifiziert werden, wenn neue Erkenntnisse durch die neuen Befunde gewonnen wurden.
Nach Ansicht der Aktionsforscher mache diese Methode die relativ geringe Forscherautonomie oder -unabhängigkeit akzeptabel und sinnvoll, da sie nicht wie beim traditionellen Forschungsvorgehen eine weniger effektive Forschung, sondern ein viel valideres Vorgehen impliziere. Die Aktionsforschung berücksichtige

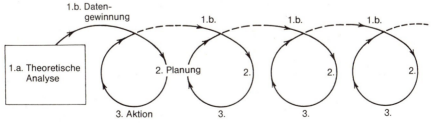

Abb. 12.2. Der Zyklus der Aktionsforschung

die notwendige Modifikation eines sozialen Interventionsprogramms im Laufe der Anwendung. Außerdem sei es ja Aufgabe aller Beteiligten, die Anforderungen an ein gutes Vorgehen bei der Arbeit zu erfüllen. Die Praktiker würden sich dabei diesen Anforderungen bewußt, die Forscher würden dagegen Probleme beim praktischen Vorgehen erkennen.

12.3 Der steigende Mittelwert der Kontrollgruppe: Das Regressionsproblem in der Evaluationsforschung

Eine schwierig zu handhabende und zu kontrollierende Form des sog. „Regressionseffekts" kann bei der Evaluationsforschung auftreten (Erlebacher u. Campbell, in Guttentag u. Struening, 1975; Bronfenbrenner, 1974). An folgendem Beispiel wird nochmals erklärt, wie ein Regressionseffekt zustandekommt. Angenommen, ein Forscher bietet einer ernsthaft benachteiligten sozialen Gruppe eine Dienstleistung an, z. B. ein Vorschulprogramm für gestörte Kinder. Der Forscher zögert, die Kinder per Zufall auf eine Experimental- und eine Kontrollgruppe aufzuteilen, da die Vorenthaltung des Vorschulprogramms für die Kinder in der Kontrollgruppe moralisch nicht zu rechtfertigen ist, da sie ja zu einer Benachteiligung dieser Kinder führen würde. Der Forscher entschließt sich deshalb dazu, eine Kontrollgruppe aus einer anderen, aber ähnlichen Population zu bilden, indem er Kinder dieser anderen Population mit den Kindern der Experimentalgruppe bezüglich verschiedener Variablen parallelisiert. Unglücklicherweise würde der Forscher dabei einen Meßfehler begehen, wenn er eine Kontrollgruppe aus Kindern bildet, die nur eine geringe Ausprägung der in Frage stehenden Variablen (z. B. Schulleistung oder kognitives Entwicklungsniveau) aufweisen. Denn in einer, auf diese Weise ausgewählten Kontrollgruppe werden sich mehr Kinder mit „falschen" niedrigen Werten (d. h. auf Zufallsfaktoren basierenden niedrigen Variablenwerten, die durch den Meßfehler zustandegekommen sind) befinden im Vergleich zu Kindern mit „falschen" hohen Werten, da der Forscher ja nur Kinder mit niedrigen Werten hinsichtlich der interessierenden Variablen in die Kontrollgruppe einbeziehen möchte, d. h. die bezüglich dieser Variablen „parallel" zur Experimentalgruppe sind. Würde der Forscher alle Kinder der zweiten Population (nichtgestörte Kinder) in die Kontrollgruppe einbeziehen oder eine Zufallsstichprobe auswählen, dann würde der oben angesprochene Effekt auf den entsprechenden Mittelwert (durch die Kinder mit den falschen geringen Werten) normalerweise durch die Werte der Kinder, die tatsächlich einen niedrigeren Ausprägungswert aufweisen (also die, die bei der ersten Messung einen falschen hohen Wert erlangt haben) ausgeglichen werden. Aber bei der Zusammenstellung seiner Kontrollgruppe darf der Forscher dieses Vorgehen nicht wählen, da ja nur Kinder mit niedrigen Ausprägungswerten für die Kontrollgruppe in Frage kommen. Führt der Forscher nun mit den Kindern, deren Werte einen hohen Meßfehleranteil aufweisen, die Untersuchung durch und testet dann nach der Behandlung der Experimentalgruppe beide Gruppen, dann wird er mit großer Wahrscheinlichkeit feststellen, daß der Mittelwert der Kontrollgruppe angestiegen ist.

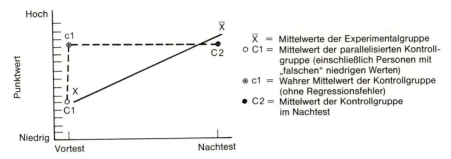

Abb. 12.3. Der steigende Mittelwert der Kontrollgruppe: Das Regressionsproblem in der Evaluationsforschung. Scheinbares Ergebnis: Kein Unterschied zwischen der Experimental- und der Kontrollgruppe im Nachtest – das Treatment scheint versagt zu haben, obwohl das tatsächlich nicht der Fall ist

Und zwar ist er höher, weil die meisten Kinder, die durch den zufällig wirkenden Meßfehler bei der ersten („Vorher"-)Messung einen falschen niedrigen Ausprägungswert erlangt haben, nun bei der zweiten Messung mit großer Wahrscheinlichkeit bessere Resultate erzielen werden.

Nehmen wir nun für unser Beispiel zusätzlich an, daß auch der Mittelwert der wirklich benachteiligten (Experimental-) Gruppe angestiegen ist, und zwar aufgrund der spezifischen Intervention zwischen beiden Messungen. Wird der Regressionseffekt nicht berücksichtigt, dann scheint es nach der Untersuchung, als ob zwischen den beiden Gruppen kaum ein Unterschied besteht. Man würde dann aufgrund der numerischen Befunde schlußfolgern, daß die Intervention versagt hat. Solche falschen Schlußfolgerungen wurden nun tatsächlich in der sozialwissenschaftlichen Forschung auch gezogen, bis dann der Grund für dieses häufige Auftreten des steigenden Mittelwerts der Kontrollgruppe allgemein erkannt und berücksichtigt wurde (s. hierzu Abb. 12.3).

Um Regressionseffekte bei der Auswertung von Daten möglichst zu vermeiden, sollten Forscher folgende Punkte beachten: 1. Sie sollten die untersuchten Personen nach Zufall auf die Experimental- und Kontrollgruppe verteilt haben; sofern das praktisch machbar ist. 2. Die Kontrollgruppenmitglieder sollten nicht nur extrem niedrige (oder hohe) Ausprägungswerte auf der interessierenden Variablen aufweisen, sondern den gesamten Ausprägungsbereich abdecken. 3. Die Wirkung eines Regressionseffekts sollte bei der Auswertung der Daten immer in Betracht gezogen und geprüft werden. Ist der Mittelwert der Kontrollgruppe bei der Wiederholungsmessung höher als bei der ersten Messung, dann sollte man bei der Befunddarstellung auf alle Fälle auf einen möglichen Regressionseffekt hinweisen. (Siehe zur weiteren Diskussion Erlebacher u. Campbell, 1975.)

12.4 Beispiele von Evaluationsstudien

Evaluationsforscher wären sicherlich an vielen Forschungsarbeiten, die in diesem Buch bereits vorgestellt worden sind, interessiert. Zum Beispiel bestand die Arbeit von Cook (Kap. 4) über den Abbau von Vorurteilen in der Übertragung einer grundlegenden Theorie auf ein soziales Problem in der Realität. Jede der besprochenen Forschungstechniken könnte in ein Projekt im Bereich der Evaluationsforschung eingehen. Es folgen nun einige weitere Beispiele der Evaluationsforschung.

Aktionsforschung mit einer Polizistengruppe

Bard (1969, 1971) beschäftigte sich mit dem Verhalten der Polizei bei Familienstreitigkeiten in der Bevölkerung. Als er mit seinem Aktionsforschungsprojekt begann, waren weder die Polizisten noch die betroffenen Familien und die Bevölkerung in dem entsprechenden Stadtgebiet mit dem Vorgehen der Polizei bei Familienstreitigkeiten zufrieden.

Ausgehend von den Grundlagen der Aktionsforschung arbeitete Bard eng mit den Polizisten (seinen Klienten) bei der Planung der Untersuchung und der Datenerhebung zusammen. Nachdem die Psychologen und die Polizisten gemeinsam neue Wege zur Erstellung von Diagnosen der in Frage stehenden Problembereiche entworfen hatten, entwickelten sie ein Trainingsprogramm zum Erwerb neuer Verhaltensweisen beim Umgang mit Familienstreitigkeiten in der Bevölkerung. Nach der Trainingsphase wurden diese neuen Verhaltensweisen in den relevanten Situationen von den Polizisten verwendet und dabei ganz systematisch Daten über den Ausgang der Streitigkeiten gesammelt. Es stellte sich heraus, daß die neuen Vorgehensweisen den früheren Verhaltensweisen in den entsprechenden Situationen signifikant überlegen waren.

Evaluation unterschiedlicher pädagogischer Interventionen: Ein Beispiel schlechter Forschung

Wie in Kap. 11 über den Unterschied zwischen Prozeß- und Wirkungsforschung bereits erklärt und erläutert wurde, handelt es sich bei der Untersuchung eines Prozesses um die Erforschung dessen, was im Verlauf einer bestimmten Zeitperiode hinweg geschieht. Die Untersuchung des Ergebnisses dagegen besteht in der Analyse des Resultates, der Wirkungen oder des Endpunktes eines Prozesses. Das folgende Beispiel einer Evaluationsuntersuchung verdeutlicht, was passieren kann, wenn zwar das Ergebnis einer bestimmten Intervention, aber nicht der Prozeß selbst, analysiert und untersucht wird. Außerdem weist dieses Beispiel auch auf die erheblichen Probleme hin, die bei der Evaluationsforschung auftreten können. Wir wollen an dieser Stelle das untersuchte Programm, ein finanziell sehr aufwendiges Unterrichtsprogramm, als das „Bessere- Erziehungs-" (engl.: better education) oder „BE"-Programm bezeichnen. Es wurde mit dem Ziel entwickelt, die ernsten pädagogischen Probleme an Schulen (in einem bestimmten Gebiet der USA) anzugehen. Die Kinder an diesen Schulen konnten nämlich nur sehr schlecht lesen. Die Durchfallquote war entsprechend extrem hoch. Viele Schüler der oberen Klassen waren nach den Resultaten in allgemeinen Lesetests auf dem Niveau unterer Klassenstufen. Für die wissenschaftliche Evaluation wurden finanzielle Mittel zur Verfügung gestellt, um die Zustände an diesen Schulen zu verbessern.

Das geplante grundlegende Forschungsvorgehen erscheint einfach, ist aber durchaus adäquat: Die schulischen Leistungen der Schüler in den BE-Schulen sollten am Ende des ersten und zweiten Projektjahres mit den ursprünglichen Leistungen vor Beginn der Einführung des neuen Unterrichts verglichen werden. Außerdem sollten die Resultate mit den Leistungen von Schülern an anderen Schulen, an denen das BE-Programm nicht durchgeführt worden war (Kontrollgruppe), verglichen werden. Dabei sollten zur Messung der schulischen Leistungen standardisierte Tests eingesetzt werden. Bis hierhin erscheint das geplante Vorgehen dem interessierenden Bereich adäquat und geeignet, alle Anforderungen einer guten Evaluationsarbeit zu erfüllen. Das Projekt wurde dann auch nach diesem Plan durchgeführt. Leider stellte man am Ende der Untersuchung fest, daß sich die BE-Schüler nur gering oder gar nicht von der Kontrollgruppe unterschieden. Die falsche, scheinbar zwingende Schlußfolgerung war, daß der Einsatz des BE-Programms einen Mißerfolg darstelle.

Schauen wir uns einmal genauer an, was wirklich passiert war. Die Forscher untersuchten das Resultat, d. h. erhoben die Leistungstestwerte vor und nach dem Einsatz des BE-Programms. Sie beschäftigten sich dabei nicht mit den Prozessen, die dazu beitragen sollten, die schulischen Leistungen der Kinder zu verbessern. Ein solcher Prozeßforschungsansatz hätte der Verhaltensbeobachtung in den Klassen beider Gruppen (Experimental- und Kontrollgruppe) bedurft, um einerseits bestimmen zu können, welche unterschiedlichen Verhaltensweisen von den Lehrern und Schülern an den Tag gelegt wurden und um andererseits den Konsequenzen dieser Unterschiede nachzugehen. Jedoch standen die Resultate der standardisierten Tests schon zur Verfügung. Es war relativ einfach, diese Testresultate, die sich schon bei der zentralen Behörde befanden, mit einer Computerauswertung zu analysieren, wobei die Befunde nach BE- und Kontroll-Schulen unterschieden wurden. Dieses Vorgehen war nicht sehr aufwendig und teuer, wenn man bedenkt, daß das Datenmaterial die Daten von Tausenden von Schülern in leicht auswertbarer Form enthielt.

Was man den Forschern zugute halten muß, ist die Tatsache, daß sie ganz ehrlich und offen darüber berichteten, was sie durch die Vernachlässigung des in Frage stehenden Prozesses gelernt hatten. Als Ergänzung ihrer Untersuchung besuchten die Forscher nämlich die Schulen. Sie stellten bei diesen Kontakten fest, daß das BE-Programm keine klar definierte Bedeutung für die Teilnehmer gehabt hatte. Denn jeder Schulleiter, Rektor, stellvertretende Rektor und Lehrer tat das, was er für richtig erachtete. Einige Rektoren bewerteten das BE-Programm als wichtig und sorgten dafür, daß sich das Verhalten der Lehrer, die Lehrmethoden und -materialien grundlegend (aber dann doch noch ziemlich unterschiedlich) an diesen Schulen veränderten. Andere Schulen, Rektoren oder Lehrer hielten nicht viel von dem BE-Programm und bemühten sich deshalb auch gar nicht, es durchzuführen. An einigen Schulen wußten die Lehrer noch nicht einmal, daß ihre Schule als BE-Schule geplant worden war! Und trotzdem waren die Testwerte dieser Kinder in die experimentelle Gruppe aufgenommen worden. Ohne weitreichende Verhaltensbeobachtungen an den Schulen hatten die Forscher also nichts über die Veränderungen im pädagogischen Prozeß, wie er wirklich stattgefunden hatte, erfahren können. Insgesamt kann man bezüglich dieser Evaluationsforschungsarbeit festhalten, daß die Leistungstestwerte einer kunterbunten Mischung zweier

Kindergruppen verglichen wurden, die in einem unbekannten Ausmaß und völlig unbekannte Zeitperioden lang dubiose Unterrichtsstile gehabt hatten.

Welche Schlußfolgerungen können aus diesem Evaluations-Fiasko gezogen werden? Vor allem, daß es sehr unproduktiv sein kann, Resultate eines bestimmten Eingriffs zu messen, solange die zu ihnen führenden Prozesse kaum bekannt und analysiert sind. Auch wenn das BE-Programm erfolgreich gewesen wäre, wäre eine Wiederholung des Programms wohl kaum möglich gewesen, da niemand wußte, um „was" es sich dabei überhaupt handelte.

Evaluationsforschung und „Sesamstraße"

Die Autoren der TV-Kindersendung „Sesamstraße" verwendeten den Evaluationsforschungsansatz, um ihre Sendungen zu evaluieren und zu verbessern. Bei dieser Forschungsarbeit führten die Autoren eine interessante „Prozeß-Beobachtungs"-Untersuchung durch. Ein Ziel ihrer Arbeit bestand natürlich darin, herauszufinden, wie sie am besten die Aufmerksamkeit der Population der Vorschulkinder auf ihre Sendungen lenken können. Dafür führten sie in Kindertagesstätten Feldexperimente durch, bei denen den Kindern eine Sendung der „Sesamstraße" gezeigt wurde, während gleichzeitig im selben Raum eine andere Sendung zu sehen war. Diese Untersuchungssituation wurde geschaffen, um die Störquellen zu simulieren, die zu Hause bei den Kindern i. allg. vorhanden sind. Abbildung 12.4 zeigt die Art der Aufzeichnung des interessierenden Prozesses.

Die Anzahl der Kinder, die für jeweils acht Sekunden der Sendung (Sesamstraße) ihre Aufmerksamkeit schenkte, wurde aufgezeichnet. Es wurden dabei aufeinanderfolgende (alternierende) Acht-Sekunden-Intervalle benutzt. Diese Aufzeichnung wurde dann mit den Kategorien des Programminhalts in Beziehung gesetzt. Dieser Zusammenhang wurde dann später analysiert. In den Sendungsperioden, die mit „A" bezeichnet worden waren, spricht der Schauspieler direkt mit zugewandtem Gesicht zum Publikum. Wie man aus Abb. 12.4 erkennen kann, sank in dieser Periode die Aufmerksamkeit der Kinder hinsichtlich der Sendung. Die Sendungsperioden B, C, D beziehen sich auf andere Aktivitäten in der Sendung: Ein Schauspieler redet mit einer Puppe, die Aktivität eines Affen usw. In dieser Untersuchung wurde also eine ganz detaillierte Verhaltensaufzeichnung (die Auf-

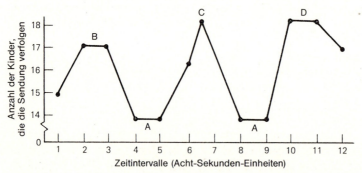

Abb. 12.4. Aufmerksamkeit von Kindern in bezug auf eine Sendung der „Sesamstraße"

merksamkeit der Kinder) mit einer ganz genauen Aufzeichnung der Bedingungen für dieses Verhalten (Inhalt der TV-Sendung „Sesamstraße") in Beziehung gesetzt. Einige Studien über erzieherische Einflüsse verwenden allgemeine Ergebnismessungen, wie z. B. Tests, die theoretisch keine eindeutige und spezifische Beziehung zu dem in Frage stehenden Erziehungsstil und -vorgehen aufweisen. Obwohl der Forscher dabei i. allg. hofft, daß eine bestimmte Erziehungsmaßnahme die Werte in einem bestimmten Test verändert, wird häufig versäumt, von vornherein zu belegen, weshalb gerade der ausgewählte Test die Wirkung des gewählten erzieherischen Vorgehens indizieren soll. Im Gegensatz dazu begann das Forschungsprojekt über die „Sesamstraße" mit klar und eindeutig definierten Prozeß- und Ergebnismessungen. Es wurde z. B. der Zeitbetrag, der zur Aneignung der Fähigkeit „Klassifikation durch Form und Funktion" in der Sendung vorhergesehen worden war, gemessen. Die Evaluation erbrachte klare und eindeutige Beziehungen zwischen der Gesamtzeit, in der die Kinder die relevanten Ausschnitte in der „Sesamstraße" ansahen und dem Lernergebnis und zwischen der Zeit, die für eine gegebene kognitive Fähigkeit in der Sendung verwendet worden war und dem Betrag des Fähigkeitenzuwachses (Ball u. Bogatz, 1970).

Allgemeine Richtlinien für die Evaluationsforschung

1. Es ist günstig, von vornherein anzunehmen, daß unter den Programmen, die zur Lösung oder zum Abbau ernsthafter sozialer Probleme entwickelt wurden, i. allg. die Zahl der Mißerfolge die Anzahl der Erfolge übersteigen wird. Leicht zu lösende Probleme sind wahrscheinlich alle schon gelöst worden. Handelt es sich um ein schon lange existierendes Problem, dann ist die Wahrscheinlichkeit für eine einfache Lösung sogar extrem gering.
2. Ein teures und aufwendiges Forschungsprojekt, das nur zeigt, daß die entsprechende Intervention keine positiven Auswirkungen hat, trägt viel zu wenig zu einem Erkenntnisgewinn bei, um für die Forschung von Bedeutung zu sein. Eine Evaluationsstudie, die nur aufzeigt, daß eine bestimmte Intervention versagt hat, stellt selbst einen Mißerfolg dar.
3. Häufig kann es falsch sein, „etwas" (die Intervention) mit „nichts" (keine Intervention) zu vergleichen. Denn es ist wissenschaftlich uninteressant, aufzuzeigen, daß eine Intervention besser ist als keine Intervention. Außerdem schafft die Verweigerung von Hilfeleistungen gegenüber den Mitgliedern der Kontrollgruppe auch politische und ethische Probleme. Im allgemeinen ist es vorzuziehen, zwei unterschiedliche, inhaltlich definierte Interventionsvorgehen zu vergleichen.
4. Der Forscher kann sich in der Evaluationsforschung auch darauf konzentrieren und beschränken, unterschiedliche, bereits existierende Vorgehensweisen in bestimmten sozialen Kontexten ausfindig zu machen und die wichtigen Komponenten in bezug auf ihre Effizienz zu identifizieren und zu analysieren.
5. Wie schon mehrmals angesprochen, ist es i. allg. nicht erwünscht, nur das Resultat eines ganz bestimmten Vorgehens zu evaluieren, wenn die dabei beteiligten Prozesse nicht hinreichend bekannt sind.
6. Evaluationsforscher sollten sich von vornherein darum bemühen, die aktive Zusammenarbeit mit anderen, an der Arbeit beteiligten Gruppen, zu gewinnen. Dabei können z. B. einige oder alle Prinzipien der Aktionsforschung zur Anwendung kommen.

Eingehendere Diskussionen über die Evaluationsforschung finden sich in folgenden Werken: Weiss, 1972; Rossi u. Williams, 1972; Guttentag u. Struening, 1975; Rutman, 1977.

Teil III
Nach der Datenerhebung

Kapitel 13:

Datenauswertung: Einführung

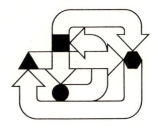

13.1 Datenreduktion

Beginnen wir unsere Ausführungen über die Datenauswertung, indem wir das Vorgehen zweier Psychologiestudenten, Renate und Klaus, die gerade die Datenerhebung für ihre Diplomarbeit abgeschlossen haben, betrachten. Die Datengewinnung ist auf größere Schwierigkeiten gestoßen, als die beiden erwartet hätten: die Autoritäten, die die Erhebung der Daten zu genehmigen hatten, waren am Anfang nicht gewillt gewesen, eine Erlaubnis für die Untersuchung zu geben; einige der Zielpersonen konnten nur mit einigem Aufwand ausfindig gemacht werden; andere hielten Verabredungen nicht ein oder schickten ihre Fragebogen nicht zurück. Trotzdem haben Renate und Klaus, mit Energie und Beharrlichkeit, eine ausgezeichnete Datenquote erreicht. Sie haben von 94% ihrer ausgewählten Personen Daten vorliegen und fühlen sich jetzt sozusagen „über dem Berg", weil sie meinen, die hauptsächlichen Probleme jetzt bewältigt zu haben. Verständlicherweise sind sie recht erleichtert.

Sie beginnen gerade damit, ihre Daten durchzusehen, um erste Resultate ihrer Arbeit zu inspizieren. Die Befunde der ersten Personengruppe sind faszinierend, denn sie bestätigen auf den ersten Blick ganz eindeutig die aufgestellten Hypothesen. Aber die Daten und Aufzeichnungen über die nächste Gruppe geben Anlaß zum Nachdenken, denn aus ihnen ist keine klare Bestätigung ihrer Hypothesen zu erkennen. Es finden sich sogar eher einige Hinweise, die auf das Gegenteil, also auf eine Widerlegung der Hypothesen, hindeuten. Renate und Klaus sind nun ziemlich verwirrt und wissen überhaupt nicht mehr, wie sie ihre vorliegenden Daten interpretieren sollen. Sie haben seitenlange Berichte und Datenlisten vor sich liegen. Wie sollen sie nur einen Sinn in das gesamte Datenmaterial bekommen? Womit sollen sie überhaupt anfangen?

Renate und Klaus stehen vor dem Problem der *Datenreduktion*. Eine Menge an Berichten und Untersuchungsresultaten, häufig „Rohdaten" genannt, müssen in eine handhabbare und überschaubare Form gebracht werden, die es erlaubt, die Daten im Sinne der Hypothesen zu überprüfen. Wie dabei vorgegangen wird, ist das Thema dieses Kapitels. Im ersten Abschnitt wird erklärt, wie man Daten in tabellarischer Form zusammenfaßt. Danach werden einige einfache Statistiken zur Auswertung der Daten vorgestellt. Die Anwendung komplexerer Statistiken wird in Kap. 14 besprochen.

Zuerst jedoch noch eine Anmerkung zum Gebrauch von Computern bei der Datenauswertung. Man kann recht schnell lernen, statistische Tests mit Hilfe von Computern durchzuführen, indem man fertige Programme verwendet und von Statistik-Experten Anleitungen bekommt. Hat man dies einmal gelernt, dann ist es möglich, beispielsweise sehr schnell 20 Chi-Quadrat-Tests durchzuführen. Der Umgang mit einem Computer zur Datenauswertung ist eine ausgezeichnete und nützliche Ressource. Sollte jemand die Möglichkeit haben, von dieser Ressource Gebrauch zu machen, dann sollte er sie auch in Anspruch nehmen. In diesem Kapitel werden wir aber trotzdem aufzeigen, wie man sozialwissenschaftliche Daten auswertet, wenn man nur einen Taschenrechner zur Hand hat. Es genügt dabei ein einfaches Gerät, das Quadratwurzeln, Mittelwerte, Standardabweichungen und Korrelationen berechnet.

Das Problem, mehr Daten erhoben zu haben als man verkraften kann, kann trefflich durch die Erfahrung von Rensis Likert, einem der Pioniere der psychologischen Befragung, verdeutlicht werden. Likert machte in den dreißiger Jahren an der Columbia Universität seine Dissertation.

Er entwickelte dazu einen Fragebogen, um die Einstellungen von Studenten über internationale Beziehungen, Wirtschaftspolitik, Rasse und Religion zu messen und sie mit Faktoren wie beispielsweise Semesterstufe, Elternhaus, Beruf des Vaters usw. in Beziehung zu setzen. Der Fragebogen wurde an neun Colleges und Universitäten der USA verteilt. Nachdem die Daten erhoben worden waren, merkte Likert erst, daß seine Datenanalyse die Anlage von *80 000 Tabellen* verlangt hätte! Die Tabellierungsstelle der Columbia Universität war entsetzt, denn es fehlten die finanziellen Mittel für ein solch zeitaufwendiges Mammutvorhaben. Zusammen mit seiner Frau tabellierte Likert dann einen Teil der Daten von Hand. Die Antworten der Studenten auf jedes Fragebogenitem waren so umfangreich, daß sie auf Blätter mit einer Fläche von einem Quadratmeter aufgezeichnet werden mußten. Es dauerte fast 10 Jahre, bis die Untersuchung veröffentlicht werden konnte. (Dies geschah natürlich noch vor dem Zeitalter des Computers: Die Tabellen mußten damals noch völlig von Hand angelegt werden.)

Die Anlage von Dummy-Tabellen

Wenn ein Forschungsprojekt geplant und durchgeführt wird, ist es hilfreich, sog. *Dummy-Tabellen* anzulegen: Tabellen, die die Ergebnisse aufzeigen, die resultiert hätten, wenn man die Daten schon erhoben hätte. Um also eine Dummy-Tabelle anzulegen, stellt sich der Forscher vor, daß seine Hypothesen bestätigt worden seien (oder aber auch widerlegt) und erstellt dann ein fiktives, aber plausibles Datenmaterial, um das zu verdeutlichen. Beim Anlegen solcher Dummy-Tabellen muß sich der Untersucher darüber im klaren sein, wie die Resultate dargestellt werden sollen und welche statistischen Tests angewandt werden müssen. Unter Umständen erkennt man dann, daß die Daten, die erhoben werden sollen, es gar nicht möglich machen, die aufgestellten Hypothesen überhaupt zu testen. In solch einem Fall müssen die gesamten Versuchspläne revidiert werden. Nach der tatsächlichen Datensammlung kann sich der Untersucher durch seine Dummy-Tabellen bei der Auswertung der Daten leiten lassen.

13.2 Schritte der Datenauswertung

Kennzeichnung der einzelnen Datensätze. Man sollte alle Datensätze numerieren, so daß im Verlauf der Auswertung einfach bestimmt werden kann, welche Datensätze bereits in einen Rechengang einbezogen worden sind und welche nicht. Dabei kann man ganz einfach mit „1" beginnen und laufend durchnumerieren, bis alle Datensätze der Zielpersonen gekennzeichnet sind. Die Nummern selbst können aber auch bestimmte Informationen zur Identifikation beinhalten. Hat man beispielsweise eine Experimental- und eine Kontrollgruppe untersucht, dann kann man die Experimentalgruppe mit „1" bezeichnen und die Aufzeichnungen der einzelnen Mitglieder mit „101", „102", „103" usw. kennzeichnen. Die Aufzeichnungen der Kontrollgruppe („2") werden dann dementsprechend mit „201",

„202", „203" usw. durchnumeriert. Vier Ziffern könnten dann etwa der Reihenfolge nach „Studienjahr", „Geschlecht" und „Individuum" kennzeichnen. Datensatz 1107 könnte dann beispielsweise bedeuten, daß es sich um die Daten eines Studienanfängers (1) handelt, der weiblichen Geschlechts (1) ist und die siebte Person (07) in der Untersuchung darstellt. Nummer 3216 bekommt der Datensatz eines Studenten im vorletzten Studienjahr (3), der männlichen Geschlechts (2) und die 16. Versuchsperson (16) ist.

Die Rohdatentabelle

Häufig ist es hilfreich und sinnvoll, eine Tabelle mit einer Zusammenfassung der Rohdaten anzulegen, um alle Daten sozusagen „auf einen Blick" zusammenzubringen. Ein Vorteil einer solchen Zusammenfassung besteht darin, daß man nicht einen schier endlosen ganzen Stapel Fragebogen oder anderer Aufzeichnungen mehrmals durchblättern muß, um die Gesamtwerte für jedes einzelne Item aufaddieren zu können. Ein Nachteil einer solchen Zusammenfassung der Rohdaten besteht in der Möglichkeit, daß man beim Übertragen der Daten einen Fehler macht. Auf alle Fälle sollte genügend Platz für Anmerkungen frei gelassen werden, und die einzelnen Spalten sollten vollständig gekennzeichnet sein.
Tabelle 13.1 zeigt eine solche Rohdatenzusammenfassung. Die Eintragungen 1, 2, 4 usw. beziehen sich auf Antworten oder Testwerte. Die Person 001 gab bei-

Tabelle 13.1. Rohdatenzusammenfassung

Vp-Identifikations-nummer	Items, Antworten oder Messungen												
	Geschlecht	Alter	Studienjahr	„würde heiraten"	„keine Kinder"	Mutter	Vater	Beruf	Hobbies	„würde wählen"	„Umweltverschmutzung"	Gehalt	
1 2 3	4	5	6	7	8	9	10	11	12	13	14	15	etc.
Gruppe I.													
001	1	4	2	1	3	5	2	2	2	1	NE	1	
002	NE	1	1	3	3	3	2	4	4	4	3	3	
003													
004													
etc.													
Group II.													
101													
102													
103													
etc.													

spielsweise auf Item 4 die Antwort 1, auf Item 5 die Antwort 4 usw. „NE" heißt „nicht ermittelt", d. h., daß entweder die betreffende Person auf das Item nicht geantwortet hat, oder daß diese Messung aus irgendeinem anderen Grund nicht vorgenommen wurde. NE wird vor allem deshalb in die Tabelle eingetragen, damit im Verlauf der Auswertung nicht die Frage auftauchen kann, ob evtl. vergessen wurde, den entsprechenden Wert in die Tabelle einzutragen. Die Spalten 1/2/3 enthalten die Kennzeichnungsnummern der Personen. Jedes Item in den anderen Spalten bekommt zusätzlich zur Kennzahl eine kurze Anmerkung, die es erleichtert, die Tabelle schnell und fehlerfrei zu lesen. „Würde heiraten" bezieht sich beispielsweise auf eine ganz bestimmte Einstellung zur Ehe.

Fehlende Daten im Datensatz (engl.: Missing Data). Wenn im Datensatz einer Person ein oder zwei Daten fehlen, braucht man deshalb noch nicht auch alle restlichen Daten dieser Person für die Auswertung fallenzulassen. Fehlen bei der Auswertung Daten von vielen untersuchten Personen, dann treten ernsthafte Probleme auf; aber daß gelegentlich Items fehlen, muß von vornherein erwartet werden. Der Forscher sollte alle Informationen, die ihm zur Verfügung stehen, auch in die Analyse einbeziehen. Denn die Resultate werden eher verzerrt werden, wenn Personen bei der Auswertung aufgrund fehlender Antworten ganz ausgeschlossen werden, als wenn die vorliegenden, wenngleich unvollständigen Daten verwendet werden. Man muß hierbei jedoch beachten, daß „N" (die Anzahl der Personen) für die verschiedenen Items dann unterschiedlich ausfällt, zum Beispiel bedarf die Berechnung des Mittelwerts der Berücksichtigung und der Verwendung des korrekten Werts für N. Einige Statistikbücher bzw. Statistik-Programme für Taschenrechner oder Computer enthalten statistische Korrekturprozeduren für "missing data"; Großrechner verlangen eine besondere Kodierung fehlender Daten.

Überprüfung der Datensätze. Es ist von großer Bedeutung, auf der jeweiligen Auswertungsstufe die Datensätze zu überprüfen, da sich falsche Daten kumulativ auswirken können. Wird eine Person versehentlich fehlklassifiziert, dann werden alle Berechnungen von diesem Punkt an fehlerhaft sein.
Selbst kleine Datenübertragungsfehler können zu ganz erheblichen Interpretationsfehlern führen. Betrachten wir beispielsweise die (wahrscheinlich erfundene) Geschichte über die indianischen "Teenage"-Witwer. Dieser Legende gemäß wird behauptet, daß ein großes Untersuchungsprojekt der amerikanischen Regierung feststellte, daß es unter den Indianern eine sehr große Anzahl an Witwern gibt, die alle jünger als 16 Jahre sind! Dieser Befund bewirkte in der Öffentlichkeit Bestürzung. Welche soziologischen und psychologischen Probleme könnten für solch eine Situation verantwortlich sein? Schließlich hatte jemand die gute Idee, die Originaldaten zu überprüfen und entdeckte dann, daß es sich bei den sog. „Witwern" um einen einfachen Kodierungsfehler handelte. Und zwar wurde wahrscheinlich nicht sorgfältig genug vorgegangen und „5" („verwitwet") kodiert, wenn eine „3" („niemals verheiratet") hätte kodiert werden müssen.
Eine andere Geschichte, diesmal den Tatsachen entsprechend, wird von Richard Wright berichtet. In jungem Alter war er einmal an einem Forschungszentrum angestellt und mußte dort die Laborratten versorgen. Als er einmal eine Nacht lang

alleine dort arbeitete, entwischte ihm eine Ratte aus seiner behandschuhten Hand und sauste durch den Raum. Verzweifelt jagte er dem Tier durch das ganze Labor hinterher, zwischen den Käfigen hindurch, wobei einige Rattenkäfige hinunterstürzten und dabei ihre Gefangenen freiließen. Nach einer schlimmen Stunde hatte Wright dann schließlich alle Tiere eingefangen und jedes in einen Käfig gesetzt. Dabei hatte er aber vergessen, welches Tier in welchen Käfig gehörte. Wright befürchtete, seinen Arbeitsplatz zu verlieren, seine einzige Geldquelle, wenn er nun zugeben würde, was geschehen war. Er berichtete niemandem von seinem Unfall. Danach kam er jeden Tag mit der Erwartung zur Arbeit, entlassen zu werden, weil man evtl. seine Tat doch entdeckt hätte. Dies geschah jedoch nicht. Offensichtlich hatte keiner der Wissenschaftler in dem Labor jemals daran gedacht, daß solch ein Unfall passieren könnte. Jahre danach wunderte sich Wright natürlich über die Resultate, die aus diesem Forschungsprojekt hervorgingen.

Die Moral der Geschichte ist, daß man nicht sorgfältig genug vorgehen kann. Alles sollte möglichst zweimal überprüft werden. Bei den oben angeführten Beispielen wären die Probleme gar nicht aufgetreten, wenn sowohl die Ratten als auch die Käfige gekennzeichnet und im anderen Fall die Daten vor der Veröffentlichung der Resultate nochmals überprüft worden wären.

Eine andere wichtige Hilfe zur Bestätigung der Richtigkeit des Vorgehens ist der laufende Vergleich von Zwischensummen mit- und untereinander. Angenommen, man zählt die Anzahl der Personen und stellt fest, daß die Gesamtanzahl 45 beträgt. Weiter findet man in den Aufzeichnungen der Experimentalgruppe die Daten von 21 Personen und in den Aufzeichnungen der Kontrollgruppe die Daten von 23 Personen. Man sollte die Diskrepanz beachten: 21 plus 23 ergibt nicht 45. Irgendwo, beispielsweise in der Übertragung der Daten, muß also ein Fehler aufgetreten sein.

Zusätzlich zur Überprüfung der Zwischensummen und der N-Werte ist es hilfreich, die Aufzeichnungen über alle *Rechenschritte*, einschließlich entsprechender kurzer Notizen, sorgfältig zu beschriften und aufzubewahren. Wird nämlich zu einem späteren Zeitpunkt entdeckt, daß z. B. eine Ergebnisstatistik falsch ist, dann kann der Fehler anhand dieses Materials gefunden werden, und dann muß auch nicht die ganze Auswertung nochmals durchgeführt werden, sondern man hat die Chance, zu entdecken, daß alles bis auf den letzten Rechenschritt korrekt gemacht wurde.

Grundlegende Tabellierung

Ob nun alle Rohdaten in eine gemeinsame Tabelle zusammengefaßt worden sind oder nicht, der Forscher muß jetzt verschiedene Tabellen zur Auswertung anlegen, abhängig vom Design der Untersuchung und der Art der Daten.

Item- und Skalenwerte der Individuen. Wurde den Zielpersonen in der Untersuchung ein Einstellungs- oder Persönlichkeitstest vorgelegt oder eine andere Messung durchgeführt, die der Berechnung eines Gesamtwerts für jede Person bedarf, dann sollte dieser Wert jetzt für alle Personen berechnet werden. Jede Antwort der Messung bekommt dabei einen bestimmten Wert zugewiesen, und dann werden diese Einzelwerte für jede Person summiert, d. h. aufaddiert. Die Gesamtwerte für standardisierte Tests sollten in einer Form, wie sie in früheren Arbeiten oder von den Test-Autoren verwendet wurden, vorliegen. Der aufaddierte Gesamtwert der Einzelwerte muß also häufig zusätzlich noch durch die Anzahl der Items oder Antworten dividiert werden.

Bei der Bewertung von Items aus Einstellungs- oder Persönlichkeitstests muß sorgfältig darauf geachtet werden, daß Items oder Antworten, die bezüglich des Inhalts in die „entgegengesetzte" Richtung deuten, also umgekehrt gepolt und „negativ" formuliert sind, dementsprechend auch bewertet werden. Wenn beispielsweise ein Wert von „1" eine „geringe Selbsteinschätzung" anzeigt und „5" eine „hohe Selbsteinschätzung", dann kann eine „stimme sehr zu"-Antwort entweder einen Wert von 1 oder von 5 erhalten, abhängig vom Inhalt der Frage.

Bei der Bewertung der Antworten sollte der Forscher außerdem darauf achten, daß hohe Werte auf der interessierenden Variablen auch für eine hohe Ausprägung dieser Variablen stehen. Man sollte nicht dem Beispiel eines Studenten folgen, der eine Reihe von „Angst"-Items so bewertete, daß ein Wert von „5" geringe Angst bedeutete und ein hoher Ausprägungsgrad der gemessenen Angst mit „1" bezeichnet wurde. Ein anderer Student wertete ein „Selbsteinschätzungs"-Item auch dementsprechend verwirrend:

$-2 =$ sehr hohe Selbsteinschätzung
$-1 =$ hohe Selbsteinschätzung
$0 =$ mittelmäßige Selbsteinschätzung
$+1 =$ geringe Selbsteinschätzung
$+2 =$ sehr geringe Selbsteinschätzung

Eine derartige Kodierung der Antworten verwirrt nur den Leser des späteren Forschungsberichts und sollte deshalb auf alle Fälle vermieden werden. Ein hoher Wert sollte also immer für eine hohe Ausprägung der interessierenden Variablen stehen.

Diskrete und kontinuierliche Daten. Sozialwissenschaftliche Daten sind entweder *diskret* oder *kontinuierlich*.

Diskrete Daten werden auch „Ja – Nein"-, „vorhanden – nicht vorhanden"- oder Nominal(skalen)daten genannt. Ein Fragebogenitem, das mit „Ja" oder mit „Nein" beantwortet werden soll, oder ein Experiment, das mißt, ob, vom Versuchsleiter eingesetzten Personen, die als Hippies oder traditionell gekleidet sind, geholfen wird oder aber nicht, sind Beispiele diskreter Daten.

Im Gegensatz dazu liegt bei kontinuierlichen Daten eine graduelle Abstufung von „hoch" nach „gering", von „mehr" nach „weniger" usw. hinsichtlich der Ausprägung der interessierenden Variablen vor, wie bei Punkten auf einer Dimension. Sieben-Punkte-Skalen für die Zuordnung zu einer sozialen Klasse, zehn-Punkte-Angstskalen oder Selbsteinschätzungsmessungen, die etwa einen ganzen Bereich, der durch die Zahlenwerte 8 bis 32 abgedeckt wird, ausmachen, sind Beispiele für kontinuierliche Daten. Zur Datenauswertung muß man auf alle Fälle wissen, ob die Daten in diskreter oder in kontinuierlicher Form vorliegen. Denn die Art der Daten hat Auswirkungen auf die Auswahl der statistischen Tests, die Häufigkeitsverteilungen und die Gruppierung der Daten.

Häufigkeitsverteilung

Eine Häufigkeitsverteilung oder „einfache Tabellierung" ist das Tabellieren der Anzahl der Personen, die einen ganz bestimmten Wert auf den Items der Messungen erhalten haben, die eine bestimmte Antwort auf eine Frage gewählt haben, die männlich oder die weiblich sind, die in eine bestimmte Altersgruppe fallen, die einen bestimmten Beruf ausüben, einer bestimmten Rasse oder Religion angehören usw. Studenten lassen sich manchmal bei ihren ersten Forschungsarbeiten dazu verleiten, die einfache Tabellierung, also die Ermittlung der Häufigkeitsverteilung, zu überspringen und direkt zu ihrem Ziel zu gehen, nämlich der Untersuchung der Beziehung zwischen den erhobenen Variablen oder der Messung einer zentralen Tendenz. Solch ein Vorgehen stellt einen groben Fehler dar. Denn ohne das Wissen über die Häufigkeitsverteilung der Daten ist es beispielsweise nicht möglich, sinnvolle Entscheidungen über die Gruppierung der Daten in Kategorien zu treffen. Außerdem ist eine Häufigkeitsverteilung wichtig, um die Daten nach eventuellen Fehlern durchzusehen, um die N-Werte korrekt zu verwenden und um die späteren Resultate auch wirklich verstehen und einordnen zu können. Wir werden weiter unten in diesem Abschnitt auf diesen Sachverhalt zurückkommen. Das Erstellen der Häufigkeitsverteilung beginnt oft mit dem Anlegen einer „Strichliste", bei der die Striche jeder einzelnen Gruppe praktikablerweise zunächst in Fünfergruppen ($/\!/\!/\!/\!/$) zusammengefaßt und dann zusammengezählt werden.

Tabelle 13.2 zeigt eine Häufigkeitsverteilung für eine Skala mit sieben Items. Für jedes Item wird entweder ein Wert von 0 oder 1 vergeben. Der mögliche Gesamtskalenwert für alle Items für jede Person reicht von 0 („geringe Entfremdung") bis 7 (hoher Wert für „Entfremdung"). Diese Verteilung zeigt, daß drei Personen einen Wert von 0 auf der „Entfremdungs"-Skala erhalten haben, eine Person einen Wert von 1 usw.

Die Häufigkeitsverteilung oder *einfache Tabellierung* wird häufig auch „Tabellierung der Randsummen" genannt. Diese Nomenklatur beruht auf der Tatsache, daß diese Werte häufig „am Rand" einer Gesamttabelle auftauchen (wie etwa in Tabelle 13.5).

Tabelle 13.2 Eine Häufigkeitsverteilung von Punktwerten auf einer Entfremdungsskala

Punktwert X (= Score)	Häufigkeit f
0	3
1	1
2	2
3	4
4	3
5	5
6	3
7	2
	N = 23 (N = Anzahl der Personen)

Datengruppierung. Manchmal ist es nicht notwendig, zusammengehörige Daten zu gruppieren oder auf irgendeine Art zu kombinieren, vor allem wenn die untersuchte Stichprobe klein ist. Häufig jedoch ist dieses Vorgehen sehr nützlich und sinnvoll. Eine lange Datenreihe, bei der jeder Wert nur für eine oder zwei Personen gilt, ist weniger informativ als eine Verteilung, bei der die Kategorienanzahl durch Gruppierung verringert worden ist. Unter welchen Umständen und auf welche Weise sollten Kategorien zusammengefaßt werden? Nun, dafür gibt es keine festen Regeln – dazu bedarf es der Abwägung verschiedener Aspekte. Das Ziel der Datenzusammenfassung besteht nämlich darin, auf der einen Seite Klarheit und einen Überblick hinsichtlich einer großen Datenmenge zu erlangen, auf der anderen Seite aber auf alle Fälle auch eine Datenverzerrung zu vermeiden und möglichst die Entdeckung möglicherweise interessanter Resultate durch die Zusammenfassung nicht zu behindern. Es folgen einige Empfehlungen für die Datengruppierung. Zusätzliche Anmerkungen über das Gruppieren kontinuierlicher Daten folgen weiter unten in diesem Kapitel.

Die Kategorien, mit deren Hilfe die Daten gruppiert werden, müssen *exklusiv* (d. h. ausschließlich) und *erschöpfend* sein. Das bedeutet, daß jede Antwort oder jedes Item nur in *eine* Kategorie passen sollte, und außerdem, daß jede Antwort auf alle Fälle in *irgendeine* der erstellten Kategorien adäquat untergebracht werden muß. Beispielsweise kann man die beiden Kategorien „20 bis 25 Punkte" und „25 bis 30 Punkte" nicht als Kodierungskategorien verwenden, da sie sich nicht gegenseitig ausschließen, also nicht exklusiv sind. Denn in welche Kategorie fällt eine Person, deren Punktwert 25 beträgt – in die erste oder in die zweite Kategorie?

Der Gebrauch von irreführenden, nicht ausschließlichen Kategorien ist einer der Wege, um „mit Hilfe von Statistiken zu lügen". Beispielsweise wurde einmal für ein (in die USA importiertes Auto) mit der Aussage „90% aller Autos, die wir in den letzten 11 Jahren verkauft haben, fahren immer noch" geworben. Dieser Werbeslogan entsprach zwar der Wahrheit, aber alle Verkäufe wurden dabei in eine Kategorie zusammengefaßt. Somit konnte die Tatsache verschwiegen werden, daß 85% aller verkauften Autos dieser Firma erst in den letzten beiden Jahren verkauft worden waren und somit selbstverständlich immer noch fahren sollten.

Kreuztabellierung

Bei der Kreuztabellierung werden die Daten so in einer Tabelle zusammengestellt, daß sie gleichzeitig zwei oder mehr Variablen abdecken und im Zusammenhang darstellen. Arbeitet man mit mehreren Variablen, dann muß der Forscher wissen, wieviele untersuchte Personen dabei in jeder Bedingung oder „Zelle" aufgeführt werden müssen. Eine „Zelle" stellt dabei den Wert einer Personengruppe dar, deren Mitglieder eine für die Untersuchung wichtige Charakteristik bezüglich der relevanten Variablen aufweisen. In der Tabelle wird eine solche Zelle durch ein (umrandetes) Feld dargestellt.

Ist die Anzahl der Personen pro Zelle nicht schon durch die Erstellung der Häufigkeitsverteilungen bekannt, dann wird diese Anzahl durch die Kreuztabellierung, wie in Tabelle 13.3 dargestellt, bestimmt.

Tabelle 13.3. Einfache Tabellierung und Kreuztabellierung

Einfache Tabellierung	Kreuztabellierung		
		Gruppen	Gesamt
		(Exp.) I (Kontroll) II	
Kategorien	Kategorien		
A (Studenten im zweiten Studienjahr) 10	A (Studenten im zweiten Studienjahr)	4 6	10
B (Studenten im vor- letzten Studienjahr) 15	B (Studenten im vor- letzten Studienjahr)	10 5	15
C (Studenten im letzten Studienjahr) 5	C (Studenten im letzten Studienjahr)	3 2	5
Gesamt: 30	Gesamt:	17 + 13 =	30

Tabelle 13.4. Häufigkeitsverteilungen von Studienjahr und Alter der Versuchspersonen

Einfache Tabellierung, diskrete Variable		Einfache Tabellierung, kontinuierliche Variable			
Item 5. Studienjahr	f	Item 6. Alter	f	Alter	f
Anfänger	10	17	1	31	4
Studenten im zweiten Studienjahr	12	18	5	32	1
Studenten im vorletzten Studienjahr	11	19	7	33	2
Studenten im letzten Studienjahr	16	20	4	34	2
Gesamt:	49	21	5	35	3
		22		36	1
		23	1	37	2
		24		38	
f = Häufigkeit		25		39	1
		26		40	2
		27	1	41	1
		28		42	1
		29	3	43	1
		30	1		
				Gesamt:	49

Angenommen, man möchte das „Niveau der kognitiven Entwicklung" in einer gemischten Gruppe mit älteren und jüngeren Studenten untersuchen, wie in Perrys Arbeit, die in Kap. 10 vorgestellt wurde. Weiter nehmen wir an, daß die Häufigkeitsverteilungen des Studienjahres und des Alters der Studenten bestimmt worden sind, wie in Tabelle 13.4 illustriert.

Die Kategorisierung des Studienjahres bereitet keine Schwierigkeiten, aber 49 Personen können nicht sinnvoll auf 25 oder mehr Altersgruppen aufgeteilt werden (d.h., man hätte dann 25 oder mehr Kategorien für eine Variable). Deshalb sollten die Alterskategorien zusammengefaßt werden. Geht man von dem For-

Tabelle 13.5. Die Kreuztabellierung durch Alter und Studienjahr unter Verwendung zweier Alterskategorien

Alter	Studienjahr				
	An- fänger	Studenten im zweiten Studienjahr	Studenten im vorletzten Studienjahr	Studenten im letzten Studienjahr	Gesamt
Jünger (17 bis 23)	4	5	5	9	23
Älter (27 bis 43)	6	7	6	7	26
Gesamt	10	12	11	16	49

schungsziel aus, das kognitive Niveau „älterer" und „jüngerer" Studenten zu vergleichen, dann empfiehlt sich in diesem Fall, nach der Durchsicht der Häufigkeitsverteilung, die Trennung der Altersgruppen 17 bis 23 Jahre von den Altersgruppen 27 bis 43 Jahre, also die Erstellung zweier Kategorien für das Gesamtspektrum der Altersvariable von 17 bis 43 Jahre. Denn dadurch wird die Gesamtgruppe in zwei fast gleich große Hälften unterteilt. (Man sollte dabei beachten, daß die Kategorie „jünger" nicht unbedingt dieselbe Anzahl an Jahren enthalten muß wie die „älter"-Kategorie.) Nun ist der Forscher in der Lage, eine Tabelle zu erstellen, aus der klar und eindeutig ersichtlich wird, wieviele Personen, durch die Variablen Alter und Studienjahr gekennzeichnet, in die Auswertung eingehen. Dies wird in Tabelle 13.5 verdeutlicht. An zwei Punkten sollte man die Tabelle nochmals überprüfen, bevor man einen Schritt in der Auswertung weitergeht: 1. Stimmen die Reihen- bzw. Zeilengesamtwerte (die Horizontalen der Tabelle), die Spaltengesamtwerte (die Vertikalen der Tabelle) und der Totalgesamtwert miteinander überein?[1] 2. Stimmen die Originalwerte der Messungen mit der Tabellierung überein? Sind beide Punkte auf ihre Stimmigkeit überprüft, können die Ns pro Zelle bestimmt werden.

Die Vorbereitung der Ergebnistabelle

Ist die Häufigkeitsverteilung erstellt und die Zellengröße bekannt, dann hat man die Grundlagen für die Prüfung der Effekte. Im nächsten Abschnitt (13.3) dieses Kapitels werden wir einige einfache Statistiken vorstellen, die zur Gewinnung der Resultate verwendet werden. Zuerst werden wir uns aber mit der Erstellung und Vorbereitung einer klaren und eindeutigen *Ergebnistabelle* beschäftigen.

Überprüfung der abhängigen und unabhängigen Variablen. Zur Darstellung dieses Aspekts betrachten wir eine Untersuchung mit dem Ziel, folgende Hypothese zu testen: Die Einwohner von Vororten verhalten sich Fremden gegenüber hilfreicher als die Einwohner von Städten. Die Ergebnistabelle (Tabelle 13.6) zeigt die beiden Variablen „Wohnort" und „Hilfe-Verhalten". Die gemessene „Hilfe" wird

---

[1] Im Englischen – und in englischsprachigen Statistikbüchern – findet sich R („row") für Zeile und C („column") für Spalte.

Tabelle 13.6. Das Hilfe-Verhalten von Vorort- und Stadtbewohnern (hypothetische Daten)

Umgebung	Anzahl helfender Personen	N pro Bedingung
Stadt	14	(36)
Vorort	17	(40)
Gesamt	31	(76)

Tabelle 13.7. Anzahl helfender Personen in Abhängigkeit von Umgebung und Kleidung der Stimulusperson (hypothetische Daten)

Umgebung	Kleidung	Anzahl helfender Personen	Anzahl pro Kategorie
Stadt	Hippie	10	(20)
	Traditionell	4	(16)
Vorort	Hippie	2	(20)
	Traditionell	15	(20)
Gesamt		31	76

dabei entweder als „vorhanden" oder „nicht vorhanden" aufgezeichnet, d. h., entweder halfen die angesprochenen Personen oder sie halfen nicht, wenn sie von einer vom Versuchsleiter eingesetzten Person darum gebeten wurden. Als nächstes kann der Prozentsatz der untersuchten Personen, getrennt nach deren Wohnort, errechnet werden. Betrachten wir jetzt einen etwas komplizierteren Untersuchungsaufbau.

Gleichzeitige Überprüfung von mehr als zwei Variablen. Angenommen, es soll die Beziehung zwischen Wohnort, Hilfe-Verhalten und Kleidungsstil des „bedürftigen Fremden" untersucht werden. Die dazu aufgestellte Hypothese lautet, daß in der Stadt eher „Hippies" weitergeholfen wird als „traditionell" gekleideten Fremden, während für die Bewohner von Vororten das umgekehrte Muster gilt. Tabelle 13.7 zeigt die Resultate. (Dieses Experiment verlangt 20 Personen pro Zelle, aber wie es sich dann herausstellte, wurden bei der Durchführung der Untersuchung nur 16 Städter von der traditionell gekleideten Person um Hilfe gebeten.)

Es handelt sich bei dieser Untersuchung um ausschließlich diskrete Daten, denn die befragten Personen wohnten entweder in Vororten oder in der Stadt, die um Hilfe bittende Person war entweder wie ein Hippie oder traditionell gekleidet und die angesprochenen Personen halfen oder halfen nicht. Besprechen wir nun die Erstellung von Ergebnistabellen für kontinuierliche Daten.

Kategorienkombination bei zwei Variablen, wobei mindestens eine Variable in kontinuierlicher Form vorliegt. Häufig ist es notwendig, Kategorien für kontinuierliche Variablen zu gruppieren, wenn eine Variable mit einer anderen in einer Kreuztabelle kombiniert werden soll. Wie sollen in diesem Fall die Kategorien erstellt, d. h. die erhobenen Daten zusammengefaßt werden?

Eine nützliche Richtlinie lautet, daß „Kategorien einer Variablen nur dann zusammengefaßt werden dürfen, wenn ihre Beziehungen zur zweiten Variablen ähnlich oder identisch sind". Beispielsweise könnte man in einer Untersuchung verschiedene Einkommensstufen (Variable I, die unabhängige Variable) zusammenfassen, wenn sie dieselbe Beziehung zu Variable II (der abhängigen Variablen), z. B. Scheidungsziffer, aufweisen. Angenommen, in einer anderen Untersuchung über Entfremdung und „das Gefühl, zu einer Gemeinschaft zu gehören" könnten Studenten befragt worden sein, wieviele ihrer drei engsten Freunde auch in dem Wohnheim, in dem sie selbst untergebracht sind, wohnen. Zur Aufzeichnung der Antworten werden die Kategorien „niemand", „einer", „zwei" und „drei" angeboten. Ist es sinnvoll, diese vier Antwortkategorien zusammenzufassen und sie beispielsweise auf zwei zu reduzieren? Ist es angemessen, die Gruppe „0" in eine Kategorie zu setzen und die anderen drei zu kombinieren; oder ist es sinnvoller, beispielsweise „0", „1" oder „2" in eine Gruppe zusammenzufassen und „3" als eine separate Kategorie zu behandeln? Betrachten wir zur Beantwortung dieser Frage die folgenden Beispiele, wie sie in den Tabellen 13.8, 13.9, 13.10 und 13.11 dargestellt sind.

Das Ziel der Untersuchung besteht darin, die Beziehung zwischen dem Geschlecht des Befragten und der Anzahl der im Wohnheim lebenden engsten Freunde zu erforschen. Nach Durchsicht der Tabelle 13.8 erscheint es angemessen, „0 Freunde" und „1 Freund" zu kombinieren, da beide Kategorien dieselbe Beziehung zum Geschlecht der befragten Personen aufweisen: Viele weibliche und nur wenige männliche Befragte wählten nämlich diese beiden Antworten. In diesem Beispiel könnten außerdem die Kategorien „2" und „3" zusammengefaßt werden, da beide eine identische Beziehung zwischen Geschlecht und Anzahl der engsten Freunde im Wohnheim aufzeigen: Wenige weibliche und viele männliche

Tabelle 13.8. Anzahl der engsten Freunde im Wohnheim in Abhängigkeit vom Geschlecht der Befragten (hypothetische Daten)

Geschlecht	Anzahl der engsten Freunde im Wohnheim				
	0	1	2	3	Gesamt
Weiblich	11	12	4	3	30
Männlich	3	2	9	13	27
Gesamt	14	14	13	16	57

Tabelle 13.9. Anzahl der engsten Freunde im Wohnheim in Abhängigkeit vom Geschlecht der Befragten: zweite Version

Geschlecht	Anzahl der engsten Freunde im Wohnheim		
	0 oder 1	2 oder 3	Gesamt
Weiblich	23	7	30
Männlich	5	22	27
Gesamt	28	29	57

Tabelle 13.10. Alternative Daten: erste Version der Ergebnistabelle

Geschlecht	Anzahl der engsten Freunde im Wohnheim				
	0	1	2	3	Gesamt
Weiblich	14	5	6	5	30
Männlich	2	9	8	8	27
Gesamt	16	14	14	13	57

Tabelle 13.11. Alternative Daten: zweite Version der Ergebnistabelle

Geschlecht	Anzahl der engsten Freunde im Wohnheim		
	Keine	Einige (1–3)	Gesamt
Weiblich	14	16	30
Männlich	2	25	27
Gesamt	16	41	57

Befragten wählten diese Antworten. Die Tabellierung der gruppierten Resultate von Tabelle 13.8 ist in Tabelle 13.9 dargestellt. Es wird deutlich, daß ein Ziel der Datenreduktion durch diese Darstellung erreicht worden ist: eine übersichtliche und vereinfachte Darstellung der Resultate durch die Kombination von Kategorien.

Angenommen, die ursprüngliche Häufigkeitsverteilung hätte die Werte, die in Tabelle 13.10 dargestellt sind, enthalten. In diesem Fall ist es hinsichtlich des Datenmaterials angemessener, die Kategorien „1", „2" und „3" zu kombinieren, da sie alle dieselbe Beziehung zum Geschlecht der befragten Personen aufweisen. Diese Datenreduktion wird in Tabelle 13.11 gezeigt, aus der vor allem das Resultat abzulesen ist, daß ungefähr die Hälfte der weiblichen Befragten, aber nur zwei männliche Befragte angaben, daß keiner ihrer engsten drei Freunde in demselben Wohnheim wie sie selbst wohnten. Um dieses Resultat darzustellen, könnten anstatt der Häufigkeitsverteilungen auch die Mittelwerte der einzelnen Gruppen angegeben werden.

Für die Kombination von Kategorien gibt es kaum feste Regeln oder Vorgehensweisen; i. allg. gibt es nicht *den* richtigen Weg, um Kategorien zu gruppieren. Man sollte immer die beiden, schon oben angesprochenen Ziele der Datenreduktion berücksichtigen, die jedoch nicht immer in dieselbe Richtung weisen: Auf der einen Seite sollte die Datenreduktion zu einer besseren Übersicht und einfacheren Handhabung des Datenmaterials führen, auf der anderen Seite sollten Datenverzerrungen dadurch möglichst vermieden werden.

Nach der Erstellung der grundlegenden Rohdatentabellen, der Bestimmung der Ns für alle Zellen, der Ermittlung der Häufigkeitsverteilungen, der Erstellung der Kreuztabellen und der vorläufigen Ergebnistabellen folgt weiter bei der Datenauswertung die Anwendung statistischer Tests, um die aufgestellten Hypothesen überprüfen zu können.

13.3 Die Anwendung einfacher Statistiken bei der Datenauswertung

Wenden wir uns nun der Anwendung einfacher Statistiken bei der Datenanalyse zu. Zum Verstehen des nächsten Abschnitts werden grundlegende statistische Kenntnisse vorausgesetzt. Anspruchsvollere statistische Verfahren werden in Kap. 14 vorgestellt.

Überführung von Rohdaten in Prozentwerte

Die Anschaulichkeit der Daten in den Tabellen 13.6 bis 13.11 könnte um einiges verbessert werden, wenn man zusätzlich zu den Rohdaten Prozentwerte anführen würde. Zur Errechnung von Prozentwerten wird die Anzahl der Personen, welche die in Frage stehende Eigenschaft aufweisen (beispielsweise in die erste Kategorie einer Variablen fallen), durch die Gesamtanzahl aller untersuchten Personen (N) dividiert. Beispielsweise ist der Prozentsatz der weiblichen Befragten, die „0 Freunde" angaben, $14 : 30 = 0,46\overline{6} \cong 0,47 = 47\%$.

Da bei der Berechnung von Prozentwerten immer eine Zahl durch eine größere (oder höchstens durch sich selbst) dividiert wird, ist das Ergebnis immer kleiner als 0 und höchstens 1. Die Multiplikation dieses Werts mit 100 stellt den Prozentwert dar.

Wann ist es nun sinnvoll und informativ, vorläufige Resultate in Prozentwerte umzurechnen? Häufig kann der Untersucher wählen, ob er Prozentwerte zur Auswertung verwendet oder aber irgendeine andere Statistik, wie beispielsweise einen Mittelwert oder das Chi-Quadrat. Prozentangaben sind beispielsweise nützlich, wenn diskrete Daten aufaddiert werden sollen. Soll etwa das Auftreten einer ganz bestimmten Eigenschaft in einer Population bestimmt werden, dann ist die Angabe von Prozentwerten angemessen. Die Angabe, daß z. B. 29% einer Wählerpopulation vorhaben, einem bestimmten Kandidaten ihre Stimme zu geben, oder daß 74% aller Studenten der Ansicht sind, daß unehrliches Verhalten zu verurteilen sei und ein ernsthaftes Problem darstelle, kann sinnvoll und sehr informativ sein. Die Verwendung von Prozentangaben ist auch dann sinnvoll und nützlich, wenn zwei oder mehr Gruppen verglichen werden sollen.

Es besteht die Möglichkeit, verschiedene Tabellenwerte in Prozentwerten auszudrücken. Betrachten wir dazu nochmals Tabelle 13.11. Man kann die Zeilenwerte in Prozenten ausdrücken, wobei der Prozentanteil der weiblichen Befragten, die angaben, daß „keiner" ihrer Freunde in ihrem Wohnheim lebt, und der Prozentsatz der weiblichen Befragten, die „einige" (also „1", „2" oder „3") angaben, zusammen 100% ergeben (alle weiblichen Befragten). Auch der Prozentsatz der Studenten, die „einige" Freunde angaben und der Anteil der männlichen Befragten, die „0" angaben, addieren sich zu 100% auf (alle männlichen Befragten). Die Tabellendaten können aber auch auf eine andere Art in Prozentwerte überführt werden. Errechnet man die Prozentwerte spaltenweise, dann ist die Summe des Anteils der Studentinnen und des Anteils der Studenten, die angaben, „keinen" ihrer drei engsten Freunde in ihrem Wohnheim zu haben, auch 100%. Genauso ergibt der Anteil der befragten Studentinnen und der Anteil der befragten

Tabelle 13.12. Prozentanteil helfender Personen in Abhängigkeit von Umgebung und Kleidung der Stimulusperson (hypothetische Daten)

Umgebung	Kleidung	Helfende Personen		
		(N)	%	N pro Zelle
Stadt	Hippie	(10)	50	20
	Traditionell	(4)	25	16
Vorort	Hippie	(2)	10	20
	Traditionell	(15)	75	20
Gesamt		(31)	41	76

N = Anzahl

Studenten, die „einige" („1", „2" oder „3") Freunde angaben, zusammen 100%. Welche Art der Datenumrechnung in Prozentangaben ist nun vorzuziehen? Diese Frage muß auf dem Hintergrund der Untersuchungshypothese beantwortet werden. Häufig ist es am nützlichsten, die Kategorien, die die *abhängige Variable* darstellen, zu 100% aufzuaddieren; in dem obigen Beispiel also durch Übertragung der Spaltenwerte in Prozentangaben. Manchmal sind auch zusätzlich noch die zeilenweisen Prozentwerte von Interesse, die dann auch in die Tabelle eingetragen werden können.

Bei unserem obigen Beispiel über die Untersuchung, mit welcher Wahrscheinlichkeit Stadt- versus Vorortbewohner bedürftigen Fremden helfen, ist das Hilfe-Verhalten die abhängige Variable. In Tabelle 13.7 können nun die Prozentwerte zusätzlich eingetragen werden, wie in Tabelle 13.12 illustriert.

Im allgemeinen ist es üblich, die unabhängige Variable in den Zeilen der Tabelle abzutragen und die abhängige Variable dementsprechend spaltenweise.

In Tabelle 13.12 wurde zuerst der Prozentwert der Hippies, denen in bezug auf die Gesamtanzahl der Hippies in städtischen Bereichen geholfen wurde, errechnet. Die angesprochenen Stadtbewohner halfen dabei 10 von 20 Hippies, also 50%. Entsprechend halfen die angesprochenen Stadtbewohner vier von 16 traditionell gekleideten Personen, also 25%. Diese Prozentwerte werden mit dem Anteil der Hippies, denen in Vororten geholfen wurde (zwei von 20, also 10%), und mit dem Anteil der traditionell gekleideten Personen, denen in Vororten geholfen wurde (15 von 20, also 75%), verglichen.

Aufgrund der Untersuchungshypothese sind diese vier Werte und deren Vergleich von größtem Interesse. Es könnte unter Umständen jedoch auch interessant sein, einige zusätzliche Fragen zu stellen und zu untersuchen. Unabhängig von der Umgebung, welchem Anteil der Hippies wird geholfen im Vergleich zum Prozentanteil der traditionell gekleideten, um Hilfe bittenden Personen? Die Antwort lautet: $\frac{10+2}{40} = 30\%$ versus $\frac{4+15}{36} \cong 53\%$. Eine andere Frage könnte darauf abzielen, welchem Prozentsatz an bedürftigen Personen in Stadtbezirken geholfen wird und welchem Prozentsatz in Vororten. Hier lautet die Antwort: $\frac{10+4}{36} \cong 39\%$ versus $\frac{2+15}{40} \cong 42\%$.

Die Messung der Zentraltendenz

Es gibt drei hauptsächliche Messungen der Zentraltendenz: das arithmetische Mittel, der Median (in einer Häufigkeitsverteilung liegt die Hälfte der Werte unter, die andere Hälfte über dem Median) und der Modalwert (der am häufigsten vorkommende Wert einer Häufigkeitsverteilung).

Das arithmetische Mittel

Der arithmetische Mittelwert (auch „Durchschnitt" genannt) ist als die Summe aller Werte, dividiert durch die Häufigkeit dieser Werte, definiert. Die Verwendung des Mittelwerts ist fast bei jeder kontinuierlichen Datenverteilung angebracht. Beispielsweise kann man bei der Anwendung der California F-Skala, der Skala von Rotter oder der Selbsteinschätzungsskala von Coopersmith das arithmetische Mittel der Personengruppen, die man vergleichen möchte (Menschen der oberen und unteren Einkommensschicht, Pendler und Ansässige, Personen der Experimental- und der Kontrollgruppe usw.) ermitteln.

Ein alternatives Vorgehen besteht darin, die Gesamtgruppe der Personen in Untergruppen mit „hoher" und „geringer" Variablenausprägung, mit „mittleren" und „geringen" Werten zu unterteilen. Bei allen Skalen, die wir in diesem Buch vorgestellt haben, kann auf diese Weise bei der Auswertung vorgegangen werden. Danach wird häufig der Chi-Quadrat-Test durchgeführt. (Dieser Test wird in Kap. 14 besprochen.)

Um, wie bereits oben angedeutet, das arithmetische Mittel zu berechnen, summiert man die Punktwerte einer Verteilung und dividiert sie durch die Häufigkeit der aufaddierten Werte. Diese Formel und die Formeln, die wir später noch besprechen werden, werden in einem weitverbreiteten Zeichensystem ausgedrückt, wobei Σ für „Summe" steht, X einen bestimmten Punktwert (Score) anzeigt, $\bar{X}$ den arithmetischen Mittelwert und N die Gesamtanzahl der Personen oder Werte. Die Formel für das arithmetische Mittel lautet:

$$\frac{\Sigma X}{N} = \bar{X}.$$

Bei der Berechnung des Mittelwertes kann auch von der Häufigkeitsverteilung ausgegangen werden:

X	f	f × X (Häufigkeit mal Score)	
2	1	2	$\Sigma X = 33$
3	2	6	$N = 9$
4	5	20	$\bar{X} = \dfrac{33}{9} \cong 3{,}67$
5	1	5	
	9	33	

X = Score, f = Häufigkeit

Angenommen, man hätte in der Untersuchung über das Hilfe-Verhalten eine kontinuierliche Messung des Zeitbetrags, zu dem Hilfe geleistet wurde (anstatt der diskreten „vorhanden – nicht vorhanden"-Messung) durchgeführt. In diesem

Tabelle 13.13. Durchschnittliche Dauer des Hilfe-Verhaltens in Abhängigkeit von Umgebung und Kleidung der Stimulusperson (hypothetische Daten)

Umgebung	Stadt		Vorort		Gesamt	
	$\overline{X}$	N	$\overline{X}$	N	$\overline{X}$	N
Kleidung der Stimulusperson:						
Hippie	4,7	(20)	2,1	(20)	3,2	(40)
Traditionell	2,3	(16)	5,2	(20)	3,6	(36)
Gesamt	3,8	(36)	3,4	(40)	3,5	(76)

$\overline{X}$ bedeutet „arithmetisches Mittel".

Fall wäre es dann angemessen gewesen, das arithmetische Mittel der Variablen „Zeitbetrag der Hilfeleistung" für jede der Bedingungen zu berechnen. Dies wird in Tabelle 13.13 illustriert. Tabelle 13.13 zeigt auch ein alternatives Format, das anstelle der Datenanordnung in Tabelle 13.12 verwendet werden kann. Eine unabhängige Variable, „Kleidung", ist auf der linken Seite der Tabelle angeführt. Die andere unabhängige Variable, „Umgebung", steht in der obersten Zeile der Tabelle. Die Daten „in" der Tabelle stellen die abhängige Variable, nämlich das Hilfe-Verhalten, dar.

Der Median

Per definitionem liegt die Hälfte der Werte einer Häufigkeitsverteilung über und die andere Hälfte der Werte unter dem Median, wenn die Werte der Häufigkeitsverteilung der Größe nach geordnet sind.

Der Median wird häufig dazu verwendet, eine Stichprobe in zwei Hälften zu teilen, in eine Gruppe mit „hohen" Ausprägungswerten auf der in Frage stehenden Variablen und in eine Gruppe mit „geringen" Werten. Auch zum Vergleich von Beziehungen zwischen Variablen ist der Median nützlich. Der Median wird dann dem arithmetischen Mittel vorgezogen, wenn ein paar wenige sehr hohe (oder sehr niedrige) Werte das arithmetische Mittel stark in eine Richtung verschieben würden und dadurch eine verzerrte Wiedergabe der Daten und der Verteilung der Daten bedingen würde. In vielen Fällen sind beide Maße der Zentraltendenz, das arithmetische Mittel und der Median, adäquat.

Zur Berechnung des Medians wird zuerst eine Häufigkeitsverteilung erstellt und eine Spalte mit den kumulativen Häufigkeiten angelegt, die die laufenden Gesamthäufigkeiten angibt:

X	f	cf	
			X = Score (Punktwert)
———	———	———	f = Häufigkeit
			cf = kumulative Häufigkeit
———	———	———	
N	N		

Danach wird N und 1/2 N bestimmt und schließlich mit Hilfe der Spalte der kumulativen Häufigkeiten der mittlere Wert der Verteilung bestimmt. Dieser Wert

Tabelle 13.14. Beispiele für die Bestimmung des Medians

X	Beispiel A		Beispiel B		Beispiel C	
	f	cf	f	cf	f	cf
6	1	1	1	15	1	1
7	0		0		0	
8	1	2	1	14	1	2
9	0		0		0	
10	2	4	2	13	2	4
11	1	5	1	11	0	
12	2	7	0		1	5
13	1	8	1	10	1	6
14	2	10	2	9	2	8
15	2	12	2	7	3	11
16	1	13	3	5	2	13
17	1	14	1	2	1	14
18	1	15	1	1	2	16
N =	15		15		16	
½N =	7,5		7,5		8	
Median =	13		14		14,5	

X = Score (Punktwert)
 f = Anzahl der Personen, die den Punktwert erhalten haben (Häufigkeit)
cf = kumulative Häufigkeit

ist der Median. Beispiele zur Berechnung des Medians sind in Tabelle 13.14 angeführt.

In Beispiel A der Tabelle 13.14 ist der Medianwert 13, der Wert der achten Person, wenn die Werte der Reihe nach geordnet sind. Die Werte von sieben anderen Personen liegen unter 13, und die Werte der restlichen sieben Personen liegen über 13. Sehr wichtig hierbei ist, daß sich der Median auf den Wert (hier: 13) bezieht und nicht auf die Person (die achte).

In Beispiel B ist der Median 14, da 14 der Wert der achten Person in der geordneten Häufigkeitsverteilung ist. Beispiel B verdeutlicht auch, daß es egal ist, ob man die einzelnen Werte der Verteilung von oben nach unten oder umgekehrt auflistet.

In Beispiel C liegt der Median zwischen 14 und 15. Da N eine gerade Zahl (hier: 16) ist, liegen acht Werte über und die restlichen acht Werte unter dem Median. Jede Person mit einem Wert von 14 oder weniger liegt unterhalb des Medians. Personen mit Punktwerten von 15 oder mehr liegen überhalb des Medians.

In den ersten beiden Beispielen A und B, wenn man die Gruppe in zwei Hälften teilen muß, kann man eine Münze werfen, um zu entscheiden, in welche Gruppe der achte Wert (also die achte Person der Verteilung) kommt.

Für viele Zwecke genügt es, den Median als eine ganze (auf- oder abgerundete Zahl) anzugeben. (In statistischen Handbüchern findet man eine, auf mehrere Dezimalstellen genaue Formel zur Bestimmung des Medians und zur Bestimmung des Medians, wenn Daten in Kategorien gruppiert werden sollen.)

Unter Umständen versteht der Laie nicht, was der „Medianwert" ausdrückt. Wenn, wie in Tabelle 13.14 die Werte von 6 bis 18 reichen, ist der mittlere Wert genau 12. Aber dies ist *nicht* der Median! Man sollte stets darauf hinweisen, daß es beim Median darum geht, die Personen der Untersuchung in zwei exakte Hälften zu unterteilen und nicht den Bereich der beobachteten Werte. In diesem Fall ist der Median der Punktwert 13.

Der Modalwert

Der Modalwert ist der Wert, der von mehr Personen als jeder andere Wert einer Verteilung erlangt worden ist. Es handelt sich also, in Punktwerten ausgedrückt, um das am häufigsten erlangte Resultat.

In den Sozialwissenschaften wird der Modalwert viel weniger häufig verwendet als das arithmetische Mittel oder der Median. Wenn in einer Inhaltsanalyse Kodierungskategorien verwendet werden, oder wenn eine Gruppe von Personen bestimmten Entwicklungsstadien zugeordnet wird, dann wird der Modalwert manchmal verwendet, um die Resultate zu veranschaulichen. In der deskriptiven, der beschreibenden Forschung ist der Modalwert angebracht, wenn eine außergewöhnlich hohe Anzahl der untersuchten Personen einen bestimmten Wert erlangt hat, wie in Tabelle 13.15 verdeutlicht.

Um einen Modalwert bestimmen zu können, wird eine Häufigkeitsverteilung erstellt:

X   f
_____   _____

_____   _____

Man muß keinen weiteren Rechenschritt durchführen. Der Wert mit der größten Häufigkeit wird ermittelt (abgelesen); dies ist der Modalwert. Auch hier ist wichtig, daß der Modalwert *der Wert selbst* ist und nicht die Häufigkeit, mit der dieser Wert erlangt worden ist!

In Beispiel A der Tabelle 13.15 ist der Modalwert 15; in Beispiel B nimmt er den Wert 13 an und in Beispiel C den Wert 19.

Tabelle 13.15. Beispiele für die Bestimmung des Modalwerts

Score (Punktwert)	Häufigkeit (Anzahl der Personen, die den Punktwert erhalten haben)		
	Beispiel A	Beispiel B	Beispiel C
13	3	27	3
14	4	3	4
15	27	4	2
16	2	2	0
17	5	0	0
18	4	0	0
19	3	0	27
N:	48	48	48
Modalwert:	15	13	19

Decken-(Ceiling-) und Boden-(Floor-)Effekte

Das Beispiel B in Tabelle 13.15 zeigt einen *Bodeneffekt* (engl.: floor effect) – eine große Anzahl der untersuchten Personen bekam den geringsten Wert in der Verteilung. Im Gegensatz dazu verdeutlicht Beispiel C einen *Deckeneffekt* (engl.: ceiling effect) – die Werte der untersuchten Personen konzentrieren sich im oberen Bereich der Verteilung. Decken- und Bodeneffekt werden häufig dadurch bedingt, daß das verwendete Meßinstrument (der Fragebogen, das Experiment usw.) nicht in der Lage ist, einen höheren bzw. niedrigeren Ausprägungsgrad der Variablen zu ermitteln. Beispielsweise kann ein Test zur Messung des Problemlösens so schwierig gewesen sein, daß eine große Personenanzahl nur die einfachsten Aufgaben korrekt gelöst hat; es ist dadurch also zu einem Bodeneffekt in der Verteilung der erhobenen Werte gekommen. Ist dagegen der Test für die meisten untersuchten Personen sehr einfach, also zu leicht gewesen, d. h. haben viele Personen alle Aufgaben lösen können, dann kommt es zu einem Deckeneffekt. Bei der Einstellungs- und Persönlichkeitsmessung können ähnliche Probleme auftauchen. Soll beispielsweise die Variable „radikale Gesinnung" gemessen werden und spiegeln die „Radikalismus"-Items tatsächlich eine nicht sehr hohe Ausprägung der Radikalität wider, dann kann eine mögliche Folge dieser Itemauswahl die sein, daß die untersuchten Personen alle ziemlich hohe Werte aufweisen, d. h. sich an der „Decke" der Verteilung befinden. Ein vollständigeres und differenzierteres Bild der „Radikalität" der untersuchten Personen hätte vielleicht dann erlangt werden können, wenn die Items insgesamt einen „radikaleren" Inhalt aufgewiesen hätten. Ein Bodeneffekt in diesem Beispiel tritt dann auf, wenn die „Radikalismus"-Items viel zu extrem für die meisten der untersuchten Personen sind. Denn in diesem Fall stimmen die meisten Personen keinem der Items zu und bekommen dann Werte von 0.

In der Forschung sind Decken- und Bodeneffekte unerwünscht, da sie zeigen, daß das verwendete Meßinstrument nicht zwischen den untersuchten Personen trennen konnte. Um beide Effekte zu vermeiden, sollten mit den jeweiligen Meßinstrumenten an adäquaten Personengruppen Vortests durchgeführt werden.

Was soll ein Untersucher aber tun, wenn er erst nach der Datengewinnung einen Decken- oder Bodeneffekt entdeckt? Nun, solange sich eine hinreichende Anzahl der untersuchten Personen (etwa ein Drittel) nicht an der „Decke" bzw. nicht am „Boden" der Verteilung befindet, kann er das obere bzw. untere Drittel seiner Verteilung mit den übrigen Personen vergleichen. Befindet sich jedoch der größte Teil der Gesamtpersonen in dem Extrembereich, also an der „Decke" oder am „Boden" der Verteilung, dann bleibt ihm nichts anderes übrig, als das zu akzeptieren, zu veröffentlichen und über die möglichen Gründe Post hoc-Erklärungen zu suchen.

Wann ist welches Maß der Zentraltendenz angebracht? Unter welchen Umständen empfiehlt es sich nun, ein Maß der Zentraltendenz, wie das arithmetische Mittel oder den Median, zu bestimmen? Wie unten in Kap. 14 ausgeführt wird, bedarf der Vergleich zweier arithmetischer Mittelwerte häufig der Anwendung des t-Tests, während für den Chi-Quadrat-Test Medianwerte benötigt werden. Das arithmetische Mittel oder der Median sollten i. allg. dann berechnet werden, wenn

Tabelle 13.16. Messung von Sympathie, die der Stimulusperson entgegengebracht wird

Frage 3.	„Was hältst Du davon, beim nächsten Treffen Thomas in unserer Gruppe zu haben?"
13%	1. Ich möchte nicht, daß er ein Mitglied unserer Gruppe wird.
57%	2. Es ist mir egal, ob er in unserer Gruppe ist oder nicht.
30%	3. Ich möchte sehr gerne, daß er ein Mitglied unserer Gruppe wird.
100% (N = 48)	

Tabelle 13.17. Verwendung des Mittelwerts: mittlere „Sympathie", die den Stimuluspersonen entgegengebracht wird (gemessen mit Frage 3, Tabelle 13.16)

Oskar		Martin		Thomas	
$\overline{X}$	N	$\overline{X}$	N	$\overline{X}$	N
1,2	18	1,9	18	2,3	18

der Bereich der möglichen Variablenwerte ziemlich breit ist – etwa bei mindestens fünf verschiedenen Ausprägungsstufen der Variablen. Kommen nur zwei oder drei Variablenwerte in Frage, wie beispielsweise bei der Einstellungsmessung bei Items mit nur zwei oder drei Antwortkategorien, dann ist ein Medianwert von 1 oder ein arithmetisches Mittel von 2,35 nicht sehr informativ. In solchen Fällen ist es einfacher und bringt außerdem viel mehr Information, wenn die Resultate in Prozentwerten ausgedrückt werden. Für die Darstellung der Information in Tabelle 13.16 beispielsweise wird keine Messung der Zentraltendenz gebraucht. Um jedoch eine Reihe von untersuchten Personen, die unterschiedlichen experimentellen Bedingungen zugeteilt worden sind, zu vergleichen, kann man auch in diesem Fall das arithmetische Mittel berechnen. Die entsprechenden Werte zeigt Tabelle 13.17.

In Tabelle 13.17 bedeutet ein Mittelwert von 1,2 für Oskar, daß die meisten der befragten Personen in bezug auf ihn die Antwort 1 gewählt haben: „Ich möchte nicht, daß er ein Mitglied unserer Gruppe wird" (s. Tabelle 13.16). Sofern dieses Item Sympathie bzw. Antipathie mißt, ist Oskar nicht sehr beliebt. Martins Mittelwert von 1,9 bedeutet entweder, daß die meisten Personen ihm gegenüber eine indifferente Einstellung an den Tag legen (Antwort 2: „Es ist mir egal, ob er in unserer Gruppe ist oder nicht."), oder daß die untersuchten Personen sich ihm gegenüber gleichmäßig auf die Antworten 1 und 3 aufteilen, so daß ein arithmetisches Mittel von 1,9 entstehen konnte. Beim Vergleich der drei Mittelwerte ist leicht zu erkennen, daß Thomas am meisten Sympathie entgegengebracht wird, denn sein Mittelwert von 2,3 ist der höchste.

An dieser Stelle sollte betont werden, daß für Werte einer Nominalskala kein Mittelwert berechnet werden kann. Eine *Nominalskala* besteht, wie oben bereits besprochen, aus verschiedenen Items, die keine Reihenfolge oder Richtung aufweisen, sondern diskrete Kategorien darstellen. Um dies zu verdeutlichen, betrachten wir folgendes Beispiel. Ein Student an einer amerikanischen Universität stellte fest, daß die Bewohner des "International Student House" aus folgenden Nationen bzw. Erdteilen kommen:

N	
36	1. Lateinamerika
29	2. Europa
18	3. British Commonwealth
17	4. Asien
100	

Diese Items stellen ein Beispiel einer Nominalskala dar: Die Kategorien sind diskret und es gibt keine Richtung. Der Student, der diese Daten erhoben hatte, multiplizierte nach der Erhebung ziemlich gedankenlos die Anzahl der lateinamerikanischen Studenten mit 1, die Anzahl der europäischen Studenten mit 2 usw. und erhielt ein „arithmetisches Mittel" von 2,16. Bald entdeckte er, daß dieser Wert überhaupt keine Bedeutung hat. Wären die Nationen nämlich in einer anderen Reihenfolge aufgelistet worden, dann hätte ein völlig anderer Mittelwert resultiert. Er verwarf dann diese Berechnungen und ermittelte statt dessen, den Daten angemessen, Prozentwerte.

Im allgemeinen ist es in der sozialwissenschaftlichen Forschung erwünscht, für kontinuierliche Daten den Median oder das arithmetische Mittel zu berechnen. Denn diese Werte führen normalerweise zu einem besseren Verständnis der Bedeutung der erzielten Resultate. Angenommen, es geht um eine 12-Punkte-Skala zur Messung der Variablen „Angst vor dem Vater". Für den Forscher selbst und jene Leute, die später den Forschungsbericht lesen, macht es einen Unterschied, ob der Mittelwert der untersuchten Stichprobe ziemlich gering ist oder ziemlich hoch ausfällt. Denn mit diesen Angaben kann gezeigt werden, ob die untersuchten Personen vor ihrem Vater im Durchschnitt viel oder wenig Angst haben. Diese Information verändert die Bedeutung der Vergleiche, die später evtl. zwischen den untersuchten Gruppen auftreten. Aus diesem Grund ist es i. allg. sinnvoll, das arithmetische Mittel auch dann zu berechnen, wenn später der Chi-Quadrat-Test (der Prozentangaben voraussetzt) durchgeführt werden soll.

Nach der Bestimmung des Mittelwerts besteht der nächste Schritt bei der Datenauswertung in der Auswahl eines statistischen Tests bzw. in der Entscheidung, welcher statistische Test für die Analyse der erhobenen Daten adäquat ist. Im folgenden Kapitel wird erklärt, nach welchen Kriterien statistische Tests ausgewählt werden. Weiter wird an Beispielen die Anwendung verschiedener Tests verdeutlicht und dargestellt, wie man die ausgewählte Statistik berechnet.

Kapitel 14:

Auswahl und Berechnung von Statistiken bei der Datenauswertung

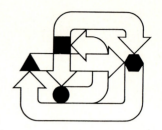

Wenden wir uns nun dem nächsten Schritt der Datenauswertung zu, der Auswahl passender statistischer Tests für das vorliegende Datenmaterial im Rahmen der Fragestellung einer Untersuchung.

14.1 Die Anwendung statistischer Tests

Wenige Forschungsprojekte kommen mit der Angabe von Häufigkeiten und Prozentwerten aus. Häufig sollen mit einer Forschungsarbeit verbundene Entscheidungen statistisch beantwortet werden. Die meisten Arbeiten stehen auf dem Hintergrund einer von drei Fragestellungen. Der Forscher kann dabei damit beginnen, sich selbst zu fragen, ob seine Untersuchung einer statistischen Entscheidung auf einer der folgenden Ebenen bedarf:

1. Stellen sich bei der Untersuchung Fragen über Populationen, Stichproben und Konfidenzintervalle? Was sagen die Resultate der untersuchten Stichprobe über die Population, die mit dieser Stichprobe repräsentiert werden soll, aus? (Diese Frage kann nur gestellt werden, wenn das Forschungsprojekt die Untersuchung einer repräsentativen Zufallsstichprobe, wie in Kap. 7 erklärt, beinhaltet. Handelt es sich dagegen bei den untersuchten Personen nicht um eine repräsentative Stichprobe, dann kann diese Frage nicht gestellt und beantwortet werden.)

2. Sollen Angaben über die „Signifikanz von Unterschieden" in den Befunden gemacht werden? Diese Frage taucht dann auf, wenn der Forscher verschiedene Personengruppen vergleichen möchte und einen Summenwert, beispielsweise das arithmetische Mittel, für jede Gruppe berechnet hat. Es geht um die Frage, ob sich verschiedene Mittelwerte tatsächlich signifikant voneinander unterscheiden oder ob ihr Unterschied zufälligen Faktoren zugeschrieben werden muß.

3. Soll der Zusammenhang zwischen zwei Variablen festgestellt werden? Wenn beispielsweise Variable A größer wird, wird dann auch Variable B in ihren Werten größer? Wird Variable A in ihrer Ausprägung größer oder kleiner, wenn sich Variable B verändert? Geht eine hohe Ausprägung der Variablen A mit einem hohen (oder niedrigen) Wert der Variablen B einher?

Bei jeder dieser drei allgemeinen statistischen Fragen müssen zur Beantwortung unterschiedliche statistische Beantwortungs- und Entscheidungsverfahren zur Anwendung kommen.
Der angemessene statistische Test für eine Untersuchung hängt jedoch nicht nur von der Art der Fragestellung ab, sondern auch von der Art der gewonnenen Daten. Einige Statistiken können nur bei bestimmten Datensorten verwendet werden, bei anderen wiederum nicht. Die Bestimmung der Art der Daten kann mit drei verschiedenen Fragen abgedeckt werden:

1. Handelt es sich um *diskrete* oder um *kontinuierliche* Daten? Wie in Kap. 13 bereits erklärt, fallen diskrete Daten in Kategorien wie beispielsweise „Ja – Nein" oder „Amerikaner – Sowjet – Chinese". Statistiken zur Auswertung diskreten Datenmaterials werden *nichtparametrische Verfahren* genannt. Daten in Form von Rängen sind diskrete Daten und bedürfen somit der Anwendung nichtparametrischer Statistiken.
Meßinstrumente wie beispielsweise Persönlichkeitstests und Einstellungsskalen, die aus zahlreichen Items zusammengesetzt sind, produzieren kontinuierliche Daten. (Im Gegensatz zu den diskreten Daten müssen kontinuierliche Daten nicht mit ganzen Zahlen dargestellt werden.) Statistiken zur Auswertung kontinuierlicher Daten nennt man *parametrische statistische Verfahren*.

Drei Arten von statistischen Fragestellungen

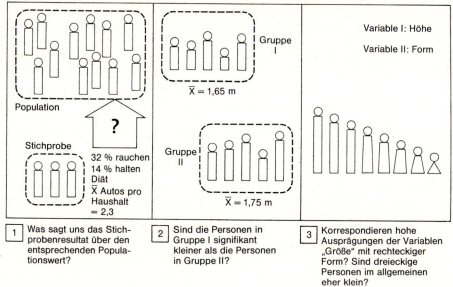

1. Was sagt uns das Stichprobenresultat über den
entsprechenden Popula-
tionswert?

2. Sind die Personen in
Gruppe I signifikant
kleiner als die Personen
in Gruppe II?

3. Korrespondieren hohe
Ausprägungen der Variablen
„Größe" mit rechteckiger
Form? Sind dreieckige
Personen im allgemeinen
eher klein?

Um die korrekte Methode zur Datenauswertung auszuwählen, muß bekannt sein, ob diskrete, kontinuierliche oder beide Arten von Daten gewonnen worden sind. (Manchmal kann ein und dasselbe Datenmaterial als Reihe kontinuierlicher Werte oder als diskrete Rangreihe behandelt werden oder am Median in zwei diskrete Hälften unterteilt werden.)

2. Handelt es sich um kontinuierliche Daten, dann lautet die zweite Frage: Sind die Daten *normalverteilt*? Wenn die Werte der meisten untersuchten Personen nahe beim arithmetischen Mittel liegen und nur ganz wenige Werte ziemlich weit vom Mittelwert entfernt sind, dann handelt es sich um normalverteilte Daten, wie in den Abb. 14.1a und 14.1b dargestellt. Obwohl Abb. 14.1a nicht den glatten Kurvenverlauf der Normalverteilung, der aus großen Stichproben resultieren kann, zeigt, ist die Verteilung doch annähernd „normal". Normalverteilte Daten werden mit der glockenförmigen Gaußschen Normalverteilung dargestellt. Eine einfache Augenscheinprüfung der Verteilungsform von Daten kann mit den in Kap. 13 besprochenen deskriptiven Datendarstellungsformen gewonnen werden. Wir hatten dort gesagt, daß man die Häufigkeiten einzelner Maßzahlen praktiablerweise in Fünfergruppen ($\slashed{HH}$) abstreichen kann. Bereits dieses – recht grobe – Verfahren kann zeigen, ob eine Verteilung annähernd normal ist. Darüber hinaus empfiehlt es sich natürlich in jedem Fall, die Häufigkeitsverteilung der Versuchsdaten in graphischer Form als Säulendiagramm (Histogramm) oder als Polygonzug darzustellen, indem man die einzelnen Werte (Ausprägungen) der Variablen auf der x-Achse (Abszisse) und deren Häufigkeiten oder Frequenzen (f) auf der y-Achse (Ordinate) abträgt. Die Verteilung sollte – wie die in Abb. 14.1a – einen Gipfel, also eine Massierung der Häufigkeiten beim arithmetischen Mittel der Verteilung haben (in Abb. 14.1a liegt dieses bei 7,25). Hat die Verteilung (vgl. Abb. 14.1c) mehr als einen Gipfel, oder liegt das jeweilige Häufigkeitsmaximum links (vgl. Abb. 14.1d) oder rechts (vgl. Abb. 14.1e) der Mitte der Maßzahlenausprägungen, ist sie also, wie man auch sagt, rechts- oder linksschief, sind die Daten nicht normalverteilt. In diesem Fall scheidet das arithmetische Mittel als Maß der Zentraltendenz aus. Verteilungskennwerte sind dann der Median bzw. der Quartilabstand. (Ausführliche und erschöpfende Darstellungen von statistischen Problemen finden sich bei Bortz (1984); statistische Verfahren bei Bortz (1979, 1985[2]).

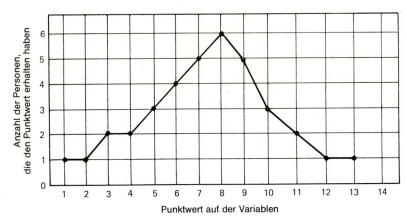

Abb. 14.1 a. Eine annähernde „Normalverteilung" von Punktwerten einer kleinen Stichprobe

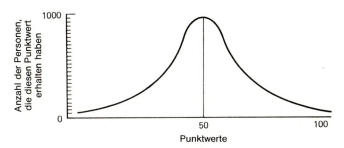

Abb. 14.1 b. Kurvenverlauf einer Normalverteilung

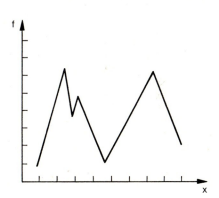

Abb. 14.1 c. Zweigipflige Verteilung

Sind die erhobenen Daten normal oder annähernd normal verteilt, dann können ganz bestimmte Tests, wie beispielsweise der t-Test zur Datenauswertung herangezogen werden, die eine Normalverteilung der Daten voraussetzen. Wir werden später noch eingehend auf den t-Test zu sprechen kommen.

3. Wurden bei der Untersuchung voneinander *unabhängige* Daten gewonnen, wurden *wiederholte* Messungen an einem Objekt (also abhängige Daten) erhoben oder wurden *parallelisierte* Personenpaare untersucht? Werden beispielsweise die Selbsteinschätzungswerte von Psychologiestudenten mit jenen von Mathematikstudenten verglichen, dann

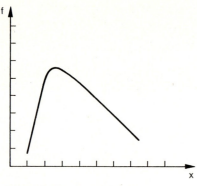

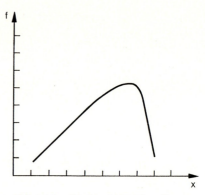

Abb. 14.1 d. Rechtsschiefe Verteilung

Abb. 14.1 e. Linksschiefe Verteilung

handelt es sich um eine Untersuchung von unabhängigen Personen, da keine der Personen der Gruppe I, den Psychologiestudenten, auch in Gruppe II, den Mathematikstudenten, zu finden ist. Werden jedoch dieselben Personen zweimal untersucht, wie beispielsweise bei den „Vorher"- und „Nachher"-Messungen bezüglich einer bestimmten
Intervention, eines Treatments, dann handelt es sich um eine Arbeit mit wiederholten,
abhängigen Messungen. Wurden den Gruppen I und II Paare von ähnlichen Personen
zugeordnet, dann spricht man von der Untersuchung parallelisierter Personenpaare.

Sind dem Untersucher die Antworten auf diese drei Fragen hinsichtlich seines
Datenmaterials klar, dann kann er damit beginnen, eine Auswahl und dann eine
Entscheidung über einen angemessenen statistischen Test zu treffen.
Eine wichtige methodologische Voraussetzung sollte noch eingeführt werden: die
Unterscheidung zwischen *Arbeitshypothese* und *Nullhypothese*. In aller Regel geht
man ja bereits im Stadium der Versuchsplanung von einer theoretischen Annahme – einer Arbeitshypothese – aus. Man hat aufgrund der jeweiligen „Hinter-
grundtheorie" Anlaß zu der Vermutung (oder Hypothese), daß ein bestimmtes
Treatment, beispielsweise eine Methode zum Lesenlernen oder eine Methode der
klinischen Therapie wirkungsvoller ist als eine andere. Oder man hat Grund zu
vermuten, daß eine bestimmte Versuchspersonengruppe aufgrund bestimmter
psychologischer Merkmale (z. B. Feldunabhängigkeit der Wahrnehmung, kognitives Entwicklungs- oder Reifeniveau usw.) besser in der Lage ist, eine bestimmte
Aufgabe zu lösen oder zu erfüllen als eine Vergleichsgruppe mit anderen psychologischen Merkmalen. Die Arbeitshypothese formuliert diesen Unterschied, auf
den Versuchsplanung und Versuchsdurchführung dann abzielen. Eine Arbeitshypothese wird entweder gegen eine Alternativhypothese (eine andere, alternative
Arbeitshypothese), die inhaltlich gefüllt ist, geprüft oder getestet, oder gegen die
sog. statistische „Nullhypothese". Dies besagt, daß Unterschiede zwischen Gruppen (oder Treatments) – zumindest im Lichte der konkreten Daten – nicht auf einen systematischen Effekt (der unabhängigen Variablen) zurückzuführen sind,
sondern auf unsystematische oder Zufallseffekte, für die wir – zumindest im Moment – keine systematische (d. h. inhaltlich-psychologische) Erklärung haben.
Mit den im folgenden dargestellten Methoden der statistischen Inferenz – der fol-
gernden Statistik – werden also Arbeitshypothesen gegen statistische Nullhypo-
thesen getestet. Die jeweils resultierende statistische Signifikanz sagt etwas dar-

über aus, ob Unterschiede in den Daten statistisch signifikant, also bedeutsam sind, oder ob sie auf Zufallseffekte zurückgeführt werden müssen. Eingehende Darstellungen und Erläuterungen des Signifikanzkonzepts und der Prinzipien der statistischen Inferenz finden sich z. B. bei Bortz (1984, 1985 [2]).

Im nächsten Abschnitt werden die Richtlinien zur Auswahl statistischer Tests vorgestellt. Mit Hilfe der Antworten auf die besprochenen sechs Fragen kann mit diesen Richtlinien entschieden werden, welcher statistische Test zur Auswertung eines bestimmten Datenmaterials in Frage kommt. Die einzelnen Verfahren werden dann in den Abschn. 14.3 und 14.4 näher erläutert.

14.2 Richtlinien zur Auswahl eines statistischen Tests

A. Ist der Forscher daran interessiert, zu bestimmen, was eine bestimmte Prozentangabe in einer Stichprobe über den entsprechenden Prozentwert in der Population aussagt, dann muß das *Konfidenzintervall* bestimmt werden (s. hierzu Kap. 7, Abschn. 7.4). Beispielsweise haben in einer Untersuchung 32% der Stichprobe angegeben, „mehr als eine Schachtel Zigaretten pro Tag" zu rauchen. Welcher Anteil der Gesamtpopulation würde dieselbe Aussage machen?

B. Liegen die Daten in diskreter Form („Ja – Nein" oder „vorhanden – nicht vorhanden") vor, muß der Chi-Quadrat-Test angewandt werden, um entweder den *Unterschied zwischen den Gruppen* oder die *Beziehung zwischen zwei Variablen* bestimmen zu können.

C. Bestimmung der *Signifikanz eines Unterschieds zwischen Gruppen*:

1. Werden *zwei Prozentwerte* miteinander verglichen, wird die Lawshe-Baker-Tabelle verwendet. (Andere statistische Verfahren zur Lösung dieses Problems sind in den genannten Statistik-Handbüchern von Bortz, 1984, 1985 [2] zu finden.)

2. Liegen *unabhängige Werte*, d. h. Werte von zwei Gruppen unterschiedlicher Personen vor, dann wird folgendermaßen vorgegangen:
   a) Handelt es sich um normalverteilte, kontinuierliche Daten mit relativ gleichen Standardabweichungen oder Varianzen, dann kommt der t-Test zur Untersuchung von Mittelwerten zur Anwendung.
   b) Liegen die Daten in Form von Rängen vor oder erfüllen sie nicht die Anforderungen des t-Tests (normalverteilt, gleiche Varianzen, kontinuierliche Form), dann wird der Mann-Whitney-U-Test verwendet.

3. Sind *parallelisierte Personenpaare* untersucht worden oder liegen *wiederholte Messungen* der untersuchten Personen vor, dann gilt folgendes:
   a) Der „t-Test für Mittelwerte, für wiederholte Messungen oder parallelisierte Paare" wird ausgewählt, wenn das Datenmaterial den Anforderungen des t-Tests [wie oben in 2. a) und 2. b) beschrieben] nicht nachkommt.

b) Liegen die Daten in Form von Rängen vor oder erfüllen sie nicht die Anforderungen zur Anwendung des t-Tests, dann werden der Vorzeichen-Test, der Welch-Test, der A-Test oder der Wilcoxon-Test zur Datenauswertung herangezogen.

D. Bestimmung der Beziehung (der *Korrelation*) zwischen zwei Variablen:
   1. Der Pearsonsche Produkt-Moment-Korrelationskoeffizient r wird berechnet, wenn die beiden Variablen in kontinuierlicher Form vorliegen, ihre Beziehung linear und nicht kurvilinear (s. hierzu Kap. 4) und die Standardabweichungen gleich sind.

   2. Werden die Anforderungen zur Anwendung der Produkt-Moment-Korrelation von dem Datenmaterial nicht erfüllt, dann wird der Kendalls tau-Test verwendet.

   3. Der Chi-Quadrat-Test wird angewandt (s. B. oben).

E. Vergleich der Mittelwerte von *mehr als zwei Gruppen*
   (oder mehr als zwei Variablen)
   1. Varianzanalyse (ANOVA). Diese Methode wird in diesem Buch nicht besprochen, kann aber in jedem Statistik-Handbuch (so etwa Bortz, 1985[2]) nachgeschlagen werden.

   2. „Chi-Quadrat-Test für mehr als vier Zellen."

Auch wenn die Daten in kontinuierlicher Form vorliegen, können sie als diskrete Daten behandelt und somit der Chi-Quadrat-Test verwendet werden. Sie können auch als Ränge angesehen werden, und zur Auswertung können dann der Vorzeichen-Test oder der Wilcoxon-Test (für parallelisierte Paare) oder der Kendalls tau-Test (zur Errechnung einer Korrelation) zur Anwendung kommen. Denn diese Statistiken sind einfacher von Hand zu berechnen als der t-Test oder die Produkt-Moment-Korrelation. Jedoch hat dieses einfache Auswertungsvorgehen seinen Preis: Beim Gebrauch des t-Tests kann ein kleinerer Unterschied noch signifikant sein, der bei der Anwendung des Wilcoxon-Tests evtl. als nichtsignifikant bewertet würde. Bevor wir uns etwas eingehender mit der Berechnung der Statistiken beschäftigen werden, betrachten wir zuerst einige Beispiele von Frage- und Problemstellungen, die der Anwendung ganz bestimmter statistischer Verfahren bedürfen.

14.3 Beispiele statistischer Tests

Chi-Quadrat-Test

Problem I. Ist der Unterschied zwischen zwei (unabhängigen) Gruppen signifikant? Tabelle 14.1 zeigt die Daten eines Vergleichs zwischen einer Gruppe von Wirtschaftsstudenten und einer Gruppe von Englischstudenten.
Interpretation: Ist Chi-Quadrat signifikant, dann weisen signifikant mehr Mitglieder der Gruppe I höhere Werte der abhängigen Variablen auf als die Mitglieder der Gruppe II, d. h., signifikant mehr Wirtschaftsstudenten sind im Vergleich zu Englischstudenten extravertiert.

Tabelle 14.1. Extraversionsniveau von Wirtschafts- und Englischstudenten

Unabhängige Variable:	Abhängige Variable: Extraversion		Gesamt
Studienfach	Anzahl der Personen mit Punktwerten über dem Median	Anzahl der Personen mit Punktwerten unter dem Median	
I. Wirtschaft	23	7	30
II. Englisch	6	24	30
Gesamt	29	31	60

Tabelle 14.2. Der Zusammenhang zwischen Angst und Leistungsmotivation bei einer Studentenstichprobe (hypothetische Daten)

Variable B: Leistungsmotivation	Variable A: Angst		Gesamt
	Anzahl der Personen mit Punktwerten über dem Median	Anzahl der Personen mit Punktwerten unter dem Median	
Anzahl der Personen mit Punktwerten über dem Median	13	2	15
Anzahl der Personen mit Punktwerten unter dem Median	3	13	16
Gesamt	16	15	31

Problem II. Besteht ein Zusammenhang zwischen zwei Variablen? In Tabelle 14.2 wird die Beziehung zwischen Angst und Leistungsmotivation verdeutlicht. Diese Art der Datenauswertung heißt „median split", da beide Variablen durch den Median in zwei gleiche Hälften unterteilt werden.
Interpretation: Ist Chi-Quadrat signifikant, dann existiert eine positive Beziehung zwischen den Variablen A und B, d. h., hohe Angstwerte gehen mit hoher Leistungsmotivation einher.

T-Test

Das Problem. Ist der Unterschied zwischen zwei arithmetischen Mittelwerten signifikant? Tabelle 14.3 zeigt die arithmetischen Mittel der Angstwerte einer Gruppe von Wirtschaftsstudenten und einer Gruppe von Studenten im Hauptfach Englisch.
Interpretation: Ist der t-Test signifikant, dann ist es unwahrscheinlich, daß der höhere Mittelwert der Gruppe II auf Zufall beruht. Die Englischstudenten im Beispiel sind somit signifikant ängstlicher als die Wirtschaftsstudenten; der Mittelwertunterschied zwischen beiden Gruppen ist interpretierbar.

Tabelle 14.3. Mittlerer Angst-Score von Wirtschafts- und Englischstudenten (hypothetische Daten)

	Gruppe I Wirtschaftsstudenten		Gruppe II Englischstudenten
Arithmetisches Mittel	34,1		44,2
Standardabweichung	6,3		6,7
Differenz zwischen den Mittelwerten		10.1	
N	21		23

Tabelle 14.4. Anzahl wahrgenommener Figuren bei einer "Embedded Figures"-Aufgabe (hypothetische Daten)

Anzahl der wahrgenommenen versteckten Figuren

Gruppe I	Gruppe II	
1	4	
2	5	
2	7	
3	10	
4	11	
N = 5	N = 5	Gesamt N = 10

Anmerkung: Die Personen in Gruppe I sind nicht dieselben wie in Gruppe II; es handelt sich also um unabhängige Stichproben. Da die Daten nicht normalverteilt sind und N klein ist, kommt hier der t-Test nicht zur Anwendung.

Mann-Whitney-U-Test

Das Problem. Ist der Unterschied zwischen zwei Gruppen signifikant? Sind die Wahrnehmungsleistungen bei der Entdeckung versteckter Figuren (engl.: embedded figures) der Personen von Gruppe II in Tabelle 14.4 besser?
Interpretation: Ist Mann-Whitney-U signifikant, dann ist das bessere Resultat der Gruppe II kaum auf Zufallsfaktoren zurückzuführen. Der Unterschied zwischen beiden Gruppen ist also signifikant und darf interpretiert werden: Gruppe II verfügt über die besseren Fähigkeiten, versteckte Figuren aus komplexem Wahrnehmungshintergrund herauszulösen.

Vorzeichen-Test und Wilcoxon-Test

Das Problem. Unterscheiden sich die Werte bei einer Messung signifikant von den Werten einer anderen Messung, wenn dieselben Personen wiederholt untersucht worden sind? Sind in Tabelle 14.5 die Personen signifikant besser im Entdecken von versteckten Buchstaben, oder sind sie im Auffinden versteckter Zahlen besser?
Interpretation: Bringt der Vorzeichen-Test oder der Wilcoxon-Test signifikante Resultate, dann ist der Befund, daß die Personen besser beim Entdecken von

Tabelle 14.5. Anzahl wahrgenommener „versteckter Buchstaben" und „versteckter Zahlen" (Daten aus wiederholten Messungen)

Versuchsperson	Anzahl wahrgenommener versteckter Buchstaben	Anzahl wahrgenommener versteckter Zahlen
1	3	1
2	5	2
3	4	7
4	6	0
5	9	8
6	9	7
7	10	4

Buchstaben abschneiden, nicht auf Zufallsfaktoren zurückzuführen, d. h., der Unterschied ist tatsächlich signifikant und deshalb interpretierbar.

Pearsonscher Produkt-Moment-Korrelationskoeffizient r und Kendalls Tau

Das Problem. Hängen die Werte einer Variablen mit den Werten einer zweiten Variablen zusammen? Sind in Tabelle 14.6 hoch extravertierte Personen eher ängstlich und gering extravertierte (introvertierte) Personen weniger ängstlich?

Interpretation: Erweisen sich der Pearsonsche Produkt-Moment-Korrelationskoeffizient r oder Kendalls tau als hohe Werte mit positivem Vorzeichen, dann kann man daraus ableiten, daß die Variable A (Extraversion) mit der Variablen B (Angst) positiv korreliert. Hohe Extraversion geht im Beispiel also mit hoher Angst einher, und geringe Extraversion ist durch geringe Angst gekennzeichnet. Wäre das Vorzeichen von r negativ ausgefallen, wäre der Zusammenhang zwar immer noch hoch, aber gegensinnig: niedrige Extraversion (hohe Introversion) ginge mit hoher Angst einher.

In dem obigen Beispiel sollte Kendalls tau verwendet werden, da nur sechs Werte pro Variable vorliegen. Die Anwendung des Pearsonschen Produkt-Moment-Korrelationskoeffizienten r bedarf nämlich einer größeren Stichprobe, so daß der Wertebereich der Daten nicht zu sehr eingeschränkt ist.

Tabelle 14.6. Der Zusammenhang zwischen Extraversion und Angst bei einer Gruppe von Studenten (hypothetische Daten)

Versuchsperson	Punktwert auf Variable A (Extraversion)	Punktwert auf Variable B (Angst)
1	13	4
2	15	5
3	17	6
4	18	8
5	19	11
6	20	14

14.4 Die Rechenschritte bei der Anwendung statistischer Tests

Wenden wir uns nun den detaillierten Rechenschritten bei der Anwendung der bis jetzt besprochenen statistischen Verfahren zu.

Übertragung von Stichprobenresultaten auf die Population: Die Tabelle der Konfidenzintervalle

Angenommen, man hat aus einer definierten Population eine repräsentative Stichprobe gezogen und möchte nun bestimmen, welche Schlußfolgerungen über die Population aufgrund der Untersuchungsergebnisse der Stichprobe abgeleitet werden können. Beispielsweise wurde in einer Studie über die Trinkgewohnheiten von Studenten festgestellt, daß 23% einer systematischen Stichprobe angeben, daß sie „niemals" trinken. Eine andere Arbeit fand, daß 52% einer repräsentativen Stichprobe von Psychologiestudenten an einer bestimmten Universität „ernsthaft daran gedacht haben, an eine andere Universität zu wechseln". Bedeutet dies nun, daß 23% der *Gesamtpopulation* der Studenten angeben würden, „niemals zu trinken", und daß 52% aller Psychologiestudenten an der ausgewählten Universität ernsthaft an einen Wechsel an eine andere Universität gedacht haben? Exakt 23% und 52%? Nun, natürlich wird nicht erwartet, daß der Anteil der Stichprobe ganz exakt mit dem Wert der entsprechenden Population übereinstimmt. Die Berechnung des Konfidenzintervalls (s. Kap. 7, Abschn. 7.4) ergibt nämlich, daß mit 95%iger Wahrscheinlichkeit zwischen 18% und 28% der Studenten angeben würden, „niemals zu trinken", und daß mit 95%iger Wahrscheinlichkeit zwischen 50% und 54% der Psychologiestudenten ernsthaft an einen Studienplatzwechsel an eine andere Universität gedacht haben. Dieser Befund weist darauf hin, daß es sehr unwahrscheinlich ist, bei einer zweiten repräsentativen Stichprobe aus derselben Population der Psychologiestudenten ein Ergebnis von 68% oder 42% zu bekommen; denn diese Werte liegen außerhalb des Konfidenzintervalls.

In Kap. 7 haben wir bereits angeführt, daß ein Konfidenzintervall zwei Aspekte aufweist: die Wahrscheinlichkeit, eine falsche bzw. richtige Aussage zu machen und die obere bzw. untere Grenze des Intervalls. Man spricht deshalb auch von „Konfidenz-" oder „Vertrauensintervall", weil es anzeigt, mit welchem Grad an „Vertrauen" davon ausgegangen werden kann, daß der wahre Prozentwert innerhalb des Intervalls liegt.

Es soll an dieser Stelle nochmals betont werden, daß, wenn die Resultate *nicht* an einer systematischen, zufälligen, repräsentativen Stichprobe gewonnen worden sind, kein Konfidenzintervall für die entsprechende Population angegeben werden darf. Deutet ein Untersucher in seinem Abschlußbericht seiner Untersuchung unberechtigterweise eine repräsentative Stichprobenauswahl hinsichtlich der Gewinnung der Resultate an, kann dies beim Leser zu falschen Schlußfolgerungen führen.

Die Berechnung des Konfidenzintervalls wird in den meisten statistischen Lehrbüchern genau erklärt. Mit Hilfe von Tabelle 14.7 können ziemlich genau Kon-

Tabelle 14.7. 95-Prozent-Konfidenzintervalle für Anteils- oder Prozentwerte

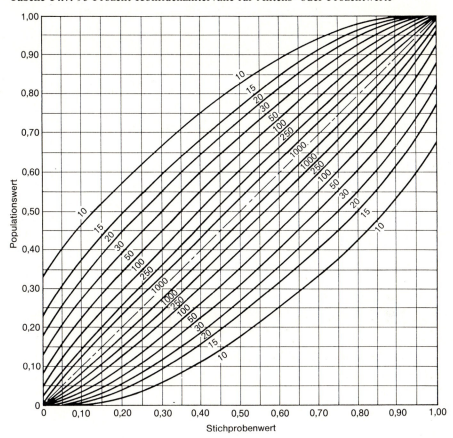

fidenzintervalle für Prozentangaben direkt abgelesen werden. Verwendet man also Tabelle 14.7, dann braucht man zur Bestimmung des Konfidenzintervalls überhaupt keine Berechnungen mehr vorzunehmen.

Um die Konfidenz-Tafel für Proportionen in Tabelle 14.7 verwenden zu können, muß man über folgende Punkte Bescheid wissen:

1. Proportionen und Prozente sind dasselbe: $0{,}2 = 20\%$.
2. Die „Stichprobenwerte" entlang der unteren Tabellenzeile (der Abszisse) beziehen sich auf die Prozentangaben, die durch die Untersuchung der Stichprobe resultierten.
3. Die Werte in der Tabelle (10, 15, 20) beziehen sich auf N, die Anzahl aller Personen in der Stichprobe. Wie man sieht, kommt jedes N bei zwei verschiedenen Linien vor, eine im oberen, die andere im unteren Abschnitt der Tabelle. Es werden die beiden Linien ausgewählt, die dem N der Untersuchung am nächsten kommen.
4. In der linken Spalte (der Ordinate) sind die Prozentangaben (oder Proportionen) für die Population abzulesen.
5. Zuerst wird die erhobene Prozentangabe der untersuchten Stichprobe unten, auf der Abszisse, festgestellt; dann geht man weiter senkrecht hoch bis zum korrekten Wert für N und von diesem Punkt aus nach links, um dort an der Ordinate den Wert für die Population abzulesen. Dieses Vorgehen wird für die zweite N-Linie wiederholt.

6. Eventuell muß man zwischen den N-Linien schätzen, um den Stichprobenwert auf der Abszisse und dementsprechend N und den Populationswert zu finden, wenn die präzisen Werte in der Tabelle nicht angegeben sind.
7. Die gesamte Tabelle 14.7 gilt für ein Konfidenzniveau von 95%. Im Abschlußbericht eines Forschungsprojekts könnte dann evtl. hinsichtlich des Stichprobenresultats folgender Satz auftauchen: „Der erhobene Prozentwert für die Stichprobe beträgt 50%. Der entsprechende Wert für die Gesamtpopulation liegt mit 95%iger Wahrscheinlichkeit zwischen 40% und 61%."

Bestimmung der Signifikanz des Unterschieds zwischen zwei Prozentangaben: Das Lawshe-Baker-Nomogramm

Angenommen, es soll bestimmt werden, mit welcher Wahrscheinlichkeit Unterschiede zwischen Prozentangaben (oder Proportionen) zweier unabhängiger Gruppen signifikant sind oder ob sie Zufallsfaktoren zugeschrieben werden können. Hierzu kann das in Abb. 14.2 dargestellte Lawshe-Baker-Nomogramm verwendet werden.

Das Lawshe-Baker-Nomogramm besteht aus drei Spalten: die linke Spalte für den ersten Prozentwert, der untersucht werden soll; die rechte Spalte für den zweiten Prozentwert und die mittlere Spalte für einen Wert „Omega". Nur Omega muß errechnet werden; dazu wird eine der beiden folgenden Gleichungen verwendet.

1. Sind die Ns für beide Gruppen *gleich*, dann wird folgende Gleichung verwendet:

$$\text{Omega} = \frac{1{,}96}{\sqrt{N}} \text{ auf dem 0,05-Signifikanzniveau.}$$

$$\text{Omega} = \frac{2{,}58}{\sqrt{N}} \text{ auf dem 0,01-Signifikanzniveau.}$$

In diesen Gleichungen bezieht sich N auf die Gesamtanzahl der Personen beider Gruppen.

2. Weisen die beiden untersuchten Gruppen *nicht dieselbe Personenanzahl* auf, sind die Ns also ungleich, dann wird folgende Gleichung verwendet:

$$\text{Omega} = \frac{1{,}96}{\sqrt{\dfrac{2(N1\ N2)}{N1 + N2}}} \text{ auf dem 0,05-Signifikanzniveau.}$$

$$\text{Omega} = \frac{2{,}58}{\sqrt{\dfrac{2(N1\ N2)}{N1 + N2}}} \text{ auf dem 0,01-Signifikanzniveau.}$$

N1 ist dabei die Anzahl der Personen der Gruppe I und N2 ist die Personenanzahl der Gruppe II. Die Reihenfolge ist dabei unerheblich.

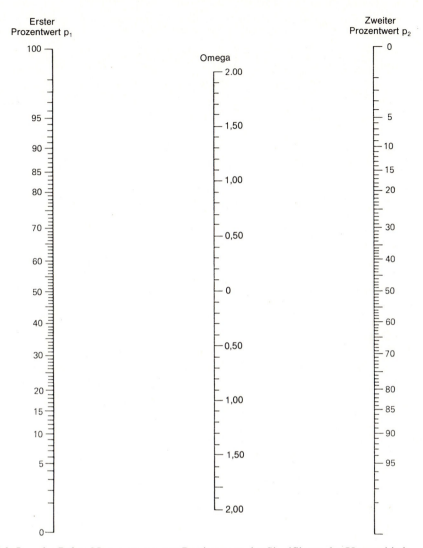

Abb. 14.2. Lawshe-Baker-Nomogramm zur Bestimmung der Signifikanz des Unterschieds zwischen zwei Prozentwerten

Hat man einmal Omega berechnet, dann ist die Verwendung des Lawshe-Baker-Nomogramms in Tabelle 14.2 einfach. Dazu verbindet man mit einem Lineal die beiden Punkte der errechneten Prozentwerte der beiden äußeren Spalten p1 und p2. Dann schaut man, wo die Spalte für Omega in der Mitte durch diese (gedachte) Verbindungslinie geschnitten wird. Zeigt dieser Schnittpunkt einen *größeren* Omega-Wert im Vergleich zu dem errechneten Wert an, dann ist der Unterschied zwischen den beiden Prozentangaben signifikant.

Beispielsweise werden zwei Gruppen mit je 50 Personen verglichen, d.h. die Gesamtzahl $N = 100$. Omega ist $\dfrac{2{,}58}{\sqrt{100}} = 0{,}258$; aufgerundet 0,26.

Weiter wird angenommen, daß 80% der Gruppe I auf ein Item mit „Ja" antworten und nur 30% der zweiten Gruppe. Ein Lineal wird in 0,8 der Spalte p1 und n 0,3 der Spalte p2 angelegt und schneidet somit die Omega-Spalte bei ungefähr 0,75. Dieser Wert ist sehr viel größer als der errechnete Omega-Wert von 0,26. Wenn dagegen bei einem anderen Item 80% der Gruppe I und 70% der Gruppe II mit „Ja" reagieren, dann schneidet die Verbindungslinie zwischen diesen beiden Werten auf p1 und p2 die Omega-Spalte im Punkt 0,12. Dieser Wert ist kleiner als der errechnete Wert von 0,26. Auf dem 0,01-Signifikanzniveau ist also der Unterschied zwischen 80% und 30% signifikant, aber der Unterschied zwischen 80% und 70% nichtsignifikant.

Anwendung des Chi-Quadrat-Tests

Das Datenmaterial für eine Chi-Quadrat-Analyse muß in diskreter Form vorliegen. Liegen kontinuierliche Daten vor, müssen diese erst folgendermaßen in eine diskrete Form gebracht werden:

1. Die Werte einer Variablen für alle untersuchten Personen werden in einer Häufigkeitsverteilung ihrem Ausprägungsgrad nach geordnet.
2. Der Median wird bestimmt, wie in Kap. 13 erklärt. Kommen mehrere Werte für den Median in Frage, dann sollte der Wert gewählt werden, der der Halbierung der Verteilung am nächsten liegt.
3. Liegen zur Auswertung zwei oder mehr kontinuierliche Variablen vor, dann wird für diese zweite Variable (oder die restlichen) auch die Häufigkeitsverteilung bestimmt und der Median errechnet.
4. Für jede Variable werden dann alle Werte entweder mit „L" („low" = gering), wenn sie unter dem Median liegen oder mit „H" („high" = hoch), wenn sie über den Median fallen, bezeichnet. Beispielsweise würde in Tabelle 13.14, Beispiel A jeder, der einen kleineren Wert als 13 hat, mit „L" bezeichnet werden und alle Personen mit einem höheren Wert mit „H" (die Wahl des Wertes 13 ist willkürlich).
5. Jede Person wird der Zelle zugeordnet, der sie korrekterweise zugehört. Dazu wird eine Strichliste angelegt. Hat eine Person auf den Variablen oder Skalen A und B hohe Werte (H), dann wird für sie ein Strich in Zelle A eingetragen (s. Tabelle 14.8). Hat eine Person einen hohen Wert auf der Variablen A, aber einen geringen Wert auf der Variablen B, dann wird dies mit einem Strich in Zelle B festgehalten. Ein Strich in Zelle C kommt dann in Frage, wenn eine Person einen geringen Wert auf Skala A und einen hohen Wert auf B aufweist. Schließlich bekommt, wenn beide Werte gering ausfallen, Zelle D einen Strich. Die Striche in den einzelnen Zellen werden zusammengezählt und die Gesamtwerte der Zeilen und Spalten wie in Tabelle 14.8 eingetragen. Diese Werte stellen die beobachteten Häufigkeiten dar.

Beispiele für Chi-Quadrat-Tabellen mit vier Zellen wurden in den Tabellen 14.1 und 14.2 vorgestellt und sind weiter unten in den Tabellen 14.10 und 14.11 zu finden.
Eine Chi-Quadrat-Tabelle kann auch mit mehr als vier Zellen angelegt werden, mit beispielsweise sechs, acht, neun oder 16 Zellen. Tabelle 14.9 stellt eine Chi-Quadrat-Tabelle mit neun Zellen dar. Es ergeben sich neun Zellen, weil drei verschiedene Ausprägungsgrade der Angst in Beziehung zu drei Gruppen von Studenten mit verschiedenen Studienfächern gesetzt werden. Die Häufigkeitsverteilung der Angstskalenwerte wurde dabei in das obere, das mittlere und das untere Drittel unterteilt.

Tabelle 14.8. Vorbereitung einer Chi-Quadrat-Tabelle: beobachtete Häufigkeiten

		Skala B		Gesamt
		Hoch	Niedrig	
Skala A	Hoch	A ⑮ //// //// ////	B ③ ///	18
	Niedrig	C ④ ////	D ⑫ //// //// //	16
	Gesamt	19	15	$\overline{34}$

Tabelle 14.9. Zusammenhang zwischen Angst und Studienfach (hypothetische Daten)

Angstniveau	Studienfach			Gesamt
	Psychologie	Geschichte	Musik	
Oberes Drittel	20	8	1	29
Mittleres Drittel	3	15	9	27
Unteres Drittel	2	17	19	38
Gesamt N	25	40	29	94

Es folgen zwei Formeln zur Bestimmung von Chi-Quadrat (abgekürzt: χ^2). Die erste Formel wird zur Berechnung von Chi-Quadrat verwendet, wenn vier Zellen vorliegen, die zweite wird verwendet, wenn mehr als vier Zellen vorhanden sind.

Chi-Quadrat für vier Zellen. Angenommen, eine Untersuchung über die Anzahl der Studienabgänger, die in ihrem Ausbildungsfach auch einen Arbeitsplatz bekommen haben, erbrachte die folgenden Werte (Tabelle 14.10):

Tabelle 14.10. Zusammenhang zwischen Studienfach und Anzahl der Studienabgänger, die in ihrem gewählten Fach einen Arbeitsplatz bekommen (hypothetische Daten)

Arbeitsplatz im gewählten Fachbereich	Studienfach				Gesamt
	Psychologie		Geschichte		
Ja	A	13	B	12	25
Nein	C	6	D	8	14
Gesamt		19		20	39

A, B, C und D sind die konventionellen Zellenbezeichnungen

In diesem Beispiel kann man auf den ersten Blick sehen, daß kein Zusammenhang zwischen dem Studienfach und der Chance, auf diesem Gebiet dann auch einen Arbeitsplatz zu bekommen, besteht. In einem solchen Fall braucht keine Statistik berechnet zu werden. Denn es wäre Zeitverschwendung, einen Chi-Quadrat-Test zu rechnen, wenn von vornherein evident ist, daß kein signifikanter Unterschied bestehen kann.

Angenommen, die Resultate sind folgende (Tabelle 14.11):

Tabelle 14.11. Zusammenhang zwischen Studienfach und Anzahl der Studienabgänger, die in ihrem gewählten Fach einen Arbeitsplatz bekommen: alternative Daten

Arbeitsplatz im gewählten Fachbereich	Studienfach		Gesamt
	Psychologie	Geschichte	
Ja	A 32	B 7	39
Nein	C 9	D 29	38
Gesamt	41	36	77

Nun scheint eine Beziehung zwischen den beiden Variablen zu existieren, denn die Daten der Tabelle deuten an, daß Psychologen mit größerer Wahrscheinlichkeit einen Arbeitsplatz bekommen als z. B. Historiker. Der Zweck eines Chi-Quadrat-Tests besteht in der Bestimmung, ob dieser Zusammenhang in bezug auf die Gesamtanzahl der untersuchten Personen N so stark ist, daß er für seine Entstehung Zufallsfaktoren unwahrscheinlich macht.

Zur einfacheren Identifizierung werden die vier Zellen und die Spaltengesamtwerte mit Buchstaben gekennzeichnet:

A	B	A + B
C	D	C + D
A + C	B + D	A + B + C + D = N

Die Formel (mit der Yates-Korrektur für kleine Stichproben) lautet:

$$\text{chi}^2 = \frac{N\left(/AD - BC/ - \frac{N}{2}\right)^2}{(A + B)\,(C + D)\,(A + C)\,(B + D)}$$

(// bedeutet, daß der absolute Unterschied zwischen AD und BC verwendet wird, unabhängig vom Vorzeichen der Differenz.)

Ist die Gesamtanzahl größer als 100, dann kann das Korrekturglied $-\frac{N}{2}$ in der Formel weggelassen werden. Für eine Gesamtpersonenanzahl N, die einen größeren Wert als 100 aufweist, lautet die Chi-Quadrat-Formel:

$$\text{chi}^2 \text{ (or } \chi^2) = \frac{N(AD - BC)^2}{(A + B)\,(C + D)\,(A + C)\,(B + D)}$$

Rechengang zur Bestimmung von Chi-Quadrat für vier Zellen

Die verwendeten Daten stammen aus Tabelle 14.11.

1. $N =$ _____   77

2. $A + B =$ _____ $32 + 7 = 39$

3. $C + D =$ _____ $9 + 29 = 38$

4. $A + C =$ _____ $32 + 9 = 41$

5. $B + D =$ _____ $7 + 29 = 36$

6. AD (A multipliziert mit D) $=$ _____ $32 \times 29 = 928$

7. BC (B multipliziert mit C) $=$ _____ $7 \times 9 = 63$

8. $\dfrac{N}{2}$ (wenn N kleiner als 100) $=$ _____   38.5

An dieser Stelle sollte man überprüfen, ob $(A+B)+(C+D)=(A+C)+(B+D)=N$. Das heißt, addieren sich die Zeilensummen und die Spaltensummen jeweils zu N auf? $39 + 38 = 41 + 36 = 77$.

9. $AD - BC =$ _____ $928 - 63 = 865$

10. $/AD - BC/ - \dfrac{N}{2} =$ _____ $865 - 38.5 = 826.5$

11. $\left(/AD - BC/ - \dfrac{N}{2}\right)^2 =$

(Quadrat des Resultates von Rechenschritt 10) $=$ _____   683102.25

12. $N \left(/AD - BC/ - \dfrac{N}{2}\right)^2 =$

(Ergebnis von Rechenschritt 11 multipliziert mit N) $=$ _____ $77(683102.25) = 52598854$

13. $(A+B)(C+D) =$ (Ergebnis von Rechenschritt 2 multipliziert mit Ergebnis von Rechenschritt 3) $=$ _____ $39 \times 38 = 1482$

14. $(A+B)(C+D)(A+C) =$ (Ergebnis von Rechenschritt 13 multipliziert mit Ergebnis von Rechenschritt 4) $=$ _____ $1482 \times 41 = 60762$

15. $(A+B)(C+D)(A+C)(B+D) =$ (Ergebnis von Rechenschritt 14 multipliziert mit Ergebnis von Rechenschritt 5) $=$ _____ $60762 \times 36 = 2187432$

16. $\mathrm{Chi}^2 = \chi^2 = \dfrac{N\left((AD-BC) - \dfrac{N}{2}\right)^2}{(A+B)(C+D)(A+C)(B+D)} =$

(Ergebnis von Rechenschritt 12 dividiert durch Ergebnis von Rechenschritt 15) $=$ _____ $\dfrac{52598854}{2187432} = 24.05 = \chi^2$

17. Jetzt muß die Signifikanz des berechneten Chi-Quadrats mit Hilfe einer entsprechenden Tabelle, z. B. Tabelle 14.16, bestimmt werden. Bei allen Chi-Quadrat-Werten für vier Zellen verwendet man einen Freiheitsgrad. Chi-Quadrat für die Daten der Tabelle 14.11 (24,05) liegt weit über dem notwendigen Minimalwert von 10,83; das bedeutet, daß es auf dem 0,001-Niveau signifikant ist.

Chi-Quadrat für die Daten der Tabelle 14.10 beträgt:

$$\chi^2 = \frac{39\left((13 \times 8)-(12 \times 6)-\dfrac{39}{2}\right)^2}{25 \times 14 \times 19 \times 20} = \frac{39(104-72-19,5)^2}{25 \times 14 \times 19 \times 20}$$

$$= \frac{39(12,5)^2}{133000.} = \frac{6093,75}{133000.} = 0,046$$

Mit Hilfe der Chi-Quadrat-Signifikanztabelle 14.16 können wir nun feststellen, daß Chi-Quadrat für die Daten der Tabelle 14.10 nichtsignifikant ist.

Die allgemeine Chi-Quadrat-Formel. Die allgemeine Chi-Quadrat-Formel lautet:

$$chi^2 = \Sigma \frac{(O-E)^2}{E}$$

„O" steht für die beobachteten Häufigkeiten (engl.: observed frequency) und „E" für die erwarteten Häufigkeiten (engl.: expected frequency). Handelt es sich bei dem Datenmaterial um eine Tabelle mit vier Zellen, dann ergibt diese Formel exakt dasselbe Resultat wie die oben vorgestellte Gleichung. Obwohl diese zweite Gleichung einfacher erscheint, ist das Berechnen von Chi-Quadrat mit der ersten Gleichung tatsächlich weniger aufwendig, da weniger Rechenschritte benötigt werden. Hat eine Chi-Quadrat-Tabelle *mehr als vier Zellen*, dann muß diese zweite Gleichung verwendet werden. Tabelle 14.12 und Tabelle 14.13 verdeutlichen, wie man die Werte der beobachteten Häufigkeiten (O) ermittelt. Es wird dabei folgendermaßen vorgegangen:

Tabelle 14.12. Format für die Tabelle der beobachteten Häufigkeiten

Beobachtete Daten	Die *Anzahl* der Fälle wird in die Tabelle eingetragen				N
	#	„Hoch"	#	„Niedrig"	
Gruppe I	A		B		(N in Gruppe I)
Gruppe II	C		D		(N in Gruppe II)
	Gesamt N „Hoch"		Gesamt N „Niedrig"		(Gesamtanzahl der untersuchten Fälle)

Tabelle 14.13. Beobachtete Häufigkeiten

		Hoch		Niedrig	N
Gruppe I	A	12	B	3	15
Gruppe II	C	2	D	9	11
N		14		12	26

Rechengang zur Bestimmung des allgemeinen Chi-Quadrats

1. Zuerst werden die Daten wie in Tabelle 14.12 angeordnet. In unserem Beispiel wurden zwei Gruppen untersucht und zwei verschiedene Kategorien gebildet. Das hier besprochene Vorgehen kann jedoch auch auf Fälle mit mehr Gruppen und mehr Kategorien angewandt werden. Die Anzahl der Fälle, die in die beiden Kategorien mit „hoher" und „geringer" Ausprägung fallen, werden in die Tabelle eingetragen. Ist man an der Beziehung zwischen zwei verschiedenen Variablen interessiert, dann kann beim Vorgehen Tabelle 14.8 als Modell verwendet werden.

2. Jetzt werden die erwarteten Häufigkeiten (E) pro Zelle bestimmt.

$$E = \frac{\text{Zeilengesamtwert} \times \text{Spaltengesamtwert}}{\text{Totalgesamtwert}}.$$

Das heißt, für jede Zelle wird der Zeilengesamtwert mit dem entsprechenden Spaltengesamtwert multipliziert; das Produkt wird durch Gesamt-N dividiert. Angenommen, man beginnt mit den Daten aus Tabelle 14.13.

Die erwartete Häufigkeit für die erste Zelle (A) ist 15 (Gesamtwert der Zeile, in der Zelle A liegt), multipliziert mit 14 (Gesamtwert der Spalte, in der A liegt), dividiert durch 26 (N). Tabelle 14.14 enthält alle erwarteten Häufigkeiten.

Die Summe der erwarteten Häufigkeiten pro Zeile, pro Spalte und der Gesamtwert sollten zur Prüfung ein zweites Mal berechnet werden.

Tabelle 14.14. Erwartete Häufigkeiten für die Daten in Tabelle 14.13

		Hoch		Niedrig	N
Gruppe I	A	8,1	B	6,9	15
Gruppe II	C	5,9	D	5,1	11
N		14,0		12,0	26

$$A = \frac{15 \times 14}{26} = 8,1 \qquad B = \frac{15 \times 12}{26} = 6,9$$

$$C = \frac{11 \times 14}{26} = 5,9 \qquad D = \frac{11 \times 12}{26} = \frac{5,1}{26,0}$$

Tabelle 14.15. Bestimmung von Chi-Quadrat, illustriert an den Daten aus Tabelle 14.13 und Tabelle 14.14

Zell	O	E	O−E	(O−E)²	$\frac{(O-E)^2}{E}$
A	12	8,1	3,9	15,21	1,88
B	3	6,9	−3,9	15,21	2,20
C	2	5,9	−3,9	15,21	2,58
D	9	5,1	3,9	15,21	2,98
					Σ = 9,64

$\Sigma = 9,64 = X^2$, df $= 1$, $p < 0,01$

Tabelle 14.16. Die Signifikanz ausgewählter kritischer Chi-Quadrat-Werte

Freiheitsgrade, df	Signifikanzniveau		
	0,05	0,01	0,001
1	3,84	6,63	10,83
2	5,99	9,21	13,81
3	7,81	11,34	16,27
4	9,48	13,28	18,46

Hat ein Chi-Quadrat-Wert einen größeren oder den gleichen Betrag wie der entsprechende Wert in der Tabelle, dann ist er signifikant.

3. Der nächste Schritt besteht in der eigentlichen Berechnung von Chi-Quadrat, wie in Tabelle 14.15 verdeutlicht.
   a) Die entsprechenden beobachteten und erwarteten Häufigkeiten, die in den Rechenschritten 1 und 2 gewonnen wurden, werden in die Spalten O und E eingetragen.
   b) Pro Zelle wird die erwartete Häufigkeit von der beobachteten Häufigkeit subtrahiert und der resultierende Wert in die (O–E)-Spalte eingetragen. Hat dabei die erwartete Häufigkeit einen Wert von 5 oder weniger, dann wird die Yates-Korrektur verwendet:

$$\chi^2 = \Sigma \, \frac{(/0 - E/ - 0,5)^2}{E}$$

   Das heißt, im Zähler wird in der Klammer zusätzlich das Korrekturglied $-0,5$ hinzugefügt, unabhängig vom Vorzeichen des Differenzwerts.
   c) Der Wert (O–E) wird für jede Zelle quadriert und das Resultat in die $(O–E)^2$-Spalte eingetragen.
   d) $(O–E)^2$ wird durch den Wert der erwarteten Häufigkeit der Zelle dividiert, und die Ergebnisse werden dann in die letzte Spalte der Tabelle eingetragen.
   e) Die Werte der letzten Spalte werden aufaddiert. Das Resultat ist Chi-Quadrat.
4. Der nächste Schritt besteht darin, die Wahrscheinlichkeit des erhaltenen Chi-Quadrat-Werts in einer Chi-Quadrat-Tafel nachzuschlagen. Ein Ausschnitt einer solchen Tafel ist in Tabelle 14.16 zu sehen. Für das oben genannte Beispiel gilt, daß mit einem Freiheitsgrad der erhaltene Chi-Quadrat-Wert von 9,64 auf dem 0,01-Niveau signifikant ist, da er größer als 6,63 ist.
   Woher weiß man, welchen Wert die Freiheitsgrade (engl.: degree of freedom, abgekürzt: df) annehmen? Nun, die Formel ist einfach. (Für Chi-Quadrat hängt der df-Wert *nicht* von N ab!) Die Anzahl der Freiheitsgrade ist das Produkt aus (Zeilenanzahl minus 1) und (Spaltenanzahl minus 1). Dementsprechend hat eine Tabelle mit vier Zellen einen Freiheitsgrad, eine Tabelle mit sechs Zellen $(2-1) \times (3-1) = 2$ Freiheitsgrade und eine Tabelle mit acht Zellen $(4-1) \times (2-1) = 3$ Freiheitsgrade.

Anwendung des T-Tests

Es werden zwei t-Tests beschrieben: einer für wiederholte Messungen und einer für die Auswertung der Daten von unabhängigen Personengruppen. Bestehen die beiden untersuchten Personengruppen entweder aus parallelisierten Paaren, oder liegen zwei Messungen an denselben Personen vor (wiederholte Messungen), dann wird folgender t-Test angewandt, um die Signifikanz der Differenz D zwischen den Werten der ersten Messung und den Werten der zweiten Messung bestimmen zu können:

$$t = \frac{\overline{X}_D}{\sqrt{\dfrac{\Sigma D^2 - \dfrac{(\Sigma D)^2}{N}}{N(N-1)}}}$$

Rechengang des T-Tests zur Bestimmung der Signifikanz des Unterschieds zwischen zwei Mittelwerten für wiederholte Messungen

1. Zuerst wird eine Tabelle mit den Werten jeder Person angelegt. Der Wert der ersten Messung wird vom zweiten Wert für jedes Wertepaar (für jede Person) subtrahiert. Dabei ist die Reihenfolge gleichgültig (Wert 1 – Wert 2 oder Wert 2 – Wert 1); aber man sollte für alle Paare konsistent vorgehen. (Das Beispiel unten ist verkürzt; in der Praxis berechnet man für nur fünf Wertepaare keinen t-Test.)

Versuchsperson	X-Wert	–	Y-Wert	=	D-Wert (Differenz)	D^2
1	11	–	9	=	2	4
2	6		4		2	4
3	6		5		1	1
4	4		1		3	9
5	4		2		2	4
			Summe:		$\Sigma D = 10$	$\Sigma D{-} = 22$

2. Nun wird der Mittelwert der Differenzen berechnet, indem sie aufaddiert und durch die Anzahl der Paare (N) dividiert werden:

$$\overline{X}_D = \frac{\Sigma D}{N} = \underline{\hspace{2cm}} = \frac{10}{5} = 2$$

3. Jeder Differenzwert wird quadriert und in die D^2-Spalte eingetragen.

4. Die Summe der quadrierten Differenzen wird bestimmt: $\Sigma D^2 = 22$

5. Die Summe aller Differenzwerte wird quadriert und durch N geteilt:

$$\frac{(\Sigma D)^2}{N} = \underline{\hspace{2cm}} = \frac{100}{5} = 20$$

6. Das Ergebnis von Rechenschritt 5 wird vom Resultat von Rechenschritt 4 subtrahiert:

$$\Sigma D^2 - \frac{(\Sigma D)^2}{N} = \underline{\hspace{2cm}} = 22 - 20 = 2$$

7. Das Resultat von Rechenschritt 6 wird durch $N(N-1)$ dividiert:

$$\frac{\Sigma D^2 - \dfrac{(\Sigma D)^2}{N}}{N(N-1)} = \underline{\hspace{2cm}} = \frac{2}{5(4)} = 0{,}1$$

8. Jetzt wird die Quadratwurzel aus dem Ergebnis von Rechenschritt 7 bestimmt:
$= \sqrt{0,1} = 0,316$

9. t ist der Quotient aus dem Ergebnis von Rechenschritt 2 und dem Resultat von Rechenschritt 8:

$$t = \frac{\bar{X}_D}{\sqrt{\dfrac{\Sigma D^2 - \dfrac{(\Sigma D)^2}{N}}{N(N-1)}}} = \underline{\qquad} = \frac{2}{0,316} = 6,33$$

10. Die Signifikanz des berechneten t-Werts wird in einer t-Tabelle nachgeschlagen (siehe hierzu ein Statistik-Handbuch oder S. 378. Die Freiheitsgrade sind hierbei $N-1$, wobei N die Anzahl der Wertepaare ist. Für unser Beispiel ist $df = 5-1 = 4$, und t ist auf dem 0,01-Niveau signifikant, wenn es größer oder gleich 4,604 ist. Daraus folgt, daß der errechnete Wert für t (6,33) auf dem 0,01-Niveau signifikant ist.

Der T-Test für den Unterschied zweier Mittelwerte für unabhängige Messungen. Wenn zwei Messungen an unabhängigen (an unterschiedlichen) Personen durchgeführt wurden, dann wird folgender t-Test verwendet:

$$t = \frac{\bar{X}_1 - \bar{X}_2}{\sqrt{\dfrac{\Sigma X_1^2 - \dfrac{(\Sigma X_1)^2}{N_1} + \Sigma X_2^2 - \dfrac{(\Sigma X_2)^2}{N_2}}{(N_1 + N_2) - 2} \cdot \left[\dfrac{1}{N_1} + \dfrac{1}{N_2} \right]}}$$

Diese Gleichung ist tatsächlich einfacher zu lösen, als es auf den ersten Blick erscheinen mag. Die Symbole haben folgende Bedeutung:

$\overline{X1}$: Mittelwert der Gruppe 1.

$\overline{X2}$: Mittelwert der Gruppe 2.

ΣX_1^2: alle Werte der Gruppe 1 werden einzeln quadriert und dann die Resultate aufaddiert.

$(\Sigma X_1)^2$: alle Werte der Gruppe 1 werden zuerst aufaddiert, und dann wird diese Summe quadriert.

Tabelle 14.17. Extraversions-Scores von Wirtschafts- und Englischstudenten

	Gruppe I Wirtschaftsstudenten		Gruppe II Englischstudenten	
	X_1	X_1^2	X_2	X_2^2
Punktwert	5	25	3	9
(Score):	5	25	2	4
	6	36	1	1
	4	16	1	1
	4	16	1	1
	$\Sigma X = 24$	$\Sigma X^2 = 118$	$\Sigma X = 8$	$\Sigma X^2 = 16$
	$N_1 = 5$		$N_2 = 5$	

N1: Anzahl der Personen in Gruppe 1.

N2: Anzahl der Personen in Gruppe 2.

Um das Vorgehen bei der Anwendung des t-Tests zu verdeutlichen, werden wir die Extraversionswerte aus Tabelle 14.17 verwenden.

Auch in diesem Beispiel haben wir die Darstellung etwas verkürzt, denn ein t-Test wird in der Praxis nicht auf das Datenmaterial von nur fünf Personen pro Gruppe angewandt. Um also bestimmen zu können, ob die Wirtschaftsstudenten signifikant stärker extravertiert sind als die Englischstudenten, führen wir folgenden t-Test durch:

Rechengang zur Bestimmung der Signifikanz des Unterschieds zweier Mittelwerte für unabhängige Messungen

1. $\Sigma X_1 = \underline{\hspace{1cm}} = 24 \quad N_1 = 5$

   $\Sigma X_2 = \underline{\hspace{1cm}} = 8 \quad N_2 = 5$

2. $\bar{X}_1 = \dfrac{\Sigma X_1}{N} = \underline{\hspace{1cm}} = \dfrac{24}{5} = 4,8 = $ Mittelwert der Gruppe 1

   $\bar{X}_2 = \dfrac{\Sigma X_2}{N} = \underline{\hspace{1cm}} = \dfrac{8}{5} = 1,6 = $ Mittelwert der Gruppe 2

3. $\Sigma X_1^2 = \underline{\hspace{1cm}} = 118$ (Zuerst wird jeder Wert quadriert, dann erfolgt die Summenbildung.)

   $\Sigma X_2^2 = \underline{\hspace{1cm}} = 16$

4. $(\Sigma X_1)^2 = \underline{\hspace{1cm}} = (24)^2 = 576$ (Ergebnis von Rechenschritt 1 wird quadriert.)

   $(\Sigma X_2)^2 = \underline{\hspace{1cm}} = (8)^2 = 64$

5. $\dfrac{\Sigma X_1^2 - \dfrac{(\Sigma X_1)^2}{N_1} + \Sigma X_2^2 - \dfrac{(\Sigma X_2)^2}{N_2}}{(N_1 + N_2) - 2} = \underline{\hspace{1cm}} =$

   $\dfrac{118 - \dfrac{576}{5} + 16 - \dfrac{64}{5}}{5 + 5 - 2} = \dfrac{118 - 115,2 + 16 - 12,8}{8} = \dfrac{6}{8} = 0,75$

6. $\dfrac{1}{N_1} + \dfrac{1}{N_2} = \underline{\hspace{1cm}} = \dfrac{1}{5} + \dfrac{1}{5} = 0,40$

7. Ergebnis von Rechenschritt 5 wird mit dem Resultat von Rechenschritt 6 multipliziert:

   $= \underline{\hspace{1cm}} = 0,75 \, (0,4) = 0,3$

8. Quadratwurzel des Ergebnisses von Rechenschritt 7: $= \underline{\hspace{1cm}} = 0,548$

9. $\bar{X}_1 - \bar{X}_2 = \underline{\hspace{1cm}} = 4,8 - 1,6 = 3,2$. Diese Mittelwerte sind das Ergebnis von Rechenschritt 2. Die Mittelwerte können in beliebiger Reihenfolge voneinander subtrahiert werden.

10. $t = \dfrac{\text{Schritt 9}}{\text{Schritt 8}} = \underline{\hspace{1cm}} = \dfrac{3,2}{0,548} = 5,84$

11. Jetzt wird die Signifikanz von t mit Hilfe einer entsprechenden Tafel (siehe auch den nächsten Abschnitt) bestimmt. Für unser Beispiel gilt: $df = 5 + 5 - 2 = 8$. Die Differenz zwischen den Mittelwerten der Wirtschaftsstudenten und der Englischstudenten auf der Extraversionsskala ist auf dem 0,01-Niveau signifikant, da das errechnete t (5,84) größer als 3,36 ist.

Kritische Signifikanzwerte für den T-Test. Es folgen einige ausgewählte kritische t-Werte. Der erste Wert stellt dabei den t-Wert auf dem 0,01-Signifikanzniveau dar, der zweite Wert in Klammern ist der kritische Wert auf dem 0,05-Signifikanzniveau.

df = 8	t = 3,36 (2,31)	df = 30	t = 2,75 (2,04)
df = 20	t = 2,84 (2,09)	df = 120	t = 2,61 (1,98)

Für den t-Test werden die Freiheitsgrade folgendermaßen bestimmt: df = N1 + N2 − 2. Ein signifikanter t-Wert ist *größer oder gleich* den hier angeführten kritischen t-Werten.

Anwendung des Mann-Whitney-U-Tests

Der Zweck der Anwendung des Mann-Whitney-U-Tests ist ähnlich dem des t-Tests für zwei unabhängige Gruppen. Der Mann-Whitney-U-Test ist ziemlich einfach zu berechnen. Er kommt dann zur Anwendung, wenn die Anforderungen für die Verwendung des t-Tests nicht erfüllt sind. Aber auch wenn die Voraussetzungen für den t-Test erfüllt sind, kann der Mann-Whitney-U-Test zur Anwendung kommen. Auf alle Fälle müssen die Werte von zwei unabhängigen Personengruppen vorliegen. Das heißt also, daß der Mann-Whitney-U-Test dann nicht verwendet werden darf, wenn Wertepaare von denselben Personen oder von parallelisierten Personen vorliegen. Mit Hilfe des Mann-Whitney-U-Tests kann eine Aussage darüber gemacht werden, ob sich die *Medianwerte* für die Personen in beiden Gruppen unterscheiden.

Wir werden drei verschiedene Versionen dieses Tests besprechen: ein Schnellverfahren für kleine Stichproben, ein Standardverfahren, ebenfalls für kleine Stichproben und eine Methode mit einem zusätzlichen Rechenschritt für größere Stichproben.

1. **Schnellverfahren zur Berechnung von Mann-Whitney-U.** Diese Methode kann verwendet weden, wenn N in jeder Gruppe kleiner oder gleich 20 ist und keine sog. „Bindungen" zwischen den Gruppen vorliegen (eine „Bindung" liegt dann vor, wenn in den untersuchten Gruppen die gleichen Werte zu finden sind).
   a) Alle Werte aus beiden Gruppen werden in eine Rangreihe gebracht, wobei Rang 1 dem niedrigsten Wert entspricht.
   b) Nachdem die Werte in einer Rangreihe vorliegen, wird eine dritte Spalte angelegt, die anzeigt, zu welcher Gruppe die einzelnen Werte gehören. Nennen wir die beiden Gruppen „A" und „B".

Rang	Wert	Gruppe
1	17	A
2	19	A
3	20	B
4	24	A
5	25	B
6	29	A
⋮	⋮	⋮

c) Jetzt werden die Werte einer der beiden Gruppen genommen und extra aufgelistet, wobei eine zweite Spalte angelegt wird, in die die Anzahl der Werte der anderen Gruppe, die in der Rangreihe jeweils vor dem entsprechenden Wert vorkommen, eingetragen wird. Angenommen, man nimmt die Werte der Gruppe A, dann sieht diese zweite Auflistung folgendermaßen aus:

A-Wert	Anzahl der vorangegangenen B-Werte (in der Rangreihe)
17	0
19	0
24	1
29	2
⋮	⋮

d) U ist die Summe der Anzahl der B-Werte, die innerhalb der Rangreihe vor den einzelnen A-Werten stehen.

$$U = \underline{\qquad} = 1 + 2 = 3$$

e) $U' = N\,1 \times N\,2 - U$. Jetzt wird N 1 (die Anzahl der Personen in der ersten Gruppe) mit N 2 (die Anzahl der Personen in der zweiten Gruppe) multipliziert, und dann wird von diesem Produkt U subtrahiert. Der Wert, der weiterverwendet wird, ist entweder U oder U', je nachdem, welcher der kleinere ist. U' ist die Summe, die man erhält, wenn man die Prozedur in Rechenschritt c für die zweite Variable durchführen würde.

f) Schließlich nimmt man die Tabelle der Signifikanzniveaus für Mann-Whitney-U (beispielsweise Tabelle 14.19 oder aber eine entsprechende Tabelle in einem Statistik-Handbuch) und bestimmt, ob U *kleiner oder gleich* dem kritisch angegebenen Wert ist. Wenn ja, dann ist der Unterschied zwischen den Medianen der beiden Gruppen signifikant.

2. **Die Standardmethode zur Berechnung von Mann-Whitney-U für kleine Stichproben (pro Gruppe höchstens 20 Werte).**

a) Alle Werte beider Gruppen werden zusammen in eine Rangreihe gebracht, wobei wieder dem ersten Rang der geringste Wert zugeordnet wird. Fallen zwei oder mehr Werte auf einen Rang, dann wird eine Rangplatzaufteilung vorgenommen, indem die auf die Maßzahlen eigentlich entfallenden Ränge addiert und deren arithmetisches Mittel jede der gleichen Maßzahlen zugeordnet wird. Sind beispielsweise der zweite, der dritte und der vierte Wert gleich, dann bekommt jeder dieser Werte den Rang 3 zugeordnet. (Kommt dies jedoch häufig vor, dann sollte dieser Test an dem entsprechenden Datenmaterial nicht angewandt werden!)

b) Die Ränge der kleineren Stichprobe der beiden Gruppen werden aufaddiert; die Summe wird mit R bezeichnet. Die kleinere Gruppe heißt N 1. (Sind die Gruppen gleich groß, ist es egal, welche genommen wird.)

c) Jetzt wird U berechnet. Wir benutzen die Daten aus Tabelle 14.18:

$$U = N_1 N_2 + \frac{N_1(N_1 + 1)}{2} - R = \underline{\qquad} = 8(11) + \frac{8(8+1)}{2} - 112$$
$$= 88 + 36 - 112 = 12$$

d) Es wird U' bestimmt:

$$U' = N_1 N_2 - U = \underline{\qquad} = 88 - 12 = 76$$

Tabelle 14.18. Leistungsmotivations-Scores von Wirtschafts- und Englischstudenten (hypothetische Daten). Hypothese: Englischstudenten haben signifikant höhere Scores als Wirtschaftsstudenten

Englischstudenten, $N_1 = 8$		Wirtschaftsstudenten, $N_2 = 11$	
Score	Rang	Score	Rang
17	7	0	1
19	8	1	2
33	12	3	3
37	15	7	4
39	16	9	5
41	17	14	6
42	18	23	9
43	19	27	10
	$112 = R$	31	11
		34	13
		35	14

Tabelle 14.19a. Kritische Werte des Mann-Whitney-U-Tests zur Bestimmung der Signifikanz des Unterschieds zwischen zwei Gruppen für einen einseitigen Test auf dem 0,01-Niveau oder für einen zweiseitigen Test auf dem 0,02-Niveau

N_1	N_2											
	9	10	11	12	13	14	15	16	17	18	19	20
1												
2					0	0	0	0	0	0	1	1
3	1	1	1	2	2	2	3	3	4	4	4	5
4	3	3	4	5	5	6	7	7	8	9	9	10
5	5	6	7	8	9	10	11	12	13	14	15	16
6	7	8	9	11	12	13	15	16	18	19	20	22
7	9	11	12	14	16	17	19	21	23	24	26	28
8	11	13	15	17	20	22	24	26	28	30	32	34
9	14	16	18	21	23	26	28	31	33	36	38	40
10	16	19	22	24	27	30	33	36	38	41	44	47
11	18	22	25	28	31	34	37	41	44	47	50	53
12	21	24	28	31	35	38	42	46	49	53	56	60
13	23	27	31	35	39	43	47	51	55	59	63	67
14	26	30	34	38	43	47	51	56	60	65	69	73
15	28	33	37	42	47	51	56	61	66	70	75	80
16	31	36	41	46	51	56	61	66	71	76	82	87
17	33	38	44	49	55	60	66	71	77	82	88	93
18	36	41	47	53	59	65	70	76	82	88	94	100
19	38	44	50	56	63	69	75	82	88	94	101	107
20	40	47	53	60	67	73	80	87	93	100	107	114

Aus: Auble, 1953.

Ein erhobener Wert, der einen *kleineren* oder den gleichen Betrag wie der entsprechende Wert in der Tabelle hat, ist signifikant.

e) Der *kleinere* Wert, U oder U′, wird angenommen und mit dem kritischen Wert der Mann-Whitney-U-Tabelle (Tabelle 14.19) verglichen. Ist der berechnete Wert *kleiner oder gleich* dem kritischen Wert in der Tabelle, dann unterscheiden sich die beiden Gruppen signifikant voneinander.

Aus Tabelle 14.19a ist abzulesen, daß der kritische U-Wert (für N 1 = 8 und N 2 = 11) 15 ist. Da unser berechnetes U (12) kleiner als 15 ist, kann man folgern, daß der Befund „Englischstudenten haben höhere Leistungsmotivationswerte als Wirtschaftsstudenten" unwahrscheinlich auf zufällige Faktoren zurückzuführen ist. Die Aussage ist also auf dem 0,01-Niveau signifikant (einseitiger Test).

Die Mann-Whitney-U-Tafel ist eine der statistischen Tabellen, die zwischen „einseitigen Tests" und „zweiseitigen Tests" unterscheidet. Dazu muß man nur wissen, ob man im Rahmen der Untersuchungshypothese (also vor der Gewinnung der Daten) vorhergesagt hat, daß eine Gruppe einen höheren Mittelwert haben wird.

Hat der Untersucher solch eine *Richtung* des Unterschieds zwischen den beiden Gruppen vorhergesagt (d. h., wird dies in der Hypothese ausgedrückt), dann muß der einseitige Test verwendet werden. In unserem Beispiel wurde von vornherein vorhergesagt, daß Studenten im Hauptfach Englisch höhere Leistungsmotivationswerte aufweisen werden als Wirtschaftsstudenten. Aus diesem Grund haben wir den einseitigen Test verwendet. Hätten wir von vornherein nicht vorhersagen können, welche Gruppe höhere Werte aufweisen wird, sondern nur vorhergesagt, daß irgendein Unterschied in der einen oder anderen Richtung besteht, dann hätten wir den zweiseitigen Test verwenden müssen.

3. **Rechenschritte bei der Bestimmung von Mann-Whitney-U für große Stichproben.** Enthält jede der beiden untersuchten Gruppen mehr als 20 Werte, dann werden die Vorgehensschritte a, b und c wie bei den anderen beiden Methoden durchgeführt und dann die

Tabelle 14.19b. Kritische Werte des Mann-Whitney-U-Tests zur Bestimmung der Signifikanz des Unterschieds zwischen zwei Gruppen für einen einseitigen Test auf dem 0,05-Niveau oder für einen zweiseitigen Test auf dem 0,10-Niveau

N_1	N_2											
	9	10	11	12	13	14	15	16	17	18	19	20
1											0	0
2	1	1	1	2	2	2	3	3	3	4	4	4
3	3	4	5	5	6	7	7	8	9	9	10	11
4	6	7	8	9	10	11	12	14	15	16	17	18
5	9	11	12	13	15	16	18	19	20	22	23	25
6	12	14	16	17	19	21	23	25	26	28	30	32
7	15	17	19	21	24	26	28	30	33	35	37	39
8	18	20	23	26	28	31	33	36	39	41	44	47
9	21	24	27	30	33	36	39	42	45	48	51	54
10	24	27	31	34	37	41	44	48	51	55	58	62
11	27	31	34	38	42	46	50	54	57	61	65	69
12	30	34	38	42	47	51	55	60	64	68	72	77
13	33	37	42	47	51	56	61	65	70	75	80	84
14	36	41	46	51	56	61	66	71	77	82	87	92
15	39	44	50	55	61	66	72	77	83	88	94	100
16	42	48	54	60	65	71	77	83	89	95	101	107
17	45	51	57	64	70	77	83	89	96	102	109	115
18	48	55	61	68	75	82	88	95	102	109	116	123
19	51	58	65	72	80	87	94	101	109	116	123	130
20	54	62	69	77	84	92	100	107	115	123	130	138

Standardabweichung von U bestimmt: (Wir werden nun dieses Vorgehen mit denselben Daten aus Tabelle 14.18 verdeutlichen, auch wenn die Ns klein sind; nur um die Rechenschritte zu zeigen.)

d) $SD_U = \sqrt{\dfrac{N_1 N_2 (N_1 + N_2 + 1)}{12}} = \underline{\hspace{1.5cm}} = \sqrt{\dfrac{8(11)\,(8+11+1)}{12}} = 12,1$

e) z wird errechnet:

$$z = \frac{\left(U - \dfrac{N_1 N_2}{2}\right)}{SD_U} = \underline{\hspace{1.5cm}} = \frac{12 - \dfrac{8(11)}{2}}{12,1} = 2,64$$

Für einen zweiseitigen Test ist ein z-Wert, der größer als $\pm 1,96$ bzw. $\pm 2,58$ ist, auf dem 0,05- bzw. 0,01-Niveau signifikant. Für einen einseitigen Test ist ein z-Wert größer als $\pm 1,64$ bzw. $\pm 2,32$ auf dem 0,05- bzw. 0,01-Niveau signifikant. Für unser Beispiel folgt auch mit diesem Vorgehen, daß der Unterschied zwischen den Englisch- und Wirtschaftsstudenten bezüglich der Leistungsmotivation auf dem 0,01-Niveau signifikant ist (für den einseitigen Test).

Anwendung des Vorzeichen-Tests

Der Vorzeichen-Test ist ein Prüfverfahren über die Differenz zwischen zwei Variablen, für Paare parallelisierter Personen oder für wiederholte Messungen an denselben Personen. Der Vorzeichen-Test kommt dann zur Anwendung, wenn die Stichprobengröße sehr gering ist, wenn die Daten nicht normalverteilt sind oder wenn man anstelle des t-Tests einen einfacheren und schnelleren Test verwenden möchte. (Der Wilcoxon-Test, der weiter unten besprochen wird, dient zu demselben Zweck wie der Vorzeichen-Test, aber ist „mächtiger", d. h., mit Hilfe des Wilcoxon-Tests können kleinere signifikante Unterschiede entdeckt werden. Dafür bedarf er aber auch eines etwas aufwendigeren Berechnungsvorgehens im Vergleich zum Vorzeichen-Test.) Der Vorzeichen-Test liefert nur ein sehr grobes Maß, da man bei ihm durch die Dichotomisierung in zwei Vorzeichen ($+$ und $-$) sehr viel Information – nämlich alle feineren Maßzahlenunterschiede – verschenkt. Er wird in aller Regel also eher dann genommen, wenn wir nur eine grobe, vorläufige Signifikanzschätzung brauchen. Ist sie allerdings signifikant, sind das notwendigerweise alle „höheren", feineren Prüfverfahren. Der Vorzeichen-Test ist also als sog. „screening"-Verfahren gut geeignet und zudem ökonomisch.

Angenommen, wir messen mit Hilfe eines Ringwurfspiels das kindliche Niveau der Leistungszielsetzung. Die Kinder werden dabei gefragt, wie weit sie vom Zielpfosten entfernt stehen könnten, um den Ring noch gut über den Pfosten werfen zu können. In der Untersuchung gibt es zwei experimentelle Bedingungen, und die Hypothese lautet, daß eine Bedingung das Zielsetzungsniveau mehr anheben wird als die andere Bedingung. Ist das der Fall? Die hypothetischen Daten sind in Tabelle 14.20 zusammengefaßt:

Tabelle 14.20. Niveau der kindlichen Leistungszielsetzung unter zwei Bedingungen (hypothetische Daten)

Mittlere Zielsetzung vom Zielpfosten über zehn Durchgänge hinweg

Versuchsperson	Bedingung A	Bedingung B	Vorzeichen
1	4	3	+
2	5,5	3	+
3	2,3	1,8	+
4	4,1	5,2	−
5	3	3	
6	6,3	5,7	+
7	2,7	1,4	+
8	4,7	3,2	+
9	5,9	4,7	+
10	3,6	3,1	+

Bedingung A: Instruktionen, die die Leistungszielsetzung der Kinder erhöhen sollen.
Bedingung B: Neutrale Instruktionen.

Rechenschritte beim Vorzeichen-Test

1. Zuerst wird eine Tabelle der Werte aller Personen wie oben in Tabelle 14.20 angelegt. Jedem Wertepaar wird a+ zugeordnet, wenn der Wert in Bedingung A höher ist als in Bedingung B, und a− wird dann zugeordnet, wenn der Wert in Bedingung A kleiner ist. Enthält ein Wertepaar zwei gleiche Werte, dann wird dieses Paar nicht in die Auswertung einbezogen.
2. Die Anzahl der Wertepaare mit dem *weniger häufig* vorkommenden Vorzeichen wird ermittelt und mit „L" bezeichnet. Die Anzahl aller Wertepaare, außer jenen mit gleichen Werten, heißt „T". Für unser Beispiel gilt: L = 1 und T = 9.
3. Nun wird mit Hilfe der errechneten Werte L und T in einer Vorzeichen-Tabelle nachgesehen, welcher Wert der kritische T-Wert ist. Tabelle 14.21 zeigt einige ausgewählte Werte. Diese Tabelle wird folgendermaßen gelesen: „Ist L = 0, dann muß T einen Wert von 6 bzw. 8 annehmen, um auf einem 0,05- bzw. 0,01-Niveau signifikant zu sein." Für unser Beispiel ist T auf dem 0,05-Niveau signifikant; und zwar für einen zweiseitigen Test. Da wir die Richtung des Resultats vorhergesagt haben, ist unser erhobener T-Wert einseitig testbar und sogar auf einem 0,025-Niveau signifikant.

Tabelle 14.21. Ausgewählte kritische T-Werte für den Vorzeichentest

	Signifikanzniveau (zweiseitiger Test)	
	0,05	0,01
L		
0	6	8
1	9	12
3	15	18
5	20	23
7	25	28

Ein signifikanter T-Wert hat einen *größeren* oder den gleichen Betrag wie der entsprechende kritische T-Wert in der Tabelle. Für einen einseitigen Test sind die Signifikanzniveaus 0,025 und 0,005.

Wird erwartet, daß die Werte der Bedingung A höher sein werden als die Werte der Bedingung B, dann könnte man die Pluszeichen als „Treffer" und die Minuszeichen als „Fehltreffer" bezeichnen. Somit gibt der Vorzeichen-Test also an, wieviele Fehltreffer vorhanden sein dürfen, ohne daß die Hypothese widerlegt wird. Aus Tabelle 14.21 ist abzulesen, daß, wenn keine Fehltreffer in den Daten vorkommen (L = 0), zumindest sechs Werte insgesamt vorhanden sein müssen, damit auf einem 0,05-Signifikanzniveau zur Bestätigung der Hypothese zufällige Faktoren ausgeschlossen werden können. Weist das Datenmaterial einen Fehltreffer auf, dann müssen auf der anderen Seite insgesamt mindestens neun Werte und somit acht Treffer vorliegen usw.

Anwendung des Wilcoxon-Tests

Wie der Vorzeichen-Test sollte der Wilcoxon-Test nur dann verwendet werden, wenn die Signifikanz des Unterschieds zweier parallelisierter Gruppen von Versuchspersonen oder von wiederholten Messungen bei denselben Versuchspersonen bestimmt werden soll. Der Wilcoxon-Test kommt zur Anwendung, wenn die Anforderungen des t-Tests (wie etwa eine Normalverteilung der Daten) nicht erfüllt werden, vor allem bei kleinen Stichproben. Im Gegensatz zum Vorzeichen-Test wird beim Wilcoxon-Test mehr Information aus dem Datenmaterial berücksichtigt und verwendet; und zwar geht außer der Information der Position in der Rangreihe auch die Information über die Richtung der Unterschiede der Wertepaare in die Auswertung mit ein. Das Vorgehen für kleine Stichproben (25 oder weniger Wertepaare) unterscheidet sich etwas vom Vorgehen für große Stichproben.

Rechenschritte beim Wilcoxon-Test

1. Die Differenz innerhalb jedes Wertepaares wird bestimmt, und das Vorzeichen der Differenz wird mit + oder − markiert. Nulldifferenzen werden weggelassen.
2. Alle Differenzwerte werden in einer Rangreihe zusammengefaßt, unabhängig vom Vorzeichen der einzelnen Differenzwerte, wobei der Rang 1 dem kleinsten Differenzwert zugeordnet wird.
3. Die Ränge der Differenzwerte, die das weniger häufig vorkommende Vorzeichen aufweisen, werden addiert. Der erwünschte Wert ist die kleinere Summe. Diese Summe ist der T-Wert.
4. Mit Hilfe einer Wilcoxon-Tafel wird nun festgestellt, ob das errechnete T *kleiner oder gleich* dem kritischen T-Wert ist. Wenn ja, dann ist die Differenz zwischen den beiden Variablen oder Messungen signifikant. Die Tabelle für kleine Stichproben endet bei N = 25. Liegen mehr als 25 Wertepaare vor, dann werden folgende zusätzliche Rechenschritte notwendig:
4. a) Berechnung der Standardabweichung von T:

$$SD_T = \frac{N(N+1)\,(2N+1)}{24} \quad (N = \text{Anzahl der Paare})$$

4. b) Berechnung von z:

$$z = T - \frac{\dfrac{N(N+1)}{4}}{SD_T}.$$

4. c) Der z-Wert ist auf dem 0,05- bzw. 0,01-Niveau signifikant, wenn er größer als ±1,96 bzw. ±2,58 ist; und zwar für einen zweiseitigen Test. Für einen einseitigen Test ist der z-Wert auf dem 0,05- bzw. 0,01-Niveau signifikant, wenn er größer als ±1,64 bzw. ±2,32 ist.

Wenden wir schließlich den Wilcoxon-Test noch auf dieselben Daten an, die wir auch zur Darstellung des Vorgehens beim Vorzeichen-Test verwendet haben (s. Tabelle 14.22).

Der Differenzwert jedes Wertepaares wurde unter Beibehaltung der Vorzeichen aufgeführt, und dann wurden alle Werte, unabhängig von ihrem Vorzeichen, in eine Rangreihe gebracht. Es gibt nur einen Wert mit dem weniger häufig vorkommenden Vorzeichen (−); somit ist T = 6, der Rang des Differenzwertes. Bei N = 10 Paaren ist ein T-Wert von 8 oder weniger signifikant; somit ist das berechnete T auf dem 0,025-Niveau signifikant.

Tabelle 14.22. Niveau der kindlichen Leistungszielsetzung unter zwei Bedingungen (hypothetische Daten)

Versuchsperson	Bedingung A	Bedingung B	Differenz	Rang der Differenz
1	4	3	+1	5
2	5,5	3	+1,5	9,5
3	2,3	1,3	+0,5	2,5
4	4,1	5,2	−1,1	6
5	3	3	0	1
6	6,3	5,7	+0,6	4
7	2,7	1,4	+1,3	8
8	4,7	3,2	+1,5	9,5
9	5,9	4,7	+1,2	7
10	3,6	3,1	+0,5	2,5

Ausgewählte kritische T-Werte für den Wilcoxon-Test. Nach der Bestimmung eines T-Werts muß er mit dem kritischen T-Wert (aus der entsprechenden Tafel) verglichen werden. Es folgen einige illustrative Werte; dabei gilt der erste Wert für ein Signifikanzniveau von 0,01, der zweite Wert (in Klammern) für ein Signifikanzniveau von 0,025. N ist die Anzahl der Paare. Alle Angaben gelten für einen einseitigen Test, d. h., der Test wird verwendet, wenn die Richtung des Unterschieds zwischen den beiden untersuchten Gruppen vorhergesagt worden ist.

N = 8   T = 2(4)
N = 10   T = 5(8)
N = 13   T = 3(17)
N = 15   T = 20(25)
N = 20   T = 43(52)
N = 25   T = 77(90)

Anwendung des Pearsonschen Produkt-Moment-Korrelationskoeffizienten r

Zur Bestimmung des Zusammenhangs zwischen zwei Variablen wird „Pearson r", eine Produkt-Moment-Korrelationsstatistik, verwendet.

Dazu müssen zwei Werte für jede untersuchte Person vorliegen, auf jeder Variablen ein Wert. Um den Pearsonschen Produkt-Moment-Korrelationskoeffizienten anwenden zu können, muß die Beziehung der beiden Variablen linear sein, d. h. annähernd die Form einer geraden, nicht kurvenförmigen (kurvilinearen) Linie aufweisen. Der Leser wird sich an die Ausführungen in Kap. 4 erinnern und somit wissen, daß, wenn bei einem Ansteigen der Werte auf der Variablen A die Ausprägung der Variablen B auch zunimmt, eine positive Korrelation vorliegt. Steigen jedoch die Werte der einen Variablen, während die Werte der anderen abfallen, dann handelt es sich um eine negative Korrelation.

Es werden zwei äquivalente Formeln zur Bestimmung von r vorgestellt, wobei die eine „Abweichungswerte" und die andere Rohdaten in die Berechnung einbezieht.

Berechnung des Pearsonschen Produkt-Moment-Korrelationskoeffizienten r unter Verwendung von Abweichungswerten

Die erste Formel lautet:

$$r = \frac{\Sigma xy}{\sqrt{(\Sigma x^2)\,(\Sigma y^2)}}$$

Unser Beispiel zur Veranschaulichung des Rechengangs zur Bestimmung von r ist einfach, da der Pearsonsche Produkt-Moment-Korrelationskoeffizient r i. allg. recht leicht zu verstehen ist, vor allem wenn die Werte klein sind. Normalerweise sollte man jedoch für die Werte von nur drei Personen dieses Korrelationsverfahren nicht anwenden. Am Anfang wird eine Tabelle wie folgende (Tabelle 14.23) angelegt:

Tabelle 14.23. Pearson r (Korrelation)

Versuchs-person	X	Y	x	y	x^2	y^2	xy
1	2	3	$-1,33$	-1	1,77	1	$+1,33$
2	3	5	$-0,33$	1	0,11	1	$-0,33$
3	5	4	1,67	0	2,79	0	0
⋮	10	12			4,67	2	$+1,00$

X = ein Score auf einer Variablen.
$\bar{X}$ = arithmetisches Mittel der X-Werte.
x = Abweichung des Mittelwertes $\bar{X}$ von einem X-Wert (x = X − $\bar{X}$).
Y = ein Score auf der anderen Variablen.
$\bar{Y}$ = arithmetisches Mittel der Y-Werte.
y = Abweichung des Mittelwertes $\bar{Y}$ von einem Y-Wert (y = Y − $\bar{Y}$).
N = Anzahl der Personen.

1. Zuerst werden alle X- und Y-Werte für jede Person in die Tabelle eingetragen.
2. Die beiden arithmetischen Mittelwerte für X und Y werden berechnet. ·

$$\bar{X} = \frac{\Sigma X}{N} = \frac{10}{3} = 3,33 \quad \bar{Y} = \frac{\Sigma Y}{N} = \frac{12}{3} = 4$$

3. Die Abweichungen werden bestimmt, indem von jedem Einzelwert der entsprechende Mittelwert subtrahiert wird. Die Resultate werden in die x- und y-Spalte eingetragen.

$$X - \bar{X} = x, \quad Y - \bar{Y} = y$$

4. Alle x- und y-Werte werden quadriert und die Resultate in die x^2- und y^2-Spalten eingetragen.

$$x(x) = x^2, \quad y(y) = y^2.$$

5. Jeder x-Wert wird mit dem entsprechenden y-Wert multipliziert und das Resultat in die xy-Spalte eingetragen.
6. Die Werte in den Spalten x^2, y^2 und xy werden spaltenweise aufaddiert:

$$\Sigma x^2 = 4,65 \quad \Sigma y^2 = 2 \quad \Sigma xy = +1,00$$

7. Die Resultate von Rechenschritt 6 werden in die r-Formel eingesetzt:

$$r = \frac{+1,00}{\sqrt{4,65(2)}}$$
$$r = \frac{1,00}{3,05} = +0,33$$

Berechnung des Pearsonschen Produkt-Moment-Korrelationskoeffizienten r unter Verwendung der Rohdaten

Die zweite äquivalente Formel lautet:

$$r = \frac{N\Sigma XY - (\Sigma X)(\Sigma Y)}{\sqrt{[N\Sigma X^2 - (\Sigma X)^2][N\Sigma Y^2 - (\Sigma Y)^2]}}$$

Bei dieser Formel muß man keine Abweichungen berechnen, dafür aber größere Zahlen quadrieren. Diese Gleichung ist tatsächlich viel einfacher zu lösen, als es auf den ersten Blick evtl. erscheinen mag. Man sollte darauf achten, daß X^2 bedeutet, daß „zuerst die Werte quadriert und dann summiert" werden, während $(X)^2$ heißt, daß „zuerst die Summe der Werte gebildet und dann das Resultat quadriert" wird. Bei diesem Vorgehen sieht die Tabelle etwas anders aus. Nehmen wir die Werte derselben Personen wie in Tabelle 14.23, um das Vorgehen zu erläutern (s. Tabelle 14.24). Es soll an dieser Stelle nochmals darauf hingewiesen werden, daß normalerweise für solch ein geringes Datenmaterial (nur drei Personen) r nicht berechnet wird.

1. In einer Tabelle werden alle X- und Y-Werte eingetragen und X^2, Y^2 und XY (Multiplikation jedes X-Werts mit seinem entsprechenden Y-Wert) berechnet.
2. Die Spalten X, Y, X^2, Y^2 und XY werden (spaltenweise) aufsummiert.

Tabelle 14.24. Pearson R, alternative Bestimmung

Versuchs-person	X	Y	X^2	Y^2	XY
1	2	3	4	9	6
2	3	5	9	25	15
3	5	4	25	16	20
$\vdots$	$\Sigma 10$	$\Sigma 12$	$\Sigma 38$	$\Sigma 50$	$\Sigma 41$

3. Die r-Gleichung wird aufgestellt. Bei der Lösung der Gleichung wird zuerst der Zähler (über dem Bruchstrich) und die Klammern ausgerechnet:

$$r = \frac{3(41)-(10)\,(12)}{\sqrt{[3(38)-(10)^2]\,[3(50)-(12)^2]}}$$

$$r = \frac{123-120}{\sqrt{(114-100)\,(150-144)}} = \frac{3}{\sqrt{14(6)}} = \frac{3}{9,17} = 0,34\,.$$

Wie der Leser noch von den Ausführungen aus Kap. 4 her weiß, stellt ein r-Wert von $+1,00$ oder $-1,00$ eine perfekte Korrelation dar, während ein Wert von 0 keine Beziehung zwischen den Variablen anzeigt. Für unser Beispiel ergibt sich eine Korrelation von 0,34, d. h., es handelt sich um einen „geringen" Zusammenhang der beiden untersuchten Variablen. Ein Produkt-Moment-Korrelationskoeffizient von 0,7 oder größer wird i. allg. als „hoch" bezeichnet.

Ausgewählte kritische Werte für den Pearsonschen Produkt-Moment-Korrelationskoeffizienten r. Werte, die *größer oder gleich* den folgenden sind, sind auf dem 0,01-Niveau signifikant. (Werte, signifikant auf dem 0,05-Niveau, stehen in Klammern.)

$N = 10 \qquad r = 0,76(0,63)$
$N = 15 \qquad r = 0,64(0,51)$
$N = 20 \qquad r = 0,56(0,44)$
$N = 30 \qquad r = 0,44(0,34)$
$N = 50 \qquad r = 0,35(0,27)$
$N = 80 \qquad r = 0,28(0,21)$
$N = 100 \qquad r = 0,25(0,19)$

Anwendung von Kendalls Tau

Kendalls tau stellt eine weitere Korrelationsstatistik dar. Angenommen, es liegt eine relativ kleine Anzahl von Werten vor, die den Anforderungen für den Gebrauch des Pearsonschen Produkt-Moment-Korrelationskoeffizienten r nicht entsprechen. In diesem Fall muß Kendalls tau als Korrelationsstatistik zur Anwendung kommen. Mit Kendalls tau wird die Übereinstimmung zwischen den *Rangreihen* zweier Variablen bestimmt. Man kann dabei direkt von den Rohdaten, aber auch von den Rängen ausgehen. Tabelle 14.25 zeigt zwei Variablen, die aufgrund einer Einstellungsuntersuchung mit der Vorlage von Fragebogen resul-

Tabelle 14.25. Hypothetische Daten zur Bestimmung von Kendalls tau. „Karrieremotivation" und „Einstellung zur Frauenbefreiung"

Versuchs-person	Karriere-motivation	Frauen-befreiung	Eingänge „über und rechts"	Eingänge „über und links"
1	8	7	1	1
2	2	1	8	0
3	1	2	8	0
4	4	5	3	1
5	6	5	3	1
6	3	3	7	0
7	9	6	0	0
8	7	5	3	0
9	7	4	3	0
10	9	8	0	0
			$\Sigma = 36 = S+$	$\Sigma = 3 = S-$

Die Skala der Karrieremotivation reicht von 1 (geringe Motivation) bis 9, die Skala der Frauenbefreiung von 1 (negative Einstellung) bis 8.

tierten. Eine Variable wird mit „Karrieremotivation", die andere mit „Einstellung zur Frauenbefreiung" bezeichnet. Es liegen Wertepaare für zehn Frauen vor. Stehen die beiden Variablen in einem Zusammenhang?

Rechengang zur Bestimmung von Kendalls Tau

1. Zuerst werden die beiden Werte jeder Person auf einem Streudiagramm (engl.: scattergram) abgetragen, wie in Abb. 14.3. Die umkreisten Zahlen stellen die Kennzeichennummern der Personen dar.
2. Für jede Person wird die Anzahl der weiteren Eintragungen festgestellt, die im Streudiagramm weiter oben und gleichzeitig weiter rechts, in bezug auf den „Standpunkt" der

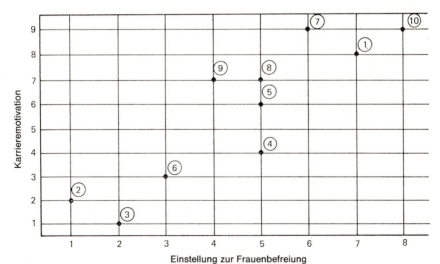

Die umkreisten Zahlen kennzeichnen die Versuchspersonen

Abb. 14.3. Streudiagramm (mit Bindungen) zur Bestimmung von Kendalls tau

Person, liegen; diese Werte sind in Tabelle 14.25 für unser Beispiel eingetragen. Die Werte werden aufaddiert. Diese Summe wird mit S+ bezeichnet. In unserem Beispiel ist S+ = 36.

3. Kommt kein Variablenwert mehr als einmal in den Koordinaten pro Spalte und pro Zeile vor, dann wird S folgendermaßen berechnet:

$$S = 2(S+) - \frac{N(N-1)}{2}$$

4. Jetzt wird tau berechnet:

$$Tau = \frac{2S}{N(N-1)}$$

N ist dabei die Anzahl der Paare.

5. Kommt ein Variablenwert mehr als einmal in den Koordinaten der Personen vor, d. h., liegen mehrere Punkte auf einer vertikalen oder horizontalen Linie des Streudiagramms, dann werden die Rechenschritte 3 und 4 weggelassen und statt dessen die folgenden Schritte 5, 6, 7 und 8 durchgeführt. Die Eintragungen über und links hinsichtlich der einzelnen Personenkoordinaten werden jetzt abgezählt. (Dabei werden die Werte, die auf derselben vertikalen Linie liegen, nicht mitgezählt!) Diese Summe wird S− genannt. Für unser Beispiel ist S− = 3, wie in Abb. 14.3 und in Tabelle 14.25 zu sehen ist.

6. Jetzt wird S folgendermaßen berechnet: S = S+ minus S−. Für unser Beispiel ist S = 36 − 3 = 33.

7. Jetzt wird die Anzahl der sog. Bindungen berechnet, d. h., es wird festgestellt, wieviele Punkte auf den gleichen vertikalen und horizontalen Linien liegen:

Anzahl der Bindungen = $\frac{n(n-1)}{2}$, wobei n = Anzahl der „gebundenen" Werte.

Für unser Beispiel beträgt die Anzahl der vertikalen Bindungen $\frac{3(3-1)}{2} = 3$ und die

Anzahl der horizontalen Bindungen $\frac{2(2-1)}{2} = 1$.

8. Tau wird nun folgendermaßen errechnet:

$$Tau = \frac{S}{\sqrt{\left[\frac{N(N-1)}{2} - \text{vertikale Bindungen}\right]\left[\frac{N(N-1)}{2} - \text{horizontale Bindungen}\right]}}$$

N = Anzahl der Paare
Für unser Beispiel ist tau:

$$= \frac{33}{\sqrt{\left[\frac{10(9)}{2} - 3\right]\left[\frac{10(9)}{2} - 1\right]}}$$

$$= \frac{33}{\sqrt{42(44)}} = \frac{33}{42,9} = 0,77$$

Wir erhalten also eine positive Korrelation von 0,77 zwischen den Variablen „Karrieremotivation" und „Einstellung zur Frauenbefreiung", wie sie in der Einstellungsuntersuchung gemessen wurden.

Kritische Tau-Werte. Der letzte Schritt besteht in der Bestimmung der Signifikanz der Korrelation. Beispielsweise muß auf dem 0,05-Signifikanzniveau der Wert für tau *größer oder gleich* x für eine bestimmte Gruppengröße sein:

x = 0,8	N = 5
x = 0,63	N = 7
x = 0,49	N = 10
x = 0,37	N = 15
x = 0,31	N = 20
x = 0,27	N = 25

Für unser Beispiel gilt: N = 10 und tau = 0,77. Dieser errechnete tau-Wert ist beträchtlich größer als der kritische tau-Wert von 0,49; somit ist unser errechnetes tau auf dem 0,05-Niveau signifikant. In Statistik-Handbüchern findet man die vollständige Tafel der kritischen Werte zur Bestimmung der Signifikanz von Kendalls tau.

Rechenschritte zur Bestimmung der Standardabweichung und der Varianz

Die Standardabweichung ist eine Statistik der Variabilität der Werte um das arithmetische Mittel. Die Varianz ist definiert als die quadrierte Standardabweichung. Angenommen, es liegen folgende Extraversionswerte vor (Tabelle 14.26):

Tabelle 14.26. Extraversions-Scores von Wirtschafts- und Englischstudenten

Score (Punktwert)

Gruppe I (Wirtschaftsstudenten)	Gruppe II (Englischstudenten)
5	3
5	2
6	1
4	1
4	1
$\Sigma = 24$ N = 5	$\Sigma = 8$ N = 5

Es folgen zwei äquivalente Formeln zur Bestimmung der Standardabweichung.

Berechnung der Standardabweichung und der Varianz mit Hilfe der Abweichungswerte. Die Standardabweichung der Daten der Wirtschaftsstudenten werden wir mit der ersten, hier vorgestellten Formel bestimmen.

1. Zuerst wird das arithmetische Mittel der einzelnen Werte der Gruppe der Wirtschaftsstudenten ermittelt: $\frac{\Sigma X}{N} = \bar{X} = \frac{24}{5} = 4,8$.

2. Von jedem Rohwert wird der Mittelwert subtrahiert. Dadurch erhält man die Abweichungen x der Rohwerte vom Mittelwert der Verteilung ($x = X - \bar{X}$).

3. Diese Abweichungen x werden quadriert: x^2.

	(1) Original-Wert X	−	Mittelwert $\bar{X}$	=	(2) Abweichung x	(3) x^2
1.	5		4,8		0,2	0,04
2.	5		4,8		0,2	0,04
3.	6		4,8		1,2	1,44
4.	4		4,8		−0,8	0,64
5.	4		4,8		−0,8	0,64
						$\Sigma = 2,80$

4. Die Spalte der x^2 wird aufaddiert: $\Sigma x^2 = 2,80$

5. Dieser Wert wird durch N, die Summe aller Häufigkeiten bzw. Anzahl aller Meßwerte oder Beobachtungen, dividiert. Man erhält die Varianz: $\dfrac{\Sigma x^2}{N}$. Für unser Beispiel beträgt die Varianz: $\dfrac{2,80}{5} = 0,56$.

6. Die Quadratwurzel aus der Varianz ist die Standardabweichung (engl.: standard deviation, abgekürzt: SD). Für unser Beispiel gilt:

$$SD = \sqrt{\frac{\Sigma x^2}{N}} = 0,75$$

Berechnung der Standardabweichung aus den Rohdaten. Die zweite Methode werden wir jetzt verwenden, um die Standardabweichung der Werte der Englischstudenten zu berechnen. Die Formel lautet:

$$SD = \sqrt{\frac{\Sigma X^2}{N}} = \sqrt{\frac{\Sigma X^2 - (\Sigma X)^2/N}{N}}$$

In dieser Formel bezieht sich X auf die ursprünglich erhobenen Werte (die Originaldaten), die quadriert und summiert werden müssen. Mit Hilfe eines Taschenrechners kann die Standardabweichung mit dieser Formel einfacher als mit der ersten Formel berechnet werden.

Aus Tabelle 14.26 übernehmen wir die Werte der Englischstudenten:

X	X^2
3	9
2	4
1	1
1	1
1	1
$8 = \Sigma X$	$16 = \Sigma X^2$

$$SD = \sqrt{\frac{16 - (8)^2/5}{5}} = \sqrt{\frac{16 - 64/5}{5}} = \sqrt{\frac{16 - 12,8}{5}} = \sqrt{0,64} = 0,8$$

1. Jeder Wert wird quadriert und das Resultat in die X^2-Spalte eingetragen.
2. Die Werte der X-Spalte und der X^2-Spalte (der quadrierten Werte) werden (spaltenweise) aufaddiert.
3. Die erhaltenen Summenwerte werden in die Formel eingesetzt, und die Gleichung wird gelöst.

Die hier angegebene Kurzanleitung zur Durchführung und Auswertung statistischer Tests kann nur den Charakter eines Streifzugs durch die Methoden der Inferenzstatistik haben. Sie hat im Rahmen dieses Buches vor allem den Stellenwert eines stark abgekürzten Methoden-Vademecums. Wir empfehlen es dem mit statistischen Problemen konfrontierten Leser deshalb ganz dringend, sich in speziellen und ausführlichen Statistik-Lehrbüchern (etwa Bortz, 1984, 1985[2]) zu informieren.

Veröffentlichung nichtsignifikanter Resultate – ein Appell zur nicht-manipulativen Berichtlegung experimenteller Daten

Angenommen, man berechnet eine Statistik und stellt fest, daß das Resultat nichtsignifikant ist. Für den Forscher kann dieses Ergebnis persönlich sehr enttäuschend sein, aber nichtsignifikante Resultate weisen noch nicht zwingend auf ein schlechtes Forschungsprojekt oder auf „Kunstfehler" hin. Negative Befunde sollten auf alle Fälle in den Forschungsbericht eingehen.

Unter Umständen ist der Forscher trotz eines nichtsignifikanten Ergebnisses der Ansicht, daß die beiden untersuchten Variablen irgendwie zusammenhängen und daß der Meßfehler den negativen Befund verursacht hat. Ist das der Fall, sollte auch dies im Forschungsbericht angesprochen und erläutert werden. Aber es sollte auf keinen Fall versucht werden, übertriebenen Wert auf eine Reihe von „beinahe"-signifikanten Unterschieden zu legen oder fast unsichtbare Trends in der erwarteten Richtung zu entdecken. Dieses Vorgehen nennt man dann „Schönen" der Daten. Es sollte aus Wahrhaftigkeitsgründen stets vermieden werden!

Neben dem moralischen, wissenschaftsethischen Postulat, nicht zu lügen, gibt es für die Publikation nichtsignifikanter Befunde auch einen forschungspraktischen Grund. Nehmen wir an, alle Forscher publizieren nur Untersuchungen, deren Resultate Signifikanz erreicht haben, während sie alle nichtsignifikanten Befunde oder Studien unter den Tisch fallen lassen. Dies führt zu einem gewaltigen Informationsverlust: Nehmen wir an, es erreichten genau 50% aller in einem Jahr erhobenen Forschungsbefunde Signifikanz, während die restlichen 50% der Befunde nichtsignifikant wären, und es würden lediglich die signifikanten Befunde publiziert, führt das zu einem Informationsverlust von 50%. Dabei könnten theoretisch gerade die nichtsignifikanten Ergebnisse die viel interessanteren gewesen sein, zumal ihr „Scheitern" der Forschung neue „Rätsel" zu lösen aufgibt. Davon abgesehen besteht ja bei signifikanten wie bei nichtsignifikanten Resultaten die Wahrscheinlichkeit, daß signifikante Daten einer „Scheinbewährung" unterliegen (sog. α-Fehler) oder nichtsignifikante Daten einer „Scheinwiderlegung" (sog. β-Fehler). Über diese Probleme informiert Bortz (1984, 1985[2]). In jedem Fall ist man aus den genannten Gründen gut beraten, auch nichtsignifikante Befunde zu berichten.

Kapitel 15

Interpretation
von Forschungsresultaten

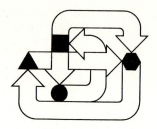

Nach der Erhebung und Auswertung der Daten besteht der nächste Schritt in der Interpretation der Resultate. Was bedeuten sie? Welche Implikationen enthalten sie? Wie sollen sie gegenüber anderen Forschern und evtl. der Öffentlichkeit interpretiert und mitgeteilt werden? Schließlich – u. U. ist dies eine vorrangige Frage – wie werden andere Forscher und die Öffentlichkeit unsere Ergebnisse interpretieren?

Für viele Psychologen ist die Dateninterpretation eine erfreuliche Tätigkeit. Denn an diesem Punkt kommt die «raison d'être» von Wissenschaft zum Zug – es geht nicht mehr nur um eine bloße Sammlung von „Fakten", sondern um die Entdeckung der „Wahrheit", auf der diese Fakten beruhen. Aus diesem Grund stellt die Interpretation der eigenen Daten und Befunde häufig einen sehr belohnenden Aspekt der Forschung dar. Aber auch bei diesem Schritt existieren Probleme und können Fehler begangen werden.

15.1 Hauptprobleme bei der Interpretation von Forschungsbefunden

Die meisten Probleme, die bei der Interpretation auftreten können, betreffen einen oder mehrere der folgenden sechs Aspekte: (1) den Gebrauch von Statistiken, (2) alternative Erklärungen für die Resultate, (3) die Etikettierung der Variablen, (4) die Interpretation „kausaler" Zusammenhänge, (5) die Generalisierung der Resultate und (6) die Darstellung und Veröffentlichung der Resultate. Im folgenden werden wir zuerst jeden dieser sechs Problembereiche eingehender besprechen. Im zweiten Abschnitt dieses Kapitels werden kontroverse Interpretationen vorgestellt werden, welche die Bedeutung und die Komplexität dieser sechs Forschungsaspekte verdeutlichen.

Der Gebrauch von Statistiken

Auch wenn angenommen werden kann, daß eine Statistik gut gewählt (d. h. dem Datenmaterial und den Hypothesen gemäß) und korrekt berechnet wurde, ist es notwendig, daß der Forscher die Bedeutung dieser Statistik auch versteht, d. h. angeben kann, was eine Statistik impliziert und was nicht.

Bedeutung und Benennung der Variablen

Die korrekte Benennung der Variablen ist wichtig, wenn bei den Lesern eines Forschungsberichts Verwirrung vermieden werden soll. Was ein Forscher „soziale Verstärkung" nennt, kann ein anderer mit „kognitive Umstrukturierung durch sozialen Vergleich" bezeichnen.

Zurückhaltendes und zaghaftes Verhalten könnte „geringe Selbsteinschätzung" oder auch „extreme Bescheidenheit" genannt werden. Spielt ein Kind die meiste Zeit ohne die Mutter, dann kann dieser Sachverhalt mit folgenden unterschiedlichen Bezeichnungen benannt werden: „hohe Unabhängigkeit", „Ablehnung der

Mutter", „hohe Perseveranz bei Aktivitäten", „geringe Störbarkeit durch soziale Stimuli". Die bei der Untersuchung verwendeten operationalen Definitionen sollten mit den konzeptuellen Definitionen der untersuchten Variablen übereinstimmen. Natürlich sollten diese Gesichtspunkte bereits vor der Datensammlung im Planungsstadium der Arbeit diskutiert worden sein. Aber auch nach der Erhebung der Daten und der Berechnung adäquater Statistiken müssen sie im Rahmen der Befunde überprüft werden.

Alternativhypothesen

Forschungsarbeiten werden mit dem Ziel durchgeführt, entweder Hypothesen zu entwickeln oder Hypothesen, die aus Theorien abgeleitet worden sind, zu testen. Es muß somit am Ende einer deduktiven Forschungsarbeit entschieden werden, ob die Resultate die in Frage stehenden Hypothesen bestätigen oder aber widerlegen. Entsprechend wird nach der Datenauswertung in einer induktiven Untersuchung festgestellt, welche Hypothesen nun aufgrund der Ergebnisse entwickelt werden können. Wichtig dabei ist, alternative Erklärungen für die Resultate einer deduktiven Arbeit zu berücksichtigen. Denn evtl. können die gewonnenen Resultate genauso gut oder sogar adäquater mit anderen Hypothesen erklärt werden.

„Kausale" Beziehungen/Kovarianz von Variablen

In der Psychologie besteht ein Forschungsziel vieler Arbeiten darin, bestimmen zu können, welche Variablen die Ausprägung anderer Variablen beeinflussen. Führt „1" zu „2", das wiederum „3" bedingt; oder bedingt die Ausprägung der Variablen „3" die Werte der beiden anderen Variablen? Können Wechselwirkungsprozesse beobachtet werden, bei denen Variable 1 zu einer Veränderung in Variable 2 führt, was wiederum eine Veränderung in Variable 1 bewirkt usw.? Schließlich müssen bei der Interpretation der Befunde mögliche „kausale", also Kovarianzbeziehungen sorgfältig überprüft werden.

Generalisierbarkeit der Befunde

Resultate, die nur für ganz spezifische Personen und Situationen Gültigkeit besitzen, sind von nur beschränktem Wert für die Psychologie. Das Ziel der psychologischen Forschung besteht nämlich in der Entdeckung allgemeiner Prinzipien. Das Problem einer solchen Generalisierung von Forschungsbefunden auf ähnliche Personen in ähnlichen Situationen besteht darin, daß die Validität einer solch „weiteren" Interpretation der Resultate in vielen Fällen ohne weitere Arbeiten nicht zu bestimmen ist. Der Forscher muß also in diesem Rahmen darauf achten, daß er keiner Übergeneralisation unterliegt. Auf der anderen Seite besteht aber auch die Möglichkeit, daß der Psychologe, der nur aus Angst vor einer solchen Übergeneralisierung eine Übertragung auf andere Personen und Situationen völlig vermeidet, den Wert seiner Forschungsarbeit vermindert.

Darstellung und Veröffentlichung der Resultate

Die Art und Weise, in der Forschungsresultate dargestellt und veröffentlicht werden, kann eine Quelle für Interpretationsfehler und Mißverständnisse darstellen. Der Forscher, selbstverständlich von seiner Arbeit in gewissem Grad absorbiert (und „betriebsblind"), kann, wenn er seine Resultate dementsprechend darstellt, beim Leser den Eindruck erwecken, daß seine Arbeit sehr viel mehr aussagt, als das tatsächlich der Fall ist. Wird eine Arbeit von den Medien aufgegriffen, dann kommt es auch häufig vor, daß die Resultate aufgebauscht oder verzerrt werden. Dabei werden neue therapeutische Techniken zu hundertprozentigen Heilmethoden; neue Erkenntnisse über Säuglinge und Kleinkinder werden zum „Königsweg" oder zur „alleinseligmachenden" Methode der absolut erfolgreichen Kindererziehung hochstilisiert; und Forschungsresultate im Bereich der Lernpsychologie, so wird dann etwa verkündet, könnten dazu beitragen, daß es für alle Menschen möglich sei, alle möglichen Fähigkeiten perfekt zu erwerben. Um ein solches Aufbauschen der eigenen Arbeit erst gar nicht aufkommen zu lassen, müssen die Resultate ganz eindeutig und vernünftig veröffentlicht werden. Die Grenzen der Interpretation müssen dabei ganz explizit angeführt werden.

15.2 Kontroversen bei der Interpretation von Forschungsresultaten

In diesem Abschnitt werden wir Interpretationsbeispiele vorstellen, die Kontroversen ausgelöst haben. An ihnen sollen die oben vorgestellten Problembereiche verdeutlicht werden. Natürlich gibt es in der sozialwissenschaftlichen Forschung viele Interpretationen, die keine oder nur geringe Kontroversen ausgelöst haben, da sie auf relativ eindeutigen Schlußfolgerungen und fehlerfreiem Vorgehen beruhen.

Milgrams Experimente über den menschlichen Gehorsam

Der Leser wird sich noch an die in Kap. 4 beschriebenen Experimente (Milgram, 1965) erinnern, bei welchen die Versuchspersonen den Anweisungen des Versuchsleiters so „blind" gehorchten, daß sie anderen Personen sogar schmerzhafte elektrische Schocks verabreichten. Milgram interpretierte seine Resultate als einen Hinweis dafür, daß Menschen in einer eindeutig definierten hierarchischen Beziehung innerhalb einer sozialen Struktur, die sie akzeptieren, den Anordnungen einer Autorität blind gehorchen können, ohne den Inhalt dieser Befehle zu hinterfragen. (Er betrachtete auch andere relevante Variablen.) Orne u. Holland (1968) kritisierten diese Interpretation hinsichtlich zwei verschiedener Aspekte; und zwar bezüglich der Generalisierbarkeit der Befunde und der Bedeutung der Erfahrung der Versuchspersonen. Orne u. Holland stimmen zwar mit Milgram überein, daß die Versuchspersonen aufgrund der hierarchisch organisierten Sozialstruktur gehorchen, sind aber der Ansicht, daß dieses Verhalten nicht auf nichtexperimentelle „reale" Lebenssituationen übertragbar, d. h. *generalisierbar* sei. Sie bezweifeln die „ökologische Validität" der Milgramschen Experimente. Hinsichtlich dieses Kritikpunkts würde Milgram wahrscheinlich entgegnen, daß es keinerlei Grundlagen für die Annahme von Orne u. Holland gibt, daß die Personen sich in „wirklichen" Lebenssituationen anders verhalten.

Orne u. Holland waren auch der Meinung, daß die Versuchspersonen in den Milgram-Experimenten tatsächlich gar nicht glauben konnten, dem „Opfer" Schmerz zuzufügen (obwohl darüber eventuelle Zweifel vorgelegen haben könnten). Denn durch das Verhalten der Versuchsleiter in den Experimenten (sie saßen ruhig bei den Versuchspersonen und gaben Anweisungen, während die „Opfer" Schocks an der Grenze zum Herzinfarkt erhielten) hätten die Versuchspersonen keinen Grund zu der Annahme gehabt, daß die E-Schocks tatsächlich verabreicht wurden und nicht einfach „getürkt" waren. Aus diesen Gründen schlugen Orne u. Holland eine *alternative Hypothese* zur Erklärung der Resultate aus Milgrams Experimenten vor, nämlich daß der Versuchsleiter und die Versuchsperson einen sog. „spontanen Pakt der Unwissenheit" aufbauten, um die Untersuchungsdaten valide erscheinen zu lassen.

Der Coleman-Bericht

Fast alle Probleme im Bereich der Dateninterpretation können durch die Auseinandersetzungen und die Diskussion, die vor mehr als zehn Jahren um den Coleman-Bericht geführt wurden, aufgezeigt werden. James Coleman leitete in den USA eine großangelegte nationale Untersuchung über die Leistungen von Schülern und damit zusammenhängenden Variablen, beispielsweise den sozioökonomischen Status der Eltern, die „Schulqualität" und das Ausmaß der Rassenintegration an den Schulen. Der Coleman-Bericht (1966) stellte fest, daß die schulische Leistung (gemessen durch die erzielten Werte in standardisierten Tests) hoch mit dem sozioökonomischen Level (engl.: socio-economic status; abgekürzt: SES) der Eltern korreliert. Und zwar erwies sich die Korrelation zwischen den Leistungstestwerten und dem SES höher als die Beziehung zwischen den Testwerten und der „Schulqualität".

In den Medien wurde aufgrund dieses Resultates behauptet, daß „Schulen gar nicht zählen; es kommt nur auf das Elternhaus an". An diesem Beispiel wird das Problem deutlich, das auftreten kann, wenn die Presse oder andere Medien bei der Veröffentlichung von Forschungsresultaten nicht sorgfältig vorgehen.

Ist die Schlußfolgerung gerechtfertigt, daß die Kinder heutzutage kaum besser und nicht schlechter im Alter von 17 oder 18 Jahren ausgebildet wären, wenn sie nicht zur Schule gegangen wären? Nun, nur wenige Leute sind so weit gegangen, um aufgrund der Coleman-Resultate diese Behauptung aufzustellen. Aber in der Öffentlichkeit wurde dennoch vielfach argumentiert, daß der Coleman-Bericht „beweist", daß es im Grunde sinnlos ist, zu versuchen, Lehrmethoden, Lehrpläne oder andere pädagogische Maßnahmen zu verbessern. Wahrscheinlich würde Professor Coleman der Erste sein, der darauf entgegnen würde, daß diese Schlußfolgerung durch seinen Forschungsbericht und seine Resultate nicht zu rechtfertigen ist.

Betrachten wir die Interpretationskontroverse um den Coleman-Bericht etwas eingehender, um die problematischen Punkte genauer darzustellen. Der erste Punkt betrifft die Fehlinterpretation der berechneten Statistiken.

In den Sozialwissenschaften werden immer komplexere statistische Techniken zur Auswertung der Daten angewandt. Aus diesem Grund wird es immer schwieriger, aber auch immer wichtiger, zu verstehen, welche Aussagekraft die mit diesen Statistiken gewonnenen Resultate aufweisen. Beispielsweise wissen wir, daß „statistisch signifikant" nicht identisch ist mit „theoretisch signifikant" oder „signifikant hinsichtlich der Anwendung bei sozialpolitischen Entscheidungen".

Bei der Interpretation von Korrelationen verwenden wir häufig den Ausdruck „erklärte Varianz". Die Aussage, daß eine Variable teilweise eine andere Variable „erklärt", bedeutet, ganz grob ausgedrückt, daß, wenn der Wert jeder Person auf der *Prädiktorvariablen* bekannt ist, die Vorhersage über die Werte aller Personen auf der *vorhergesagten* Variablen verbessert werden kann. Man könnte nun annehmen, daß die wichtigsten Variablen jene sind, die den größten Anteil der Varianz der abhängigen Variablen „erklären". Wenn der elterliche SES einen größeren Varianzanteil in den Werten der Leistungstests erklärt im Vergleich zur Variablen „Schulqualität"; rechtfertigt dieses Resultat dann die pessimistische Aussage, daß die Anstrengungen, das pädagogische Vorgehen an den Schulen zu verbessern, nutzlos sind? Die Antwort lautet: nein. Betrachten wir zur Verdeutlichung dieses Sachverhalts folgende analoge Situation.

Angenommen, man versucht, ein erfolgreiches Diätprogramm zu entwickeln. Zuerst arbeitet man die relevante Literatur zu diesem Thema durch und entdeckt dann, daß das Gewicht eines Menschen hoch mit seiner Körpergröße, mit der ethnischen Herkunft (schwedisch, italienisch usw.) und mit „Ernährungsgewohnheiten in der Kindheit" korreliert. Weiter entdeckt man, daß diese drei Korrelationen einen viel größeren Varianzanteil des Körpergewichts erklären als die Variable „derzeitiger Zuckerkonsum". Die Korrelation zwischen Körpergewicht und Zuckerkonsum nimmt also im Vergleich zu den anderen drei Variablen einen geringeren Wert ein. Außerdem bedeutet das, daß, wenn man das Gewicht einer Population vorhersagen sollte und nur Angaben über die Körpergröße, über die ethnische Herkunft, die Ernährungsgewohnheiten in der Kindheit und über den derzeitigen Zuckerkonsum vorliegen hätte, man sehr exakte Vorhersagen aus einem kombinierten Index der ersten drei gemessenen Variablen entwickeln könnte. Würde man die Variable „derzeitiger Zuckerkonsum" in den Index aufnehmen, dann könnte man die Vorhersage zwar etwas verbessern, aber viel weniger als mit jeder der drei anderen Variablen.

Jedoch besteht die anfängliche Fragestellung nicht in der Vorhersage des Körpergewichts einer bestimmten Population, sondern in der Entwicklung eines erfolgreichen Programms zur Gewichtsreduktion. Das Ziel besteht also in der Vorhersage von Veränderungsvariablen, die zu einer Gewichtsreduktion bei übergewichtigen Personen führen sollen. Ausgehend von dieser Fragestellung wäre es sinnlos, sich auf solche Variablen zu konzentrieren, die gar nicht zu kontrollieren sind, also auf die unveränderlichen Variablen „Körpergröße", „ethnische Herkunft" und „Ernährungsgewohnheiten in der Kindheit".

Für ein derartiges Forschungsprojekt wäre „derzeitiger Zuckerkonsum" eine wichtige Variable. Die Tatsache, daß dreimal soviel Varianz des Körpergewichts durch die Körpergröße erklärt wird, im Vergleich zum Zuckerkonsum, ist dabei *völlig unbedeutend*. Das heißt also, daß die Bedeutung einer Variablen sehr stark vom Ziel des Forschungsprojekts abhängt und nicht von ihrer bloßen statistischen Signifikanz. Der Kontext muß also bei der Entscheidung über die Bedeutung einer Variablen berücksichtigt werden.

> Allgemein wird nicht genügend berücksichtigt, daß ... Vergleiche der relativen Stärke zweier Variablen x1 und x2, ob unter Verwendung von einfachen, partiellen oder multiplen Korrelationskoeffizienten ... sinnlos sind. Sollen die möglichen Auswirkungen eines bestimmten erzieherischen Programms erforscht werden, dann sind dementsprechend alle Vergleiche mit dem Effekt von „Kontroll"-Variablen (die nicht ein anderes erzieherisches Programm darstellen) sinnlos. Außerdem hängt die Auswahl der Statistiken stark von den verfolgten Zielvorstellungen bei der Datensammlung und Hypothesenbildung ab. Ihre Anwendung trägt dann das Risiko, ein bestimmtes erzieherisches Vorgehen als schwach zu deklarieren; und zwar einfach deswegen, weil es historisch nicht energisch genug verfolgt wurde (Cain u. Watts, 1972, S. 86).

Für den Coleman-Bericht bedeutet dies, daß die Variable „Schulqualität" (in unserem fiktiven Beispiel die Variable „derzeitiger Zuckerkonsum") sehr wohl das adäquate Ziel pädagogischer Anstrengungen sein kann; trotz der Tatsache, daß diese Variable bis jetzt einen kleinen Varianzanteil der schulischen Leistung (des Körpergewichts) erklärt im Vergleich zum SES der Eltern (zur Körpergröße).

In der Kontroverse um den Coleman-Bericht war ein anderer Hauptgesichtspunkt die Übergeneralisierung ganz spezifischer Variablen. Wie Cain u. Watts betonen, können mit statistischen Techniken natürlich nur Aussagen über *existierende Unterschiede* in den Daten gemacht werden. Man kann nicht erwarten, daß der Forscher etwas mißt, was nicht existiert. Diese Tatsache ist selbstverständlich und es erscheint trivial, sie derart explizit zu betonen. Nun, die Implikationen dieser Tatsache sind nicht immer so eindeutig und offensichtlich wie diese Tatsache selbst. Betrachten wir Colemans Variable „Schulqualität" und gehen wir davon aus, daß die meisten Schulen in Stadtteilen der armen Bevölkerung (oder irgendeiner anderen Einkommensstufe) von ziemlich ähnlicher Qualität sein dürften. Es bestehen zwar Unterschiede, aber nur innerhalb eines recht beschränkten Qualitätsbereichs. Die meisten Schulen sind nicht sehr viel schlechter als der Mittelwert; auf der anderen Seite wird keine der Schulen erzieherischen Idealvorstellungen nachkommen. Unter diesen generellen Umständen ist es unmöglich, aufzuzeigen, ob „Schulqualität" einen wichtigen Effekt auf das Lern- und Leistungsverhalten der Schüler hat oder nicht; denn die Schulen sind sich hinsichtlich der Qualität viel *zu ähnlich*, als daß dies entschieden werden könnte.

Weder diejenigen, die der Ansicht sind, daß eine Schule mit einer deutlich höheren Qualität viel effektiver wäre als die existierenden Schulen, noch jene, die diesbezüglich die gegenteilige Meinung vertreten, dürfen deshalb Colemans Forschungsbericht als „Beweis" ihres Standpunkts mißbrauchen.

Ein dritter Gesichtspunkt, hinsichtlich dessen Colemans Bericht einige Kontroversen ausgelöst hat, betrifft die Tatsache, daß versäumt wurde, die präzise psychologische Bedeutung der verwendeten Variablenbezeichnungen zu untersuchen und die Beziehung zwischen der impliziten oder expliziten konzeptuellen Definition eines Begriffs und seiner operationalen Definition zu überprüfen.

Die meisten Leute können sich beispielsweise etwas unter der Variablen „Schulqualität" vorstellen, definieren sie also in konzeptueller Hinsicht etwa folgendermaßen:

> Für mich ist eine „hohe Schulqualität" dann gegeben, wenn an einer Schule die Lehrer ihren Schülern gegenüber verständnisvoll und hilfreich sind. Dabei erklären die Lehrer den Lehrstoff, den sie vermitteln wollen, so genau und ausführlich, daß jedes Kind in der Klasse ihn verstehen kann. Es existiert außerdem gegenseitige Achtung und Vertrauen unter den Lehrern, der Schulleitung und den Eltern. Ich glaube, daß etwa 60% jedes Schultages an solch einer Schule mit Lesen und Schreiben verbracht werden.

Jede der Variablen in dieser Definition (Verständnis der Lehrer gegenüber ihren Schülern; Ausführlichkeit der Erklärungen; gegenseitige Achtung unter den Erwachsenen; Zeit, die mit Lesen und Schreiben verbracht wird usw.) könnte gemessen werden. Aber keine dieser Variablen ist in Colemans operationaler Definition der „Schulqualität" zu finden. Denn Colemans Untersuchung schloß keine Verhaltensbeobachtung des Lehrstils oder anderer schulischer Aktivitäten ein. Sie beruhte ausschließlich auf Daten, die aus bereits bestehenden Aufzeichnungen und existierenden Berichten übernommen wurden. Coleman definierte „Schulqualität" durch einen Index, der aus Informationen über das Einkommen der Lehrer, die Anzahl der Bücher in der Schulbibliothek, Berufserfahrung (Zahl der Jahre) der Lehrer usw. bestand.

Dies wirft nun die Frage nach der „inhaltlichen Validität", d.h. der psychologischen Bedeutung des verwendeten Indexes auf. Wie hängt die Variable „Schulqualität", wie sie von Coleman operational definiert worden ist, mit der konzeptuell definierten Schulqualität im Sinne von effektivem Lernen zusammen? Colemans Messung ist nicht „falsch", solange sich der Leser des Forschungsberichts darüber im Klaren ist, auf welche Bereiche sie sich tatsächlich bezieht. Denn wir können nicht annehmen, daß 100 zusätzliche Bücher in einer Schulbibliothek oder jede Gehaltserhöhung bei den Lehrern dazu beitragen, daß die Erklärungen der Lehrer beispielsweise um 12% ausführlicher werden, oder daß dadurch die gegenseitige Achtung unter den Lehrern und Eltern der Schüler etwa um 9% zunimmt. Colemans Schlußfolgerungen basieren ausschließlich auf der „Schulqualität", so wie er sie operational definiert hat; darüber hinaus besitzen (und beanspruchen) sie keine Gültigkeit!

Zusammenfassend können wir über die Kontroverse um den Coleman-Bericht festhalten, daß es sich dabei um eine Kombination folgender problematischer Bereiche bei der Interpretation von Forschungsresultaten handelt: Fehlinterpretation von Statistiken („erklärte Varianz"), Fehlattribution einer Kausalität (Korrelationen implizieren keine „kausalen", sondern Kovarianzzusammenhänge; höhere Korrelationen weisen nicht notwendigerweise auf eine „wichtigere" Variable hin), unpräzise Bezeichnungen und operationale Definitionen (z.B. „Schulqualität"), Übergeneralisierung (Generalisierung auf nichterforschte Methoden im Bereich der Pädagogik) und schließlich Verzerrung der Resultate durch eine dementsprechend unklare Darstellung der Befunde in den Medien.

Verringerung der Zahl tödlicher Verkehrsunfälle in Connecticut

Betrachten wir nun einen Fall, der als Quasi-Experiment (s. Kap. 2) angesehen werden kann. Bei Quasi-Experimenten handelt es sich um ein Untersuchungsvorgehen in einem experimentellen Rahmen, bei dem aber ein entscheidender und kritischer Aspekt eines wirklichen Experiments fehlt, wie beispielsweise die zufällige Verteilung der Zielpopulation auf eine Experimental- und eine Kontrollgruppe. Im allgemeinen finden Quasi-Experimente in einem „natürlichen" Rahmen statt. Werden beispielsweise Gesetze verändert, Regierungsentscheidungen revidiert oder ökonomische Bedingungen modifiziert, dann werden diese Veränderungen ganz bestimmte Resultate nach sich ziehen. Obwohl in solchen Experimenten im Normalfall keine Kontrollgruppe existiert und die teilnehmenden Personen nicht per Zufall ausgewählt werden können, ist es doch von Nutzen, feststellen und schlußfolgern zu können, daß eine bestimmte Veränderung (durch ein quasi-experimentelles Vorgehen) für ganz spezifische Resultate mehr oder weniger verantwortlich ist.

Betrachten wir die Auswirkungen von Geschwindigkeitsbegrenzungen auf die Anzahl der Verkehrsunfälle. Kann die Begrenzung der Höchstgeschwindigkeit tatsächlich dazu beitragen, die Zahl der Verkehrsunfälle zu reduzieren? Wann immer der Wert der gesetzlich festgelegten Höchstgeschwindigkeit verändert wird, findet ein natürliches Quasi-Experiment statt, obwohl es im allgemeinen nicht von Psychologen überprüft und kontrolliert wird.

Im Jahre 1974 erfuhren die USA eine akute Benzinverknappung, nachdem der Preis für das Öl aus dem Nahen Osten aufs Vierfache gestiegen war. Um den Benzinverbrauch zu senken, wurde eine nationale Geschwindigkeitsbegrenzung auf 55 Meilen pro Stunde eingeführt. Daraufhin kam es zu einem Absinken der Zahl tödlicher Verkehrsunfälle. War nun die veränderte Höchstgeschwindigkeit für diese Entwicklung verantwortlich? Nun, das kann zwar möglich sein, muß aber nicht unbedingt gefolgert werden. Denn evtl. hatte der Anstieg der Benzinpreise dazu geführt, daß die Leute viel seltener ihre Autos benutzten, was zu einer geringeren Verkehrsdichte führte. Oder vielleicht führte auch der vermehrte Gebrauch von Sicherheitsgurten zu weniger schweren Verletzungen bei Verkehrsunfällen. Oder die sichereren Autokonstruktionen waren dafür verantwortlich, daß es zu weniger Todesfällen auf den Straßen kam.

Das Quasi-Experiment aus dem Jahre 1974 ist nicht von Psychologen direkt analysiert worden. Aber Campbell u. Ross (1968) untersuchten ein ähnliches Ereignis, eine Verschärfung der Strafen für Geschwindigkeitsüberschreitungen im amerikanischen Bundesstaat Connecticut. Aufgrund eines erheblichen Anstiegs der Zahl der tödlichen Verkehrsunfälle wurde im Jahre 1955 in Connecticut beschlossen, bei einer ersten Höchstgeschwindigkeitsüberschreitung dem Betroffenen einen einmonatigen Führerscheinentzug aufzuerlegen, also das bisherige Strafmaß zu verschärfen. Außerdem wurde auch das Strafmaß für jede weitere Geschwindigkeitsüberschreitung erhöht. Am Ende des Jahres konnte eine 12 %ige Reduktion der tödlichen Verkehrsunfälle verzeichnet werden; die Rettung von 40 Menschenleben. Kann diese drastische Reduktion der Zahl der Unfalltoten im Straßenverkehr nun der gesetzlichen Veränderung des Strafmaßes zugeschrieben werden?

Zuerst einmal ist es notwendig, festzustellen, ob an den Gerichten tatsächlich anders vorgegangen wurde, nachdem das neue Gesetz verabschiedet worden war; d. h. es ist notwendig, den *Prozeß* des Eingriffs (höheres Strafmaß) und nicht nur das *Ergebnis* zu untersuchen. Campbell u. Ross fanden hierzu eindeutige Hinweise, daß die jeweiligen Gerichte nach der Verabschiedung der neuen Bestimmung viel mehr Führerscheine als vorher entzogen. Jedoch fiel auf der anderen Seite gleichzeitig der *Prozentsatz* des Delikts Geschwindigkeitsüberschreitung in bezug auf die übrigen Delikte im Straßenverkehr. Hier stoßen wir auf ein Interpretationsproblem. Denn vielleicht weist das Absinken der Quote der Geschwindigkeitsüberschreitungen auf einen abschreckenden Effekt der zu erwartenden höheren Strafen hin. Alternativ dazu könnte aber auch das höhere Strafmaß dazu geführt haben, daß die Polizisten Fälle geringerer Überschreitungen eher „übersehen" haben und die Gerichte leichtere Fälle nicht im Rahmen einer Höchstgeschwindigkeitsüberschreitung abgeurteilt, sondern als anderes, geringeres Vergehen behandelt haben.

Campbell u. Ross führen sieben allgemeine Aspekte an, die die Validität der quasi-experimentellen Forschung in Frage stellen können:

1. *Geschichte.* „Geschichte" bezieht sich auf andere Ereignisse, die während der relevanten Zeitperiode aufgetreten sind, die auch das Resultat hätten bedingen können. Gibt es Hinweise auf eine spezifische alternative Hypothese, wie beispielsweise außergewöhnlich sicheres und umsichtiges Fahren in dem untersuchten Zeitraum oder etwa sicherere Konstruktionen der neuen Autos, die alternativ zur neuen gesetzlichen Bestimmung für die Verringerung der Zahl der verkehrsbedingten Todesopfer hätten verantwortlich sein können? Campbell u. Ross fanden keine Hinweise. (Campbell u. Ross' Begriff der „Geschichte" verdeutlicht das, was wir oben mit den Einflüssen hinter oder „jenseits" von Kohorten gemeint haben – s. hierzu auch Kap. 2)

2. *Reifung.* Der Begriff „Reifung", der aus der Entwicklungspsychologie stammt, bezieht sich auf wachstumsbedingte Veränderungen. In diesem Kontext sind analoge Prozesse in *langfristigen Trends* hinsichtlich mehr oder weniger Umsichtigkeit und Vorsicht beim Autofahren zu berücksichtigen. Die Autoren fanden, daß der allgemeine Trend in benachbarten Staaten und in Connecticut vor der Einführung der härteren Strafen steigend war: Jahr für Jahr gab es mehr Verkehrstote.

3. *Der Effekt des Vortestens (Prä-Test-Effekte).* Häufig hat die Tatsache des Messens und Datenerhebens selbst einen Effekt auf die untersuchten Variablen. Vielleicht bedingte allein die öffentliche Diskussion über die hohe Rate der Todesopfer im Straßenverkehr, daß die Autofahrer sich daraufhin vorsichtiger im Straßenverkehr verhielten.

4. *Instabile Messung.* „Instabile Messung" bezieht sich auf Veränderungseffekte bei wiederholten Messungen auf die Resultate. Denn es kann vorkommen, daß sich Kodierer und Untersuchungsmitarbeiter über die Zeit hinweg in ihrem Kodierungsverhalten, ihren Bewertungsstandards usw. verändern. Ein dramatisches Beispiel veränderter Standards im Verlauf der Datenaufzeichnung trat im Jahre 1883 in Preußen auf, als die Registrierung von Suiziden, die vorher von den lokalen Polizeistationen durchgeführt worden war, von einer staatlichen Gesundheitsbehörde übernommen wurde. Diese Behörde war nämlich scheinbar bei dieser Registrierungsarbeit gewissenhafter, da innerhalb eines Jahres die Zahl der Selbstmorde in Preußen um 20% anstieg; zumindest auf dem Papier (Halbwachs, 1930). In der Studie von Campbell u. Ross existieren freilich keine Hinweise auf eine derartige Instabilität oder Veränderung der Meßstandards.

5. *Instabilität der Variablen.* Häufig fluktuiert und variiert eine Anzahl bestimmter Ereignisse über die Zeit hinweg in beträchtlichem Ausmaß. Vielleicht ist das Absinken der Todesrate zufällig gerade in der untersuchten Zeit auf diese natürlich auftretende Variation zurückzuführen. Es stellt sich die Frage, wie stabil insgesamt die Zahl der verkehrsbe-

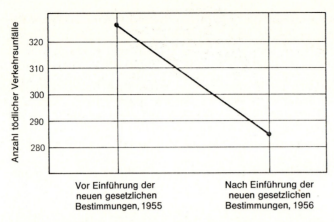

Abb. 15.1. Tödliche Verkehrsunfälle in Connecticut, 1955–1956

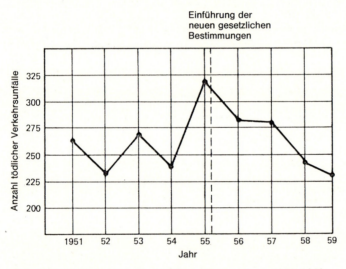

Abb. 15.2. Tödliche Verkehrsunfälle in Connecticut, 1951–1959

dingten Todesfälle von Jahr zu Jahr ist. Die Diagramme in Abb. 15.1 und in Abb. 15.2 verdeutlichen genau, warum es nützlich und sinnvoll ist, eine Reihe von Beobachtungen und Daten über die Zeit hinweg zu betrachten, und nicht nur von einer „Vorher-Nachher"-Messung auszugehen. Abbildung 15.1 zeigt das Absinken der Anzahl tödlicher Verkehrsunfälle von 1955 bis 1956. Abbildung 15.2 zeigt die Anzahl der jährlichen verkehrsbedingten Todesopfer für den Zeitraum von 1951 bis 1959.

Man sieht, daß die Variable „tödliche Verkehrsunfälle" nicht stabil ist, d. h. über die Zeit hinweg sehr stark variiert. Davon ausgehend muß man nun genauer untersuchen, ob das Absinken der Todesfälle im Jahre 1956 nicht nur eine ganz „normale", d. h. zufällig auftretende Fluktuation darstellt. Betrachtet man den langfristigen Trend der Werte, dann kann man feststellen, daß dieser vor der Verabschiedung der neuen gesetzlichen Bestimmungen steigend war und danach sank. Diese Tatsache bestätigt die positiven Auswirkungen der Intervention durch die Gesetzgebung.

Die beiden Abbildungen verdeutlichen auch, wie unterschiedlich dasselbe Resultat erscheinen kann, wenn es in einem anderen Format graphisch dargestellt wird. In Abb. 15.1 erscheint das Absinken der Zahl der Todesfälle zwischen 1955 und 1956 enorm groß. In Abb. 15.2 erscheint dasselbe Absinken geringer, weil die Ordinate, die Skala der Anzahl der Todesfälle auf der linken Seite, komprimiert dargestellt ist.

6. *Regressionseffekt.* Der Leser wird sich daran erinnern, daß der Regressionseffekt auf der Tatsache beruht, daß aufgrund des Meßfehlers bei der ersten Messung einer Subpopulation, die wegen ihrer hohen oder niedrigen Variablenausprägungen ausgewählt worden ist, der Mittelwert dieser Gruppe sich bei einer wiederholten Messung verändern wird (in Richtung des Mittelwerts der Gesamtpopulation); und zwar auch ohne Intervention.

Während das Absinken der tödlichen Verkehrsunfälle während des ersten Jahres nach der Einführung der neuen gesetzlichen Bestimmungen evtl. einen Regressionseffekt in Richtung „mittlere Trendrichtung" darstellen könnte, kann das weitere Absinken der Todesrate in den folgenden vier Jahren nicht mehr nur auf einen Regressionseffekt zurückgeführt werden.

7. *Diffusion.* „Diffusion" bezieht sich auf die Möglichkeit, daß die experimentelle Intervention nicht nur auf die Experimentalgruppe, sondern auch auf die Kontrollgruppe Auswirkungen haben kann. Soziologen und Anthropologen sprechen von der „Diffusion" kultureller Gebräuche und Kunstformen von einer Gesellschaft auf die andere. In psychologischen Experimenten tritt eine Diffusion auf, wenn die Personen der Kontrollgruppe über das Experiment Bescheid wissen und durch die Fragestellung so beeinflußt werden, daß sich die relevanten Variablen in ihrer Ausprägung verändern. Beispielsweise stellte man in Untersuchungen über die Verbesserung der kognitiven Fähigkeiten bei Kindern wiederholt fest, daß die Variablenwerte der Kontrollgruppen bei der „Nachher"-Messung (ohne Intervention) anstiegen. Dieses Ansteigen kann entweder auf einen Regressionseffekt oder aber auf einen Effekt des Vortestens hinweisen. Es kann aber auch in solchen Situationen der Fall aufgetreten sein, daß die Personen der Kontrollgruppe sich die Intervention auf eigene Initiative „verabreichten". Beispielsweise dann, wenn die Mütter der Kontrollgruppe mit den Müttern der Experimentalgruppe kommunizieren, ist es wahrscheinlich, daß über die Intervention geredet wird und auch die Mütter der Kontrollkinder ihre Kinder dementsprechend, im Sinne der Intervention, behandeln (z. B. ein bestimmtes kognitives Entwicklungsprogramm mit ihren Kindern durchführen). Oder Lehrer aus der Kontrollgruppe ahmen die Vorgehensweisen der Lehrer der Experimentalgruppe nach oder verwenden dieselben neuen Unterrichtsmaterialien in ihren Klassen. Eine Lösung für das Diffusionsproblem besteht in der Verwendung von Kontrollgruppen aus einer völlig anderen geographischen Umgebung. Leider kann der Gewinn der geographischen Trennung (Lösung des Diffusionsproblems) auf der anderen Seite zu einer Reduktion der Ähnlichkeit der beiden Gruppen hinsichtlich verschiedener wichtiger Variablen führen. Wieder einmal haben wir es mit einer Forschungsentscheidung zu tun, die der Abwägung verschiedener, in entgegengesetzte Richtungen weisende Aspekte bedarf.

In einem Quasi-Experiment ist es von Nutzen, eine sog. „nicht-äquivalente Kontrollgruppe" zu erstellen. (Eine „wirkliche" Kontrollgruppe mit zufällig ausgewählten Personen ist nicht erstellbar.) In der Connecticut-Untersuchung wurden die Todesfälle aus Verkehrsunfällen in den benachbarten Staaten zum Vergleich herangezogen. Nach der Einführung der neuen gesetzlichen Bestimmungen (aber nicht vorher!) waren die Quoten tödlicher Verkehrsunfälle in Connecticut etwas geringer als in den benachbarten Bundesstaaten. Hätten diese benachbarten Staaten aufgrund des Connecticut-Experiments irgendwelche Veränderungen zu verzeichnen gehabt (weniger verkehrsbedingte Todesfälle, Bestrebungen in Richtung Gesetzesveränderungen usw.), dann wäre eine Diffusion aufgetreten. Aber tatsächlich fanden Campbell u. Ross keine dementsprechenden Hinweise.

Was können wir nun aus der Betrachtung all dieser rivalisierenden Hypothesen und möglichen Validitätsbeeinträchtigungen bei den Resultaten aus Quasi-Experimenten folgern? Campbell u. Ross waren der Ansicht, daß die Effizienz der neuen Strafandrohungen auf die Reduktion der Zahl der verkehrsbedingten Todesopfer nicht eindeutig verifiziert werden konnte, obwohl diese Interpretationsmöglichkeit der Resultate im Bereich der plausiblen und validen Vermutungen verblieb. Trotz der Unschlüssigkeit ihrer Resultate betonen die Autoren, daß im Bereich der nichtexperimentellen Forschung neue Methodologien entwickelt werden können und sollten.

Das klassische Kontrollgruppenexperiment ist nicht typisch für die Naturwissenschaften, sondern es entstand aus der psychologischen Laborforschung und ist den Sozialwissenschaften und deren Probleme adäquat...
Auf der einen Seite gibt es die Einstellung, häufig ganz unabsichtlich in den Einführungskursen über das Experiment ausgedrückt, daß aus Datenmaterial, in dem nicht alle Variablen kontrolliert worden sind, keine Schlußfolgerungen gezogen werden dürfen... Der Ansatz des Quasi-Experiments nimmt hierzu einen völlig anderen Standpunkt ein: Jedes Experiment ist valide, solange es sich nicht als invalide herausgestellt hat...
Auf der anderen Seite steht die naive Kausalitätsattribution, welche ganz ungeniert die Überprüfung anderer alternativer Erklärungsansätze vernachlässigt. Eine solche Forschungsorientierung wird ebenfalls abgelehnt. Denn die Forscher, die innerhalb eines quasi-experimentellen Rahmens arbeiten, sind verpflichtet, plausiblen und rivalisierenden Hypothesen mit größter Sorgfalt nachzugehen und sie zu überprüfen (1968, S. 53).

Vererbung, Erziehung und IQ

Untersuchungen über die relativen Effekte von Vererbung und Umwelt, also Genetik und Sozialisation, vor allem wenn die untersuchten Variablen mit der Intelligenz zusammenhängen, lösen häufig bei der Interpretation ihrer Resultate Kontroversen aus.

Ist im Alter von vier Jahren die Intelligenz eines Kindes zur Hälfte entwickelt? In der populärwissenschaftlichen Literatur findet man häufig die Aussage, daß die kindliche Intelligenz oder das intellektuelle Potential im Alter von vier bis fünf Jahren zur Hälfte entwickelt ist. Solche Aussagen beruhen im allgemeinen auf einer Fehlinterpretation einer Arbeit von Bloom (1964). Bloom stellte nämlich fest, daß der IQ im Alter von vier bis fünf Jahren zu 0,7 mit dem IQ im Alter von 17 Jahren korreliert. Um die erklärte Varianz zu bestimmen, quadrieren wir 0,7 und erhalten das Ergebnis 0,49, also ungefähr 50%. (Die Varianz wird in Kap. 14 erklärt.)
Dieses Resultat bedeutet jedoch *nicht*, daß ein vierjähriges Kind halb so intelligent ist, wie es im Alter von 17 Jahren sein wird! Eine erklärte Varianz von 50% weist darauf hin, daß die *relative Rangordnung* des IQs einer Person im Alter von 17 Jahren ziemlich gut vorhergesagt werden kann, wenn der entsprechende Wert

des IQs im Alter von vier bis fünf Jahren bekannt ist und zusätzlich die Umgebung der Person ähnlich der Umgebung der anderen Personen der entsprechenden Population ist. Eine Personengruppe kann viel intelligenter, nur ein wenig intelligenter, sogar sehr viel dümmer werden, während sich die relative Rangordnung der untersuchten Personenpopulationen nicht verändert (s. hierzu Abb. 15.3). Da nur 50% der Varianz erklärt sind, wird sich zusätzlich noch die relative Rangordnung einiger Personen im Zeitraum zwischen vier und 17 Jahren verändern.

Abbildung 15.3 zeigt verschiedene mögliche Beziehungen zwischen IQ in der Kindheit und IQ im frühen Erwachsenenalter, die alle die relative Rangordnung der Personen innerhalb der Gruppe bewahren und somit hohe Korrelationen zwischen den beiden Messungen bedingen.

Verändert das Studium die Studenten? In jedem Beispiel der Abbildung 15.3 bleibt die relative Rangordnung der Gruppenmitglieder dieselbe. In den Medien sind manchmal Beiträge zu finden, in denen behauptet wird, die hohen Korrelationen zwischen den S.A.T.(Scholastic Aptitude Test)-Werten am Anfang, während und am Ende des Studiums würden „beweisen", daß das Studium die Studenten nicht viel intelligenter mache, d. h. sich nicht auswirke. Wird diese Schlußfolgerung nun unbedingt durch die hohen Korrelationswerte impliziert? Nein, denn es besteht auch die (eigentlich plausiblere) Erklärungsmöglichkeit, daß das Studium einen ziemlich großen Einfluß auf den IQ der Studenten hat. Die hohen Korrelationen geben uns nämlich nur Auskunft darüber, daß die Studenten das Studium in der mehr oder weniger gleichen Rangordnung abschließen, wie sie es begonnen haben: Jene, die zu Beginn des Studiums die Besten gewesen sind, werden es mit großer Wahrscheinlichkeit auch beim Abschluß des Studiums sein. Dabei können die Studenten insgesamt wenig, aber auch viel von den Erfahrungen und der Arbeit während des Studiums profitieren – darüber kann allein aufgrund der Korrelationen nichts ausgesagt werden! Vielleicht lernen die klügsten Studenten am meisten an der Universität. Oder vielleicht profitieren aber die Studenten, die auf dem S.A.T. die geringsten Werte erzielen, am meisten. Solange also die Studenten sich hinsichtlich ihrer relativen Rangordnung nicht sehr stark verändern, werden die Korrelationen zwischen den Anfangs- und den Abschlußwerten unter allen Bedingungen hoch ausfallen.

Ist der IQ zu 60% genetisch bedingt? – Die Anlage-Umwelt-Diskussion. Kehren wir zu unserer Diskussion über die Probleme bei der Interpretation von IQ-Werten zurück. Ein häufig auftauchender Fehler in den Auseinandersetzungen über die „Erblichkeit" des IQs ist das Übertragen von Untersuchungsergebnissen auf andere Populationen. („Erblichkeit" bezeichnet das Ausmaß, in dem ein Persönlichkeitsmerkmal vererbt wird.) Man liest beispielsweise, daß 60% bis 80% der Varianz des IQs auf genetische Faktoren zurückzuführen sind (Jensen, 1976). Diese Aussage erscheint dem Laien vielleicht auf den ersten Blick eindeutig und klar. Aber tatsächlich ist sie ohne weitere Informationen *völlig bedeutungslos*, da sie nichts über die unterschiedlichen (sozialen) Umwelten der untersuchten Personen aussagt. Denn die Varianz, die durch einen Faktor (wie beispielsweise die Vererbung) erklärt wird, stellt nicht eine stabile und unveränderliche existierende En-

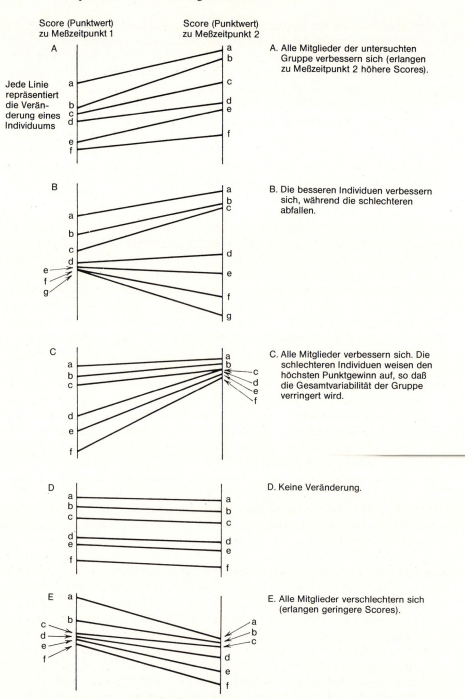

Abb. 15.3. Interpretation von Korrelationen. Beispiele für unterschiedliche Beziehungen zwischen den Scores zu Meßzeitpunkt 1 und den Scores zu Meßzeitpunkt 2, die die relative Rangordnung der Individuen nicht verändern

tität dar, sondern hängt immer davon ab, wie stabil andere wichtige Faktoren sind. Um diesen Sachverhalt zu verdeutlichen, betrachten wir nun einige fiktive Situationen.

Gehen wir von der Annahme aus, daß wir eines Tages ganz genau wissen und präzise angeben können, welche Umweltfaktoren den IQ in welcher Richtung und in welchem Ausmaß beeinflussen. Außerdem nehmen wir an, daß wir 5 000 Kinder in absolut identischen (sozialen) Umwelten aufziehen können. In diesem Fall folgt ganz logisch, daß 100% der auftretenden IQ-Unterschiede auf genetische Faktoren zurückzuführen sind, da ja die Umwelt für alle 5 000 Kinder dieselbe ist. Nun stellen wir uns eine andere, genauso unwahrscheinliche Situation vor. Mit Hilfe des „Klonens" (einer biologischen Gentechnik) könnte es möglich sein, irgendwann einmal endlose Anzahlen von Individuen mit absolut identischem Genmaterial zu produzieren. Hätten wir nun 5 000 identische Kinder und könnten wir sie in unterschiedlichen Umwelten aufwachsen lassen, dann würden 100% der Unterschiede in den gemessenen IQs logischerweise in diesem Fall allein auf Umweltfaktoren beruhen. Natürlich sind beide Beispiele weit hergeholt und sehr realitätsfern; was aber mit ihnen verdeutlicht werden soll, ist die Tatsache, daß, je *ähnlicher* die Umwelt einer Gruppe von Personen ist (bezüglich einer Variablen, die mit dem IQ in Zusammenhang steht), desto wahrscheinlicher sind IQ-Unterschiede bei diesen Personen auf genetische Unterschiede zurückzuführen. Und auf der anderen Seite gilt, daß je *ähnlicher* das genetische Material ist, desto wahrscheinlicher beruhen auftauchende Unterschiede im IQ auf Umweltfaktoren.

Sofern also sowohl der *Grad der genetischen Unterschiede* als auch der *Grad der Umweltunterschiede* innerhalb einer untersuchten Personengruppe nicht definiert werden kann, ist es sinnlos, Aussagen zu formulieren, die einen bestimmten Anteil der Varianz des IQs einer der beiden Variablen zuordnen. Denn dieser Prozentwert wird sich verändern, wenn das Verhältnis zwischen Umwelt- und Vererbungsfaktoren einen anderen Wert einnimmt.

Auch wenn man tatsächlich bestimmen könnte, daß 60% der Varianz der IQ-Verteilung einer ganz bestimmten Personengruppe, beispielsweise der deutschen Bauern im Jahre 1970, auf genetische Faktoren zurückzuführen sind, darf dieses Ergebnis nicht ohne weiteres auf die IQ-Varianz einer anderen Population übertragen werden, beispielsweise auf die Verteilung der IQ-Werte der Fischer an der Nordsee, der französischen Bauern oder der Arbeiter auf einer Zuckerrohrplantage auf Jamaika. Umweltfaktoren oder das genetische Material dieser anderen Populationen werden ja in jedem Fall mehr oder weniger von den jeweiligen Faktoren der deutschen Bauern abweichen; somit wird das Verhältnis zwischen Vererbungs- und Umweltfaktoren in jedem Fall einen anderen Wert annehmen.

Außerdem dürfen bei der Interpretation der Forschungsresultate Vergleiche *innerhalb der Gruppe* nicht mit Vergleichen *zwischen den Gruppen* verwechselt werden. Es ist denkbar, daß sowohl innerhalb einer Gruppe von z. B. 1 000 holsteinischen Bauern als auch innerhalb einer anderen Personengruppe von 1 000 Nordseefischern jeweils 60% der Varianz der IQ-Verteilung der Vererbung zugeschrieben werden könnten. Und trotzdem könnte in diesem Fall der *gesamte* Unterschied im IQ zwischen diesen beiden Populationen (wenn ein solcher Unterschied besteht) auf Unterschiede in der Umwelt zurückzuführen sein. Denn es existiert die Möglichkeit, daß ganz bestimmte Faktoren der sozialen Umwelt den allgemeinen IQ einer Gruppe erhöhen oder senken, und daß trotzdem noch immer 60% der IQ-Unterschiede dieser Gruppe von genetischen Faktoren abhängen.

Eine der ärgerlichsten Kontroversen im Bereich der Forschungsinterpretation wurde vor kurzem durch einen ausführlichen Artikel ausgelöst, der von dem Psychologen Arthur Jensen in dem berühmten "Harvard Educational Review" veröffentlicht wurde. Jensen faßte in diesem Referat Forschungsliteratur über die Vererblichkeit des IQs zusammen und betonte die Notwendigkeit zusätzlicher Forschungsarbeiten zu möglichen genetischen Intelligenzunterschieden. Die Presse berichtete dann sofort, daß Jensen behauptet hätte, er habe den „Beweis" über die genetische Minderwertigkeit verschiedener Rassen erbracht. In dem Artikel von Jensen ist diese Behauptung aber an keiner Stelle zu finden. Trotzdem wurden die Leser dieses Presseberichts zu der Annahme gebracht, Jensens Forschung führe zu dieser Schlußfolgerung. Viele andere Wissenschaftler haben dieses Problem erforscht und das Resultat berichtet, daß es *überhaupt* keine Hinweise auf eine *genetische* Minderwertigkeit irgendeiner Rassengruppe gibt (Kamin, 1974 faßt die relevante Literatur zusammen).

Trägt der Sozialwissenschaftler nun die Verantwortung für schlechte politische Entscheidungen und Maßnahmen, die aus der fehlerhaften Interpretation seiner Forschungsresultate resultieren? Ist er dazu verpflichtet, solche Fehlinterpretationen zu korrigieren, egal, ob sie mit voller Absicht oder durch Zufall und Unverständnis zustandegekommen sind? Hat sich die Redaktion des "Harvard Educational Review" falsch verhalten, weil sie Jensens Forschungsresultate und Interpretationen veröffentlicht hat?

Den meisten Lesern wird das Vorgehen in Fällen, die das Recht auf freie Meinungsäußerung betreffen, bekannt sein. Das Gesetz besagt, daß wir unsere Meinungen frei äußern dürfen, auch wenn diese Meinungen nicht der Wahrheit entsprechen (sofern das objektiv entschieden werden kann). Aber es gibt auch Grenzen dieser Freiheit; und zwar betrifft das Fälle, bei denen sozusagen jemand fälschlicherweise in einem vollbesetzten Theater „Feuer!" ruft und eine Panik auslöst, bei der andere zu Schaden kommen. Im Bereich der Fehlinterpretationen von Forschungsergebnissen hat ein Kritiker ganz treffend die Veröffentlichung von Resultaten, wenn sie bei der Mehrzahl der Leser zu unberechtigten und evtl. sogar destruktiven Schlußfolgerungen führt, mit dem Ruf (in einem vollbesetzten Theater) „Es könnte brennen!" verglichen.

Der Erwerb der Geschlechtsrollen

Im Jahre 1955 entwickelten zwei Sozialwissenschaftler der Harvard Universität (Parsons u. Bales) die theoretische Vorstellung, daß in allen sozialen Gruppen zwei grundlegende und unterschiedliche Rollen eingenommen werden, eine *instrumentelle* Rolle und eine *expressive* Rolle. Die Funktion der instrumentellen Rolle besteht darin, die Arbeit innerhalb einer sozialen Gruppe zu tun, eine bestimmte Aufgabe durchzuführen. Im Gegensatz dazu besteht die Funktion der expressiven Rolle im Umgang mit Emotionen und sozialen Beziehungen innerhalb der Gruppe. Im sozialen Klima der fünfziger Jahre wurde es als selbstverständlich erachtet, daß die instrumentelle Rolle Männern zugeschrieben wurde und die expressive Rolle dementsprechend Frauen (ungeachtet der Tatsache, daß die Theorie auf empirischen Studien basierte, die nur an männlichen Versuchspersonen durchgeführt worden waren).

Brim, Forscher im Bereich der (kindlichen) Entwicklung(spsychologie) war der Ansicht, daß diese konzeptuellen Definitionen (die instrumentelle Rolle ist männlich, die expressive Rolle ist weiblich) für eine Untersuchung über den Erwerb und die Aneignung der Geschlechterrollen nützlich seien. Brim (1958) klassifizierte 31 Persönlichkeitscharakteristika als entweder instrumentell (aufgabenorientiert) oder als expressiv (emotions- oder gefühlsorientiert) und bezeichnete die Persönlichkeitseigenschaften dementsprechend als männlich oder weiblich. Die Probleme, die evtl. durch eine solche Etikettierung entstehen, können an Brims Resultaten recht gut verdeutlicht werden.

Die instrumentellen (männlichen) Persönlichkeitscharakteristika in Brims Untersuchung waren folgende: Beharrlichkeit und Durchsetzungsvermögen, Aggressivität, Wißbegierde, Ehrgeiz, Planungsfähigkeit und Voraussicht, kein Trödeln oder Zögern, Verantwortungsbewußtsein, Originalität, Ansprechbarkeit auf Herausforderungen, Entscheidungsstärke und Selbstvertrauen. Die expressiven (weiblichen) Persönlichkeitszüge waren: nicht verärgert, nicht streitsüchtig, nicht rachsüchtig, nicht albern und neckisch, nicht extrapunitiv, nicht rechthaberisch, sich nicht hervortuend, kooperativ innerhalb der Gruppe, liebevoll, gehorsam, durch eine Niederlage nicht zu erschüttern, auf Sympathie und Anerkennung von Erwachsenen reagierend, nicht mißgünstig, von emotionalen Schlägen sich schnell erholend, fröhlich, nett, freundlich zu Erwachsenen und Kindern, nicht negativ, nicht über andere Personen redend.

Die operationalen Definitionen dieser Persönlichkeitscharakteristika bestanden aus den Lehrereinschätzungen fünf- und sechsjähriger Kinder; diese Aufzeichnungen waren als ein Teil einer früheren Untersuchung von Helen Koch angefertigt worden.

Brims primäres Interesse galt dem Erwerb der Geschlechtsrolle (Männlichkeit und Weiblichkeit) in Familien mit zwei Kindern. Nach der Analyse von Kochs Daten entwickelte Brim die Hypothese, daß Mädchen mit einem Bruder „männlicher" sind als Mädchen, die eine Schwester haben und daß dementsprechend Jungen mit einer Schwester (zumindest mit einer älteren Schwester) „weiblicher" sind als Jungen mit einem Bruder.

Einige Aspekte der Resultate erschienen Brim von Anfang an nicht ganz plausibel, vor allem „die Tatsache, daß Mädchen mit einem Bruder zu einem höheren Grad männlich zu sein scheinen als irgendeiner der Jungen" und „daß alle Mädchen weiblicher zu sein scheinen als die Jungen männlich" (S. 438). Obwohl Brim „die Unglaubwürdigkeit der Annahme, daß eine Untergruppe der Mädchen männlicher sei als die Jungen insgesamt" (S. 438) betont, stellte er die grundlegende konzeptuelle Definition von Parsons u. Bales nicht in Frage, d. h. die Gleichsetzung von männlich und instrumentell und von weiblich und expressiv. Stattdessen nahm er an, daß Verzerrungen in den Lehrereinschätzungen oder alternative statistische Techniken oder ein psychologisches Korrelat der psychoanalytischen Oedipustheorie diese seltsamen Resultate erklären könnten.

Die Zeiten ändern sich. Würde Brim heute seine Untersuchungen durchführen, würde er evtl. berichten, daß kleine Mädchen und Jungen sich „freier" zu verhalten scheinen, wenn sie ein gegengeschlechtliches Geschwister haben. Mädchen mit einem Bruder weisen mehr „Beharrlichkeit, Wißbegierde, Ehrgeiz, Selbstvertrauen und Entscheidungsstärke" auf als Mädchen mit einer Schwester, obwohl auch sie „fröhlich, nett und freundlich" sind. Jungen mit einer Schwester zeigen mehr „Durchsetzungsvermögen, schnellere Erholung von emotionalen Störungen, Freundlichkeit und weniger Gerede über andere" als Jungen, die nur einen Bruder haben. Die Annahme, daß Männlichkeit und Weiblichkeit aus jenen Persönlichkeitscharakteristika, die oben angeführt worden sind, bestehen, scheint heutzutage nicht mehr so plausibel und selbstverständlich wie in den fünfziger Jahren.

Brim ist zugute zu halten, daß er gerade die verblüffenden Gesichtspunkte seiner Resultate besonders hervorgehoben und veröffentlicht hat. Seine Arbeit verdeutlicht deshalb die Vorteile der Publikation und Darlegung von Forschungsresultaten, so daß andere Wissenschaftler, sofern notwendig, sie nochmals neu interpretieren können. Da Brims grundlegende Daten und operationale und konzeptuelle Definitionen im Detail in seinem Bericht vorgestellt und angeführt worden sind, bestand für uns die Möglichkeit, seine Schlußfolgerungen zu überprüfen und seine Daten neu zu interpretieren; genauso wie Brim die Befunde von Koch nochmals interpretiert hat. Die Untersuchung von Brim verdeutlich außerdem, wie Forscher ganz unabsichtlich in ganz bestimmten sozialen und kulturellen Vorstellungen ihrer Zeit gefangen sein können.

Das Große Rätsel um den S.A.T.

Der Aspekt der „Alternativhypothesen" bei der Interpretation der Forschungsresultate kann anhand des „Großen Rätsels um den S.A.T." verdeutlicht werden. Warum sind die erhobenen Scholastic Aptitude Test(S.A.T.)-Werte im Laufe von zehn Jahren stetig gesunken? An vielen Colleges der USA werden die Bewerber u. a. aufgrund ihrer Testwerte im S.A.T. ausgewählt. In den Jahren zwischen 1962 und 1975 sanken nun insgesamt die verbalen S.A.T.-Werte um 49 Punkte und die mathematischen S.A.T.-Werte um 32 Punkte (Narvaez, 1976). Zur Erklärung dieses Phänomens wurden verschiedene alternative Hypothesen entwickelt, die jetzt kurz vorgestellt werden.

1. *Die Meßfehlerhypothese.* Diese Hypothese macht sozusagen die Anwender des Tests für das schlechte Resultat in den siebziger Jahren verantwortlich. Denn es wird davon ausgegangen, daß fehlerhaftes Vorgehen beim Messen zu den geringen Testwerten geführt hat. Ist es möglich, das Absinken der Testwerte nicht auf ein tatsächliches Absinken der Leistung zurückzuführen, sondern auf irgendeinen Aspekt des Meßvorgangs selbst? Vielleicht sind auch die in jüngerer Zeit vorgelegten Tests schwieriger gewesen als die früheren Tests, so daß ganz selbstverständlich die Testwerte der Studenten insgesamt abgesunken sind. Diese Hypothese ist genau überprüft worden. Sie hat sich als falsch herausgestellt. Denn jedes Jahr bekamen verschiedene Stichproben aus der Studentenpopulation sowohl den neuesten S.A.T. als auch eine ältere Form vorgelegt. Es konnte festgestellt werden, daß die Studenten in den alten Tests keine höheren Testwerte erlangten als mit den neuen Formen des S.A.T. Aus diesem Grund muß gefolgert werden, daß die S.A.T.s der späteren Jahre nicht schwieriger geworden sind als die Tests, die in den

sechziger Jahren appliziert worden waren. Außerdem hat sich die Korrelation zwischen S.A.T.-Ergebnissen und Collegeleistung nicht verändert, sondern blieb stabil. Auch das weist darauf hin, daß sich die Testformen hinsichtlich ihrer Schwierigkeit nicht verändert haben.

2. *Demographische Charakteristika der Personen: Die Hypothese der „veränderten Studentenpopulation".* Ist die Veränderung der S.A.T.-Werte auf die Tatsache zurückzuführen, daß ganz andere Personen in jüngster Zeit den Test vorgelegt bekamen als in den sechziger Jahren, als die Werte noch so hoch gewesen waren? Das heißt, enthält die Studentenpopulation in jüngerer Zeit mehr schwache Studenten als früher? Es existieren einige Hinweise, die diese Erklärung unterstützen. Beispielsweise ist ein größerer Prozentsatz von Mädchen in den siebziger Jahren mit dem S.A.T. zur Collegeaufnahme geprüft worden; und die Testwerte der Mädchen sind etwas mehr abgesunken als die der Jungen. Dies könnte u.U. darauf hinweisen, daß mehr weniger leistungsfähige Mädchen in den siebziger Jahren eine Collegeausbildung für sich in Betracht gezogen haben und daß somit die Gesamtpopulation der Studenten dementsprechend verändert worden ist (Fiske, 1976). Dieser Umstand kann nun zum Teil das Anwachsen der niedrigen Testwerte erklären; er kann jedoch nicht zur Erklärung des absoluten (nicht prozentualen) Abfalls der Anzahl der sehr hohen Testwerte herangezogen werden (Fiske, 1975). Außerdem gibt es Hinweise, daß Studenten der siebziger Jahre, die nicht vorgehabt haben, auf ein College zu gehen, weniger gute S.A.T.-Werte erlangt haben als die Studenten der sechziger Jahre, die auch nicht vorgehabt hatten, an einem College zu studieren, sondern an der Universität (Fiske, 1975). Auch dieser Umstand spricht gegen die Hypothese der „veränderten Studentenpopulation".

3. *Die „Geburtsraten"-Hypothese.* Zajonc (1976; Tavris, 1976) schlägt vor, den Abfall der S.A.T.-Werte durch das Ansteigen und Abfallen der Geburtsrate zu erklären. Er geht von Forschungsarbeiten über den IQ aus, die festgestellt haben, daß die jüngeren Kinder in großen Familien und in Familien, in denen die Kinder in sehr kurzen Abständen nacheinander geboren wurden, einen statistisch signifikant, wenn auch nur in einem mittleren Maße, geringeren IQ aufweisen. Zajonc glaubt, daß der Grund für diese Tatsache darin besteht, daß das Kind mit einem viel älteren Geschwister und zwei Erwachsenen (den Eltern) von intellektuellen „Giganten" umgeben ist, während das Kind mit zahlreichen etwas älteren und jüngeren Geschwistern sich sozusagen in der Gesellschaft „dummer kleiner Kinder" befindet.
Wie kann man mit dieser Grundannahme nun das Absinken der S.A.T.-Werte erklären? Zajonc meint dazu, daß die Testwerte in den frühen sechziger Jahren so hoch gewesen seien, weil die Geburtsrate ungefähr 18 Jahre früher (während des Zweiten Weltkriegs) so gering war. Damals waren die Familien relativ klein und die Kinder lagen vom Alter her relativ weit auseinander. Nach dem Krieg kam es dann zu einem Baby-Boom. Die Familien wurden größer, und die Kinder wurden recht schnell nacheinander geboren. Erst vor kurzem (Mitte der siebziger Jahre) ist die Geburtsrate wieder gesunken. Ist Zajoncs Theorie korrekt, sollte es bald wieder zu einem allgemeinen Ansteigen der S.A.T.-Werte kommen; nämlich dann, wenn die Kinder aus den kleinen Familien das entsprechende Alter erreichen werden. Und tatsächlich existieren bereits jetzt schon einige erste Hinweise zur Unterstützung dieser Annahme. Ende der siebziger Jahre stiegen nämlich die Leistungstestwerte der Kinder an Grundschulen in Iowa und New York City an, während gleichzeitig ein größerer Anteil an Einzel-, erst- und zweitgeborenen Kindern zu verzeichnen war (Tavris, 1976). Natürlich verändern sich an diesen Schulen gleichzeitig auch viele andere Dinge, so daß auch andere Faktoren für das Ansteigen der Leistungstestwerte verantwortlich sein könnten.

4. *Die TV-Hypothese.* Es ist das Argument vorgebracht worden, daß der gesteigerte TV-Konsum bei den Kindern der Schulgeneration nach 1970 dafür verantwortlich ist, daß sie weniger lesen und somit auch weniger lernen. Diese Theorie ist konsistent mit der Tatsache, daß sich die Leistungstestwerte in der fünften Klasse einpendeln und von der sechsten Klasse an abfallen. Itemanalysen des S.A.T.s haben gezeigt, daß das Leseverständnis das Gebiet ist, auf dem die Werte am meisten abgesunken sind (Hargadon,

1976). Eventuell verbringen die Kinder im Alter von neun bis zehn Jahren, die früher viel gelesen haben, heutzutage statt dessen ihre Zeit vor dem Fernsehgerät.

5. *Die Hypothese des „weniger adäquaten Lernens bzw. Lehrens an den Schulen"*. Wird heutzutage an den Schulen weniger gut unterrichtet? Ist das pädagogische Niveau geringer? Lernen die Schüler weniger und strengen sie sich weniger an? Vielleicht kann das Absinken der S.A.T.-Werte einem dieser Gründe zugeschrieben werden.
Einige Leute haben spekuliert, daß in den dreißiger Jahren die Lehrqualität in den USA höher war als in den folgenden Jahrzehnten, da während der Weltwirtschaftskrise gut ausgebildete, promovierte Akademiker mit Lehrstellen an Oberschulen und sogar an Grundschulen vorlieb nehmen mußten. In den sechziger Jahren bekamen die besser ausgebildeten Leute dann besser bezahlte Arbeitsstellen an Hochschulen und in der freien Wirtschaft. Gleichzeitig wurden an den Schulen deshalb eher relativ schlecht ausgebildete Leute als Lehrer eingestellt, da zu dieser Zeit die Klassenzimmer mit „Baby-Boom"-Kindern überfüllt waren. Der Theorie gemäß könnte aus diesen Gründen eine ganze Generation schlechter ausgebildeter Pädagogen an die Schulen gekommen sein, die dann für das ziemlich schlechte Lehren und Lernen der Schüler verantwortlich gemacht werden.
Wiley u. Harischfeger (Fiske, 1976) stellten anhand von schriftlichem Aufzeichnungsmaterial fest, daß in den Jahren 1971 und 1972 die Zahl der Englischvorbereitungskurse für das College um 11% sank. Wahrscheinlich wählten die Schüler statt dessen einfachere Kurse. Es wird angenommen, daß, wenn die Lehrer einfachen Lehrstoff vermitteln bzw. die Schüler weniger anspruchsvolle Kurse belegen, sie insgesamt weniger lernen und daß diese Tatsache sich in geringeren S.A.T.-Werten zeigen sollte.
Auf der anderen Seite betonen die Forscher, daß die Mathematik-Testwerte über die Jahre hinweg weniger gesunken sind als die verbalen Testwerte. Dieser Umstand weist darauf hin, daß die Schuld für das Absinken der S.A.T.-Werte nicht ausschließlich den Lehrern angerechnet werden darf. Denn der Erwerb mathematischer Fähigkeiten geschieht vor allem in der Schule, während verbale Fähigkeiten eher außerhalb der Schule erworben werden.

6. *Die Hypothese der „veränderten kulturellen Werte"*. Diese Theorie nimmt an, daß sich die Leistungswerte aufgrund eines Wandels in den sozialen Werten verändert haben. Der introvertierte, leistungsorientierte, individualistische Konkurrenzethos ist zum größten Teil durch ein entspannteres, extravertiertes Wertesystem, in dem hartes Arbeiten keinen hohen Stellenwert mehr einnimmt, vor allem in der jüngeren Generation, ersetzt worden. Der fleißige Student der sechziger Jahre machte sich dieser Annahme gemäß Gedanken über sein Vorwärtskommen und büffelte und paukte sich durch die Schullaufbahn. Einige Leute sind auch der Ansicht, daß der heutige Student sich nicht groß um sein Vorwärtskommen bemüht und sich nicht darum kümmert, gute Noten oder hohe Testwerte zu erlangen. Dieser Annahme gemäß soll diese veränderte Einstellung hinsichtlich des Studiums zu dem allgemeinen Absinken der S.A.T.-Werte beigetragen haben.

Aus der Betrachtung dieser ganzen Hypothesen folgt, daß es für das generelle Absinken der S.A.T.-Werte bis jetzt noch keine schlüssige Interpretation gibt. Eventuell sind viele und unterschiedliche Variablen dafür verantwortlich. Wie ein Mitglied der Organisation, die den S.A.T. entwickelt, es ausdrückt: „Je mehr wir uns mit der Sache beschäftigt haben, desto komplexer ist sie geworden... Jeder, der behauptete, die Lösung gefunden zu haben, lag bisher falsch" (Maeroff, 1976, S. 17).

Der Lügendetektor

Jede Messung ist zu einem mehr oder weniger hohen Grad mit einem *Meßfehler* belastet. Keine Messung ist hundertprozentig reliabel und valide, d. h. fehlerfrei. Ob dieser Meßfehler ein ernsthaftes Problem bei der Interpretation darstellt, hängt auf der einen Seite von der Größe und der Ernsthaftigkeit des Fehlers und auf der anderen Seite vom Zweck und von der Verwendung der entsprechenden Forschungsarbeit ab.

Betrachten wir den möglichen Meßfehler beim Gebrauch des Lügendetektors oder Polygraphen. Wieviele „Treffer" und „Fehltreffer" werden mit dem Lügendetektor gemacht, wenn untersucht wird, ob eine Person lügt oder ob sie die Wahrheit sagt? Kuois (1976) stellte in seinen Forschungsarbeiten fest, daß der Lügendetektor in 76 von 100 Fällen akkurate Ergebnisse liefert. Dies ist an sich ein guter Wert. Aber nehmen wir nun einmal hypothetisch an, daß der Lügendetektor tatsächlich sogar in 90% der Fälle wahre Resultate erbringt, und betrachten wir die möglichen Konsequenzen des Meßfehlers in diesem Fall (Lykken, 1976). Wenn ein Betrieb 1 000 Beschäftigte hat und davon 50 Leute etwas gestohlen haben, dann würde der Lügendetektor mit 90% iger Genauigkeit 45 der Diebe korrekt identifizieren (90%). Unter der Verwendung des Lügendetektors würde man außerdem fünf weitere Personen als unschuldig einschätzen, die aber tatsächlich gestohlen haben. Von den restlichen 950 Beschäftigten würden außerdem 855 (90%) als unschuldig eingeschätzt werden. Und *95 Personen* (10%) würden als schuldig identifiziert werden, obwohl sie tatsächlich unschuldig sind! Das heißt also, daß von den 140 Personen, die unter der Verwendung des Lügendetektors als schuldig eingestuft werden, 95 (zwei Drittel) in Wahrheit gar nicht schuldig sind. Es soll nochmals betont werden, daß dieses hypothetische Beispiel eine größere Genauigkeit annimmt, als man bei der Verwendung des Lügendetektors tatsächlich voraussetzen kann. Wie an diesem Beispiel verdeutlicht worden ist, kann der Meßfehler, wenn er nicht adäquat berücksichtigt wird, ganz erhebliche Konsequenzen haben.

Psychologen und Ehe

Cuca (1976) berichtete in einem Artikel im „APA Monitor" von bedeutenden Unterschieden zwischen dem Familienstand männlicher und weiblicher Psychologen. Unter dem Titel "Woman Psychologists and Marriage: A Bad Match?" wurde berichtet, daß nur 8% der männlichen, im Jahre 1972 registrierten Psychologen niemals verheiratet gewesen sind und daß nur 5% von ihnen geschieden waren, während die Werte der weiblichen Psychologen 22% bzw. 13% betrugen. „Es scheint, als habe die Psychologie auf Männer eine eheförderliche Wirkung und auf Frauen eine eher unterminierende Wirkung in bezug auf die Ehe" (Cuca, 1976, S. 14).

Aber bevor wir uns mit dieser Schlußfolgerung einverstanden erklären, sollten wir wieder zuerst mögliche alternative Hypothesen über mögliche „kausale" Beziehungen zwischen den verschiedenen Variablen betrachten. Viele *berufstätige* Frauen sind alleinstehend, leben von ihren Männer getrennt, sind geschieden, verwitwet oder haben Ehemänner, die nicht genügend verdienen, um die Familie un-

terhalten zu können. Bevor wir also die Interpretation von Cuca akzeptieren können, müssen wir mehr über die Richtung der „Kausalität" in diesem Falle wissen.
Es wäre beispielsweise hilfreich, zu wissen, wieviele Frauen Psychologie studiert
haben, weil sie eine Ausbildung machen mußten, um Geld zu verdienen, weil sie
alleinstehend oder geschieden waren. Wir sollten auch „dritte Variablen" in Betracht ziehen. Denn vielleicht sind die Frauen im Durchschnitt nur deshalb vorwiegend alleinstehend, weil sie insgesamt jünger gewesen sind als die untersuchten
Männer. Es könnte auch der Fall sein, daß der Anteil der Frauen im Studienfach
Psychologie in den letzten Jahren angestiegen ist. An diesen angeführten alternativen Erklärungshypothesen wird klar, welche Interpretationsbeschränkungen
und -schwierigkeiten mit einer Untersuchung entstehen können, die eine wichtige
Variable nur zu einem Zeitpunkt mißt. Eine Längsschnittuntersuchung einer
Kohorte von Frauen und Männern, die Psychologie studieren und später als Psy-
chologen arbeiten, wäre in diesem Fall sicher informativer.

Vaterlose Familien und zweifelhafte Dichotomien

Ein Fehler aufgrund einer sog. „gebundenen Variablen" tritt dann auf, wenn man
nur die „kausale" Variable A in Betracht zieht und eine andere „kausale" Variable B vernachlässigt, die sehr eng mit der Variablen A zusammenhängt. Dieser
Problembereich kann als Unterkategorie des Problems „alternativer Hypothesen" oder des Problems der „dritten Variablen" betrachtet werden.
Herzog (1970) kommt in ihrem Überblick über die Forschung über den Einfluß
vaterloser Familien auf diesen Fehler zu sprechen. Verschiedene Arbeiten zeigen,
daß Jungen aus vaterlosen Familien häufiger delinquent werden als Jungen aus
intakten Familien (in denen die ganze Familie zusammenlebt). Viele Forscher haben diesen Befund derart interpretiert, daß die Abwesenheit eines Vaters eine höhere Wahrscheinlichkeit für eine Delinquenz bei den Söhnen bedingt. Zum Nachteil der betroffenen Familien und der dementsprechenden sozialen Stellen kann
diese Interpretation zu einem pessimistischen Fatalismus führen. Denn aus dieser
Interpretation folgt implizit, daß gegen das Delinquenzproblem der betreffenden
Jungen nichts getan werden kann, da es nicht möglich ist, ihnen den Vater zu er-
setzen. Herzog zieht andere Interpretationen der Befunde in Betracht: Vielleicht
bleiben vaterlose Jungen eher in delinquenten Kreisen hängen, oder werden eher
verdächtigt oder werden weniger oft „laufengelassen" als Jungen mit Vätern, welche sich in den entsprechenden Situationen evtl. für sie einsetzen. Herzog führt
außerdem zusätzliche Forschungsarbeiten heran, die festgestellt haben, daß nur
kaputte Familien (engl.: broken homes), die zudem durch familiären Streß, inadäquate Disziplin oder eine fehlende Beaufsichtigung der Kinder gekennzeichnet
sind, eine höhere Delinquenzrate aufweisen. Schließlich berichtet Herzog von einigen Arbeiten, die darauf hinweisen, daß auch die *Anwesenheit* eines Vaters zu
delinquentem Verhalten führen kann. In einer Untersuchung fand man eher noch
mehr delinquente Kinder in unglücklichen, intakten Familien als in glücklichen,
vaterlosen Familien.
Herzog zeigt, wie man vereinfachte einfaktorielle Erklärungen bei der Interpretation von Forschungsresultaten verhindern kann. Sie betont, daß man auf alle Fäl-

le die Erstellung *zweifelhafter Dichotomien* vermeiden sollte, beispielsweise die Annahme, daß eine räumlich getrennte Familie mit einer psychologisch gestörten Familie gleichzusetzen ist. Gleichzeitig warnt Herzog vor der Tendenz, *unberechtigte Symmetrien* anzunehmen; in dem obigen Beispiel etwa die Annahme, daß das Aufzeigen des Vorhandenseins eines „guten" Faktors (intakte Familie) selbstverständlich bedeutet, daß das Nichtvorhandensein (vaterlose Familie) zu einem entsprechend schlechten Zustand führt. Es gibt zu diesem Problem ein altes Sprichwort, das besagt: „Geld zu haben ist nicht so gut wie kein Geld zu haben schlecht ist."

Kapitel 16

Die Erstellung
des Forschungsberichts

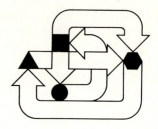

Das Ziel eines Forschungsberichts besteht vor allem darin, daß der Leser genau versteht, was der Untersucher von Anfang an tun wollte, wie er bei seiner Arbeit vorging, warum während der Arbeit bestimmte Richtungen eingeschlagen wurden und welche Ergebnisse und möglichen Folgerungen sich aus der Arbeit ergeben. Natürlich kann der Untersucher i. allg. annehmen, daß der zukünftige Leser des Berichts über einen allgemeinen psychologischen Wissenshintergrund verfügt und über statistische Verfahren Bescheid weiß. Der Untersucher sollte es also einerseits vermeiden, triviale oder belanglose Details in seinem Bericht aufzuführen, andererseits sollte er aber auch hinreichend viel präzise Informationen bringen, so daß der Leser die Arbeit ganz klar und eindeutig verstehen kann und, wenn er wollte, im Optimalfall die Arbeit replizieren könnte.

Der Untersucher sollte von vornherein damit rechnen, daß der Bericht mindestens zwei- oder dreimal neu entworfen werden muß. (Ein Artikel, der in einer Fachzeitschrift veröffentlicht wird, ist i. allg. vor seiner Veröffentlichung ein paar Mal umgeschrieben und neu formuliert worden, Kollegen gezeigt worden, revidiert und zur Veröffentlichung vorgelegt worden, vom Verleger und mehreren Lektoren kritisiert und wieder revidiert worden und vor der letztendlichen Veröffentlichung noch ein paar Mal durchgesehen und revidiert worden!)

16.1 Der Aufbau des Forschungsberichts

Es gibt verschiedene Möglichkeiten, einen Forschungsbericht gut aufzubauen. Betrachten wir das Format, wie es von der American Psychological Association (1974) ausgearbeitet wurde, und wie es sich im angloamerikanischen Sprachraum und seinen Ausstrahlungsgebieten in der Psychologie „quasi-normativ" durchgesetzt hat.

1. Titel
2. Kurzzusammenfassung (engl.: abstract)
3. Einführung (in den theoretischen Hintergrund)
4. Methode
    a. (Versuchs-)Personen
    b. Geräte und Materialien
    c. Vorgehensweise
5. Resultate
6. Diskussion der Ergebnisse; Folgerungen
7. Literatur

Titel

Am Anfang eines Forschungsberichts müssen der Titel, der Name des Autors bzw. der Autoren und der verantwortlichen Einrichtung angeführt werden. Ein guter Titel teilt den Lesern kurz und prägnant mit, wovon der Artikel handelt. Da in Forschungsarbeiten häufig die Beziehung zwischen einer unabhängigen Variablen und einer abhängigen Variablen untersucht wird, lautet der Titel häufig: „Der Effekt von _____ auf _____ " oder „Die Beziehung zwischen _____ und _____ ". Weniger sachlich, dafür aber das Interesse der Leser eher auf sich zie-

Aufbau des Forschungsberichts

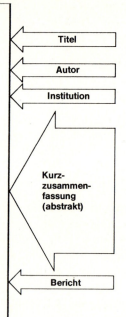

Die Beziehung zwischen dem Bedürfnis nach sozialem Kontakt und der Wahl des Studentenwohnheims.

Alice Betcher Cummins

Northchester College

Die Schutz-FIRO-B-Skala und ein Fragebogen wurden einer repräsentativen Stichprobe von 57 Studenten im zweiten Studienjahr, die in zwei architektonisch unterschiedlichen Wohnheimen leben, vorgelegt. Das erste Wohnheim besteht aus kleinen Wohnungen für vier Personen mit einem gemeinsamen Wohnzimmer; das andere Wohnheim aus Zimmern entlang einem Schlauch langer Korridore. Wie vorhergesagt, hatten die Studenten, die sich für das erste Wohnheim entschieden hatten, signifikant höhere soziale Kontaktbedürfnisse als die andere Gruppe (t = 4,6, p > 0,01). Trotz ihrer geringeren sozialen Kontaktbedürfnisse haben die Studenten in den „Korridor"-Wohnheimen signifikant größere Schwierigkeiten mit dem „Alleinsein" (t = 3,9, p < 0,01).

Steht die Vorliebe für einen architektonischen Stil in Beziehung zur Persönlichkeit? Cohen u. Ryan (1978) untersuchten 189 Familien, deren Wohnungen entweder . . .

Titel

Autor

Institution

Kurzzusammenfassung (abstrakt)

Bericht

hend, sind Titel wie beispielsweise „Die Relevanz der Relevanz" oder „Der Feind meines Feindes ist mein Freund".

Kurzzusammenfassung

Die Kurzzusammenfassung besteht in einer Zusammenfassung der wesentlichen Gesichtspunkte der Arbeit. Viele Fachzeitschriften schreiben ihren Autoren vor, wieviele Worte die Kurzzusammenfassung höchstens enthalten darf – beispielsweise 75 bis 175 Worte. Die Kurzzusammenfassung enthält die wesentlichen inhaltlichen Punkte des Artikels: die hier relevante Theorie, die ausgewählten und untersuchten Personen, die verwendeten Methoden und die erzielten Resultate. Sie wird i. allg. etwa folgendermaßen formuliert:

„Die Beziehung zwischen dem architektonischen Stil des Wohnheims und der sozialen Bedürfnisse der Einwohner wird auf dem Hintergrund der Arnheimschen Ästhetik-Theorie an einer repräsentativen Stichprobe von 54 Oberschichtstudenten, die an einem liberalen Kunstcollege studieren, untersucht. Studenten, die in Wohnheimen wohnen, in denen die Zimmer in kleinen Einheiten angeordnet sind, haben signifikant größere Bedürfnisse nach sozialem Kontakt (gemessen mit der Schutz FIRO-B Skala) im Vergleich zu Studenten, die in traditionellen Wohnheimen, in denen die Zimmer auf jedem Stockwerk an einem langen Flur angeordnet sind, untergebracht sind. Die Implikationen für das Leben auf dem Collegegelände werden diskutiert."

Es ist natürlich sinnvoll und, davon abgesehen, auch einfacher, die Kurzzusammenfassung einer Arbeit erst nach der Fertigstellung der ersten Version des Forschungsberichts anzufertigen.

Einführung

Der Forschungsbericht sollte mit einer allgemeinen Beschreibung des Themas beginnen. Warum ist das untersuchte Thema überhaupt von theoretischem Interesse? Weist es einen Bezug zu einer bestimmten psychologischen Theorie auf? In welcher Hinsicht führten bereits existierende Forschungsarbeiten zu der Durchführung der Untersuchung? Beinhaltet das Thema bestimmte Implikationen für den Durchschnittsbürger oder für eine ganz spezielle Personengruppe? Welche allgemeinen Kontroversen betreffen das Thema?

Literaturangaben. Es wird erwartet, daß Forschungsberichte, studentische Arbeiten, Fachartikel und Anträge auf Forschungszuschüsse einen Überblick über die Literatur beinhalten, auf der die Arbeit zu dem in Frage stehenden Thema beruht. Diese Literatur wird i. allg. aus den Katalogen der Bibliotheken ausgewählt. Die Zeitschriften *Psychological Abstracts* und *Child Development Abstracts and Bibliography* bestehen nur aus den Kurzzusammenfassungen veröffentlichter Artikel. Die Zeitschrift Psychological Abstracts hat ein doppeltes Zahlenidentifikationssystem, welches die relevanten Teilgebiete der Psychologie systematisch verschlüsselt.
Es gibt Stellen, bei denen man eine computergesteuerte Suche nach Literaturquellen zu bestimmten spezifischen Themenbereichen anfordern kann. Dabei werden Schlüsselwörter verwendet, die man am Anfang aus einer Liste auswählt. Eine kommentierte Computerbibliographie, wie sie ein professioneller Forscher benötigt, kann Hunderte von Literaturstellen beinhalten und somit auch finanziell sehr aufwendig sein. Staatliche Stellen (in den USA) bieten eine computergesteuerte Suche der Literaturstellen zu verschiedenen Themen an, u. U. sogar kostenlos. Jedoch kann es drei bis sechs Monate dauern, bis man seine relevanten Literaturstellen bekommt. Der Student hat i. allg. weder genügend Zeit noch die finanziellen Mittel, um sich die gesamte vorliegende und existierende Literatur mit einer computergesteuerten Suche zu besorgen. Und dies wird i. allg. von Studenten auch gar nicht verlangt; in solch einem Falle genügen die wichtigsten Literaturangaben, die mit Hilfe der Bibliothekskarteien ermittelt werden können. Auch in der Bundesrepublik gibt es einen besonderen, von den Universitätsbibliotheken angebotenen Service – *DIMDI (Net)*; er enthält sogar alle psychologischen Abstracts der ca. letzten zehn Jahre in computergerechter, per Schlüssel(wort) abrufbarer Form.

Darstellung der spezifischen Arbeitshypothesen. Die erste Darstellung des Themas in der Einführung hat sich auf die allgemeine Bedeutung des Forschungsthemas bezogen. Jetzt muß ganz genau erklärt und ausgeführt werden, weshalb welche spezifischen Fragestellungen in der Untersuchung behandelt worden sind. Die spezifischen Hypothesen müssen sorgfältig ausformuliert und dargestellt werden. Hat der Untersucher eine hypothesengenerierende oder eine explorative Untersuchung durchgeführt und dabei keine spezifische Ausgangshypothese verwendet, dann muß er diese Tatsache genau mitteilen sowie das hauptsächliche Ziel der Arbeit. An dieser Stelle sollte auch eine Zusammenfassung der wichtigsten Teilaspekte der gesamten Arbeit vorgestellt werden.

Methode

In diesem Abschnitt sollte dem Leser erklärt werden, wie das in Frage stehende Problem untersucht worden ist. Folgende Bereiche sollten dabei genau erläutert werden:

Personen. Wer nahm an der Untersuchung teil? Wieviele Personen nahmen teil? Wie wurden die Personen ausgewählt? Handelt es sich um eine repräsentative, systematische Zufallsstichprobe? Wenn ja, muß das Auswahlvorgehen beschrieben werden. Handelt es sich um eine „geschichtete" Stichprobe? Welche Population wurde gewählt? Auch die Erstellung nichtrepräsentativer Stichproben sollte beschrieben werden. Die wichtigsten Charakteristika der untersuchten Personen sollten angeführt werden, wie beispielsweise ihr Alter, Geschlecht und Berufsstand. Beispielsweise folgendermaßen: „Die Versuchspersonen der Experimentalgruppe setzen sich aus 37 Freiwilligen aus einem Einführungsseminar der Wirtschaftswissenschaften an der Universität XYZ zusammen." Der Datenschutz der untersuchten Personen muß dabei natürlich gewahrt bleiben. Natürlich dürfen auch die Namen der einzelnen Individuen nicht genannt werden.
Kommt es bei der Untersuchung auf Repräsentativität an, sollten an dieser Stelle Informationen über die *Teilnahmerate* bei Experimenten, die *Verweigerungsrate* bei Interviewstudien und die *Rückflußrate* bei Fragebogenuntersuchungen angeführt werden. (War die Rückflußrate hoch genug, um die Repräsentativität der Zufallsstichprobe zu gewährleisten? Wird evtl. die Interpretation der Forschungsresultate durch eine hohe Verlustrate der Versuchspersonen beeinflußt? Diese ganzen Fakten müssen dann auch in den Abschnitt „Diskussion" weiter unten im Forschungsbericht eingehen.)

Geräte und Materialien. Die Verwendung des Begriffs „Geräte" (oder „Versuchsanordnung") ist eigentlich nur für Forschungsarbeiten adäquat, die beispielsweise ein Labyrinth, Konditionierungsvorrichtungen oder Darbietungsgeräte für komplizierte visuelle Stimuli (Tachistoskope) verwenden. Mit zunehmender Verwendung von Microcomputern als Geräten zur Reizdarbietung, Versuchssteuerung oder Datenaufzeichnung (und der späteren Datenanalyse) bürgert sich ein neuer Versuchsberichts-Standard ein: „Verwendet wurde ein Microcomputer Apple II plus unter DOS 3,3 mit 48 kbyte Arbeitsspeicher, dem Programm „DORI" von K. Breuer; die statistischen Auswertungen erfolgten mit dem Statistikprogramm „Microstat" von E. Kleiter, Kiel." Derartige Angaben erleichtern es künftigen Untersuchern, die Arbeit zu replizieren.
Aber nur in den wenigsten psychologischen Forschungsarbeiten wird ein „Gerät" im literarischen Sinne des Wortes verwendet. Jedoch werden i. allg. irgendwelche „Materialien" verwendet. Solche Materialien sind beispielsweise Papier-Bleistift-Tests, Fragebogen und Interviews. Sind in einer Untersuchung Tests verwendet

worden, sollten diese kurz beschrieben werden, einschließlich der Reliabilitäts- und Validitätsangaben (sofern diese bekannt sind). Auf alle Fälle muß der Autor des relevanten Tests genannt werden. Hat der Forscher seine verwendeten Materialien selbst entwickelt, dann sollte er sie kurz beschreiben und eine Kopie des Tests, des Fragebogens oder Interviewschemas im Anhang des Forschungsberichts vorstellen.

Vorgehensweise. An dieser Stelle sollte das Forschungsvorgehen präzise dargestellt werden. Welche Gruppen wurden gebildet? Welche experimentellen Manipulationen sind vom Versuchsleiter ausgeführt worden? Dieses Vorgehen sollte dabei Schritt für Schritt genau erläutert werden. Welche Erklärungen und Instruktionen erhielten die Versuchspersonen? Diese ganzen Gesichtspunkte sollten relativ ausführlich angeführt werden, so daß der Leser des Berichts in der Lage sein könnte, wenn er wollte, die Studie zu replizieren.

Resultate

Überträgt man die Erstellung eines Forschungsberichts in die Analogie zu einem Drama, dann kann man sagen, daß der Abschnitt, in dem die Resultate vorgestellt werden, den Höhepunkt des Dramas darstellt. Der Forscher hat seinen „dramatischen Konflikt" (das Problem) ausgeführt, seine „Rollenbesetzung" vorgestellt, die Personen in verschiedenen Situationen gebracht und ist nun bereit, die „Auflösung" des Dramas zu präsentieren.

Darstellung hypothesengenerierender oder induktiver Forschungsresultate. Hat der Forscher eine hypothesengenerierende oder induktive Untersuchung durchgeführt, dann sollten mit den Resultaten die Hauptanalysekategorien aus der Inhaltsanalyse, den Interviews oder den Beobachtungsaufzeichnungen angeführt werden. Die relevanten Themen oder Verhaltensweisen werden hierbei i. allg. mit Bezeichnungen versehen und genau definiert. Veranschaulichende Zitate können zu einem besseren Verständnis beitragen.

Darstellung von Fragebogenresultaten. Bei der Darstellung von Fragebogenresultaten ist es häufig einfacher, eine Kopie der wichtigen Ausschnitte des Fragebogens vorzustellen, als jede Frage extra im Text anzuführen. Sowohl die Häufigkeit (die Anzahl) als auch der Prozentanteil der untersuchten Personen, die eine gegebene Antwort angekreuzt haben, sollte bei jeder Antwortkategorie angegeben werden. Beispielsweise folgendermaßen:

7. Was halten Sie von der Einführung eines Wehrdienstes für Frauen?

%	N	
8	6	a) Ich bin sehr dafür.
18	13	b) Ich bin dafür.
38	27	c) Ich bin dagegen.
36	26	d) Ich bin sehr dagegen.
100	72	

Sind nicht alle Items des Fragebogens von Interesse oder ist der Fragebogen ziemlich lang, dann sollte man lediglich einen Ausschnitt aller Fragebogenitems anführen. Der vollständige Fragebogen kann dann im Anhang mitgeteilt werden. Aber auf der anderen Seite sollte man den Leser auch nicht dazu zwingen, beim Lesen des Berichts dauernd vor- und zurückblättern zu müssen, indem man die Datenauflistungen und Materialien zu weit entfernt von den dazugehörigen Textstellen darstellt.

Sekundäre Befunde. Der Untersucher sollte auch interessante Nebenresultate berichten, die er von vornherein so nicht erwartet hat. Unter Umständen kann es vorkommen, daß Daten, die eher peripher hinsichtlich der Haupthypothesen gewonnen wurden, sich als genauso interessant oder sogar interessanter erweisen als jene Daten, die zunächst im Mittelpunkt des Untersuchungsinteresses gestanden hatten. Auf alle Fälle muß ein Schönen der Daten vermieden werden, d. h. der krampfhafte Versuch, auch noch aus geringfügigen Trends und Hinweisen oder spärlich gestützten Hypothesen Resultate abzuleiten. Zeigen beispielsweise vier Messungen keine Unterschiede oder gar das Gegenteil dessen an, was erwartet worden ist, dann dürfen diese Resultate nicht „zugunsten" der fünften Messung, die einen leichten Trend in die gewünschte Richtung aufweist, ignoriert werden.

Hat der Untersucher einen standardisierten Test verwendet, dann kann er den Mittelwert seiner untersuchten Personenpopulation mit einem, von einem anderen Forscher gewonnenen, Mittelwert vergleichen; sofern dieser Vergleich im Rahmen des untersuchten Themas eine gewisse Aussagekraft aufweist. Etwa folgendermaßen: „Der durchschnittliche Selbsteinschätzungswert unserer zehnjährigen Gruppe (3,71) ist fast identisch mit jenem, den Coopersmith bei einer Stichprobe von zehnjährigen Jungen in New Haven, Connecticut im Jahre 1966 gefunden hat; nämlich 3,64" oder „Die Werte unserer Personen sind signifikant unter der nationalen Norm (Jones, 1979) – s. hierzu Tabelle 2". In der Tabelle 2 werden dann die Daten der eigenen Untersuchung und die Daten von Jones (1979) aufgeführt, so daß der Leser sie vergleichen kann.

Darstellung negativer Resultate. Angenommen, der Untersucher findet keine signifikante Beziehung zwischen den untersuchten Variablen, obwohl er sie den Hypothesen entsprechend erwartet hat. Was soll er machen, wenn er seine Hypothesen nicht stützen konnte? Im allgemeinen ist dieser Befund für einen Untersucher persönlich eine recht enttäuschende Angelegenheit. Denn seine Vorhersage hat sich als falsch herausgestellt. Der entmutigte Untersucher folgert vielleicht, daß die ganze Untersuchung einen Mißerfolg darstellt. Das ist aber selten der Fall! Denn sorgfältig durchgeführte Forschung ist niemals deshalb ein Mißerfolg, nur weil die vorhergesagten Unterschiede nicht gefunden worden sind. Und wenn die Resultate der Untersuchung im voraus hundertprozentig vorhersagbar gewesen wären, dann wäre es eigentlich sinnlos und überflüssig gewesen, die Untersuchung überhaupt durchzuführen. Auf alle Fälle sollte das Resultat klar und eindeutig dargestellt werden. Es folgt ein Beispiel eines Berichts über einen Versuch, Personen, die Angst davor haben, mit dem Fahrstuhl zu fahren, therapeutisch zu behandeln:

In folgenden drei Messungen: Verhaltenstest (mit dem Fahrstuhl fahren), Angstskala und Beobachtungsfragebogen traten keine signifikanten Unterschiede zwischen den Mittelwerten der Desensibilisierungsgruppe, der gesprächstherapeutischen Gruppe und der Wartelisten-Kontrollgruppe auf.

Die Implikationen, Schlußfolgerungen und Ableitungen der Resultate werden im nächsten Abschnitt, „Diskussion", angeführt.

Abbildungen und Tabellen. Häufig ist es notwendig, eine Graphik nochmals neu zu gestalten oder eine Tabelle zu verändern, nachdem man sie zuerst nur grob entworfen hat. Eventuell entscheidet sich beispielsweise der Untersucher dazu, die graphische Darstellung oder die Tabelle durch zusätzliches Material informativer zu machen oder die untersuchten Gruppen in einer anderen Reihenfolge darzustellen. Manchmal ist es sinnvoll, vor Veröffentlichung der Resultate die Tabellen und graphischen Darstellungen einem Kollegen zu zeigen, um zu überprüfen, ob sie ohne Schwierigkeiten verstanden werden.
Viele Untersucher versäumen es, die Abbildungen und Tabellen so informativ als möglich zu *beschriften* und zu benennen. Sowohl die Ordinate (die vertikale oder y-Achse) als auch die Abszisse (die horizontale oder x-Achse) einer Koordinatenabbildung müssen eindeutig beschriftet und bezeichnet werden. Auch die gewählten Skaleneinheiten sollten ganz genau erklärt und beschrieben werden. Außerdem muß die Gesamtanzahl der untersuchten Personen und die Anzahl pro Gruppe angegeben werden. Alle Tabellen und Abbildungen müssen betitelt und mit anderen wichtigen Informationen beschriftet werden, die ganz klar auf die Bedeutung und den Zweck der Darstellungen hinweisen. Genauso wie die Fußnoten werden alle Tabellen und Abbildungen laufend durchnumeriert (wenn sie mit Nummern bezeichnet sind).
Vergleichen wir zur Verdeutlichung des eben Gesagten die Abbildungen 16.1 und 16.2.
Man sollte beachten, daß Abb. 16.1 keinen Titel hat und daß die Beschriftung der Ordinate fehlt. Die drei verschiedenen Gruppen sind nicht bezeichnet. Im Gegensatz dazu sind diese Punkte in Abb. 16.2 angeführt. Außerdem weist die zweite Abbildung auf den maximal möglichen Wert auf der Ordinatenskala hin, und die Gruppen sind in eine sinnvolle Reihenfolge gebracht worden. (Das Erstellen von Tabellen wird ausführlich in den Kap. 13 und 14 besprochen.)

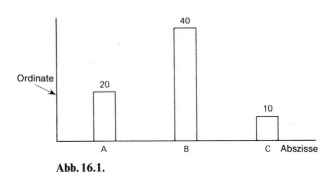

Abb. 16.1.

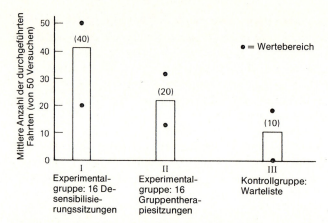

Abb. 16.2. Durchschnittliche Anzahl von Fahrstuhlfahrten der Personen der Desensibilisierungs-, der Gruppentherapie- und der Wartelisten-Kontrollgruppe

Im Abschnitt „Resultate" sollten also zuerst die Hauptbefunde zusammenfassend vorgestellt werden. Dem Leser muß alles unterstützende Material mitgeteilt werden, welches zu den Schlußfolgerungen beigetragen hat und sie rechtfertigt. Auch Erklärungen über die Kombination von Daten zur Bildung von Summenwerten sollten in diesem Abschnitt angeführt werden.

Wurden Inhaltsanalysen durchgeführt, muß der Leser des Berichts Informationen über die Reliabilität der Kodierung mitgeteilt bekommen; und zwar über den Übereinstimmungsgrad zwischen zwei unabhängigen Kodierern, die eine identische Stichprobe des Untersuchungsmaterials kodiert haben.

Wurden statistische Tests durchgeführt, muß das Signifikanzniveau einschließlich der Freiheitsgrade und N angegeben werden. Dabei sollte in der Regel das strengere Niveau (0,01) gewählt werden. Denn wird z. B. angegeben: „Diese Differenz ist auf dem 0,05-Niveau signifikant", dann geht der Leser davon aus, daß der Unterschied auf einem 0,01-Niveau nicht mehr signifikant ist. Besonders in varianzanalytischen Auswertungen kann die Signifikanz der Hauptfaktoren oder einer Wechselwirkung auf dem 0,001 (oder 1‰)-Niveau angegeben sein. Besonders bei der Mischlektüre europäischer und angloamerikanischer Arbeiten sollte darauf geachtet werden, daß unsere 1% bzw. 5% amerikanischen 0,01 bzw. 0,05 Signifikanzen entsprechen. Das Darstellen von statistischen Resultaten wird in Kap. 14 beschrieben.

Diskussion der Ergebnisse, Folgerungen

Im Abschnitt „Diskussion" werden die Implikationen der Forschungsresultate evaluiert und interpretiert. Wird die Anfangshypothese unterstützt oder nicht? In welchem Ausmaß? (Egal, wie stark die Resultate die Hypothesen auch unterstützen; es ist aufgrund wissenschaftstheoretischer Überlegungen nicht möglich, eine Hypothese bzw. eine Theorie durch irgendwelche Resultate zu „beweisen".) Führen die Befunde den Forscher dazu, seine ursprünglichen Hypothesen zu modifizieren oder zu verwerfen? Stehen einige Resultate im Widerspruch zu anderen erhobenen Befunden – wie könnten sie in Einklang gebracht werden? Auch Ähnlichkeiten und Unterschiede zwischen den gewonnenen Resultaten und der Arbeit anderer Autoren sollten an dieser Stelle, sofern sie eine gewisse Aussagekraft aufweisen, angeführt werden. Vor allem müssen die Implikationen der Resultate hinsichtlich grundlegender theoretischer Überlegungen dargestellt werden. Die Plausibilität alternativer Erklärungen kann in die Diskussion eingehen. Kehren wir zu dem oben dargestellten Beispiel zurück, in dem eine Forschergruppe keine signifikanten Unterschiede zwischen den drei Gruppen der Fahrstuhl-Phobiker fand. Ihr Diskussionsabschnitt könnte beispielsweise folgendermaßen lauten:

Angesichts der Tatsache, daß keine signifikanten Unterschiede zwischen den drei Gruppen existierten, nehmen wir an, daß die angewandte Desensibilisierungstechnik sich nicht als effektiv erwiesen hat. Diese Annahme wird durch die Kommentare der Versuchspersonen unterstützt.

Auf der anderen Seite besteht für die Resultate auch die alternative Erklärungsmöglichkeit, daß der Verhaltenstest invalide war oder daß besondere „störende Bedingungen" vorlagen, die die Treatment-Effizienz untergraben haben: Leider stürzte der benachbarte Fahrstuhl in den Schacht hinunter, als ungefähr die Hälfte der Versuchspersonen gerade getestet worden waren. Dieser Vorfall löste bei den Personen beträchtliche Panik aus. Diese Panik könnte die Werte der schriftlichen Angst-Messungen bei allen Personen beeinflußt haben. Wir müssen zugeben, daß ein Training, welches so empfindlich auf Rückfälle reagiert, in seiner Effektivität beschränkt ist; diese Beschränkungen sind aber vielleicht nicht so weitreichend, wie es aus unseren Daten hervorgeht.

Der nächste Schritt im Forschungsbericht besteht in dem Anführen von Vorschlägen für weitere Arbeiten.

Wurde die Forschungsarbeit mit dem Ziel durchgeführt, ein Programm zu evaluieren oder Informationen für eine organisatorische Entscheidung zu liefern, dann sollte nun auch Kontakt mit den zuständigen Personen und Institutionen aufgenommen werden. Der unerfahrene Untersucher ist häufig überrascht, festzustellen, daß Kollegen, Betriebe oder Verwaltungsstellen nicht unbedingt erfreut und dankbar für Informationen sind, die beispielsweise darauf hinweisen, daß ihre Studenten oder ihre Fakultät, ihre Beschäftigten, ihre Klienten oder ihre Belegschaft unzufrieden sind.

Literaturangaben

Eine wissenschaftliche Arbeit sollte am Ende Literaturstellen angeben, damit der Leser sich zusätzliche Informationen beschaffen kann, um Aussagen in dem Forschungsbericht zu unterstützen und den Informationsquellen Rechnung zu tragen. Natürlich müssen alle angeführten Zitate mit der Angabe der entsprechenden Literaturstellen versehen werden.

Es gibt verschiedene weitverbreitete Systeme für die Darstellung und die Interpunktion von Literaturangaben und Fußnoten. Egal, welches System zur Anwendung kommt; der Forscher sollte auf alle Fälle konsistent vorgehen. Die Zeitschriften der American Psychological Association verlangen eine Darstellungsform, die im *APA Publication Manual* (1974) genau beschrieben wird. Dabei erscheint jede Literaturangabe doppelt. Im Text wird der Nachname des Autors und das Jahr der Veröffentlichung der Arbeit (in Klammern) angeführt. Am Ende des Forschungsberichts erscheint dann die vollständige Literaturangabe im Abschnitt „Literatur". Diese Angaben werden in alphabetischer Reihenfolge vorgestellt. Im Text selbst wird, wie oben bereits angeführt, nur der Nachname des Autors und das Jahr der Veröffentlichung genannt; z. B. folgendermaßen: „Nach Davison (1976) gilt, daß..." oder „Untersuchungen über Stadtbewohner (Davison, 1976; Walker, 1974) zeigen, daß...". Die Interpunktion und die Klammersetzung sollten dabei beachtet werden.

Bücher werden im Abschnitt der Literaturangaben in der folgenden Reihenfolge zitiert; Nachname des Autors, Anfangsbuchstabe(n) des Vornamens des Autors, dasselbe für Mitautoren (wenn vorhanden), Titel des Buches, der Ort der Veröffentlichung des Buches, der Name des Herausgebers und das Jahr der Veröffentlichung. *Zeitschriftenartikel* werden in folgender Reihenfolge angeführt: Nachname des Autors, Anfangsbuchstabe(n) des Vornamens des Autors, dasselbe für Mitautoren (sofern vorhanden), Titel des Artikels, Name der Zeitschrift (entweder jeder Buchstabe großgeschrieben oder nur die Anfangsbuchstaben großgeschrieben, Jahr der Veröffentlichung, die Nummer des Bandes (*kursiv*), die Artikelnummer (wenn vorhanden, in Klammern) und die Seitenangaben des entsprechenden Artikels. Es folgen drei Beispiele:

Ruesch J., Kees, W.: Nonverbal communication. Berkeley, California: University of California Press, 1956
Crowne, D., Marlowe, D.: A new scale of social desirability independent of psychopathology. Journal of Consulting Psychology, 1960, *24*, (2), 349–354
Pettigrew, T.: Social evaluation theory: Convergence and applications. In: Levin, D. (Ed): Nebraska symposium on motivation, 1967. Lincoln: University of Nebraska Press, 1967

Das letzte Beispiel zeigt, wie man einen Artikel anführt, der in einem Buch, das von einem anderen Autor herausgegeben worden ist, zu finden ist.

Der Untersucher erspart sich eine Menge Arbeit und Zeit, wenn er seine gesamten Literaturangaben aufzeichnet und ordnet, während er selbst, also noch vor der Durchführung der Untersuchung, die relevante Literatur liest. Dabei sollte er immer sofort die korrekten Seitenangaben und alle anderen notwendigen Angaben notieren, einschließlich des Namens des Herausgebers und des Verlagsortes und der Angabe des Bandes (bei Zeitschriftenartikeln); damit er später ohne viel Mühe die einzelnen Textstellen wiederfinden kann.

Fußnoten werden durch eine Zahl an der gewünschten Textstelle angezeigt. Insgesamt sollte mit Fußnoten sparsam umgegangen werden, da sie i. allg. das Lesen des Berichts erschweren. Sie werden durch den gesamten Text laufend durchnumeriert und dann am Ende des Artikels, nach den Literaturangaben, zusammen angeführt und erklärt. Etwa folgendermaßen:

Ein kombinierter Entfremdungsindex [1] wurde für alle Personen berechnet.

Hier zeigt die "[1]" eine Fußnote an, die wahrscheinlich erklären wird, wie der Index berechnet worden ist. Hat der Forscher für die Arbeit selbst einen Text entwickelt, sollte auf diesen im Text mit der Anmerkung „(siehe Anhang)" hingewiesen werden. Der Anhang selbst steht ganz am Ende des gesamten Artikels.

16.2 Zusammenfassung der Forschungsarbeit für die teilnehmenden Personen

Hat der Untersucher während der Untersuchung den teilnehmenden Personen oder anderen Leuten, die z. B. die Genehmigung für die Durchführung der Untersuchung gegeben haben, einen Resultatebericht versprochen, dann sollte dieser Bericht jetzt vorbereitet werden. Im allgemeinen genügt eine Zusammenfassung, die ungefähr eine Seite umfaßt. Dabei sollten die Interessen der angesprochenen Personen berücksichtigt werden. Obwohl einige Daten für den Forscher evtl. von nur geringer Bedeutung sind, kann es vorkommen, daß gerade die untersuchten Personen an diesen Daten ein beträchtliches Interesse haben. Umgekehrt können Befunde, die fachlich hochinteressant sind, für die untersuchten Personen nur eine geringe Bedeutung besitzen, evtl. eine Quelle für Fehlinterpretationen sein oder gar frustrierend und besorgniserregend auf jene, die die Daten allzu persönlich wahrnehmen, wirken. Um solche negativen Reaktionen zu vermeiden, sollte vor allem der studentische Untersucher seine Zusammenfassung für die teilnehmenden Personen seinem Dozenten vorlegen, bevor er sie an die Personen versendet.

Literatur

Adorno, T., Frankel-Brunswick, E., Levinson, D., Sanford, N.: The authoritarian personality. New York: Harper, 1950

Albert, H.: Traktat über Kritische Vernunft (Die Einheit der Gesellschaftswissenschaften; Bd. 9). Tübingen: J. C. B. Mohr (Paul Siebeck), 1968

Allport, G. W.: The nature of prejudice. Reading, Mass.: Addison Wesley, 1954; paperback, Garden City, N.Y.: Doubleday Anchor, 1958

Almay, M. C.: Young children's thinking. New York: Teacher's College Press, 1966

American Psychological Association: Casebook on ethical standards of psychologists. Washington, D.C.: American Psychological Association, 1967

American Psychological Association: Ethical principles in the conduct of research with human participants. Washington, D.C.: American Psychological Association, 1973

American Psychological Association: Publication manual (2nd ed.). Washington, D.C.: American Psychological Association, 1974 a

American Psychological Association: Standards for educational and psychological tests. Washington, D.C.: American Psychological Association, 1974 b

Anderson, N. H.: Information integration theory: A brief survey. In: Krantz, D. H., Atkinson, R. C., Luce, R. D., Sugges, P. (Eds.): Contemporary developments in mathematical psychology. San Francisco: Freeman, 1974

Argyris, C.: Dangers in applying results from experimental social psychology. American Psychologist, 1974, *30*, 469–485

Arkin, H., Colton, R. R.: Tables for statisticians. New York: Barnes and Noble, 1964

Athey, I., Rubadeau, D. (Eds.): Educational implications of Piaget's theory. Waltham, Mass.: Ginn-Blaisdell, 1970

Atkinson, J. W. (Ed.): Motives in fantasy, action, and society. Princeton, N.J.: Van Nostrand, 1958

Atkinson, J., Feather, N. T.: A theory of achievement motivation. New York: Wiley, 1966

Atkinson, J., Heyns, R., Veroff, J.: The effect of experimental arousal of the affiliation motive on thematic apperception. Journal of Abnormal and Social Psychology, 1954, *49*, 405–417

Atteslander, P.: Dichte und Mischung der Bevölkerung. Walter de Gruyter. Berlin, New York, 1975

Backstrom, C. H., Hursh, G. D.: Survey research. Evanston, Ill.: Northwestern University Press, 1963

Bales, R. F.: Personality and interpersonal behavior. New York: Holt, Rinehart and Winston, 1970

Ball, S., Bogatz, G. A.: A summary of the major findings in "The first year of Sesame Street: An evaluation." Princeton, N.J.: Educational Testing Service, 1970

Baltes, P. B.: Longitudinal and cross-sectional sequences in the study of age and generation effects. Human Development, 1968, *11*, 145–171

Baltes, P. B., Reese, H., Nesselroade, J.: Life span developmental psychology: Introduction to research methods. Mongerey, Calif.: Brooks Cole, 1977

Baltes, P., Schaie, K. W. (Eds.): Life span developmental psychology. New York: Academic Press, 1974 a

Baltes, P., Schaie, K. W.: The myth of the twilight years. Psychology Today, March 1974, *7*, 35–40 b

Bandura, A.: Principles of behavior modification. New York: Holt, Rinehart and Winston, 1969

Bandura, A.: Analysis of modeling behavior. In: Bandura, A. (Ed.): Theories of modeling. New York: Atherton, 1970

Bandura, A.: Sozial-kognitive Lerntheorie. Stuttgart: Klett-Cotta, 1979

Barber, T. X., Silver, M. J.: Fact, fiction, and the experimenter bias effect. Psychological Bulletin Monograph Supplement 1968, *70* (6), 1–29 a

Barber, T. X., Silver, M. J.: Pitfalls in data analysis and interpretation: A reply to Rosenthal. Psychological Bulletin Monograph Supplement 1968, *70* (6), 48–62 b

Bard, M.: Family intervention police teams as a community mental health resource. The Journal of Criminal Law, Criminology and Police Science, *60* (2), 1969, 247–250

Bard, M.: The study and modification of intra-familial violence. In: Singer, J. L. (Ed.): Cognitive and physiological factors in violence and aggression. New York: Academic Press, 1971

Barker, R. G., Dembo, T., Lewin, K.: Frustration and regression. University of Iowa Studies in Child Welfare, 1941, *18* (1), 1–43; partially reprinted as Barker, R. G., Dembo, T., Lewin, K.: Frustration and regression. In: Barker, R. G., Kounin, J. S., Wright, H. F. (Eds.): Child behavior and development. New York: McGraw-Hill, 1943, 441–458. Also reprinted in Southwell, E. A., Merbaum, M. (Eds.): Personality readings. Belmont, Calif.: Brooks Cole, 1964. Partially available in Lewin, K.: Field theory in social science. New York: Harper Bros., 1951, Midway Reprints, University of Chicago, 1976, Chapter 5, 87–129

Barker, R. G., Wright, H.: Midwest and its children. Evanston, Ill.: Row Peterson, 1955

Baumrind, D.: Some thoughts on ethics of research: After reading Milgram's "Behavioral study of obedience." In: Miller, A. (Ed.): The social psychology of psychological research. New York: The Free Press, 1972, 106–111

Baumrind, D.: Metaethical and normative considerations covering the treatment of human subjects in the behavioral sciences. In: Kennedy, E. C. (Ed.): Human rights and psychological research. New York: Thomas Y. Crowell, 1975

Baumrind, D.: Nature and definition of informed consent in research involving deception. Prepared for the National Commission for the Protection of Human Subjects of Biomedical and Behavioral Research. Berkeley, Calif.: University of California, mimeo, January 1976

Bayley, N.: Mental growth during the first years: A development study of sixty-one children by repeated tests. Genetic Psychology Monograph, 1933, *14*, 1–92

Bayley, N.: Development of motor abilities during the first three years. Monographs Social Research Child Development, 1935, No. 1

Bayley, N.: The California infant scale of motor development. Berkeley, Calif.: University of California, 1936

Bayley, N.: Individual patterns of development. Child Development, 1956, *27*, 45–74

Bayley, N.: Comparisons of mental and motor test scores for ages 1–15 months by sex, birth, order, race, geographical location, and education of parents. Child Development, 1965, *36*, 379–411

Bayley, N.: Behavioral correlates of mental growth: Birth to 36 years. American Psychologist, 1968, *23*, 1–17

Bell, S., Ainsworth, M.: Infant crying and maternal responsiveness. Child Development, 1972, *43*, 1171–1190

Bellak, L.: The TAT, CAT, and SAT in clinical use (3rd ed.). New York: Grune & Stratton, 1975

Bem, L.: The measurement of psychological androgyny. Journal of Consulting and Clinical Psychology, 1974, *42*, 155–162

Benjamin, A.: The helping interview. Boston: Houghton Mifflin, 1969

Berg, I. A. (Ed.): Response set in personality assessment. Chicago: Aldine, 1967

Blalock, H. M., Jr.: Causal inferences in nonexperimental research. New York: W. W. Norton, 1972

Blau, P.: On the nature of organizations. New York: Wiley, 1974, 103–109

Block, J.: The challenge of response sets. New York: Appleton-Century-Crofts, 1965

Bloom, L., Lightbown, P., Hood, L.: Structure and variation in child language. Monographs of the Society for Research in Child Development. 1975, *40* (2), Serial No. 160, 1–97

Bochner, S.: Personal communication. Cited in Brislin, R. W., Lonner, W. J., Thorndike, R. M.: Cross cultural research methods. New York: Wiley, 1973, 105

Bogardus, E. S.: Measuring social distances. Journal of Applied Sociology, 1925, *9*, 299–308

Bortz, J.: Lehrbuch der empirischen Forschung. Springer, Berlin, Heidelberg, New York, Tokyo, 1984

Bortz, J.: Lehrbuch der Statistik. Springer, Berlin, Heidelberg, New York, Tokyo, 1985

Brackbill, Y. (Ed.): Infancy and early childhood. New York: The Free Press, 1967

Brazelton, B.: Mothers and infants. New York: Delacorte, 1969

Brim, O. G., Jr.: Family structure and sex role learning by children, a further analysis of Helen Koch's data. Sociometry, 1958, *21*, 1–16. Reprinted in Backman, W., Secord, P. F. (Eds.): Problems in social psychology. New York: McGraw-Hill, 1966, 434–442

Brislin, R. W., Lonner, W. J., Thorndike, R. M.: Cross cultural research methods. New York: Wiley, 1973

Brody, N.: The new school for social research. Personal communication, 1975

Bronfenbrenner, U.: Is early intervention effective? Washington, D.C.: Department of Health, Education and Welfare, 1974, Publication No. OHD 25–74

Brown, R.: Social psychology. New York: The Free Press, 1965

Brush, S. G.: Should the history of science be rated X? Science, 1974, *183*, 1164–1172

Buder, L.: U.S. drops survey of pupil attitudes on race relations. New York Times, March 19, 1974, pp. 1; 27

Buros, O. K.: Personality tests and reviews. Highland Park, N. J.: Gryphon Press, 1970

Buros, O. K.: Mental measurement yearbook. Highland Park, N. J.: Gryphon Press, 1972

Buros, O. K.: Tests in print. Highland Park, N. J.: Gryphon Press, 1971. Revised edition, Tests in print III, 1974

Buss, A., Plomin, R.: A temperament theory of personality development. New York: Wiley, 1975

Butzin, C. A., Anderson, N. H.: Functional measurement of children's judgments. Child Development, 1973, *44*, 529–537

Byrne, D.: Social psychology and the study of sexual behavior. Personality and Social Psychology Bulletin, 1977, *3* (1), 3–30

Cain, G. G., Hollister, R. C.: The methodology of evaluating social action programs. In: Rossi, P., Williams, W. (Eds.): Evaluating social programs. New York: Seminar Press, 1972, 110–140

Cain, G. G., Watts, H.: Problems in making policy inferences from the Coleman report. In: Rossi, P. H., Williams, W. (Eds.): Evaluating social programs. New York: Seminar Press, 1972, 73–96

Campbell, D. T.: Factors relevant to the validity of experiments in social settings. Psychological Bulletin, 1957, *54* (4), 297–311

Campbell, D. T.: Quasi-experimental design. In: Sills, D. L. (Ed.): International encyclopedia of the social sciences. New York: Macmillan, 1970

Campbell, D. T., Ross, H. L.: The Connecticut crackdown on speeding: Time series data in quasi-experimental analysis. Law and Society Review, 1968, *3*, 33–53

Campbell, E. H.: Effects of mothers' anxiety on infants' behavior. Unpublished doctoral dissertation, Yale University, 1957. Cited in Janis, I., Mahl, G., Kagan, J., Holt, R.: Personality; Dynamics, development and assessment. New York: Harcourt Brace World, 1969, p. 584

Cannell, C. F.: A technique for evaluating interviewer performance. Ann Arbor, Mich.: Institute for Survey Research, 1975

Carlsmith, J., Ellsworth P., Aronson, E.: Methods of research in social psychology. Reading, Mass.: Addison-Wesley, 1976

Cattel, R. B.: Personality and motivation, structure and measurement. New York: Harcourt Brace and World, 1957

Chapple, E. D.: Culture and biological man. New York: Holt, Rinehart and Winston, 1970 a

Chapple, E. D.: Experimental production of transients in human interaction. Nature, 1970, *228* (5272), 630–633 b

Chapple, E. D., Sayles, L.: The measure of management. New York: Macmillan, 1960

Child, I., Waterhouse, I. K.: A critique of the Barker-Dembo-Lewin experiment. Psychological Review, 1952, *59*, 351–362. In: Southwell, E. A., Merbaum, M. (Eds.): Personality readings in theory and research. Belmont, Calif.: Brooks Cole, 1964

Christie, R., Geis, F. L. (Eds.): Studies in Machiavellianism. New York: Academic Press, 1970

Cristie, R., Havel, J., Seidenberg, B.: Is the F scale irreversible? Journal of Abnormal and Social Phsycology, 1958, *56*, 143–149

Christie, R., Jahoda, M. (Eds.): Studies in the scope and method of "The authoritarian personality". New York: Free Press, 1954

Chun, K., Cobb, S., French, J. R., Jr.: Measures for psychological assessment. Ann Arbor, Mich.: Institute for Social Research, 1975

Cohen, J.: Statistical power analysis for the behavioral sciences. New York: Academic Press, 1969

Cook, S. W.: Motives in conceptual analysis of attitude-related behavior. In: Arnold, W. J., Levine, D. (Eds.): Nebraska Symposium on Motivation: 1969. Lincoln: University of Nebraska Press, 1970, 179–231

Cook, S. W.: The effect of unintended racial contact upon racial interaction and attitude change. Final report, Project No. 5-1320, Contract No. OEC 4 7 051320-0273. Washington, D.C.: U.S. Office of Education, Bureau of Research, 1971

Cook, S. W., Selltiz, C. A.: A multiple indicator approach to attitude measurement. Psychological Bulletin, 1964, *62*, 36–55

Coombs, C. H.: A theory of data. New York: Wiley, 1964

Coombs, C. H.: Thurstone's measurement of social values revisited forty years later. Journal of Personality and Social Psychology, 1967, *6*, 85–90

Cooper, J.: Deception and role playing. American Psychologist, 1976, *31* (8), 605–610

Couch, A., Keniston, L.: Yeasayers and naysayers: Agreeing response set as a personality variable. Journal of Abnormal and Social Psychology, 1960, *60*, 151–174

Crowne, D. P., Marlowe, D.: A new scale of social desirability independent of psychopathology. Journal of Consulting Psychology, 1960, *24*, 349–354

Crowne, D. P., Marlowe, D.: The approval motive. New York: Wiley, 1964

Cuber, J., Harroff, P.: Sex and the significant Americans. New York: Penguin, 1965

Cuca, J.: Women psychologists and marriage: A bad match? APA Monitor, 1976 *7* (1), 14

David, J. A., Sheatsley, P. B.: National Opinion Research Center survey. Chicago: University of Chicago, 1974

Dawes, R. M.: Fundamentals of attitude measurement. New York: Wiley, 1972

Dawes, R. M., Brown, M. E., Kaplan, N.: The skewed hourglass, a configurational approach to constructing a Guttman scale when domination is unspecified. Unpublished paper presented at the Midwestern Psychological Association, Chicago, April 1965

Dawes, R. M., Kramer, E.: A proximity analysis of vocally expressed emotion. Perceptual and Motor Skills, 1966, *22*, 571–574

Day care given a clean bill of health. APA Monitor, 1976, *7* (4), 4–5

DeCharms, R.: Personal causation: The internal affective determinants of behavior. New York: Academic Press, 1968

DeCharms, R.: Personal causation training in the schools. Journal of Applied Social Psychology, 1972, *2* (2), 95–113

DeCharms, R.: Enhancing motivation in the classroom. New York: Halsted, 1976

Denzin, N. K.: Triangulation: A case for methodological evaluation and combination. In: Denzin, N. K. (Ed.): Sociological methods: A source book. Chicago: Aldine, 1970

Deutsch, M.: Socially relevant science: Reflections on some studies of interpersonal conflict. American Psychologist, 1969, *24*, 1076–1092

Deutsch, M., Collins, M. E.: Interracial housing: A psychological evaluation of a social experiment. Minneapolis: University of Minnesota Press, 1951

Downie, N. M., Heath, R. W.: Basic statistical methods (3rd ed.). New York: Harper & Row, 1970

Durand, J.: Mortality estimates from Roman tombstone inscriptions. American Journal of Sociology, 1960, *65*, 365–373

Educational Testing Service: Let's look at first graders; instructional and assessment material for first graders. Princeton, N. J.: Educational Testing Service, 1965

Edwards, A. L.: The social desirability variable in personality assessment and research. New York: Dryden, 1957

Elkind, D.: Child development and education, a Piagetian perspective. New York: Oxford University Press, 1976

Elms, A. C., Milgrim, S.: Personality characteristics associated with obedience and defiance toward authoritative command. Journal of Experimental Research in Personality, 1966, *1*, 282–289

Erlebacher, A., Campbell, D.: How regression artifacts in quasi-experimental evaluations can mistakenly make compensatory education look harmful. In: Guttentag, M., Struening, E. (Eds.): Handbook of evaluation research (Vol. I). Beverly Hills, Calif.: Sage, 1975, 597–617

Eron, R. V., Huesman, L. R., Lefkowitz, M. M., Walder, L. O.: Does television violence cause aggression? American Psychologist, 1972, *27*, 253–263

Etzioni, A.: The Kennedy experiment. Western Political Quarterly, 1967, *20* (2), Part 1, 361–380. Reprinted in: Megargee, E. I., Hokanson, J. (Eds.): The dynamics of aggression. New York: Harper & Row, 1970, 227–247

Exploring the origins of competence. APA Monitor, 1976, *7* (4), 4–5

Feierabend, I. K., Feierabend, R.: Aggressive behaviors within polities, 1948–1962: A cross-national study. Journal of Conflict Resolution, 1966, *10*, 249–272

Fennema, E.: Influences of selected cognitive, affective, and educational variables in sex-related differences in mathematics learning and studying. Unpublished paper, University of Wisconsin at Madison, Department of Curriculum and Instruction, 1976

Festinger, L., Riecken, H., Schachter, S.: When prophecy fails. Minneapolis: University of Minnesota Press, 1956

Fiedler, F.E.: The contingency model and the dynamics of the leadership process. In: Berkowitz, L. (Hrsg.) Advances in experimental social psychology, Bd. 11. Academic Press, New York, London, 1978

Fiske, D.: Measuring the concepts of personality, Chicago: Aldine, 1971

Fiske, E.: College entry test scores drop sharply. New York Times, September 7, 1975, pp. 1; 35

Fiske, E.: Academic decline in high schools can be explained, theoretically. New York Times, March 7, 1976, Sect. E, p. 9

Fiske, E.: Study finds prestigious colleges worth added costs. New York Times, April 6, 1977, Sect. C, p. 37

Forward J., Canter, R., Kirsch, N.: Role enactment and deception methodologies. American Psychologist, 1976, *31* (8), 595–604

Franzblau, A. N.: A primer of statistics for non-statisticians. New York: Harcourt Brace and World, 1958

Freedman, J.: Crowding and behavior. New York: Viking Press, 1975

Freud, S.: Analysis of a phobia in a five year old boy. In: Strachey, S. (Ed.): Complete psychological works of Sigmund Freud. London: Hogarth, 1909/1955, 24

Freund, J. E.: Modern elementary statistics. Englewood Cliffs, N. J.: Prentice-Hall, 1952

Friedman, N.: The social nature of psychological research. New York: Basic Books, 1968

Furth, H.: Thinking goes to school. New York: Oxford University Press, 1975

Garmazy, E.: Cited by Pines, M.: APA Monitor, 1975, *6* (12), 7

Gersten, C., Langer, T. S., Eisenberg, J. G., Simcha-Fagan, O.: Spontaneous recovery and incidence of psychological disorder in urban children and adolescents. Psychiatry Digest, 1975, 35–43. See also Langer, T. S., Gersten, J. C., Greene, E. L., Eisenberg, J. G., Herson, J. H., Mc Carthy, E.: Treatment of psychological disorders among urban children. Journal of Cousulting and Clinical Psychology, 1974, *42* (2), 170–179

Glaser, B. G., Strauss, A.: Awareness of dying. Chicago: Aldine, 1965

Glaser, B. G., Strauss, A.: The discovery of grounded theory: Strategies for qualitative research. Chicago: Aldine, 1967

Giorgi, A.: Psychology as a human science. New York: Harper & Row, 1970

Giorgi, A.: Methodological reflections on qualitative analysis of descriptions of the phenomenon of learning. Paper presented at the Dialectical Psychology Meeting, Craigville, Mass., 1976

Gold, A., Christie, R., Friedman, L.: Fists and flowers: A social psychological interpretation of student dissent. New York: Academic Press, 1976

Goldschmid, M. L., Bentler, P.: Concept assessment kit-conservation. In: Athey, I., Rubadeau, D.: Educational implications of Piaget's theory. Waltham, Mass.: Ginn-Blaisdell, 1970, 344–346

Gordon, R.: Interviewing: Strategy, techniques, and tactics (Rev. ed.): Homewood, Ill.: Dorsey Press, 1975

Gottschaldt, K.: Über den Einfluß der Erfahrung auf die Wahrnehmung von Figuren. I.: Psychologische Forschung. 1926, *8*, 261–317. II.: Psychologische Forschung. 1929, *12*, 1–87

Gough, H. G.: Manual for the California Psychological Inventory. Palo Alto, Calif.: Consulting Psychologists Press, 1964

Gough, H. G.: An interpreter's syllabus for the California Psychological Inventory. In: McReynolds, P. (Ed.): Advances in psychological assessment. Palo Alto, Calif.: Science and Behavior Books, 1968, 55–79

Gruber, H. E.: Darwin on man: A psychological study of scientific creativity. New York: Dutton, E. P., 1974.

Gruber, H. E.: Personal communication, 1977

Guttentag, M., Struening, E. L. (Eds.): Handbook of evaluation research (Vols. I and II). Beverly Hills, Calif.: Sage, 1975

Guttman, L.: A Basis for scaling qualitative data. American Sociological Review, 1944, *9*, 139–150

Guttman, L.: In: Stouffer, S. (Ed.): Measurement and prediction. Princeton, N. J.: Princeton University Press, 1950, Chapters 2, 3, 6, 8, and 9

Haas, K.: Obedience: Submission to destructive orders as related to hostility. Psychological Reports, 1966, *10*, 183–201

Habenstein, R. (Ed.): Pathways to data. Chicago: Aldine, 1970

Halbwachs, M.: Les causes du suicide. Paris: Felix Alcan, 1930. Cited in: Selltiz, C., Jahoda, M., Cook, S., Deutsch, M.: Research methods in social relations (Rev. Ed.). New York: Holt, Rinehart and Winston, 1959, 323

Hamilton, T.: Social optimism and pessimism in American Protestantism. The Public Opinion Quarterly, 1942, *6*, 280–283

Haney, W. V., Truax, D. (Eds.): Institute for Survey Research Newsletter, 1971, *1* (9), 1–8

Hargadon, F.: The SAT exam and college. Dobbs Ferry High School Eagle Echo, 1976, *14* (3), 1

Hathaway, S. R., McKinley, J. C.: The Minnesota Multiphasic Personality Inventory. New York: The Psychological Corporation, 1943

Hays, W. L.: Statistics for psychologists. New York: Holt, Rinehart and Winston, 1963

Heider, F.: The Psychology of Interpersonal Relations. New York: Wiley, 1958

Heise, D.: Causal analysis. New York: Wiley, 1975

Hendrick, C. (Ed.): Perspectives on social psychology. New York: Lawrence Erlbaum, 1977 a

Hendrick, C.: Role-playing as a methodology for social research: A symposium. Personality and Social Psychology Bulletin, 1977, *3* (3), 454–523 b

Herrmann, T.: Über begriffliche Schwächen kognitivistischer Kognitionstheorien: Begriffs-inflation und Akten-System-Kontamination. Sprache und Kognition 1982, *1*, 3–14

Herrick, C.J.: George Eliot Coghill. Chicago: University of Chicago Press, 1949, 180

Hersen, M., Barlow, D.: Single case experimental designs. New York: Pergamon, 1976

Herzog, E.: Social stereotypes and social research. Journal of Social Issues, 1970, *26* (2), 38–49

Heussenstamm, F.K.: Bumper stickers and the cops. Transaction, 1971, *8* (4), 32–33

Hörmann, H.: Meinen und Verstehen. Frankfurt: Suhrkamp, 1978

Holsti, O.R., Loomba, J., North, R.: Content analysis. In: Lindzey, G., Aronson, E. (Eds.): The handbook of social psychology (2nd ed.), Vol. II. Reading, Mass.: Addison Wesley, 1968, 596–692

Holzkamp, K.: Theorie und Experiment in der Psychologie. Walter de Gruyter, Berlin, 1964

Horn, J.: Questioning the questioners. Psychology Today, 1978, *6*, 30–34

Horner, M.: The motive to avoid success and changing aspirations of college women. In: Bardwick, J.M. (Ed.): Readings on the psychology of women. New York: Harper & Row, 1972

Horner, M.S., Tresemer, D.W., Berens, A.E., Watson, R.I., Jr.: Scoring manual for an empirically derived scoring system for the motive to avoid success. Cambridge, Mass.: Radcliffe College, 1973

Human subjects review committee. Statement of understanding on protection of human subjects. New York: Columbia University, 1973

Hyman, H., Cobb, W., Feldman, J.J., Hart, C., Stember, C.H.: Interviewing in social research. Chicago: University of Chicago Press, 1954

Jacobs, G. (Ed.): The participant observer. New York: George Braziller, 1970

Jacobs, O.A.: A guide for developing questionnaire items. Springfield, Va.: National Technical Information Service, U.S. Department of Commerce, 1970

Janis, I.L.: Victims of group think: A psychological study of foreign policy decisions and fiascos. Boston: Houghton Mifflin, 1972

Janis, I.L.: Effectiveness of social support for stressful decisions. In: Deutsch, M., Hornstein, H. (Eds.): Applying social psychology. New York: Lawrence Erlbaum, 1975, 87–115

Janis, I., Mahl, G., Kagan, J., Holt, R.: Personality: Dynamics, development and assessment. New York: Harcourt Brace World, 1969

Johnson, O., Bommarito, J.: Tests and measurements in child development: A handbook. San Francisco: Jossey-Bass, 1971

Jourard, S.M.: Disclosing man to himself. New York: Litton Van Nostrand, 1968

Jourard, S.M.: Experimenter-subject dialogue: A paradigm for a humanistic science of psychology. In: Miller, A.G. (Ed.): The social psychology of psychological research. New York: The Free Press, 1972, 14–24

Kagan, J., Klein, R.E.: Crosscultural perspectives on early development. American Psychologist, 1973, *28* (11), 947–961

Kallman, F.J.: The genetic theory of schizophrenia: 691 schizophrenic families. American Psychiatry, 1946, *103*, 309–322

Kamin, L.: The science and politics of IQ. Potomac, Md.: Lawrence Erlbaum, 1975

Karlins, M., Coffman, T.L., Walters, G.: On the fading of social stereotypes: Studies in three generations of college students. Journal of Personality and Social Psychology, 1969, *13*, 1–16

Kassenbaum, G.G., Couch, A.A., Slater, P.E.: The factorial dimensions of the MMPI. Journal of Consulting Psychology, 1959, *23*, 226–236

Kastenbaum, R.: Two journals try „psychology without subjects". APA Monitor, 1975, *6*, pp. 8, 9

Kelley, R.L., Osborne, W.J., Hendrick, C.: Role taking and role playing in human communication. Human Communication Research, 1974, *1* (1), 62–74

Kelman, H. C.: Human use of human subjects: The problem of deception in social psychological experiments. Psychological Bulletin, 1967, *67*, 1–11

Kelman, H. C.: The rights of subjects in social research: An analysis in terms of relative
power and legitimacy. American Psychologist, 1972, *27*, 989–1016

Kendall, E.: Cadet attitudes on the admission of women into West Point. Paper for experimental social psychology course, Manhattanville College, 1976

Kershaw, D.: Issues in income maintenance experimentation. In: Rossi, P. H., Williams, W.
(Eds.): Evaluating social programs. New York: Seminar Press, 1972, 221–248

Kinsey, A. C., Pomeroy, W., Martin, C.: Sexual behavior in the human male. Philadelphia:
Saunders, 1948

Klahr, D.: A Monte Carlo investigation of the statistical significance of Kruskal's nonmetric scaling procedure. Psychometrika, 1969, *34*, 319–330

Kohlberg, L.: The child as moral philosopher. Psychology Today, 1968, *7*, 25–30

Kohlberg, L.: Stage and sequence: The cognitive developmental approach to socialization.
In: Goslin, D. (Ed.): Handbook of socialization theory. Chicago: Rand McNally,
1969

Kohlberg, L.: Moral judgment interview and procedures for scoring. Unpublished manuscript, Harvard University, 1971

Kohlberg, L., Colby, A., Gibbs, J., Speicher-Dubin, B., Power, C.: Assessing moral stages:
A manual. Unpublished manuscript, Harvard University, 1978

Koosis, D. J.: Statistics self teaching guide. New York: Wiley, 1972

Kranz, H. T.: Einführung in die klassische Testtheorie. Frankfurt: Fachbuchhandlung für
Psychologie, 1979

Kringlen, E.: Heredity and environment in the functional psychosis: an epidemiological
clinical twin study. Oslo, Norway: Universitatsforlaget, 1967

Kubis, J.: House committee calls for ban on government use of polygraphs. APA Monitor,
176, *7* (4), 8

Kuhn, T. S.: The structure of scientific revolutions (2nd ed.). International Encyclopedia
of Unified Science, Vol. II, No. 2. Chicago: University of Chicago Press, 1970

Lafave, L., Sherif, M.: Reference scale and placement of items with the own categories technique. Journal of Social Psychology, 1968, *76*, 75–82

Lake, D. G., Miles, M., Earle, R., Jr.: Measuring human behavior. New York: Teachers
College Press, 1972

Langer, T. S., Gersten, J. C., Greene, E. L., Eisenberg, J. G., Herson, J. H., McCarthy, E.:
Treatment of psychological disorders among urban children. Journal of Consulting
and Clinical Psychology, 1974, *42* (2), 170–179

Langer, T. S., McCarthy, E. D., Gersten, J. C., Simcha-Fagan, O., Eisenberg, J. G.: Factors
in children's behavior and mental health over time: The family research project. In:
Siommons, R. G. (Ed.): Research in community and mental health: An annual compi-
lation. Greenwich, Conn.: Jai Press, 1979

Lash, T., Sigal, H.: State of the child: New York City. New York: Foundation for Child
Development, 1976

Latane, B., Darley, J.: The unresponsive bystander: Why doesn't be help? New York:
Appleton-Century-Croft, 1970

Lavatelli, C. S.: Piaget's theory applied to early childhood curriculum. Boston: American
Science and Engineering, 1970

Lazersfeld, P. F., Rosenberg, M. (Eds.): The language of social research. Glencoe, Ill.: The
Free Press, 1955

Levenstein, P.: Cognitive growth in preschoolers through verbal interaction with mothers.
American Journal of Orthopsychiatry, 1970, *40*, 426–432

Levenstein, P.: But does it work in homes away from home? Theory into Practice, 1972,
11, 157–162

Levy, T., Drakeford, K.: Attitudes toward authority figures. Unpublished paper, Manhattanville College, 1976

Lewin, K.: The conflict between Aristotelian and Galilean modes of thought in contemporary psychology. Journal of Genetic Psychology, 1931, 77–141. Reprinted in Lewin, K.:
A dynamic theory of personality. New York: McGraw-Hill, 1935, 1–42

Lewin, K.: Action research and minority problems. Journal of Social Issues, 1946, *2*, 34–46. Also in Lewin, K.: Resolving social conflicts. New York: Harper & Row, 1948; London: Condor Books-Souvenir Press Ltd., 1973

Lewin, K.: Frontiers in group dynamics II: Channels of group life: social planning and action research. Human Relations, 1947, *1* (2), 143–153

Lewin, K., Dembo, T., Festinger, L., Sears, P.: Level of aspiration. In: Hunt, J.M. (Ed.): Personality and the behavior disorders. New York: Ronald Press, 1944, 333–378

Lewin, M., Kane, M.: Impeachment of Nixon and the risky shift. International Journal of Group Tensions, 1975, *5* (3), 171–176

Li, C.C.: The concept of path coefficient and its impact on population genetics. Biometrics, 1956, *12*, 190–210

Lienert, G.A.: Testaufbau und Testanalyse. Weinheim: Beltz, 1969 (3. Auflage)

Likert, R.: A technique for the measurement of attitudes. Archives of Psychology, 1932, No. 140

Lindsey, R.: Economy mars belief in the American dream. New York Times, October 26, 1975, Sec. 1, pp. 1; 48

Lindzey, G., Byrne, D.: Measurement of social choice and interpersonal attractiveness. In: Lindzey, G., Aronson, E. (Eds.): The handbook of social psychology (2nd ed.), Vol. II, Reading, Mass.: Addison-Wesley, 1968, 452–525

Loevinger, J.: Measuring personality patterns of women. Genetic Psychology Monographs, 1962, *65*, 53–136

Lofland, J.: Doing social life. New York: Wiley, 1976

Lopez, T.: Two characteristics of psychoanalysis that favor its treatment method as its principal method of research. Unpublished paper, Center for Preventive Psychiatry, 1975

Lucariello, J.: Career choices of children in relation to perceived parental careers. Unpublished paper, Manhattanville College, 1975

Luck, D., Wales, H., Taylor, D.A.: Marketing research (3rd ed.). Englewood Cliffs, N.J.: Prentice-Hall, 1970

Lykken, D.: House committee calls for ban on government use of polygraphs. APA Monitor, 1976, *7* (4), 8–10

McCarthy, D., Saegert, S.: Residential density, social overload and social withdrawal. Paper presented at the Eastern Psychological Association Meetings, 1976

McClelland, D., Atkinson, J., Clark, R., Lowell, E.: The achievement motive. New York: Appleton-Century-Crofts, 1953

McCord, J.: A thirty year follow-up of treatment effects. American Psychologist, 1978, *33* (3), 284–289

McNemar, Q.: Opinion-attitude methodology. Psychological Bulletin, 1946, *46*, 317

Maeroff, G.: Aptitude test lag is puzzling experts. New York Times, September 12, 1976, Sec. L, p. 17

Marrow, A.: How to combat discrimination: Action research studies in community psychology (rev. ed.). Williamsport, Pa.: Contemporary Psychology Press, 1978

Masling, J.: Role-related behavior of the subject and psychologist and its effects upon psychological data. Nebraska Symposium on Motivation, 1966, *14*, 67–103

Masters, W.H., Johnson, V.E.: Human sexual response. Boston: Little Brown, 1966

Mathews, K., Jr., Canon, L.: Environmental noise level as a determinant of helping behavior. Journal of Personality and Social Psychology, 1975, *32* (4), 571–577

Mayo, E.: The social problems of an industrial civilization. Harvard University Press, Boston, 1946

Meehl, P.E., Dahlstrom, W.G.: Objective configural rules for discriminating psychotic from neurotic MMPI profiles. Journal of Consulting Psychology, 1960, *24*, 375–387

Megargee, E.I.: The California Psychological Inventory Handbook. San Francisco: Jossey-Bass, 1972

Milgram, S.: Some conditions of obedience and disobedience to authority. Human Relations, 1965, *18*, 57–76

Milgram, S.: Obedience to criminal orders: The compulsion to do evil. Patterns of Prejudice, 1967, *1* (6), 3–7. Reprinted in Blass, T.: Contemporary Social Psychology. Itasca, Ill.: Peacok, 1976, 175–184

Milgram, S.: The experience of living in cities. Science, 1970, *167*, 1461–1468

Milgram, S.: Issues in the study of obedience: A reply to Baumrind. In: Miller, A.·G. (Ed.): The social psychology of psychological research. New York: The Free Press, 1972, 112–121

Miller, A. G.: The social psychology of psychological research. New York: The Free Press, 1972

Miller, D.: Handbook of research design and social measurement (3rd ed.). New York: David McKay, 1977

Mitchell, R. E.: Some social implications of high density housing. American Sociological Review, 1971, *36*, 18–29

Mixon, J.: Instead of deception. Journal of the Theory of Social Behavior, 1972, *2*, 146–177

Moore-Rusell, M.: Personal communication, 1977

Moreno, J. L.: Sociogram and sociomatrix. Sociometry, 1944, *9*, 348–349

Moreno, J. L.: Who shall survive? Nervous and Mental Disease Monograph, 1934, *58*, 1–128

Morgan, H. H., Cogger, J. W.: The interviewer's manual. New York: The Psychological Corporation, 1975

Mowrer, O. H.: Psychotherapy: Theory and research. New York: Ronald Press, 1953

Mummendey, H.D., Bolten, H.-G.: Die Veränderung von Social-Desirability-Antworten bei erwarteter Wahrheitskontrolle (Bogus-Pipeline-Paradigma). Zeitschrift für Differentielle und Diagnostische Psychologie, 1981, *2*, 151–156

Narvaez, A.: Educators rue poor test scores. New York Times, November 20, 1976, p. 29

Nesselroade, J. R., Baltes, P. B.: Adolescent personality development and historical change 1970–1972. Monographs of the Society for Research in Child Development, 1974, *39* (1), Whole No. 154

Norman, W. T.: Personality measurement, faking and detection: An assessment method for use in personnel selection. Journal of Applied Psychology, 1963, *47*, 225–241

Orne, M. T.: On the social psychology of the psychological experiment: With particular reference to demand characteristics and their implications. American Psychologist, 1962, *17*, 776–783

Orne, M. T., Holland, C. C.: On the ecological validity of laboratory deceptions. In: Miller, A. (Ed.): The social psychology of psychological research. New York: The Free Press, 1968

Ornstein, R. E. (Ed.): The nature of human consciousness. New York: Viking Press, 1973, xi-xii

Osgood, C. E., Suci, G. J., Tannenbaum, P. H.: The measurement of meaning. Urbana, Ill.: University of Illinois Press, 1957

Otaala, B.: The development of operational thinking in primary school children. Center for Education in Africa. New York: Teachers College Press, 1973

Palmer, E.: Can television really teach? American Education, 1969, *5*, 1–5

Papanek, M. L.: Teacher hostility toward the ghetto child: A case report. International Journal of Group Tensions, 1971, *1* (3), 268–283

Parlee, M.: From the „known" into the unknown: sexual politics becomes science. Annals of the New York Academy of Sciences, November 1976

Parlee, M.: Control groups in feminist research. The Psychology of Women Quarterly, in preparation, 1979

Parsons, T., Bales, R. F.: Family socialization and interaction process. Glencoe, Ill.: The Free Press, 1955

Parten, M.: Surveys, polls and samples: practical procedures. New York: Harper, 1950, 305–319

Perry, W. G., Jr.: Forms of intellectual and ethical development in the college years. New York: Holt, Rinehart and Winston, 1968

Petermann, F.: Veränderungsmessung. Kohlhammer, Stuttgart, Berlin, Köln, Mainz, 1978

Pike, L.: A study of number conservation in young children. In: Melton, R., Charlesworth, R., Tanaka, M., Rothenberg, B., Pike, L., Bussis, R., Gollin, E. (Eds.): Cognitive growth in pre-school children. Princeton, N.J.: Research Memorandum RM 68-13, Educational Testing Service, 1968

Pinard, A., Laurendeau, M.: A scale of mental development based on the theory of Piaget. In: Athey, L., Rubadeau, D. (Eds.): Educational implications of Piaget's theory. Waltham, Mass.: Ginn-Blais-dell, 1970, 307–316

Pines, M.: Head head start. New York Times Magazine, October 26, 1975, Sec. 6, 14

Plutchik, R.: Foundations of experimental research (2nd ed.). New York: Harper & Row, 1974

Pulaski, M. A.: Understanding Piaget: An introduction to children's cognitive development. New York: Harper & Row, 1971

Quinley, H.: Unpublished questionnaire, 1976

Rapaport, A., Chammah, A. M.: Prisoner's dilemma: A study in conflict and cooperation. Ann Arbor, Mich.: University of Michigan Press, 1965

Rebelsky, F., Hanks, N.: Fathers' verbal interaction with infants in the first three months of life. Child Development, 1971, *42*, 63–68

Reinhold, R.: Survey indicates President faces skepticism over energy program. New York Times, April 29, 1977, p. A 16

Rensberger, B.: Briton's classic I.Q. data now viewed as fraudulent. New York Times, November 28, 1976, Sec. 1, p. 26

Richardson, S. Dohrenwend, B. S., Klein, D.: Interviewing: Its forms and functions. New York: Basic Books, 1965

Rinn, J. L.: Group behavior descriptions: A nonmetric multidimensional analysis. Journal of Abnormal and Social Psychology, 1963, *67*, 173–176

Robinson, J. P., Athanasiou, R.: Measures of occupational attitudes and occupational characteristics. Ann Arbor, Mich.: Institute for Survey Research, 1969

Robinson, J. P., Rusk, J., Head, K.: Measures of political attitudes. Ann Arbor, Mich.: Institute for Survey Research, 1968

Robinson, J. P., Shaver, P.: Measures of social psychological attitudes (Rev. ed.). Ann Arbor, Mich.: Institute for Survey Research, 1973

Robson, C.: Experiment, design and statistics in psychology. Baltimore: Penguin, 1973

Rochlin, G.: Man's aggression. New York: Dell, 1973, 24

Rosenhan, D. L.: On being sane in insane places. Science, 1973, *179*, 250–258

Rosenthal, R., Jacobsen, L.: Pygmalion in the classroom. Teacher expectation and pupils' intellectual development. New York: Holt, Rinehart and Winston, 1968

Rosenthal, R., Rosnow, R. L.: Artifacts in behavioral research. New York: Academic Press, 1969

Rosenthal, R., Rosnow, R. L.: The volunteer subject. New York: Wiley, 1975

Rosser, P.: Making time: A house-wife's log. MS, 1976, *4* (9), 54

Rossi, P. H., Williams, W.: Evaluating social programs. New York: Seminar Press, 1972

Rotter, J.: Generalized expectancies for internal versus external control of reinforcement. Psychological Monographs General and Applied, 1966, *80*, Whole No. 609, 1–28

Rozelle, R. M., Campbell, D. T.: More plausible rival hypotheses in the cross-lagged panel correlation technique. Psychological Bulletin, 1969, *71* (1), 74–80

Rutman, L.: Evaluation research methods. Beverly Hills, Calif.: Sage, 1977

Sanford, N.: Whatever happened to action research? Journal of Social Issues, 1970, *26* (4), 3–23

Sayles, L.: The behavior of industrial work groups. New York: Arno Press, 1978

Schachter, S.: The psychology of affiliation. Stanford, Calif.: Stanford University Press, 1959

Schachter, S.: The interaction of cognitive and physiological determinants of emotional state. In: Berkowitz, L. (Ed.): Advances in experimental social psychology. New York: Academic Press, 1964, 49–80

Schachter, S., Singer, J.: Cognitive, social and physiological determinants of emotional state. Psychological Review, 1962, *69*, 379–399

Schaie, K. W.: A general model for the study of developmental problems. Psychological Bulletin, 1965, *64*, 92–107

Schneidman, E. S., Farberow, N. L.: Clues to suicide. New York: McGraw-Hill, 1957

Schutz, W.: FIRO – a three-dimensional theory of interpersonal behavior. New York: Rinehart, 1958

Scott, W. A.: Attitude measurement. In: Lindzey, G., Aronson, E. (Eds.). The handbook of social psychology (2nd ed.). Reading, Mass.: Addison-Wesley, 1968, Vol. II, 204–273

Sears, R., Maccoby, E., Levin, H.: Patterns of child rearing. Evanston, Ill.: Row, Peterson, 1957

Seaver, W. B.: Effects of naturally induced teacher expectancies. Journal of Personality and Social Psychology, 1973, *28* (3), 333–342

Selltiz, C., Jahoda, M., Deutsch, M., Cook, S.: Research methods in social relations (Rev. ed.). New York: Holt, Rinehart and Winston, 1959

Senter, R. J.: Analysis of data. Glenview, Ill.: Scott, Forestman, 1969

Shaw, M., Wright, J.: Scales for the measurement of attitudes. New York: McGraw-Hill, 1967

Sherif, M., Sherif, C. W.: Social psychology. New York: Harper & Row, 1969

Sherif, C. W., Sherif, M., Nebergall, R. E.: Attitude and attitude change: The social judgment-involvement approach. Philadelphia: Saunders, 1965

Shields, S.: Functionalism, Darwinism, and the psychology of women. American Psychologist, 1975, *30* (7), 739–754

Schneidman, E. S., Farberow, N. L.: Clues to suicide. New York: McGraw-Hill, 1957

Singer, J. L.: Navigating the stream of consciousness: Research in daydreaming and related inner expectations. American Psychologist, 1975, *30* (7), 727–738

Sjoberg, G.: Ethics, politics, and social research. Cambridge, Mass.: Schenkman, 1971

Skinner, B. F.: Beyond freedom and dignity. New York: Knopf, 1971

Solomon, R. L.: An extension of control group design. Psychological Bulletin, 1949, *46*, 137–150

Spencer, C. D.: Two types of role playing: Threats to internal and external validity. American Psychologist, 1978, *33*, 265–268

Staats, A. W.: Experimental demand characteristics and the classical conditioning of attitudes. Journal of Personality and Social Psychology, 1969, *11*, 187–192

Stanton, A., Schwartz, M.: The mental hospital. London: Tavistock, 1954

Stapf, K.-H.: Laboruntersuchung. In: Roth, E. (Hrg.) Sozialwissenschaftliche Methoden. München, Wien, Oldenburg, 1984, 238–254. Abschnitt III Forschungsformen

Stern, D. N.: Mother and infant at play. In: Lewis, M., Rosenblum, L. A. (Eds.): The effect of the infant on its caregiver. New York: Wiley, 1974

Straus, G.: The set-up man: A case study of organizational change. Human Organization, 1954, *13* (2), 23

Straus, M.: Family measurement techniques. Minneapolis: University of Minnesota Press, 1969

Straus, M.: Family measurement handbook. Minneapolis: University of Minnesota Press, 1977

Tanaka, M., Campbell, J., Helmick, Jr.: Piaget for first grade teachers: Written exercises for assessing intellectual development. In: Athey, I., Rubadeau, D. (Eds.): Educational duplications of Piaget's theory. Waltham, Mass.: Ginn-Blaisdell, 1970, 324–327

Thomas, A., Chess, S., Birch, H.: Temperament and behavior disorders in children. New York: University Press, 1968, 1–309

Thorndike, E. L.: Educational psychology (3 vols.). New York: Arno, 1913/1969

Thurstone, L. L.: Attitudes can be measured. American Journal of Sociology, 1928, *33*, 529–554

Turstone, L. L.: The measurement of social attitudes. Journal of Abnormal and Social Psychology, 1931, *26*, 249–269

Thurstone, L. L., Chave, E. M.: The measurement of attitude. Chicago: University of Chicago Press, 1929

Trautner, H. M.: Lehrbuch der Entwicklungspsychologie. Göttingen: Hogrefe, 1978

Travis, C.: "What does college do for a person?" "Frankly, very little." Psychology Today, 1974, *8* (4), 73–80

Travis, C.: The end of the I.Q. slump. Psychology Today, 1976, *9* (11), 69–74

Tuddenham, R. D.: Psychometricizing Piaget's methode clinique. In: Athey, I., Rubadeau, D. (Eds.): Educational implications of Piaget's theory. Waltham, Mass.: Ginn-Blaisdell, 1970, 317–323

Uleman, J. S.: The need for influence: Development and validation of a measure and comparison with the need for power. Genetic Psychology Monographs, 1972, *85*, 157–214

Van Leer, S.: Alcohol use and abuse on the campus. Unpublished paper, Manhattanville College, 1975

Veroff, J., Veroff, J. P. B.: Theoretical notes on power motivation. Merrill Palmer Quarterly of Behavior and Development, 1971, *17*, 59–69

Wade, N.: IQ and heredity: Suspicion of fraud beclouds classic experiment. Science, 1976, *194*, 916–919

Waters, H. F.: What TV does to kids. Newsweek, February 21, 1977, p. 63

Watts, W., Lloyd, F.: State of the nation. Washington, D.C.: Potomac Associates, 1974

Webb, E. J., Campbell, D. T., Schwartz, R. D., Sechrest, L.: Unobtrusive measures: Nonreactive research in the social sciences. Chicago: Rand McNally, 1966

Weiss, C. H.: Evaluation research. Englewood Cliffs, N.J.: Prentice-Hall, 1972

Welsch, G. S.: Factor dimensions A and R. In: Welsch, G. S., Dahlstrom, W. G. (Eds.): Basic readings on the MMPI in psychology and medicine. Minneapolis: University of Minnesota Press, 1956, 264–281

Wheeler, L., Nazlek, J.: Sex differences in social participation. Journal of Personality and Social Psychology, 1977, *35* (10), 742–754

White, B. L.: The first three years of life. Englewood Cliffs, N.J.: Prentice-Hall, 1975

White, B. L., Kaban, B., Shapiro, B., Attanucci, J.: Competence and experience. In: Uzgiris, I. C., Weizmann, F. (Eds.): The structuring of experience. New York: Plenum, 1977a

White, B. L., Kaban, B., Shapiro, B., Attanucci, J.: Experience and environment: Major influences in the development of the young child (Vol. II). Englewood Cliffs, N.J.: Prentice-Hall, 1977b

White, B. L., Watts, J. C.: Experience and environment. Englewood Cliffs, N.J.: Prentice-Hall, 1973 (Vol. I)

Whitehead, A. N.: Science and the modern world. New York: The Free Press, 1925/1967

Witkin, H. A., Dyk, R. B., Faterson, H. F., Goodenough, D. R., Karp, S. A.: Psychological differentiation: Studies of development. New York: Wiley, 1962

Winter, D. G.: The power motive. New York: The Free Press, 1973

Winter, D. G., McClelland, D. C., Stewart, A.: Competence in college evaluating the liberal university. San Francisco: Jossey-Bass, 1978

Wise, D.: The American police state. New York: Random House, 1976

Wolpe, J., Rachman, S.: Psychoanalytic "evidence": A critique based on Freud's case of Little Hans. Journal of Nervous and Mental Diseases, 1960, *130*, 135–148

Women on Words and Images: Dick and Jane as victims: Sex stereotyping in children's readers. Princeton, N.J.: Women on Words and Images, 1972

Wright, R.: Black boy. New York: Harper, 1945

Wrightsman, L.: Social psychology in the seventies. Belmont, Calif.: Wadsworth, 1972

Zajonc, R. B.: Social facilitation. Science, 1965, *149*, 269–274

Zajonc, R. B.: Birth order and intelligence: Dumber by the dozen. Psychology Today, 1975, *18*, 37–40

Zajonc, R. B.: Family configuration and intelligence. Science, 1976, *192*, 227–236

Zajonc, R. B., Heingartner, A., Herman, E. M.: Social enhancement and impairment of performance in the cockroach. Journal of Personality and Social Psychology, 1969, *13*, 83–92

Zimbardo, P. G.: Psychologie. Springer, Berlin, Heidelberg, New York, Tokyo 1983

Namensverzeichnis

Sachverzeichnis